Les défis juridiques de la Fonction publique statutaire : entre tradition et modernisation

Etude comparée à partir des exemples roumain et français

Logiques Juridiques

Fondée par Gérard Marcou

Dirigée par Jean-Claude Némery et Thomas Perroud

Le droit n'est pas seulement un savoir, il est d'abord un ensemble de rapports et pratiques que l'on rencontre dans presque toutes les formes de sociétés. C'est pourquoi il a toujours donné lieu à la fois à une littérature de juristes professionnels, produisant le savoir juridique, et à une littérature sur le droit, produite par des philosophes, des sociologues ou des économistes notamment.

Parce que le domaine du droit s'étend sans cesse et rend de plus en plus souvent nécessaire le recours au savoir juridique spécialisé, même dans des matières où il n'avait jadis qu'une importance secondaire, les ouvrages juridiques à caractère professionnel ou pédagogique dominent l'édition, et ils tendent à réduire la recherche en droit à sa seule dimension positive. À l'inverse de cette tendance, la collection « Logiques juridiques » des éditions L'Harmattan est ouverte à toutes les approches du droit. Tout en publiant aussi des ouvrages à vocation professionnelle ou pédagogique, elle se fixe avant tout pour but de contribuer à la publication et à la diffusion des recherches en droit, ainsi qu'au dialogue scientifique sur le droit. Comme son nom l'indique, elle se veut plurielle.

Dernières parutions

Caroline PELOSO, *L'autorité de la chose jugée au pénal à l'égard des décisions européennes, Essai de droit comparé franco-italien*, 2023.

Bamba Nonféni Michel ZARATIONON, *Les mesures provisoires de la CourADHD. Le contentieux du provisoire devant la Cour Africaine des droits de l'Homme et des Peuples*, 2023.

Jean LEFEBVRE, *Le droit du financement participatif (crowdfunding). Deuxième édition*, 2023.

Lucie CLUZEL-MÉTAYER et Arnaud SÉE (dir.), *Eléments de droit public du numérique*, 2023.

Gabriela Condurache

Les défis juridiques de la Fonction publique statutaire : entre tradition et modernisation

Etude comparée à partir des exemples roumain et français

L'Harmattan

5-7, rue de l'École-Polytechnique – 75005 Paris
www.editions-harmattan.fr
ISBN : 978-2-336-40453-0
EAN : 9782336404530

Du même auteur :

- « Les amendements budgétaires en Roumanie », in *Les amendements budgétaires en droit comparé*, sous la direction de Jérôme Germain, *Les Cahiers de l'Association Française des Auditeurs de l'Académie Internationale de Droit Constitutionnel*, 2021, pp.112-135.
- « La formation des agents publics et des élus locaux en Roumanie et en Bulgarie », *in La formation initiale et continue des agents publics et des élus locaux en Europe*, sous la direction de M. Stéphane Guérard, CNFPT, 2021, pp. 191-209.
- « La procédure de recours aux ordonnances : de la lettre constitutionnelle à la pratique politique. Regards comparés entre la France et la Roumanie », *Revue Française de Droit Constitutionnel*, 2020, n°121, pp. 115-139.
- « La « possibilité » d'expérimentation des collectivités territoriales. Des freins procéduraux à l'ouverture de la constitutionnalisation d'un droit à la différenciation territoriale », in *La différenciation territoriale*, sous la direction de Roselyne Allemand et Nadine Dantonel-Cor, éd. Harmattan, 2020, pp. 181-208.
- « La coopération intercommunale en Roumanie : quels enjeux pour le développement des espaces ruraux », in *Métropolisation, régionalisation et intercommunalité rurale. Quel impact sur les autorités locales, régionales et centrales en Europe ?*, sous la direction de Malikova (L.), Delaneuville (F.), Giba (H.) et Guérard (S.), éd. Institut Universitaire de Varenne, 2018, pp. 639-656.
- « La régionalisation en Roumanie », in *L'autonomie locale en Europe* sous la coordination de MM. Guérard (S.) et Astrauskas (A.), LGDJ-Lextenso éditions et la Fondation Varenne, Collection « Kultura », 2016, pp. 163-189.
- « La Métropole – nouvelle étape dans la coopération intercommunale : regards croisés sur la Roumanie et la France », in *Proceeding of the 3rd International Conference on Law and Social Order*, vol. 2, sous la coordination de Drumea (M.-C), Paturet (A.), Ratvitch (F.), éd. Addleton Academic Publishers, 2013, pp. 33-40.
- *Le pouvoir local roumain*, 2013, 92 pp., ISSN 2112-5953.
- « A critical debate on the budgetary framework of Bulgaria and Romania », en co-autorat avec Jean-François BOUDET, *Revue Gestion et Finances Publiques*, n° spécial, octobre 2014, pp. 21-27.
- « The financial independance of the Romania Parliament », en co-autorat avec Verginia Vedinas, Juridical Tribune, 2019, n°9, pp. 392-401.
- « Regards croisés sur l'autonomie financière du Parlement roumain », en co-autorat avec Verginia Vedinas, *Revue Française des Finances Publiques*, n°5, sept-oct. 2018, pp. 78-83.

- « Les métropoles roumaines », en co-autorat avec Stéphane Guérard, in *Regards croisés sur les mutations de l'intercommunalité*, sous la direction de Marie-Christine Steckel-Assouère, éd. L'Harmattan, Collection « GRALE », 2014, pp. 409-422.
- « La valorisation des patrimoines publics en Roumanie, Hongrie et Pologne : enjeu ou défi de la « nouvelle gestion » de l'action publique ? », en co-autorat avec Stéphane Guérard, *Revue Lamy de collectivités territoriales (RLCT)*, 2014, n° 101, pp. 47-52.
- « La responsabilité de l'administration publique – regard comparatif entre la Roumanie et la République de Moldavie », en co-autorat avec Maria Orlov, in *Efficiency of Legal Norms*, sous la coordination de Fodor (E.-M.), Buzdugan (C.), Jucan (C.-S.) et Radu (M.-D.), éd. Hamangiu, 2013, pp. 297-306.
- « Le domaine public culturel roumain. Réflexions sur les positions du Professeur Antonie Iorgovan », en co-autorat avec Stéphane Guérard, *Revista de Drept Public (Revue de Droit Public)*, 2014, n°4, pp. 15 – 28
- « Droit public et droit des biens dans le nouveau Code civil roumain (CCR), in Le nouveau Code civil roumain : Vu de l'intérieur – Vu de l'extérieur », en co-autorat avec Stéphane Guérard, sous la direction du Doyen Flavius BAIAS, éditions de l'Université de Bucarest, 2014, pp. 483-494.
- *Fascicule sur le Droit international privé - Roumanie*, en co-autorat avec Adrian Stoica, Constantin Jurca et Stéphane Guérard, in Jurisclasseur Droit comparé, sous la direction scientifique de M. J. Jehl, Lexis Nexis, juin 2014, Fascicule n° 60.
- *Fascicule : Roumanie – Introduction générale*, en co-autorat avec Adrian Stoica, Constantin Jurca et Stéphane Guérard, in Jurisclasseur Droit comparé, sous la direction scientifique de M. J. Jehl, Lexis Nexis, janvier 2014, Fascicule n° 10.
- *Fascicule sur le Droit de la famille – Roumanie*, en co-autorat avec Mihaela Botina, Constantin Jurca et Stéphane Guérard, in Jurisclasseur Droit comparé, sous la direction de M. J. Jehl, Lexis Nexis, janvier 2014, Fascicule n° 20.
- *Fascicule sur les Régimes matrimoniaux – Roumanie*, en co-autorat avec Constantin Jurca et Stéphane Guérard, in Jurisclasseur Droit comparé, sous la direction scientifique de M. J. Jehl, Lexis Nexis, janvier 2014, Fascicule n° 15.
- *Fascicule sur les Successions – Roumanie,* en co-autorat avec Adrian Stoica et Stéphane Guérard, in Jurisclasseur Droit comparé, sous la direction scientifique de M. J. Jehl, Lexis Nexis, juin 2013, Fascicule n° 25.
- « Chronique politique et constitutionnelle des pays postcommunistes de l'espace balkanique : Moldavie 2018 », en co-autorat avec Maria Orlov, *Revue Est Europa*, 2019.

- « Chronique politique et constitutionnelle des pays postcommunistes de l'espace balkanique : Moldavie 2016-2017 », en co-autorat avec Maria Orlov, *Revue Est Europa*, 2018.
- « Chronique politique et constitutionnelle des pays postcommunistes de l'espace balkanique : Moldavie 2015 », en co-autorat avec Maria Orlov, *Revue Est Europa*, 2016.
- « Chronique politique et constitutionnelle des pays postcommunistes de l'espace balkanique : Moldavie 2014 », en co-autorat avec Maria Orlov, *Revue Est Europa*, 2014.

Avant-propos

Mme Gabriela CONDURACHE, d'origine roumaine, a soutenu, avec conviction et passion, le 09 février 2018, à la Faculté des sciences juridiques, politiques et sociales (FSJPS) de l'Université de Lille, une thèse intitulée « *Les défis juridiques de la Fonction publique en Roumanie : entre tradition et modernisation. Etude comparée à partir de l'exemple français* ».

Cette thèse a une dimension historique et réflexive sur le passé, le présent et le devenir de la fonction publique, en France comme en Roumanie, ainsi qu'à partir de certains autres exemples européens utiles pour la démonstration. Elle présente, en effet, à travers ces divers exemples européens de fonction publique, les défis actuels et modernes de la fonction publique, dans un contexte tendu du marché du travail. Ce qui oblige, dans de nombreux Etats européens, les décideurs et les gestionnaires publics à faire preuve d'innovation en termes de modernisation des conditions de travail. Il est d'ailleurs intéressant de relever que les débats actuels, liés à la rénovation managériale de la fonction publique en Europe, ont été déjà posés dans le passé en termes, parfois différents, mais avec les mêmes problématiques sous-jacentes. Les réponses apportées, hier, étaient d'ailleurs, parfois aussi, plus pertinentes que celles dégagées aujourd'hui, spécialement en matière de rémunération, de déontologie voire, en partie, d'avancement. Il n'en reste pas moins que des réflexions plus modernes se font jour sur des thématiques renouvelées, telles que le recrutement ou la formation des agents publics, par exemple. Mais, concernant la contractualisation et la travaillissation de la fonction publique, le débat reste ouvert de savoir si son impact sur la fonction publique est source de modernisation ou de régression. D'autant que, curieusement, les Etats, les expérimentant le plus, hésitent à comparer leurs effets au regard des situations statutaires passées ... Cette thèse est donc des plus utile parce qu'elle aborde, largement et complètement, tous les questions inhérentes au droit de la fonction publique, en Europe voire dans le Monde, à l'heure du défi de la modernisation voire de la rénovation de la gestion des services publics, alors même que le *New public management* a montré ses limites et qu'il convient, finalement, d'accepter que la fonction publique a un coût de gestion utile, certes important, mais indispensable au bien-être social voire au mieux vivre dans la Cité. Reste à trouver les ressources financières d'une réhabilitation ambitieuse de la gestion, moderne et efficace, des ressources humaines publiques et d'en réaliser les conditions ...

Cette thèse croise aussi les trois principaux centres d'intérêt personnels et intellectuels de Mme CONDURACHE :

- d'une part, la francophonie avec la dette immense que l'intéressée a envers la bibliothèque francophone de Mangalia, ainsi qu'envers la France, son „pays de renaissance", comme elle aime à le dire ...

- d'autre part, le droit public, plus spécialement celui de la Fonction publique, qu'elle approfondit avec le temps ; bien qu'elle ait aussi publié plusieurs articles en droit administratif des biens, en droit des finances publiques et en droit de la décentralisation ;
- et, *in fine*, le droit comparé, principalement en comparant les systèmes juridiques français et roumains, mais aussi, dans une moindre mesure, bulgare ainsi que d'autres systèmes européens, principalement italien et espagnol, puisque Mme CONDURACHE aime pratiquer aussi ces autres langues latines …

Mme CONDURACHE a été étudiante à la Faculté de droit de l'Université Ovidius de Constanta, qui a fêté ses cent ans en 2017.

Elle y a obtenu une licence en 4 ans, équivalent d'une première année de master, en 2004, puis, après une interruption involontaire du fait de graves soucis de santé, un master de droit roumain, en 2010.

Elle a soutenu, en fin de licence, sous la direction de Mme le Professeur Ana Rodica STAICULESCU, que je salue en pensée, un mémoire, déjà remarqué, sur *Les violences domestiques contre les femmes en Roumanie et en droit roumain*.

Du fait du partenariat entre l'Université Ovidius et l'Université de Lille, Mme CONDURACHE a aussi obtenu, en deux ans, entre 2010 et 2012, un master de science politique, mention « Action publique locale », alliant des matières de droit public local, de politiques publiques locales et de gestion publique.

Elle a été major de sa promotion du « master français », et ce, chaque année, et elle a obtenu une mention « très bien », avec une note de 20/20 à son mémoire de 2e année de master.

Son mémoire de « master français » portait sur une analyse juridique actuelle et approfondie de la Fonction publique et de son droit en Roumanie, en 120 pages, rédigées en français, assorti d'annexes complètes et d'index jurisprudentiel et bibliographique. Ce mémoire d'une qualité exceptionnelle a été unanimement remarqué et salué par ses professeurs français et roumains.

C'est donc, tout naturellement, que j'ai proposé à Mme CONDURACHE de prolonger son mémoire de master par un travail doctoral.

D'autant que, lors de sa soutenance, elle avait exprimé sa frustration de ne pas avoir pu, par manque de temps, étudier l'histoire du droit de la Fonction publique au regard de ses questionnements modernes.

Elle avait aussi, toujours lors de cette soutenance, évoqué d'autres systèmes européens de Fonction publique, sur lesquels elle avait déjà un peu lu et dont elle souhaitait approfondir l'étude avec le temps …

C'est donc avec enthousiasme qu'elle a préparé – avec les conseils du Doyen Jean-Gabriel CONTAMIN – et obtenu, dès sa première demande, un contrat doctoral à Lille, en 2012-2015, puis un poste d'ATER en droit public, en 2016-2018, puis, après sa soutenance, un poste d'enseignante contractuelle en 2018-2019.

Durant ses années de thèse (2012-2018), dans le cadre de l'école doctorale de la Faculté des sciences juridiques, politiques et sociales, Mme CONDURACHE a suivi toutes les formations doctorales utiles, et si bien organisées sous la direction d'alors de M. Serge DAUCHY et, aujourd'hui, de Mme le Professeur Johanne SAISON. M. DAUCHY, Directeur de recherches du CNRS, a d'ailleurs fort bien conseillée Mme CONDURACHE de suivre le master de droit européen, dispensé en anglais, à l'école européenne d'administration publique d'Athènes, où elle a validé un troisième master, en 2016, et soutenu un mémoire sur *L'impact du droit de l'Union européenne sur les droits européens de la Fonction publique.*

Le jury de soutenance de thèse de Mme CONDURACHE, présidée par Mme le Professeur Johanne Saison, comportait d'éminents juristes, roumains et français, éminents spécialistes du droit de la fonction publique nationale et européenne.

Mme le Professeur Verginia VEDINAŞ, Professeur à la faculté de droit de l'Université de Bucarest, auteure de nombreux manuels et articles en droit administratif général et spécial.

Elle a été aussi la Première Présidente de l'Agence Nationale des Fonctionnaires Publics de Roumanie, Vice-Présidente de la Cour des comptes de Roumanie ainsi que *Visiting Professor* à l'Université de Lille.

Madame le Professeur Verginia VEDINAŞ est, entre autres, une des meilleures spécialistes roumaines du droit de la fonction publique, ainsi qu'une intellectuelle engagée et courageuse puisque, lorsqu'elle a été sénatrice, elle n'a eu de cesse de rappeler aux roumains le sens du civisme, du service public et de l'indispensable lutte contre la corruption qui, hélas, n'est pas un « mal déontologique » qu'en Roumanie ...

A travers Mme le professeure VEDINAŞ, c'est la communauté, scientifique et juridique roumaine, qui a été saluée durant la soutenance de Mme Condurache ; celle qui est l'héritière des grands professeurs de droit public roumain : Constantin DISSESCU (1854-1932), Paul NEGULESCU (1874-1946), Jean VERMELEUN (1902-1947), ou encore, Antonie IORGOVAN (1948-2007).

D'autant Madame le Professeur Verginia VEDINAŞ est aussi la Présidente de l'Association des sciences administratives de Roumanie ainsi que de l'Institut Paul Negulescu.

Pour mémoire, je tiens à rappeler qu'était venue spécialement de Chisinau (République de Moldavie), pour la soutenance de Mme CONDURACHE, Mme le Professeur Maria ORLOV, présidente de l'Association des sciences administratives de la République de Moldavie.

Les membres français du jury étaient aussi d'éminents et reconnus spécialistes de la matière, soit Mme le Professeur Johanne SAISON (présidente du jury), Mme Carole MONIOLLE, MM. les professeurs Emmanuel AUBIN et Arnaud HACQUET.

Enfin, et en tant que directeur de thèse, je tiens à souligner que Mme CONDURACHE :

- n'a jamais renoncé à reprendre son travail, à l'approfondir, l'améliorer ;
- n'a jamais connu de découragement face à son sujet, vu sa passion pour ce dernier et ses domaines de recherches,
- et surtout, a toujours fait preuve de qualités renouvelées de réflexion face à son objet de recherche.

Je me souviens encore de notre première discussion pré-doctorale, au bord de la *Marea Neagră* (Mer Noire), où nous est alors immédiatement apparu que nous ne parlions pas de la même chose quand nous définissions nos fonctions publiques respectives ...

Il y a donc eu de nombreuses discussions et échanges durant cette thèse.

Mais, bien que j'ai toujours demandé d'approfondir et d'argumenter toutes les idées qu'elle avançait, j'ai veillé absolument à ce qu'elle fasse sa thèse, et non la mienne.

Ma méthode de direction est donc celle de la maïeutique, et non celle de l'autoritarisme scientifique.

Je l'ai donc laissé développer ses idées, mais j'ai veillé à ce qu'elle les justifie, même quand je ne les partageais pas ; ce qui, au demeurant et finalement, est très rare dans cette thèse.

Pour autant, je ne me dédouane pas des éventuelles imperfections de cette thèse, spécialement des scories formelles ; puisqu'ayant tout relu à plusieurs reprises, s'il en reste, je m'en excuse et je les assume totalement.

De même qu'il en est pour tout raisonnement, que la lectrice ou le lecteur considérerait comme non abouti ou pas assez approfondi.

Je souhaite donc à ces derniers autant de plaisir à la lire que j'en ai eu à accompagner son mûrissement jusqu'à sa finalisation, et aujourd'hui, sa publication.

Enfin, je tiens à remercier Mme la Professeure SAISON d'avoir accepté de rédiger la présentation de cette thèse ainsi que M. le Professeur Aubin, la préface de cette thèse, que j'invite, à présent, la lectrice ou le lecteur à découvrir ci-après, juste avant d'entrer dans le vif de ce travail doctoral fouillé, qualitatif, historique mais aussi d'actualité.

Ecouché-les-vallées, le 02 mai 2023,
Stéphane GUERARD

Retour sur quelques éléments de la soutenance de thèse de Madame Condurache

J'ai eu l'honneur de présider le jury de thèse de Madame Gabriela Condurache et d'apprécier, tout particulièrement, la richesse des échanges entre la candidate et les membres de son jury, tous spécialistes du droit de la fonction publique.

Son premier rapporteur, le professeur Emmanuel Aubin a salué « un travail formellement remarquable », « une belle thèse de droit de la fonction publique », qui s'appuie non seulement sur une démarche historique mais également sur des évolutions plus récentes qui en modifient la nature tels que la contractualisation, la « travaillisation », le *New public management* ou encore la culture de la performance. Le Professeur Emmanuel Aubin a également insisté sur la valeur ajoutée de la thèse intégrant des développements substantiels consacrés à la déontologie et au développement d'un droit de la responsabilisation des fonctionnaires. L'analyse est, sur ce point, qualifiée de « remarquable » et permet de comparer utilement ce que l'on attend en France et en Roumanie d'un fonctionnaire.

Madame Condurache a rappelé d'ailleurs à l'occasion de ce premier échange que la Roumanie s'est dotée, dès le début des années 2000, d'un Code de conduite des fonctionnaires publics qui préfigure les avancées consacrées plus tardivement dans l'hexagone en matière de déontologie.

A son tour, le second rapporteur, le professeur Haquet, a lui aussi salué un travail de recherche « de grande ampleur », qu'il qualifie de « vraie thèse ». L'échange s'est poursuivi sur les évolutions communes des deux systèmes et sur la nécessité de bien distinguer la privatisation de la travaillisation de la fonction publique roumaine.

Le professeur Verginia Vedinas a également insisté sur l'intérêt de la thèse tant au regard de l'évolution de la fonction publique au carrefour de la tradition et la modernisation que de la comparaison de deux systèmes, roumain et français, qui ont connu, dans la première moitié du XXe siècle des évolutions communes. La doctrine roumaine, comme le législateur et la jurisprudence, se sont régulièrement inspirés des évolutions et des débats existant dans le milieu français. Elle a également souligné « la profondeur » et « la maturité » du travail de recherche, qui reposent sur la richesse de la documentation, qui couvre tant la doctrine, la législation que la jurisprudence, françaises comme roumaines, le sérieux des arguments avec lesquels la doctorante présente ses opinions, ses idées, voire critiques, de même que le courage avec lequel elle expose et justifie ses idées personnelles, le tout illustrant la maturité de son raisonnement.

Mme Moniolle est également revenue sur l'importance de l'étude historique, qui permet de mesurer la permanence des logiques qui sous-tendent la fonction publique comme les évolutions intervenues. Elle a échangé avec la candidate sur l'intérêt de développer certains régimes particuliers comme celui des magistrats et des militaires mais également d'intégrer des éléments sur les pratiques administratives susceptibles d'infléchir la portée des textes. Le débat s'est poursuivi sur l'influence du droit de l'Union européenne sur le droit de la fonction publique roumaine.

Ce fut alors à mon tour, en qualité de présidente du jury, de prendre la parole pour souligner l'extrême plaisir ressenti à la lecture de la thèse de Madame Condurache parfaitement construite et argumentée. Au-delà des nombreuses qualités du travail, la soutenance a été l'occasion de revenir sur quelques éléments afin de compléter la réflexion, et notamment sur le bilan susceptible d'être dressé du dispositif de conseiller éthique mis en place en Roumanie par la loi du 18 février 2007 pour lequel Madame Condurache a évoqué une « présence discrète » en l'absence de désignation d'un tel conseiller dans plus de 50 % des institutions publiques.

La richesse des échanges menés à l'issue de la soutenance, la rigueur de la démonstration et l'originalité du sujet ont alors conduit le jury à décider à l'unanimité de décerner à Madame Condurache le grade de docteur en droit de l'Université de Lille en lui renouvelant toutes ses félicitations pour l'ampleur du travail accompli.

Johanne SAISON
Professeure de droit public
ERDP-CRDP
Directrice de l'Ecole doctorale des Sciences juridiques, politiques et de gestion (ED SJPG n°74)
Responsable pédagogique du M2 « Droit et politiques de santé »
Co-responsable de l'axe « Santé, vulnérabilités, biomédecine » du CRDP
Référente déontologue
Université de Lille

Préface

Tout système de Fonction publique est le produit d'une histoire propre à chaque pays, le questionnement sur les défis de la Fonction publique étant très largement tributaire des soubresauts de l'Histoire. L'un des grands mérites de l'ouvrage issu de la thèse de Madame Gabriela Condurache soutenue à l'Université de Lille le 9 février 2018 est d'inscrire le droit de la fonction publique dans une dimension historique et traditionnelle que l'auteure confronte aux défis contemporains. Sous couvert de modernisation, le droit statutaire a en effet changé et pas seulement en France. L'ouvrage de Mme Condurache est le fruit d'une réflexion scientifique aboutie sur le déchirement de la fonction publique entre les acquis et les remises en cause, entre la stabilité du marbre statutaire et la pâte à modeler qu'est devenu le droit de la fonction publique français et roumain depuis l'entrée dans le 21ème siècle. Parfaitement mise à jour avec l'intégration de l'ordonnance d'urgence gouvernementale (OUG) n° 57 du 3 juillet 2019 relative au Code administratif en Roumanie et de la nouvelle formalisation du droit de la fonction publique issue de la codification en France de cette branche du droit administratif entrée en vigueur le 1er mars 2022, la thèse de Madame Condurache est désormais un ouvrage très savant de droit comparé que les universitaires et praticiens spécialisés dans le droit de la fonction publique ne manqueront pas de lire avec intérêt et la certitude de disposer d'une analyse fine et d'informations à la fois sûres scientifiquement et opérationnelles afin de mieux cerner le contours de l'édifice statutaire mis à mal en France et en Roumanie au contact de la logique des ressources humaines et de considérations managériales. L'ouvrage de Mme Condurache analyse, en effet, la confrontation de « l'idéal cristallin statutaire » [1] ancré dans une tradition remontant à la première moitié du 20ème siècle en France et en Roumanie [2], à la logique de modernisation qui, au fil des réformes, tend à consacrer une nouvelle conception de l'emploi public dans ces deux pays. Partant du postulat selon lequel les droits statutaires de la fonction publique roumaine et française sont historiquement comparables, l'auteure a réussi son pari, grâce à la maîtrise de

[1] A. Taillefait, « La fonction publique est-elle menacée ? », in www.revuegénéraledudroit.eu 2018.

[2] Le premier statut général a été adopté en 1923 en Roumanie et 23 ans plus tard en France.

plusieurs langues étrangères et à une méthode de recherche rigoureuse, parfaitement explicitée dans l'introduction, d'aborder les défis contemporains liés à l'évolution des normes et pratiques applicables aux personnels sous statut dans les administrations publiques en France et en Roumanie mais également en Europe, le spectre de l'analyse s'élargissant, dans de nombreuses pages, à d'autres pays membres de l'Union européenne.

Il existe une « fonction publique éternelle » [1] qui amène Madame Condurache à analyser dans la première partie de son ouvrage ce qu'elle dénomme, à juste titre, la « partie immuable du statut ». Les développements au sein de cette partie plongent le lecteur dans les origines du droit statutaire. En recourant à la méthode du droit comparé, Madame Condurache montre d'une part, que la « travaillisation » et d'autre part, la contractualisation ont mis à rude épreuve les traits saillants de la conception statutaire. De façon originale, Mme Condurache a recensé dans les droits de la fonction publique des États membre de l'UE les indices et traces d'une « travaillisation » désignant le rapprochement croissant des situations professionnelles des fonctionnaires et des salariés. Analysé pour la première fois dans le cadre de la thèse de David Ruzié en 1960, il faut se réjouir que ce phénomène soit désormais au cœur de thèses de droit comparé ; ce qui permet de constater sa globalisation à l'échelle de l'Union européenne.

L'avènement d'une fonction publique contractuelle inverse le principe (recrutement de fonctionnaires sur des emplois permanents) et l'exception, le recours généralisé au contrat tendant à éclipser, par ailleurs, le recrutement par concours au cœur d'une crise existentielle [2] ayant justifié une transformation en profondeur [3]. Madame Condurache écrit de belles pages sur l'avènement d'un « statut contractuel moderne » en analysant la « diversité des expériences européennes de contractualisation ». Privatisation, contractualisation et « travaillisation » sont autant de notions clés parfaitement analysées par l'auteure et dont les convergences et les divergences sont au cœur du travail de Madame Condurache, laquelle invite le lecteur à une balade juridique notamment en Italie, en Suisse, en Suède ou encore au Portugal afin de tirer les leçons de la

---

[1] A.Taillefait, *Droit de la fonction publique*, Dalloz, coll. « Précis », 9ème éd, 2022., p.3.

[2] Ch.Fortier, « Le concours : du principe à la marginalisation », *AJFP* 2022., p.249.

[3] E.Aubin, « La transformation des modes de recrutement des agents publics. *Quid novi* en 2023 ? », *AJDA* 2023., p.1272.

contractualisation à l'œuvre dans le secteur public. Cette grille de lecture est ensuite confrontée aux évolutions de la contractualisation dans les fonctions publiques en France et en Roumanie avec une analyse de l'assouplissement statutaire par des conventions collectives qui font apparaître une nouvelle source du droit de la fonction publique. Madame Condurache apporte, à cet égard, de précieux développements sur la consécration progressive en France et en Roumanie du droit à la syndicalisation et au-delà, à la négociation. Sous la monarchie roumaine, le droit à l'association a été reconnu par la Constitution roumaine de 1866 avant d'être interdit au début du 20ème siècle puis d'être formellement reconnu à partir de 1923 et adapté ensuite à l'idéologie communiste dont l'influence a joué un rôle non négligeable dans l'affirmation en France du principe de participation dans le premier Statut général républicain de 1946. En Roumanie, les conventions collectives sont encadrées depuis 2007 par le code administratif alors qu'en France leur régime juridique figure désormais dans le CGFP depuis le 1er mars 2022 qui a élargi davantage les thématiques pouvant faire l'objet des négociations collectives au niveau national. « Similaire au droit roumain », précise Madame Condurache, « le contenu des accords ne doit pas excéder les précisions générales fixées par les dispositions statutaires ». Dans les deux pays, l'émergence d'une culture du dialogue social est présentée comme une voie permettant d'assouplir le droit statutaire ou de combler certaines carences du Statut qui n'a pas vocation à être imperméable aux évolutions nécessaires de la relation d'emploi unissant les agents publics à l'Administration.

Dans la seconde partie de l'ouvrage, Madame CONDURACHE démontre que la modernisation souhaitée et souhaitable de la fonction publique est « entravée par la tradition » ; ce qui n'a pas empêché le statut, que ce soit en France ou en Roumanie, de connaître des évolutions très significatives depuis l'entrée dans le troisième millénaire. Consacrée à la « partie évolutive du statut », cette seconde partie analyse la modernisation de la rémunération, de la formation professionnelle et du déroulement de carrière qui sont trois composantes essentielles de la carrière des agents publics plus sujettes à l'évolution que les masses de granit étudiées dans la première partie. En premier lieu, la « managérisation » de la rémunération permet de mettre en évidence l'évolution de la situation matérielle des fonctionnaires. Formant une « récompense » pendant la période communiste en Roumanie et revêtant un « caractère socialo-protectionniste de la rémunération avant le Statut de 1946 » en France, la rémunération est devenue dans les deux pays, au 21ème siècle, selon des modalités différentes, un facteur de modulation et d'individualisation de la rémunération des agents avec des « prix d'excellence » en Roumanie et des primes de performance en France pour celles et ceux qui exercent des fonctions d'encadrement. En Roumanie, les primes ne peuvent pas dépasser 30% de la rémunération brute des agents cependant qu'au contact de la crise économique latente, le gouvernement n'a pas hésité à baisser de 25% en 2010 la rémunération des fonctionnaires de façon temporaire et avec la validation de la Cour constitutionnelle. La loi a imposé une rémunération minimale ayant pour conséquence de « garantir » à une partie importante des personnels du secteur public une rémunération mensuelle nette d'un peu plus de 100 euros ! En France, pays de l'argent magique, une telle politique n'aurait évidemment pas été imaginable alors même qu'elle a été jugée compatible en 2011 avec les exigences de la Convention européenne des droits de l'homme, la Cour de Strasbourg ayant rappelé que l'État pouvait fixer de façon unilatérale et discrétionnaire, en fonction des circonstances, le montant de la rémunération de ses agents. Nonobstant, Madame Condurache évoque la nécessaire reconstruction du système de primes de performance dans les deux pays. Réinventée par la « travaillisation » de ses pratiques, la formation professionnelle s'est alignée sur le droit du travail en France où elle a connu dans les trois versants de la fonction publique une évolution continue par opposition à l'« évolution discontinue en droit roumain », l'auteure formulant de très intéressantes pistes pour réorganiser le système de formation des fonctionnaires en Roumanie qui pourrait, selon elle, s'inspirer de la création dans la fonction publique française d'un véritable droit subjectif du fonctionnaire à être formé au début et tout au long de sa carrière. L'évaluation et l'avancement qui doivent intégrer le mérite tout en garantissant une certaine égalité entre les agents sont d'autres éléments importants de la motivation des agents publics dont Madame Condurache analyse avec beaucoup de pertinence les évolutions dans les deux pays. « Gage de modernisation de la carrière statutaire », l'imbrication des règles d'évaluation et d'avancement permet d'opposer aux avancées et détours du système roumain de carrière les avancées sans détours du droit français relatif au déroulement de carrière, les chiffres (la notation) ayant cédé la place aux lettres (une évaluation avec un compte-rendu dans le cadre d'un entretien professionnel). La sortie de la fonction publique amène, quant à elle, les pouvoirs publics à reconsidérer l'équilibre entre la poursuite de l'activité publique et la détermination d'un âge pertinent et socialement acceptable pour le départ à la retraite ; la notion de vie active devant être repensée dans la société de longévité, les deux pays étant exposés au vieillissement de leur population. On l'aura compris, de l'entrée dans la carrière jusqu'à la sortie définitive de la fonction publique, Madame CONDURACHE a abordé la quasi-totalité des aspects de la fonction publique statutaire confrontée, depuis une vingtaine d'années, aux défis de la gestion moderne des ressources humaines et de la place croissante du contrat dans la relation de travail que ce soit au niveau collectif avec l'affirmation des accords collectifs à côté du statut ou individuel avec le placement des agents dans une trajectoire professionnelle soumise à la logique managériale qui combine les singularités du fonctionnariat et du salariat. En définitive, si, comme l'a écrit récemment Fabrice Melleray, le temple tient encore debout [1], l'ouvrage de Madame CONDURACHE montre, en réalité, que les turbulences normatives et les incertitudes jurisprudentielles dépassent les frontières de l'hexagone et invitent à réfléchir, *mutatis mutandis*, à l'avènement d'un droit administratif transnational véhiculant une certaine idée de ce que doit – et pourrait – être, aujourd'hui, une fonction publique statutaire.

Emmanuel AUBIN
Professeur de droit public à l'Université de Tours

[1] F.Melleray, « L'édifice statutaire de 1983-1986 est-il toujours debout ? », *AJDA* 2023., p.1262.

à mes parents,

Maria et Mitică

à mon frère,

Ionuţ

Avec tout mon
affection et ma reconnaissance
pour votre présence inconditionnée
dans la vie !

REMERCIEMENTS

Mes remerciements les plus profonds et pleins de reconnaissance vont avant tout à mon directeur de thèse, M. Stéphane GUÉRARD, à qui je dois incontestablement le début, la suite et l'aboutissement de cette aventure intellectuelle. Merci vivement pour les échanges passionnants autour de la thèse et les autres thématiques du droit qui, tous, ont contribué au mûrissement de ma réflexion scientifique, ainsi qu'à l'acquisition de mes compétences de chercheuse. Ma gratitude vous est à jamais acquise pour la confiance inébranlable que vous m'avez accordée chaque fois que vous m'avez poussée vers des défis scientifiques de plus en plus engageants. Merci aussi de votre soutien et vos conseils devenus, avec le temps, de fidèles gardiens vers lesquels je me tourne chaque fois que je me trouve en difficulté ou que je doute. Merci !

Mes pensées remplies d'une profonde reconnaissance vont ensuite à mes parents, Maria et Mitică CONDURACHE, et à mon frère, Ionuţ CONDURACHE, qui ont su être présents et me soutenir inconditionnellement de manière générale dans la vie et, tout particulièrement, et ce malgré la distance, pendant les années de thèse.

Par suite, je ne remercierai jamais assez Kiki et Stany PAUWELS, Micheline et Jean-Pierre MARCOUX, ainsi que Anne-Marie THIJS et Vincent POREYE pour leur présence, leur affection et leur soutien, qui, comme ils le savent, me sont devenus indispensables dans la vie.

Mes remerciements et ma reconnaissance vont également vers Anne POUPARD (alias P.S.), Anne-Lise BAIDER, Marie-Claude LIVOIR, Marie-Anne MATTELAER, Marianne Pupier Stefanesco, ainsi que vers Peggy et Jérôme STANKOWSKY pour leur indéfectible amitié, affection et soutien.

Ensuite, je ne remercierais jamais assez Magali DREYFUS pour les échanges fortement enrichissants et constructifs autour de la thèse, ainsi que pour sa profonde amitié et son soutien.

Je réserve mes remerciements les plus sincères à tous les membres du CERAPS, et tout spécialement à M. Jean-Gabriel CONTAMIN dont les conseils judicieux à différents moments de mon parcours universitaire lillois sont bien restés à mon esprit. Mentionner le CERAPS sans adresser une pensée à Younes HADDADI serait impossible. Merci Younes de ta disponibilité, de ton affabilité et de ton soutien pendant toutes ces années.

Mes remerciements tout aussi sincères vont également vers l'école doctorale et tout particulièrement vers M. Serge DAUCHY pour les conseils prodigués lors des différentes réunions doctorales, ainsi que vers Sophie RANCHY et Françoise VANHULLE dont la disponibilité, le soutien et l'amitié ont rendu mon parcours doctoral plus serein.

Je souhaite faire part de ma reconnaissance à madame Johanne SAISON et à messieurs Aurélien BAUDU, Jean-Philippe DEROSIER, Stéphane GUERARD, Robert HANICOTTE, Fabien LAWSON, et Gilles

TOULEMONDE auxquels je dois incontestablement ma formation pédagogique et méthodologique en tant qu'enseignante. Grand merci de m'avoir inculqué non seulement la passion pour le travail avec les étudiants, mais aussi le professionnalisme, l'abnégation et la rigueur nécessaires à l'accomplissement de cette profession en général, et de mes missions de chargée de travaux dirigés en particulier.

Je tiens à remercier également les enseignants de l'Université « Ovidius » de Constanta (Roumanie), et tout particulièrement les Professeurs Ana-Rodica STAICULESCU et Adrian Constantin STOICA à qui je dois incontestablement la passion pour l'étude des sciences juridiques ; de même qu'à exprimer ma gratitude et mon admiration à l'égard des Professeurs Verginia VEDINAS et Maria ORLOV, deux personnalités inspirantes tant humainement que professionnellement.

Je ne saurais clore mes remerciements sans réserver une pensée remplie d'émotion à Robert MATHIEU (†), à qui je dois le savoir de « Lutter, oser, foncer, après avoir analysé » (Merci, Capitaine !), de même qu'à mes meilleures amies, Mara BARBULESCU (†) et Luminita DUMITRESCU (†), qui auraient tellement aimé pouvoir vivre à mes côtés ce moment d'aboutissement.

Une pensée remplie de reconnaissance également pour le Professeur neurochirurgien Serge MORAX, de la Fondation Rothschild de Paris, à qui je dois ma « renaissance française ». En effet, sans son intervention chirurgicale de juillet 2007, cette expérience humaine et professionnelle aurait été impensable.

Enfin, mes remerciements les plus profonds sont réservés aux membres de mon jury de thèse pour le temps consacré à lire et à évaluer mon travail. D'autant que, tel que je l'espérais, leurs observations ont contribué non seulement à l'évolution de ma réflexion scientifique, mais aussi à l'ouverture de nouvelles perspectives de recherche. Merci aussi aux professeurs Johanne SAISON et Emmanuel AUBIN pour avoir accepté d'écrire respectivement la présentation de la thèse et la préface de cet ouvrage.

À vous tous, nommés ici, ou non, mais bien présents en mes pensées, qui, à un moment ou autre, avez marqué mon parcours, humain et professionnel, dans la vie. Je vous adresse à tous un GRAND MERCI.

« L'administration vaut ce que valent ses agents … » [Alain Plantey, *Réformes dans la fonction publique*, LGDJ, 1978, p. 70].

« L'administration a, en effet, ceci de particulier qu'elle est tout à la fois crainte et méprisée : crainte parce qu'on lui prête une influence et un pouvoir d'autant plus importants qu'elle est mal connue, méprisée parce qu'elle apparaît le refuge des hommes sans valeur dont le seul mérite est de bénéficier de droits acquis, d'appuis et de faveurs de politiciens ou de milieux financiers » [Éliane Ayoube, *La formation du personnel administratif*, éd. Armand Colin, 1969, p. 5].

« La fonction publique n'est pas un métier comme les autres …».
[Victor Silvera, *La fonction publique et ses problèmes actuels*, Éditions de l'Actualité Juridique, 1969, p. 111].

« La nécessité du Statut était ressentie des fonctionnaires à cause de l'arbitraire de l'autorité politique, qui se manifestait par des suppressions, licenciements, remplacements, transferts, destitutions sans raison légale » [Paul Negulescu, *Tratat de drept adminnistrativ roman (Traité de droit administratif roumain)*, éd. Tipografiile române unite, 1925, p. 523].

Introduction générale

> « L'État, en tant qu'être abstrait, ne fonctionne comme organisme vivant que par les personnes physiques qui exercent les fonctions créées en son sein et qui accomplissent en son nom les travaux fonctionnels à travers lesquels sa volonté se manifeste » [1].

1. Dans la première moitié du XXe siècle, la Roumanie et la France ont fait, pour des raisons similaires, le choix de placer leurs fonctionnaires « sous un régime législatif propre et de les doter d'un statut général fixant leurs droits et leurs obligations dans le cadre d'une Fonction publique de carrière destinée à assurer la loyauté, l'intégrité et la compétence des serviteurs de l'État » [2]. La nécessité d'adopter ce Statut a été justifiée par « l'arbitraire de l'autorité politique [spécifique au début du XXe siècle], qui se manifestait par des suppressions, licenciements, remplacements, transferts, destitutions dépourvues de toute raison légale » [3].

En France, les principes fondamentaux du droit statutaire de la fonction publique ont été à l'origine l'œuvre du juge administratif, suivi de la doctrine et du législateur. En droit roumain, l'évolution a été sensiblement différente. Étant donné que le premier Statut des fonctionnaires publics a été adopté en début du XXe siècle, soit en 1923 ; ces premières dispositions statutaires ont favorisé une jurisprudence extrêmement riche en matière de droit de la fonction publique.

Si, de fait, les deux systèmes de la fonction publique ont reposé avant la moitié du XXe siècle sur des échafaudages juridiques semblables, depuis la chute du régime communiste roumain [4] - pendant lequel la fonction publique roumaine a été contractualisée -, le régime juridique des deux fonctions publiques, quoique statutaire, se différencient. Toujours est-il que les distinctions terminologiques, ainsi que l'étendue juridique dissimulent des interrogations communes concernant le sens à donner à la modernisation de la situation juridique des fonctionnaires. D'autant qu'en termes juridiques, la réforme est « perçue soit comme une entreprise à conduire et à inscrire dans l'univers du droit, soit, au contraire, comme une menace pour un ordre juridique à défendre » [5] et dont, dans ce dernier cas, les « transformations

---

[1] Onişor (V.), *Tratat de drept administrativ român (Traité de droit administratif roumain)*, Cartea romaneasca, 2e éd., 1930, p. 357. Dans la présente thèse, toutes les traductions du roumain, de l'anglais, de l'italien et de l'espagnol au français sont de notre fait.

[2] Pêcheur (B.), *Rapport sur la fonction publique*, La Documentation française, 2013, p. 2.

[3] Paul Negulescu, *Tratat de drept adminnistrativ roman (Traité de droit administratif roumain)*, éd. Tipografiile române unite, 1925, p. 523.

[4] La Révolution des 21, 22 et 23 décembre 1989.

[5] Caillose (J.), « Les figures croisées du juriste et du manager dans la politique française de réforme de l'Etat », *RFAP*, 2003, n°105-106, p. 122.

dictées par la raison managériale risquent de porter atteinte à des savoir-faire comme à des valeurs dont [« notre droit statutaire »] ne cesserait d'entretenir la mémoire » [1]. Effectivement, que ce soit pour ne « célébrer que les vertus [...] des usages incantatoires du droit statutaire de la fonction publique » ou pour n'en « retenir que les vices » [2], dans « un cas comme dans l'autre la juridicité devient la matière première d'une controverse qui se déploie dans l'espace public » [3].

En ce sens, certains États avec une longue tradition statutaire ont modernisé leur système de fonction publique soit par la contractualisation (Portugal [4], Suède [5], Suisse [6]), soit par la privatisation (Italie [7]), soit par la création d'un statut de l'emploi qui encadre la situation juridique des titulaires et des contractuels (Espagne [8]). D'autres États, comme la Belgique [9], la France et la Roumanie ont progressivement procédé à la réglementation, par les normes statutaires, de différents outils propres au régime juridique des salariés du secteur privé et/ou aux principes du *New Public Management* [10].

A cet égard, l'utilisation des notions de tradition et de modernisation nécessite d'apporter des précisions terminologiques qui éclairent les raisons qui justifient le choix du droit statutaire de la fonction publique comme objet d'étude **(§1)**. Il est ensuite important d'expliquer pourquoi la Roumanie et la France ont été retenues comme exemples principaux de comparaison et d'autres exemples européens, comme la Belgique, l'Espagne, l'Italie, le Portugal, la Suisse ou la Suède seulement pour des comparaisons ponctuelles **(§2)**. Les choix méthodologiques effectués pour réaliser cette étude comparative sont, enfin, étroitement liés à l'objectif suivi par la recherche **(§ 3)**.

---

[1] *Idem.*

[2] Caillosse (J.), « Le statut de la fonction publique et la division de l'ordre juridique français », in Supiot (A.) (sous la dir. de), *Le travail en perspectives*, LGDJ, coll. Droit et Société, 1998, pp. 347-357.

[3] Caillose (J.), *op. cit.*, 2003, n°105-106, p. 123.

[4] Loi n°59 du 11 septembre 2008 relative à la mise en œuvre du régime contractuel dans la fonction publique.

[5] Actes de 1974 et 1976 relatifs à l'emploi public.

[6] Loi n°172.220.1 du 24 mars 2000 relative au personnel de la Confédération.

[7] Décret législatif n°29 du 3 février 1993 relatif à la rationalisation de l'organisation de l'administration publique et la révision du cadre juridique de la fonction publique.

[8] Loi n°7 du 12 avril 2007 portant statut de base pour les agents publics.

[9] Arrêté Royal du 2 octobre 1937 portant statut des agents de l'État.

[10] Le New Public Management représente « *une nouvelle forme de gestion publique basée, entre autres sur une culture du résultat et l'emprunt de pratiques et d'outils issus du privé* » [Chappoz (Y.), Pupion (P.-C.), « Le New Public Management », *Gestion et management public*, 2012, n°2, p. 1].

§1. L'objet de recherche : les défis juridiques posés au droit statutaire de la fonction publique, considéré entre tradition et modernisation

2. Le droit statutaire au carrefour de ses traditions et de sa modernisation ? La tradition – dont l'étymologie découle du latin *traditio* qui signifie transmettre – désigne tout ce qui est transmis du passé au présent voire la valeur que les générations présentes accordent à l'héritage transmis par les générations du passé [1]. Si le caractère normatif de la tradition représente la force qui fait passer une « institution » à travers le temps, le modernisme comporte inévitablement une partie de traditions et d'innovations inextricablement mêlées [2]. La survivance des « institutions traditionnelles (...) dans toutes les sociétés modernes » est donc due au fait que la pratique « la plus rationnelle est fondée sur les connaissances accumulées par le travail des générations passées » [3]. Cet héritage des générations passées ne doit toutefois pas être interprété comme un ensemble de valeurs et de règles immuables.

La transformation de la Fonction publique se situe ainsi entre les traditions incarnées par le droit statutaire et la modernisation représentée par les principes du *New Public Management*. L'opposition « traditions – modernisation » pose de ce fait plusieurs enjeux et défis à l'évolution future du droit statutaire de la fonction publique.

3. Tradition et modernisation : deux notions complémentaires. La tradition ne représente pas une simple répétition du passé, mais une notion qui « s'actualise, en se réactivant, par la transmission et la recréation de son propre héritage de valeurs » [4], doctrinales et jurisprudentielles. Dès lors, elle ne doit pas être considérée comme une simple reproduction, mais comme un « héritage du passé dont le présent [est] le recours » [5].

C'est aussi le cas du droit statutaire de la fonction publique qui, à l'aune d'une redéfinition des critères, présentés comme « modernes », de gestion des ressources humaines et de carrière, s'est progressivement réinventé ces dernières décennies en France comme en Roumanie. Ce qui n'empêche pas les adeptes de la *contractualisation* du régime juridique de la fonction

---

[1] Boudon (R.), Besnard (P.) et autres, *Dictionnaire de sociologie*, Larousse, 2012, p. 236.

[2] *Idem.*

[3] *Idem.*

[4] Mesure (S.) et Savidan (P.) (sous leur direction), *Le dictionnaire de sciences humaines*, PUF, 2006, p. 1187.

[5] *Idem.*

publique de considérer les traditions statutaires comme des freins à la modernisation et au progrès de cette dernière [1].

Toujours est-il que si la tradition est, « pour certains, une force d'inertie contraire au changement », et pour d'autres, un « espace de référence nécessaire dont la nostalgie moderne se nourrit » [2], la modernité, quant à elle, représente soit « une rupture des traditions inaugurant les nouveaux commencements ... », soit « une cassure qui [nous] livre aux incertitudes et à l'épreuve du nouveau » [3]. De fait, comme la modernité ne peut pas être considérée « seulement en perspective de [l'avenir] (...) [et en déni de] la légitimité des expériences » passées [4], il apparaît évident que la modernisation est inconcevable en dehors de la tradition. Cette dernière ne doit donc pas être considérée en opposition à la modernisation, mais, par la force du fil conducteur qui les lie, dans une approche temporelle évolutive.

Par conséquent, compte tenu de « la diversité [des] aspects » de la tradition et de la décomposition du modernisme « en modernités successives sous le regard des historiens » [5], la modernisation se présente sous l'image d'une tradition éternelle, un processus régulièrement recommencé. Dès lors, c'est « sous le regard de l'histoire que doivent s'analyser » [6] les défis juridiques qui se posent aujourd'hui à la modernisation du droit statutaire de la fonction publique.

4. Les défis posés traditionnellement à la modernisation du droit statutaire de la fonction publique. S'il faut décrire les défis traditionnellement posés à la modernisation du droit statutaire par un seul mot, ce serait la « modernisation » elle-même. Dès le lendemain de l'adoption des premières dispositions statutaires roumaines et françaises, les universitaires, les juristes voire les politiciens des deux Etats évoquaient déjà l'idée de leur nécessaire modernisation. Reste que si, avant le début des années 1990, la modernisation de la « condition juridique du

---

[1] Caillosse (J.), « Le statut de la fonction publique et la division de l'ordre juridique français », in Supiot (A.) (sous la dir. de), *Le travail en perspectives*, LGDJ, coll. Droit et Société, 1998, pp. 347-357 ; Caillose (J.), « Les figures croisées du juriste et du manager dans la politique française de réforme de l'Etat », *RFAP*, 2003, n°105-106, p. 121-134 ; Rouban (L.), « Le statut des fonctionnaires comme enjeux socio-historique », RFAP, 2009, n°132, pp. 673-687.

[2] Mesure (S.) et Savidan (P.), *op. cit.*, p. 1186.

[3] *Idem.*

[4] *Idem.*

[5] *Idem.*

[6] Marc (E.), Struillou (Y.), « Droit du travail et droit de la fonction publique : des influences réciproques à l'émergence d'un « droit de l'activité professionnelle », *RFDA*, 2010, p. 1169.

fonctionnaire »[1] signifiait l'amélioration, toujours dans une logique statutaire, des règles juridiques de la fonction publique, depuis 1990, c'est la logique contractuelle et la gestion moderne des ressources humaines qui prime[2]. Devant l'ampleur de cette dernière, les doctrines, française comme roumaine, s'interrogent sur le fait de savoir si on n'assiste pas à un retour progressif au « fonctionnaire contractuel [...] d'avant les statuts de la fonction publique »[3] ; ce qui ferait du contrat l'« avenir de la fonction publique »[4]. Par ailleurs, certains auteurs entrevoient dans le rapprochement du droit statutaire et du droit du travail l'« émergence [future] d'un droit professionnel »[5] ou d'un « droit public du travail »[6]. Si les « emprunts successifs aux règles du droit du travail et leur aménagement nécessaire dans la fonction publique » ont été étiquetées de « banalisation »[7] ou de « privatisation »[8] du régime juridique de la fonction publique statutaire, force est de constater que les Statuts français et roumain font preuve d'assouplissement[9] et d'adaptabilité face aux intrusions *privatistes*. Et ce, malgré les reproches qui continuent à être développés contre le régime statutaire quant à sa supposée rigidité et à son protectionnisme excessif à

---

[1] Demartial (G.), « De l'opportunité d'une loi sur l'état des fonctionnaires », *RDP*, 1907, p. 7 ; Demartial (G.), « La condition juridique du fonctionnaire », *Revue générale d'Administration*, Berger Levrault C., 1907, pp. 1-23.

[2] Barraud (B.) « Du statut au contrat – vers une fonction publique « destatufiée », in Fortier (C.) (sous la dir.), *Le statut général des fonctionnaires : trente ans et après ?*, Dalloz, coll. Thèmes et commentaires, 2014, pp. 159 et les ss. ; Bourdon (J.), « Vers une banalisation du droit de la fonction publique », *AJFP*, 2005, n°6, p.284 et les ss. ; Garbar (C.-A.), « Quelle(s) réforme(s) pour la fonction publique : statut et/ou contrat ? », *AJFP*, 2005, n°6, p. 281 et les ss. ; Orta (d') (E.), Diamanti (E.), « La fonction publique vers la privatisation », *RFAP*, 1993, n° 67, p. 347et les ss. ; Pochard (M.), « La place donnée au contrat dans l'organisation de la fonction publique », *AJDA*, 2003, n°19, p. 991 et les ss. ; Pochard (M.), « Perspectives pour la fonction publique », *JCP A*, 2003, p. 411 et les ss. ; Rouban (L.), « Le statut des fonctionnaires comme enjeux socio-historique », *RFAP*, 2009, n°132, pp. 673-687.

[3] Touzeil-Divina (M.), « Evolution dramatique & révolution mathématique » la négation du service public et le retour au « fonctionnaire contractuel », intervention dans le cycle de conférences organisé par le Centre de droit des affaires et l'Institut Haouriou de l'Université Toulouse 1 Capitole et portant sur *Les transformations de la Fonction publique : tous travailleurs ? Regards croisés droit du travail, droit de la fonction publique*, le 24 septembre 2019, http://unitedudroit.org/FP/TFP1-MTD.pdf, consulté le 25 novembre 2021.

[4] Aubin (E.), « Le contrat, avenir de la fonction publique ? », AJDA, 2019, n°40, p. 2349.

[5] Durand (P.), « Naissance d'un droit nouveau. Du droit du travail au droit de l'activité professionnelle », *Droit social*, 1952, n°7, p. 437 ; Marc (E.), Struillou (Y.), « Droit du travail et droit de la fonction publique : des influences réciproques à l'émergence d'un « droit de l'activité professionnelle », *RFDA*, 2010, p. 1169.

[6] Glaser (E.), « Du fonctionnaire contractuel, au contractuel fonctionnaire » , *RLCT*, 2009, n°45. Villeneuve (P.), « Demain, tous contractuels ? A propos du projet de loi de transformation de la fonction publique », *JCP A*, 2019.

[7] Bourdon (J.), « Vers une banalisation du droit de la fonction publique », *AJFP*, 2005, n°6, p. 284 et les ss.

[8] Jean-Pierre, « La privatisation du droit de la fonction publique », JCP A, 2003, n°1672.

[9] Melleray (F.), « Un édifice statutaire lus souple ? », *AJDA*, 2011, pp. 2388-2393.

l'égard des fonctionnaires (publics). Ces derniers reproches continuent par ailleurs à être régulièrement pointés en tant qu'obstacles à la mise en place de dispositifs modernes de gestion des ressources humaines inspirés par les théories libérales du *New Public Management*.

Qualifiée de « défi nouveau mais problématique ancienne » [1], il est un fait que la question de la modernisation de la Fonction publique statutaire ne peut pas être dissociée de la « double face du « métier public », à la fois activité au service du public et non d'un intérêt privé et travail concret d'une personne subordonnée » [2]. C'est « au regard de cette irréductible double nature » [3] qu'il faut s'interroger d'une part, si certaines des dispositions du Code du travail et des principes du *New public management* ne sont pas insuffisantes pour « garantir les exigences du service public » [4], et d'autre part, si d'autres dispositions du même Code, au contraire, ne « mériteraient [-elles pas] nettement plus d'intérêt pour améliorer » [5] la situation des agents publics, ainsi que du service public ?

A part le régime juridique du rapport qui lie le fonctionnaire (public) à son institution employeuse, les « grands problèmes de la Fonction publique (...) passés en revue » [6] notamment par le Professeur Gazier sont le recrutement et la sélection, les droits et les obligations des fonctionnaires (publics), la rémunération, la formation et la carrière. Partant de grands problèmes cités ci-dessus nous faisons l'hypothèse qu'ils représentent autant de défis posés à la modernisation actuelle de la Fonction publique statutaire. Si les trois premiers défis - statut, recrutement et déontologie -, constituent les fondements intouchables, mais évolutifs, du Statut de la fonction publique, les trois derniers défis identifiés - rémunération, formation, carrière -, peuvent être relevés, dans les limites statutaires, et en s'inspirant du droit privé et des sciences de gestion.

La justification de l'étude du droit statutaire de la fonction publique à partir des exemples roumain et français

5. L'expression « à partir de » utilisée dans l'intitulé de cette étude n'est pas aléatoire. « À partir de » signifie que la comparaison des exemples roumain et français n'exclut pas la prise en considération d'autres exemples étrangers lorsque leur analyse s'avère utile pour la finalité de cette étude comparative : qui est de savoir si tout, dans le Statut de la fonction publique,

---

[1] Marc (E.), Struillou (Y.), *op. cit.*, *RFDA*, 2010, p. 1169.
[2] *Idem.*
[3] *Idem.*
[4] *Idem.*
[5] *Idem.*
[6] Gazier (F.), *La Fonction publique dans le mode*, éd. Cujas, 1972, 247 p.

est à mettre sur le même plan lorsqu'il s'agit de la modernisation de la situation juridique du Fonctionnaire à l'aune des théories libérales du *New Public Management*. Effectivement, la diversité des réformes adoptées et/ou envisagées par certains États européens pour moderniser, voire rentabiliser, leurs systèmes de fonction publique statutaire impose la prise en considération, sur de points précis de comparaison, d'autres systèmes étrangers qui ont procédé ces dernières années à la contractualisation de leur Fonction publique et/ou à l'application de dispositifs propres à la gestion des ressources humaines du secteur privé [1]. D'abord les systèmes italien, portugais, suisse et suédois pour montrer les incertitudes inhérentes aux expériences de contractualisation de la fonction publique, ensuite les expériences européenne, belge et suédoise, pour évaluer l'efficacité des réformes de modernisation des procédures de recrutement à travers, entre autres, des épreuves abstraites, voire de sélection exclusivement menée sur la base d'entretiens, et enfin, les expériences espagnole, italienne, suédoise et suisse pour évaluer la pertinence d'un dispositif de rémunération fondé sur la performance, individuelle et collective.

Comme la validité de la démarche comparative dépend, préalablement, de la question de savoir si les exemples statutaires sélectionnés sont comparables [2], il faut justifier d'abord le choix des droits statutaires roumain et français, ensuite l'intérêt de cette comparaison.

Les réalités juridiques différentes recouvertes par la terminologie spécifique aux deux États : quels choix ?

6. Les approches *stricto* et *lato sensu* de fonction publique. Même si, sémantiquement, la notion de « fonction publique » est commune aux deux États, la réalité juridique qu'elle reçoit est sensiblement différente. Le même constat s'impose également à l'égard de la terminologie utilisée pour décrire les catégories de personnel placées sous la protection des règles statutaires relatives à la fonction publique.

Si, en droit roumain, les notions *lato sensu* de « fonctionnaire » et *stricto sensu* de « fonctionnaire public » ou de « fonctionnaire public à statut spécial » sont de rigueur, en droit français, les notions utilisées sont celles d'agent public au sens large, de fonctionnaire titulaire [3] au sens restreint et de fonctionnaire [4] contractuel pour les non-titulaires [1].

---

[1] A noter que tous les systèmes choisis pour de comparaisons ponctuelles étaient, avant les réformes de contractualisation de la condition juridique de leurs fonctionnaires respectifs, de tradition statutaire.

[2] Constantinesco (L.-J.), *Traité de droit comparé*, tome 2, L.G.D.J., 1974, p. 59-105.

[3] Fonctionnaire civil au sens de l'article L1 du CGFP.

[4] Agent contractuel au sens de l'article L2 du CGFP.

D'abord, si le fonctionnaire est décrit par les dictionnaires de la langue roumaine comme « la personne occupant une fonction administrative dans une entreprise ou une institution en échange d'un salaire », pour le Petit Larousse l'agent public est « la personne qui, par son travail ou par son action, participe à une mission de service public, y compris les fonctionnaires ». Il ressort de cela que, si l'ensemble des personnels du secteur public roumain, appartenant ou non à la Fonction publique, est désigné par le terme à portée générale de « fonctionnaire », le même terme désigne, en droit français, les personnels dans les trois Fonctions publiques [2]. Ensuite, les titulaires de la Fonction publique roumaine sont désignés par le terme de fonctionnaire public, et non de fonctionnaire comme c'est le cas dans la fonction publique française.

La qualité de fonctionnaire public en droit roumain et de fonctionnaire en droit français « ne répond [donc] pas à des critères d'une homogénéité et d'une clarté totales » [3]. Il en est de même pour ce qui est des notions de fonctionnaire en droit roumain et d'agent public en droit français [4]. Ce qui certifie l'hypothèse concernant l'étendue juridique différente des deux systèmes de fonction publique. Ainsi, si la fonction publique française est dotée d'une étendue *lato sensu*, de l'analyse terminologique citée ci-dessus, cette étendue est *stricto sensu* dans la fonction publique roumaine [5]. Le constat, selon lequel le correspondant de la notion de fonctionnaire public, utilisée en droit roumain pour désigner les titulaires de la Fonction publique, n'est pas celui de « fonctionnaire civil » (titulaire) en droit français -, impose donc un choix terminologique qui écarte les confusions auxquelles les développements, qui suivent, pourraient prêter.

7. Fonctionnaire public et agent public, des notions communes dans le passé. Malgré les portées juridiques différentes qui ressortent de la comparaison terminologique spécifique aux deux systèmes de droit, un regard dans l'histoire nous révèle que le syntagme « fonctionnaire public » n'est pas méconnu en droit français. Le Dictionnaire de l'Académie française de 1835 explique que le « fonctionnaire public [est] celui ou celle

---

[1] Dans cette étude, l'expression fonctionnaire contractuel sera préférée à celle de fonctionnaire non-titulaire. Comme les professeurs J. Cabanel et J.-L. Gourdon le précisent, l'utilisation de l'expression de « fonctionnaire contractuel » apparaît sinon plus appropriée, du moins plus positive, le « contractuel étant défini par ce qu'il est, non par ce qu'il n'est pas » [Cabanel (J.), Gourdon (J.-L.), *Fonction publique, les contractuels : vacataires, auxiliaires, non-titulaires, supplétifs, intermittents*, éd. Economica, 1991].

[2] Y compris le personnel de nettoyage et d'entretien, par exemple.

[3] Plantey (A.), *Réformes dans la fonction publique*, LGDJ, 1978, p. 15.

[4] TA Paris 15 avril 1975, *Sieur Trolliet*, Rec. 705.

[5] Si certaines catégories de personnels du secteur public peuvent bénéficier de statuts spéciaux, d'autres sont expressément exclues de l'incidence des dispositions statutaires et implicitement de la fonction publique roumaine (voir les articles 5 et 6 de la loi 188 du 8 décembre 1999).

qui remplit une fonction » [1], alors que les échanges des messieurs les députés de la province d'Anjou et du département de Maine-et-Loire relèvent que les « fonctionnaires publics [étant] élus (...) le peuple [devait apprendre] à les honorer » [2]. Ainsi, et ce, « jusqu'au signal du danger, donné par les fonctionnaires publics, le citoyen dira : on veille pour moi » [3]. Ce dernier exemple témoigne, par ailleurs, de la place sinon exigée, du moins souhaitée, à cette époque, pour les fonctionnaires publics au sein de la société, du peuple.

De manière similaire, dans les ouvrages roumains du XXe siècle les notions d'agent public et de fonctionnaire sont utilisées dans un sens proche de celui donné aujourd'hui en droit français. Les terminologies françaises d'agent public et de fonctionnaire (public), utilisées aussi en droit roumain jusqu'en 1948, sont par ailleurs reprises aujourd'hui, par certains spécialistes du droit public roumain [4].

8. Fonctionnaire public et/ou fonctionnaire ? Par souci d'harmonisation de la terminologie utilisée dans les deux systèmes, il paraît opportun, eu égard à l'objet de cette étude, de préserver les spécificités linguistiques propres à chaque système. En d'autres termes, utiliser les termes de fonctionnaire public et de fonctionnaire pour les représentants respectivement de la fonction publique et du secteur public roumains et de fonctionnaire titulaire et fonctionnaire contractuel pour les personnels de la fonction publique française [5]. D'autant que, si les notions de « fonctionnaire public » et de « fonctionnaire » ne décrivent pas les mêmes catégories de personnels dans les deux systèmes analysés, elles répondent en revanche au même statut d'employé public, à savoir de titulaire dans les deux fonctions publiques étudiées.

Si les expressions « fonctionnaire public » (en droit roumain) et « fonctionnaire » (en droit français) sont donc utilisées, dans le cadre de cette étude, pour désigner les fonctionnaires titulaires de la fonction publique, la notion d'agent public, quant à elle, est utilisée, communément, pour désigner l'ensemble des personnels du secteur public, en Roumanie, comme en France. C'est par ailleurs également l'acception qui a récemment été adoptée par le législateur français, qui précise à l'article L. 2 que le Code

---

[1] *Dictionnaire de l'Académie française*, tome 1, 6e éd., Imprimerie et Librairie de Firmin Lidot frères, 1835, p.598.

[2] Leclerc (J.-B.), *Correspondance du département de Maine et Loire à l'Assemblée Nationale*, tome 8, éd. Imprimerie de Pavie, 1791, p. 1791.

[3] *Idem.*

[4] Clipa (C.), *Drept administrativ – Teoria functiei publice (Droit administratif – La théorie de la fonction publique)*, éd. Hamangiu, tomes I si II, 2011 et 2013 ; Alexe (I.), *Inaltii funcționari publici (Les hauts fonctionnaires publics)*, éd. UJ, 2014, p. 10.

[5] Note d'avertissement pour le lecteur roumain : la notion d'agent public désigne l'ensemble des personnels de la fonction publique, fonctionnaires titulaires et non titulaires.

Général de la Fonction Publique (ci-après CGFP) [1] « s'applique également aux agents contractuels des administrations de l'Etat, des autorités administratives indépendantes et autorités publiques indépendantes, des établissements publics de l'Etat, des collectivités territoriales et de leurs établissements publics ainsi que des établissements ou services mentionnés à l'article L. 5 ».

9. « Fonction publique » et/ou « fonction publique » ? Le « fonctionnaire public » - dans l'acception de l'Ordonnance d'Urgence Gouvernementale (OUG) n° 57 du 3 juillet 2019 relative au Code administratif roumain [2] -, représente, comme déjà précisé, « la personne nommée dans une fonction publique ». Il ressort de cela que chaque lauréat d'un concours d'admission dans la fonction publique roumaine reçoit la qualité de fonctionnaire public à partir de sa nomination dans une fonction publique. En d'autres termes, chaque fonctionnaire public roumain exerce une fonction publique. Afin d'écarter d'éventuelles confusions dues à cette particularité linguistique, spécifique au droit roumain, l'expression « Fonction publique » en majuscule est utilisée pour indiquer l'institution, et en minuscule pour désigner la fonction.

Les différences d'étendue juridique, que recouvre la terminologie spécifique aux deux systèmes de fonction publique, n'empêchent pas une similarité de fond, qui plus est, confortée par la tradition commune des deux ordres juridiques.

§2. La comparabilité des ordres juridiques roumain et français

10. Les différences d'étendue juridique conciliées par des choix terminologiques spécifiques, il reste à vérifier également le plan de la comparabilité des ordres juridiques roumain et français qui risque de se présenter. A cet égard, la question « de la comparabilité des systèmes

---

[1] Note de l'auteur : les quatre lois qui réglementaient les trois Fonctions publiques françaises ont récemment été codifiées par l'ordonnance du 24 novembre 2021 portant partie législative du Code général de la fonction publique (CGFP). Par souci de clarté par rapport au texte déposé pour la soutenance publique du 9 février 2018, la numérisation de l'ancien statut, ainsi que du code de conduite des fonctionnaires publics est, chaque fois, indiquée en note de bas de page.

[2] Note de l'auteur : Le Code administratif, adopté par l'ordonnance d'urgence gouvernementale (OUG) n°57 du 3 juillet 2019 a abrogé les dispositions des lois n°188 du 8 décembre 1999 relative au Statut des fonctionnaires publics roumains et n°7 du 18 février 2004 relative au Code de conduite des fonctionnaires publics. Comme pour les dispositions françaises, la numérisation de l'ancien statut, ainsi que du code de conduite des fonctionnaires publics est, chaque fois, indiquée en note de bas de page.

juridiques étudiés [non seulement] ne se pose pas dans un cadre régional comme l'Europe communautaire ... » [1], mais, de plus, dans une approche « globale des systèmes juridiques », les droits roumain et français sont considérés dans le même ensemble [2].

11. Par suite, il faut aussi vérifier la comparabilité des droits statutaires des fonctions publiques roumaine et française. A cet égard, d'après le professeur F. Gazier, en théorie il y a deux grands systèmes de fonction publique à « se partager le monde contemporain », l'un de « structure ouverte » et l'autre « de structure fermée » [3]. La Fonction publique ouverte est celle dans laquelle « l'administration [est] considérée comme une vaste entreprise recrutant et gérant son personnel dans les mêmes conditions que toutes les autres entreprises de la nation » [4]. Contrairement à la Fonction publique ouverte, il y a une « structure fermée quand l'administration publique est considérée comme une chose à part à l'intérieur de la nation, qui demande des spécifications particulières et un personnel qui y consacre toute son activité professionnelle, son passage (...) dans l'administration sera organisé selon un régime d'avancement (...) qu'on appelle la carrière » [5].

Cette classification fondamentale, même si elle est « assez théorique », conforte l'idée de comparabilité des deux Fonctions publiques, lesquelles relèvent d'un même « modèle abstrait » de structure fermée.

* *
*

L'institutionnalisation de la Fonction publique roumaine remonte au début du XXe siècle lorsque, à la suite de l'unification des territoires roumains, il a été nécessaire de procéder à l'uniformisation institutionnelle et législative des trois « Pays » roumains. La période, qui a suivi l'adoption du premier Statut de 1923, a contribué au peaufinage des règles relatives au régime juridique qui liait les fonctionnaires à l'administration. L'instauration du communisme de la fin des années 1940 a marqué, quant à lui, un détour dans l'évolution du droit de la fonction publique, par le développement de la contractualisation.

---

[1] « ... car la comparaison est justifiée (ou plus exactement postulée) par l'organisation supranationale (malgré les différentes traditions juridiques) » [Ponthereau (M.-C.), *Droit(s) constitutionnel(s) comparé(s)*, Economica, 2010, p. 78].

[2] Jaluzot (B.), « Méthodologie du droit comparé : bilan et perspective », *RIDC*, 2005, n°1, pp.29-48 ; Agostini (E.), « La circulation des modèles juridiques », *RIDC*, 1990, n°2, pp. 461-467.

[3] Gazier (F.), *La fonction publique dans le monde*, éd. Cujas, 1972, 247 p.

[4] *Idem.*

[5] *Idem.*

Par opposition au droit roumain, et ce, malgré une très riche jurisprudence et doctrine développée aux XIXe et XXe siècles, l'institutionnalisation de la fonction publique française n'est survenue qu'en 1941 avec le Statut dévalorisant de Vichy, lequel fut remplacé, peu après la fin de la guerre, par le Statut général de 1946. Ce dernier a posé les principes fondamentaux du droit de la fonction publique française ; lesquels furent repris d'abord par l'ordonnance de 1959, ensuite par les Statut(s) des années '80 et le Code actuellement en vigueur.

L'analyse des traditions, qui ont marqué l'évolution du droit de la fonction publique dans les deux États **(A),** explique la comparabilité des deux systèmes de Fonction publique en vigueur **(B)**.

A. Les évolutions différentes du droit statutaire de la Fonction publique

12. L'histoire du droit de la fonction publique dans les deux systèmes met en évidence des évolutions sensiblement différentes tant sur la forme que sur le fond. Concernant la forme, les deux Fonctions publiques ont été institutionnalisées à un écart de deux décennies, alors que sur le fond, l'évolution du régime juridique de la Fonction publique roumaine est marquée par la discontinuité par rapport au régime juridique de la fonction publique française, marquée par la continuité. À l'évolution sinueuse du droit roumain de fonction publique, due aux contextes sociopolitiques nationaux et internationaux de l'histoire de l'État roumain **(1)**, s'oppose donc l'évolution du droit français de fonction publique qui, malgré une institutionnalisation, considérée comme tardive, est marquée par la continuité des principes statutaires fondamentaux réclamés par la doctrine et consacrés jadis par la jurisprudence, puis par le législateur **(2)**.

1. La discontinuité historique du droit statutaire de la fonction publique roumaine

13. L'indissociabilité des contextes politiques. L'évolution de la fonction publique roumaine et de son droit ne peut être dissociée de l'histoire tumultueuse de ce pays. État encore jeune, la Roumanie n'a connu l'unité et l'indépendance de ses territoires qu'il y a un peu plus de cent ans, soit le 1er décembre 1918.

L'histoire de l'État roumain révèle qu'au VIe siècle, le peuple roumain, qui se trouvait au point de jonction de l'Orient avec l'Europe occidentale, avait déjà subi l'influence slave, laquelle allait le marquer à jamais : « L'âme slave se greffa sur l'esprit latin de cette époque et forma notre caractère. Elle se manifesta sous d'innombrables et diverses formes exercées en pressions indécelables, mais tenaces ; elle fut ensuite suivie de celle des Byzantins, puis des Bulgares, des Hongrois, des Polonais, auxquelles se succédèrent celles des Turcs et des Russes. Chacune d'elles y a laissé son empreinte liée à des souvenirs très douloureux. Certaines y ont creusé des traces indélébiles au sein des populations, surtout dans la paysannerie, d'autres ont été superficielles, en particulier dans la classe dominante » [1]. C'est de cette dernière qu'émergea une classe de grands propriétaires terriens, qui profitèrent de la situation sociale et se firent appeler « boieri » par opposition aux paysans, qui furent l'objet d'une sorte d'esclavage. Ces « boieri » étaient les seuls, à cette époque, autorisés à occuper des fonctions administratives dans le pays sous le titre de « Dregătories », à l'exemple d'autres États, dont la France, où les Services spéciaux du pouvoir du temps de Charlemagne étaient exercés par des « Intendants ».

Toutefois, l'appellation de « fonctionnaire » n'est apparue en Roumanie que, lors de la création de l'État « bourgeois » en 1866, après la première réunification territoriale de 1859. Mais les termes de « boier » ou de « dregătorie » n'avaient pas encore totalement disparu des usages. Reste que l'évolution fonctionnelle du « fonctionnaire » et de son droit alla de pair avec celle de « fonction publique ». Les deux, apparentés, devinrent dès lors inséparables.

L'évolution historique de la fonction publique et de son droit, est donc, indéniablement liée à son histoire et aux deux différents régimes que l'État roumain a connus jusqu'en 1989, la monarchie (a) et le communisme (b), ainsi qu'implicitement aux défis lancés par les réformes de « modernisation » de la fonction publique pendant les deux régimes.

a. La naissance de la Fonction publique et de son droit sous la monarchie

14. Jusqu'à l'adoption du Statut des fonctionnaires publics de 1923 un manque d'organisation et de réglementation de la Fonction publique s'est fait sentir, à l'exception de quelques dispositions dispersées dans l'un ou l'autre des documents fondamentaux, qui ont marqué l'évolution historique et institutionnelle de la Roumanie vers un État unitaire et indivisible. La situation a évolué différemment après l'Union nationale de 1918.

[1] Negulescu (P.), *Tratat român de drept administrativ (Traité de droit administratif roumain)*, vol. II, éd. Atelierele Grafice ale Fundaţiei culturale « Voevodul Mihai », 1930, p. 33.

L'évolution de la Fonction publique avant la « Grande Union »

15. Règlements Organiques. Les premières sources normatives concernant la condition juridique des fonctionnaires publics ressortent des Règlements Organiques de 1831-1832 [1], qui ont élevé les fonctionnaires au rang de « salariés de l'État, avec un revenu fixe établi par le suzerain en commun avec l'Assemblée « Obştească ». [En outre], « ce qui représentait une première, il était dorénavant interdit, aux fonctionnaires publics, de réaliser des revenus en provenance d'autres travaux accessoires » [2].

16. Le Statut de Cuza. Après la « Petite Union » du 24 janvier 1859, Alexandru Ioan Cuza a été élu, seul suzerain, par les Assemblées électives de Moldavie et Valachie [3]. À cette occasion, de nouvelles dispositions normatives fondées sur une reconstruction institutionnelle et une série de réformes [4] destinées non seulement à moderniser, mais aussi à unifier les politiques et le réseau institutionnel [5] des deux pays roumains, ont été adoptées. Ce processus a connu sa consécration législative définitive par le

---

[1] Les Règlements Organiques représentent les premiers documents fondamentaux d'organisation unitaire des deux pays roumains, la Moldavie et la Valachie. Leur adoption a permis non seulement une série de réformes dans l'administration, mais elle fut à l'origine de la création notamment du premier système de gouvernance commun aux deux pays susmentionnés. L'annexion du 3e et dernier pays roumain appelé à rejoindre « le pays mère » n'allait se produire que le 1er décembre 1918, une fois la dissolution survenue de l'Empire austro-hongrois sous la souveraineté duquel, le 3e pays, la Transylvanie, se trouvait depuis des siècles.

[2] Firoiu (D.) et Marcu (L.), *Historia dreptului român (L'Histoire du droit roumain)*, éd. Academiei Republicii Socialiste Romania, 1984, p. 127.

[3] Condurache (G.), *Le pouvoir local roumain,* éd. OLA, 2013, 92 p.

[4] Des lois d'instruction et relatives au Conseil d'État roumain élaborées sur la base des principes consacrés par le Statut développeur de la Convention de Paris, ressortent incidemment certaines précisions relatives aux fonctionnaires d'État [Iorgovan (A.) et Gilescu (V.), *Drept administrativ şi ştiinţa administraţiei (Droit administratif et la science de l'administration)*, éd. Facultatea de drept - Universitatea Bucureşti, 1986, p. 301].

[5] Le 22 janvier 1862, a été formé le premier Gouvernement roumain commun pour les deux pays ; et le 24 janvier 1862, a eu lieu l'ouverture solennelle de la première réunion du premier Parlement de la Roumanie, et ce, en la présence d'Alexandre Ioan Cuza, lequel annonça « l'Union définitive des Principautés roumaines, Moldavie et Valachie », la ville de Bucarest étant déclarée la Capitale du pays [Nicolescu (N.), *Sefi de stat şi de guvern ai României (1859-2003) [Chefs d'État et de Gouvernement de la Roumanie (1859-2003)]*, éd. Meronia, 2003, p. 18].

Statut de Cuza de 1864 [1], dans lequel on retrouve certaines dispositions concernant notamment la procédure et l'investiture des personnes qui forment l'exécutif [2].

17. Constitution de 1866. L'abdication forcée de Cuza, les 10 et 11 février 1866, a représenté le début d'une nouvelle étape dans l'histoire de la Roumanie, à savoir, l'instauration de la monarchie [3]. Carol I de Hohenzollern-Sigmarigen [4] est officiellement devenu le premier suzerain de la Roumanie le 10 mai 1866. La même année, le Statut de Cuza a été

---

[1] Tenant compte de l'importante instabilité gouvernementale, due en grande partie aux dispositions restrictives de la Convention de Paris de 1858, le Suzerain Cuza décrétait, le 2 mai 1864, la dissolution de l'Assemblée Élective de la Roumanie (formée de la Moldavie et de la Valachie), et ce, pour soumettre par plébiscite, les 10 et 14 mai 1864, une nouvelle Constitution qu'il a prudemment nommée « Le Statut développeur de la Convention de Paris de 1858 », obtenant également l'approbation pour ce faire de la « Porte ottomane » et des Pouvoirs garants. Le Statut de Cuza a permis le début d'un processus de profondes transformations dans l'organisation de l'appareil de l'État et implicitement la création de nouvelles réglementations législatives tant dans l'organisation administrative territoriale que dans l'exécution de la loi dans les domaines les plus importants de l'activité administrative ; cela en concordance avec les demandes propres à l'organisation d'un État moderne. Ainsi, outre que le Statut renforçait les droits du pouvoir exécutif au détriment du législatif, ses dispositions permettaient également la création de nouvelles institutions dont : le Sénat (le Parlement de la Roumanie devenant ainsi bicaméral), le Conseil d'État (lequel élaborait des projets de lois sur la base des propositions venues de Cuza), une nouvelle loi électorale, qui, même si elle maintenait le vote censitaire, permettait à la majorité des citoyens de sexe masculin d'obtenir le droit de vote.

[2] Certaines dispositions relatives à la fonction publique ressortent notamment de la loi électorale de 1864, dont les dispositions de l'article 26 précisent que le mandat de député était « incompatible avec les fonctions de ministre, de membre de la Cour de Cassation, de procureur auprès des Cours d'appel et tribunaux, de directeurs et chefs des sections qui peuvent exister dans les ministères et les préfectures, de préfet et sous-préfet, de chefs et commissaires de police, ainsi que de militaires dans le service actif ». Lorsqu'un député acceptait une fonction publique salariée, il était *de jure* considéré avoir démissionné de sa qualité de député [Iorgovan (A.) et Gilescu (V.), *op. cit.*, p. 302].

[3] La Roumanie est devenue Royaume, le 10 mai 1881.

[4] Carol I, le deuxième fils du prince Carol-Anton de Hohenzollern-Sigmaringen, gouverneur de la province de Rhénanie et de la princesse de Baden, Josefina-Frederica-Luisa. Après l'abdication de Cuza, et vu le grand péril que représentaient pour le peuple roumain, l'Empire Ottoman, ainsi que l'Autriche et la Russie (lesquels souhaitaient l'annulation de l'Union de 1864), le Parlement de la Roumanie avait voulu nommer comme suzerain des Principautés Roumaines Unies d'abord « son Altesse Royale Philippe I, comte de Flandre et duc de Saxonia », frère du roi Léopold II de Belgique. Cependant, du fait des profonds mécontentements que cette proposition avait provoqués, le Gouvernement belge fit part du refus du comte Philippe de Flandre d'accepter cette offre venant de la Roumanie. À la suite de ce refus, l'État roumain décida de proposer la Couronne du pays au prince Carol-Ludovic de Hohenzollern, lequel accepta par principe la proposition, une réponse définitive ne devant être donnée qu'après consultation préalable du chancelier de Prusse, Otto von Bismarck, et de l'empereur Guillaume Ier [Voir, Nicolescu (N.), *op.cit.*, p. 24 et ss., Mamina (I.), *Monarhia constituţională in România, 1866-1938 (La monarchie Constitutionnelle en Roumanie, 1866 – 1938)*, éd. Enciclopedică, 2000, p. 7 et ss. ; voir aussi l'annexe n°2, p. 669].

remplacé par la première Constitution de l'histoire de la Roumanie [1], qui indiquait entre autres, en son article 132 que « dans un délai des plus brefs [allaient être] élaborées des lois spéciales concernant :

- la décentralisation administrative ;
- la responsabilité des ministres et autres agents du pouvoir exécutif ;
- (...)
- les conditions d'admissibilité et d'avancement dans les fonctions de l'Administration publique ».

Ces actes normatifs relatifs à la fonction publique, dont le caractère impératif était reconnu et approuvé à l'unanimité par la classe politique, n'ont pourtant pas été adoptés. Le débat sur leur projet a été tout simplement remis, puis « oublié ».

Dans la seconde moitié du XIXe siècle, des dispositions concernant la Fonction publique ne ressortaient donc qu'incidemment de différents actes normatifs, dont les lois d'organisation administrative, départementale et communale (particulièrement celles de 1874, 1882 et 1884), ou les lois relatives à l'organisation de l'Administration de l'État. Cette dernière était décrite comme un appareil administratif centralisé, bureaucratique, avec des hiérarchies administratives strictes. Ainsi, on y apprend que l'appareil d'État était formé principalement de ministres, préfets, sous-préfets ou maires, dont les conditions de nomination, ainsi que leurs responsabilités, étaient, réglementées par le législateur [2].

18. Imitation des formes sans fond. La nouvelle génération d'hommes politiques de 1866 a fait l'objet de critiques pour avoir introduit ce que la doctrine de l'époque appelait des « formes sans fond » [3] : « nos institutions modernes ne forment qu'un simple changement de décor, un phénomène de mimétisme social, sans aucune résonance dans l'âme roumaine (... ;) ce sont les mêmes anciennes habitudes qui sont restées en vigueur, en conséquence nous n'avons pas réussi à avoir un État de légalité » [4]. En effet, ni la nouvelle Constitution, ni les nouvelles lois, ne connaissaient une application pratique.

Dans le même esprit, le Roi Carol Ier, dans une lettre du 27 janvier 1870 publiée dans le *Algemeine Augsburger Zeitung* [5], faisait également

[1] La Constitution précisait, dans son premier article du titre I, que « *Les Principautés – Unies - Roumaines constituent un seul État indivisible, sous l'appellation de Roumanie* », toujours en référence seulement à la Moldavie et Valachie. Ce n'est qu'avec la Guerre d'Indépendance de 1877, qui a fait partie de la grande Guerre russo-turque (1877 -1878), que la Roumanie a cessé d'être un État satellite de l'Empire Ottoman.

[2] Firoiu (D.) et Marcu (L.), *op.cit.*, p. 80.

[3] Negulescu (P.), *Tratat de drept administrativ roman (Traité de droit administratif roumain)*, éd. Atelierele Grafice ale Fundaţiei culturale « Voevodul Mihai », tome 1, 1930, p. 29.

[4] *Ibid.*, p. 30.

[5] *Ibid.*, p. 31.

remarquer avec regret que : « Ces hommes, qui ont parfait leur éducation politique et sociale plus à l'étranger que chez eux, ont ainsi oublié les réalités de leur patrie, ils ne cherchent, aujourd'hui, rien d'autre que d'appliquer, ici, dans leur propre pays, les idées qu'ils ont apprises à l'étranger ; ils présentent leurs idées de façon utopique, sans même vérifier si elles sont appropriées ici, chez nous. Ainsi, ce malheureux pays qui s'est toujours trouvé agenouillé sous le pire des jougs est passé tout d'un coup d'un régime despotique à la plus libérale constitution. Après constatation de cette réalité, je crois que cela représente une erreur grave parce que le peuple roumain ne présente nullement les vertus civiques d'un État quasi républicain ».

La « Grande Union » de 1918 a représenté le point de départ des réformes d'uniformisation des systèmes administratifs installés dans chaque pays. Cela était aussi le cas du régime juridique des fonctionnaires publics qui différait sensiblement d'une région à une autre.

La création progressive d'un droit statutaire de fonction publique après la « Grande Union »

19. Les influences exercées par l'acte unificateur de 1918. La période, qui a suivi la « Grande Union » des territoires roumains, du 1er décembre 1918, a été marquée par une très riche activité législative et doctrinale due à la nécessité de compléter l'unité territoriale, qui venait d'être réalisée, par une unité politique, institutionnelle et administrative. Dans cet ordre d'idées, les grandes réformes destinées à moderniser et à unifier les institutions de l'État ont été orientées vers le recrutement massif de fonctionnaires qui ne jouissaient, souvent, d'aucune protection [1].

L'adoption d'une réglementation unitaire pour la Fonction publique était donc impérative, d'autant que l'arbitraire des autorités publiques avait atteint des niveaux paroxystiques par des licenciements, remplacements, transferts ou destitutions, dépourvus de tout fondement légal [2].

* *
*

Avant 1923, chaque catégorie de fonctionnaires, appartenant à un service ou département de l'Administration publique centrale ou locale, était soumise à des règlements propres [3]. La situation était telle que certaines

---

[1] *Idem.*

[2] Negulescu (P.), *Tratat de drept administrativ (Traité de droit administratif)*, éd. Atelierele Grafice ale fundatiei culturale « Voievodul Mihai », 1925, p. 523.

[3] Le ministère de la justice fonctionnait sur la base d'un règlement relatif à son service intérieur qui datait du 9 mars 1882 [Negulescu (P.), *op. cit.*, p. 523].

catégories de fonctionnaires, qui jouissaient de stabilité légale, cohabitaient avec d'autres, qui ne bénéficiaient d'aucune garantie juridique [1]. Dans ce contexte des voix, de plus en plus nombreuses, se sont fait entendre au sein d'un mouvement doctrinal favorable à la promulgation d'une loi unique, qui uniformise la réglementation relative à la situation juridique de l'ensemble des fonctionnaires publics de l'État.

Le professeur Anibal Teodorescu évoquait en 1920, lors d'une Conférence organisée à la Fondation Carol Ier, la nécessité de rédiger un statut réglementant l'ensemble de la Fonction publique [2]. Le professeur Teodorescu argumentait cette nécessité par l'importance, « d'une part, d'empêcher l'arbitraire des organes politiques, et de mettre fin à l'état d'insécurité dans lequel les fonctionnaires des Administrations centrale et locale se trouvent, et d'autre part, de renforcer la garantie d'un meilleur accomplissement des attributions qui incombent, au sein des Services publics, au personnel fonctionnaire » [3].

Le professeur Paul Negulescu a aussi défendu un point de vue similaire, lorsqu'il avait relevé que : « nos politiciens ont parfois tendance à faire usage des institutions et des Services publics, lesquels, alors que destinés à satisfaire les intérêts généraux, sont déviés de leur but initial et leurs moyens utilisés pour la réalisation d'intérêts personnels ou de partis » [4]. Par l'intrusion du politique dans la sphère administrative, « l'activité propre des services publics est empêchée de se réaliser ; le personnel quant à lui est démoralisé par ces interventions et agissements fondés seulement sur des considérations politiques qui créent des postes de sinécures pour les protégés des partis (...) ou à la demande expresse du « Club politique », procèdent à des nominations dans des postes de direction, dans l'Administration, des postes qui ne peuvent aucunement être confiés à des personnes sans aucune préparation ou sans moralité » [5].

En 1922, le professeur Teodorescu publiait, dans le premier numéro de la revue *L'Archive pour la science et la réforme sociale* [6], une nouvelle étude consacrée à la nécessaire uniformisation de la législation relative au régime

---

[1] *Idem.*

[2] Conférence organisée sous les auspices de l'Institut Social Roumain [Vermeulen (J.), *Curs de drept administrativ – teoria funcției publice (Cours de Droit Administratif – la théorie de la fonction publique)*, éd. Faculté de droit de l'université de Bucarest, 1947, p. 81].

[3] *Ibid.*, p. 81.

[4] Negulescu (P.), *op. cit.*, 1930, p. 98.

[5] *Ibid.*, p. 98.

[6] Teodorescu (A.), *Statutul integral al functionarilor publici (Le statut intégral des fonctionnaires publics)*, *Revue Arhiva pentru stiinta si reforma sociala*, 1922, n°1, pp. 68 - 76.

juridique des fonctionnaires [1]. Cette uniformisation paraissait d'autant plus urgente que les fonctionnaires des derniers territoires annexés à la Roumanie en 1918, l'Ardeal et la Bucovine, bénéficiaient déjà auparavant d'un pareil Statut [2]. De plus, l'adoption d'un statut unitaire devait servir autant, sinon plus, à l'État et au citoyen qu'aux fonctionnaires [3]. Le Professeur Teodorescu évoquait au moins trois catégories de raisons pour justifier la nécessaire adoption d'une loi unitaire en matière de fonction publique : l'unification du régime légal [4], la limitation des abus et le manquement aux obligations professionnelles [5]. Le statut devait déterminer et indiquer, selon cet auteur, les moyens de coercition que l'État était en droit d'utiliser pour obliger ses fonctionnaires à un exercice professionnel de leurs attributions. Reste que la « Grande Union » des territoires roumains exigeait d'abord l'adoption d'une Constitution qui reflète la nouvelle condition politique de la Roumanie.

20. La Constitution de 1923 et les prémisses d'un statut des fonctionnaires. La « Grande Union » de 1918 a marqué non seulement l'union des territoires roumains, mais aussi l'occasion pour le législateur constitutionnel de démontrer un véritable suivi des débats, à la fois politiques et doctrinaux, à l'égard de la modernisation de l'État roumain.

---

[1] À cet effet, le Professeur Teodorescu évoque le statut « comme une garantie contre l'instabilité des normes de droit qui gouvernent la situation des fonctionnaires (...) le souvenir des temps où à la suite de l'existence de seulement deux partis politiques de gouvernement dont l'accès au pouvoir était assuré selon le principe « chacun son tour », d'une part et, du système de vote restreint d'autre part, il y avait deux groupes de fonctionnaires : certains qui fonctionnaient effectivement et d'autres qui attendaient l'arrivée au pouvoir de leur parti », Teodorescu (A.), *op. cit.*, 1922, p. 69.

[2] Teodorescu (A.), *Curs de drept administratif (Cours de droit administratif)*, Faculté de droit de Bucarest, 1940, p. 171.

[3] On retrouve une position similaire notamment chez Léon Duguit, qui précise qu'il « ne faut jamais perdre de vue que ce qui fait le fonctionnaire, c'est qu'il est compris dans les cadres permanents du service établis par la loi (...) ; les prérogatives qui lui appartiennent et les charges qui lui sont imposées ne sont point individuelles (...), elles sont d'ordre général, établies par la loi, non dans l'intérêt du fonctionnaire, mais dans celui du service » [Duguit (L.), *Traité de droit constitutionnel*, éd. Boccard, 1930, p. 104].

[4] Requise particulièrement pour les nouveaux territoires joints à l'époque à la Roumanie (voir la Grande Union du 1er décembre 1918).

[5] Profitant de la stabilité gouvernementale relative et donc de la formation professionnelle insuffisante des ministres et des secrétaires généraux, ainsi que de l'absence d'un budget, les fonctionnaires des bureaux des différents ministères avaient transformé le système d'avancement en une vraie compétition. Voir l'exemple « des secrétaires généraux des ministères qui s'opposaient de toutes leurs forces à la décentralisation de tel ou tel service public, et ce, seulement parce qu'ils ne pouvaient pas concevoir qu'une attribution leur soit retirée et leur armée de fonctionnaires se dissiper ; ou encore le cas des directeurs des différents ministères qui essayaient de s'opposer à la mise en exécution de certains textes de loi sous prétexte de n'avoir pas été consultés lors de leur adoption » [Teodorescu (A.), *op. cit.*, 1922, pp. 71-72].

Suivi certifié par ailleurs par l'article 8 de la Constitution de 1923 [1] *via* lequel le législateur constitutionnel avait non seulement rangé parmi les principes fondamentaux de la Constitution les principes de non-discrimination et d'égalité des citoyens devant la loi, mais il avait aussi imposé la nationalité roumaine comme critère impératif d'accès dans « les fonctions et organismes publics, civils et militaires » [2]. Par la suite, le législateur constituant a, par la même occasion, précisé que « des lois spéciales [allaient] déterminer le Statut des fonctionnaires publics ».

Toujours est-il que le premier Statut des fonctionnaires doit son adoption non seulement à la volonté du constituant, mais aussi au militantisme doctrinal et celui des syndicats des fonctionnaires [3] et des fonctionnaires. À titre d'exemple, la grève générale déclenchée spontanément en 1923 par les fonctionnaires publics et judiciaires pour réclamer l'uniformisation des règles relatives au régime juridique des fonctionnaires.

Même si la grève des fonctionnaires des années 1920 était condamnable, tant légalement que déontologiquement - si l'on considère la vocation des services publics de se trouver en permanence à l'écoute de l'intérêt général -, jamais une grève « n'a été saluée avec plus d'enthousiasme et de reconnaissance envers ceux qui se sont sacrifiés : qu'il s'agisse de grands magistrats ou de plus humbles fonctionnaires, parce que tous étaient des fonctionnaires » [4].

21. L'adoption du premier Statut des fonctionnaires publics. Grâce à ces grands penseurs et juristes roumains, et à l'esprit de sacrifice des fonctionnaires de l'époque, la Roumanie peut donc « s'enorgueillir » [5] de s'être trouvée parmi les premiers États européens, à adopter une loi qui a permis l'uniformisation du régime juridique applicable aux fonctionnaires par le biais d'un Statut des fonctionnaires publics [6]. État de riche tradition, doctrinale et jurisprudentielle, en droit de la fonction publique, « curieusement » la France, soulignait à l'époque la doctrine publiciste

---

[1] Publiée dans le Journal Officiel n°282 du 29 mars 1923. Cette Constitution remplaçait celle de 1866, afin d'assurer, à la suite de la grande unification de la Roumanie de 1918, l'uniformité institutionnelle et politique sur le territoire de tout le pays.

[2] Article 8, Constitution de 1923 : « il n'est admis au sein de l'État aucune différence de naissance ou de classe sociale. Tous les Roumains, sans différence d'origine ethnique, de langue ou de religion sont égaux devant la loi. Ils sont censés contribuer aux impôts et aux obligations publiques. Seuls les Roumains sont admis dans les fonctions et organismes publics, civils et militaires. Des lois spéciales détermineront le Statut des fonctionnaires publics ».

[3] Les syndicats des fonctionnaires avaient aussi rédigé une ébauche de projet statutaire qui comptait 76 articles [Negulescu (P.), *op. cit.*, 1925, p. 522].

[4] Vermeulen (J.), *op. cit.*, p. 73.

[5] Vermeulen (J.), *op. cit.*, pp. 70-83 ; Teodorescu (A.), *op. cit.*, 1940, pp. 162-183.

[6] Parmi les États, ayant déjà adopté à cette époque un Statut relatif aux fonctionnaires publics, peuvent être mentionnés l'Italie (1908) ou l'Espagne (1912).

roumaine, ne s'était pas encore munie d'un statut unique, et ce, malgré de nombreux projets [1].

En dépit de ses imperfections, mises régulièrement en évidence par la doctrine et la jurisprudence roumaines, le Statut des fonctionnaires adopté le 19 juin 1923 a représenté le point de départ de la construction des fondements du droit roumain de la fonction publique. Ainsi, afin de mettre fin aux débats doctrinaux et jurisprudentiels de l'époque concernant les catégories de personnels du secteur public, qui détenaient ou non la qualité de fonctionnaire, le législateur a, dès le premier article du Statut, défini les fonctionnaires comme étant « des citoyens roumains sans différence de sexe, qui accomplissent un service public permanent (civil et ecclésiastique) de l'État, dans un département, une commune ou dans les institutions où le budget est soumis à l'approbation du parlement, du gouvernement ou à des conseils départementaux et communaux » [2]. Toujours est-il que, si le législateur de l'époque avait effectivement défini la notion de fonctionnaire public, il n'avait en revanche pas défini celle de fonction publique.

Certains auteurs ont essayé de combler cette lacune en précisant que, par la fonction publique, il fallait comprendre « une complexité de pouvoirs et des compétences organisés par la loi pour satisfaire l'intérêt général ; par conséquent, la fonction publique est occupée par un titulaire, personne physique qui, par l'exercice des pouvoirs dans les limites des compétences attribuées, ne fait que suivre l'objectif pour lequel la fonction publique a été créée » [3]. Si le législateur n'a pas défini la fonction publique, il a, en revanche, indiqué les catégories de fonctionnaires placées hors dispositions statutaires, à savoir les fonctionnaires occupant des fonctions politiques et électives, les épiscopats (structures religieuses), les fonctionnaires des corps législatifs, les étrangers nommés par contrat.

L'apport essentiel de ce premier Statut reste toutefois la consécration du principe de stabilité [4]. Doté pour la première fois de force juridique [1], le

---

[1] Cela d'autant plus que le droit français a représenté une éternelle source d'inspiration et de réflexion pour les juristes roumains.

[2] Cette définition a fait couler à l'époque beaucoup d'encre : la doctrine « reprochant au législateur tant la formule « civile et ecclésiastique » qui était restrictive (professeur Jean Vermeulen), que la mention du « contrôle budgétaire ...» ; en effet, il y a eu des mises en garde pour attirer l'attention du législateur au sujet des établissements d'utilité publique, car ce n'était pas parce que leur budget était élaboré et approuvé par l'une ou l'autre des institutions mentionnées dans ledit texte de loi, qu'ils cessaient d'être soumis à un régime de droit privé.

[3] Le Professeur Paul Negulescu allant jusqu'à considérer que, par l'exercice de la puissance publique, chaque fonction représente une fraction de l'État, l'ensemble des fonctions publiques formant l'État [Negulescu (P.), *Tratat de drept administrativ (Traité de droit administratif)*, éd. Institutul de arte grafice Marvan, 4e éd., 1934, p. 531].

[4] « Les fonctionnaires publics « définitifs » de toutes les catégories de fonctions, à l'exception de ceux qui, par la Constitution ou par d'autres lois spéciales, sont déclarés inamovibles, jouiront désormais de stabilité dans leur fonction » (article 7 du Statut de 1923).

principe de stabilité protégeait donc les fonctionnaires titulaires contre les éventuelles mesures discrétionnaires de la part de leurs supérieurs, comme le risque d'être transférés, sanctionnés ou remplacés, sans consentement et/ou un besoin impératif pour la continuité du service public.

Le statut des fonctionnaires de 1923 a d'abord le mérite d'avoir consacré, pour la première fois, un principe voué à protéger les fonctionnaires publics contre l'arbitraire et les immixtions politiques. Ensuite, celui d'avoir précisé les conditions requises pour se porter candidat à une fonction publique, ainsi que les obligations, et les interdictions/ restrictions et les droits des fonctionnaires publics. La consécration des obligations comme la loyauté, l'obligation de soumission aux ordres reçus des supérieurs (tant qu'ils n'étaient pas illégaux) [2] et l'obligation de « conscience professionnelle », ou de restrictions comme le domicile du fonctionnaire [3], le droit d'association [4] ou le cumul des fonctions [5], marque la naissance de nombreux principes déontologiques.

---

[1] Cette précision du législateur est due notamment à la multiplicité et à la diversité des lois spéciales, qui qualifiaient à l'époque certaines catégories de fonctionnaires, de « définitifs dans leurs fonctions ». C'est le cas de la loi pour l'organisation des finances de l'État (modifiée en 1919), qui prévoyait que les fonctionnaires, ayant un salaire d'au moins 400 lei, étaient considérés « stables et donc définitifs, dans leurs fonctions » [Vermeulen (J.), *op. cit*, p. 116].

[2] Article 13 du Règlement d'application du Statut de 1923.

[3] Lequel devait obligatoirement habiter dans la commune où il exerce sa fonction (article 10 du Statut de 1923).

[4] Articles 24 et 26 du Statut de 1923.

À cet effet, une question, longuement débattue par la doctrine roumaine de l'époque, concernait le droit de faire la grève, lequel n'était pas reconnu aux fonctionnaires publics. La loi Orleanu du 20 décembre 1909 interdisait en effet, notamment dans la fonction publique, l'affiliation des agents (fonctionnaires, ouvriers ou cadres) à des syndicats et associations, que ce soit dans des départements, des communes ou des établissements publics, ou de participer à une manifestation publique quelconque organisée par une association professionnelle, sans qu'elle n'ait été autorisée.

Cette interdiction de l'État fait suite à un malheureux événement, lorsqu'un ex-Premier Ministre de l'époque, Ion Bratianu, a été gravement blessé par un coup de feu tiré par un travailleur de C.F.R. (Les Voies Ferrées Roumaines) ; selon les résultats de l'enquête, l'auteur de l'attentat était membre actif d'une association professionnelle, qui s'appelait « Syndicat des travailleurs », dont l'orientation était plutôt politique, voire socialiste ou communiste [Teodorescu (A.), *op. cit.*, p. 296].

Par conséquent, les syndicats étaient alors considérés comme des « foyers d'agitation révolutionnaire ». La sanction, pour participation à une grève, était la destitution, pure et simple, des participants, ouvriers ou travailleurs, alors que les instigateurs risquaient, en plus, « une privation de liberté qui allait d'un mois à deux ans ».

L'interdiction de faire la grève fut donc reprise également par les dispositions statutaires, voir l'article 30 et les articles suivants du Statut de 1923, lesquels précisaient que « le fait d'avoir comploté ou préparé une grève représentait un délit ».

La doctrine justifiait l'interdiction du droit à la grève par la vocation des Services publics, qui concernait surtout l'accomplissement des intérêts publics généraux, lesquels devaient primer sur les intérêts personnels.

[5] Article 13 du Statut.

Enfin, le mérite d'avoir précisé, outre les conditions et la procédure de recrutement, d'avancement, de mobilité et de sortie de la fonction publique, les hypothèses de responsabilité des fonctionnaires [1].

22. Les statuts généraux ultérieurs. En vigueur jusqu'aux années 40, le statut des fonctionnaires de 1923 a été abrogé le 8 juin 1940 par un « Code de conduite des fonctionnaires publics », lequel a été abrogé, six ans plus tard, par le Statut des fonctionnaires du 22 septembre 1946.

Le remplacement du Statut des fonctionnaires de 1923, par le Code de conduite du 8 juin 1940, puis par le Statut des fonctionnaires du 22 septembre 1946, ne doit pas être compris comme une dénégation des principes consacrés par le premier statut, mais comme un essai de renforcer certains aspects de la carrière et de la responsabilité des fonctionnaires, dont le fondement juridique, les conditions d'admissibilité, les droits politiques ou les sanctions disciplinaires.

Toujours est-il que l'abdication du roi Mihai I[e] [2] et l'instauration du régime socialo-communiste de 1948, ont eu comme conséquence l'abrogation du Statut des fonctionnaires par le décret n°418 du 16 novembre 1949 portant abrogation de certaines lois et décrets [3]. Dès lors, les rapports de fonction publique ont été soumis aux dispositions du premier Code de travail de l'histoire du droit roumain, adopté le 8 juin 1950.

Pendant le communisme, les fonctionnaires roumains ont donc juridiquement été assimilés aux salariés et recrutés sur la base de contrats

---

[1] Ces réglementations feront l'objet de notre analyse lors des différents chapitres de cette étude, les notions en question étant retenues en tant que défis pour la modernisation de la Fonction publique d'aujourd'hui.

[2] Après avoir des années durant tenté d'accaparer le pouvoir, le Parti Communiste, soutenu par l'URSS força, le 30 décembre 1947, le Roi Mihai I[e] à signer le document d'abdication présenté par deux des figures marquantes du Parti Communiste, Gheorghe Gheorghiu Dej (futur président de la République populaire de la Roumanie) et le Dr. Petru Grozea, Président du Conseil des Ministres. Selon les historiens, en fait, le sort de la Roumanie avait déjà été scellé par des accords secrets, lors de la Conférence des Trois Grands Pouvoirs, qui a eu lieu à Téhéran, du 28 novembre au 1er décembre 1943.

Ces faits se sont concrétisés lors d'une autre Réunion à Moscou, le 09 octobre 1944, lorsque Churchill a proposé à Staline l'Accord de pourcentage ; c'est-à-dire le partage de l'Europe de l'Est et du Sud-Est dans des sphères d'influences ; et où le « Kremlin » aurait eu une influence déterminante sur l'avenir de la Roumanie. Voici donc, encore une fois, ce pays victime des intérêts des grands pouvoirs du Monde. Le 28 mai 1948, le Conseil de Ministres de la République populaire de la Roumanie a décidé de retirer, au Roi Mihai I[e] ainsi qu'aux membres de la famille royale la citoyenneté roumaine [Voir Manea (M.) et Teodorescu (B.), *Istoria României, de la 1921 la 1989 (L'Histoire de la Roumanie, dès 1921 à 1989*), éd. Didactique et Pédagogique, 1998, p. 361 et ss. ou Nicolescu N., *op. cit.*, pp. 52 et ss.].

[3] Article unique : « Ayant en considération qu'un nombre important de lois et de décrets adoptés avant le 13 avril 1948 ont été abrogés à la suite de la transformation successive de la structure étatique et de notre droit sur la base de l'article 105 de la Constitution de la République populaire Roumaine ... ».

individuels de travail. Certaines des dispositions de ce dernier ont toutefois permis la survie d'un droit informel de la fonction publique.

b. La survie informelle du droit de la fonction publique pendant le communisme

23. L'installation du régime communiste. « La Révolution populaire roumaine du 23 août 1944 a constitué le point de départ des profondes transformations politiques et sociales de l'État roumain » [1]. Ces transformations ont abouti après l'abdication forcée du Roi Mihai I^e^, le 30 décembre 1947, à l'instauration d'un régime socialo-communiste [2].

La prise du pouvoir par le Parti Communiste Roumain (PCR) et la proclamation de la République Populaire de la Roumanie ont marqué « la suppression totale de la monarchie constitutionnelle (...) et le début du pouvoir communiste » [3]. Dès 1948, débute donc la centralisation de toutes les structures de l'État [4]. Le but poursuivi visait l'installation d'un pouvoir ferme, mais non avoué, du prolétariat, en donnant libre cours à la volonté exprimée et aux intérêts recherchés par tous les travailleurs sur le territoire de l'État [5]. La classe ouvrière, devenue la classe dirigeante, serait à partir de ce moment la seule et l'unique représentante, l'essence même, du régime communiste de pleins pouvoirs (dictatorial).

L'instauration du régime communiste a rendu nécessaire l'adoption d'une nouvelle Constitution, le 13 avril 1948, dont les dispositions consacraient l'instauration du pouvoir du prolétariat. Ce dernier était fondé sur l'idéologie

---

[1] Ionaşcu (A.) et Mureşan (M.), « Dezvoltarea ştiinţei de drept civil socialist român la 25 de ani de la declararea Republicii (Le développement de la science du droit civil socialiste roumain 25 ans après la proclamation de la République) », *RRD*, 1972, n°12, p. 18.

[2] Après la Seconde Guerre Mondiale, « les Soviétiques encouragèrent le coup de force du parti communiste local pour parachever la mise en place de dictatures communistes dans la totalité des pays qu'ils avaient libérés du joug nazi et fasciste (...;) plus aucune rai de lumière ne filtrait à travers le rideau de fer : la nuit stalinienne glaçait l'Europe de l'Est » [Kahn (S.), *Histoire de la construction de l'Europe depuis 1945*, éd. PUF, 2011, p. 43].

[3] Nicolescu (N.), *op. cit.*, p. 53.

[4] La période de la fin de l'année 1947 jusqu'en 1989 peut pratiquement être divisée en trois étapes : a) 1948 - 1964, période de la prise en charge, de l'organisation et de la consolidation du pouvoir par les communistes, dans le cadre d'une stalinisation à résonance spécifique ; b) 1965-1974, période de relative relaxation ; c) 1974 - 1989, période du régime de Ceauşescu.Voir Manea (M.) et Teodorescu (B.), *op. cit.*, p. 372 et ss.

[5] Ionescu (R.), *Curs de drept administrativ al Republicii Populare Române (Cours de droit administratif de la République populaire de la Roumanie)*, éd. Didactică si Pedagogică, 1960, p. 8.

de la lutte des classes [1], laquelle était incompatible avec l'idée d'un droit à la carrière des fonctionnaires publics [2].

24. Spécificités linguistiques. Pendant le communisme, les expressions « fonction publique » et « fonctionnaire public » ont été remplacées par les syntagmes « fonction d'État » et « fonctionnaire d'État ». La fonction d'État était définie comme « l'ensemble des droits et obligations, qui incombe à une personne investie d'une fonction d'État à caractère permanent, et qui, dans l'exercice de ses attributions, fait usage de la puissance publique » [3].

Pour un régime politique où le fonctionnaire ne jouissait plus d'un régime juridique distinct de celui des salariés, l'identification parmi les caractéristiques de la fonction d'État des caractères identiques à la fonction publique « d'hier et d'aujourd'hui » est intéressante. D'autant que la fonction d'État était une institution juridique, qui impliquait l'exercice du pouvoir d'État ou un concours quelconque de ce dernier à la réalisation du pouvoir d'État et dont le caractère spécifique était la continuité et l'acte d'investiture [4]. Ce dernier pouvait être réalisé soit solennellement [5], soit par la simple conclusion du contrat de travail. À la continuité et l'investiture, s'ajoutait un dernier caractère, qui était la permanence dans la fonction d'État.

Par suite, si la doctrine bourgeoise du début du XXe siècle avait défini le fonctionnaire public comme « la personne qui, en échange d'une rémunération déterminée, collabore de manière permanente à un service public dépendant de l'autorité administrative » [6], sous le régime communiste, le fonctionnaire d'État était « la personne physique légalement investie par

---

[1] Dans le chapitre introductif de la Constitution de 1952, il est mentionné que : « La République populaire de la Roumanie est un État qui appartient aux travailleurs tant des villes que des villages. La République populaire Roumaine a pris naissance à la suite de la victoire historique de l'Union Soviétique sur le fascisme allemand et à la libération de la Roumanie par la glorieuse Armée Soviétique, libération qui a donné la force au peuple travailleur, avec en tête la classe ouvrière dirigée par le Parti Communiste, de démolir la dictature fasciste, de détruire le pouvoir des classes exploitantes ; et donc de construire un État de démocratie populaire, qui corresponde totalement aux intérêts et aux attentes des masses populaires de la Roumanie ».

[2] Neagu (N.), *Natura juridica şi etică a funcţiei publice (La nature juridique et l'éthique de la fonction publique*), éd. Bren, 2006, p. 107.

[3] Ionescu (R.), *Cursul de drept administrativ al Republicii populare a României (Cours de droit administratif de la République populaire de la Roumanie)*, éd. d'État Didactique et Pédagogique, Bucarest, 1960, p. 310.

[4] Toutefois, particulièrement pour les fonctions d'exécution, la loi n'impose pas la condition de l'acte d'investiture légale, mais seulement la conclusion du contrat de travail, duquel découlent également les attributions rattachées à la fonction [Iovănaş (I.), *op. cit.*, pp. 175-177].

[5] Considéré distinctement de l'acte de conclusion du contrat de travail, l'acte d'investiture était suivi par la conclusion d'un contrat de travail.

[6] Teodorescu (A.), *Drept administrativ (Droit administratif)*, éd. Universitatea Bucuresti, 1926, p. 210.

l'acte unilatéral de volonté d'un organe d'État, dans une fonction d'État, pour une durée pas obligatoirement permanente, en échange d'une rémunération » [1].

De l'analyse comparée des deux définitions, il ressort que l'acte d'investiture [2], la continuité [3], la rémunération [4] sont spécifiques tant à la Fonction publique de carrière (sous la monarchie) que de l'emploi (sous le communisme).

Même si, au niveau normatif, les fonctionnaires étaient donc assimilés aux salariés, voire à la « classe ouvrière », la doctrine de l'époque, ainsi que la terminologie utilisée par le législateur chaque fois qu'il faisait référence aux fonctionnaires, mettent en évidence les éléments voués à distinguer les fonctionnaires des autres catégories d'employés, et finalement un rapprochement scientifique, à défaut d'une consécration juridique.

25. L'égalité de la classe ouvrière au cœur du premier Code du travail de 1950. Adopté par la loi n°3 du 30 mai 1950 [5], le Code du travail a d'abord privilégié la mise en application du principe « d'égalité » de la classe ouvrière, fonctionnaires publics compris.

De manière générale le Code du travail de 1950 encadrait, outre les « contrats collectifs de travail, contrats et normes de travail », aussi « la rémunération, le temps de travail et de repos, la protection au travail, les assurances sociales, la juridiction du travail », ou encore, « la responsabilité matérielle et les compensations » des salariés [6]. Ses dispositions s'appliquaient « aux employés - ouvriers et fonctionnaires » des « organes et institutions de l'État, des entreprises et organisations de l'État, des organisations de coopérative et à caractère commun » [7].

La notion d'employé désignait donc les ouvriers et les fonctionnaires. Cette distinction que le législateur opère entre les ouvriers et les fonctionnaires est juridiquement intéressante du fait qu'elle prouve que la

---

[1] Iorgovan (A.) et Gilescu (V.), *Drept administrativ şi ştiinţa administraţiei (Droit administratif et science administrative)*, éd. Universitatea Bucuresti – Facultatea de drept, 1986, p. 224 et Anghene (M.), *Elemente de drept administrativ (Éléments de droit administratif)*, éd. Pedagogica, 1958, p 126 ou Ionescu (R.), *Curs de drept administrativ al Republicii Populare Române (Cours de Droit Administratif de la République populaire de la Roumanie)*, éd. Didactica si Pedagogica, 1960, p. 310.

[2] L'acte d'investiture peut être considéré distinctement ou non de la conclusion du contrat de travail.

[3] Même les personnes recrutées à durée déterminée ont la qualité de fonctionnaires d'État, à condition qu'elles exercent leur fonction sans interruption [Anghene (M.), *op. cit.*, p. 126].

[4] Lorsque l'acte d'investiture n'est pas suivi de la conclusion d'un contrat de travail, il est possible qu'une personne occupe une fonction d'État sans être rémunérée [Iovănaş (I.), *op. cit.*, p. 176].

[5] Publié dans le Bulletin officiel n°50 du 08 juin 1950.

[6] Article 1 du Code du travail du 30 mai 1950.

[7] Article 2 du Code du travail du 30 mai 1950.

soumission aux mêmes règles que les autres catégories socioprofessionnelles n'impliquaient pas aussi l'anéantissement de leur caste [1].

26. Section spécialement consacrée aux fonctionnaires par le Code du travail de 1972. Les « changements révolutionnaires connus » [2] par l'État roumain dans tous les domaines socio-économiques de l'État ont favorisé l'adoption d'un nouveau Code du travail [3]. Par rapport au précédent le Code du travail de 1972, même s'il concernait aussi, de manière égale, « tous ceux qui [travaillaient] » [4], il ne les encadrait plus de manière collective. Effectivement, l'élément de nouveauté de ce nouveau Code réside dans le regroupement des dispositions par catégories de personnels, dont les fonctionnaires d'État. Ce qui a représenté un point de départ pour des réflexions sur la construction d'un droit spécial du travail, qui réglemente les rapports juridiques de travail propre à certaines catégories de personnels par le biais de statuts professionnels ou disciplinaires particuliers [5].

Le premier chapitre du Code du travail de 1972 a été consacré aux principes généraux qui régissent la totalité des relations sociales de travail, dont le droit et le devoir de travailler et de contribuer au développement d'une activité utile à la société [6], la garantie du droit au travail [7], la disparition progressive des différences essentielles existant entre le travail physique et le travail intellectuel. Par ailleurs, dans l'esprit du Code de 1972,

---

[1] Voir à cet effet les dispositions de l'article 8 de la Constitution du 27 septembre 1952 par lesquelles le législateur précise que « (...) le droit au repos qui est fixé par la limitation de la journée de travail à 8 heures, pour les ouvriers et les fonctionnaires (...) et par le droit à des congés annuels pour tous les ouvriers et les fonctionnaires ».

[2] Selon les rapports de l'époque, « ... l'industrie avait connu un puissant développement, l'agriculture a été socialisée avec succès, l'enseignement s'est également développé, ainsi que la science et la culture, au profit de la démocratie ouvrière, socialiste ; il a été enregistré une permanente amélioration du niveau de vie de la classe ouvrière ainsi qu'un renforcement de la cohésion du peuple, le seul maître de toutes les richesses nationales et du destin de la patrie ; l'unité monolithe des masses autour du Parti Communiste Roumain ainsi créé, représente la force politique directrice de notre société socialiste » [Ungureanu (A.), Păcuraru (V.), Ioaniţoiu (G.), *op. cit.*, *RRD*, 1973, n°6, pp. 3-14].

[3] Entré en vigueur le 1er mars 1973, le Code de travail de 1972 est resté en vigueur jusqu'en 2003, lorsqu'il fut abrogé par la loi n° 53 du 24 janvier 2003 relative au code du travail.

[4] En s'adressant aux employés et aux coopérateurs, ainsi qu'aux fonctionnaires, aux scientifiques, aux gens des domaines culturel et de l'art.

[5] Popescu (A.), *Statutele profesionale si disciplinare ale personalului muncitor (Les statuts professionnels et disciplinaires du personnel ouvrier)*, éd. Facultatea de drept - Universitatea Bucureşti, 1986, p. 6.

[6] Principe qui découle de la double qualité de tous et chacun de « producteur et propriétaire du patrimoine national » (art. 1, al. 2, du Code de travail de 1972) ; les dispositions de l'alinéa 3, de l'article 5 allant jusqu'à préciser que « le travail est un devoir d'honneur pour chaque citoyen du pays ».

[7] La garantie du droit au travail a constitué « un ancien rêve de la classe ouvrière », et une permanente revendication du prolétariat. Ce droit a été pour la première fois inscrit dans la législation roumaine à l'article 19 de la Constitution de 1948.

le travail collectif représentait l'expression de la démocratie socialiste roumaine [1]. D'autres principes concernaient l'égalité de traitement entre les hommes et les femmes, ainsi que le besoin permanent d'un perfectionnement professionnel, politique, idéologique et de culture générale. Le perfectionnement professionnel était d'autant plus important que « le communisme ne [pouvait] pas se faire avec des gens incultes ou faiblement instruits ». En d'autres termes, était ainsi consacré le principe de la formation professionnelle continue.

Le premier Code du travail de 1950 a donc abrogé le cadre juridique statutaire de la fonction publique construit minutieusement dans les dernières quarante années, d'une part, et a soumis toute la main-d'œuvre du pays, celle des « travailleurs », fonctionnaires compris, aux réglementations du droit commun du travail, d'autre part. Reste que le Code du travail de 1972 surprend par une sorte d'indulgence du législateur au regard notamment de la situation juridique des fonctionnaires, non seulement par la prise en considération de l'éventualité d'un statut particulier, mais aussi par la consécration d'une section à part relative aux droits et obligations du personnel d'État (art. 58 à 61).

27. L'encadrement légal de la possibilité d'adopter des statuts particuliers. Les dispositions de l'alinéa 2 de l'article 22 consacraient la possibilité légale d'adopter des statuts particuliers pour certains secteurs où la nature spécifique de l'activité allait l'imposer. Le statut particulier pouvait traiter des questions liées aux rapports de travail, aux droits et obligations du personnel, aux critères d'encadrement et de promotion, ou encore, à la discipline au travail ainsi qu'aux responsabilités et au programme de travail [2].

Par suite, outre de réserver plusieurs articles aux personnels appartenant aux ministères et aux autres organes centraux et locaux de l'Administration d'État, de la justice ou d'autres institutions publiques, le législateur a de

[1] Principe qui découle du raisonnement selon lequel, « la pratique de l'ensemble de notre activité a démontré qu'indépendamment du niveau intellectuel et des capacités d'une personne, elle ne pourra jamais solutionner seule tous les problèmes, ou, dans le meilleur des cas, elle les solutionnera d'une manière insatisfaisante » [Ceaușescu (N.), *Raportul C.C. du P.C.R. privind activitatea partidului in timpul celui de al XIX-lea Congres du P.C.R. (Le rapport C.C. du P.C.R. concernant l'activité du parti lors du « XIXe Congrès du P.C.R.*, éd. Politique, 1965, p. 64].

[2] À cet effet, parmi les catégories, qui bénéficiaient déjà des statuts particuliers, peuvent être mentionnés les personnels : du système énergétique national, des transports, de la navigation maritime civile, de l'aviation civile, des télécommunications, de l'enseignement et de la recherche, du système médical (santé), des médias ou les personnels du système judiciaire (statut des juges, statut des procureurs ou statut des notaires).

surcroît évoqué expressément dans le Code de 1972 la possibilité pour l'avenir d'un « statut pour le personnel de l'appareil d'État » [1].

S'appuyant sur les dispositions précitées du nouveau Code du travail (1972), la doctrine s'est mobilisée pour la concrétisation, de ce qu'elle a finalement réclamé à l'État – tant sous la monarchie, que sous le communisme –, l'adoption d'un statut particulier pour les fonctionnaires de l'Administration. En guise d'argument, le Professeur Oroveanu précisait, dans les années 1980, que l'adoption d'un statut des fonctionnaires de l'Administration d'État ne devait pas être comprise, dans le contexte de l'ordre socialiste, comme la création d'une catégorie privilégiée de « gens de travail » [2], mais comme un moyen optimal de défense des intérêts généraux de la société, et ce, par une meilleure organisation et un parfait fonctionnement des services publics [3]. De manière significative, ce qui différenciait, selon cet auteur, l'ensemble des « gens du travail » de la catégorie des fonctionnaires appartenant à l'Administration d'État, c'était précisément leur « contribution à la mise en œuvre des décisions des organes d'État ». L'importance de leur activité justifiait donc l'adoption d'un statut qui réglemente de manière unitaire non seulement leurs attributions, mais aussi les « conditions spécifiques propres à l'Administration d'État, voire certaines garanties spéciales distinctes de celles générales reconnues à l'ensemble des personnels ouvriers par les dispositions du Code du travail » [4].

Le Professeur Iorgovan a même proposé de *lege ferenda* un projet statutaire concernant les fonctionnaires publics de l'Administration d'État de la République Socialiste de la Roumanie. Le projet, structuré en cinq grands chapitres, comprenant outre les dispositions générales, le recrutement, le régime juridique relatif à l'exécution de la fonction d'État et la responsabilité des fonctionnaires [5]. En attente d'une concrétisation d'un tel projet statutaire, qui, n'a finalement pas été adopté, ce sont surtout les règlements

---

[1] Ce statut n'a jamais été adopté, malgré les propositions avancées notamment par deux grands professeurs roumains, Mihai Oroveanu et Antonie Iorgovan.

[2] Expression spécifique au régime communiste pour désigner l'ensemble des personnes qui travaillaient, intellectuellement et/ou physiquement, dans un certain domaine d'activité.

[3] Oroveanu (M.), « Consideraţii privind necesitatea, principiile şi conţinutul unui statut al functionarilor din administraţia de stat (Considérations concernant la nécessité, les principes et le contenu d'un statut des fonctionnaires d'État) », *Revista Academia de studii si cercetari juridice*, 1978, n°3, pp. 269-276.

[4] À cet effet, le Professeur Oroveanu a envisagé un projet en dix chapitres. Il s'agit des dispositions générales, des conditions d'accès à la fonction d'État, de l'encadrement (recrutement) à l'Administration d'État, de la formation des fonctionnaires d'État, des garanties qui assurent un bon déroulement à l'activité des fonctionnaires, des droits des fonctionnaires, des obligations des fonctionnaires, de la responsabilité, ainsi que de certaines dispositions spéciales et un dernier chapitre consacré aux dispositions finales et transitoires.

[5] Iorgovan (A.), « Spre un statut al functionarilor publici din administratia de stat. Propuneri *de lege ferenda* (Vers un statut des fonctionnaires publics de l'Administration d'État. Propositions de lege ferenda) », *AUB*, 1985, pp. 86-88.

d'ordre intérieur (ROI) de chaque organe d'État, central ou local, qui détaillaient certaines règles à caractère particulier pour chaque institution. Les ROI étaient élaborés par chaque dirigeant après consultation des membres du Comité syndical.

Le régime juridique des fonctionnaires d'État a donc fait l'objet d'importantes réflexions doctrinales pendant le régime communiste. Ce qui prouve que le retour, après la chute du régime communiste de décembre 1989, à un régime statutaire de la Fonction publique, ne représente pas seulement la volonté de mettre définitivement un terme à tout lien avec l'ancien régime, mais aussi la conviction que le régime statutaire représente un moyen redoutable de mettre fin à l'arbitraire, à l'immixtion politique voire à l'instabilité auxquels les fonctionnaires peuvent être régulièrement exposés.

Contrairement à la discontinuité du droit statutaire de fonction publique roumain, le droit statutaire français est caractérisé par une évolution sans détour des principes consacrés dans les années 40 par les premières dispositions.

2. La continuité historique du droit statutaire de la fonction publique française

28. Les premières réflexions portant sur un encadrement statutaire de la situation juridique des fonctionnaires. L'histoire de la Fonction publique française remonte bien au-delà du XIXe siècle, au temps où l'Administration était peu étoffée et livrée, le plus souvent, aux pressions du pouvoir et à l'arbitraire [1].

Même si par un souci de compatibilité temporelle entre les deux systèmes, les périodes afférentes à l'Ancien Régime et à la Révolution ne font pas l'objet d'une analyse dans le cadre de cette étude, toujours est-il que la Déclaration du droit de l'homme et du citoyen de 1789 représente « la racine historique » du long parcours vers les fondements juridiques sur lesquels est construite la Fonction publique française aujourd'hui. Et ce, « en abolissant la vénalité » [2] et en consacrant le droit des citoyens de « demander compte à tout agent public de son administration » [3].

---

[1] Renaut (M-H), *op. cit.*, p. 4.

[2] Bourrel (R.), *Emploi public et finances publiques*, Thèse, Université Toulouse 1 Capitole, 2013, p. 136.

[3] Article 15 de la Déclaration du droit de l'homme et du citoyen.

Parmi les critiques doctrinales, voire littéraires [1] de l'époque, l'opinion de Tocqueville se démarque, tant il indiquait le favoritisme et l'arbitraire comme les maux « qui empoisonnent le recrutement et l'avancement » [2] dans la Fonction publique française du XIXe siècle. À part la Déclaration des droits de l'homme et des citoyens, le discours de Tocqueville à la Chambre des représentants du 18 janvier 1842 a été considéré par la doctrine française comme « l'élément déclencheur du mouvement de réforme » [3].

Comme en droit roumain, c'est d'abord la doctrine qui a essayé, non sans difficultés, de définir les notions de fonction publique et de fonctionnaire. Les difficultés relatives à la notion de « fonction publique » étaient dues, entre autres, aux sens différents qu'elle revêtait dans le corpus des textes normatifs de l'époque. Sa définition tenait donc « à l'extrême variété des fonctions et des conditions dans lesquelles, elles » [4] étaient exercées. Les fonctionnaires en revanche étaient décrits comme « ceux qui, ayant accepté une nomination de l'administration à un poste déterminé, [apportaient leur collaboration] d'une manière continue à la gestion de la chose publique » [5].

L'évolution de la Fonction publique française est juridiquement intéressante du fait que l'absence d'une loi statutaire n'a pas empêché le développement des principes statutaires fondamentaux, ainsi que les droits et les obligations des fonctionnaires. Par ailleurs, la mise constante en évidence de l'importance de la formation [6] et du recrutement par concours, pour la libération des fonctionnaires du poids de l'arbitraire, du clientélisme et du

---

[1] En effet, la littérature française offre des descriptions qui, même caricaturales, présentent fidèlement l'état de la fonction publique. Balzac précisait à cet effet qu'il « existe une loi désolante contre le génie administratif, la loi sur l'avancement avec sa moyenne. Cette fatale moyenne résulte des tables de la loi sur l'avancement et des tables de mortalité combinées. Il est certain qu'en entrant dans quelque administration que ce soit, à l'âge de dix-huit ans, on n'obtient dix-huit cents francs d'appointements qu'à trente ans » (Balzac (H.), *Employés*, éd. Gallimard, p. 93). Ou encore, les critiques apportées par Georges Courteline (alias Georges Moineau) à l'égard de la fonction publique, dans son roman *Messieurs les ronds de cuir* de 1883 (republié éd. de Boucher, 2006).

[2] Alexis de Tocqueville dans son discours à la Chambre du 18 janvier 1842.

[3] Renaut (M.-H.), *op. cit.*, p. 35.

[4] Berthélemy (H.), *Traité élémentaire de droit administratif*, éd. Rousseau, 1933, p. 51.

[5] Il y a des fonctionnaires de carrière : préfets, juges, professeurs, officiers et des fonctionnaires par occasion, comme les maires ; il y a des fonctions rétribuées et des fonctions gratuites ; il y a des fonctions temporaires et des fonctions viagères (...) il y a même des fonctions perpétuelles", comme les offices [Berthélemy (H.), *op. cit.*, 1930, pp. 52-53].

Pour d'autres définitions, ainsi que des analyses plus amples sur les éléments qui composent la définition des fonctionnaires : voir notamment Waline (M.), *Manuel élémentaire de droit administratif*, éd. Recueil Sirey, 1936, p. 344.

[6] Voir la proposition concernant la préparation des hauts fonctionnaires publics au sein des facultés de droit, composée de cours de droit public, d'économie politique ou de sciences financières [Renaut (M-H), *op. cit.*, p. 35].

politique [1] a favorisé l'élaboration et la mise en débats, courant le XIXe siècle, de différents projets statutaires.

Les échecs répétés, au sujet de l'adoption des projets statutaires formulés et débattus au XIXe siècle **(a),** ont privé les fonctionnaires français d'un encadrement unitaire de leur condition juridique jusqu'au milieu du XXe siècle quand, à l'adoption du statut de Vichy, fondé plutôt sur un centralisme et un assujettissement hiérarchique fort des fonctionnaires **(b)**, a succédé le Statut général des fonctionnaires de 1946 **(c)**, corrigé par l'ordonnance de 1959 **(d)**.

a. La quête d'un Statut de fonction publique

29. L'inaboutissement des différentes propositions statutaires : de Girardin à Millerand. Au XIXe siècle, à part les magistrats, les universitaires, les militaires de carrière et les corps techniques des Ponts et chaussées et les Eaux et forêts - parmi les seuls à être dotés de statuts particuliers [2] -, les fonctionnaires ne disposaient pas de statut qui garantisse « les conditions d'accès à la carrière, l'avancement et la manière dont il [pouvait] être mis fin à leur carrière » [3]. Par conséquent, les administrations proposaient des conditions de recrutement, de rémunération et de carrière différents, et ce, à travers des règlements intérieurs. Ce qui a eu comme conséquence la création de disparités qui ont favorisé « de vives jalousies [entre fonctionnaires] notamment dans le domaine le plus sensible, celui des rémunérations et des avantages de toutes sortes » [4]. Pour mettre un terme à cette diversité d'encadrements, un premier projet de loi statutaire a été proposé en 1845 par Eugène Dufour et rapporté par Saint-Marc Girardin, et dont l'adoption a été rejetée à une voix près [5]. Après la Révolution de 1848 une nouvelle proposition a été déposée « par Deslongrais et rapportée par Mortimer Ternaux » [6] ; laquelle fut également rejetée [1]. Source de grands

---

[1] Voir les propositions de Laboulaye, professeur de législation comparée, faites à la suite d'un stage en Allemagne [Renaut (M-H), *op. cit.*, p. 35].

[2] Berthélemy (H.), *op. cit.*, p. 70 et les ss. ; Sautel (G.), *Histoire des institutions publiques depuis la Révolution. Administration, Justice, Finances*, Dalloz, 6e éd., 1985, p. 338 et les ss.

[3] Leniaud (J.-M.), *L'Administration des Cultes pendant la période concordataire*, éd. NEL, 1988, p. 122.

[4] *Idem.*

[5] Rejeté par 157 voix contre 156, le projet Girardin proposait différentes modalités de recrutement, dont le concours, l'examen à la sortie d'une école spéciale, un diplôme ou un certificat d'aptitude délivré après examen spécial. Ensuite il proposait des conditions pour l'avancement, dont la condition d'avoir rempli pendant un temps déterminé le grade immédiatement inférieur ou un emploi équivalent, être porté sur un tableau d'avancement ou avoir subi un examen spécial [Leniaud (J.-M.), *op. cit.*, 1988, p. 122].

[6] *Idem.*

espoirs, l'adoption, cinq ans plus tard, de la loi du 5 juillet 1850, n'a pas non plus abouti à l'adoption des « règlements [promis] d'administration publique pour tous les services où les conditions d'admission et d'avancement n'[étaient] pas encore réglées par les lois » [2]. Cette loi a toutefois favorisé l'adoption de deux décrets, les 13 octobre et 24 décembre 1851, concernant l'organisation des corps des Pont et chaussées et des Mines [3].

En 1871, un nouveau projet de statut [4] a été élaboré et déposé par la Commission de révision des services publics. Le projet Lamy a été bloqué par le Conseil d'État [5]. D'autres propositions pour l'adoption d'une loi statutaire ont été formulées en début du XXe siècle par Georges Clemenceau en 1907 [6] ou, par Alexandre Millerand en 1920 [7]. Ce dernier a soulevé de la part de certaines associations de vives protestations, à raison des dispositions relatives aux syndicats et au droit de grève [8]. Effectivement, « durant cette période, les syndicats de fonctionnaires ont réclamé le droit syndical et refusé un statut, [tandis que] les Pouvoirs publics ont presque constamment refusé le droit syndical et voulu imposer un statut » [9]. Finalement, « il n'y eut ni droit syndical ni statut. L'équilibre des forces ne permettait pas de faire aboutir l'une ou l'autre des thèses » [10].

Les causes de ces échecs réguliers avaient une double nature : politique et technique [11]. Sur le plan politique, « le Parlement et le Conseil d'État (...) ne souhaitaient pas limiter les prérogatives ministérielles en la matière, soit par le Gouvernement qui se bornait à utiliser la possibilité d'imposer des obligations générales et statutaires aux fonctionnaires en vue de limiter leur action collective ». Sur le plan technique, cet échec était lié plutôt aux difficultés d'élaboration d'un texte commun par rapport à la diversité des

---

[1] Le projet proposait « l'instauration d'un stage de deux ans pour tout agent avant l'admission définitive, l'introduction d'un avancement au choix, l'assimilation des grades entre les agents des différents ministères et entre ces derniers et ceux des services extérieurs » [Leniaud (J.-M.), *op. cit.*, 1988, p. 122].

[2] Berthélemy (H.), *op. cit.*, p. 70.

[3] *Ibid.*, p. 70.

[4] Le projet Lamy s'était proposé de présenter un texte qui réglemente tous les aspects de la fonction publique, dont le recrutement, l'avancement, ou encore, le régime disciplinaire.

[5] Le Conseil d'État a estimé que l'adoption d'un statut de la fonction publique n'était pas possible ; seuls des règlements particuliers étaient envisageables [Renaut (M.-H.), *op. cit.*, p. 38].

[6] Plantey (A.), *Traité pratique de la fonction publique*, LGDJ, 1e tome, 1963, p. 156.

[7] Pochard (M.), *op. cit.*, p. 234.

[8] Les fonctionnaires pouvaient s'associer et leurs associations avaient la capacité accordée par les lois syndicales, mais la grève et l'incitation à la grève restaient interdites [Berthélemy (H.), *op. cit.*, p. 68].

[9] Siwek-Pouydesseau (J.), « Comment est né le statut général des fonctionnaires », *Cahiers français*, 1980, n°194,, p. 30.

[10] *Idem*.

[11] Grégoire (R.), *La fonction publique*, éd. Librairie Armand Colin, 1954, p. 15.

fonctions et des services qui, de plus, variait considérablement d'un niveau hiérarchique à un autre.

Comme le droit roumain de la fonction publique, le droit français doit aussi sa construction à certains moments historiquement définitoires, le plus souvent, qui plus est, sans le concours des assemblées élues [1].

b. L'éphémère statut de Vichy

30. Un statut dévalorisant. Le 14 septembre 1941, a été adoptée la loi relative à l'organisation des cadres des services publics et des établissements publics de l'État [2], connue aussi sous l'appellation de Statut de Vichy. Autoritaire (interdictions de grèves et des syndicats), le Statut de Vichy « distingue les fonctionnaires relevant du statut des employés dont la relation d'emploi avec l'Etat est réglée par le droit du travail » [3]. Effectivement, tous « les emplois qui ne répondent pas à l'objet même du service public et tous ceux qui, par leur nature, sont analogues aux emplois privés sont occupés par des employés (... ;) les autres emplois sont occupés par des fonctionnaires » [4]. Le statut de Vichy est responsable d'une dévalorisation de l'idée même du statut, cela par « l'assujettissement total des fonctionnaires à l'autorité hiérarchique et par une série de dispositions discriminatoires intolérables » [5]. En effet, soucieux de l'« assujettissement du fonctionnaire à l'Etat et d'affirmation de l'autorité hiérarchique (...) [il avait] poussé au paroxysme, la logique qui avait conduit les syndicats à rejeter l'idée de statut depuis le début du siècle » [6].

Toujours est-il que, malgré les reproches formulés à juste titre à l'égard du Statut de 1941, ce dernier « semblait [toutefois] sonner le glas de la thèse statutaire » [7].

Fut abrogé le Statut de Vichy, « resté pour l'essentiel inappliqué » [8], par l'ordonnance du 9 août 1944 portant rétablissement de la légalité

---

[1] *Idem.*

[2] Loi abrogée par l'ordonnance du 09 août 1944 relative au rétablissement de la légalité républicaine sur le territoire continental.

[3] Rouban (L.), « Le statut des fonctionnaires comme enjeux socio-historique », *Revue française d'administration publique*, 2009, n°132, p. 681.

[4] L'idée de transformer en employés les fonctionnaires exerçant des attributions d'exécution « apparaissait à l'époque comme une marque de défaveur quasi injurieuse », ce qui psychologiquement était contraire aux mœurs des personnels d'État [Grégoire (R.), *La fonction publique*, éd. Librairies Armand Colin, 1954, p. 36].

[5] Bourrel (R.), *op. cit.*, p. 139.

[6] Chevallier (J.), « Le statut des fonctionnaires de 1946 : un compromis durable », *La Revue administrative,* 1996, n° spécial « Le cinquantenaire du statut de la fonction publique », pp. 7-21.

[7] *Idem.*

[8] *Idem.*

républicaine [1], quand la question d'un régime protecteur pour les fonctionnaires a été à nouveau évoquée.

c. Le véritable Statut de 1946

31. L'institutionnalisation de la Fonction publique. Au regard de l'expérience du statut de Vichy, et au lendemain de la Libération a été adoptée l'ordonnance n°45-2283 du 9 octobre 1945 relative à la formation, au recrutement et au statut, de certaines catégories de fonctionnaires. Cette ordonnance a par la même occasion prévu la création d'une Direction de la fonction publique auprès du chef du gouvernement [2].

La réforme, lancée en 1945, a abouti, un an plus tard, à l'adoption assez hâtive [3] de la première réglementation statutaire des fonctionnaires incarnée par la loi n°46-2294 du 19 octobre 1946. Les débats autour de cette loi présentent à plus d'un titre un intérêt particulier. Ainsi, si, d'après certains auteurs, « l'institution des commissions et comités paritaires marque incontestablement un rapprochement entre le droit de la fonction publique et la législation du travail dans le secteur privé » [4], d'après d'autres, « la fonction publique n'est pas un métier, une profession comme les autres » [5]. En effet, des « intérêts publics, supérieurs aux intérêts privés, sont ici en cause. L'État, au regard de ses employés, n'est pas un simple patron. Il [joue] un rôle plus important, des responsabilités plus lourdes. Il est en droit de réclamer de ses agents une discipline plus sévère » [6].

Cet acte normatif a institué un véritable Statut général des fonctionnaires, même s'il ne concernait que « les seuls fonctionnaires de l'État » [7]. À l'origine du statut de 1946, se trouve, d'une part, l'unification du régime applicable aux fonctionnaires, et d'autre part, la fin des débats doctrinaux concernant la condition juridique de ces derniers [8]. Effectivement, les

---

[1] Grégoire (R.), *op. cit.*, éd. Librairie Armand Colin, 1954, p. 127.

[2] La Direction de la fonction publique, créée en 1946 – à présent la Direction générale de l'administration et de la fonction publique (DGAFP) –, ainsi que l'École nationale d'administration (ENA) – à présent l'Institut national du service public (INSP). (http://www.ladocumentationfrancaise.fr/dossiers/fonctionpublique/chronologie.shtml, consulté le 10 août 2021).

[3] Le statut des fonctionnaires a été voté par l'Assemblée constituante de 1946 au cours de sa dernière séance et assez hâtivement [Laubadère (de) (A.), *Traité élémentaire de droit administratif*, LGDJ, 5e éd., 1970, p. 30].

[4] Gazier (F.), Commentaire de la loi n°46-2294 du 19 octobre 1946, D. 1947. 182.

[5] Rapport Fagon, Annexe, Séance 17 septembre 1946 in Chevallier (J.), « Le statut des fonctionnaires de 1946 : un compromis durable », *La Revue administrative,* 1996, n° spécial « Le cinquantenaire du statut de la fonction publique », p. 7.

[6] *Idem.*

[7] Pêcheur (B.), *Rapport sur la fonction publique*, La Documentation française, 2013, p. 19.

[8] Bourrel (R.), *op. cit.*, p. 139.

dispositions de l'article 5, précisaient que « le fonctionnaire est vis-à-vis de l'administration dans une situation statutaire et réglementaire ». Les dispositions statutaires de 1946 avaient prévu l'organisation des fonctionnaires en corps et cadre d'emplois [1], qui pouvaient comporter un ou plusieurs grades.

Juridiquement, les agents de l'État étaient divisés en titulaires et non-titulaires, sans pour autant que les normes statutaires fournissent assez d'éléments pour une délimitation précise quant au champ d'application dudit Statut [2]. Ainsi, aux termes de son premier article, le Statut s'appliquait « aux personnes qui, nommées dans un emploi permanent, sont titularisées dans un grade de la hiérarchie des cadres d'une administration centrale, des services extérieurs en dépendant ou des établissements publics de l'État. Il ne s'applique ni aux magistrats de l'ordre judiciaire, ni aux personnels militaires, ni aux personnels des administrations, services et établissements publics de l'État qui présentent un caractère industriel et commercial. Un règlement d'administration publique déterminera les éléments permettant de considérer une administration, un service ou un établissement public de l'État comme possédant, au regard du présent statut, le caractère industriel et commercial.

Outre le manque de clarté concernant le champ d'application des normes statutaires, d'autres critiques concernaient l'absence des précisions relatives à la portée et aux conditions de la titularisation dans une fonction publique. Absence que le législateur avait essayé de combler par l'adoption de l'Instruction n°2 du 1er août 1947 pour l'application du Statut général en ce qui concerne la nomination et la titularisation des fonctionnaires. Aux termes dudit acte, « la titularisation, mesure distincte de la nomination, consistait dans l'attribution d'un grade et devait, en conséquence, être répétée à chaque promotion (...) pour tout agent nommé préalablement à un emploi permanent » [3]. Dispositions qui contredisaient les précisions statutaires de l'article 45, qui définissait le grade comme « le titre qui confère à ses bénéficiaires la vocation à occuper l'un des emplois qui leur sont réservés » [4]. Il ressort de cela que la titularisation ne devait pas être confondue avec l'attribution de grade.

Le Statut de 1946 a d'ailleurs le mérite d'avoir consacré juridiquement pour la première fois la distinction du grade et de l'emploi. En effet, aux termes de l'article 134 du Statut, « en cas de suppression d'emplois permanents occupés par des fonctionnaires, ces derniers ne [pouvaient] plus

---

[1] Si, jusqu'en 1945, la notion des cadres était dominante, l'adoption de l'ordonnance du 9 octobre 1945, se trouvant à l'origine de la création des corps d'administrateurs civils et de secrétaires d'administration, a mis en avant la notion de corps. Cela notamment sur le fond des critiques relatives à la multiplication des cadres normatifs, certains n'étant créés que pour « faire une situation » à certains agents [Laubadère (de) (A.), *op. cit.*, p. 47].

[2] Roger (G.), *op. cit.*, p. 72.

[3] *Ibid.*, p. 73.

[4] *Ibid.*, p. 73.

être licenciés qu'en vertu des lois spéciales de dégagement des cadres, prévoyant notamment les conditions de préavis et d'indemnisation des intéressés ». Si la suppression d'emploi n'entraînait donc plus le licenciement du fonctionnaire, l'administration employeuse pouvait en revanche modifier à tout moment l'emploi d'un fonctionnaire, et ce, sans que ce dernier puisse invoquer un quelconque droit acquis [1].

Concernant l'organisation de la Fonction publique, les dispositions de l'article 24 ont distingué quatre catégories désignées, dans l'ordre hiérarchique décroissant et en fonction du niveau de qualification, voire de diplôme exigé, par les lettres A, B, C et D [2]. Le Statut précisait ensuite les conditions auxquelles les candidats devaient, aux termes de l'article 23, répondre pour intégrer la Fonction Publique [3].

Le Statut de 1946 a également servi de référence à l'adoption de la loi n°52 du 28 avril 1952 relative au statut du personnel des communes et des établissements publics communaux [4]. Par opposition à la fonction publique d'État, la fonction publique communale a été érigée sur des fondements d'emploi [5]. Le premier statut général des personnels des établissements d'hospitalisation publics a été adopté, quant à lui, par le décret-loi n°55-683 du 20 mai 1955 [6].

Le passage à la Ve république a engagé notamment une révision des règles statutaires adoptées sous la IVe République, afin qu'elles soient conformes à la nouvelle répartition des compétences définie par la Constitution du 4 octobre 1958.

d. La continuité du statut de 1959

32. Un Statut dans la continuité du précédent. Le Statut général des fonctionnaires de 1946 n'a pas été épargné par les changements apportés par

[1] Laubadère (de) (A.), *op. cit.*, pp. 50-51 ; Roger (G.), *op. cit.*, pp. 76-77.

[2] Laubadère (de) (A.), *op. cit.*, p. 48.

[3] Avoir la nationalité française depuis au moins cinq ans, jouir de leurs droits civiques et être de bonne moralité, ainsi qu'avoir effectué leur service militaire et remplir les conditions d'aptitudes physiques exigées pour l'exercice de la fonction.

[4] Rognard (M.-A.), *Rapport sur la fonction publique territoriale, acteur de la décentralisation, de l'aménagement du territoire et du développement local*, La documentation française, décembre 2000, p. 7.

[5] La loi du 28 avril 1952 a été intégrée dans le Code des communes (Codul administratiei comunale) - livre IV Agents publics -, depuis 1889. Les agents communaux ne deviennent pas des fonctionnaires au sens des fonctionnaires d'État : « pas de Corps (au sens du droit de la Fonction publique), généralisation du recrutement direct et du recrutement sur titre pour beaucoup d'emplois, notamment les emplois supérieurs » [Verrier (P.-E.), « Naissance du statut général de la Fonction publique territoriale », *Politiques et management public*, vol. 4 n°1, 1986. pp. 63-117, http://www.persee.fr/web/revues/home/prescript/article/pomap_0758-1726_1986_num_4_1_1882, consulté le 2 août 2022].

[6] Auby (J.-M.), Auby (J.-B.), Jean-Pierre (D.), Taillefait (A.), *op. cit.*, 2012, p. 751.

les nouvelles dispositions constitutionnelles qui ont marqué le début de la Ve République. En vertu de l'article 34 de la Constitution du 4 octobre 1958, les règles relatives aux garanties accordées aux fonctionnaires civils et militaires de l'État relèvent du domaine de la loi. Par conséquent, et afin de se conformer à la volonté du législateur constituant, le Statut de 1946 a été abrogé par l'ordonnance n°59-244 du 4 février 1959. Toujours est-il que cette dernière s'est limitée à respecter les dispositions constitutionnelles précitées, sans apporter des modifications révolutionnaires en matière d'organisation et de structure de la Fonction publique [1]. Elle a pratiquement consacré « le transfert d'une large partie des dispositions du statut de 1946, et du droit de la fonction publique en général, du domaine législatif au domaine réglementaire » [2]. En effet, dans les dix jours qui ont suivi l'adoption de l'ordonnance portant statut général des fonctionnaires publics, pas moins de six des sept règlements d'administration publique d'application de l'ordonnance avaient déjà été signés, soit le 14 février 1959.

Une nouveauté apportée par le statut de 1959 concerne l'organisation des fonctionnaires exclusivement dans des corps, c'est-à-dire « en groupes se caractérisant par la consécration et l'aptitude de leurs membres à certaines fonctions, par des conditions de recrutement communes et par la vocation à une carrière semblable » [3]. De fait, à l'organisation en corps et cadres d'emploi consacrée par les dispositions statutaires de 1946 lui a été préférée une organisation exclusivement en corps. Reste que globalement le Statut de 1959 a conduit à « réduire la portée des règles participatives énoncées en 1946 et à renforcer la hiérarchie interne » [4].

33. Le cadre statutaire de 1959 a été abrogé par les lois de la fonction publique du début des années 1980. En vertu de l'œuvre collective du gouvernement de Pierre Mauroy [5], les projets de loi de la fonction publique posaient de manière générale les droits et les obligations des fonctionnaires (1983) et divisaient la Fonction publique en trois fonctions, à savoir, d'État (1983), territoriale (1984) et hospitalière (1986).

---

[1] Si le statut de 1946 comptait 145 articles, leur nombre a été réduit à 57 articles par l'ordonnance de 1959. Ces derniers ont été divisés en huit titres consacrés notamment au recrutement, à la rémunération, à la notation et à l'avancement, et encore, et à la responsabilité et à la cessation de fonctions.

[2] C'est-à-dire le texte de l'ordonnance, qui se limitait à consacrer particulièrement des principes généraux de la fonction publique, et qui fut complété par « *de nombreux textes règlementaires* » [Plantey (A.), *Traité général de la fonction publique*, Litec, 1991, p. 9].

[3] Plantey (A.), *Réformes dans la fonction publique*, LGDJ, 1978, p. 43.

[4] Rouban (L.), « Le statut des fonctionnaires comme enjeux socio-historique », *Revue française d'administration publique*, 2009, n°132, p. 681.

[5] Verrier (P.-E.), « Naissance du statut général de la Fonction publique territoriale », *Politiques et management public*, vol. 4, 1986, n° 1, pp. 63-117, http://www.persee.fr/web/revues/home/prescript/article/pomap_0758-1726_1986_num_4_1_1882 , consulté le 2 août 2022.

L'histoire se répète si on considère qu'« à un ministre communiste - Maurice Thorez - chargé de mettre en place le système de 1946, succède un autre ministre communiste - Anicet Le Pors - chargé d'élaborer la version 1983-1984 » [1].

Le cadre statutaire des années 80 a finalement été codifié par l'ordonnance du 24 novembre 2021 portant partie législative du Code général de la fonction publique, de même le cadre statutaire roumain posé initialement par la loi n°188/1999 a été incorporé dans le Code administratif par l'OUG du 5 juillet 2019.

B. Le cadre normatif en vigueur dans les deux systèmes de droit

34. Afin de mieux cerner le champ de recherche de cette étude, la présentation de la configuration en vigueur du système roumain de fonction publique **(1)** par rapport au système français **(2)** complète utilement le tableau historique et le choix terminologique effectué *supra*.

1. Le régime *stricto sensu* de la Fonction publique roumaine

35. Les dispositions de la fonction publique roumaine reposent sur des fondements constitutionnels et légaux qui fixent non seulement le caractère statutaire de la Fonction publique, mais aussi son étendue juridique voire les différentes catégories de fonctions et de fonctionnaires publics.

36. Les fondements constitutionnels et légaux. La Constitution roumaine de 1991, révisée en 2003, précise en son article 73 (j), que « le statut des fonctionnaires publics (...) doit être réglementé par une loi organique ». Reste que les intentions du législateur constituant post-décembriste [2] de doter la Fonction publique d'un cadre statutaire n'ont connu un aboutissement qu'en 1999 ; de surcroît, le Statut des fonctionnaires publics a été adopté par ordonnance d'urgence gouvernementale et non par

[1] *Ibid.*, pp. 63-117.

[2] Expression utilisée en langage roumain pour désigner la Révolution du décembre 1989, qui a débouché sur la chute du régime communiste en Roumanie.

loi organique, comme la Constitution le dispose [1]. La loi n°188 du 8 décembre 1999 relative au statut des fonctionnaires publics [2] a été abrogée le 5 juillet 2019 lorsque son contenu a été incorporé dans le Code administratif adopté, toujours par ordonnance, à savoir l'ordonnance d'urgence gouvernementale (OUG [3]) n°57 du 3 juillet 2019. Structuré en neuf parties, le Code administratif réserve le titre 2 de la partie 6 au « Statut des fonctionnaires publics ». Le législateur y reprend donc, à quelques exceptions près, le contenu de la loi n°188 du 8 décembre 1999 relative au statut des fonctionnaires publics.

D'après les dispositions du premier alinéa de l'article 371 du Code administratif, le fonctionnaire public « est la personne nommée dans une fonction publique » [4], alors que la fonction publique représente « l'ensemble des attributions et responsabilités, établies sur la base de la loi, dans le but de réaliser les prérogatives de puissance publique [5] par [...] l'Administration publique centrale, l'Administration publique locale et les autorités administratives autonomes ...» (OUG n°57 du 5 juillet 2019 art. 369) [6]. Le mérite de la définition du fonctionnaire public est d'encadrer juridiquement l'étendue de la Fonction publique : les fonctionnaires publics sont des personnes nommées dans une fonction publique. *A contrario,* une personne, qui n'est pas nommée dans une fonction publique, mais qui exerce toute

---

[1] Le premier projet relatif à un statut général des fonctionnaires publics fut déposé au lendemain de l'adoption de la Constitution de 1991 par le cabinet de Petre Roman. Retiré l'année suivante, pour révision, par le cabinet de Nicolae Văcăroiu, le projet a été à nouveau soumis au Parlement, par le même cabinet, le 29 janvier 1993 (par la décision gouvernementale E26). Trois ans plus tard, les débats sur ledit projet n'avaient toujours pas débuté. En 1999, suite aux pressions européennes, en lien avec la candidature de la Roumanie pour devenir membre de l'Union Européenne, le cabinet Radu Vasile a « engagé sa responsabilité devant les deux chambres du Parlement réunies, le 29 novembre 1999 », et le statut des fonctionnaires publics a été adopté par ordonnance gouvernementale et non par loi organique, comme les dispositions constitutionnelles l'exigent [Iorgovan (A.), *Drept administrativ (Droit administratif)*, All Beck, 3e éd., 2001, p. 546].

[2] Publiée dans le Moniteur Officiel n° 600 du 8 décembre 1999, la loi n° 188/1999 a été republiée dans le Moniteur Officiel n° 365 du 29 mai 2007.

[3] Condurache (G.), « La procédure de recours aux ordonnances : de la lettre constitutionnelle à la pratique politique. Regards comparés entre la France et la Roumanie », *Revue Française de Droit Constitutionnel*, 2020, n°121, pp. 115-139.

[4] Ancien alinéa 2, article 2 de la loi n°188 du 8 décembre 1999.

[5] La puissance publique représente un régime juridique spécifique, conféré à l'Administration publique centrale et locale, par lequel l'intérêt public général s'impose à l'intérêt particulier [Iorgovan (A.), *Tratat de drept administrativ (Traité de droit administratif)*, All Beck, 4e éd., 2005, p. 86].

Une autre définition de la puissance publique « désigne les autorités investies de missions d'intérêt général et détenant en contrepartie de cette responsabilité des pouvoirs exceptionnels, dérogeant au droit commun – lequel repose sur un postulat d'égalité entre les sujets de droit : les prérogatives de puissance publique » [Schaegis (C.), *Dictionnaire de droit administratif*, éd. Ellipses, 2008, p. 229].

[6] Définition, qui converge avec l'opinion du Professeur Grégoire, qui désignait par fonction publique, « l'ensemble de personnels qui incarnent l'administration ».

autre fonction au sein d'une institution publique, revêt la qualité de fonctionnaire [1], et non celle de fonctionnaire public.

Au sens de l'article 372 du Code administratif [2], la totalité des fonctionnaires publics des autorités administratives autonomes ainsi que des autorités et institutions publiques de l'administration centrale et locale constitue le corps des fonctionnaires publics [3]. À la différence du droit français, le droit roumain ne connaît qu'un seul corps de fonctionnaires publics composé de l'ensemble des fonctionnaires publics de l'Administration centrale et locale ainsi que des autorités administratives autonomes. De plus, chaque fonctionnaire public est nommé dans une fonction publique, ce qui signifie qu'en droit roumain il y a autant de fonctions publiques que de fonctionnaires. De fait, il faut distinguer entre la Fonction publique en tant qu'institution, et la fonction publique en tant que poste d'investiture d'un lauréat du concours d'entrée dans la Fonction publique (institution).

Afin d'écarter les confusions par rapport aux catégories de personnels soumises au droit statutaire de la fonction publique, les dispositions statutaires indiquent tant les catégories de fonctionnaires publics qui peuvent jouir de statuts spéciaux que les catégories placées hors Fonction publique [4]. En effet, d'après les dispositions de l'article 380 du Code administratif [5], les catégories qui bénéficient de statuts spéciaux sont : les structures de spécialité du Parlement de la Roumanie, les structures de spécialité de l'Administration présidentielle, les structures de spécialité du Conseil législatif, ainsi que les services diplomatiques et consulaires, les fonctionnaires de l'autorité douanière ou encore, les fonctionnaires de police et d'autres structures du ministère de l'Intérieur. Selon le principe *specialia generalibus derogant*, pour les catégories de personnels susmentionnées, ce sont les dispositions spéciales qui prévalent. Les dispositions à caractère général du Titre II portant Statut des fonctionnaires publics du Code

---

[1] Agent public.

[2] Ancien alinéa 3 de l'article 2 de la loi n° 188 du 8 décembre 1999.

[3] La « Fonction publique » (au sens français du terme) comprend 1.267.973 d'« agents publics » (au sens, là encore, français du terme), soit environ 25% de la population active roumaine ; mais seulement environ 11% sont des fonctionnaires publics. En effet, la Fonction publique roumaine compte environ 176.471 postes de fonctionnaires publics, dont 135.510 occupés en 2022 (pour une population de 19.63 millions d'habitants). Contrairement à la « Fonction publique roumaine », la Fonction publique française compte environ 5.4 millions d'agents publics, dont 2.392.579 dans la Fonction publique d'État, 1.894.655 dans la Fonction publique territoriale et 1.161.087 dans la fonction publique hospitalière qui œuvre pour 64.9 millions d'habitants.

[4] Articles 380 et 382 de la 6e partie du 2e titre du Code administratif (anciens articles 5 et 6 de la loi n°188 du 8 décembre 1999 relative au statut des fonctionnaires publics roumains).

[5] Ancien article 5 de la loi n°188 du 8 décembre 1999 relative au statut des fonctionnaires publics roumains.

administratif ne sont donc applicables qu'en cas de vide législatif parmi les dispositions spéciales propres.

Outre les catégories de fonctionnaires bénéficiant de réglementations spéciales, le législateur roumain indique aussi, de manière exhaustive, les catégories de personnels exclues de l'application des normes statutaires et n'ayant donc pas la qualité de fonctionnaires publics. Ces catégories sont exclues *expressis verbis* de la Fonction publique roumaine. Aux termes de l'article 382 du Code administratif [1], sont exclus de l'incidence du droit de la fonction publique : les personnels contractuels salariés des autorités et des institutions publiques qui assurent des activités de secrétariat, administratives, de protocole, d'entretien, de surveillance, ainsi que les autres catégories de personnel qui n'exercent pas de prérogatives de puissance publique [2], le personnel salarié du cabinet d'une personne qui exerce une fonction de dignité publique [3] recruté sur la base de la confiance personnelle [4], le corps des magistrats [5], les enseignants [6], les personnes, nommées ou élues à une fonction de dignité publique (au niveau central ou local).

Le fonctionnaire public ne peut donc pas exister « en dehors des principes généraux du statut de la fonction publique, qui est un régime de droit public voire de droit administratif » [7]. Par la suite, les dispositions statutaires indiquent également les critères en vertu desquels les fonctions publiques et les fonctionnaires publics sont classés dans la hiérarchie de la Fonction publique.

37. Les critères de classement des fonctions publiques et des fonctionnaires publics. Les dispositions statutaires font référence à

---

[1] Ancien article 6 de la loi n°188 du 8 décembre 1999 relative au statut des fonctionnaires publics.

[2] Ces catégories de personnes n'ont pas la qualité de fonctionnaire public ; par conséquent, elles sont soumises au droit commun du travail.

[3] Fonctions publiques, qui sont occupées par mandat obtenu directement à la suite des élections organisées ou, indirectement par nomination.

[4] Lequel bénéficie d'un statut réglementé par l'Ordonnance n°32 du 30 janvier 1998 relative à l'organisation du cabinet des personnes occupant une fonction de dignité publique dans l'Administration publique centrale (ordonnance reprise et approuvée par la loi n°760 du 29 décembre 2001).

[5] Leur statut est réglementé par la loi n°303 du 28 juin 2004 relative au statut des juges et des procureurs ainsi que par la loi n°317 du 1er juillet 2004 relative au Conseil Supérieur de la Magistrature. L'exclusion *expressis verbis* des magistrats des catégories de personnel bénéficiant des dispositions statutaires du 2e titre du Code administratif (ancienne loi n°188 du 8 décembre 1999) n'a pas empêché une partie de la doctrine de s'interroger sur la qualité de cette catégorie de personnel du secteur public. Quel est juridiquement le statut des magistrats ? Sont-ils des fonctionnaires publics, des salariés ou des dignitaires publics ?

[6] La loi n°1 du 05 janvier 2011 de l'éducation nationale.

[7] Iorgovan (A.), *Tratat de drept administrativ (Traité de droit administratif)*, All Beck, 4e éd., 2005, p. 250.

différents critères pour classer les fonctions publiques, dont la nature des attributions, l'échelon administratif territorial, ou encore, le niveau d'étude requis.

Tout d'abord, si le critère relatif à la nature des attributions, de l'article 383 du Code administratif [1], divise les fonctions publiques en deux grandes catégories, à savoir générales et spécifiques [2], le critère fondé sur l'échelon administratif territorial auquel appartiennent les institutions publiques, les divise en fonction publique d'État [3], fonction publique territoriale [4] et fonction publique locale [5]. Cette dernière classification a été contestée par une partie de la doctrine, notamment parce qu'elle est considérée comme artificiellement empruntée au droit français où « la fonction publique locale ne représenterait que le parent (relativement) pauvre de la fonction publique d'État » [6].

Ensuite, en vertu de l'article 383 du Code administratif, les fonctions publiques sont regroupées selon le niveau d'études requis pour leur occupation en trois classes : classe I (niveau licence), classe II (diplôme universitaire, sans licence) et classe III (niveau baccalauréat). L'accès à la Fonction publique roumaine est donc conditionné par l'obtention d'un diplôme qui ne soit pas inférieur au niveau du baccalauréat.

Enfin, sur la base du critère relatif à la nature des attributions assignées les fonctionnaires publics ont été groupés en trois grandes catégories, dont la catégorie des hauts fonctionnaires publics, des fonctionnaires publics de direction et la catégorie des fonctionnaires publics d'exécution.

Cette dernière classification présente une importance particulière du fait qu'elle permet de parachever l'architecture du système roumain de fonction publique, sachant que les fonctions publiques appartenant aux classes II et III ne peuvent être que d'exécution. De plus, en opposition au système

[1] Ancien article 7 de la loi n°188 du 8 décembre 1999.

[2] Les fonctions publiques générales incluent les catégories de fonctions destinées à l'exercice des attributions communes à toutes les institutions et autorités publiques, alors que les fonctions publiques spéciales visent seulement l'exercice des attributions à caractère propre dans certaines institutions et autorités publiques [Vedinaş (V.), *Statutul functionarului public (Le statut du fonctionnaire public)*, éd. UJ, 2009, p. 57].

[3] Ce sont les fonctions créées au sein des ministères, des organes de spécialité de l'administration centrale ainsi qu'au sein des autorités administratives autonomes (al. 1, art. 385 du Code administratif - ancien al. 1, art. 8 de la loi n°188 du 8 décembre 1999).

[4] Ce sont les fonctions crées au sein de l'institution du préfet, des services publics déconcentrés des ministères et des autres organes de l'administration publique centrale des unités administratives territoriales (al. 2, art. 385 du Code administratif - ancien al. 2, art. 8, loi n°188 du 8 décembre 1999).

En droit public roumain, les unités administratives territoriales désignent les départements ainsi que les communes urbaines et rurales.

[5] Ce sont les fonctions créées au sein des autorités de l'administration locale et des institutions publiques qui leur sont subordonnées.

[6] Vedinaş (V.), *op. cit.*, p. 56.

français, seules les fonctions publiques d'exécution sont structurées en grades professionnels : débutant, assistant, principal et supérieur.

Contrairement à l'architecture roumaine, l'architecture du système français de fonction publique est légèrement différente, et ce, même si les deux systèmes reposent sur des fondements statutaires similaires.

2. Le régime *lato sensu* de la Fonction publique française

38. À la différence de la Fonction publique roumaine organisée en un seul corps des fonctionnaires publics, la Fonction publique française repose sur un échafaudage légal triptyque qui influe notamment sur l'organisation interne des fonctions publiques et des agents publics.

39. Les fondements légaux. De tradition statutaire, la Fonction publique française est tripartite, elle est composée de trois Fonctions publiques – d'État, territoriale et hospitalière -, chacune réglementée distinctement. Réunies sous l'appellation de *Statut général des fonctionnaires*, les quatre [1] lois qui réglementaient les Fonctions publiques françaises ont récemment été codifiées par l'ordonnance du 24 novembre 2021 portant partie législative du code général de la fonction publique. En effet, longtemps considérée comme « une arlésienne » [2], la codification des lois statutaires entrée en vigueur en mars 2022 n'est pas dépourvue de critiques. D'abord, il ne faut pas ignorer que les « agents sont d'abord intéressés par leur situation particulière et donc par les statuts particuliers et autres textes spéciaux qui leur sont applicables, textes qui ne [savent pas] trouver place dans un tel code « général » » [3]. Ensuite, ce « demi-code de la fonction publique » [4], présente, comme à juste titre le souligne le professeur Emmanuel Aubin, des « défauts structurels et une lisibilité problématique ».

Si la volonté « d'unifier la fonction publique nationale et territoriale et d'en élargir les principes à tous les agents des collectivités locales et du milieu hospitalier a empêché le législateur de donner une définition simple et

---

[1] - la loi n°83-634 du 13 juillet 1983 relative aux droits et obligations des fonctionnaires pose les règles communes aux trois Fonctions publiques ;

- la loi n°84-16 du 11 janvier 1984 relative à la fonction publique de l'État ;
- la loi n°84-53 du 26 janvier 1984 relative à la fonction publique territoriale ;
- la loi n°86-33 du 09 janvier 1986 portant dispositions statutaires sur la fonction publique hospitalière.

[2] Melleray (F.), « Le Code général de la fonction publique : une arlésiene », *AJFP*, 2019, p. 309.

[3] Melleray (F.), *op. cit.*, p. 310.

[4] Du fait que « sans partie réglementaire, un code est amputé d'une bonne partie de sa consistance et bien peu opérationnel » Aubin (E.), « Le code général de la fonction publique ou l'évanescence du statut général », *AJFP*, 2022, p. 65.

claire du fonctionnaire dans la loi du 13 juillet 1983 » [1], le CGFP décrit les fonctionnaires civils comme étant « les personnes qui sont nommées dans un emploi permanent à temps complet et ont été titularisés dans un grade de la hiérarchie administrative des administrations » respectives [2].

D'après les articles L.1 et L.2 du CGFP le « présent code définit les règles générales applicables aux fonctionnaires civils (...) et aux agents contractuels des administrations de l'Etat, des autorités administratives indépendantes et autorités publiques indépendantes, des Etablissements publics de l'Etat, des collectivités territoriales et hospitaliers ». Les dispositions de l'article L.6 du CGFP excluent de l'application des normes statutaires « les fonctionnaires des assemblées parlementaires et les magistrats de l'ordre judiciaire », les militaires, les médecins, odontologistes et pharmaciens, de même que les maîtres contractuels des établissements d'enseignement privé, ou encore le personnel des chambres d'agriculture. Par la même occasion, le législateur statutaire a aussi consacré les critères sur la base desquels les fonctions publiques et les agents publics sont groupés en différentes catégories.

40. Les critères de classement des fonctions publiques et des agents publics. Par rapport au système de Fonction publique roumaine lequel est organisé en un seul corps de fonctionnaires publics, les Fonctions publiques françaises sont, quant à elles, regroupées en plusieurs centaines de corps (Fonctions publiques d'État et hospitalière) [3] et plusieurs dizaines de cadres d'emplois (Fonction publique territoriale). Le corps ou le cadre d'emploi est défini « comme groupant les fonctionnaires soumis au même statut particulier et ayant vocation aux mêmes grades » [4].

Si dans la Fonction publique roumaine les fonctions publiques sont divisées, selon le niveau d'études, en trois classes (I, II, III), les corps et cadres d'emplois français sont regroupés, selon le même critère, en une des trois catégories hiérarchisées suivantes : catégorie A (niveau licence), catégorie B (niveau baccalauréat), catégorie C (niveau V ou V bis, c'est-à-dire : CAP, BEP, brevet des collèges ou pas de diplôme).

Contrairement au droit roumain où seules les fonctions d'exécution comportent des grades, en droit français tous les corps et cadres d'emplois, indépendamment de la catégorie d'encadrement, sont hiérarchisés en un ou

---

[1] Plantey (A.), *Réformes dans la fonction publique*, LGDJ, 1985, p. 1.

[2] Articles L.3, L.4, L.5 du CGFP.

[3] Près d'une centaine en 1946, le nombre de corps dans la fonction publique avait atteint 1500 vers la fin des années 1990. Comme l'augmentation progressive du nombre des corps a graduellement engagé des difficultés de gestion, il y a en France depuis plusieurs années une logique de diminution de leur nombre, soit par leur fusion, soit par leur suppression [Voir notamment Silicani (J.-L.), *Livre blanc sur la fonction publique*, 2008, p. 98 ; Peiser (G.), *Droit de la fonction publique*, Dalloz, 2012, p. 41].

[4] Article 29 de la loi n°84-16 du 11 janvier 1984.

plusieurs grades (selon leur statut particulier). D'après l'article L.411-5 du CGFP, le grade confère à son titulaire la vocation d'occuper un certain nombre d'emplois au sein de son corps ou cadre d'emploi. Chaque grade comporte, à son tour, un ou plusieurs échelons hiérarchisés et indiqués distinctement dans chaque statut particulier, qui ensemble forment la grille indiciaire.

Une autre particularité du système français de fonction publique, par rapport au système roumain, c'est que « les corps et cadres d'emplois de fonctionnaires sont régis par des statuts particuliers à caractère national » [1]. Les statuts particuliers doivent, en principe, être conformes aux normes à caractère général prévues par le CGFP, dont ils ne fixent que les modalités d'application.

Les dispositions de l'article L.414-3 CGFP [2] renforcent le recours à des dérogations au statut général pour les membres des corps recrutés par la voie de l'Institut national du service public [3], des corps d'enseignants et des personnels de recherche, ou encore, des corps reconnus comme ayant un caractère technique. En effet, les dispositions de l'article L.415-2 du CGFP concèdent par le biais des statuts particuliers, et après avis du Conseil supérieur de la fonction publique de l'État, la possibilité de déroger à certaines des dispositions du statut général, lorsque ces dernières ne correspondent pas aux besoins, voire missions et/ou attributions de ces corps.

* *

*

Ces multiples possibilités de dérogation aux dispositions générales confortent l'hypothèse -- formulée sur la base du principe *specialia generalibus derogant* – selon laquelle en pratique, les règles statutaires générales françaises encadrent finalement une Fonction publique, dont l'étendue juridique est similaire à la Fonction publique roumaine. Il en ressort que si presque toutes les catégories de personnels – A, B, C – du secteur public font partie de la fonction publique d'État, territoriale et hospitalière, il n'est pas certain que tous les agents de la Fonction publique française exercent *in concreto* la puissance publique.

A l'issue de ces développements, si la comparabilité des droits statutaires roumain et français ne fait aucun doute, c'est la question de l'intérêt de leur comparaison qui se pose maintenant.

---

[1] L.411-6 du CGFP (article 13 de la loi n°83-634 du 11 janvier 1984).
[2] Article 10 de la loi n°83-634 du 11 janvier 1984.
[3] L'ancienne Ecole Nationale de l'Administration (ENA)

La comparaison des droits statutaires roumain et français : un intérêt authentique

41. Le choix spécifique des exemples français et roumain de droits statutaires présente un intérêt certain d'abord par les liens historiques qui unissent les deux systèmes de Fonction publique. À cet égard, il n'est pas anodin de préciser que le « bouillonnement » réflexif du XXe siècle, au cœur duquel se sont retrouvés des juristes français, tels Berthélemy, Nézard, Duguit ou Laferrière, a été repris, comme il ressort des ouvrages de droit administratif de l'époque, par leurs confrères roumains, Negulescu, Vermeulen, Teodorescu ou Tarangul. Et ce, sans ignorer les enseignements des juristes de l'époque communiste, Iorgovan, Ionescu, Iovănaş, qui, en continuant à suivre les avancées du droit de la fonction publique française, ont, par leurs travaux, réussi à maintenir vivant les débats en la matière.

L'intérêt est de mener une réflexion générale sur l'avenir du régime statutaire de la Fonction publique, en faisant appel à des questions scientifiques oubliées, qui semblent retrouver aujourd'hui tout leur intérêt [1]. À cet égard, évoquer les traditions de la Fonction publique roumaine, sans considérer les « bouillonnements » réflexifs et jurisprudentiels français, serait comme ignorer l'influence d'une « sœur plus âgée, dotée d'une civilisation enviée quelque peu par les Roumains » [2].

La lecture des ouvrages des grands juristes roumains et français cités ci-dessus a, par ailleurs, très vite nuancé les notions de tradition et de modernisation. En effet, considérée aujourd'hui comme une modernisation de la Fonction publique, à travers les défis à relever, l'évolution actuelle des réformes en matière de sélection par concours, de déontologie, de rémunération, de formation ou de carrière, ne se différencie, de la

---

[1] Blanquer (J.-M.), « Hauriou Maurice », in Arabeyre (P.), Halperin (J.-L.), Krynen (J.), *Dictionnaire historique des juristes français. XII-XXème siècle*, PUF, 2015, pp. 516-519 ; Gaudemet (Y.), « Le droit administratif en France », *RIDC,* 1989, n°4, pp. 899-905 ; Gonod (P.), « L'actualité de la pensée de Léon Duguit en droit administratif ? », in Melleray (F.) (dir.), *Autour de Léon Duguit*, Bruylant, 2011, pp. 333-348 ; Hakim (N.), Melleray (F.), « La belle époque de la pensée juridique française », in Hakim (N.), Melleray (F.), *Le renouveau de la doctrine française*, Dalloz, 2009, pp. 1-12 ; Hauriou (M.), Mestre (A.), « L'État, le droit objectif et la loi positive, par Léon Duguit », *RDP*, 1902, tome 16, pp. 346-366 ; Jèze (G.), « De l'utilité pratique des études théoriques de jurisprudence pour l'élaboration et le développement de la science du droit public. Rôle du théoricien dans l'examen des arrêts des tribunaux », *RDP*, 1914, pp. 311-321 ; Jèze (G.), « L'influence de Léon Duguit sur le droit administratif français », *Archives de Philosophie du droit et de Sociologie juridique*, 1932, pp. 135-151 ; ; Lafferrière (F.), « De l'enseignement administratif dans les facultés de droit et d'une école spéciale d'administration », *Revue de législation et de jurisprudence*, 1849, pp. 104-136.

[2] Negulescu (P.), *Tratat de drept administrativ roman (Traité de droit administratif roumain)*, vol. II, éd. Atelierele Grafice ale Fundaţiei culturale « Voevodul Mihai », 1930, p. 35.

« modernisation » exigée par les juristes d'antan, que par le contexte socio-économique et scientifique.

Des échanges du début du XXe siècle, il ressort que le régime statutaire a été préféré au régime contractuel parce qu'il s'avère être le meilleur instrument juridique de lutte contre l'arbitraire et le favoritisme d'ordre politique, encore fortement présents, de nos jours. Ensuite, la sélection par concours représente un autre instrument juridique qui s'est, historiquement, imposé comme une garantie contre les nominations discrétionnaires et le népotisme. De même, un encadrement déontologique fort apparaît indispensable à l'application rigoureuse des règles de prévention des faiblesses précitées et auxquelles les fonctionnaires (publics) continuent à être assujettis aussi de nos jours.

Enfin, il s'avère que la rémunération, la formation et la carrière des fonctionnaires représentent d'autres défis qui se sont traditionnellement posés à la modernisation de la Fonction publique statutaire.

42. Reste que comparer le passé (traditions) du droit statutaire de deux systèmes, aux règles statutaires en vigueur pour dégager les défis qui se posent à la modernisation du droit statutaire de la fonction publique en vigueur, impose des choix méthodologiques sans lesquels cette étude comparative ne pourrait pas être menée.

§3. Enjeux et plan de l'étude

43. L'utilisation du comparatisme [1] a soulevé plusieurs questions. La comparaison temporelle qui, en confrontant le passé au présent, induit

---

[1] Agostini (E.), « La circulation des modèles juridiques », *RIDC*, 1990, n°2, pp. 461-467 ; Arnaud (A.-J.), « Du bon usage du discours juridique », in *Langages*, 1979, n°53, pp. 117-124 ; David (R.), Jauffret-Spinosi (C.), Goré (M.), *Les grands systèmes de droit contemporains*, 12e, Dalloz, 2016 ; Melleray (F.) (dir.), *L'argument de droit comparé en droit administratif français*, éd. Bruylant, 2007 ; S. Goltzberg, *Le droit comparé*, éd. Que sais-je ?, 2018 ; B. Fauvarque-Cosson, « Le droit comparé : art d'agrément ou entreprise stratégique ? », in *De tous horizons. Mélanges Xavier Blanc-Jouvan*, Société de législation comparée, 2005, p. 75 ; Fauvarque-Cosson (B.), « Deux siècles d'évolution du droit comparé », *RIDC*, 2011, n°3, pp. 527-540 ; Haguenau-Moizard (C.), *Introduction au droit comparé en dix thèmes*, Dalloz, 2018 ; Jaluzot (B.), « Méthodologie du droit comparé : bilan et perspective », *RIDC*, 2005, n°1, pp.29-48 ; Mayda (J.), « Quelques réflexions critiques sur le droit comparé contemporain », *RIDC*, 1970, n°1, pp. 57-82 ; Pfersmann (O.), « Le droit comparé comme interprétation et comme théorie du droit », *RIDC*, 2001, n°2, pp 275-288 ; Rambaud (T.), *Introduction au droit comparé. Les grandes traditions juridiques dans le monde*, PUF, 2014 ; Sacco (R.), *La comparaison juridique au service de la connaissance du droit*, Economica, 1991 ; Tousseau (T.), « Sur le métalangage du comparatiste », *Journal for Constitutional Theory and Philosophy of Law*, 2013/2014, n°21, http://journals.openedition.org/revus/2632, site consulté en juillet 2022 ; Vigour (C.), *La comparaison dans les sciences sociales – pratiques et méthodes*, éd. La Découverte, 2005.

implicitement une autre dimension de comparaison, historique, qui oppose l'héritage de la fonction publique, c'est-à-dire la tradition, à son état actuel, la modernisation [1].

L'enjeu est de se positionner face à ces multiples angles de comparaison pour qu'ils convergent vers l'objectif principal de cette étude, à savoir si tout ce qui concerne une Fonction publique statutaire est à mettre sur le même plan lorsqu'il s'agit de la modernisation de la situation juridique du fonctionnaire (public). Pour y aboutir, nous avons adopté la règle des trois « C » [2], qui consiste d'abord à connaître les systèmes de droit à comparer, ensuite à les comprendre - en examinant les termes et les réformes dans leurs « sources originaires » -, et enfin, à procéder à la comparaison. A l'analyse de l'héritage historique a donc succédé l'analyse des dispositions actuellement en vigueur, ainsi que des réflexions qui ont accompagné les différentes réformes de modernisation de la Fonction publique statutaire dans les systèmes de droit considérés. Une fois avoir répondu aux deux premiers « C » sur trois de la règle précitée, il a été procédé à la comparaison réflexive des éléments étudiés.

Par l'approche de pure connaissance [3] et comme étape intermédiaire pour « décrire ou plus exactement (re)construire, expliquer et comprendre » [4], voire « modifier sa façon de s'interroger » [5] sur deux systèmes de fonction publique traditionnellement proches, cette étude a pour but d'engager une réflexion plus large [6] : parce qu'elle oppose les traditions, soit l'héritage du droit statutaire de la Fonction publique, à la modernisation, soit les réformes en cours, afin de dégager les défis qui se posent à l'avenir du régime juridique statutaire des fonctionnaires.

En d'autres termes, chercher à savoir si la modernisation de la Fonction publique statutaire ne peut être atteinte que par la suppression voire l'abrogation des « vieux » principes statutaires en faveur d'une approche plus, voire exclusivement, managériale de la Fonction publique favorisée par la contractualisation de son régime. Au cas où l'émergence voire la généralisation du contrat dans la fonction publique s'imposerait de manière incontournable, la question de savoir si une négociation individuelle des

---

[1] Goltzberg (S.), *op. cit.*, 2018, pp. 7-19.

[2] « *Connaître, Comprendre, Comparer* », Constantinesco (L.-J.), *Traité de droit comparé*, 3 tomes, LGDJ, 1972.

[3] Sacco (R.), *La comparaison juridique au service de la connaissance du droit*, Economica, 1991 ; Melleray (F.) (dir.), *L'argument de droit comparé en droit administratif français*, éd. Bruylant, 2007.

[4] Ponthereau (M.-C.), *op. cit.*, p. 90.

[5] Fauvarque-Cosson (B.), « Le droit comparé : art d'agrément ou entreprise stratégique ? », in *De tous horizons. Mélanges Xavier Blanc-Jouvan*, Société de législation comparée, 2005, p. 75.

[6] Arnaud (A.-J.), « Du bon usage du discours juridique », in *Langages*, 1979, n°53, pp. 117-124.

clauses contractuelles similaires à celle qui existe dans le système privé serait pratiquement possible s'avère inévitable. Autrement, s'il ne s'agit que d'une mutation de forme, sans répercussions importantes sur le fond du régime juridique de fonction, quels seraient les enjeux juridiques de ces transformations ? Est-ce qu'une fonction publique contractuelle serait bénéfique ou défavorable au fonctionnaire public ? Quel est l'intérêt, voire la raison d'être, de cette mutation vers la contractualisation ?

Ces interrogations font surgir de nouvelles questions liées à la raison originaire d'adoption des règles statutaires, y compris les réflexions qui ont poussé les grands juristes du début du XXe siècle à militer pour l'adoption de réglementations à caractère spécial pour la fonction publique.

La rivalité entre les théories contractuelle et statutaire du XXe siècle étant bien connue, il s'avère utile de rechercher les arguments doctrinaux et jurisprudentiels avancés par les grands juristes, roumains et français, d'antan, en faveur de l'une ou l'autre des deux théories. Quelles étaient les vulnérabilités de la situation juridique des fonctionnaires avant l'adoption d'un Statut et que les défenseurs d'un régime particulier pour ces derniers souhaitaient sinon éliminer, du moins amoindrir par le biais des règles statutaires ? Est-ce que ces arguments sont encore d'actualité ? Dès lors, si le régime contractuel peut être une voie recherchée pour la modernisation de la Fonction publique, encore faut-il qu'il concilie « la protection des droits fondamentaux du travailleur et la spécificité de l'exercice des fonctions au service du public » [1]. C'est au regard de cette « irréductible double nature du « métier public » », à savoir « activité au service du public et non d'un intérêt privé et travail concret d'une personne subordonnée », qu'il convient de montrer, à la fois, que « maintes dispositions du Code du travail ne peuvent suffire à garantir l'exigence du service public mais que d'autres mériteraient nettement plus d'intérêt pour améliorer » [2] la condition des fonctionnaires (publics). Serait-il possible de construire un socle juridique commun pour le « travailleur public » sans que « l'ossature statutaire ne tombe ou ne se dilue dans un recours toujours accru à un ersatz de contrat » [3] ? Finalement, jusqu'où est-il « opportun de s'[en] prendre au système des règles statutaires », lorsqu'il s'agit de remettre en cause la Fonction publique statutaire [4] ?

---

[1] Marc (E.), Struillou (Y.), « Droit du travail et droit de la fonction publique : des influences réciproques à l'émergence d'un « droit de l'activité professionnelle », *RFDA*, 2010, p. 1169-1193.

[2] *Idem.*

[3] *Ibid.*, p. 1178.

[4] Caillose (J.), « Les figures croisées du juriste et du manager dans la politique française de réforme de l'Etat », *RFAP*, 2003, n°105-106, p. 124 ; Vert (le) (D.), « Le statut des fonctionnaires et la modernisation de la fonction publique : vrais enjeux et faux débats », *RFAP*, n°25, 1983, p. 17 ; Pochard (M.), « Quel avenir pour la fonction publique ?, *AJDA*, n° 2000, p. 3.

Répondre à ces questions à travers l'analyse de deux systèmes statutaires a d'emblée présenté certaines insuffisances. Comment déterminer les forces et les faiblesses de la contractualisation de la Fonction publique, en ne comparant que des systèmes statutaires ? Raison pour laquelle, pour certains des défis posés à la Fonction publique, comme le régime juridique, l'accès par concours, la formation ou encore la rémunération, il a été intégré un aperçu détaillé de l'impact de la contractualisation ou de l'utilisation de certains dispositifs propres au droit privé, et expérimentés par certains États européens comme la Belgique, l'Espagne, l'Italie, le Portugal, la Suède, ou encore la Suisse et l'Union européenne.

Le choix de la Fonction publique de ces États et de l'Union européenne n'est pas aléatoire. En effet, l'analyse de la place du régime statutaire des fonctionnaires (publics) ne pouvait être réalisée de manière objective qu'à travers des exemples qui ont procédé à une contractualisation de droit privé (v. l'exemple italien), de droit public (v. l'exemple suisse), qui ont opté pour un régime mixte (v. l'exemple portugais) ou qui jouissent déjà d'une tradition en matière de contractualisation (v. l'exemple suédois).

Les exemples belge et européen, dont la Fonction publique est statutaire, sont apparus intéressants plus du fait de la dématérialisation des procédures de concours de recrutement, qu'au regard du contenu des épreuves. L'exemple suédois de décentralisation et de professionnalisation des procédures de recrutement au niveau institutionnel permet par ailleurs d'opposer les procédures statutaires (traditions) à celles issues du *New Public Management* (modernisation) dans le recrutement de leurs personnels.

Enfin, les exemples espagnol, italien et suisse ont permis de comparer les différents dispositifs de rémunération à la performance, individuelle et/ou collective, expérimentés au sein de leur Fonction publique respective.

Pour répondre à la question de savoir si tout dans la Fonction publique statutaire est à mettre sur le même plan lorsqu'il s'agit de la modernisation de la condition juridique des fonctionnaires (publics) par la contractualisation, il convient d'abord de comprendre l'hypothèse de départ à savoir : que tout dans le Statut n'est pas à mettre sur le même plan lorsqu'il s'agit de la modernisation de la situation juridique du fonctionnaire par la contractualisation. Il existe d'abord des traditions qui, malgré leur mise à l'épreuve par la modernisation d'inspiration managériale, ne peuvent pas être remises en cause dans le Statut **(I)**, ensuite des traditions qui, sans une évolution inspirée du droit du travail voire du management des ressources humaines, risquent d'entraver la modernisation de la Fonction publique statutaire **(II)**.

Partie 1. La tradition statutaire à l'épreuve de la modernisation : la partie immuable du Statut

44. La tradition statutaire est, depuis des années, mise à l'épreuve de la modernisation, inspiré par le droit du travail [1] et les principes du nouveau management public [2]. Ce dernier « appelle à l'application - et éventuellement à l'adaptation - à la sphère publique des méthodes de management jusque-là associées à l'entreprise privée, pour répondre aux mots d'ordre d'efficacité, d'efficience, de rentabilité ou encore de productivité » [3]. En d'autres termes, à la tradition statutaire de carrière, rigide, égalitariste et collective, la modernisation managériale « entend substituer une gestion dynamique et individualisée des parcours professionnels des agents publics, grâce aux méthodes de l'entreprise privée » [4]. Comme ces méthodes menacent, - sinon par la disparition, du moins par la transformation ou la mise à l'écart -, l'essence des traditions statutaires, il apparaît opportun de chercher à savoir si « les piliers du temple [statutaire] sont toujours débout » [5], et si oui, quelles sont les raisons pour lesquelles il faut les préserver dans une logique évolutive.

Un regard sur l'histoire de la Fonction publique des deux États permet de dégager au moins trois constantes essentielles du droit statutaire de fonction publique, dont le régime juridique du lien qui unit le fonctionnaire (public) à l'institution employeuse, la sélection voire le recrutement par concours et la déontologie, responsabilité comprise, des fonctionnaires (publics). Si la finalité recherchée par la consécration d'un régime statutaire résidait dans la stabilité et la continuité des fonctionnaires, par la sélection par concours, c'est le principe d'égal accès de toutes les catégories socioprofessionnelles qui a été recherché dans le passé. *In fine*, le droit de responsabilité s'est imposé afin d'éviter les éventuels abus commis par les fonctionnaires violant les obligations, déontologiques et professionnelles, attachées à la fonction publique exercée.

Reste que si, en France comme en Roumanie, les traditions statutaires semblent encore bien résister face à la pression exercée par les adeptes de la

---

[1] Pors (Le) (A.), « Faut-il rapprocher les statuts d'agents publics et de salariés ? », *Revue du droit du travail*, 2010, n°3, pp. 144-149.

[2] Froger (C.), « La loi du 6 août 2019 et le déroulement de la carrière des agents publics. Une pierre managériale supplémentaire dans l'édifice statutaire », *AJDA*, 2019, n°40, p. 2364.

[3] Neyrat (A.), « Le recrutement des emplois de direction à la discrétion des autorités politiques à l'épreuve du nouveau management public », *RDP*, 2018, p. 1339.

[4] Froger (C.), « La loi du 6 août 2019 et le déroulement de la carrière des agents publics. Une pierre managériale supplémentaire dans l'édifice statutaire », *op. cit.*, p. 2364

[5] Melleray (F.), « Les piliers du temple sont toujours debout… pour l'instant ! », in Fortier (C.) (sous la dir. de), *Le statut général des fonctionnaires : trente ans, et après ?*, Dalloz, 2014, 364 p.

contractualisation du régime juridique de la fonction publique, cela n'a pas été le cas dans d'autres systèmes étrangers de fonction publique qui ont finalement cédé aux promesses de la contractualisation d'une gestion des ressources humaines plus performante, plus efficace et surtout moins onéreuse pour les caisses de l'Etat. L'analyse incidente des exemples de contractualisation de droit privé (Italie) et de droit public (Portugal, Suisse) permet de préfigurer l'évolution de la condition juridique des fonctionnaires en l'absence des principes fondamentaux statutaires, et consacrés jadis pour éliminer l'arbitraire, le favoritisme politique voire les abus hiérarchiques contre les agents et/ou les usagers.

L'évolution des règles juridiques doit toutefois être considérée avec prudence du moment où l'exemple français prouve, contrairement à d'autres systèmes de droit étrangers qui ont contractualisé leur Fonction publique, non seulement que l'assouplissement statutaire par *travaillisation* est possible dans les limites des principes statutaires fondamentaux **(titre I)**, mais aussi que le concours reste un instrument évolutif et juridiquement adaptable aux défis posés par les nouvelles réalités socio-économiques **(titre II)** et que la déontologie peut être réhabilitée par l'élaboration de nouvelles règles juridiques qui favorisent une culture de responsabilisation des agents publics **(titre III)**.

Titre I. La tradition statutaire mise à l'épreuve de la *travaillisation* ou de la *contractualisation*

> « De tous les problèmes qui touchent au droit public moderne, aucun ne revêt l'importance croissante de celui qui détermine chaque jour la nature juridique de la fonction publique » [1].

45. De la réponse donnée à la question concernant la nature juridique de la fonction publique « dépend, en effet, toute la valeur politique et administrative du gouvernement d'un pays : ce sont les fonctionnaires publics qui appliquent la loi et établissent le règne du droit ; ce sont eux qui gèrent les intérêts de la collectivité » [2]. Or, de la fidélité dans l'exécution des ordres de la puissance publique ou de l'impartialité dans la gestion des intérêts généraux, dépendent les garanties et le degré de liberté qui sont accordés aux fonctionnaires ainsi que la responsabilité qu'ils endossent, c'est-à-dire le régime juridique auquel ils sont soumis, et la nature du rapport qui s'établit entre eux et l'État [3].

La crise socio-économique qui a secoué, en 2008, les États européens voire les États à travers le Monde, a entraîné de profondes interrogations notamment sur le régime juridique des personnels de la Fonction publique. Accusant un manque de souplesse important, le régime statutaire est souvent désigné comme un frein à la carrière des fonctionnaires ainsi qu'une source de dépenses excessives. Pour y remédier, la proposition des opposants au Statut est de suggérer soit la *travaillisation* de la Fonction publique statutaire, soit la contractualisation [4].

Evoqué pour la première fois il y près de 60 ans [5], soit en 1960, par le professeur David Ruzié [6], la *travaillisation* de la Fonction publique statutaire peut être définie comme « l'importation dans le champ des relations professionnelles entre les personnes publiques et leurs agents de règles

---

[1] Nézard (H.), *Théorie juridique de la fonction publique*, Librairie de la société de recueil général des lois et des arrêts, 1901, p. 1.

[2] *Idem.*

[3] *Idem.*

[4] Silicani (J.-L.), *Livre blanc sur l'avenir de la fonction publique*, La Documentation française, 2008, p. 100.

[5] Esplugas-Labatut (P.), « Evolution ou Révolution du droit des fonctions publiques », intervention dans le cycle de conférences organisé par le Centre de droit des affaires et l'Institut Haouriou de l'Université Toulouse 1 Capitole et portant sur *Les transformations de la Fonction publique : tous travailleurs ? Regards croisés droit du travail, droit de la fonction publique*, le 24 septembre 2019.

[6] Ruzié (D.), *Les agents des personnes publiques et les salariés en droit français. Etude comparative de leur condition juridique*, LGDJ, 1960.

tirées, ou tout au moins inspirées, du droit du travail applicables normalement aux salariés du secteur privé » [1]. Il s'agit donc d'un « phénomène constant et évolutif d'interaction réciproque des droits privé et public » [2].

La contractualisation en revanche représente la substitution au régime statutaire, d'un régime contractuel de Fonction publique. Le régime contractuel peut être de droit privé, c'est-à-dire totalement régi par les dispositions du droit du travail, ou de droit public, donc soumis à des dispositions d'exorbitance publique. A cet égard, de l'évolution de la condition juridique des agents publics, de l'évolution historique de la nature juridique du lien, qui unit le fonctionnaire aux institutions et/ou aux autorités publiques, découle une double évolution : d'une part, celle du contrat vers le statut, et d'autre part, celle de la « nature juridique de ce contrat, [qui a progressivement évolué d'un contrat de droit privé] vers une connotation de plus en plus prononcée de droit public » [3].

46. En Roumanie comme en France, les débats liés à la nature contractuelle, statutaire et/ou réglementaire, de la Fonction publique se sont longuement poursuivis [4]. Si, à présent, il n'y a plus de doute concernant le caractère statutaire de la fonction publique, les mutations profondes qui, dans une logique de gestion moderne des ressources humaines, touchent les fondements juridiques traditionnels de la Fonction publique, réaniment aussi une question essentielle. Celle relative aux conséquences qu'une potentielle contractualisation de la Fonction publique pourrait engager au regard de la vocation générale reconnue au service public, et incidemment de l'intérêt général. L'analyse des exemples récents de *travaillisation* (Espagne, France) et de *contractualisation de droit privé* (Italie) ou public (Suisse, Portugal, Suède) de la Fonction publique de tradition statutaire des différents États européens prouvent l'hypothèse des incertitudes auxquelles aboutit l'abandon des traditions statutaires en faveur d'une approche exclusivement managériale. De plus, l'influence du droit européen en la matière n'est pas négligeable, les orientations et/ ou les recommandations européennes des dernières années favorisent voire accélèrent le rapprochement du droit de la fonction publique avec le droit du travail. Reste que si le droit européen

---

[1] Esplugas-Labatut (P.), « Evolution ou Révolution du droit des fonctions publiques », *op. cit.*, 2019.

[2] Touzeil-Divina (M.), « Travaillisation » ou « privatisation » des fonctions publiques ? », *AJFP*, 2010, n° 5, p. 228.

[3] Marilli (G.-D.) et Pelletier (P.), *Les agents non titulaires des trois fonctions publiques*, éd. Berger-Levrault, 2007, p. 9.

[4] Nézard (H.), *Théorie juridique de la fonction publique*, Paris, Librairie de la société de recueil général des lois et des arrêts, 1901, 770 p ; Duguit (L.), *Traité de droit constitutionnel*, Paris, 3e éd., tome III, 1930, 605 p ; Berthélemy (H.), *Traité élémentaire de droit administratif*, Paris, 12e, 1930, 1186 p ; Hauriou, *Précis de droit administratif et de droit public*, Paris, 12e éd., 1933, 962p.

favorise effectivement le rapprochement du droit du travail par la *travaillisation* de la Fonction publique statutaire, il n'en reste pas moins qu'il n'incite pas à la remise en cause voire l'abrogation de cette dernière [1].

47. La question « de la place de la source contractuelle dans le droit de la fonction publique reste posée tant dans les relations collectives qu'individuelles » [2]. Concernant les relations collectives, si les deux Fonctions publiques reconnaissent le droit à la négociation des employeurs publics et des organisations syndicales, le fruit de ces négociations n'a été doté de valeur juridique en droit français que [3] par l'adoption du CGFP. Quant aux relations individuelles, force est de constater que la tendance des dernières réformes, en Roumanie comme en France, est de rapprocher le régime juridique des contractuels de celui des fonctionnaires (publics). Les contrats individuels de travail, loin de faire l'objet d'une négociation entre les parties, sont imposés de manière unilatérale par l'institution publique comme s'il s'agissait d'un acte unilatéral de nomination dans la fonction publique. Le contrat n'est donc que « l'acte par lequel l'agent accepte de se soumettre au statut et aux modifications de ce dernier que l'administration est libre de décider [4], y compris quand le changement affecte un élément aussi déterminant de la relation de travail que la rémunération [5] » [6]. Le Titre III du CGFP a par ailleurs été consacré par le législateur au « recrutement par contrat ». Les agents contractuels peuvent être recrutés pour des emplois permanents (L.332-1) ou temporaires (L.332-19).

* *
*

En Roumanie, compte tenu, d'une part, du retour, après une cinquantaine d'années de soumission au droit commun durant le régime communiste, à des règles statutaires, et, d'autre part, de l'étendue juridique restreinte que le législateur a retenue pour la Fonction publique par le Statut de 1999, les tentatives de *travaillisation* de la fonction publique sont très timides. La situation n'est pourtant pas similaire en France, où les questionnements

---

[1] La Fonction publique européenne reste fort attachée au régime juridique statutaire, ainsi qu'au principe d'égalité d'accès à la fonction publique européenne par concours ou à la promotion d'une culture déontologique forte.

[2] Marc (E.), Struillou (Y.), « Droit du travail et droit de la fonction publique : des influences réciproques à l'émergence d'un « droit de l'activité professionnelle » ? », *RFDA*, 2010, p. 1169.

[3] CE 19 juin 2006, *Syndicat national unifié des impôts*, req. n° 279877.

[4] CE 2 mars 1949, *Syndicat national du personnel civil des services des contrôles techniques*, req. n° 91437, Lebon p. 102.

[5] CE 3 déc. 2001, *M. Vesque*, req. n° 216660, Lebon T. p. 1014.

[6] Marc (E.), Struillou (Y.), « Droit du travail et droit de la fonction publique : des influences réciproques à l'émergence d'un « droit de l'activité professionnelle » ? », *op. cit.*, p. 1169.

concernent plus concrètement la trajectoire d'avenir du régime juridique de la fonction publique à l'aune des réformes de modernisation entreprises régulièrement durant ces dernières décennies. D'où, l'intérêt de chercher à savoir si la séparation [1] des traditions statutaires s'avère incontournable pour la modernisation de la Fonction publique, ou si, finalement, la cohabitation de ces deux « statuts juridiques » - qui, ensemble, forgent un système hybride régi par des principes généraux similaires aux principes statutaires -, serait possible, voire souhaitable [2].

Étudier la nature juridique de la fonction publique, c'est donc rechercher le caractère du rapport qui unit le fonctionnaire à l'État, à la région, au département, à la commune, et implicitement, sa justification, voire son utilité [3] ; et ce, à la lumière des mutations qui, directement ou indirectement, ont déjà eu lieu, ou sont préconisées, au nom d'une gestion moderne des ressources humaines.

L'état des lieux des contextes historiques prouve que le clivage [4] entre le droit commun du travail et le droit applicable aux agents publics remonte aux origines du droit statutaire de fonction publique (**chapitre 1**) ; ce qui laisse présager l'émergence progressive d'un statut contractuel « moderne » (**chapitre 2**).

---

[1] « Quelle(s) réforme(s) pour la fonction publique : statut ou contrat ? », *AJFP*, 2005, pp. 281-284.

[2] Barraud (B.), « Du statut au contrat : vers une fonction publique « déstatufiée » ? », in Fortier (C.) (sous la dir. de), *Le statut général des fonctionnaires : trente ans, et après ?*, Dalloz, 2014 ; Melleray (F.), « La « sécurisation des parcours professionnels » des agents publics contractuels : un travail de Sisyphe ?, *AJFP*, 2011, n°3, pp. 133-137 ; Melleray (F.), « Un édifice statutaire plus souple ? », *AJDA*, 2011, n°42, pp. 2388-2393.

[3] Nézard (H.), *op. cit.*, pp. 5-6.

[4] Marc (E.), Struillou (Y.), « Droit du travail et droit de la fonction publique : des influences réciproques à l'émergence d'un « droit de l'activité professionnelle », *RFDA*, 2010, p. 1170.

Chapitre 1. Les principes statutaires à l'aune des théories contractualistes

48. Les principes statutaires originels sont issus des confrontations des défenseurs de la stabilité et de la continuité dans la fonction publique et de leurs contestataires, favorables plutôt à un statut contractuel. Reste que l'émergence doctrinale des principes statutaires n'a pas signifié leur consécration, cette dernière étant d'abord l'œuvre de la jurisprudence, et souvent, après, celle du législateur. L'évolution historique des deux systèmes de droit de fonction publique doit être considérée différemment, selon les régimes politiques qui ont particulièrement marqué l'existence de l'État roumain.

À l'opposé du droit roumain, où le débat relatif au régime juridique de la fonction publique continue à animer le milieu doctrinal, le droit français est préoccupé par les enjeux engagés par l'assouplissement des règles statutaires en faveur d'une *travaillisation* de la Fonction publique [1]. Cet assouplissement, dû en partie à l'influence du droit et de la jurisprudence européens, apparaît converger vers une sorte de cohabitation statuto-contractuelle. Toujours est-il que cette cohabitation n'est pas méconnue par la Fonction publique roumaine, non seulement du fait de son passé, mais aussi par l'étendue juridique *stricto sensu* réservée par le législateur à la Fonction publique roumaine.

De fait, le Statut est aujourd'hui régulièrement mis en question, face à l'apparente souplesse apportée par le « contrat ». Ce dernier est présenté comme une sorte de garantie pour la mise en œuvre de nouvelles politiques de gestion des ressources humaines. Cette rivalité, sous-entendue entre les régimes statutaire et contractuel, qui remonte aux origines de l'institutionnalisation de la fonction publique (**Section 1**), met en évidence la mise en concurrence régulière des normes statutaires, par les règles contractuelles (**Section 2**).

Section 1. Les principes statutaires originels et traditionnels

49. L'émergence des principes statutaires, originels et traditionnels, représente à la fois le résultat des débats doctrinaux et jurisprudentiels menés autour des questions de stabilité et de continuité dans la fonction publique, dont l'esquisse des premières certitudes a été freinée par la *travaillisation* du régime statutaire roumain pendant le communisme.

---

[1] À titre d'exemple la loi n°2019-828 du 6 août 2019 de transformation de la fonction publique.

« Hier », comme « aujourd'hui » – certes dans une moindre mesure –, les arguments juridiques en faveur ou en défaveur de l'émergence des principes statutaires, en construction, dans la fonction publique (**§ 1**), considérés sous l'influence des amples plaidoiries des juges administratifs, souvent contradictoires, relatives à la nature juridique du lien qui unit le fonctionnaire à l'État, aboutissent à une jurisprudence extrêmement riche, dont la force des arguments des juges se déploie jusqu'à nos jours (**§ 2**).

§1. L'émergence progressive des principes statutaires

50. La philosophie originelle des principes statutaires. La doctrine franco-roumaine du début du XXe siècle était presque unanime lorsqu'il s'agissait du régime juridique des fonctionnaires, lequel devait rester toujours modifiable de manière qu'il réponde à tout moment aux besoins du Service public. Et ce, parce qu'il n'était pas « admissible que de prétendus droits acquis des fonctionnaires puissent empêcher la réalisation de réformes comportant des suppressions ou transformations d'emplois, une augmentation du travail imposé à certains d'entre eux, des déplacements dans l'intérêt du service, des diminutions de traitement par mesure d'économie budgétaire » [1]. Reste qu'au besoin de souplesse des règles qui encadraient le lien qui unissait le fonctionnaire à l'État, s'opposait le besoin de « donner aux fonctionnaires les garanties de stabilité d'emploi et de régularité de carrière compatibles avec l'intérêt de service » [2].

Partant de ces considérations, un regard attentionné sur certains des ouvrages datant du début du XXe siècle permet de rappeler les arguments favorables ou non à un régime particulier pour la fonction publique, ainsi que la situation de fait à l'égard du lien, statutaire ou contractuel, qui unit le fonctionnaire à la fonction publique. De ce fait, au cœur des débats théoriques autour du régime juridique de la fonction publique du début du XXe siècle **(B)** se trouvent les tournants connus par le principe de stabilité dans la Fonction publique **(A)**.

A. Les débats relatifs à la stabilité statutaire

51. Les origines du principe de stabilité. Les origines des réflexions autour de la nécessaire stabilité à conférer au fonctionnaire prolongeaient

---

[1] Waline (M.), *Manuel élémentaire de droit administratif*, Librairie du Recueil Sirey, 1936, p. 352.
[2] *Idem.*

« une longue tradition (…) qui avait fait des fonctionnaires publics de vrais prisonniers des hommes politiques » [1]. Raison pour laquelle « la vie administrative du pays se déroulait en fonction du parti au pouvoir (…) le fonctionnaire n'étant qu'un instrument dans ses mains ; ce qui l'empêchait d'accomplir ses attributions selon l'esprit et le texte de la loi » [2].

Dans ce contexte d'instabilité de la situation juridique des fonctionnaires, il apparut évident que l'adoption des garanties, qui évitent l'arbitraire et l'immixtion politique, était devenue impérative. À l'époque, comme de nos jours d'ailleurs, l'interrogation portait sur le régime juridique qui assurerait au mieux la stabilité des fonctionnaires : statutaire ou contractuel ?

Si la Fédération française des associations professionnelles des employés de l'État, des départements et des communes militait pour « la mise en place d'un **statut contre l'arbitraire administratif et politique** », la Confédération générale du travail (CGT) défendait en revanche l'idée d'un **« contrat collectif plus que celle de statut »** [3].

L'idée de statut a donc été construite autour de deux principes qui, encore à présent, confèrent une protection juridique aux fonctionnaires contre l'instabilité, l'arbitraire et l'immixtion politique [4]. Ces deux principes sont l'inamovibilité et la stabilité. Si le principe d'inamovibilité [5] a été reconnu en premier surtout par les juges, le principe de stabilité a été consacré beaucoup plus tard à l'égard des fonctionnaires [6].

Le statut est donc présenté par la doctrine du début du XXe siècle, non seulement comme la seule garantie de la stabilité des fonctionnaires dans la

---

[1] Alexianu (G.), *Statutul funcţionarilor publici (Le statut des fonctionnaires publics)*, éd. Cultura nationala Bucuresti, 1926, p. 5.

[2] *Idem.*

[3] Durand (D.), *Une histoire de la fonction publique territoriale*, éd. La Dispute, 2004, p. 74.

[4] Negulescu (P.), *Tratat de drept administrativ (Traité de droit administratif)*, éd. Artele Grafice, 1925, p. 523.

[5] En France le principe d'inamovibilité a été consacré pour la première fois dans la Constitution de l'an VIII (13 décembre 1799), et ce, par le biais des dispositions de l'article 68, qui déclarait les juges inamovibles. En revanche, en Roumanie, même si le principe d'inamovibilité fut consacré par les Règlements Organiques de 1830/1831 (art. 215 du Règlement de Valachie et art. 285 du Règlement de Moldavie), en réalité ce principe ne fut appliqué qu'en 1861, par la Cour roumaine de Cassation et de Justice, à ses juges. Plus tard son application a été étendue par la loi d'organisation judiciaire de 1890 également aux membres des Cours d'Appel et des présidents des Tribunaux et par la loi de 1909 à tous les juges [Dimiu (R.), « Lege pentru statutul functionarilor publici (Loi pour le statut des fonctionnaires publics) », éd. Curierul Judiciar, 1927, pp. 25-27 ; Teodorescu (A.), « Statutul integral al functionarilor publici (Le statut intégral des fonctionnaires publics) », *Revue Arhiva pentru Stiinta si Reforma Sociala*, 1922, n°1, p. 70].

[6] Le principe de stabilité dans l'administration fait suite au principe d'inamovibilité en matière de justice. La stabilité en fonction implique notamment la sanction des fautes professionnelles par la révocation, la rétrogradation ou la suspension d'un fonctionnaire prononcée par les juridictions administratives, d'une part, et la garantie du droit de défense du fonctionnaire dans toute situation, d'autre part [Teodorescu (A.), *op. cit.*, p. 76].

fonction publique, mais aussi et surtout comme le seul outil doté de la force juridique nécessaire pour renforcer les garanties qui permettent un bon accomplissement des attributions afférentes à cette fonction [1]. Si le principe de stabilité a été consacré *expressis verbis* par les dispositions de l'article 7 du Statut roumain des fonctionnaires publics de 1923, en droit français, c'est surtout la jurisprudence du Conseil d'État qui a fait reculer le « contrat de fonction publique » ; et ce, par une prohibition de toute modification contractuelle de la situation du fonctionnaire « postérieurement à l'entrée au service » [2]. Toutefois, le principe de stabilité associé au statut n'a pas empêché le législateur de consacrer « l'obligation pour les fonctionnaires de subir les modifications statutaires, sans exciper de prétendus droits acquis (...) sous réserve dans certains cas, d'un droit à indemnité » [3]. À cet effet, la Cour roumaine de Cassation précisait, par une décision de 1934, qu'en « matière de fonction publique n'existent pas des droits « acquis », ce qui permet à la loi de créer à tout moment une situation juridique différente » [4]. De plus, en 1935, les décisions de la Cour roumaine de cassation précisaient même que, « lorsque les intérêts de l'État l'exigent, le législateur peut modifier non seulement les conditions pour l'occupation d'une fonction publique, mais aussi les conditions de stabilité en fonction » [5].

Cette fragilité apparente du principe de stabilité serait-elle de nature à mettre finalement en question les éléments qui différencieraient une situation statutaire d'une situation contractuelle ? Quelles sont les différences en termes de précarité de la situation juridique d'un fonctionnaire par rapport à un contractuel ? Une réponse à ces interrogations ressort notamment de la décision n°1318 du 07 juillet 1933, lorsque les juges de la Cour de cassation roumaine précisaient que « seuls les fonctionnaires qui jouissent de stabilité statutaire ne [pouvaient] être transférés, sanctionnés ou remplacés autrement que dans le respect des dispositions statutaires » [6]. Il en ressort de cela que la vocation du principe de stabilité est de permettre au fonctionnaire « d'accomplir librement les attributions et les devoirs de sa fonction dans les meilleures conditions et au respect de l'intérêt général (...) ; ce qui engage

---

[1] Vermeulen (J.), *Curs de drept administrativ (Cours de droit administratif)*, éd. Universitatea Bucuresti, 1947, pp. 80-81.

[2] CE 25 octobre 1929, *Portebois*, Rec. 930.

[3] CE 26 janvier 1923, *De Robert Lafreygère*, Rec. 237 ; CE 02 décembre 1936, *Plessy*, Rec. 1051 ; CE 27 mars 1936, *Bonny*, Rec. 387.

[4] Cour de Cassation III 05 mars 1934, n°475, *Bull.* Cass. 1934, p. 10/11.

[5] « En matière de fonction publique n'existant pas de droits gagnés, la loi peut créer à tout moment une situation juridique nouvelle (...), et ce, parce que le législateur ordinaire peut en tout moment modifier, par des mesures objectives et au regard de l'intérêt général, la situation juridique des fonctionnaires publics ... » (Cour de Cassation III 05 mars 1934, n°475, Bull. cass. 1934, p. 10-11 ; Cour de Cassation III 13 mai 1935, n°351, Bull. Cass. 1935/II, p. 1800).

[6] Décision commentée par Rudescu (C.) et Marchidan (G.) in *Statutul functionarilor publici si statutul salariatilor comunali (Le statut des fonctionnaires publics et le statut des salariés communaux)*, éd. Bucuresti, 1947, p. 36.

non seulement le droit du fonctionnaire à son grade et à sa place, mais également le droit d'exercice des attributions afférentes à sa fonction ... » [1].

Le principe de stabilité consacre, en outre, tel qu'il résulte de la jurisprudence des juges suprêmes, le droit de s'adresser aux juridictions administratives « pour contester un ordre de remplacement, de mutation ou de mise forcée en retraite » [2]. A *contrario,* ce droit n'est pas reconnu aux catégories d'agents qui ne bénéficient pas de la protection du droit à la stabilité [3]. Le principe de stabilité ne s'applique donc qu'à certaines catégories de fonctionnaires, ce qui engage un regard introspectif sur la nature du lien qui unit le fonctionnaire aux institutions publiques : contractuel ou statutaire ? Un débat donc ancien qui trouve encore aujourd'hui des échos, particulièrement dans la doctrine roumaine.

B. Les débats relatifs au régime juridique

52. Théories contractuelle *vs.* statutaire. L'analyse des évolutions présentes du régime juridique de la fonction publique, à la lumière des réflexions qui ont bâti jadis les fondements du droit statutaire de la fonction publique, revêt une importance particulière. Cela d'autant plus à un moment où il ne peut être ignoré que « c'est bien du droit privé que la fonction publique est née… » [4] et auquel elle continue à se rapporter, du moins en ce qui concerne les éléments que le statut ne réglemente pas. Toutefois, si le droit de la fonction publique est né du droit privé, c'est notamment par les réflexions des grands juristes d'antan, ainsi que par la riche jurisprudence des juridictions administratives, qu'il a évolué vers un droit autonome. Le chemin n'a pourtant pas été facile, le régime juridique de la fonction publique se trouvant en permanence au cœur de vifs débats, déroulés souvent simultanément, dans les milieux scientifiques roumain et français.

Le bouillonnement réflexif autour de la question relative au rapport juridique a été des plus vifs. Certains représentants des écoles françaises, comme Dareste [5], Laferrière [1] ou Perriquet [2] considéraient que le rapport

---

[1] Cour de Cassation III 6 mai 1935, déc. n°819, publiée dans le Bull. de Cass., 1935, p. 1786.

[2] Cour de Cassation III 13 mai 1931, déc. n°832, P.S. 1931, p. 476 ; Cour de Cass III 17 septembre 1934, déc. n°1.115, publiée dans le Bull. Cass., 1934, p. 1220.

[3] Cour de Cassation III 04 juillet 1939, n°1782, Bull. Cass, 1939, p. 2034 ; Cour de Cassation IV 19 décembre 1939, déc. n°1195, publiée dans Bull. de Cass. 1939, p. 2497 ; Cour de Cassation III 18 octobre 1937, n°1977, Bull. Cass, 1937, p. 2372 ; Cour de Cassation 1er mars 1937, n°341, R.J.A., 1937, col. 1285.

[4] Touzeil-Divina (M.), « Travail groupé » ou « privatisation » des fonctions publiques ? », *AJFP*, 2010, n°5, p. 228.

[5] Dareste (R.), *Des contrats passés par l'État en droit romain et en droit français*, éd. A. Derenne, 1875, 195 p.

juridique, qui lie le fonctionnaire à son employeur public, trouve sa nature dans un contrat de droit civil. La même conception fut également développée et soutenue en droit roumain ; et ce d'autant que, jusqu'à ce que le droit administratif roumain bâtisse ses propres principes, soit autant de piliers garants de son autonomie, les nombreux problèmes administratifs étaient résolus, au début, à la seule lumière des principes de droit privé voire des dispositions du Code civil [3]. En particulier, sur les fondements des dispositions de l'article 969 de l'ancien Code civil, en vertu desquelles « les conventions légalement conclues ont pouvoir de loi entre les parties contractantes ».

Eugène Perriquet, dans *L'état des fonctionnaires* [4], précisait que la nature du contrat sur lequel repose le rapport juridique existant entre le fonctionnaire public et l'institution publique employeuse, est une *locatio operarum*, une vraie location de services où l'État détient la position de *dominus*, alors que le fonctionnaire loue ses services en échange d'une rémunération [5]. Dans le même sens, Dareste considérait qu'« entre le fonctionnaire public et l'autorité il y a un contrat de location de service ou un contrat de mandat [6] (...) donc deux contrats différents », alors que

---

[1] Laferrière (E.), *Traité de la juridiction administrative et des recours contentieux*, éd. Berger Levrault, 1887, pp. 619-625.

[2] Perriquet (E.), « Etat des fonctionnaires », in Perriquet (E.), *Les contrats de l'Etat. Traité comprenant notamment les règles en matière de Ventes domeniales, Ventes de coupes de bois de l'Etat, Fournitures et Marchés, Concessions sur les cours d'eau, Etat des fonctionnaires, militaires et marins, Pensions civiles, militaires et de la marine, Récompenses nationales, Légion d'honneur, etc., etc.*, éd. Librairie Générale de Jurisprudence Marchal Billard et Ce, 1884, pp. 443-494.

[3] Le premier Code civil de l'État roumain, adopté en 1864 selon, en grande partie, le modèle du Code napoléonien de 1804, est entré en vigueur le 1er décembre 1865 et s'est appliqué jusqu'au 1er octobre 2011 (jusqu'à ce que la loi 287 du 17 juillet 2009 relative à un nouveau Code civil a été mise en application par la loi n°71 du 3 juin 2011).

[4] Perriquet (E.), « Etat des fonctionnaires », *op. cit.*, pp. 443-451.

[5] Dimiu (R.), *Legea pentru Statutul functionarilor publici – doctrina, jurisprudenta, dezbateri (La loi pour le Statut des fonctionnaires publics – doctrine, jurisprudence, débats)*, éd. Curieur Judiciar, 1927, p. 8.

[6] Cela, parce que le fonctionnaire accepte « *le pouvoir de représenter* » l'État, en accomplissant « *un ou plusieurs actes juridiques* » [Dimiu (R.), *op. cit.*, p. 8]. En opposition, Paul Negulescu considère, que, si l'idée de l'existence d'un contrat de mandat entre l'État et les fonctionnaires est acceptée, alors « il faut considérer l'État en tant que personne de droit civil, autrement dit, de personne morale capable non seulement d'avoir des droits et obligations, mais également d'être représentée par des mandataires » ; or, précise le professeur Negulescu, même si « l'État peut être considéré comme ayant cette qualité, il n'en est pas moins vrai que le même État doit être regardé surtout sous l'aspect du pouvoir public (...), cela parce que lorsqu'un juge prononce une décision ou le maire adopte une ordonnance, ils n'agissent pas en tant que mandataires de l'État, mais en tant que détenteurs de la souveraineté étatique ». Par suite, d'autres arguments contestataires de la théorie du contrat de mandat, et mis en exergue par le Professeur Negulescu, concernent la nature essentiellement gratuite du mandat, par rapport à celle salariale de la fonction publique [Negulescu (P.), *Tratat de drept administrativ – organizarea administrativ-teritoriala (Traité*

Laubadère [1] considérait que le rapport juridique qui lie le fonctionnaire à l'autorité publique est régi par un contrat non nommé [2]. Enfin, en 1927, Mme Bischoff, dans sa thèse « *Fonction publique et contrats* » [3], notamment sous l'influence de la jurisprudence du Conseil d'État, a formulé ce qui a été considéré par le professeur Jean Vermeulen comme étant « l'admirable théorie des contrats administratifs » [4]. Sa théorie précisait que la nature juridique du rapport « fonctionnaire – autorité publique » était de nature contractuelle, qu'elle était fondée sur un contrat administratif [5]. D'ailleurs, Laferrière, dans son *Traité de la juridiction administrative*, souscrit à cette nature contractuelle de droit public *sui generis* [6], tandis qu'en 1946, Laubadère précisait que, « exceptionnellement la nature juridique du rapport fonctionnaire – autorité publique pouvait ressortir d'un contrat administratif, et ce, seulement pour certaines fonctions publiques de l'empire colonial » [7].

La théorie concernant la distinction entre les fonctionnaires d'autorité et les fonctionnaires de gestion formulée par Berthélemy et Nézard a également suscité certains débats. Partant de la distinction faite à l'origine par Laferrière entre les actes de gestion et les actes d'autorité – selon laquelle seuls les actes d'autorité relèvent de la compétence des juridictions administratives –, Berthélemy et Nézard ont émis la théorie selon laquelle les fonctionnaires d'autorité, les seuls compétents à réaliser des actes d'autorité, se trouvaient dans un rapport légal et/ou réglementaire envers leur employeur public [8]. En revanche, les fonctionnaires de gestion, lesquels n'accomplissaient que des actes de gestion, se trouvaient dans un rapport contractuel envers leur employeur public. Ces distinctions entre les actes d'autorité et de gestion ou entre les fonctionnaires publics d'autorité et de gestion n'a plus présenté d'intérêt en France, à partir du moment où il a été décidé que tous les actes (de gestion ou d'autorité) relevaient de la

---

de droit administratif – organisation administrativo-teritoriale), éd. Joseph Gobl, 1900, p. 10].

[1] Laubadère (de) (A.), *Traité théorique et pratique des contrats administratifs*, LGDJ, 1956, 454p.

[2] Vermeulen (J.), *Curs de drept administrativ (Cours de droit administratif)*, éd. Uniunea Studentilor din Romania, 1948, p. 308.

[3] Bichoffe (G.), *Fonction publique et contrat*, éd. Recueil Sirey, 1927, 284 p.

[4] Vermeulen (J.), *op. cit.*, p. 307.

[5] *Idem.*

[6] Laferrière (E.), *op. cit.*, pp. 619-621 ; Dimiu (R.), *op. cit.*, p. 8.

[7] Laubadère (de) (A.), *Traité élémentaire de droit administratif*, LGDJ, 1953, pp. 11-113 ; Vermeulen, *op. cit.*, p. 307.

[8] Théorie qui a fait l'objet de vives critiques de la part notamment des Professeurs Hauriou et Duguit, lesquels précisaient que, « non seulement il est difficile de démêler les fonctions d'autorité et les fonctions de gestion, mais encore que la classification aboutit à classer les agents selon la nature de leurs attributions et non selon leur place dans la hiérarchie » [Duguit (L.), *L'État, les gouvernants et les* agents, éd. Dalloz, 2005, pp. 402-405, Hauriou (M.), *Précis de droit constitutionnel*, Sirey, 2e éd., 1929 ; Grégoire (R.), *La fonction publique*, éd. Librairie Armand Colin, 1954, p. 35].

compétence du Conseil d'État et des conseils de préfecture [1]. En revanche, en droit roumain, l'intérêt de cette distinction, entre les actes de gestion et les actes d'autorité, a perduré jusqu'à l'installation du régime communiste quand les juridictions administratives ont théoriquement et/ ou pratiquement cessé d'exister. En effet, jusqu'à l'instauration du régime socialo-communiste, les actes de gestion ont continué à relever de la compétence des juridictions ordinaires, et les actes d'autorité de la compétence des juridictions administratives [2].

Parallèlement à la théorie contractuelle, il y a eu une autre théorie, qui s'est progressivement développée, la théorie statutaire et/ou réglementaire. À la différence du contrat, au cœur de la théorie statutaire, se trouvait l'acte de nomination dans la fonction publique ; il fallait savoir s'il reposait sur un fondement légal ou réglementaire. Dans cette optique, le professeur Léon Duguit, considérait que, « si nous examinons plus minutieusement la théorie du fonctionnaire public, nous allons observer qu'elle est formée de quatre éléments ayant un caractère objectif bien délimité. Ces éléments ressortent « de l'application de la loi relative au service et au fonctionnaire public. Il ne faut pas négliger le fait que ce qui lui octroie la qualité de fonctionnaire c'est son encadrement permanent par la loi » [3]. Les « prérogatives qui lui incombent et les charges qui lui sont imposées ont un caractère général et pas individuel, parce qu'elles sont établies par la loi et non dans l'intérêt du fonctionnaire public, mais dans celui du service public » [4]. Les premières certitudes n'allaient toutefois pas tarder à s'ébaucher ...

§2. Les premières certitudes statutaires freinées par la *contractualisation*

53. Les débats théoriques autour du régime juridique du lien qui unissait le fonctionnaire à son institution publique étaient arbitrés dans les deux systèmes de droit par les juges des juridictions administratives. Par des allers-retours réguliers, tant doctrinaux que jurisprudentiels, au début du XXe

---

[1] « Cette théorie a d'ailleurs été l'expression d'un vœu plutôt qu'une interprétation des faits : ni les textes, ni la jurisprudence ne lui ont jamais fourni d'arguments solides », et ce, d'autant plus que « la distinction supposerait d'admettre que la puissance publique ne se manifeste que dans les décisions exécutives opposables aux administrés, et non dans la direction et le fonctionnement techniques des services ; or, ceci est contraire à l'esprit de notre droit public » [Grégoire (R.), *op. cit.*, p. 35].

[2] Vermeulen (J.), *op. cit.*, pp. 306 – 314.

Ce qui n'a pas été le cas en droit français où la jurisprudence n'a jamais suivi cette théorie, « affirmant que les litiges entre les collectivités publiques et leur personnel étaient de la compétence des juridictions administratives, les principes du droit commun n'étant pas applicables à leur solution » [Grégoire (R.), *op. cit.*, p. 32].

[3] Duguit (L.), *op. cit.*, p. 103.

[4] Ibid.

siècle, le peaufinage progressif des principes statutaires a été finalement réalisé par le (législateur) statutaire de l'époque. À l'heure de la fin prématurée du cadre statutaire roumain, à la suite de la *contractualisation* de la Fonction publique opérée par le régime communiste, le législateur statutaire français commençait à peine son œuvre d'unification des règles juridiques en matière de fonction publique. À cet égard, les théories contractuelles et statutaires se retrouvent à l'origine d'un nombre important d'arguments favorables ou défavorables aux principes statutaires **(A)** ; cette période très enrichissante juridiquement a été suivie par une période moins fertile, celle du régime communiste **(B)**.

A. Les détours théoriques et jurisprudentiels des principes statutaires

54. La construction des principes statutaires a connu pendant la monarchie de nombreux détours non seulement sur le plan doctrinal **(1)**, mais aussi sur le plan jurisprudentiel **(2)**.

1. Les arguments doctrinaux

55. Arguments en faveur des, ou opposés aux, théories statutaire ou contractuelle. Les arguments en faveur ou en défaveur des débats franco-roumains révèlent une richesse et une profondeur doctrinale qu'il ne faut pas placer dans l'oubli immédiat. D'autant, qu'au cœur des débats de l'époque ont prévalu, comme de nos jours, deux théories : la théorie contractuelle et celle légale et/ou réglementaire.

La théorie contractuelle a fait l'objet d'amples critiques, allant jusqu'à être considérée par le professeur Jean Vermeulen comme « ... anti-juridique envers le droit privé et qui allait également compromettre la notion de service public face aux principes du droit public » [1]. En d'autres termes, soulignait cet auteur, la théorie contractuelle « ne donne satisfaction ni au droit public, ni au droit privé », du fait de l'absence des éléments de fond et de forme propres aux contrats. Par suite, impliquant l'exercice du pouvoir public, la fonction publique, considérée *rex extra commercium*, ne peut pas faire l'objet d'une convention quelconque. En effet, comme le précisait, le professeur roumain Alexandresco, dans son ouvrage de *Droit civil roumain*, la fonction publique ne « s'octroie pas dans l'intérêt personnel des titulaires,

[1] Vermeulen (J.), *Curs de drept administrativ (Cours de droit administratif)*, éd. Uniunea Studentilor din Romania, 1948, p. 308.

mais dans l'intérêt général » [1]. Par conséquent, le fonctionnaire public n'a aucun droit sur la fonction publique exercée, il « ne pouvait que l'accepter – telle quelle - ou la quitter » [2].

Dans le même sens, le Doyen Hauriou précisait que, « par la loi contractuelle des parties, nous ne trouvons dans la situation des fonctionnaires, même pas une réminiscence de ce pouvoir de la volonté individuelle ». De plus, compte tenu du fait que les droits et les obligations des parties sont établis par la loi ou par les règlements, les « pouvoirs législatifs ou exécutifs gardent à tout moment la latitude de les modifier unilatéralement, même contre toute volonté personnelle et celle des droits obtenus par les fonctionnaires » [3]. Par conséquent, d'après le Doyen Hauriou, « les droits et les obligations des parties, établis par la loi ou par le règlement, ne peuvent pas être modifiés par convention distincte ...» [4]. Dans le même ordre d'idées, le Professeur Duguit soulignait que les fonctionnaires « n'ont ni patron, ni d'intérêt contradictoire à débattre » ; les fonctionnaires étant toujours, selon Alibert, des représentants de la puissance publique et, de ce fait, « il ne peut y avoir de contrat entre eux et l'État » [5].

En l'absence d'un cadre normatif unitaire, les bouillonnements réflexifs étaient donc divisés, à l'époque, particulièrement entre les théories contractuelle et statutaire. Les juges administratifs avaient le pouvoir de trancher le débat concernant la nature juridique du rapport, qui lie le fonctionnaire à la personne publique employeuse, à travers leur jurisprudence.

2. Les arguments jurisprudentiels

56. Jurisprudence roumaine. En l'absence d'une prise de position législative sans équivoque, valable pour tous les fonctionnaires, la théorie contractuelle n'a été que sporadiquement débattue par la jurisprudence. Peut être ainsi retenue la décision n°92 du 5 avril 1888, dans laquelle la Cour de Cassation roumaine précisait « qu'entre le fonctionnaire et l'autorité il y a un

[1] Alexandresco (D.), *Principiile_dreptului civil roman (Les principes du droit civil roumain)*, éd. Tipografia Curtii Regale GOBL, 1926, 998p.

[2] Dimiu (R.), *op. cit.*, pp. 10 - 11.

[3] Vermeulen (J.), *op. cit.*, p. 310.

[4] *Idem.*

[5] Alibert (R.), *Les syndicats, associations et coalitions de fonctionnaires*, Thèse, Faculté de droit de l'Université de Paris, éd. Larose, 1909, 207 p ; Timsit (G.) et Letowski (J.) (sous la dir. de), *Les fonctions publiques en Europe de l'Est et de l'Ouest*, éd. du CNRS, 1986, pp. 22-23.

mandat » [1]. La juridiction roumaine avait par conséquent acquiescé dans un premier temps à la théorie du mandat de droit privé. Elle a d'ailleurs réitéré ce point de vue notamment en 1908, par la décision n°416, où il a été précisé que « le fonctionnaire public est un mandataire du Roi » [2].

L'adoption du premier Statut des fonctionnaires publics en Roumanie en 1923 devait apporter une réponse définitive à la question relative à la nature juridique du rapport (lien) fonctionnaire public – institution publique employeuse. Les réflexions, voire la variété des arguments, favorables ou non, retenues par les juridictions administratives, prouvent que la période, qui a suivi l'adoption de l'acte statutaire relatif aux fonctionnaires publics, ne manque pas de contradictions. Ainsi, la décision n°1429 du 21 octobre 1925, dans laquelle la Cour de Cassation roumaine précisait qu'en effet, « entre le fonctionnaire et l'autorité publique, des rapports contractuels (…) [pouvaient] être créés » [3]. De plus, en cas de transgression, les droits, qui découlent de ce rapport, ne pouvaient faire l'objet de contentieux que selon la voie ordinaire de la procédure juridictionnelle spécifique à tout rapport contractuel de droit commun, et non par la voie exceptionnelle du « recours en contentieux administratif » [4]. À noter que la nature du rapport contractuel – mandat, droit public – ne ressort pas de la décision en question. Le même point de vue a été retenu par les décisions n°194 du 29 février 1928 [5], n°1657 du 10 juillet 1928 de la Cour de Cassation, I^e^ Section, ainsi que par la décision n°34 du 31 janvier 1929 de la Cour d'Appel de Bucarest, ou encore, n°279 du 20 février 1929 de la Cour de Cassation, IIIe Section [6]. Cette dernière décision présente un intérêt particulier par le fait que le juge y a retenu non seulement la voie du contrat pour le recrutement des fonctionnaires, mais aussi la nature de ce contrat, lequel pouvait être de droit commun ou de droit administratif [7].

---

[1] Voir pour plus amples développements l'analyse jurisprudentielle du professeur Vermeulen [Vermeulen (J.), *Curs de drept administrativ (Cours de droit administratif)*, Facultatea de Drept - Universitatea Bucuresti, 1948, p. 320].

[2] Voir le commentaire de jurisprudence effectué par le professeur Gruia [Gruia (I.), *Curs de drept administrativ (Cours de droit administratif)*, Faculté de droit de l'Université de Bucarest, 1934-1935, p. 376].

[3] Décision commentée notamment par Vermeulen (J.), *Contractul ca modalitate de recrutare a functionarilor publici (Le contrat en tant que modalité de recrutement des fonctionnaires publics)*, *Revista de drept public*, éd. Institut de Arte Grafice, année VII, 1932, p. 82.

[4] *Idem.*

[5] Par cette décision, la Cour de Cassation roumaine réitère le point de vue antérieurement exprimé, précisant qu'en « principe, l'autorité publique peut confier à une personne une fonction ou la direction d'un service non seulement par un acte de nomination dans les formes et les conditions prévues par le Statut et les lois spéciales d'organisation, mais aussi par contrat (tel qu'il résulte des dispositions de l'article 2 du Statut de 1923) … ».

[6] Vermeulen (J.), *op. cit.*, p. 83 et Gruia (I.), *op. cit.*, pp. 375-376.

[7] « En principe, une administration publique peut conclure avec un particulier pour l'accomplissement d'un service public, un contrat de droit privé, gouverné par la loi du droit

57. Jurisprudence française. La jurisprudence française généralise la notion de relation contractuelle dans la Fonction publique lorsque, à la suite d'une grève affectant le service des postes, le Conseil d'État consacre, par l'arrêt *Winkell* [1], la nature contractuelle de l'engagement du fonctionnaire public, considérant que, « si la grève peut légalement affecter l'exécution d'un contrat de droit privé, elle devient illicite lorsqu'elle constitue un refus de service concerté » [2]. Il a même été considéré que l'arrêt en question consacrait ainsi la notion de « contrat de travail de fonction publique ». Deux décennies plus tard, le Conseil d'État fit à nouveau référence à la notion de « fonctionnaire contractuel » dans l'arrêt de *Robert Lafrégeyre* du 26 janvier 1923, où le juge retient que les agents des services publics industriels et commerciaux sont des agents de droit privé [3]. Jurisprudence abandonnée en 1937, lorsque le Conseil d'État a précisé, qu'en vertu de l'acte de nomination unilatéral, les fonctionnaires titulaires sont, « vis-à-vis de l'administration dans une situation statutaire et réglementaire », exclusive de tout contrat [4]. En effet, par l'arrêt du 15 janvier 1968, *Compagnie Air France vs. Époux Barbier*, le juge du Tribunal des conflits a statué que « les règlements qui régissent les engagements des agents sont des actes administratifs dès lors qu'ils touchent l'organisation du service » [5]. Il en ressort que, dans certaines entreprises dites « à statut », la situation juridique des agents était similaire à celle des fonctionnaires, c'est-à-dire soumise à des dispositions adoptées par voie unilatérale ; ce qui limitait la portée du caractère contractuel et leur soumission au droit privé [6].

Toujours est-il que si le droit français de fonction publique a poursuivi son parcours statutaire, l'installation du régime socialo-communiste en Roumanie a aussitôt conduit à la contractualisation du régime juridique du lien, qui unissait le fonctionnaire à l'institution publique employeuse.

---

commun, ou un contrat administratif, gouverné par le régime du droit public » [Vermeulen (J.), *op. cit.*, p. 83 ; La jurisprudence générale 1929].

[1] CE 7 août 1909, req. n°37.317, Rec. 826 et 1296 [voir aussi : Long (M.), Weil (P.), Braibant (G.), Delvolve (P.), Genevois (B.), *Les grands arrêts de la jurisprudence administrative*, Dalloz, 20e éd., 2015, pp. 221 et 371].

[2] Marillia (G.-D.) et Pelletier (P.), *Les agents non titulaires des trois fonctions publiques*, éd. Berger-Levrault, 2007, p. 13.

[3] À l'exception du « directeur » et de l'« agent comptable ».

[4] CE 22 octobre 1937, *Delle Minaire et autres*, Rec. 843 (concl. Lagrange).

[5] CE 13 juillet 1956, *Barbier*, Rec. 338.

[6] Long (M.), Weil (P.), Braibant (G.), Delvolve (P.), Genevois (B.), *Les grands arrêts de la jurisprudence administrative*, Dalloz, 20e éd., 2015, pp. 221.

B. La *contractualisation* du régime statutaire pendant le régime communiste en Roumanie

58. Le passage du régime spécial au régime de droit commun des fonctionnaires. L'adoption des premiers Statuts des fonctionnaires publics, – dans un premier temps en Roumanie en 1923 [1] puis, dans un second, en France, en 1946 –, était censée mettre fin aux débats relatifs à la nature juridique de la fonction publique ; laquelle devenait sans équivoque statutaire et/ou réglementaire.

Dans un regard comparé, le moment de l'institutionnalisation de la fonction publique statutaire française coïncide, à quelques jours près, avec son anéantissement en droit roumain. En effet, une fois l'instauration du régime socialo-communiste réalisée, le 30 décembre 1947, en Roumanie, les dispositions statutaires ont été abrogées par le décret n°418 du 16 novembre 1949. Dès lors, les rapports de fonction publique ont été soumis aux dispositions communes du premier Code du travail de l'histoire du droit roumain, le 08 juin 1950. À partir de ce moment, les fonctionnaires publics roumains ont été juridiquement assimilés aux salariés recrutés sur la base d'un contrat individuel de travail.

Alors que, pour plusieurs décennies du régime socialo-communiste, le cadre normatif statutaire de la fonction publique roumaine a été juridiquement anéanti, le droit statutaire de la fonction publique française débutait sa consécration normative. Les statuts des fonctionnaires publics qui se sont succédé après 1946 [2] ont tous confirmé la nature statutaire et/ou réglementaire des liens créés entre les fonctionnaires et les institutions publiques françaises.

La consécration de la nature statutaire et/ou réglementaire de la fonction publique n'a pourtant pas été de nature à éliminer un phénomène, auquel la fonction publique française est confrontée depuis le milieu du XIXe siècle, celui du recrutement des contractuels [3]. Même si les statuts susmentionnés précisaient que le recours à des fonctionnaires contractuels ne devait être qu'exceptionnel, leur nombre dans la fonction publique n'a cessé d'augmenter ; phénomène qui a engagé, en plusieurs étapes, des plans de

---

[1] À la suite des dispositions de la Constitution de 1923, laquelle précisait à l'article 8 que « des lois spéciales détermineront le Statut des fonctionnaires publics », la même année, le 19 juin 1923, a été adopté le premier Statut roumain des fonctionnaires publics, complété par le Règlement d'application du 23 novembre 1923. Ce statut a été appliqué en 1940, lorsqu'il a été remplacé par un Code de conduite des fonctionnaires publics ; lequel fut également abrogé et remplacé en 1946 par la loi 746/1946. Ce dernier acte statutaire a été abrogé par le décret 418 du 16 novembre 1949 en vue de l'entrée en vigueur du premier Code de travail, le 08 juin 1950, quand toutes les catégories socioprofessionnelles ont été soumises aux dispositions communes précisées.

[2] Les statuts de 1958 et 1983-1986.

[3] Marillia (G.-D.) et Pelletier (P.), *op. cit.* pp. 13-15.

résorption de la précarité dans la fonction publique [1]. L'adoption des statuts de 1983-1986 relatifs aux trois fonctions publiques en vigueur aujourd'hui n'a pas été de nature à limiter le recours des institutions publiques à des contractuels. Ce qui a conduit – sous l'empire des dernières réformes – à un renforcement visible des droits et des obligations des fonctionnaires non titulaires, mais pas forcément vers les mêmes principes, comme le principe de stabilité. Renforcement qui certifie l'hypothèse de la concurrence exercée par les normes d'inspiration contractuelle sur le régime statutaire de la fonction publique.

Section 2. La concurrence des normes contractuelles

59. La fin du régime socialo-communiste de décembre 1989 a favorisé la prise de position de la doctrine roumaine quant à l'avenir du régime juridique du lien qui devait unir le fonctionnaire à son institution publique employeuse ; et ce, à l'aune des deux expériences marquantes connues par la Fonction publique roumaine dans son passé, les expériences statutaire – supprimée en pleine expansion dès l'installation du communisme –, et contractuelle expérimentée pendant le communisme. Par suite, sous l'influence entre autres du droit européen, le système français de fonction publique a progressivement été amené à évaluer le rôle et la place du contrat en son sein, et ce, jusqu'à considérer l'idée d'une cohabitation statuto-contractuelle similaire à d'autres systèmes de droit.

La reconstruction de la fonction publique roumaine sur des fondements statutaires n'a toutefois pas été de nature à mettre fin aux débats « ancestraux » à l'égard du régime juridique de la fonction publique menés entre les travaillistes et les administrativistes. Ces débats laissent d'ailleurs entrevoir des importants enjeux, d'une part, au regard de la reconversion du régime juridique du système roumain de fonction publique post-décembriste **(§ 1)**, et d'autre part, eu égard au processus progressif de *travaillisation* connu par la Fonction publique française durant ces dernières décennies **(§ 2)**.

[1] Voir à titre d'exemple la loi n°50-400 du 3 avril 1950 portant « autorisation de transformation d'emploi et de réforme de l'auxiliariat », réservait la titularisation aux agents contractuels ayant une ancienneté de 7 ans ; le décret n°76-307 du 08 avril 1976 lequel prévoyait la titularisation dans la fonction publique de l'État des agents auxiliaires de catégorie D et de certains personnels de catégorie C [Marillia (G.-D.) et Pelletier (P.), *op. cit.*, p. 14].

§ 1. Les débats ancestraux de la Fonction publique roumaine

60. En l'absence d'une consécration *expressis verbis* par les dispositions statutaires de la nature juridique du lien qui unit le fonctionnaire à l'État, la doctrine roumaine est, malgré sa tombée en désuétude [1], régulièrement animée par ce débat. La Haute Cour de Cassation et de Justice s'est, avec la même régularité, empressée à trancher ce litige. Le régime juridique de la Fonction publique roumaine s'est, depuis ses origines, trouvé au cœur des débats menés entre les travaillistes et les administrativistes **(A)**, débats qui se sont poursuivis à la suite de la reconversion des fonctions contractuelles et statutaires après la chute du communisme **(B)**.

A. La permanence d'un débat originel

61. Les débats relatifs au régime juridique de la fonction publique remontent bien avant l'institutionnalisation de la fonction publique tant au niveau doctrinal **(1)** que jurisprudentiel **(2)**.

1. La persistance d'une contradiction lointaine

62. Les arguments de la doctrine travailliste en faveur d'un régime juridique commun de la fonction publique. En droit français, l'article L1 du CGFP [2] précise sans équivoque que « le fonctionnaire est, vis-à-vis de l'administration, dans une situation statutaire et réglementaire ». En revanche, en droit roumain, et en l'absence d'une disposition *expressis verbis* [3], les débats, entre les spécialistes des droits administratif et du travail, sur la nature juridique de la fonction publique, continuent, même après l'adoption du Statut des fonctionnaires de 1999 voire du Code administratif de 2019.

---

[1] Vedinaş (V.), « Despre natura juridică a raportului de serviciu a functionarului public (Sur la nature juridique du rapport de service des fonctionnaires publics) », *RDP*, 2010, n°5, p. 199 et les ss.

[2] Article de la loi n°83-634 du 13 juillet 1983 portant droits et obligations des fonctionnaires.

[3] Les dispositions de l'article 1 du Statut roumain des fonctionnaires publics (loi n°188 du 8 décembre 1999) précisent que le statut « réglemente le régime général des rapports juridiques entre les fonctionnaires publics et l'État ou l'Administration locale, via les autorités autonomes ou les autorités et institutions publiques de l'Administration centrale et locale ; rapports nommés toujours - rapports de service ».

À cet effet, le professeur Beligrădeanu, spécialiste de droit roumain du travail, reprenait récemment 1 la position de la doctrine « travailliste ». D'après cette dernière, les « rapports de service des fonctionnaires publics ne représentent que des rapports typiques de travail 2 », dont le contenu spécifique est dû particulièrement à « l'incidence puissante et spécifique de certaines normes de droit public » 3. Pour renforcer cette théorie, le Professeur Trăilescu, a fait le point sur les éléments de nature à minimiser les différences « entre les deux types de rapports juridiques de travail : des salariés et des fonctionnaires publics » 4. Parmi ces éléments, l'auteur retient notamment le fait qu'à son adoption, le Statut des fonctionnaires publics ne faisait aucune référence aux « accords collectifs » 5, ou encore, que la mobilité au sein du corps des fonctionnaires publics représentait un élément de nature à porter atteinte au principe de stabilité des fonctionnaires 6. Ledit auteur poursuit son bilan en précisant que le cumul de fonctions, permis pour les salariés (art. 35 du Code de travail) – et prohibé jusqu'en 2009 pour les fonctionnaires publics à l'exception des fonctions d'enseignant – a été considérablement assoupli par la loi n°330 du 5 novembre 2009 7. Un rapprochement visible des régimes salarié-fonctionnaire ressort, selon l'auteur cité ci-dessus, également du régime du cumul des pensions avec les revenus salariaux, lequel serait réglementé identiquement tant pour les

---

[1] Beligrădeanu (S.), « Considerații asupra raportului juridic de muncă al funcționarilor publici, precum şi in legatura cu tipologia raporturilor juridice de muncă şi cu o viziune monista asupra obiectului dreptului muncii (Considérations concernant le rapport juridique de travail des fonctionnaires publics, ainsi que la typologie des rapports juridiques de travail et avec une vision moniste sur l'objet du droit de travail) », *Dreptul*, 2010, n°8, pp. 87-112.

[2] Ţiclea (A.), *Tratat de dreptul muncii (Traité de droit du travail)*, éd. UJ, 2009, pp. 16-17.

[3] Ştefănescu (I.-T.), *Tratat teoretic si practic de drept al muncii (Traité théorique et pratique de droit du travail)*, éd. UJ, 2010, pp. 25-45.

[4] Au sujet de « l'existence d'un rapprochement entre les deux droits, spécialement de la fonction publique vers celui du travail [Durand (P.), « Naissance d'un droit nouveau. Du droit du travail au droit de l'activité professionnelle », *Droit social*, 1952, n°7, p. 437], il apparaît que si « le statut de la fonction publique est extérieur au droit du travail, (…) les différences [restent] minces entre ce statut et les autres statuts professionnels » [Camerlynck (G.-H.), Lyon-Caen (G.), *Précis de droit du travail*, Précis Dalloz, 7e éd., 1975].

[5] En effet, ce n'est que quatre ans plus tard que le législateur a ajouté dans le Statut, par la loi n°161 du 19 avril 2003, un nouveau chapitre VII intitulé « Accords collectifs. Commissions paritaires ».

[6] L'argument principal de l'auteur réside dans l'universalité de cette mesure, laquelle serait de nature à rapprocher la situation des fonctionnaires de celle des salariés. Pour éviter le licenciement prévu par l'article 65 du Code du travail, les salariés sont souvent « obligés d'acquiescer » aux modifications apportées à leur contrat de travail, concernant le lieu de travail, les attributions, les conditions de travail et même la rémunération.

[7] La loi n°330 du 5 novembre 2009 a précisé, dans son article 52, que les fonctionnaires publics peuvent exercer des fonctions ou des activités non seulement dans le domaine de l'enseignement, de la recherche et de la création littéraire et artistique, mais également « dans d'autres domaines d'activité du secteur privé, lesquels ne sont pas en lien direct ou indirect avec les attributions exercées en vertu de la fonction publique exercée ».

fonctionnaires publics que pour les salariés [1]. De même, l'adoption de la loi n°330 du 5 novembre 2009 relative à la rétribution unitaire des personnels rémunérés sur des fonds publics [2] a été de nature à estomper davantage « les différences existantes entre les fonctionnaires publics et les salariés rémunérés sur des fonds publics ». Le régime légal identique – pour toutes les catégories de personnels rémunérés sur des fonds publics (fonctionnaires publics, salariés, magistrats ...) – en matière de dépenses de personnel créé par la loi n°69 du 16 avril 2010 sur la responsabilité fiscale, représenterait, selon le même auteur, un autre élément de nature à effacer les différences existantes entre « le rapport juridique de travail des salariés et celui des fonctionnaires publics ».

63. L'hypothèse d'un droit public du travail en naissance. La doctrine travailliste considère « le rapport de service du fonctionnaire public, logiquement, méthodologiquement et juridiquement », comme « une composante fondamentale du droit (de la législation) du travail » [3] ; et elle va jusqu'à apprécier l'existence d'« un droit public du travail, en tant que sous-branche du droit du travail » [4]. Ce droit public du travail serait formé « de l'ensemble des normes juridiques qui réglementent les relations de travail des fonctionnaires publics, ainsi que celles des autres catégories de personnel qui, tout en bénéficiant des statuts juridiques spéciaux, sont également investies par l'exercice de l'autorité de l'État » [5]. Toutefois, si le syntagme

---

[1] Des réglementations similaires étant décelables également en matière de cessation du contrat individuel du travail pour les salariés et du rapport de service pour les fonctionnaires publics à l'accomplissement des conditions d'âge et de cotisation pour la mise en retraite.

[2] Cet acte normatif a abrogé l'ensemble des lois qui réglementaient distinctement la rémunération pour les différentes catégories de personnels du système public. Les dispositions de la loi n°330 du 5 novembre 2009 ont été abrogées par la loi cadre n°284 du 28 décembre 2010 relative à la salarisation unitaire du personnel rémunéré des fonds publics.

[3] Beligrădeanu (S.), « Considerații - teoretice si practice – in legatură cu Legea nr. 88/1999 privind Statutul funcționarilor publici (Considérations – théoriques et pratiques – sur la loi 188/1999 concernant le Statut des fonctionnaires publics) », *Dreptul*, 2000, n°2, p. 7.

[4] Cette idée rejoint celle du Professeur Emmanuel Aubin qui s'interroge sur le fait de savoir si, afin d'éviter « l'alternative trop tranchée entre la fin ou le renouveau de la fonction publique », il ne serait pas le temps d'admettre l'hypothèse d'un « droit administratif du travail » [Aubin (E.), « La loi du 3 août 2009 : la fin ou le renouveau du droit de la fonction publique ? », *AJDA*, 2009, n°32, pp. 1681-1684]. D'autres auteurs français perçoivent dans l'inspiration réciproque des transformations des droits du travail et de fonction publique l' « émergence d'un « droit de l'activité professionnelle » [Marc (E.), Struillou (Y.), « Droit du travail et droit de la fonction publique : des influences réciproques à l'émergence d'un « droit de l'activité professionnelle » ? », *RFDA*, 2010, p. 1169 ; Durand (P.), « Naissance d'un droit nouveau. Du droit du travail au droit de l'activité professionnelle », *op. cit.*, p. 437], ou encore, d'un « *droit public du travail* » [Esplugas-Labatut (P.), « Pour un droit public du travail », in Esplugas-Labatut (P.), Dubreuil (C.-A.), Morand (M.) (sous la dir. de), *Le droit public du travail*, éd. L'Epitoge, 2016, p. 11).

[5] Ţiclea (A.) (coord.), Georgescu (L.), Cioriciu-Ştefanescu (A.) et Vlad (B.), *Dreptul public al muncii (Le droit public du travail)*, Wolters Kluwer, 2010, pp. 26-36 ; voir en même

« *droit public du travail* » éveille certaines divergences au sein même de la doctrine travailliste [1], les opinions semblent converger lorsqu'il s'agit de militer pour une vision moniste du droit du travail. Une vision qui réglemente « la totalité des rapports juridiques de travail, et non seulement ceux des salariés, même si ces derniers sont plus nombreux » [2].

64. L'opposition ferme de la doctrine administrativiste. Au pôle opposé desdites théories *travaillistes* se trouvent les réflexions critiques issues du milieu administratif. Sans nier le positionnement de la Fonction publique – en tant qu'institution de droit –, à la frontière qui sépare le droit administratif du droit du travail [3], ainsi que les similitudes qui existent entre le statut des fonctionnaires publics et celui des salariés, les spécialistes de droit administratif roumain rejettent l'idée d'une potentielle incorporation du droit de la fonction publique dans celui du droit du travail. La doctrine publiciste a contrecarré chaque position exprimée par la doctrine « rivale », tout en qualifiant ce débat ancien comme désuet et sans place dans les réalités juridiques présentes de la Fonction publique roumaine [4].

Par ailleurs, concernant la nature conventionnelle de la fonction publique roumaine, et selon les spécialistes en droit du travail, à la base du rapport de fonction du fonctionnaire public, se retrouverait, comme pour les salariés, « le consentement » – sans lequel l'acte de nomination dans une fonction publique n'aurait pas de valeur – ; ce qui transforme l'acte de nomination en un contrat innommé [5]. Si l'expression du consentement est requise à la nomination dans une fonction publique – ce qui justifierait, en effet, la théorie conventionnelle relative à la fonction publique –, la doctrine administrative met toutefois en exergue le fait que, par rapport au consentement du salarié, exprimé une seule fois, celui du fonctionnaire public ne « s'exprime pas uno icto, mais graduellement (…,) par l'inscription et la participation au concours ». La dernière manifestation de

---

sens Athanasiu (A.) et Dima (L.), *Dreptul muncii – curs universitar (Droit du travail – cours universitaire)*, éd. All Beck, 2005, pp. 25-57.

[1] Beligrădeanu (S.), *op. cit., Dreptul*, 2010, n°8, p. 106.

[2] Beligrădeanu (S.), *op. cit.*, p. 106. L'auteur précise dans son étude que pour « l'ensemble des personnes qui, en Roumanie, développent leur activité par des rapports juridiques de travail : les salariés représentent au moins 92%-93% (y compris les salariés rémunérés sur de fonds publics : personnel enseignant, médico-sanitaire …), tandis que le reste, tout au plus 7 ou 8 %, sont représentés par des fonctionnaires publics (civils ou militaires), dignitaires, magistrats ou coopérateurs » (al. 1 art. 33 de la loi n°1 du 21 févriers 2005).

[3] Vedinaş (V.), *Statutul funcţionarilor publici – legea 188/1999 (Le statut des fonctionnaires publics – loi 188/1999)*, éd. UJ, 2009, p. 438.

[4] Vedinaş (V.), « Despre natura juridică a raportului de serviciu a functionarului public (Sur la nature juridique du rapport de service des fonctionnaires publics) », *RDP*, 2010, n°5, p. 199 et les ss. ; Vedinaş (V.), *op. cit.*, 2009, p. 438 et ss. ; Clipa (C.), *Drept administrativ – teoria funcţiei publice (Droit administratif – la théorie de la fonction publique)*, éd. Hamangiu, 2011, p. 10 et les ss.

[5] Vedinaş (V.), *op. cit.*, *RDP*, 2010, n°5, p. 199.

volonté ressort de la prestation du serment, sans lequel l'acte de nomination est annulé [1]. Par conséquent, lorsqu'on fait référence à la nature conventionnelle de la fonction publique, le contrat conclu - s'il faut utiliser cette terminologie -, n'est pas un contrat de droit privé, mais un contrat de droit public [2]. Ce débat a finalement été tranché par la Haute Cour de Cassation et de Justice d'après laquelle les fonctionnaires publics n'exercent pas leurs missions sur la base d'un contrat de travail, mais de l'acte administratif de nomination en fonction.

2. L'arbitrage de la Haute Cour de Cassation et de Justice

65. Le positionnement sans équivoque de la HCCJ. Les précisions retenues par les juges des sections réunies de la Haute Cour de Cassation et de Justice dans la décision n°14 du 18 février 2008 étaient de nature à trancher définitivement le débat entre les deux théories. D'après la Cour en vertu de l'article 2, alinéa 2, de la loi n°188/1999 le fonctionnaire public est la personne nommée, dans les conditions de la loi, dans une fonction publique. Par conséquent, les « fonctionnaires publics ne développent pas leur activité sur la base d'un contrat de travail, les fonctionnaires publics se trouvant dans des rapports de service qui résultent de l'acte administratif de nomination en fonction. Ce qui signifie qu'ils n'ont pas la qualité de salariés au sens de l'article 1 de la loi n°142/1998 ».

La Cour précise par la suite que ce « qui différencie le rapport de travail de la fonction publique du rapport de travail du salarié [3] est le fait que le fonctionnaire public est porteur de la puissance publique, puissance qu'il exerce dans les limites de sa fonction » et plus exactement « des compétences » inhérentes à cette fonction. De ce fait, l'acte de nomination émis par l'autorité publique, ensemble avec la demande d'acceptation voire l'acceptation du poste par le futur fonctionnaire public, « représentent »,

---

[1] Vedinaş (V.), *Legea n°188/1999 privind Statutul functionarilor publici (La loi 188/1999 concernant le Statut des fonctionnaires publics)*, éd. Lumina Lex, 2002, p. 209.

[2] À ce sujet, madame le Professeur Vedinaş précisait « qu'il n'est pas suffisant d'établir qu'il s'agit ou non d'une nature conventionnelle du rapport juridique, mais qu'il faut surtout établir de quel type de convention il s'agit : d'une convention de droit privé – situation dans laquelle on se trouve en présence d'un rapport juridique de travail -, ou d'une convention de droit public, cas où nous nous trouvons en présence du rapport de service du fonctionnaire public ». [Vedinaş (V.), *op. cit.*, *RDP*, 2010, n°5, p. 199].

[3] Expression moins heureuse retenue par les juges de la HCCJ, parce que elle a été saisie par la doctrine travailliste, spécialement le professeur Beligrădeanu, au soutien de sa théorie selon laquelle le fonctionnaire public se trouve dans « un rapport juridique de travail avec l'institution publique au service duquel il est, soit un rapport juridique **de nature contractuelle** ... » ; cette expression « rapport du travail » utilisée par la HCCJ étant considérée comme une sorte d'adoption de cette position par cette dernière ». [Beligrădeanu (S.), *op. cit.*, *Dreptul*, 2010, n°8, p. 93].

d'après la décision précitée de la Cour, « l'accord de volonté, le contrat administratif ».

La différence spécifique, entre le rapport de travail du fonctionnaire public et le rapport de travail du salarié, réside donc, d'après la Cour, « tant dans la façon dont est né le rapport juridique sur la base duquel le travail est effectué que dans le fait que le fonctionnaire public est un fonctionnaire du pouvoir public, alors que le salarié ne l'est pas ». Ce dernier étant une institution du droit du travail, tandis que « le fonctionnaire public est une institution [1] du droit public ».

Ce qui explique qu'aux fonctionnaires publics leur soient appliquées, d'abord, « les normes constitutionnelles, ainsi que les dispositions spéciales de la loi n°188/1999 ou d'autres réglementations de droit administratif, et seulement en complément les normes du droit du travail ; et cela, seulement dans la mesure où les normes communes de travail ne contreviennent pas à la législation spécifique de la fonction publique ».

Les précisions retenues par les juges de la Haute Cour de Cassation et de Justice ont permis de statuer précisément sur les éléments liés à la nature juridique de la fonction publique, sujets pérennes de débat en droit roumain entre *les travaillistes et les administrativistes* – sans pour autant y mettre fin. En premier lieu, la HCCJ statue sans équivoque, que les fonctionnaires publics n'exercent pas leurs fonctions sur la base d'un contrat de travail, mais en vertu d'un rapport de service. La définition du premier article du Statut roumain précise que le rapport de service représente « le rapport juridique établi entre un fonctionnaire public et l'État ou l'administration publique locale, par les autorités administratives autonomes ou par les autorités et les institutions publiques de l'administration publique centrale et locale ».

Toutefois, comme les juges de la HCCJ le précisent, l'élément qui rend particulier le rapport de service, né entre le fonctionnaire public et l'institution, est « le fait que le fonctionnaire public est porteur de la puissance publique, puissance qu'il exerce dans les limites de sa fonction ». L'exercice de la puissance publique est, par conséquent, l'élément qui s'oppose au fait de considérer le statut du fonctionnaire public à égalité avec celui du salarié. En effet, le rapport de travail repose sur la conclusion d'un contrat de travail de droit privé, mais le statut du fonctionnaire public, découle de l'acte de nomination émis unilatéralement par l'institution de recrutement.

La HCCJ tranche également la question relative à la valeur conventionnelle du consentement du fonctionnaire public quant à sa nomination dans une fonction publique, valeur revendiquée par la doctrine travailliste comme ressortant d'un contrat de droit privé. À cet égard, la HCCJ rappelle à juste titre que « l'acte de nomination du fonctionnaire

[1] Spécificité du langage juridique roumain.

public est émis par l'autorité publique ; nomination suivie immédiatement par la demande et/ou l'acceptation du poste par le futur fonctionnaire public ; ce qui constitue l'accord de volonté, c'est-à-dire le contrat administratif ». Autrement dit, le consentement du futur fonctionnaire, exprimé en plusieurs étapes – comme l'a souligné constamment la doctrine administrative –, ensemble avec l'acte de nomination, forment l'accord de volonté qui, à la limite, peut être considéré comme l'expression d'un « contrat administratif ». Cela révèle l'appartenance du statut du fonctionnaire public au droit public – en tant qu'« agent » du pouvoir public –, tandis que le salarié ne le peut pas, car il est soumis au droit du travail.

De plus, la théorie relative à l'expression du consentement par étapes : la première manifestation, étant représentée par le dépôt du dossier de candidature au concours pour l'occupation d'une fonction publique, a également fait l'objet de certaines critiques [1]. Donner à l'acte d'inscription à un concours, en vue d'occuper une fonction publique, la valeur d'un consentement – même en tant qu'étape d'un ensemble consensuel –, est sujet à discussion. Le début de la manifestation de volonté, eu égard au processus de recrutement à une telle fonction, est pourtant indéniable, et ce, indépendamment de la présence effective ou non du candidat au concours. La valeur de cette manifestation de volonté n'est donc certainement pas de nature contractuelle, voire conventionnelle, parce que le cas échéant, l'acte unilatéral de nomination serait revêtu d'un caractère secondaire, voire accessoire, au regard du contrat administratif [2]. Interprétation confortée également par les dispositions du Statut roumain qui, à l'alinéa 1 de l'article 4, précisent que le rapport de service « prend naissance et s'exerce sur la base de l'acte administratif [3] de nomination ... », et *a contrario*, non sur la base d'un contrat, soit-il de droit privé ou de droit administratif.

À l'instar du droit français, le législateur est le seul à pouvoir mettre un terme à ce combat argumentaire par l'insertion d'un nouvel alinéa au premier article du statut des fonctionnaires qui précise, sans équivoque, le caractère statutaire de la fonction publique.

Toujours est-il que les débats relatifs à la nature juridique du lien qui unit le fonctionnaire aux institutions publiques sont aussi dus à l'intrusion, dans le secteur public notamment, des fonctions contractuelles. Il ne s'agit que d'une intrusion timide, qui ne concerne qu'incidemment la fonction publique roumaine.

---

[1] Clipa (C.), *Drept administrativ – teoria funcției publice (Droit administratif – la théorie de la fonction publique)*, éd. Hamangiu, 2011, p. 10.

[2] Tel que cela a été le cas durant le régime communiste.

[3] L'acte administratif est défini, par les dispositions de la lettre c de l'alinéa 1 de l'article 2 de la loi n°554 du 2 décembre 2004 relative au contentieux administratif, comme sur « acte unilatéral à caractère individuel ou normatif émis par une autorité publique, en vue de l'organisation de l'exécution de la loi ou de l'exécution concrète de la loi, de nature à faire naître, modifier ou cesser des rapports juridiques… ».

Au regard de la place acquise ces dernières années par le contrat dans la fonction publique française, la question de la place du contrat dans la Fonction publique présente toutefois une importance grandissante pour l'évolution future du droit public roumain.

B. Les questionnements des mutations subies par la Fonction publique

66. Le retour aux fondements statutaires de la fin des années 1990 a mis le législateur devant deux points majeurs au sujet non seulement du moyen par le biais duquel la reconversion du régime contractuel en un régime statutaire allait être réalisée **(1),** mais aussi sur le fait de savoir s'il fallait ou non exclure le contrat de l'incidence des dispositions statutaires **(2)**.

1. Les enjeux de la reconversion du régime contractuel en un régime statutaire

67. Les réflexions accompagnant la reconversion du régime contractuel en un régime statutaire. Le passage d'une fonction publique contractuelle – durant le régime communiste, à une fonction publique statutaire – par l'adoption de la loi n°188 du 8 décembre 1999 [1] –, a fait réfléchir le législateur sur plusieurs points. Considérant la richesse législative et jurisprudentielle, héritage de la période d'entre-deux-guerres, le législateur s'est retrouvé d'abord devant le défi de délimiter l'étendue statutaire de la Fonction publique roumaine. En d'autres termes, le législateur a dû choisir entre une étendue juridique *lato sensu* de la fonction publique (spécifique à la période d'avant l'instauration du communisme) et une dimension *stricto sensu* [2]. Comme cela a été précisé dans la partie introductive, le choix du législateur a convergé vers la seconde option …

Par la même occasion, il s'imposait de réfléchir également sur les modalités de transformation du régime juridique des fonctions contractuelles visées par le Statut, ainsi que s'il fallait ou pas réserver une place au contrat

---

[1] Devenue aujourd'hui le titre 2, de la partie 6 du Code administratif adopté par l'OUG n°57 du 3 juillet 2019 portant Code administratif.

[2] À cet effet, le professeur Negoiţă penchait plutôt pour une conception *lato sensu* de la fonction publique considérant, dans un de ses ouvrages, publiés au début des années 1990, que, s'il y avait des postes de médecins, de professeurs, d'ingénieurs, de secrétaires de mairie, de comptable, etc., tant la création de ces postes que les attributions afférentes doivent avoir un caractère légal ; ces dernières ne pouvant faire l'objet « d'une transaction entre les parties et ne peuvent pas être établies par contrat » [Negoiţă (A.), *Drept administrativ si ştiinţa administraţiei (Droit administratif et la science de l'administration)*, éd. Atlas Lex, 1993, p. 80].

dans le nouveau cadre normatif. À cet effet, les dispositions de l'article 382 du Code administratif [1] précisent que « le personnel contractuel salarié (...) des institutions publiques ... » n'a pas la qualité de « fonctionnaire public ». De même, les dispositions de l'article 111 du Statut [2], considérées ensemble avec les dispositions citées ci-dessus, précisaient que les autorités et les institutions publiques, qui ont prévu dans leurs organigrammes, des fonctions, « qui supposent l'exercice d'attributions impliquant l'exercice de la puissance publique », ont l'obligation de demander à l'Agence Nationale des Fonctionnaires Publics – seule institution de gestion des fonctionnaires publics en Roumanie – l'avis pour la transformation de ces postes contractuels en fonctions publiques statutaires [3].

Dans toutes ces situations, les personnes encadrées par un contrat individuel de travail à durée indéterminée, à la suite de l'avis favorable de l'Agence Nationale des Fonctionnaires Publics, ont été nommées à des fonctions publiques statutaires (des fonctions correspondant aux postes contractuels convertis). Les seules conditions imposées aux fonctionnaires, dont les postes contractuels ont été convertis en fonctions statutaires, ont été celles concernant les conditions générales requises pour l'occupation d'une fonction publique, ainsi que, selon le cas, les conditions d'ancienneté dans la spécialité des études afférentes à la classe et au grade professionnel de la fonction publique [4]. Ces dispositions, à caractère transitoire, ont représenté la dernière étape du processus de transformation de l'ancienne fonction contractuelle – existant pendant le régime communiste – en fonction publique statutaire consacrée par la loi n°188 du 08 décembre 1999.

La conversion fut pourtant automatique, et ce, malgré les dispositions statutaires qui ne prévoient comme voie de recrutement dans la fonction publique que le **concours** [5]. Les dispositions de l'article 464 du Code administratif [6] précisent, en effet, que « le recrutement dans le corps des fonctionnaires publics s'effectue par concours ... », alors que l'occupation des fonctions publiques n'est, selon les dispositions de l'article 466 du même acte normatif [7], possible que par « promotion, transfert, redistribution ou recrutement ». De plus, et à la différence du droit français de la fonction

---

[1] Ancien article 6 de la loi n°188 du 8 décembre 1999 relative au statut roumain des fonctionnaires publics.

[2] Désuet, cet article n'a pas été repris par le Code administratif. L'article 406 du Code administratif précise toutefois les conditions actuelles requises pour la transformation d'une fonction contractuelle en une fonction publique.

[3] Article 7 de la loi n°188 du 8 décembre 1999.

[4] Alinéa 2, de l'article 111, de la loi n°188 du 8 décembre 1999.

[5] Ce qui finalement n'a pas permis de faire une évaluation du niveau professionnel des personnels, qui exerçaient des fonctions au sein des institutions publiques roumaines.

[6] Ancien article 57 de la loi n°188 du 8 décembre 1999 relative au Statut des fonctionnaires publics.

[7] Ancien article 56 de la loi n°188 du 8 décembre 1999 relative au Statut des fonctionnaires publics.

publique, des dispositions précitées, corroborées par l'alinéa 2 de l'article 466 du Code administratif [1], il résulte que le recrutement, même pour l'exercice des fonctions publiques temporairement vacantes, n'est possible que par les mêmes modalités prévues pour les fonctions publiques vacantes, c'est-à-dire par concours. Il en ressort que les dispositions statutaires excluent implicitement toute possibilité de recours au recrutement par contrat.

2. L'exclusion de la possibilité de recours au contrat

68. L'absence de toute dérogation à la voie du recrutement par concours. Des développements susvisés, il ressort donc la volonté du législateur de n'accepter aucune dérogation à la voie statutaire de la fonction publique roumaine, ou à l'accès par concours à cette dernière. Tout recrutement contractuel a ainsi été placé hors de la fonction publique et de son droit. Cela n'empêche pas que des essais de recours au contrat, du moins au niveau des fonctions de direction, soient réalisés, particulièrement ces dernières années. L'OUG n°37 du 22 avril 2009 en constitue un exemple. Aux termes de son titre III, les « fonctions publiques, fonctions publiques spécifiques et les postes encadrés dans un régime contractuel, qui confèrent la qualité de dirigeant des services publics déconcentrés des ministères et d'autres organes de l'administration centrale en territoire, ainsi que leurs adjoints » allaient être supprimés. À leur place, c'était la fonction de « directeur coordonnateur du service public déconcentré », qui devait être créée, assisté par un ou plusieurs adjoints. De plus, et aux termes dudit acte normatif, les personnes nommées par acte administratif dans les fonctions nouvellement créées allaient, en fait, exercer leurs fonctions sur la base d'un contrat de management, dont la durée ne devait pas excéder 4 ans. Ledit contrat aurait été juridiquement assimilé au contrat individuel de travail.

Ladite ordonnance a été déclarée inconstitutionnelle par la décision de la Cour Constitutionnelle n°1257 du 7 octobre 2009. Ce n'est pas tellement la volonté de l'exécutif en sa qualité de législateur « exceptionnel » [2], de remplacer des fonctions/postes par d'autres (et ce, par un simple changement de nom) que la Cour a jugée inconstitutionnelle, mais le fait d'avoir mis en

---

[1] Ancien article 55 de la loi n°188 du 8 décembre 1999 relative au Statut des fonctionnaires publics.

[2] Le Parlement de la Roumanie représente le seul organe législatif de la Roumanie. Toutefois les dispositions des alinéas 1 et 3 de l'article 198, de la Constitution roumaine précisent que « le Gouvernement roumain a la compétence d'adopter des ordonnances (...), et ce, sur la base d'une loi spéciale d'habilitation adoptée par le Parlement », lequel peut prévoir dans la loi d'habilitation que les ordonnances adoptées par le Gouvernement, soient ensuite soumises au processus législatif du Parlement (al. 1, art. 115 de la Constitution).

cause le statut juridique des fonctions susmentionnées par leur transformation en contrat de management assimilé au contrat individuel du travail. Ce qui portait atteinte aux dispositions constitutionnelles de l'alinéa 3 de l'article 73, qui précisent que « le Statut roumain des fonctionnaires publics est réglementé par une loi organique » [1].

Cet essai du Gouvernement [2] de convertir des fonctions publiques statutaires en fonctions contractuelles a été interprété comme une tentative subtile « de promotion du contrat dans la Fonction publique » [3]. Restent évidemment les questions de savoir, au cas où ladite conversion avait finalement abouti à une mise en œuvre, quel avait été le régime juridique du lien qui allait unir les fonctionnaires aux institutions publiques : administratif ou privé ? De même, en ce qui concerne les juridictions compétentes pour se prononcer sur les litiges liés à la fonction/poste occupé(e). Allaient-ils relever de la compétence des juridictions administratives ou du droit commun ? À cet effet, les décisions d'inconstitutionnalité, rendues récemment par la Cour constitutionnelle, ne font que reporter le moment où la réflexion sur la possibilité de faire une place au contrat dans la fonction publique roumaine ne pourra plus être ignorée. D'autant que, par la décision n°26 du 03 décembre 2014, les juges de la Cour constitutionnelle ont apprécié que les médecins recrutés par des contrats à durée indéterminée dans les hôpitaux publics roumains font partie de la catégorie des « *fonctionnaires publics* », et ce, malgré le fait qu'ils ne soient pas soumis aux dispositions statutaires.

Par conséquent, même si, pour le moment, le contrat est exclu *expressis verbis* du Statut roumain de fonction publique, les références jurisprudentielles et doctrinales de plus en plus nombreuses et relatives aux fonctions publiques de nature contractuelle montrent l'importance d'engager des réflexions en amont sur les conséquences qu'une cohabitation des règles statutaires et contractuelles engagerait.

L'exemple français, source pérenne d'inspiration convergente et/ou divergente de la doctrine et du législateur roumain, permet de mieux se

---

[1] Une loi organique ne peut être modifiée que par une loi de la même force juridique, soit, par une autre loi organique. Même s'il est vrai que cette règle à caractère constitutionnel fut souvent transgressée, du moins en ce qui concerne le Statut des fonctionnaires publics ; lequel a été adopté par responsabilité gouvernementale.

[2] Lequel « ... est intervenu dans un domaine pour lequel il n'avait pas la compétence matérielle d'intervenir, transgressant de cette manière les dispositions de l'alinéa 6 de l'article 115 de la Constitution relatives à l'impossibilité de modifier le Statut de la fonction publique que par une loi ayant la même force juridique, c'est-à-dire une loi organique » (voir la décision de la Cour Constitutionnelle n°1257/2009).

[3] Clipa (C.), *Drept administrativ – teoria funcției publice (Droit administratif – la théorie de la fonction publique)*, éd. Hamangiu, 2011, p. 98.

positionner par rapport aux arguments en faveur ou en défaveur du courant de (re) de la fonction publique qui traverse les systèmes de carrière [1].

§ 2. Les enjeux de la *travaillisation* de la Fonction publique française

69. Le droit français a constamment réglementé des dérogations à la règle à caractère général instituée par les dispositions de l'article L311-1[2]. En vertu de ce texte, « les emplois civils permanents de l'État, des régions, des départements, des communes et de leurs établissements publics à caractère administratif sont occupés par des fonctionnaires... ».

Par rapport à la Fonction publique roumaine, la consécration de la nature statutaire par les dispositions mêmes de l'article L1 du Code général de la fonction publique française exclut toute interrogation au sujet de la nature statutaire ou contractuelle des liens qui unissent les fonctionnaires à l'institution employeuse. En effet, en vertu dudit article les fonctionnaires sont « vis-à-vis de l'administration dans une situation statutaire et réglementaire ».

En revanche, la fonction publique française se confronte à d'autres débats qui engagent autant d'interrogations concernant la cohabitation, « presque aussi ancienne que la fonction publique », de deux catégories de personnels : fonctionnaires titulaires et contractuels. Et ce, à la suite de l'étendue très large de la fonction publique française, dans laquelle sont incluses presque toutes les catégories de personnel du secteur public. Si la nature juridique des liens qui unissent les fonctionnaires titulaires à l'institution employeuse n'engage plus des débats comme en droit roumain, le phénomène apparent de *travaillisation* voire de *contractualisation* évoqué par la doctrine française conduit à une analyse conséquente de l'influence manifeste du droit européen **(A)** sur la place des contrats et des contractuels dans la Fonction publique française, et implicitement sur la nature juridique desdits contrats **(B)**.

A. Le rôle et la place du contrat sous l'influence européenne

70. Les pratiques développées sur le marché de travail, public ou privé, de recours à des recrutements par contrat à durée déterminée ont mis en évidence la précarité de cette catégorie de personnels. Afin d'y remédier, à la

---

[1] Pour le système roumain, ce serait certes, une **(re)** *travaillisation* si l'on considère la cinquantaine d'années de communisme, durant laquelle la fonction publique roumaine a été soumise au droit commun du travail.

[2] Article 3 de la loi n°83-634 du 13 juillet 1983.

suite des consultations avec les représentants des formations syndicales représentatives pour les États membres de l'UE, le Conseil a adopté une directive qui, indirectement, impose le recours progressif aux contrats à durée indéterminée (1) et dont les effets pour l'avenir de la Fonction publique française ont été jugés importants **(2)**.

1. L'imposition progressive des contrats à durée indéterminée

71. L'adoption de la directive du Conseil 1999/70 du 28 juin 1999. Le régime statutaire apparaît, dans les années 1990, « concurrencé » par des fonctions contractuelles destinées à apporter une contribution temporaire à l'accomplissement de certains services publics, non seulement au niveau des États, mais aussi des Communautés européennes. Afin de mettre fin à cette situation de précarité des personnels ne bénéficiant pas d'une reconduction automatique du contrat de travail, la Confédération européenne des syndicats (CES), l'Union des Confédérations de l'industrie et des employeurs d'Europe (CEEP) et le Centre européen des entreprises à participation publique (CEEP) ont conclu un accord-cadre sur le travail à durée déterminée. Á la suite de la demande de ces derniers, fondée sur les dispositions du paragraphe 2 de l'article 139 du traité CE, la directive du Conseil 1999/70 du 28 juin 1999 a été adoptée. Aux termes des dispositions de son premier article, la directive vise « à mettre en œuvre l'accord-cadre » précité. Parmi les objectifs évoqués dans l'accord-cadre, figurent « l'amélioration de la qualité du travail à durée déterminée en assurant le respect du principe de non-discrimination, ainsi que la création d'un cadre pour prévenir les abus résultant de l'utilisation de contrats ou de relations de travail à durée déterminée successifs ». Les dispositions de l'accord-cadre s'appliquent « aux travailleurs à durée déterminée, ayant un contrat ou une relation de travail défini par la législation, les conventions collectives ou les pratiques en vigueur dans chaque État membre ». À cet effet, les États membres peuvent exclure de l'incidence des dispositions de l'accord-cadre, en concertation avec les partenaires sociaux, « les relations de formation professionnelle initiale et d'apprentissage, [ainsi que celles conclues] dans le cadre d'un programme de formation, d'insertion et de reconversion (...) soutenu par les pouvoirs publics ». Des dispositions de la directive 1999/70/CE du 28 juin 1999, il ressort donc que « les contrats à durée indéterminée sont et resteront la forme générale de relations d'emploi entre employeurs et travailleurs (...) ; les contrats à durée déterminée peuvent toutefois répondre dans certaines circonstances, à la fois aux besoins des employeurs et à ceux dits de travailleurs », mais seulement « dans des situations spécifiques nationales, sectorielles et saisonnières ». *A contrario*, tel qu'il ressort de la jurisprudence récente de la CJUE, « la conclusion de plusieurs contrats à durée déterminée successifs, notamment sur une période considérablement longue, tend à démontrer que la prestation requise du travailleur concerné ne constitue pas un simple besoin temporaire »[1].

Les dispositions européennes imposent donc deux exigences principales : celle de l'interdiction de discriminations entre travailleurs à durée déterminée et à durée indéterminée, ainsi que celle de la prévention de l'utilisation abusive des contrats à durée déterminée. La directive susmentionnée précise également les conditions dans lesquelles les administrations peuvent recourir à des agents sous contrat à durée déterminée, à savoir lorsque des raisons objectives justifient un renouvellement du personnel, à condition toutefois d'imposer une durée maximale ou de limiter le nombre des renouvellements. Outre les obligations déjà mentionnées par la directive, il revient également aux « États membres d'établir un cadre pour prévenir les abus résultant de l'utilisation de contrats ou de relations de travail à durée déterminée successifs »[2]. Cette précision ressort notamment de la jurisprudence de la Cour, selon laquelle « il incombe aux autorités nationales d'adopter des mesures appropriées ».

Si le respect de la directive passe donc par une obligation de faire, ce respect préserve toutefois une faculté de choisir[3]. Raisonnement confirmé notamment par les juges communautaires, selon lesquels « l'accord-cadre n'édicte pas une obligation générale des États membres de prévoir la transformation en contrats à durée indéterminée des contrats de travail à durée déterminée, pas plus qu'il ne prescrit les conditions précises auxquelles il peut être fait usage de ces derniers »[4]. Reste que la transposition du contenu de cette directive dans les droits nationaux s'est avéré un processus de longue durée, tel que la jurisprudence de la CJCE le montre.

2. Les effets de la directive portant généralisation des CDI

72. Le long processus de transposition. Le délai imparti aux États pour la transposition de la directive dans les droits nationaux a été de deux ans,

---

[1] CJUE 26 janvier 2012, *Bianca Kücük c/ Land Nordrhein-Westfalen*, aff. n°C-586/10, http://curia.europa.eu/juris/document/document.jsf?text=&docid=118543&pageI, consulté le 15 juin 2022).

Note de l'auteur : les décisions de la CJUE mentionnées ci-après ont été consultées sur le site https://curia.europa.eu/juris/.

[2] Fitte-Duval (A.), « Contrat à durée indéterminée dans la fonction publique : les risques d'une transposition inadaptée », AJFP, 2007, n°1, p. 4.

[3] *Ibid.*, p. 4.

[4] CJCE, 4 juillet 2006, *Konstantinos Adeneler e.a. c/ Ellinikos Organismos Galaktos,* aff. n°C212/04 [Voir aussi Dubos (O.), « La lutte contre la précarité dans la fonction publique : le législateur français au-delà et en deçà du droit communautaire », AJDA, 2006, n°38, p. 2089 et les ss.].

prolongeable en cas de difficultés justifiables [1]. Ce délai n'a d'ailleurs pas été respecté par plusieurs États, notamment la France [2]. La question de savoir si les nouvelles influences européennes mettent indirectement en danger le régime statutaire de la fonction publique est dès lors récurrente.

Au lendemain de l'adoption de la loi n°2005-843 du 26 juillet 2005 par laquelle la directive 1999/70/CE a été transposée en droit français [3], la doctrine n'a pas hésité à annoncer « la fin statutaire de la fonction publique », comme Jean Rivero le prédisait déjà dans une chronique de 1947 [4]. D'autant qu'en s'attaquant « au fondement même du statut de la fonction publique », ladite directive risquait de faire de l'accès sans concours à la fonction publique non plus une exception, mais une règle [5]. De plus, face aux incertitudes et à l'instabilité juridique annoncées, le dispositif créé sous l'influence européenne n'allait, selon certaines opinions, « même pas toucher aux contrats à durée déterminée, [lesquels] vont perdurer et sans doute se multiplier, tant il sera plus facile de passer un contrat que de passer un concours » [6]. À cet égard, les juges communautaires ont jugé contraire au droit communautaire la législation hellénique, qui permet la transformation des contrats à durée déterminée en contrats à durée indéterminée à la seule condition qu'ils ne soient pas « séparés les uns des autres par un laps de temps supérieur à vingt jours ouvrables (...) ; la manipulation politique du droit communautaire est décidément un fort dangereux boomerang ...» [7].

Reste qu'il ne peut pas être ignoré que « la plupart des pays européens ont développé une politique de diversification du recrutement dans le secteur public, passant généralement par le recours facilité aux agents contractuels », et cela, depuis « longtemps, dans des pays comme l'Espagne, la France [8], la Grèce ou le Portugal » [9]. Par conséquent, les exigences européennes, qui ressortent de la directive 1999/70/CE, ne vont pas à l'encontre de l'usage par les États membres du contrat à durée déterminée, à condition - tel qu'il ressort notamment de la jurisprudence récente de la CJUE - qu'il soit utilisé

---

[1] Soit le 10 juillet 2001 ou au plus tard le 10 juillet 2002, modifié un an plus tard par le décret présidentiel n°180/2004 (FEK A' 160/23 août 2004).

[2] Loi n°2005-843 du 26 juillet 2005 relative à certaines mesures de transposition du droit communautaire à la fonction publique, dont notamment la directive de 1999, soit adoptée.

[3] Melleray (F.), « L'impact des lois du 26 juillet sur les équilibres de la fonction publique », *AJFP*, 2005, n°5, pp. 225-228.

[4] Rivero (J.), « Vers la fin du droit de la fonction publique », chronique XXXVIII, Dalloz, 1947, p. 37.

[5] Derosier (B.), « Vers une fonction publique contractuelle ? », *AJDA*, 2005, n°16, pp. 857-866.

[6] Derosier (B.), *op. cit.*, p. 857 et les ss.

[7] Dubos (O.), *op. cit.*, *AJDA*, 2006, p. 2089.

[8] Il est un fait que, depuis l'adoption des statuts français de fonction publique, « il n'a jamais été possible de refréner durablement le recrutement de contractuels » [Fitte-Duval (A.), « Contrat à durée indéterminée dans la fonction publique : les risques d'une transposition inadaptée », AJFP, 2007, n°1, p. 4 et les ss].

[9] *Idem.*

seulement et strictement pour des « besoins temporaires » [1]. Ce qui n'empêche pas que, par cette directive, le droit européen ait, indirectement, renforcé la cohabitation statuto-contractuelle déjà bien installée dans le système français de fonction publique.

B. La cohabitation statuto-contractuelle

73. Le caractère exceptionnel du recours au contrat dans la Fonction publique française ressort des dispositions statutaires mêmes qui indiquent, en principe, les situations où le recours à des contrats est possible **(1)**. Le juge administratif a ensuite apporté des éclairages au sujet de la nature de ces contrats, de droit public ou privé **(2)**.

1. Le recours exceptionnel à des contractuels

74. Les exceptions françaises à l'obligation légale du recours à des fonctionnaires. Même si, aux termes de l'article L.311-1 du CGFP [2], « les emplois permanents doivent être occupés [sauf dérogation législative] [3] par des fonctionnaires ... », les dispositions statutaires indiquent de manière quasi exhaustive les situations où « le recrutement d'un titulaire n'est ni possible ni pertinent » [4]. Ces cas peuvent pratiquement être regroupés autour de deux hypothèses assez larges [5] dont celle où il s'agit de faire face à des besoins temporaires à temps incomplet, saisonniers (6 mois sur une année civile), occasionnels (12 mois sur une année civile) ou de remplacement en vue d'assurer la continuité du service [6] et l'hypothèse où il s'agit de répondre à des besoins spécifiques. En outre, la loi n°2019-828 du 6 août 2019 a créé dans chacun des trois versants de la fonction publique « un nouveau type de contrat à durée déterminée » [7] : le contrat de projet. Conclu pour mener à

---

[1] CJCE, 23 avril 2009, *Kiriaki Angelidaki e.a. c/ Nomarchiakis Autodioikisis Rethymnis*, aff. n°C-378/07 et C-380/07, http://curia.europa.eu/juris/document/document.jsf?text=&docid=77995&pageIndex=0&doclang=fr&mode=lst&dir=&occ=first&part=1&cid=168692 , consulté le 15 juin 2022.

[2] Article 3 de la loi n°83-634 du 13 juillet 1983.

[3] Avis CE du 25 septembre 2013, *Mme Sadlon*, n°365139 (https://www.legifrance.gouv.fr/affichJuriAdmin.do?idTexte=CETATEXT000027992183, consulté le 15 juin 2022).

[4] Pochard (M.), *Les 100 mots de la fonction publique*, PUF, collection « Que sais-je ? », 2011, p. 102.

[5] *Ibid.*, p. 102.

[6] Art. L.332-23 du CGFP (Loi n°84 du 11 janvier 1984, art. 6 quinquets).

[7] DGAFP, *Guide de présentation de la loi n°2019-828 du 6 août 2019 de transformation de la fonction publique et de son calendrier de mise en œuvre*, septembre 2019, p. 12. Le contrat de projet a été reprit par les dispositions des articles L.332-24 à L.332-26 du CGFP.

bien un projet ou une opération identifiée, le contrat de projet est, en vertu de l'article 17 de la loi précitée, un « contrat à durée déterminée dont l'échéance est la réalisation du projet ou de l'opération » [1]. À noter que ce type de contrat, dont la durée minimale se situe à une année et celle maximale à tout aux plus six années, n'ouvre pas droit à la CDI-sation de l'agent bénéficiaire, et encore moins à sa titularisation [2]. Répondant parfaitement à la philosophie conventionnelle, les parties peuvent mettre fin au contrat du projet lorsque, à l'issue d'un an, l'employeur s'aperçoit que « le projet ou l'opération pour lequel il a été conclu ne peut pas se réaliser », ou sans « préjudice des cas de démission ou de licenciement » [3]. De plus, la réforme de la fonction publique d'août 2019 assouplit davantage aussi les conditions de recours aux contrats pour « les emplois de DGS, de DGA et de DGST pour toutes les collectivités et EPCI dont la population dépasse 40 000 habitants, au lieu de 80 000 (DGS) ou 150 000 habitants (DGA) » [4]. Comme pour le contrat de projet, ces contrats n'ouvrent non plus droit à un CDI-sation ou une titularisation.

La doctrine et la jurisprudence relèvent également d'autres situations ressortant de la notion même de « besoins de service » [5], comme la situation où l'administration est dans l'impossibilité d'attendre le recrutement des fonctionnaires, lorsque ce dernier est insuffisant ou en raison de la lenteur des procédures de recrutement, en cas de grève, ou lorsque des circonstances exceptionnelles le justifient le recours à des entreprises à travail temporaire [6]. En cas de vacances temporaire d'emploi, le recrutement n'est possible que par contrat à durée déterminée, dont la durée ne peut excéder un an. Les dispositions de l'article L.332-7 du CGFP reconnaissent pour autant la possibilité de prolongation de la durée de ce contrat, mais dans la limite d'une durée totale de deux ans ; et ce, seulement à condition que le recrutement pour pourvoir l'emploi n'ait pas abouti.

Concernant la seconde hypothèse, les cas où le recours à des agents contractuels est fondé sur des besoins spécifiques de la loi portant dispositions statutaires à la fonction publique de l'État, il ressort que des agents contractuels peuvent être recrutés notamment lorsqu'il « n'existe pas des corps de fonctionnaires susceptibles d'assurer des fonctions correspondantes (…) pour les emplois du niveau de catégorie A, et dans les

---

[1] De plus, ce type de contrat n'ouvre droit ni à un contrat à durée indéterminée, ni à la titularisation.

[2] Article L.332-25 du CGFP.

[3] Article L.332-26 du CGFP.

[4] « 20 mesures de transformation de la fonction publique territoriale », DGAFP, 2019, p. 7, https://www.fonction-publique.gouv.fr/files/files/FP_en_France/pjl/Livret-FPT.pdf , consulté le 2 octobre 2021.

[5] Moniolle (C.), « Le « non-titulariat » dans la fonction publique d'État : un phénomène contrôlé ? », *AJFP*, 1998, n°1, p. 49.

[6] CE 18 janvier 1980, req. n°07636, *Syndicat CFDT des postes et de télécommunications du Haut-Rhin*, Rec. 31.

représentations de l'État à l'étranger, des autres catégories, lorsque la nature des fonctions ou les besoins des services le justifient » [1]. De même, les fonctions, qui correspondent à « un besoin permanent, qui implique un service à temps incomplet d'une durée n'excédant pas 70% d'un service à temps complet », sont également assurées par des agents contractuels [2] sur des emplois permanents à temps complet d'enseignants-chercheurs, lesquels peuvent être occupés par du personnel associé ou invité n'ayant pas le statut de fonctionnaire.

Les dispositions des articles L.352-4 du CGFP consacrent la possibilité de recruter, en qualité d'agents contractuels, certaines personnes reconnues en tant que travailleurs atteints par un handicap, tout comme les dispositions du Livre III du CGFP déterminent le régime applicable aux agents non titulaires ayant vocation à être titularisés [3]. Résultat « d'une superposition de dispositifs législatifs successifs dérogeant aux principes du statut général », les situations où le recrutement par contrat est permis par la loi constituent donc une sorte d'« inventaire à la Prévert », comme le qualifiait jadis M. Silicani [4].

Les dérogations au principe général susmentionné engagent encore certaines interrogations sur la nature juridique des contrats de recrutement des agents publics sur le fait de savoir s'il s'agit de contrats de droit privé ou de droit public.

2. L'éclairage jurisprudentiel du régime du contrat

75. Éléments de jurisprudence française. Les interrogations concernant la nature des contrats qui lient les agents publics à leurs employeurs ont notamment été exploitées par la jurisprudence nuancée des juridictions administratives. L'inconséquence jurisprudentielle remonte aux décisions du Conseil d'État du 4 juin 1954, *Affortit et Vingtain* [5], lesquelles ont inspiré une dizaine d'années plus tard les juges du Tribunal de conflits dans l'affaire, *Mme veuve Mazerand*, du 25 novembre 1963 [6]. Cette jurisprudence a consacré le principe, selon lequel « les agents contractuels qui participent directement à l'exécution d'un service public administratif

[1] Articles L.332-2 et L.332-8 du CGFP (article 4 de la loi n°84-16 du 11 janvier 1984).

[2] Article L.332-3 du CGFP (article 6 de la loi n°84-16 du 11 janvier 1984).

[3] CE Section des finances 30 janvier 1997, *Avis « régime juridique des agents non titulaires de l'État »*, req. n°359.964.

[4] Silicani (J.-L.), *Livre blanc sur l'avenir de la fonction publique*, La Documentation française, 2008, p. 202.

[5] Rec. 792, concl. J. Chardeau.

[6] TC 25 novembre 1963, *Dame veuve Mazerand c. Commune de Jonquières*, Rec. 792.

sont des agents de droit public, et ce même si leur contrat ne comporte pas de clauses exorbitantes du droit commun » [1].

Déjà, en 1982, les appréciations jurisprudentielles ne furent pas les mêmes quand, notamment, par la décision *Mme Robert c/ CROUS de Rennes* [2], le Tribunal des conflits a retenu des solutions opposées à la jurisprudence *Mazerand*. C'est ce Tribunal qui a mis fin à ces débats, lorsqu'il a statué par l'arrêt *Berkani* du 25 mars 1996 que « les personnels non statutaires travaillant pour le compte d'un service public à caractère administratif sont des agents contractuels de droit public quel que soit leur emploi » [3]. Afin de mettre fin à la précarité due à la durée limitée de ces contrats, plus d'une quinzaine de plans de titularisation se sont succédé depuis le Statut de 1946 et jusqu'à présent. La loi n°96-1093 du 15 décembre 1996 [4] a permis la titularisation d'environ 55 000 agents particulièrement dans les fonctions publiques d'État et hospitalières. À seulement cinq ans d'intervalle, une autre réforme a été adoptée par la loi n°2001-2 du 3 janvier 2001 [5]. Cette loi représente la traduction en droit positif du Protocole d'accord du 10 juillet 2000 destiné à éradiquer l'emploi précaire dans la fonction publique, laquelle était censée s'appliquer à tous les agents de droit public – quelles que soient leur dénomination, les modalités de leur rémunération et leur catégorie d'assimilation – des trois fonctions publiques recrutés par contrat à durée déterminée sur des emplois en principe occupés par des fonctionnaires [6].

Afin de mieux « nourrir » les craintes des défenseurs statutaires, d'une part, ou l'exaltation des défenseurs du contrat en tant que voie incontournable pour la modernisation et l'assouplissement de la fonction publique, d'autre part, les réformes menées en 2005 par la loi n°2005-843 du 26 juillet 2005 [7], en 2009 par la loi n°2009-972 du 3 août 2009 [1], ou encore,

---

[1] Martin (P.), « Les agents des services publics administratifs sont toujours des agents publics », *RFDA*, 1996, p. 820.

[2] Rec. 645.

[3] TC 25 mars 1996, *Préfet de la région Rhône-Alpes c/ Conseil de prud'hommes de Lyon*, req. n°03000.

[4] Loi relative à l'emploi dans la fonction publique et à diverses mesures d'ordre statutaire.

[5] Loi relative à la résorption de l'emploi précaire et à la modernisation du recrutement dans la fonction publique ainsi qu'au temps de travail dans la fonction publique territoriale.

[6] Fressoz (P.-F.), « Loi n°2001-2 du 3 janvier 2001 relative à la résorption de l'emploi précaire et à la modernisation du recrutement dans la fonction publique, ainsi qu'au temps de travail dans la fonction publique territoriale », AJDA, 2001, n°5, p. 472 et ss.

[7] Portant diverses mesures de transposition du droit communautaire à la fonction publique. L'adoption de cet acte normatif a fait suite à l'obligation de transposer dans le droit national français les dispositions de la directive 1999/70/CE du 28 juin 1999 ? qui précise que « les contrats à durée indéterminée sont et doivent rester la forme générale de relations d'emploi entre employeurs et travailleurs ». La transposition de cette directive européenne a représenté pratiquement le point d'orgue des interrogations du milieu doctrinal français sur l'avenir statutaire de la fonction publique, laquelle apparaît, pour le moment, remise en cause par des tentatives juridiques de contractualisation.

en 2012 par la loi n°2012-347 du 12 mars 2012 [2] et en 2019 par la loi n°2019-828 du 6 août 2019 de transformation de la fonction publique ? ont davantage renforcé la place du contrat dans la Fonction publique française.

La contradiction, qui ressort de l'ensemble des efforts engagés par les différents plans de titularisation des fonctionnaires non titulaires, ne peut pas être ignorée. Si, en effet, le contrat offre plus de souplesse dans le recrutement et/ ou la gestion des effectifs de la Fonction publique [3], il s'avère difficile à comprendre pourquoi la résorption de la précarité des fonctionnaires non titulaires reste une préoccupation permanente [4]. Ce qui transforme la résorption en une « entreprise qui doit être toujours recommencée » [5].

---

[1] Relative à la mobilité et aux parcours professionnels dans la fonction publique.

[2] Relative à l'accès à l'emploi titulaire et à l'amélioration des conditions d'emploi des agents contractuels dans la fonction publique, à la lutte contre les discriminations et portant diverses dispositions relatives à la fonction publique.

[3] C'est-à-dire tout ce que les vieilles traditions statutaires ne sont plus en mesure d'offrir aujourd'hui.

[4] Melleray (F.), « La « sécurisation des parcours professionnels » des agents publics contractuels : un travail de Sisyphe ?, *AJFP*, 2011, n°3, pp. 133-137.

[5] Chapus (R.), *Droit administratif général*, Montchrestien, tome 2, 15e éd., 2001, p. 59.

Chapitre 2. L'émergence d'un statut contractuel « moderne »

76. Les traditions statutaires qui caractérisent, depuis leur institutionnalisation, les deux systèmes de fonction publique analysées, à l'exception de la période de contractualisation connue par la Fonction publique roumaine sous le communisme, font état des forces et faiblesses du régime statutaire de Fonction publique. Aux dispositions statutaires, dans leur recherche d'anéantissement de toute forme de favoritisme, d'arbitraire, ou encore, de pouvoir discrétionnaire de l'État, leur est, aujourd'hui, reproché de se trouver à l'origine de certaines rigidités liées aux différentes dimensions de la Fonction publique [1]. Ces rigidités, reprochées aux règles statutaires, auraient contribué sinon à la création d'un « statut « bis » de la fonction publique plein et entier » [2] du moins au renforcement de la place du « contrat » dans la Fonction publique. Sur ce point, la comparaison exclusive de deux systèmes traditionnellement statutaires s'avère insuffisante pour l'avancée objective des réponses à la question de savoir si le temps du Statut est révolu. Les exemples des réformes récentes de contractualisation de droit public appliquées par certains États européens, dont le Portugal, la Suède, la Suisse, ou encore, de droit privé, comme en Italie, complètent utilement cette réflexion non seulement dans la perspective des étapes suivies au regard de la mise en œuvre de leurs réformes respectives, mais surtout des résultats enregistrés par rapport à la période statutaire.

Le témoignage des expériences étrangères, qui ont procédé au remplacement des normes statutaires par des dispositions de droit commun de travail ou de droit public, permet donc de rechercher de nouveaux fondements juridiques pour la Fonction publique **(Section 1)**, dont, entre autres, celui des conventions collectives **(Section 2)**.

Section 1. Les prémices d'un statut professionnel

77. Comme l'analyse comparée des deux exemples statutaires ne peut pas conduire vers des résultats sinon exhaustifs, du moins concluants, en matière du régime juridique le plus approprié de la Fonction publique, il est apparu nécessaire d'élargir notre analyse à d'autres systèmes qui ont récemment procédé au remplacement des fondements statutaires par des règles contractuelles. La privatisation du système italien réalisé autour des principes de négociation collective à deux niveaux ou la contractualisation

---

[1] Pochard (M.), « Quel avenir pour la fonction publique ? », *AJDA*, 2000, n°1, p. 3.

[2] Barraud (B.), « Du statut au contrat : vers une fonction publique « destatutisée » ? », in Fortier (C.) (sous la direction), *Le statut général des fonctionnaires : trente ans, et après ?*, Recueil Dalloz, 2014, pp. 159-177.

du système suisse réalisé autour d'une pratique de prédétermination unilatérale du contenu des contrats conduisent à s'interroger sur l'évolution du Statut à l'aune des incertitudes inhérentes aux différentes expériences de contractualisation développées ci-dessous. Les retombées des différentes expériences européennes de *travaillisation* et/ou de contractualisation **(§ 1)** permettent donc d'esquisser les enjeux propres à la mise en œuvre d'un « statut contractuel » moderne **(§ 2)**.

§ 1. La diversité des expériences européennes de contractualisation

78. Les difficultés, dues à la crise économique de la fin des années 2010, ont conduit les Gouvernements de certains États européens vers des réformes de nature à rapprocher davantage leurs systèmes de fonction publique des principes du *New public management*. La contractualisation est alors apparue comme le moyen de faire changer l'image contestée des représentants de la fonction publique - pointés souvent comme indirectement responsables du trou noir des économies nationales respectives. Les exemples ne manquent pas à travers l'Europe si l'on considère le cas de privatisation de la fonction publique italienne, ou encore, les cas suisse ou portugais de contractualisation de droit public. La prise en considération de ces exemples n'est pas aléatoire, si l'on considère que les trois systèmes de fonction publique ont en commun une tradition statutaire, qu'ils ont abandonné en faveur d'une modernisation contractuelle de droit privé ou public.

Les détours connus par la privatisation du système italien **(A)** ainsi que d'autres expériences étrangères en matière de contractualisation de leurs Fonctions publiques **(B)** permettent de dégager les enjeux d'une substitution similaire dans les systèmes roumain et français de fonction publique.

A. La privatisation de la fonction publique italienne

79. La privatisation de la fonction publique italienne représente le résultat d'un long processus dont les origines remontent aux années 1970 **(1)**. La mise en œuvre de la première démarche de contractualisation ayant été accueillie avec une forte réticence par les fonctionnaires publics **(2)**, le processus de privatisation n'a été parachevé qu'en début des années 1990 **(3)**.

1. Les origines des premières intentions de privatisation

80. Les débuts de la privatisation du système italien de fonction publique. Le processus de privatisation de la fonction publique italienne fait suite à une nécessaire réduction des dépenses publiques, mais aussi, et surtout, à l'image de ses fonctionnaires depuis longtemps caractérisée par un stéréotype d'inefficacité, d'inefficience, d'excès de bureaucratie et de mauvaises performances [1].

De tradition statutaire [2], les réflexions des juristes italiens sur « la nécessaire harmonisation législative entre les secteurs public et privé » [3], en matière d'encadrement du régime juridique des personnels, remontent en réalité à la fin des années 70, tel qu'il ressort entre autres du Rapport Coppo [4] ou de l'avis du Conseil National de l'Économie et du Travail n°163/112 du 21 janvier 1978. De plus, le rapport sur les problèmes principaux de l'administration de l'État de 1979, présenté par le ministre de la Fonction publique Massimo Severo Giannini, représente la source d'inspiration des réformes des années 80 voire 90. Le rapport Giannini a mis en évidence la nécessaire réforme de la Fonction publique, dont l'objectif principal devait être l'introduction dans l'administration des éléments d'efficacité et de rationalité dans l'usage des ressources humaines et financières [5]. L'opposition tacite des fonctionnaires devant les transformations préconisées au sujet de leur régime de travail n'a pas tardé à se faire sentir.

2. L'opposition tacite des fonctionnaires devant la contractualisation

81. Les débuts de la mise en place de la contractualisation. La concrétisation de la première démarche de contractualisation du régime juridique de la Fonction publique italienne remonte au début des années 1980. En effet, parmi les innovations apportées par la loi-cadre de la

[1] Ongaro (E.) et Bellle (N.), *op. cit.*, p. 820.

[2] Les dispositions de l'article 9 de la loi n°382 du 1975 précisaient que le recrutement, la carrière et la responsabilité des fonctionnaires publics revenaient à la loi.

[3] Severo-Giannini (M.), *Rapporto sui principali problemi della amministrazione dello Stato (Rapport sur les problèmes principaux de l'administration de l'État)*, 16 novembre 1979, p. 15 (http://www.tecnichenormative.it/RapportoGiannini.pdf, consulté le 8 octobre 2021).

[4] Le rapport de la Commission parlementaire d'interrogation sur les structures, sur les conditions et sur les niveaux des traitements de 1977 (Relazione della Commissione Parlementare d'inchiesta sulle strutture, sulle condizioni e sui livelli dei trattamenti retributivi e normativi).

[5] Pisanneli (G.), « La riforma del pubblico impiego (La réforme des fonctionnaires publics », Bolletino di informazioni constituzionali e parlamentari, 1995, n° 1-3, pp. 241-242 (*bpr.camera.it/bpr/allegati/show/6134_1114_t*, consulté le 23 novembre 2021).

fonction publique n°93 du 29 mars 1983, ressortent notamment la mise en place du cadre requis pour une meilleure répartition des compétences entre les domaines statutaire et contractuel dans la fonction publique, ainsi que l'introduction de règles procédurales pour la contractualisation collective, la création de principes d'homogénéisation des normes de travail public, ou encore, la création d'un Département de la fonction publique [1]. Toutefois, le processus de contractualisation du secteur public annoncé par ladite loi n'a été mis en application que partiellement. Quant à la procédure de négociation des accords collectifs, elle était considérée comme trop longue. Les résultats des négociations, transposées d'abord dans une sorte d'accord, devaient faire l'objet d'une ample publicité, avant qu'ils ne soient transposés par un décret du Président de la République italienne [2]. Toutefois, les difficultés réelles concernaient « le nécessaire dépassement de la distinction du rapport de service de la fonction publique -anachroniquement structurée -, considéré toujours plutôt comme un rapport unilatéral bénéficiant d'une suprématie « spéciale » et l'employeur public doté d'un pouvoir administratif, similaire à celui du secteur privé, réglementé par des normes civiles » [3]. La résistance, opposée par le secteur public face à l'application de la loi-cadre précitée, présente un intérêt particulier du fait que le milieu institutionnel est allé jusqu'à développer des artifices légaux qui permettent le contournement de certaines nouvelles dispositions, dont notamment les dispositions relatives à la contractualisation collective. Par la suite, le début des années 1990 a marqué le parachèvement du processus de privatisation de la fonction publique italienne.

3. Le parachèvement du processus de privatisation

82. La privatisation du régime juridique du lien qui unit les fonctionnaires aux institutions publiques italiennes. Devant cette résistance au changement, la privatisation est apparue comme seul moyen d'innover de manière substantielle. Intention annoncée par l'article 2 de la loi n°421 du 23 octobre 1992 et concrétisée par le décret législatif n°29 du 3 février 1993 relatif à la rationalisation de l'organisation de l'administration

---

[1] Pisanneli (G.), *op. cit*, p. 246

[2] À titre d'exemple : entre la signature de l'hypothèse de l'accord et l'entrée en vigueur du décret du Président de la République de mise en application du contrat collectif valable entre 1988-1990 se sont écoulés 9 mois [Pisanneli (G.), *op. cit.*, p. 246].

[3] Pisanneli (G.), *op. cit.*, p. 247.

publique et la révision du cadre juridique de la fonction publique [1]. Les dispositions de l'article 2 du décret-loi n°29 du 3 février 1993 précisent que « les rapports de travail des personnels de l'administration publique sont [désormais] soumis aux dispositions des sections II et III, chapitre I, titre II du livre V du Code civil et de la loi relative aux rapports de travail des salariés ». Par conséquent, les rapports individuels de travail allaient être désormais contractuels, qu'il s'agisse des contrats collectifs ou individuels de travail. Tel que le précisent les dispositions de l'alinéa 2 de l'article 49 de la loi n°29 du 3 février 1993, les administrations doivent « garantir à leurs salariés un traitement contractuel paritaire, lequel ne doit surtout pas être inférieur aux précisions des contrats collectifs ».

Le décret-loi exclut toutefois du champ de la contractualisation, voire de la privatisation, plusieurs catégories de personnels du secteur public, dont les magistrats ordinaires, administratifs et comptables, les avocats et les procureurs de l'État, les militaires et les policiers, voire les personnels diplomatiques et autres. Le décret introduit la notion de responsabilité des agents de direction, ainsi que des principes qui permettent de distinguer entre les fonctionnaires de direction et les fonctionnaires d'exécution, ou encore, le principe de responsabilité du résultat [2]. Outre la privatisation du rapport de travail, lequel a été soumis aux normes de droit civil applicables en matière de droit du travail, parmi les modifications apportées par le décret législatif n°29 du 3 février 1993, tel qu'il a été modifié par le décret n°476/1993, il s'avère tout aussi important de préciser la soumission des contentieux du travail aux juridictions ordinaires. Une autre innovation apportée par la réglementation des années 90 concerne l'articulation de la contractualisation sur deux niveaux, un niveau national et un niveau décentralisé, chacun avec son périmètre de compétences ; et, de ce fait, une redéfinition de la syndicalisation voire du dialogue social [3] s'impose.

Au cœur du processus de réforme de l'administration publique des années 90, s'est donc trouvée la volonté de réduire les écarts entre les secteurs public et privé ainsi que de rapprocher la logique des fondements juridiques, sur lesquels reposaient les relations syndicales et les négociations de travail, des fondements spécifiques au secteur privé [4]. En d'autres termes : réussir à

---

[1] Decreto legislativo n. 29/3 febbraio 1993 : razionalizzazione della organizzazione delle Aministrazioni pubbliche e revisione della disciplina in materia di pubblico impiego (décret-loi n°29 du 3 février 1993 relatif à la rationnalisation de l'organisation de l'administration publique et la révision de la discipline en matière d'agents publics), http://www.comune.jesi.an.it/MV/leggi/dlvo29-93.htm, consulté le 13 novembre 2021).

[2] Bordogna (di) (L.), « La contrattazione integrativa e la gestione del personale nelle pubbliche amministrazioni. Un'indagine sull'esperienza 1998-2001 (La contractualisation intégrative et la gestion des personnels de l'administration publique) », in Dell'Aringa (C.) et Della Rocca (G.) (sous la direction), *Pubblici dipendenti : una nuova riforma ?(Agents publics : une nouvelle réforme)*, éd. Rubbettino Soveria Mannelli, 2007, p. 3 et ss.

[3] Pisanelli (G.), *op. cit.*, p. 250.

[4] Bordogna (L.), *op. cit.*, p. 3.

promouvoir voire à imposer, un modèle contractuel, qui se rapproche le plus possible du modèle propre au secteur privé [1].

La fin des années 90 a été marquée par ce que la doctrine italienne a considéré comme une deuxième privatisation [2]. L'expérimentation de la contractualisation intégrative à un niveau décentralisé a représenté l'apport le plus important des réformes mises en œuvre vers la fin des années 1990, et ce, par l'accord-cadre 1998-2001[3]. Ensuite, la soumission des hauts fonctionnaires publics à un régime de droit privé représente un autre changement majeur [4]. En effet, à la suite desdites réformes, le régime juridique des hauts fonctionnaires publics n'était plus réglementé par les dispositions statutaires, mais par les clauses d'un contrat de travail salarié. Un contrat, qui préserve une certaine indépendance par rapport à la fonction en vertu de laquelle il a été conclu, dans le sens où, même si les fonctions cessent, le contrat de travail ne prend pas fin [5]. Face à la pléthore législative censée encadrer le nouveau régime juridique des personnels du secteur public italien, le législateur a décidé de réunir, sous la coupe du même acte normatif, le décret législatif n°165 du 30 mars 2001, l'ensemble des normes qui réglementent l'emploi public.

Une dizaine d'années plus tard, en 2009, les autorités italiennes ont engagé une troisième étape du processus de privatisation de leur système de fonction publique, dont l'objectif recherché a été de modifier la répartition de compétences entre la loi et le contrat collectif en matière de rapport de travail voire entre le pouvoir réglementaire de l'État et celui des autorités locales et régionales [6]. La loi n°15 du 4 mars 2009 était censée atteindre trois objectifs principaux, dont [7] :

- la redéfinition des compétences « réservées » à la loi et à la contractualisation collective, avec la précision que « les droits et les obligations concernant directement le rapport du travail incombent exclusivement à la contractualisation collective » [8].

---

[1] *Ibid.*, p. 61.

[2] L'adoption notamment de la loi n°80 du 31 mars 1998.

[3] Bordogna (L.), *op. cit.*, p. 1.

[4] Cassese (S.), « Le nouveau régime de la haute fonction publique en Italie : une modification constitutionnelle », *RFAP,* 2002/4, n°104, pp. 677-688.

[5] Du moins, pas avant un an à compter du jour où la fonction a cessé. Un vide législatif important y est toutefois décelable, parce que le législateur n'a pas apporté davantage des précisions sur la situation juridique de l'agent à la fin de ladite année de grâce [Cassese (S.), *op. cit.*, p. 679].

[6] D'Auria (G.), « Il nuova sistema delle fonti : legge et contratto collettivo, Stato e autonomie territoriali (Le nouveau système : loi et contrat collectif, Etat et autonomie territoriale) », *Giornale di diritto amminitrativo*, 2010, n°1, p. 5.

[7] *Ibid.*, p. 6.

[8] La lettre « a » de l'alinéa 2 de l'article 3 de la loi n°15 du 4 mars 2009.

- la substitution automatique des clauses contractuelles déclarées nulles pour transgression des normes impératives et des limites établies à la contractualisation collective [1].

- la définition des « mécanismes de monitorage » sur l'effectivité et l'équité de la distribution des compétences attribuées par la régulation de la loi ou des contrats collectifs.

En fait, le législateur italien a mis en place un système de négociation collective à deux vitesses : au premier et second niveau étatique. Au premier niveau, il s'agit des contrats collectifs nationaux qui doivent fixer les règles générales de l'emploi public, dont « le nombre de catégories et de grades, la structure des rémunérations pour chaque grade et les procédures de négociation » [2]. Comme les contrats collectifs nationaux sont négociés distinctement pour les personnels de direction et d'exécution, le système italien fonctionne sur la base de deux catégories de contrats collectifs nationaux : une première concernant les personnels de direction et une seconde pour les personnels d'exécution[3]. Les négociations entre les syndicats nationaux et l'Agenzia per la Reppresentanza Negoziale del pubblico Impiego (ARAN) [4] ont lieu tous les quatre ans, à l'exception de certains ajustements intermédiaires des rémunérations qui, exceptionnellement, peuvent être (re)négociés tous les deux ans [5].

Les contrats collectifs nationaux représentent la base des négociations de second niveau, par les biais desquelles chaque administration est amenée à négocier, de manière toujours distincte pour les personnels de direction et d'exécution, avec les syndicats locaux, des contrats d'intégration [6]. Suivant le modèle des négociations nationales, les contrats d'intégration font aussi l'objet de (re)négociations tous les quatre ans, à l'exception de certains ajustements de rémunération qui peuvent intervenir tous les deux ans.

Qu'est-ce que concrètement la contractualisation intégrative engage pour les administrations ? Premièrement, c'est l'obligation de contracter qui ressort des dispositions de l'alinéa 3 de l'article 2 de la loi n°165 du 30 mars 2001. En effet, outre le fait que les rapports individuels de travail sont désormais réglementés contractuellement, lesdites dispositions précisent aussi que « l'attribution des rémunérations ne peut être réalisée

[1] La lettre « d » de l'alinéa 2 de l'article 3 de la loi n°15 du 4 mars 2009.

[2] Ongaro (E.) et Bellé (N.), « Réforme de la fonction publique et introduction de la rémunération liée aux performances en Italie », *RFAP*, 2009/4, n°132, pp. 817-839.

[3] Hinna (C.), Marcantori (M.), *Dalla riforma del pubblico impiego alla riforma della pubblica amministrazione (De la réforme du fonctionnaire public à la réforme de l'administration publique)*, éd. Franco Angeli, 2011, pp. 125-145.

[4] La loi n°29 du 3 février 993 a permis la création de l'ARAN, institution dotée de personnalité morale et dont l'attribution principale réside dans le devoir de représenter la partie publique dans la négociation des contrats collectifs [Pisanelli (G.), *op. cit.*, p. 250].

[5] Ongaro (E.) et Bellé (N.), *op. cit*, pp. 817-839.

[6] *Ibid.*, pp. 817-839.

qu'exclusivement par le biais des contrats collectifs [1] ou dans les conditions prévues par les contrats individuels ». Par conséquent, toutes les dispositions légales, réglementaires et/ou des actes administratifs, qui précisaient des conditions rémunératoires différentes et/ou non prévues par les clauses contractuelles, devenaient caduques à partir du jour de l'effectivité des contrats. Deuxièmement, la liberté des administrations en matière de contractualisation intégrative est astreinte aux domaines et aux limites précisées par les contrats collectifs nationaux [2]. Les contraintes de nature financière, sachant que les dispositions de l'alinéa 3 bis de l'article 40 du décret-loi n°165 du 30 mars 2001 précisent que « les administrations publiques ne peuvent sous aucune forme conclure des contrats intégratifs, dont les clauses transgressent les limites imposées par les contrats collectifs nationaux, ou dont le contenu réglemente des éléments qui ne relèvent pas expressément de la compétence des contrats collectifs intégratifs ». Au respect des dispositions, qui encadrent la conclusion des contrats collectifs intégratifs, veillent les sections régionales de contrôle de la Cour des Comptes, le département de la fonction publique du ministère de l'économie et des finances, ainsi que le collège syndical et/ou d'autres institutions indiquées par les dispositions spécifiques en la matière [3]. En cas de transgression des limites imposées par les contrats collectifs nationaux, les clauses en question sont nulles de droit, elles sont automatiquement remplacées par les dispositions des articles 1339 et 1419 du Code civil. Toutefois, la nullité des clauses, considérées en conflit avec les dispositions des contrats collectifs nationaux, et/ou dépassant les limites imposées par ces dernières, ne peut être constatée que par le juge. En l'attente de la décision judiciaire, l'employeur peut suspendre unilatéralement l'application de la clause considérée nulle, tout en informant le syndicat. Les clauses déclarées nulles peuvent faire l'objet de nouvelles négociations entre l'institution employeuse et les syndicats.

L'exemple de la privatisation de la Fonction publique italienne n'est pas singulier, d'autres États comme la Suisse, le Portugal ou la Suède ont procédé à la contractualisation de leurs Fonctions publiques.

---

[1] À l'exception des cas mentionnés à l'alinéa 3, ter et quarter, de l'article 40, ainsi que des hypothèses de tutelle de rétributions précisées à l'article 47-bis de la loi 165 du 30 mars 2001.

[2] Ce sont les contrats collectifs nationaux qui définissent les périodes de négociation au sein des institutions décentralisées (alinéa 4 de l'article 40 de la loi n°165 du 30 mars 2001).

[3] Articles 40 et 40 bis de la loi n°165 du 30 mars 2001.

B. Les enseignements à tirer des autres expériences étrangères

83. L'originalité de l'exemple suisse de contractualisation des agents fédéraux réside dans la soumission de cette intention au référendum de la population suisse **(1)**, alors que l'expérience suédoise est marquée par le degré de décentralisation de la gestion des personnels des institutions publiques, dont le régime juridique ne se distingue plus nullement de celui des salariés de droit privé **(2)**. L'exemple portugais complète ces expériences par les réformes de *travaillisation* de sa Fonction publique menées depuis la crise de la fin des années 2010 **(3)**.

1. L'expérience suisse d'une contractualisation de droit public

84. L'originalité de l'exemple suisse. La Suisse a aussi procédé dans les années 2000 à l'abrogation de ses normes statutaires en faveur d'une réglementation travailliste des rapports de service de ses fonctionnaires. La séparation des dispositions statutaires n'a pourtant pas été facile eu égard à l'opposition exprimée ouvertement, notamment par les syndicats quant à une telle démarche. Leur opposition est allée jusqu'à demander l'organisation d'une consultation populaire au sujet du maintien ou non du dispositif statutaire. Les résultats du référendum, organisé le 14 août 2000, ont été favorables au remplacement du cadre juridique statutaire, par un cadre contractuel considéré plus souple. La loi n°172.220.1 du 24 mars 2000 sur le personnel de la Confédération est depuis lors appliquée dans le système suisse [1].

Par rapport à l'exemple italien, fondé sur une contractualisation collective à deux niveaux, nationale et intégrative, les dispositions suisses de la loi sur le personnel de la Confédération précisent, par le biais de l'alinéa 3 de l'article 6, que « … la convention collective de travail et le contrat de travail réglementent en détail les rapports de travail » [2]. De plus, en cas de contradiction entre les dispositions d'exécution édictées par le Conseil fédéral et/ou les autres employeurs délégués à cet effet par ce dernier et le contrat de travail, ou encore, entre la convention collective et le contrat de travail, c'est la disposition la plus favorable à l'employé qui est appliquée [3].

[1] https://www.admin.ch/opc/fr/classifiedcompilation/20000738/201701010000/172.220.1.pdf, consulté le 17 novembre 2022.

[2] L'alinéa 2 de l'article 6 précise que les dispositions de la loi portant statut des personnels de la Confédération suisse ne s'applique pas aux personnes élues par l'Assemblée fédérale, en vertu de l'article 168 de la Constitution suisse, aux apprentis soumis à la loi fédérale du 13 décembre 2002 sur la formation professionnelle, ou encore, au personnel recruté à l'étranger et engagé pour y travailler.

[3] Alinéa 4 de l'article 6 de la loi n°172.220.1 du 24 mars 2000.

L'encadrement juridique des rapports de travail des agents suisses repose donc en principe sur la conclusion d'un contrat de travail de droit public, établi en la forme écrite, avec une période d'essai maximale de six mois. Les contrats de travail peuvent être à durée déterminée ou indéterminée. Les contrats à durée déterminée ne peuvent toutefois pas excéder trois ans, sans qu'au-delà les rapports de travail ne soient réputés être de durée indéterminée [1]. De même, les contrats de durée déterminée qui se succèdent sans interruption durant trois ans sont réputés être reconduits en contrats à durée indéterminée. Outre la mise en retraite, les contrats de travail à durée déterminée et indéterminée peuvent faire l'objet d'une résiliation à effet immédiat, à condition que les motifs invoqués soient justes.

Les dispositions de la loi portant statut des personnels en Suisse précisent également que les personnes nommées pour une durée dite « de fonction » sont soumises aux dispositions des lois spéciales et aux actes d'exécution afférents à ces lois. En l'absence d'une réglementation par des lois spéciales, ce sont les dispositions de la loi du 24 mars 2000 qui sont applicables ; cela, sous réserve des dérogations prévues à l'alinéa 2 de l'article 14 de la loi du 24 mars 2000, notamment lorsque les rapports de travail sont fondés sur une décision soumise à l'accord de la personne nommée ou lorsque ni les dispositions de la présente loi, ni celles du Code des obligations (CO), ne sont applicables.

Le concours a été pour autant maintenu en tant que forme principale de recrutement dans le secteur public suisse, de même que la condition de la nationalité pour certaines catégories d'emploi. De plus, les dispositions de la loi portant statut des personnels publics doivent être corroborées par le Code des obligations, qui encadre juridiquement les contrats [2].

La Suisse a donc retenu, pour tous les agents publics, magistrats compris, un système de conventions collectives et de contrats individuels de droit public, qui régissent l'essentiel du régime applicable aux agents ; ce régime étant complété, dans le silence de la loi, par un recours supplétif aux règles du Code de travail [3]. L'expérience suisse de contractualisation de droit public impose, pour mieux comparer, l'analyse d'une expérience de contractualisation de droit privé, comme cela a été le cas dans le système public suédois.

---

[1] Article 9 de la loi n°172.220.1 du 24 mars 2000.

[2] Le Code des obligations représente le titre V du Code civil suisse.

[3] Pochard (M.), « La place donnée au contrat dans l'organisation de la fonction publique », AJDA, 2003, n°19, pp. 991-993.

2. L'expérience suédoise d'une contractualisation de droit privé

85. La spécificité du système suédois. Le système suédois de fonction publique représente un autre exemple de rapprochement du droit privé, qui a des traits assez spécifiques par rapport aux autres systèmes de fonction publique présentés ci-dessus. La transformation du système suédois d'un système traditionnel de carrière vers un système d'emploi a commencé bien avant le début de l'ère de *New Public Management* [1]. En effet, commencées par l'introduction de la négociation collective et le droit à la grève des années 1965, les réformes d'alignement des conditions de travail des secteurs public et privé se sont poursuivies par l'adoption de l'acte relatif à l'emploi public de 1970 [2]. L'emploi « à vie » a donc été remplacé par une loi générale de protection de l'emploi, le système suédois ne préservant le cadre statutaire que pour quatre catégories de personnels : les juges, les policiers, les officiers militaires, ainsi que les diplomates [3].

À partir des années 1990, la gestion du système public suédois s'est progressivement décentralisée notamment par l'introduction d'un nouveau cadre budgétaire et de la création de l'Agence gouvernementale suédoise des employeurs (AGSE), qui regroupe l'ensemble des Agences d'État [4]. La différence entre l'AGSE et les autres agences exécutives autonomes (d'État) [5] réside dans le fait que l'AGSE fonctionne exclusivement grâce à ses membres – les Agences d'État, les départements ministériels, ainsi que d'autres employeurs publics –, qui la financent à travers leurs cotisations annuelles. En effet, l'AGSE a été créée en 1994 afin de « stopper voire de protéger le Gouvernement et le Riksdag quant à leur implication dans les négociations avec les employés publics » [6]. De ce fait, et afin de conserver son indépendance, elle ne bénéficie d'aucun financement de l'État. L'AGSE est responsable non seulement de l'élaboration d'une politique commune de

---

[1] Ehn (P.), « The public servant », in The *Oxford Handbook of Sweedish politics,* édité par Pierre (J.), Oxford University Press, 2016, p. 333.

[2] *Ibid.*, p. 333.

[3] Sweedish Central governement administration, *Central government and delegated employer responsibility – the Sweedish Model*, éd. Arbetsgivarverket, 2009, p. 12 : https://www.arbetsgivarverket.se/globalassets/avtal-skrifter/skrifter/central-government-090817.pdf, consulté le 25 mai 2022.

[4] Ehn (P.), *op. cit.*, 2016, p. 333.

[5] Les agences exécutives sont qualifiées d'autorités ou d'autorités administratives. Toutefois, elles peuvent être désignées par une variété terminologique importante, à savoir, autorité, autorité administrative ou bureau, collège, conseil, ou encore, inspection… (Robineau (Y.), Stirn (B.), *Les agences : une nouvelle gestion publique*, éd. La Documentation française, Collection « Les rapports du Conseil d'État », 2012, p. 262)

[6] Ehn (P.), *op. cit.*, 2016, p. 333.

travail pour les agences, mais aussi des négociations au niveau central avec les organisations syndicales [1].

Quant aux, les agences exécutives autonomes – au nombre de 250 –, elles bénéficient d'une autonomie notamment dans la gestion de leurs personnels, elles sont dotées de « la liberté de construire [leur] propre système d'emploi » [2] et de recruter librement leurs employés. De fait, certaines agences préfèrent construire un système informel de carrière avec des échelles salariales, alors que d'autres promeuvent plutôt un système différencié [3]. Ce qui ne signifie pas que le système suédois de fonction publique soit dépourvu de tout encadrement légal pour assurer la cohésion des conditions d'emplois. Tout d'abord, il y une obligation de coopération au sein de l'Agence gouvernementale des employeurs [4]. Il s'ensuit une convention centrale avec les syndicats, ainsi que des règles communes concernant la retraite, le temps de travail obligatoire, ou encore, les primes relatives aux heures supplémentaires [5]. Similaire au droit italien, le dialogue social suédois se déroule à plusieurs niveaux, dont national et « agence ». En effet, les négociations portant sur la sécurité voire la stabilité de l'emploi et la retraite font l'objet de conventions collectives nationales, alors que les conditions de travail et de rémunération relèvent de la compétence de chaque agence [6].

Concernant les transformations voire les bénéfices du rapprochement graduel du système de l'emploi, la doctrine suédoise insiste sur, d'une part, l'avantage de bénéficier d'un modèle flexible et adaptable qui promeut l'orientation vers les résultats, et d'autre part, sur les faiblesses liées aux risques inhérents à la sous-optimisation et à l'affaiblissement des valeurs morales de la fonction publique suédoise [7]. Reste que certaines garanties ont toutefois été envisagées du fait que le recrutement et l'avancement des agents publics suédois relèvent « de la compétence de toute personne de la hiérarchie autre que le supérieur direct » ; de même, leur salaire ne peut pas

---

[1] Ehn (P.), *op. cit.*, 2016, p. 333 ; Central governement administration, *op. cit.*, 2009, p. 13 : https://www.arbetsgivarverket.se/globalassets/avtal-skrifter/skrifter/central-government-090817.pdf ; « *AGSA négocie avec le syndicats au sujet des conditions de travail et la rémunération des 250.000 employés de l'Administration centrale* », https://www.arbetsgivarverket.se/in-english/, consulté le 25 mai 2022.

[2] Rexed (K.), *Les assises de la fonction publique suédoise*, 2010, www.drhfpnc.gouv.nc/portal/page/portal/drh/librairie/fichiers/11464206.PPT, consulté le 13 octobre 2021.

[3] *Idem.*

[4] Créées en 1990, les Agences suédoises de gestion des employés qui diffèrent des agences d'exécution par la nature de leurs attributions. Ces dernières concernent le développement d'une politique commune de l'emploi à l'égard des agences, ainsi que la responsabilité de négocier avec les syndicats les conventions collectives de niveau central [Ehn (P.), op. cit., p. 333].

[5] Rexed (K.), *op. cit.*

[6] Sweedish Central governement administration, *op. cit.*, 2009, p. 7.

[7] *Ibid.*, p. 7.

être décidé exclusivement au niveau du service au sein duquel ils exercent leurs attributions (et donc, là encore, pas par les supérieurs hiérarchiques directs) [1].

Pour conclure, la *privatisation* de la Fonction publique suédoise s'est, d'après le Professeur Ehn, réalisée en deux temps [2]. D'abord, l'alignement progressif entre les secteurs public et privé, débuté dans les années 1990, au sujet des conditions de travail, a quasiment éliminé toute différence entre les deux secteurs. Ensuite, le processus poussé de décentralisation par le transfert progressif de responsabilités et compétences du Gouvernement vers les agences exécutives en matière d'organisation interne, de gestion des ressources humaines, ou encore, de gestion budgétaire par l'imposition d'une philosophie de « management par résultat », a contribué à l'évolution de la perception interne (agents) et externe (usagers) du positionnement des agences au sein de l'Administration suédoise. En effet, ces dernières ne sont plus perçues comme partie de l'État [3], mais comme des organisations formelles et indépendantes. De ce fait, d'après le professeur Ehn, les agents publics suédois « se perçoivent plus que jamais comme n'importe quel autre salarié de toute autre organisation, publique ou privée ».

L'expérience portugaise de rapprochement des dispositions statutaires des principes contractuels parachèvera les analyses des systèmes étrangers qui ont substitué, sous une forme ou une autre, le contrat au statut.

3. L'expérience portugaise de contractualisation

86. L'exemple portugais de *travaillisation*. Le système portugais se particularise par un processus de *travaillisation* débuté en 2005, dont les objectifs déclarés étaient la réduction des dépenses dans la fonction publique, d'une part, et l'accroissement de l'efficacité voire de la performance dans le service public rendu au citoyen, d'autre part. Traditionnellement fondée sur des principes de carrière, la Fonction publique portugaise s'est depuis graduellement rapprochée des principes qui caractérisent les relations de travail dans le secteur privé [4].

Le point de départ de ces réformes réside dans les observations retenues dans un rapport réalisé en 2005 qui soulignaient les faiblesses de la fonction publique portugaise, dont le manque de compétitivité et de qualité du service public, le niveau modeste d'efficacité et d'efficience, ainsi que l'augmentation des dépenses de personnel et le degré important de

---

[1] Ehn (P.), *op. cit.*, p. 333.
[2] *Ibid.*, p. 344.
[3] « *as part as a bigger whole* », p. 345.
[4] Nouvelles méthodes managériales qui se trouvent au cœur de la flexibilité au travail et la gestion par objectif.

démotivation des agents [1]. La même année, le Gouvernement portugais a démarré dans un premier temps la réforme PRACE [2], dont les objectifs visaient la réduction du nombre des structures administratives ainsi que le renforcement de la décentralisation des compétences [3]. Dans un second temps, et sous la pression de la crise socio-économique qui avait gravement frappé l'économie portugaise, le Gouvernement portugais a démarré, en 2009, la réforme RVCR portant sur le régime des liens juridiques, des carrières et des rémunérations [4]. Une fois cette réforme appliquée, tous les agents du secteur public ont été soumis à un régime contractuel, à l'exception des personnels des forces armées, des services de police et de l'information, des diplomates, ou encore, des magistrats [5]. De nature administrative, les contrats de travail proposés dans la fonction publique portugaise sont en règle générale à durée indéterminée, et seulement exceptionnellement à durée déterminée.

La contractualisation a ainsi frappé, selon la directrice générale de l'Administration et de l'Emploi Public, 4/5ème des fonctionnaires de l'État [6]. Les agents, qui n'ont pas bénéficié d'un contrat de travail de droit public, se sont vu proposer un contrat de droit privé.

Au 30 juin 2009, le taux des fonctionnaires dans la fonction publique portugaise se situait à 15,3% contre 87,8% au 1er janvier 2006 [7]. Les contrats peuvent prendre fin soit à l'initiative de l'employeur notamment par

---

[1] Mme Ganhao Térésa, directrice du département relations internationales, communication et documentation, du ministère des finances et de l'administration publique, *La réforme de l'administration publique au Portugal, 2005-2009 : réformes et contractualisation,* intervention dans le cadre du séminaire organisé par l'IRA de Nantes portant sur *Regards pluriels sur la gestion des ressources humaines dans la fonction publique en Europe*, les 8,9,10 mars 2010.(http://www.iranantes.fr/fileadmin/user_upload/formin/seminaires/fin_tronc_commun/synth_se/synth_se_s_minaire_GRH, consulté le 11 janvier 2016).

[2] Programme de réforme de l'Administration Centrale de l'État : la résolution du Conseil des ministres n°124 du 14 août 2005 relative aux objectifs, principes, programmes et méthodologie afférents à la restructuration de l'Administration centrale (http://www.dgaep.gov.pt/eng/media/cmr124.2005ingl%C3%AAs.pdf, consulté le 12 janvier 2022).

[3] Ganhao (T.), *op. cit.*, p. 1.

[4] Loi n°59 du 11 septembre 2008 relative à la mise en œuvre du régime contractuel dans la fonction publique (Passes the employement contract régime in public fonctions : http://www.dgaep.gov.pt/eng/media//Law_35_june_2014.pdf , consulté le 11 janvier 2022).

[5] Voir à cet effet notamment la loi du 19 juillet 2007.

[6] Fargeot-Boll (C.), « What future for the Portuguese public administration ? », in Public management monitoring news, avril 2012, n°44, http://www.economie.gouv.fr/files/reactive44portugalengavril2012.pdf, consulté le 11 janvier 2022.

[7] *A contrario*, sur la même période le pourcentage des contractuels est passé de 12,2% à 83,6% [Ganhao (T.), *op. cit.*, p. 5].

licenciement collectif, suppression de poste, disciplinairement, soit à l'initiative de l'agent, ou encore, par consentement mutuel des deux parties [1].

Considérant les mécanismes juridiques sur lesquels la contractualisation fonctionne, ainsi que les modalités par lesquelles le contenu du contrat individuel de travail est arrêté, il en ressort la question de savoir si, finalement, ce dernier n'apparaît pas asservi au contrat collectif de travail. En somme, en lieu et place de la *travaillisation* ou la *privatisation* des systèmes de tradition statutaire, ne faut-il pas envisager l'émergence d'un statut contractuel « moderne » qui conserve certains des principes statutaires fondamentaux ?

§ 2. Les enjeux de la contractualisation

87. Les différents exemples de contractualisation des systèmes nationaux de fonction publique en Europe permettent de dégager plusieurs questionnements, dont entre autres celui de savoir si l'abrogation du régime statutaire de fonction publique a abouti aux résultats projetés, en termes, d'une part, de dépenses et de qualité du service public et, d'autre part, de protection juridique des fonctionnaires. S'il est important de réformer pour améliorer, il s'avère tout aussi important d'assumer les transformations proposées par l'anticipation de leurs effets positifs et surtout négatifs. En d'autres termes, il convient de déterminer ce à quoi une Fonction publique est amenée à renoncer (stabilité, anéantissement des nominations et des licenciements discrétionnaires) en abrogeant le régime statutaire pour un peu plus de souplesse par la voie des contrats. Reste aussi à savoir en faveur de qui est cette souplesse : de l'administration, de l'agent ou des deux.

Les incertitudes, qui habitent les expériences étrangères analysées *supra* par rapport, précisément, aux valeurs défendues par le statut, dont notamment la protection et l'indépendance de la Fonction publique **(A)**, permettent de mieux positionner les systèmes français et roumain face aux défis à relever pour l'avenir de la Fonction publique statutaire **(B)**.

A. Les incertitudes inhérentes aux expériences de contractualisation

88. Premières conclusions. Les dispositions statutaires apparaissent avoir été construites particulièrement autour des principes de stabilité et de continuité, en tant que meilleures garanties contre l'arbitraire et l'immixtion politique. Cette stabilité, recherchée pour les fonctionnaires durant les

[1] *Ibid.*, p. 5.

derniers siècles - comme un bouclier protecteur contre les politiques discrétionnaires des directions institutionnelles en matière de recrutement, de carrière, de formation, ou encore, de rémunération et de responsabilité -, a jadis trouvé son expression dans les dispositions statutaires. Force est de constater pour autant que c'est précisément cette stabilité qui est remise aujourd'hui en question. La « stabilité », pour la consécration normative de laquelle des générations passées ont combattu, est, à présent, désignée comme un obstacle face à de nouveaux outils qui promeuvent la performance, l'efficience et l'efficacité. Valeurs vis-à-vis desquelles la rigidité des dispositions statutaires, voire l'empreinte lourde laissée par les vieux principes statutaires sur les mécanismes de carrière, empêcheraient l'épanouissement.

Toujours est-il qu'il n'est pas certain que le fait de changer de « visage » juridique soit suffisant pour changer aussi de mœurs, plutôt politiques. À considérer les vulnérabilités que le système italien accuse devant l'interventionnisme politique **(1)**, voire le manque de stabilité des agents dans la Fonction publique portugaise **(2),** ou encore, la précarité des agents contractuels suédois à durée déterminée **(3)**, il faut peser en amont les suites de telles réformes, surtout dans des systèmes comme ceux roumain ou français.

1. Les vulnérabilités du système italien

89. Les déficiences développées par la privatisation italienne. Considérons l'exemple italien qui, afin de mettre un terme à la corruption voire aux ingérences d'ordre politique, a décidé d'abolir les dispositions statutaires en faveur, à quelques exceptions près, d'une privatisation du système de fonction publique. Finalement, quelle a été l'explication officielle donnée par les autorités italiennes pour justifier l'abrogation des normes statutaires ? À en juger d'après Cassesse une explication réside dans le fait que « la bureaucratie italienne [était considérée] comme un monde cristallisé, peu mobile, très peu sensible à l'innovation, intéressé par la carrière et les petits privilèges internes plus que par le rendement. Il [s'imposait] donc d'introduire la mobilité et la responsabilité » [1]. La privatisation de presque toutes les catégories de personnels du secteur public est alors apparue comme la solution parfaite pour tenter d'éradiquer le laxisme et la corruption qui habitaient la fonction publique italienne ;

---

[1] Cassese (S.), « Le nouveau régime de la haute fonction publique en Italie : une modification constitutionnelle », RFAP, 2002/4, n°104, p. 680. Voir aussi Amato (G.), « La burocrazia nei processi decisionali (La bureaucratie dans les processus décisionnels) », *Riv. trim. tir. publ.*, 1975, p. 488.

privatisation considérée en même temps comme un moyen de réduire considérablement les coûts de la fonction publique.

Les fonctionnaires se sont alors vu proposer des contrats de travail, dont le contenu est arrêté par des contrats collectifs. Ce qui amène à se demander si ces derniers ne pouvaient pas être qualifiés comme « un visage différent du même statut ». Cela d'autant plus que les dispositions normatives et/ou réglementaires encadrent juridiquement les marges de manœuvre des négociations collectives. Des vagues de réformes se sont multipliées, survenant à des intervalles réguliers. Toutefois, même s'il est toujours prématuré de se prononcer sur les résultats concrets obtenus par les réformes de privatisation de la fonction publique italienne - en termes de réduction de dépenses et d'augmentation d'efficacité voire de dynamisation de la carrière, d'après certains des témoignages de la doctrine italienne -, le sens des réformes dans la fonction publique favoriserait la vulnérabilité croissante devant le politique, surtout pour ce qui est des fonctions de direction. Par ailleurs, même si le contrat favorise une certaine flexibilité du rapport de travail, il n'en reste pas moins une source importante d'instabilité, qui a profondément touché la neutralité de la Fonction publique italienne. Il en est de même de l'exemple portugais où la contractualisation de la Fonction publique a débouché sur une insécurité grandissante de l'emploi voire de la précarité des agents [1].

2. Le manque de sécurité du système portugais

90. Le péril de l'instabilité et de nouvelles formes de bureaucratisation. En avril 2011, le Gouvernement de Passos Coelho a essayé d'y remédier en concevant un plan pour la réduction et l'amélioration de l'état général de l'Administration centrale [2]. Toutefois, même si des points positifs peuvent être décelés à la suite de l'application de ces réformes, les spécialistes portugais n'hésitent pas à faire le point sur les conséquences négatives, dont notamment le développement de nouvelles formes de bureaucratisation cette fois-ci liées à l'évaluation des agents, à leur carrière, sans mentionner l'instabilité dans leurs fonctions. Pour le

[1] Fargeot-Boll (C.), op. cit., 2012.

[2] 137 corps ont été supprimés, de même que 17000 fonctions publiques de management [Fargeot-Boll (C.), « What future for the Portuguese public administration ? », in Public management monitoring news, avril 2012, n°44, http://www.economie.gouv.fr/files/reactive44portugalengavril2012.pdf, consulté le 11 janvier 2021].

système italien comme pour le système portugais, le moment d'avancer des conclusions définitives n'est pas encore arrivé [1].

3. Les sensibilités du système suédois

91. La précarité des contractuels à durée déterminée. L'exemple suédois va plutôt vers une réelle libéralisation du « marché de travail » dans la fonction publique [2]. Les agences exécutives autonomes en matière de gestion des ressources humaines dans la fonction publique et les unions syndicales locales, bénéficient, en effet, de marges de manœuvre considérables quant au contenu des conventions collectives voire des contrats de travail, lequel peut différer sensiblement d'une Agence à une autre. Comme mentionné ci-dessus, les règles applicables dans le secteur public suédois restent identiques aux règles de travail appliquées dans le secteur privé [3]. De ce fait, si les spécialistes suédois considèrent que la politique de décentralisation de l'emploi public représente un succès, en revanche, en matière d'intégrité, il ne peut pas être affirmé la même chose. Cela compte tenu du fait que les agents suédois ne sont pas tenus au secret du service, ils jouissent d'un droit voire d'une liberté général(e) de partager avec des tierces personnes des informations au sujet de leur travail [4]. De plus, en cas de fuite d'informations, les supérieurs hiérarchiques sont tenus par une interdiction légale d'enquêter pour savoir qui est la personne responsable de la fuite d'information. Reste, néanmoins, que l'accroissement du recours à des CDD rend l'administration suédoise plus silencieuse. À juger d'après les propos du professeur Ehn, il apparaît qu'en 2011 plus de 18% des agents en CDD du total d'agents publics, s'exposent à des risques bien « plus importants que leurs collègues en CDI, lorsqu'il s'agit de critiquer les activités et le management de leur organisation (agence) » [5]. Les risques encourus ne concernent pas seulement l'évolution de leur carrière ou les augmentations salariales, mais aussi, et surtout le risque de ne pas bénéficier du renouvellement de leur contrat [6].

Pour clore, les objectifs managériaux affichés de ces réformes ne sont toujours pas atteints, une ou plusieurs décennies plus tard, selon les États.

---

[1] Mme Ganhao Térésa, *op. cit.*, 2010 : (http://www.iranantes.fr/fileadmin/user_upload/formin/seminaires/fin_tronc_commun/synth_se/synth_se_s_minaire_GRH, consulté le 11 janvier 2016).

[2] Deemke (C.) et Moilanen (T.), *Civil services in the EU of 27. Form outcomes and the future of the civil service*, éd. Peter Lang, 2009, p. 78.

[3] *Ibid.*, p. 78.

[4] Ehn (P.), « The public servant », in The *Oxford Handbook of Sweedish politics,* édité par Pierre (J.), Oxford University Press, 2016, p. 334.

[5] Ehn (P.), *op. cit.*, p. 335.

[6] *Ibid*, p. 335.

L'ensemble de ces constats permettent d'analyser les options d'avenir des systèmes roumain et français sous l'influence de ces expériences.

B. Les systèmes français et roumain à l'aune des différentes expériences européennes de contractualisation

92. Les différentes faiblesses mises en évidence par les systèmes étrangers analysés conduisent la réflexion vers la prise en considération d'une contractualisation nuancées par l'assouplissement des règles statutaires **(1)**, qui pérennise la cohabitation statuto-contractuelle présente dans la Fonction publique française, et dans le secteur public roumain **(2)**.

1. Une professionnalisation par l'assouplissement statutaire

93. Conclusions rapportées aux systèmes français et roumain. Des différents exemples de contractualisation de droit public ou privé, il y a au moins une interrogation commune qui se dégage : celle concernant le degré réel d'efficacité obtenu à la suite du remplacement des régimes statutaires par des règles exclusives d'emploi. Considérant la spécificité du secteur public, ses missions, voire sa raison d'être, il apparaît évident qu'œuvrer à un processus de négociation individuelle, contrat par contrat, serait difficile, voire impossible à réaliser. Le système d'emploi fonctionne surtout sur la base des conventions collectives et/ou de contrats collectifs négociés à un ou deux niveaux (national et/ou territorial), qui influent considérablement sur le contenu des prétendus contrats individuels proposés. L'expression « prétendu » marque en réalité l'absence d'une négociation individuelle de nouveaux recrutés pour la Fonction publique. Les personnels se voyant proposer un contrat public /ou privé de travail à contenu prédéterminé, dont la durée peut être déterminée ou indéterminée.

En opposant le contenu desdits contrats aux dispositions statutaires, il apparaît légitime de s'interroger s'il y a une quelconque différence entre l'unilatéralité caractéristique des dispositions statutaires et l'unilatéralité propre aux conventions collectives. Dès lors, force est de constater que le fait de réglementer chaque aspect de la carrière par le biais des conventions collectives rapproche l'acte de recrutement - contrat individuel de droit public ou privé - de l'acte de nomination, dont le contenu est régi unilatéralement par les dispositions statutaires. D'autant qu'il n'est pas certain que l'abrogation des dispositions statutaires par des normes d'emploi suffirait pour véritablement dynamiser la Fonction publique. A cet égard, il s'impose de chercher à savoir si la rigidité, dont on accuse les dispositions statutaires, est réelle ou si elle n'est due qu'à un certain laxisme dans l'application des normes statutaires ...

Partant de ces considérations, force est de constater que la rigidité reprochée aux dispositions statutaires n'a pas empêché le législateur français d'introduire graduellement non seulement des éléments d'assouplissement desdites dispositions, mais aussi de multiplier les situations où il peut être fait usage de cet outil « prôné » comme la solution pour tous les « maux » de la Fonction publique : le contrat. Public ou privé, selon les contestataires des règles statutaires, c'est le contrat de travail qui, une fois généralisé, réussirait à imposer des critères tels que la performance, l'efficacité, ou encore, l'efficience. C'est seulement en passant par le contrat que la rémunération au mérite pourrait connaître une mise en application concrète. En somme, c'est la contractualisation qui est présentée, ces dernières années, comme la solution à tous les dysfonctionnements qui habitent la Fonction publique.

En serait-il véritablement ainsi ? Partant de l'exemple français, ne serait-ce pas plutôt le contraire [1] ? Le système statutaire ne ferait-il pas preuve d'une résistance voire d'une capacité d'adaptation qui, malgré les pressions externes - nationales et/ou européennes -, arrive à préserver ses valeurs traditionnelles ? L'expression « préserver ses valeurs traditionnelles » doit être comprise ici, non comme un état de figement dans le passé voire d'opposition au changement, à l'évolution, mais comme la capacité de rénover ses traditions tout en conservant leur substance. C'est dans cette logique que le système statutaire français a dû s'adapter à l'air du temps communautaire et/ou aux principes du *new public management*. La transposition des règles communautaires relatives à la libre circulation des travailleurs [2] voire de l'ouverture de la Fonction publique aux ressortissants des États membres de l'Union européenne et de l'Espace économique européen, ou encore, de la directive 1999 relative à la généralisation des contrats à durée indéterminée [3] en représentent autant d'exemples.

Pour poursuivre, la rigidité reprochée aux dispositions statutaires n'a pas été de nature à empêcher l'intrusion des outils de *new public management* non plus. Cela, notamment en matière d'évaluation à la suite du remplacement progressif de la notation traditionnelle par l'entretien professionnel, ou encore, l'introduction en matière de rémunération de la « prime de résultat ». Force est de constater que les principes traditionnels statutaires n'ont pas représenté un obstacle face à la généralisation du contrat à durée indéterminée dans la Fonction publique.

---

[1] Melleray (F.), « Un édifice statutaire plus souple ? », *AJDA*, 2011, n°42, pp. 2388-2393.

[2] Pour M. Pochard, la libre circulation pousse « moins [à] une marche vers le droit commun [et plus, à une] meilleure articulation avec ce dernier, par une sorte de normalisation des rapports entre le droit de la fonction publique et le droit commun du travail » [Pochard (M.), « Les implications de la libre circulation : plus qu'une banalisation, la normalisation du droit de la fonction publique », *AJDA*, 2003, p. 1906.

[3] En insérant à cet effet de nouvelles dispositions statutaires.

C'est vrai que, tel que le Professeur Jean Rivero l'avait fait en 1948, les défenseurs invétérés du Statut n'ont pas hésité à prôner à chaque fois la fin de l'époque statutaire. Toutefois, malgré le nécessaire besoin d'adaptation de la Fonction publique à l'ère des nouvelles contraintes socio-économiques, « cette fin » régulièrement annoncée du Statut continue à ne représenter qu'une fausse alerte périodiquement présagée. Cela d'autant que, tant la Roumanie que la France, deux États attachés traditionnellement aux valeurs statutaires, paraissent avoir identifié les moyens d'adapter progressivement leurs systèmes de Fonction publique aux exigences des « temps modernes », sans avoir dû toucher à la substance de leurs principes traditionnels.

Ces observations conduisent inévitablement la réflexion vers la question de savoir si, finalement, les cadres juridiques nouveaux, qui permettent une sorte de cohabitation tacite des règles statutaires et contractuelles, ne déboucheraient pas sur une forme de statut contractuel « moderne ». Le choix terminologique n'est pas aléatoire. En effet, si, juridiquement, l'association des termes « statut » et « contrat » peut paraître légèrement hasardeuse, en réalité cette association est lourdement pesée. Et ce n'est pas seulement l'exemple français de cohabitation statuto-contractuelle qui nous conduit vers cette affirmation, mais aussi le cadre normatif choisi jadis par les États fondateurs de l'UE pour la fonction publique européenne. Ce qui permet de prendre en considération la possibilité d'une pérennisation de la cohabitation statuto-contractuelle.

2. Une pérennisation de la cohabitation statuto-contractuelle

94. La cohabitation statuto-contractuelle européenne. La construction européenne a aussi été habitée notamment par la question de l'encadrement juridique à donner aux personnels qui allaient exercer des missions au sein des institutions nouvellement créées : statutaire ou contractuel ? Force est de constater que le choix entre statut et contrat ne fut guère difficile, lorsqu'il s'est agi de construire un cadre juridique qui assure la stabilité, l'indépendance et la sécurité de l'emploi des fonctionnaires européens [1].

[1] Débutant par le statut des fonctionnaires de la CECA du 1er juillet 1956, continuant par le statut de 1962 qui réglementait la situation juridique des fonctionnaires CEE et CEEA, le cadre juridique de la fonction publique communautaire a été forgé selon le modèle de carrière existant dans 5 des 6 États fondateurs, oscillant entre la jurisprudence de la Cour et les influences nationales. L'évolution vers une seule entité communautaire, appelée aujourd'hui Union Européenne, s'est notamment reflétée au niveau de la fonction publique par la réunification, en 1968, de toutes les dispositions statutaires dans un statut unique régissant la situation juridique de tous les fonctionnaires européens. Les dispositions statutaires adoptées en 1968 ont bénéficié de beaucoup de stabilité jusqu'en 2004, lorsqu'une réforme importante a réorganisé l'architecture de la carrière des agents européens [Condurache (G.),

Divisé en deux grandes catégories, l'une relative aux fonctionnaires des communautés européennes, l'autre aux autres agents, le Statut européen de la fonction publique adopté en 1968 ne ferait-il pas preuve d'originalité en délimitant sans équivoque, depuis sa rédaction, la situation juridique des fonctionnaires titulaires par rapport aux autres agents ? En effet, le cadre statutaire européen de la Fonction publique se compose de deux parties, dont chacune encadre distinctement le régime applicable aux fonctionnaires proprement dits et le régime applicable aux autres agents (RAA) pour le personnel employé sous contrat. La partie, consacrée au Statut des fonctionnaires, compte neuf titres et treize annexes, par le biais desquels sont précisées les règles juridiques applicables notamment en matière de droits et d'obligations, de carrière (recrutement, évaluation, avancement), de conditions de travail, de rémunération, ou encore, de pension et de régime disciplinaire. Alors que la partie consacrée au régime applicable aux autres agents des communautés européennes (RAA) compte neuf titres et une annexe traitant la situation juridique des différentes catégories d'agents recrutés par contrat, voir des agents temporaires, contractuels, locaux, ou encore, des conseillers spéciaux et assistants parlementaires.

D'où la question de savoir si une telle solution ne serait-elle pas convenable également pour les deux systèmes de fonction publique, roumain et français. Adaptée aux réalités sociojuridiques spécifiques à chaque État, la mise en place d'un « statut contractuel » ne représenterait-elle pas ainsi l'occasion de réunir l'ensemble des règles juridiques relatives aux différentes catégories de personnels du secteur public ? Ce qui permettrait aussi de réglementer de manière unitaire les différents types de contrats de travail existant déjà et/ou à venir dans la Fonction publique.

Comme la Fonction publique roumaine est juridiquement considérée dans un sens restreint, la réunification des règles relatives au régime juridique de toutes les catégories de personnels du secteur public permettrait la consécration d'une première partie aux représentants de la Fonction publique, y compris les catégories à statut spécial et d'une seconde partie aux autres catégories de personnels comme ceux de l'enseignement ou de la santé.

De même, pour le système français de fonction publique qui pourrait aboutir à une distinction des régimes applicables aux deux catégories de fonctionnaires, titulaires et contractuels, et ce, au sein d'un seul et même acte normatif. Un Code de l'emploi public, similaire à la réforme espagnole, qui distingue principalement deux catégories juridiques d'agents publics, au-delà même du triptyque des Fonctions publiques, dont la 3e – la Fonction publique hospitalière – est une spécificité « bien française ».

« L'européanisation par influence horizontale : l'exemple du statut des agents publics », Mémoire de master européen, EPLO, Grèce, septembre 2015, p. 5].

95. « Le contrat semble correspondre, sur une longue période, à un besoin structurel des collectivités publiques (...) sans pour autant qu'aucun critère simple ne se dégage pour délimiter « l'espace contractuel » de la fonction publique » [1]. C'est avec une sorte de résignation que M. Silicani soulignait en 2008 la difficulté que la construction d'un système idéal de « fonction publique dual » engagerait, ce qui imposerait plutôt « d'accepter de façon pragmatique, non seulement leur actuelle cohabitation, mais même leur complémentarité (...), le statut demeurant la modalité principale de l'emploi public et le contrat » un complément [2]. L'exemple européen, mais aussi récemment l'exemple espagnol [3] prouve qu'une telle cohabitation ne représente pas une utopie, qu'elle ne serait pas seulement possible, mais aussi bénéfique à long terme pour les structures du secteur public.

Par ailleurs, l'émergence d'un statut contractuel moderne pourrait trouver ses sources dans le renforcement du rôle des conventions collectives au sein des deux systèmes de fonction publique.

Section 2. L'assouplissement statutaire par des conventions collectives

96. Du droit d'association à la négociation collective. La légitimité du droit à la syndicalisation, voire d'association dans la Fonction publique, a été tout aussi sinueuse, sinon plus, que celle concernant l'adoption du statut de la fonction publique. Par conséquent durant la première moitié du XXe siècle, il était très difficile de faire une place aux conventions collectives dans la Fonction publique, alors que le droit à l'association n'était reconnu qu'avec des restrictions importantes. En revanche, par le passage d'un régime statutaire à un régime contractuel sous le communisme, la place des conventions (accords) [4] et/ou des contrats collectifs s'est considérablement élargie. Une évolution similaire, peu ou prou, est observable également en droit français où la reconnaissance, voire la mise en application réelle, du droit à la syndicalisation, remonte à l'époque de la IVe République[5].

[1] Silicani (J.-L.), *Livre blanc sur la fonction publique*, Documentation française, 2008, p. 102.

[2] *Ibid.*, p. 102.

[3] L'Espagne a adopté en 2009 un Statut de base de l'employé public qui a permis de poser les bases d'un modèle de fonction publique dual, statutaire et contractuel (contrat public) [Andrés Morey Juan, *Comentarios al Estatuto Basico del Empleado Publico (Commentaire au Statut de base de l'employé public*), http://www.morey-abogados.com/media/articulos/estatutobasico.pdf].

[4] Dans la langue roumaine, est préféré le terme d'« accord » à celui de convention.

[5] Lochak (D.), « Les syndicats dans l'Etat ou les ambiguïtés d'un combat », in *L'Actualité de la Charte d'Amiens*, PUF, 1986, pp. 121-146.

De nos jours, la place des syndicats s'accroît de plus en plus dans les deux systèmes de fonction publique, roumain et français. Toutefois, force est de constater que les domaines laissés ouverts à la négociation par les dispositions statutaires sont bien moins nombreux en droit roumain qu'en droit français. La rémunération des fonctionnaires fait d'ailleurs partie des domaines exclus *expressis verbis* de la négociation collective roumaine.

À l'opposé du système roumain, le système français, en ayant compris les enjeux du renforcement du dialogue social voire de la négociation collective, a initié des réflexions d'ampleur à ce sujet. Passant par les accords de Bercy de 2008, lesdites réflexions ont juridiquement été encadrées par la loi n°2010-751 du 5 juillet 2010. Même si elles concernent le droit du travail, l'adoption encore récente des ordonnances Macron de septembre 2017, dont tout particulièrement l'ordonnance n°2017-1385 du 22 septembre 2017 relative au renforcement de la négociation collective dans les entreprises, qui pourrait préfigurer un rapprochement du cadre normatif roumain de négociation en vigueur dans la Fonction publique.

Partant de ces considérations, l'état des lieux de l'évolution historique en matière de syndicalisation et de négociation, ainsi que du cadre normatif y afférant et en vigueur de nos jours (**§ 1**), permettent de dégager le rôle et la place des conventions collectives, présents et à venir, dans le droit de la fonction publique (**§ 2**).

§ 1. Le cheminement sinueux de l'encadrement du droit à la négociation

97. Les grandes théories relatives à la négociation. Consacré beaucoup plus tard qu'en droit privé, le droit de syndicalisation voire de la négociation a fait l'objet de nombreux débats avant d'être consacré en droit public. Il y a particulièrement trois théories qui ressortent des ouvrages du début du XXe siècle. D'après une première théorie, les fonctionnaires publics devaient bénéficier, de même que les salariés, du droit de syndicalisation, afin qu'ils puissent mieux défendre leurs droits et obligations professionnels [1]. Une seconde théorie consacre l'idée selon laquelle les rapports de droit

---

[1] Parmi les défenseurs de cette thèse, les professeurs Rudescu et Marchidan énumèrent Paul-Boncour (J.), *Les syndicats des fonctionnaires*, éd. Cornely et Cie, 1906, 78 p. [Joseph Paul-Boncour défendait la société corporatiste, considérant que le syndicalisme corporatiste représentait le seul recours efficace contre l'arbitraire. Comme Jeanne Siwek-Pouydesseau le précise dans son ouvrage sur le syndicalisme, Paul-Boncour avait plus tard expliqué que « son objectif n'était pas de dissoudre l'État dans le syndicalisme, mais au contraire de le fortifier en intégrant le syndicalisme dans l'État » (Siwek-Pouydesseau (J.), *Le syndicalisme des fonctionnaires : jusqu'à la guerre froide 1848-1948*, Presse Universitaire de Lille, 1989, p. 57] ; Leroy (M.), *Syndicats et services publics*, éd. Armand Collin, 1909 ; Rudescu (C.) et

formés entre les fonctionnaires et l'État ne sont pas identiques aux rapports existants entre les salariés de droit privé et leurs employeurs [1]. La troisième et dernière théorie, construite autour de la distinction entre les fonctionnaires de direction et les fonctionnaires de gestion, ne reconnaissait le droit de syndicalisation « qu'aux fonctionnaires de gestion ou aux salariés de la commune lesquels n'étant pas à proprement dit des fonctionnaires, ils [étaient dotés d'] une situation similaire aux salariés particuliers » [2].

La consécration du droit à la syndicalisation voire à la négociation, bien que celui-ci ait subi à peu près les mêmes troubles juridiques dans les deux systèmes, a connu une évolution qui lui reste propre, que ce soit en droit roumain **(A)** ou en droit français **(B)**.

A. La légitimité restrictive du droit à l'association en droit roumain

98. La période monarchique a été marquée par les démarches soutenues de reconnaissance du droit à l'association et au dialogue social **(1)**, qui a été d'ailleurs préservé également pendant la période communiste **(2)**.

1. La consécration progressive du droit à l'association pendant la monarchie

99. Remontée dans l'histoire. Le droit à l'association des Roumains a été pour la première fois consacré par les dispositions de l'article 27 de la Constitution de 1866 [3]. Comme cela a été le cas pour le statut des fonctionnaires publics annoncé par le même acte constitutionnel, les lois qui devaient encadrer juridiquement le droit à l'association n'ont pas connu une concrétisation immédiate. Ce qui finalement n'a pas empêché que des initiatives syndicales soient engagées et concrétisées dans des organisations syndicales tolérées par les pouvoirs publics [4].

Marchidan (G.), *Statutul functionarilor publici si statutul salariatilor comunali (Le statut des fonctionnaires publics et le statut des salariés communaux)*, éd. Bucuresti, 1947, pp. 146-147.

[1] Parmi les juristes, qui peuvent être mentionnés en tant que défenseurs de cette théorie, il y a Duguit, Faure, Ferneuil et Pic.

[2] Théorie défendue notamment par Bourguin (M.), *De l'application des lois ouvrières aux ouvriers et employés de l'État*, éd. A. Rousseau, 1902, 180 p ; Nézard (H.), *La théorie juridique de la fonction publique*, éd. Librairie de la société de recueil général des lois et des arrêts, 1901, 770 p ; Berthélemy (H.), *Précis de droit administratif*, A. Rousseau, 13e éd.,1933, 1186p ; Gide (C.), Cours *d'économie politique*, éd. Recueil Sirey,1920, 1203 p ; Rudescu (C.) et Marchidan (G.), *op. cit.*, 1947, p. 147.

[3] « Les roumains ont le droit de s'associer, en se conformant aux lois qui réglementent l'exercice de ce droit » (art. 27 de la Constitution de 1866).

[4] Rudescu (C.) et Marchidan (G.), *op. cit.*, p. 147.

Un demi-siècle plus tard, au lieu du cadre normatif relatif au droit d'association annoncé par lesdites dispositions constitutionnelles, c'est la loi « Orleanu » du 20 décembre 1909 qui a été adoptée. Par le biais de cet acte normatif, non seulement le droit d'association n'a pas été encadré, mais il a même été interdit. D'après le texte des articles 1 et 2 de la loi Orleanu, les droits de syndicalisation et de grève étaient interdits pour tous les salariés de l'État. Par conséquent, à partir de ce moment, ni les fonctionnaires, ni les ouvriers ou les travailleurs de l'État, des départements, des communes et des établissements publics à caractère économique, industriel et commercial, ou encore, toute personne qui contribuait à la réalisation d'un service public, ne pouvaient créer ou faire partie d'une association professionnelle sans avoir d'abord bénéficié de l'autorisation expresse du ministère dont ils dépendaient [1]. Il a fallu attendre le début des années 1920 pour que le premier encadrement juridique des syndicats soit réalisé, et ce, par la loi des syndicats du 26 mai 1921. En vertu desdites dispositions, les syndicats professionnels pouvaient conclure des conventions collectives de travail avec les employeurs, de même qu'ils pouvaient être des sujets dans des processus civils pour des faits issus de ces conventions [2]. Si les dispositions de ladite loi ont marqué des progrès importants en matière de liberté syndicale et de simplification des procédures relatives à la création des associations syndicales, la loi relative aux personnes morales du 26 mai 1924 a, en revanche, considérablement alourdi les procédures de création des syndicats, et ce, par l'imposition d'un avis préalable à toute création d'un nouveau syndicat.

Pour ce qui est de la Fonction publique, si le statut des fonctionnaires publics du 19 juin 1923 a interdit la syndicalisation, il a en revanche reconnu le droit à tous les fonctionnaires de s'associer entre eux, mais seulement pour des buts culturels, économiques ou pour servir des intérêts professionnels [3]. Aux termes de l'article 25, ces associations pouvaient être munies de personnalité morale à condition qu'elles aient préalablement obtenu l'avis du Conseil supérieur administratif. Par ailleurs, les dispositions de l'article 26 du statut précisaient que ces associations ne pouvaient être financées que par le biais des cotisations de leurs membres, des donations, ou encore, des legs. De plus, si les dispositions susmentionnées ne prévoyaient pas de financement des budgets étatiques, elles ne l'interdisaient pas non plus expressément.

Les associations, munies de personnalité morale, qui ne respectaient pas les consignes précitées, pouvaient être dissoutes par le Conseil des ministres, après avoir recueilli l'avis conforme du Conseil supérieur administratif. La

---

[1] Teodorescu (A.), *Tratat de drept administrativ (Traité de droit administratif)*, Bucuresti, 1929, p. 364 et les ss.

[2] Firoiu (V.), *Dreptul muncii (Le droit du travail)*, éd. Universitatea din Cluj-Napoca, 1985, p. 153.

[3] Article 24 du Statut des fonctionnaires publics du 19 juin 1923.

décision préalable, - prise d'un commun accord au nom de l'association des missions collectives ou individuelles - était considérée, d'après l'article 30 du statut de 1923, comme un « abandon des devoirs propres à la fonction publique détenue, et de ce fait avec des répercussions sur l'intérêt public général ; ce qui était sanctionné par la destitution du fonctionnaire en cause ». De plus, les personnes, se trouvant aux origines des actions grévistes ou d'abandon des postes, encourraient aussi, outre la destitution, des peines privatives de liberté de 3 mois à 2 ans, ainsi que des amendes. Au cas où le responsable tenu pour de telles actions était une association de fonctionnaires, celle-ci était dissoute et ses fonds confisqués et donnés à des associations sans but lucratif.

Dans cette optique, le Congrès général de la Fédération des fonctionnaires publics, organisé les 6 et 8 décembre 1935, a marqué non seulement une nouvelle étape dans l'orientation et l'activité des associations professionnelles des salariés publics, mais aussi l'ouverture de manifestations collectives pour résoudre favorablement les différentes revendications soumises au débat [1]. Parmi les revendications formulées figuraient « la révision des nominations illégales, la normalisation et l'harmonisation des rémunérations, l'abrogation [2] du cadre disponible et du cumul, l'encadrement de tous les salariés publics » [3]. D'autres revendications concernaient notamment la position vulnérable des dirigeants des syndicats face au pouvoir hiérarchique, voire politique, manifestée à l'occasion des évaluations professionnelles [4]. Considérée souvent comme étant initiée à l'instigation des fonctionnaires publics, l'évaluation professionnelle représentait le moyen le plus subtil pour que les représentants des organisations syndicales soient transférés d'un service à un autre.

Le Congrès de décembre 1935 a débouché deux mois plus tard, le 7 février 1935, sur la création d'un front unique qui a réuni toutes les catégories de fonctionnaires publics. Ce qui a permis, fin 1936, à une délégation du Front unique des salariés publics d'adresser au Gouvernement de l'époque une lettre ouverte contenant les doléances des fonctionnaires [5]. Parmi leurs revendications figurait la réglementation du droit des associations professionnelles à être dotée de la personnalité morale.

Le Code de 1940 a conservé le cadre normatif consacré en 1923 en la matière [6]. Mais, a été votée la loi sur les syndicats professionnels le 21

---

[1] Iacoş (I.), « Ideea de unitate muncitoreasca in activitatea organizatiilor functionarilor publici (1935-1937) [L'idée d'unité ouvrière dans l'activité des organisations des fonctionnaires publics (1935-1937)] », Revista de istorie, Academia de ştiinte sociale şi politice, 1986, p. 455.

[2] « Desfiinţare » en roumain.

[3] Iacoş (I.), *op. cit.*, p. 456.

[4] *Ibid.*, p. 456.

[5] *Ibid.*, p. 462.

[6] Voir les articles 44 à 46 du Code des fonctionnaires de 1940.

janvier 1945. Question d'éviter toute confusion à l'égard du droit des fonctionnaires publics de se syndiquer, les dispositions de l'article 3 dudit texte précisaient expressément que « ce droit s'étend aussi aux fonctionnaires publics d'État, du département, ou de la commune, ou des institutions dont les budgets sont soumis à l'approbation du Parlement ou de l'État (...) » [1]. L'abrogation du cadre statutaire de la Fonction publique, une fois le régime socialo-communiste installé, a engagé, non la suppression du droit à l'association, mais son adaptation à l'idéologie propre à ce régime.

2. La préservation formelle du droit à l'association pendant le communisme

100. Les droits à la syndicalisation et à la négociation pendant le communisme. Les dispositions de l'article 27 de la Constitution, adoptée au lendemain de l'instauration du régime communiste, ont repris le droit d'association.

Les dispositions constitutionnelles précitées devaient être considérées en lien avec l'article 164 du Code du travail. Selon ce dernier, « les syndicats sont des organisations professionnelles qui se constituent sur la base du droit d'association reconnu par la Constitution et fonctionnent sur la base des statuts propres de l'Union générale des syndicats ... » [2]. Par suite, les syndicats participaient à l'élaboration et à l'adoption des règlements d'ordre intérieur et des contrats collectifs du travail [3]. Par conséquent, les syndicats étaient associés notamment aux discussions relatives à « l'encadrement et la promotion dans le travail, dans la discipline, la rémunération des salariés, ou encore, dans des questions concernant le temps de travail et le temps de repos, la protection au travail et les charges sociales, ainsi que la cessation des rapports juridiques de travail par la cessation unilatérale [4] du contrat individuel de travail ». De plus, les compétences de négociation des syndicats concernaient également le recrutement et la répartition des fonctionnaires, ou encore, la formation.

Pendant le régime communiste, le contrat collectif de travail était considéré comme une convention conclue entre « une unité socialiste et le collectif des salariés [5] » d'une institution/entreprise [6]. Non seulement la conclusion d'une convention était obligatoire à l'époque, mais elle encadrait

[1] Rudescu (C.) et Marchidan (G.), *op. cit.*, p. 148.

[2] Firoiu (V.), *Dreptul muncii (Droit du travail)*, éd. Universitatea din Cluj-Napoca, 1985, p. 89.

[3] Firoiu (V.), *op. cit.*, p. 93.

[4] « Desfacerea », en roumain.

[5] Le collectif de salariés sous le régime communiste était généralement désigné par l'expression « collectif de gens de travail ».

[6] Firoiu (V.), *op. cit.*, p. 155.

juridiquement des obligations réciproques, à valeur d'engagements pour certains, tournant autour de buts bien précis. Ce qui n'a pas été le cas dans la Fonction publique française, où le dialogue social jouissait, comme de nos jours, avant tout d'une forte légitimité politique.

B. La légitimité politique en droit français

101. La reconnaissance du droit à l'association a représenté un processus de longue durée **(1)**, qui a finalement abouti à la consécration légale du droit de participation et du dialogue social **(2)**.

1. La cristallisation progressive du droit à l'association

102. Un bref regard sur l'histoire du droit français. Comme cela a été le cas en droit roumain, le droit français de l'association et de la négociation a d'abord été reconnu aux personnels travaillant dans le secteur privé, et seulement par la suite aux fonctionnaires. Même si des actions associatives ont sporadiquement été engagées depuis le début du XXe siècle, ce n'est que le 21 mars 1884 qu'une loi autorisant les syndicats professionnels a été adoptée. Même si cet acte normatif restait silencieux sur le cas des fonctionnaires [1], le fait que ledit texte ne les ait pas exclus *expressis verbis* a permis aux fonctionnaires « d'en tirer la base juridique d'une action collective généralisée » [2]. Au regard à l'adhésion importante des agents à de telles structures [3], le Gouvernement a adopté une circulaire qui condamnait formellement la création des syndicats : « l'autonomie des fonctionnaires a un nom, elle s'appelle l'anarchie ... » [4]. Ceci sur le fond d'une jurisprudence tout aussi restrictive dans ses interprétations du texte cité ci-dessus [5].

L'adoption de la loi relative au droit d'association du 1er juillet 1901 était censée mettre fin à « la lutte amorcée entre les fonctionnaires et les pouvoirs publics » [6]. Les réalités pratiques voire jurisprudentielles, faisaient en réalité preuve d'une sorte de condescendance qui se cachait derrière l'adoption de la loi de 1901. En effet, même si le Conseil d'État et la Cour de Cassation statuaient favorablement sur la légalité des associations des fonctionnaires [7], les deux juridictions continuaient à déclarer irrecevables toutes les actions

[1] Plantey (A.) et Plantey (M.-C.), *La Fonction publique*, Lexis Nexis, 3e éd., 2012, p. 253.
[2] Grégoire (R.), *La fonction publique*, éd. Armand Colin, 1954, p. 53.
[3] Voir l'exemple du Syndicat des instituteurs et institutrices de la Seine de 1887.
[4] Grégoire (R.), *op. cit.*, p. 54.
[5] CE 13 janvier 1922, *Syndicats généraux des agents de contribution*, Lebon p. 37.
[6] Grégoire (R.), *op. cit.*, p. 54.
[7] CE 11 décembre 1908, *Association professionnelle des employés civils de l'Administration centrale du ministère des Colonies*, Lebon.p. 1016.

intentées par des syndicats [1]. D'où l'hypothèse que la distinction faite à l'époque entre les associations et les syndicats était imprégnée d'une certaine artificialité [2].

De plus, en 1920, les fonctionnaires ont formellement été privés des dispositions de la loi sur l'extension de la capacité des syndicats professionnels du 12 mars 1920 [3]. Il s'en est suivi l'instauration du régime de Vichy, lequel par la loi du 15 octobre 1940 déclara dissous de plein droit tous les groupements de fonctionnaires existants à ce moment [4]. Lesdites dispositions préservaient quand même à leur égard un droit d'association extrêmement limité.

Non seulement le contenu de la loi précitée a été repris par le titre VIII de la loi n°3981 du 14 septembre 1941, mais l'application de ses dispositions a même été élargie notamment aux employeurs et ouvriers des administrations publiques [5]. Après la Libération, l'adoption de la loi du 9 octobre 1945 a permis la création d'un Conseil permanent de l'Administration civile, dont trois de ses membres étaient élus sur une liste présentée par les fédérations syndicales des fonctionnaires [6]. Ce Conseil, censé jouer le rôle d'instance disciplinaire, devait aussi être consulté pour toute question relative au recrutement, au statut, ainsi qu'à l'organisation des services publics [7]. Un an plus tard, il a été remplacé par le Conseil supérieur de la fonction publique. Le début des années 1940 a été ensuite marqué par la consécration du droit de participation et du dialogue social.

2. La consécration du droit de participation et du dialogue social

103. Le droit à la représentation syndicale. C'est le préambule de la Constitution de 1946 qui a enfin proclamé « le droit pour tout travailleur de participer par l'intermédiaire de ses délégués, à la détermination collective des conditions de travail ... » [8]. Les dispositions constitutionnelles ont été

---

[1] CE 18 mars 1927, *Syndicats des agents des lycées nationaux et sieurs Boisson et Jego*, Lebon p. 358.

[2] Grégoire (R.), *op. cit.*, p. 54.

[3] *Ibid.*, p. 64.

[4] *Ibid.*, p. 64.

[5] Loi n°3983 du 14 septembre 1941 portant extension de l'article 22 et du titre VIII de la loi n°3981 du 14 septembre 1941 relative aux fonctionnaires des collectivités locales et aux agents et ouvriers des administrations publiques.

[6] Grégoire (R.), *op. cit.*, p. 64.

[7] *Ibid.*, p. 64.

[8] Morel-A-L'Huissier (P.) et Derosier (B.), *Rapport fait au nom de la commission des lois constitutionnelles, de législation, du suffrage universel, du Règlement et d'administration générale sur le projet de loi, adopté par l'Assemblée nationale après engagement de l'Assemblée nationale après engagement de la procédure accélérée, relatif à la rénovation du*

complétées par celles du Statut des fonctionnaires du 19 octobre 1946 qui imaginent, enfin, « des dispositifs de participation et de dialogue avec les représentants des agents, sans que cela remette en cause la position statutaire et réglementaire des agents » [1]. Toutefois, même si lesdites dispositions ont reconnu le droit des fonctionnaires de participer par le biais de leurs représentants à l'organisation et au fonctionnement des services publics, à l'élaboration des règles statutaires, à l'examen des décisions individuelles concernant leur carrière, la négociation collective ne garde qu'un rôle secondaire par rapport aux instances paritaires [2]. Cela aussi parce qu'il était considéré qu'un accord ne pouvait pas déroger aux dispositions statutaires et/ou réglementaires.

Même si la concertation ne se déroulait pas dans un cadre institutionnel précis, depuis la reconnaissance du droit syndical, elle s'est toujours manifestée particulièrement sur des questions concernant la rémunération, le niveau de retraite, ou encore, les conditions et la durée du travail, la carrière et l'exercice des droits syndicaux [3].

La fin des années 60 a été caractérisée par des réflexions concernant les modalités par le biais desquels les négociations pouvaient être « mises en forme » par des engagements réciproques entre les deux parties [4]. Toutefois, quelle que soit la forme donnée aux « négociations », elles n'allaient pas être munies d'une force juridique supérieure aux cadres constitutionnel, normatif ou réglementaire en la matière [5]. Cela, parce que comme la logique statutaire requerrait que la condition des fonctionnaires ne soit pas négociée, elle relevait de la compétence unilatérale des autorités détentrices du pouvoir législatif et/ou réglementaire [6]. Il en résulte une limitation considérable des effets de la concertation, les accords éventuellement conclus, étant dépourvus d'effet exécutoire, leur contenu ne pouvait engager ni la caducité des normes en vigueur, ni une action en justice pour transgression [7]. Les

---

dialogue social et comportant diverses dispositions relatives à la fonction publique, n°485, du 19 mai 2010, p. 12.

[1] Morel (P.), *Rapport fait au nom de la Commission des lois constitutionnelles, de la législation et de l'administration générale de la République, après engagement de la procédure accélérée, sur le projet de loi (n°1577) relatif à la rénovation du dialogue social et comportant diverses dispositions relatives à la fonction publique*, n°2389, Assemblée nationale, le 24 mars 2010, p. 9.

[2] Morel (P.), *op. cit.*, p. 9.

[3] Plantey (A.), *Réformes dans la fonction publique*, LGDJ, 1978, p. 194.

[4] Voisset (M.), « Concertation et contractualisation dans la fonction publique », AJDA, 1970, p. 388 et ss. ; Saint-Jours (Y.), « Réflexions sur la politique de concertation dans la fonction publique », Droit social, 1975, p. 226 et les ss.

[5] CE 23 mars 1973, *Fédération du personnel de la Défense nationale C.F.D.T.*, req. n°76.767 et n°76.768 ; CE 15 octobre 1971, *Syndicat national indépendant des C.R.S.*, req. n°78.788.

[6] Auby (J.-M.), Auby (J.-B.), Jean-Pierre (D.) et Taillefait (A.), Droit de la fonction publique, Dalloz, 7e éd., 2012, p. 108.

[7] *Ibid.*, p. 108.

accords étaient donc réduits à des « engagements d'honneur que chacune des parties [devait] respecter en toute foi ... » [1].

C'est dans cette optique que la signature du protocole Oudinot de juin 1968 portant sur les rémunérations, la durée du travail et les droits syndicaux dans la fonction publique de l'État, a été considérée comme le début d'une pratique de négociations salariales [2]. À partir des années 80, la nécessité d'élargir les domaines ouverts à la négociation a engagé des réflexions quant à la possibilité de conclure des accords-cadres notamment sur la formation, la mobilité, l'avancement, ou encore, l'évaluation. La circulaire du 23 août 1989 relative au renouveau du service public a renforcé ces desiderata : « la négociation doit s'ouvrir à des nouveaux thèmes et se décentraliser à tous les niveaux ».

Si la négociation et la conclusion des accords-cadres dans la fonction publique s'en sont trouvées considérablement élargies, leur force d'imposition continue à résider dans une source d'engagement plus politique que juridique. Ce qui, d'une certaine manière, plaçait les conventions collectives sur le terrain « discrétionnaire » du pouvoir politique quant à leur application. Reste que les dernières réformes en matière de dialogue social français ont contribué à un certain renforcement du poids des règles juridiques y afférentes. Le législateur a finalement réservé le Livre II du CGFP à « L'exercice du droit syndical et dialogue social ».

§ 2. Les fondements juridiques en mutation

104. Le rôle et la place des conventions collectives se sont progressivement et continuellement élargis ces dernières décennies, non seulement dans le système français, mais également dans d'autres systèmes étrangers, dont l'Italie, l'Espagne ou le Suède. À l'opposé du système français qui, par la réforme de 2010, a considérablement renforcé le cadre juridique relatif aux conventions, les règles roumaines en la matière n'ont pas connu des transformations importantes ces dernières années. À cet effet, le système roumain d'accords collectifs repose sur un système de négociation individuelle, par institution, dont le domaine de la rémunération est exclu *expressis verbis* des thématiques énumérées par le législateur roumain. Ce qui n'est pas le cas en droit français où la rémunération s'est toujours située au cœur de la négociation collective française.

Reste que l'évolution vers la contractualisation dans la Fonction publique ne se manifeste pas exclusivement par l'accroissement de la place du contrat individuel du travail, mais aussi par le renforcement du régime des

---

[1] Plantey (A.), *op. cit.*, p. 195.

[2] Fournier (J.), *Livre blanc sur le dialogue social dans la fonction publique*, La documentation française, 2002, p. 34.

conventions collectives **(A)** ; ce qui fait des conventions un outil qui influe considérablement sur l'évolution des normes statutaires **(B)**.

A. Les règles juridiques en vigueur

105. Si la version initiale de la première loi portant statut des fonctionnaires publics roumains restait silencieuse au sujet des conventions collectives, les versions ultérieures ont finalement consacré ce droit en faveur des fonctionnaires roumains **(1)**. Contrairement au système roumain, le législateur français est préoccupé par la question de savoir s'il faut ou non munir les conventions collectives d'une valeur juridique **(2)**.

1. Les limites du régime juridique roumain

106. Cadre normatif en vigueur. Les accords collectifs dans le système roumain sont juridiquement encadrés par les dispositions du chapitre VII titre 2 partie 6 du Code Administratif [1], corroborés par la décision gouvernementale (DG) n°833 du 25 juillet 2007 concernant les normes d'organisation et de fonctionnement des commissions paritaires et la conclusion des accords collectifs, ainsi que par la loi n°62 du 10 mai 2011 relative au dialogue social.

107. Contenu et procédure. Les dispositions de l'article 487 du Code administratif [2], corroborées par les dispositions de l'article 22 de la décision n°833 du 25 juillet 2007, précisent que les autorités et les institutions publiques peuvent conclure annuellement des accords avec les syndicats représentatifs des fonctionnaires publics, ou en leur absence, avec les représentants élus de ces derniers, dans des domaines bien précis. Lesdites dispositions limitent le champ de la négociation à la constitution et l'usage des fonds destinés à l'amélioration des conditions de travail, à la santé et à la sécurité au travail, au programme journalier du travail ainsi qu'à d'autres mesures que celles prévues par la loi, concernant la protection des personnes élues dans les organes de direction des organisations syndicales ou désignées en tant que représentants des fonctionnaires publics. Compte tenu du fait que la rémunération des fonctionnaires ne figure pas, parmi les domaines énumérés ci-dessus, il en ressort une fois de plus la volonté du législateur de

---

[1] Ancien chapitre VII de la loi n°188 du 8 décembre 1999, intitulé « *Accords collectifs. Commissions paritaires* ».

[2] Ancien article 72 de la loi n°188 du 8 décembre 1999 relative au Statut de la fonction publique.

continuer à être le seul à décider en matière de rémunération dans la fonction publique [1].

Des dispositions susmentionnées, il ressort que, dans le système roumain, la conclusion des accords collectifs est encadrée non seulement comme une possibilité donnée aux institutions publiques et aux représentants syndiqués ou non syndiqués des fonctionnaires publics, mais aussi que cette possibilité de négociation concerne strictement les domaines indiqués par lesdits actes normatifs. Toutefois, cette possibilité reconnue par les disposions citées ci-dessus acquiert un caractère obligatoire, lorsque la conclusion d'un accord collectif est expressément demandée par une des deux parties censées négocier, et ce, dans un délai de 30 jours à compter de la date où le budget de l'institution publique a été approuvé. *A contrario*, en vertu de l'article 23 de la décision gouvernementale déjà évoquée, en l'absence d'une sollicitation expresse venue des représentants des fonctionnaires publics ou du dirigeant de l'institution publique à cet effet, la conclusion d'un nouvel accord collectif dans ledit délai, vaut *de jure* renoncement à un accord commun. Il en ressort que les accords collectifs ne peuvent être conclus que pour une période déterminée - qui correspond généralement à l'exercice budgétaire -, dont le début est fixé juste après l'approbation du budget de l'institution publique. Toutefois, à titre exceptionnel, les accords collectifs peuvent être conclus aussi pour des périodes qui dépassent l'année afférente à l'exercice budgétaire, cela à la seule condition de justifier la nécessité et l'opportunité de ce prolongement.

Concernant l'aspect procédural, les dispositions de l'article 24 de la décision gouvernementale n°833 du 25 juillet 2007 susmentionnée précisent que la négociation des clauses et la conclusion des accords collectifs sont librement engagées, les deux parties se trouvant durant les négociations sur une position d'égalité juridique. À noter toutefois que la conclusion de l'accord collectif n'est obligatoire qu'au niveau des institutions publiques, considérées individuellement, et non au niveau national [2]. Par conséquent, les clauses négociées au niveau d'une institution publique ne seront appliquées que pour les fonctionnaires publics appartenant à cette institution. De plus, le contenu des accords collectifs ne peut pas arrêter des dispositions contraires à la réglementation en vigueur, ou fixer des droits et des obligations qui soient en dessous du niveau minimal imposé par des actes normatifs. Les clauses des accords collectifs ne peuvent pas non plus engager une négociation qui pourrait déboucher sur une limitation des droits

[1] Cour d'appel de Cluj 7 octobre 2009, décision n°2375, Buletinul jurisprudentei. Repertoriu anual, 2009, éd. Univ. Juridic, p. 95 ; Cour d'appel de Cluj, décision n°3012 du 23 novembre 2009, p. 99 ; ou encore, la décision de la Cour d'appel de Cluj n°1613 du 7 mai 2009, p. 103.

[2] Voir à cet effet la décision de la Cour Constitutionnelle n°74 du 26 février 2004.

et des obligations réglementés par la loi, ou fixer des droits et des obligations autres que ceux prévus par la loi [1].

Pour l'officialisation des accords, les dispositions normatives n'exigent que leur conclusion en deux exemplaires originaux, dont une copie doit obligatoirement être transmise à la commission paritaire [2]. Dès ce moment, aux termes de l'article 28, l'exécution de l'accord collectif est obligatoire entre les deux parties signataires. Le non-accomplissement des obligations assumées engage, selon le cas, la responsabilité civile et/ou disciplinaire des personnes qui en sont responsables. Les dispositions des alinéas 2 et 3 reconnaissent toutefois la possibilité d'apporter à tout moment des modifications au contenu des accords, et ce, à la seule condition du consentement mutuel des deux parties. Au cas où la modification fait suite à une pression exercée par une des deux parties sur l'autre, le nouvel accord collectif est considéré nul de droit ; la nullité est constatée par la juridiction de contentieux administratif compétente. L'application de l'accord collectif peut être suspendue en cas de force majeure ou par l'accord de volonté des deux parties. Cela au cas où ses dispositions ne peuvent plus être appliquées à la suite des restrictions financières ou des modifications législatives concernant les droits et les obligations arrêtés par l'accord. Ces modifications doivent être ultérieures au moment de la conclusion de l'accord. De même, comme aux termes de l'article 30 de la décision n°833 du 25 juillet 2007 citée ci-dessus, l'accord collectif ne peut cesser qu'à la fin du délai pour lequel il a été conclu. À titre exceptionnel, l'accord collectif peut aussi prendre fin en cas de cessation ou de réorganisation de l'institution publique, ou encore, par le commun accord des parties signataires.

À la présentation des normes qui encadrent les conventions collectives en droit roumain, il s'ensuit la présentation du système français, dont l'objectif est d'aboutir à une mise au point du rôle et de la place des conventions collectives dans le système roumain de fonction publique à la lumière du système français.

2. Les aléas de la consécration juridique en droit français

108. Cadre normatif. Les dispositions du préambule de la Constitution de 1946 relatives au droit de l'association voire de syndicalisation doivent être considérées à la lumière de l'article 11 de la Convention européenne de sauvegarde des droits de l'homme et des libertés fondamentales ainsi que des

[1] Article 25 de la décision n°833 du 25 juillet 2007.

[2] De plus, s'agissant des informations à caractère public, les dispositions de l'alinéa 3 de l'article 27 précisent notamment l'obligation d'information des collectifs concernés du contenu des accords (affichage aux panneaux des sièges ou sur les sites web institutionnels).

précisions de l'article L.113-1 du CGFP [1]. En effet, aux termes de l'article 11 de la Convention « toute personne a droit (…) à la liberté d'association, y compris le droit de fonder avec d'autres des syndicats et de s'affilier à des syndicats pour la défense de ses intérêts [sous réserve des restrictions requises en matière de] sécurité nationale, sûreté publique, défense de l'ordre et prévention du crime, protection de la santé ou de la morale, ou protection des droit et des libertés d'autrui » [2]. Le droit à la syndicalisation, voire à la création des organisations syndicales, ainsi qu'à l'adhésion et/ou à l'exercice d'un mandat au sein de ces dernières, est consacré sans équivoque par les dispositions de l'article L113-1 précité.

109. Contenu et procédure. La place de la négociation collective reconnue aux organisations syndicales diffère selon que l'on considère ou non la période devançant la grande réforme appliquée en 2010 en matière de dialogue social et ses modifications [3]. En effet, avant l'adoption de la loi n°2010-751 du 5 juillet 2010 relative à la rénovation du dialogue social et comportant diverses dispositions relatives à la fonction publique, les dispositions statutaires réduisaient la compétence de négociation des organisations syndicales presque, seulement, à la rémunération des agents. Les dispositions normatives restrictives en matière de négociation collective n'ont pourtant pas empêché l'élargissement de la sphère de négociations par des voies informelles. C'est ainsi que la présence syndicale s'est manifestée notamment en matière de formation professionnelle, de refonte des grilles, de résorption de l'emploi précaire, ou encore, de mise en œuvre de la réduction du temps de travail, de l'action sociale et de la santé ainsi que de la sécurité au travail. Cette influence s'est généralement concrétisée par la conclusion de protocoles d'accord, lesquels, même s'ils étaient dépourvus de force juridique, jouissaient d'une légitimité politique.

Partant de ces considérations, il a été jugé nécessaire d'assortir d'un cadre juridique approprié notamment les domaines qui ne font l'objet d'une négociation collective que de manière informelle. La signature des accords de Bercy sur la rénovation du dialogue social du 2 juin 2008 par six des huit syndicats de la Fonction publique a été considérée comme un tournant historique pour la fonction publique française [4]. L'objectif avoué des accords de Bercy était représenté notamment par le souhait de renforcer la place de la

[1] Article 8 du titre premier du Statut général de la fonction publique.

[2] http://www.echr.coe.int/Documents/Convention_FRA.pdf, consulté le 12 janvier 2022.

[3] Melleray (F.), « La loi relative à la rénovation du dialogue social dans la fonction publique », *AJDA*, 2010, n°36, pp. 2045-2050.

D'autant que, depuis 1946, aucun accord n'avait plus été signé en matière de dialogue social (voir Ministère du budget, des comptes publics et de la fonction publique, *Relevé des conclusions relatif à la rénovation du dialogue social dans la fonction publique*, 2008, p. 3. http://www.fonctionpublique.gouv.fr/files/files/publications/coll_point_phare/releve_conclusions_dialogue_social.pdf, consulté le 15 janvier 2022).

négociation par l'extension dans les normes statutaires du champ de la négociation [1]. C'est dans cette optique que le projet de loi du 5 juillet 2010 relatif à la rénovation du dialogue social a été mûri non seulement avec l'intention de donner un nouveau cadre à la négociation – et ce, dans une logique d'autonomie des acteurs –, mais aussi pour promouvoir une véritable culture de la négociation à tous les niveaux où celle-ci peut être exercée [2]. Cela, tout en évitant une remise en cause du régime statutaire et réglementaire spécifique aux fonctionnaires. Par conséquent, après l'article 8 du premier titre de l'ancien Statut général de la fonction publique, il a été ajouté un nouvel article qui reprenait précisément les stipulations des accords de Bercy.

Ainsi, les dispositions de l'article L.222-3 du CGFP [3] élargissent davantage les thématiques qui pouvent faire l'objet des négociations collectives au niveau national. Outre l'évolution des rémunérations et du pouvoir d'achat des agents publics, peuvent faire aussi l'objet de négociations aussi les conditions et l'organisation du travail et du télétravail, le déroulement des carrières et la promotion professionnelle, la formation professionnelle et continue, l'action sociale et la protection sociale complémentaire, l'hygiène, la sécurité et la santé au travail, ou encore, l'insertion professionnelle des personnes handicapées et l'égalité professionnelle entre les hommes et les femmes. Cette énumération n'est pas exhaustive. En effet, d'après la circulaire relative à la négociation dans la fonction publique du 22 juin 2011, les collectivités publiques sont libres d'engager des négociations sur des matières différentes en fonction des situations locales et d'évolution des conditions de travail et de l'emploi des agents publics ; liberté reconnue seulement dans la limite de leurs attributions et compétences [4]. De plus, les négociations peuvent être engagées à deux niveaux : national et local. Pour ce qui est du niveau national, les accords peuvent porter sur des questions communes aux trois fonctions publiques ou à une seule, comme elle peut aussi porter sur des questions propres à un ministère, à une catégorie juridique de collectivités

---

[1] Cela, afin d'aboutir à une sorte de mise en cohérence du droit avec les pratiques instaurées en matière de négociations qui développent la négociation sur de nouveaux thèmes porteurs de modernisation en matière de ressources humaines. (http://www.fonctionpublique.gouv.fr/files/files/publications/coll_point_phare/releve_conclusions_dialogue_social.pdf, consulté le 15 janvier 2022).

Ministère du budget, des comptes publics et de la fonction publique, *Circulaire relative à la négociation dans la fonction publique du 22 juin 2011*, p. 2 (http://www.ugff.cgt.fr/IMG/pdf/circulaire_negociation_22juin_signee.pdf, le 17 janvier 2022).

[3] Article 8bis du Statut général de la Fonction publique.

[4] Ministère du budget, des comptes publics et de la fonction publique, *Circulaire relative à la négociation dans la fonction publique du 22 juin 2011*, p. 5 (http://www.ugff.cgt.fr/IMG/pdf/circulaire_negociation_22juin_signee.pdf , le 17 janvier 2022).

territoriales ou d'établissements publics, ou encore, à un corps ou un cadre d'emploi [1]. Alors que le niveau local regarde plutôt des questions propres aux services centraux, aux services déconcentrés, aux collectivités locales, ainsi qu'aux établissements publics administratifs et établissements publics de santé, sociaux et médico-sociaux [2]. L'initiative de la négociation revient généralement à l'administration, ce qui ne signifie pas qu'une telle démarche ne pourrait pas être engagée par une ou plusieurs organisations syndicales.

Similaire au droit roumain, le contenu des accords ne doit pas excéder les précisions générales fixées par les dispositions statutaires. En revanche, pour la validité de l'accord les dispositions de l'alinéa 4 de l'article 1 de la loi n°2010-751 du 5 juillet 2010 déjà évoquée imposent qu'il soit signé par « une ou plusieurs organisations syndicales de fonctionnaires ayant recueilli au moins 50 % du nombre des voix lors des dernières élections professionnelles organisées au niveau auquel l'accord est négocié » [3]. Considéré trop difficile à atteindre, la loi n°2016-483 du 20 avril 2016 relative à la déontologie et aux droits et obligations des fonctionnaires a réduit l'assiette de calcul aux seuls « suffrages exprimés en faveur des organisations habilitées à négocier », et non plus aux nombres de voix [4]. Cette réforme législative a ainsi essayé de « remédier à la faible déclinaison des accords nationaux aux niveaux locaux » [5]. Toujours est-il, comme E. Marc le rappelait encore récemment, ni « la loi du 5 juillet 2010 ni celle du 20 avril 2016 n'ont remis en cause la portée de l'accord conclu dans son champ spécifique : cet accord n'a pas force de droit » [6].

Comme les stipulations d'un accord ne sont pas par elles-mêmes source de droit et ne lient pas l'administration, par l'élaboration desdits critères de reconnaissance de validité des accords, le législateur français a essayé de « conforter la valeur politique de la signature [en déterminant] les conditions dans lesquelles la signature d'un accord et les mesures prises pour son application pourront être reconnues comme légitimes aux yeux des parties prenantes à la négociation » [7]. À cet effet, le nouveau cadre normatif en matière de dialogue social reconnaît aux parties signataires d'un accord la possibilité de prévoir en même temps la création d'un Comité de suivi de la mise en œuvre d'un protocole de l'accord. Il ne s'agit pourtant que d'une

---

[1] Ministère du budget, des comptes publics et de la fonction publique, *op. cit*, p. 6.

[2] *Ibid.*, p. 6.

[3] Article L.223-1 du CGFP.

[4] Article L.223-1 du CGFP.

[5] Marc (E.), « Dialogue social : une réforme en deux temps », *AJFP*, 2019, p. 254.

[6] *Ibid.*, p. 254.

[7] Voir notamment la jurisprudence du Conseil d'État, notamment dans les affaires du 27 octobre 1989, *Syndicat national des ingénieurs des études et de l'exploitation de l'aviation,* req. n°102.990 et du 24 mai 2006, *Mme A ...*, req. n°277.120 (ministère du budget, des comptes publics et de la fonction publique, *Circulaire relative à la négociation dans la fonction publique du 22 juin 2011*, p. 4 http://www.ugff.cgt.fr/IMG/pdf/circulaire_negociation_22juin_signee.pdf, le 17 javier 2022).

possibilité, pas d'une obligation. Reste que « les fonctionnaires étant placés dans une situation statutaire et réglementaire, le syndicat requérant ne saurait utilement invoquer le défaut de consultation préalable du « comité de suivi » prévu par le protocole (...) conclu entre le gouvernement et certaines organisations syndicales, qui est dépourvu d'effets juridiques et qui n'a pas institué une procédure susceptible de lier l'exercice du pouvoir règlementaire » [1]. Dès lors, l'arrêt Fédération Interco CFDT et autres du 22 mai 2013 s'inscrit « dans une solide lignée jurisprudentielle lorsqu'il affirme que le protocole d'accord du 23 septembre 2011 » [2] est « dépourvu de portée juridique » et en « déduit qu'il ne fait pas grief »[3].

La place des accords, bien que considérablement élargie par la réforme de 2010, continue à être privée [4] de remparts qui lui permettent d'acquérir la force juridique, qui l'imposerait sans équivoque aux parties signataires [5]. Une brèche a toutefois été ouverte par la loi n°2019-828 du 6 août 2019 de transformation de la fonction publique. Effectivement, par l'article 14 le Gouvernement sollicite l'habilitation du législateur à prendre par ordonnances, dans un délai de quinze mois, des dispositions législatives en matière de négociation. Censées modifier l'article 8bis de la loi n°83-634 du 13 juillet 1983, les objectifs visés par ces nouvelles dispositions législatives seraient « d'une part, à favoriser aux niveaux national et local la conclusion d'accords négociés dans la fonction publique et d'autre part, à déterminer la portée juridique des accords intervenant dans les domaines d'application des dispositions relatives aux agents publics mentionnés à l'article 2 [6] de la loi du 13 juillet 1983 » [7]. La possibilité de reconnaître aux accords collectifs une portée juridique contraignante à l'instar des conventions collectives en droit du travail, si elle représente, effectivement, une « innovation juridique majeure tout autant qu'une opportunité pour contribuer à l'amélioration de la

[1] CE 23 févr. 2001, *Syndicat CFDT des personnels assurant un service aviation civile et activités connexes*, n° 212274, Lebon T. 1016

[2] Melleray (F.), « Accord collectif dans la fonction publique et acte faisant grief », *AJDA* 2013, p. 2041.

[3] *Idem.*

[4] Sautereau (N.), « Le dialogue social dans la fonction publique et la loi du 20 avril 2016 : l'artificier est toujours à la manœuvre ... pour le moment », *JCP A*, 2016, n°24, pp. 31-35.

[5] En effet, si par la décision n°103.492 du 30 décembre 1996 le Conseil d'État reconnaissait au ministre le pouvoir de rendre applicables certaines dispositions d'une convention collective - faisant ainsi preuve d'une « remarquable illustration de la possibilité de concilier deux sources juridiques qui paraissaient incompatibles : statut et convention collective - , par la décision n°130.742 du 11 décembre 1996, il retenait la position contraire, de même que par l'arrêt de la Cour administrative d'appel de Nantes n°95NT01408 du 21 octobre 1999, ou encore, par la décision, rendue par le Conseil d'État le 22 mai 2013 (req. n°356.903).

[6] Articles L1 à L6 du CGFP.

[7] *Etude d'impact projet de loi de transformation de la fonction publique*, le 27 mars 2019, p. 76.

qualité et la densité du dialogue social »[1], elle n'en suscite pas moins de questions. D'abord à l'égard d'une éventuelle remise en cause de la spécificité de la fonction publique, et en particulier de la situation légale et réglementaire des fonctionnaires, en « privilégiant une logique calquée sur le droit du travail, qui pourrait paraître inadaptée aux fonctionnaires »[2]. Ensuite à l'égard de l'intérêt qu'une éventuelle substitution « des conventions juridiquement opposables à des actes unilatéraux ayant pour origine des accords dépourvus de valeur juridique » aurait pour « l'amélioration [effective] du dialogue social dans la fonction publique »[3].

Toujours est-il que le renforcement progressif de l'encadrement juridique des accords collectifs témoigne indirectement de la capacité d'assouplissement des règles statutaire devant l'intrusion d'une forme collective de contractualisation de certains aspects du droit de la Fonction publique.

B. L'assouplissement statutaire par des conventions collectives

110. Les mutations connues récemment en matière de négociation collective et conventions collectives en France comme en Roumanie, voire dans d'autres systèmes étrangers analysés ci-dessus, montrent que les conventions collectives représentent un outil juridique parfaitement adaptable, sinon complémentaire, aux dispositions statutaires **(1)**. Dès lors, ces mutations servent de base pour l'esquisse de certaines solutions aux déficiences constatées **(2)**.

1. Un instrument juridique adaptable aux rigueurs de la tradition statutaire

111. Les conventions collectives, complément aux dispositions statutaires. Perçue[4] comme « la première étape d'une démarche […] tendant à reconnaître dans la fonction publique l'existence future de conventions collectives venant « **compléter** » [et non remplacer] le statut »[5], la loi du 5 juillet 2010 a défini les conditions de validité des accords

[1] Esch (M.-O.), Vigouroux (C.), Rouquette (J.-L.), *Renforcer la négociation collective dans la fonction publique*, avril 2020, p. 3.
[2] *Ibid.*, p. 9.
[3] *Idem.*
[4] Jean-Pierre (D.), « La rénovation du dialogue social dans la fonction publique », *JCP A*, 2010, n° 38, p. 2284.
[5] Esch (M.-O.), Vigouroux (C.), Rouquette (J.-L.), *Renforcer la négociation collective dans la fonction publique*, *op. cit.*, p. 9.

collectifs entre les organisations syndicales représentatives des fonctionnaires et l'autorité administrative ainsi que les thèmes possibles de négociation, mais sans en tirer des conséquences sur leur portée juridique [1]. Ce manque d'audace du législateur a été jugé par la doctrine comme une potentielle source d'incohérence [2], voire d'oxymore juridique [3]. Et ce, du fait qu'en l'absence d'une quelconque valeur juridique les accords collectifs ne peuvent être ni invoqués devant le juge administratif [4], ni susceptibles [5] de recours devant ce dernier. Dès lors, l'accord collectif conserve sa qualification de « simple relevé de conclusions, établi à l'issue de négociations [...] et destiné à orienter le comportement des partenaires sociaux dans leurs relations réciproques » [6].

La question de la valeur juridique des accords collectifs est sensible « dans la mesure où la détermination de la portée juridique de l'accord nécessite de préciser le positionnement de ce dernier, entre acte réglementaire et acte conventionnel » [7]. Comme le Professeur Melleray l'indiquait jadis [8], plusieurs possibilités s'ouvraient déjà au législateur à l'occasion même de la réforme de 2010. D'abord les possibilités invoquées par le Livre blanc sur le dialogue social dans la Fonction publique concernant le développement d'une procédure d'homologation des accords collectifs par le pouvoir réglementaire « à élaboration concertée » ou par des « actes règlementaires à élaboration contractuelle résultant de la combinaison d'une convention et d'un acte d'homologation » [9]. Une autre possibilité évoquée par le Professeur Melleray concerne l'éventualité d'une cohabitation statuto-contractuelle où les règles de déroulement de la carrière

---

[1] Melleray (F.), « Accord collectif dans la fonction publique et acte faisant grief », *AJDA* 2013, p. 2041.

[2] Esplugas-Labatut (P.), « Introduction : Pour un droit public du travail », in Esplugas-Labatut (P.), Dubreuil (C.-A.), Morand (M.), *Le droit public du travail,* éd. L'Epitoge Extenso, 2015, p. 18 ; Melleray (F.), « La loi relative à la rénovation du dialogue social dans la fonction publique Première étape d'une réforme profonde », *AJDA*, 2010, p. 2045.

[3] Marc (E.), Struillou (Y.), « La loi du 5 juillet 2010 relative à la rénovation du dialogue social dans la fonction publique : une mutation inachevée du système des relations professionnelles », *Dr. adm.*, 2010, n°11, p.7.

[4] CE ass. 23 mars 1973, *Fédération du personnel de la défense nationale [CFDT]*, req. nos 767.67 et 767.68, Lebon p. 247.

[5] CE 19 juin 2006, *Syndicat national unifié des impôts*, req. n° 279.877, Lebon p. 298.

[6] *Idem.*

[7] Marc (E.), « Dialogue social : une réforme en deux temps », *AJFP*, 2019, p. 254.

[8] Melleray (F.), « La loi relative à la rénovation du dialogue social dans la fonction publique Première étape d'une réforme profonde », *op. cit.*, p. 2045

[9] « Dans les deux cas il serait bien fait application du principe de participation des travailleurs à la détermination collective de leurs conditions de travail, contenu dans le préambule de la constitution de 1946 et dont le conseil constitutionnel a jugé [CC 20 juillet 1977, *Loi modifiant l'article 4 de la loi de finances rectificative pour 1961 (obligation de service des fonctionnaires)*, n° 77-83 DC)] qu'il était applicable dans la fonction publique comme dans le secteur privé », Fournier (J.), Livre blanc sur le dialogue social dans la fonction publique, éd. La Documentation française, 2002, p. 63.

continuent à être déterminées par le Statut, tandis que les règles de gestion fonctionnelle sont fixées par des conventions collectives [1]. Enfin, les rapports publics de 2003 [2] et de 2008 [3], ainsi que le livre blanc sur l'avenir de la Fonction publique [4] évoquent à tour de rôle l'importance de doter de force obligatoire les accords collectifs que ce soit par voie législative ou réglementaire. Pour les auteurs qui ont assumé la « Mission portant sur le renforcement des conventions collectives dans la fonction publique », les futurs accords collectifs devraient être des « actes administratifs dotés d'effets juridiques, au même titre que les actes unilatéraux qui, seuls, régissent aujourd'hui la situation des agents publics » [5]. Qualifiés d'actes administratifs, les futurs accords collectifs devront par conséquent respecter « la hiérarchie des normes et le principe de légalité mais également l'organisation administrative existante de la fonction publique, et en particulier les instances représentatives du personnel » [6]. Reste que, comme la Mission le souligne, contrairement aux actes unilatéraux, les futurs accords devraient créer « des obligations réciproques, à la charge non seulement des employeurs mais aussi, dans certains cas, des organisations syndicales signataires » [7]. Dès lors, si les obligations juridiques « pèseront essentiellement sur l'autorité administrative », il n'en reste pas moins que les organisations syndicales signataires devront de leur côté aussi « faire preuve de loyauté dans l'application de l'accord » [8]. Les accords collectifs se positionneront ainsi en tant que complément des dispositions statutaires et non de substitut. D'autant que la qualification de contrats administratifs ne devrait pas leur permettre d'obliger l'autorité administrative à « s'engager contractuellement à prendre des actes règlementaires unilatéraux déterminés » [9].

La déception de la « mutation inachevée du système de relations professionnelles » [10] opérée par la loi du 5 juillet 2010 surmontée,

---

[1] Melleray (F.), *op. cit.*, p. 2045.

[2] Lequel incitait vivement à « la reconnaissance d'un pouvoir normatif autonome des partenaires sociaux », Conseil d'État, *Rapport public 2003 : jurisprudence et avis de 2002. Perspectives pour la fonction publique*, La documentation française, 2003, p. 290.

[3] Conseil d'Etat, *Rapport public 2008 : jurisprudence et avis de 2007. Le contrat, mode d'action publique et production de normes*, La documentation française, 2008.

[4] Silicani (J.-L.), *Livre blanc sur l'avenir de la fonction publique : faire des services publics et de la fonction publique des atouts pour la France*, La Documentation française, 2008.

[5] Esch (M.-O.), Vigouroux (C.), Rouquette (J.-L.), *Renforcer la négociation collective dans la fonction publique*, avril 2020, p. 22.

[6] *Ibid.*, p. 21.

[7] *Ibid.*, p. 22.

[8] *Idem.*

[9] *Ibid.*, p. 23.

[10] Marc (E.), Struillou (Y.), « La loi du 5 juillet 2010 relative à la rénovation du dialogue social dans la fonction publique : une mutation inachevée du système de relations professionnelles », *Dr. adm.*, 2010, Etude 20.

l'ordonnance annoncée par la loi du 6 août 2019 était attendue avec beaucoup d'intérêt. L'Ordonnance relative à la négociation et aux accords collectifs dans la fonction publique a finalement été adoptée le 17 février 2021 [1]. Reste que, « pour donner force juridique à des engagements collectifs en matière de fonction publique », il s'impose que la loi « détermine [aussi] les conditions de validité, sur la forme et sur le fond, de ces accords collectifs ainsi que les conditions auxquelles seraient subordonnées leur prise d'effet, leur dénonciation et leur extension » [2].

Par suite, en ce qu'il est de leur mise en pratique, il s'avère que la place et le rôle des conventions collectives restent tout aussi discrets dans les deux systèmes de droit. Toutefois, si en droit français le nombre relativement réduit d'accords collectifs conclus était dû entre autres à l'absence de force juridique, le « talon d'Achille » du cadre normatif relatif aux accords collectifs dans la fonction publique roumaine réside notamment dans l'exclusion de la rémunération des domaines de négociation. En effet, si la rémunération des agents figure parmi les premiers points soumis à la négociation dans le système français, plus de quinze ans après l'adoption de la loi portant Statut des fonctionnaires publics roumains, la négociation salariale ne figure toujours pas parmi les matières qui pourraient faire l'objet d'un accord collectif. Cela malgré les nombreuses critiques et demandes formulées par la doctrine publiciste roumaine sur ce point [3].

Partant de ces considérations, ainsi que des exemples européens analysés dans le chapitre précédent, il y a au moins deux conclusions qui en ressortent. D'une part, le système à deux niveaux, national et local, voire institutionnel, de conventions collectives paraît de nature à renforcer le rôle et la place des accords collectifs dans le système roumain. Dès lors, comme il ressort notamment des expériences française et italienne, les thématiques négociées et enfermées dans un accord national constitueraient une source d'orientation pour les négociations menées aux niveaux inférieurs. Ce qui permettrait non seulement de maintenir le cadre des négociations dans certaines limites, mais aussi d'assurer une certaine uniformisation à l'égard de leur contenu. D'autre part, la possibilité d'introduire la rémunération parmi les domaines qui peuvent faire l'objet d'une négociation et implicitement d'une convention collective doit être considérée avec prudence. Si, effectivement, il n'y a pas d'acteur qui évalue mieux les

---

[1] Ordonnance n° 2021-174 du 17 février 2021 relative à la négociation et aux accords collectifs dans la fonction publique - Légifrance (legifrance.gouv.fr), consulté le 15 juin 2022.

[2] Conseil d'État, *Rapport public 2003 : jurisprudence et avis de 2002. Perspectives pour la fonction publique*, La documentation française, 2003, p. 335.

[3] Vedinaş (V.), *Statutul functionarilor publici (Le statut des fonctionnaires publics)*, éd. UJ, 2009, p. 268-269 ; Ţiclea (A.), « In legatură cu reprezentativitatea sindicatelor la nivelul unitaţii (En lien avec la représentativité des syndicats au niveau de l'unité) », *Dreptul*, 2001, n°2, pp. 104-106.

ressources financières nécessaires pour l'élaboration de la stratégie motivationnelle de leur personnel que les institutions employeuses, il n'en reste pas moins que des risques existent. Ces risques concernent principalement le manque de responsabilité des acteurs locaux dans la gestion des deniers publics. A cet égard, voir à titre d'exemple les situations où la Cour des comptes roumaine s'est vue obligée, à l'occasion des contrôles des comptes des institutions publiques, d'imputer aux institutions contrôlées des sommes indûment octroyées à leurs fonctionnaires. Ces sommes avaient souvent été attribuées sur la base des accords collectifs conclus entre l'institution contrôlée et les représentants syndicaux [1]. Les rapports de la Cour des comptes ont ainsi constamment insisté sur « l'imagination débordante des [dirigeants des collectivités territoriales] pour inventer des droits et des primes pécuniaires qui non seulement éludent le cadre légal, mais font aussi preuve d'un manque important de sagesse et de professionnalisme » [2].

Par conséquent, la prudence reste de rigueur lorsqu'il s'agit d'élargir le champ des négociations, notamment aux questions rémunératoires. Et ce, d'autant plus, quand cela concerne un système « jeune » comme celui de la Roumanie, dépourvu de la maturité requise pour anticiper à court et à long terme les conséquences des actions ou des inactions d'un fonctionnaire de direction, par exemple. Ce constat est valable que l'on se réfère aux organisations syndicales elles-mêmes [3] et/ou aux dirigeants des institutions publiques.

De l'ensemble des précisions évoquées ci-dessus, il ressort que la promotion d'une culture du dialogue social représente la condition sine qua non du renforcement des conventions collectives dans le paysage juridique des deux Fonctions publiques.

---

[1] Voir *infra*.

[2] Cela par l'octroi de primes par le biais des accords collectifs, comme : prime de récupération après congé de repos, la prime d'automne, ou encore, la bonification pour la fête de la ville, etc. Les consignes de la Cour des comptes de récupérer des sommes indûment payées ont généralement été attaquées devant les juridictions compétentes. La jurisprudence est allée majoritairement vers des décisions favorables aux agents. Cela, pas parce que les titres octroyés par des accords collectifs étaient en accord avec les normes en la matière, mais par respect du droit à la négociation des salariés (Cour des comptes, *Raport privind cheltuielile de personal si numarul de posturi la nivelul bugetelor locale in perioada 2005-2008, precum si categoriile de sporuri de care beneficiaza personalul din autoritatile locale (Rapport concernant les dépenses de personnel et le nombre de postes au niveau des budgets locaux entre 2005-2008, ainsi que les catégories de primes desquelles bénéficie le personnel des autorités locales*, octobre 2009, p. 27 : http://media.hotnews.ro/media_server1/document-2012-01-23-11310736-0-raport-privind-cheltuielile-personal-nivelul-bugetelor-locale-perioada-2005-2008.pdf, consulté le 13 janvier 2022).

[3] Les organisations syndicales, ainsi que leurs relais en territoire, se retrouvent souvent pointés du doigt pour leur asservissement au politique et les bonnes ententes dissimulées souvent derrière des négociations de façade.

2. L'émergence d'une culture du dialogue social

112. La formation et la responsabilisation des négociateurs : piliers fondamentaux d'une culture du dialogue social. Les conventions collectives ne peuvent s'ériger utilement en complément des dispositions statutaires que si leur encadrement juridique favorise l'émergence d'une culture du dialogue social. Pour cela, les règles juridiques en la matière doivent privilégier la mise en œuvre des dispositifs obligatoires de formation à la négociation collective tant à l'égard des dirigeants des institutions publiques, que des représentants des organisations syndicales, voire des fonctionnaires. Par la même occasion, elles doivent aussi privilégier l'émergence d'une culture de responsabilisation des acteurs responsables de la négociation et de la conclusion des conventions collectives.

Dans le système roumain, le renforcement du rôle et de la place des conventions collectives doit se dérouler en deux temps. Revoir, d'abord, le cadre juridique relatif à la responsabilité des dirigeants des institutions publiques ainsi que des organisations syndicales. Le renforcement des formes de responsabilisation de ces derniers représente une garantie non seulement pour une gestion plus efficace des deniers publics, mais aussi pour une meilleure motivation des fonctionnaires se trouvant sous leur direction. Repenser ensuite le système légal de conclusion des conventions collectives sur deux niveaux. Un niveau national qui dessine le cadre général des négociations censé orienter les négociations entamées au niveau institutionnel. Les abus, intentionnés ou non intentionnés, seront ainsi minimisés le temps nécessaire pour que les dirigeants des institutions roumaines voire le corps de fonctionnaires acquièrent la maturité et l'expérience nécessaire pour assumer la responsabilité qui découle de la conclusion des conventions collectives. D'autant qu'il s'agit d'une double voire triple responsabilité des dirigeants des institutions et autorités publiques : d'abord devant leur propre personnel [1], ensuite devant leurs citoyens et l'État.

L'imposition de différents verrous de contrôle censés renforcer la responsabilité en matière de dialogue social, permettrait ensuite l'inclusion de la rémunération parmi les domaines qui peuvent faire l'objet des négociations des accords collectifs et énumérés par les dispositions de l'alinéa 1 de l'article 487 du Code administratif [2] roumain.

---

[1] Les rémunérations, indûment octroyées aux agents, ont dû être remboursées, à la suite du contrôle de la Cour des comptes. A été très forte la vague de frustration et de mécontentement que de telles situations ont créée parmi les fonctionnaires, qui se sont trouvés obligés de rembourser des sommes d'argent qu'ils n'avaient jamais demandées.

[2] Ancien alinéa 1, article 72 de la loi n°188 du 8 décembre 1999 portant statut des fonctionnaires publics.

Pour ce qui est de la valeur juridique largement disputée notamment dans le système français, la dimension voire le poids politique qui accompagne lesdites conventions justifie le renforcement de leur légitimité juridique, du moins en ce qu'il est des conventions conclues au niveau institutionnel. La raison consiste, non seulement dans leur caractère temporaire, limité le plus souvent à un an, mais aussi et surtout dans le renforcement de leur rôle et place d'abord dans la hiérarchie des normes, ensuite parmi les outils de modernisation de la gestion des ressources humaines dans la fonction publique.

Titre II. La tradition du recrutement par concours mise à l'épreuve par la modernisation de ses procédures

« Le concours apparaît comme le mode de recrutement le plus parfait puisqu'il réunit les avantages de la nomination et en écarte les inconvénients, notamment le favoritisme » [1].

113. Si le rôle et l'importance de la stabilité, de l'impartialité et de l'indépendance des fonctionnaires dans l'exercice des attributions afférentes à leur fonction ne peuvent pas être mis en question, toujours est-il que la stabilité sans « un recrutement sérieux signifierait l'intronisation de la clientèle politique et le règne de l'incompétence dans la vie administrative, avec à l'appui, la pseudo-autorité de la sélection … » [2]. Pour cela, comme le rappelle le professeur Melleray, « la marge de manœuvre de l'administration est généralement plus encadrée afin de concrétiser au mieux le principe posé par l'article 6 de la Déclaration des droits de l'homme et du citoyen d'un recrutement reposant sur la capacité et sans autre distinction que celle des vertus et des talents » [3].

114. Les deux systèmes de fonction publique reposent sur les principes d'égale admissibilité à toute fonction publique. La portée du principe d'égalité est à la fois constitutionnelle et légale, voire jurisprudentielle [4]. En effet, aux termes de l'alinéa 1 de l'article 16 de la Constitution roumaine, « tous les citoyens sont égaux devant la loi et les autorités publiques, sans privilèges et discriminations », alors qu'en droit français le même principe trouve son expression à l'article 6 de la DDHC corroboré par le dernier alinéa du préambule de la Constitution de 1946. En vertu de ce texte, « tous les citoyens étant égaux [devant la loi], sont également admissibles à toutes dignités, places et emplois publics, selon leur capacité, et sans autre distinction que celle de leurs vertus et de leurs talents » [5], dispositions

[1] Anty (R.), *Le concours : mode de recrutement des fonctions publiques*, Études de la jurisprudence du Conseil d'État, Paris, Recueil Sirey, 1936, p. 11.

[2] Alexiano (G.), « Le statut des fonctionnaires publics en Roumanie », *RISA*, 1935, n°1, p. 11.

[3] Melleray (F.), *Droit de la fonction publique*, 2e éd., Economica, 2010, p. 244.

[4] CE ass. 9 déc. 1978, *Association générale des attachés d'administration centrale*, req. n°03.285, Lebon. 535.

[5] Refus de candidature sur la base des opinions religieuses : CE 8 décembre 1948, *Demoiselle Pasteau*, Rec. 464. Principe de l'égalité homme femme : CE 3 juillet 1936, *Bobard*, req. n°43.239 et 43.240 ; CE 19 février 1943, *Pagès*, Lebon p. 44.

complétées et renforcées par le dernier alinéa du préambule de 1946 qui « garantit à tous l'égal accès aux fonctions publiques » [1].

Au principe constitutionnel d'égalité d'accès aux fonctions publiques, il faut associer aussi les consécrations légales et statutaires. De l'analyse comparée des dispositions constitutionnelles des deux États, il ressort que, même si les législateurs roumain et français ont consacré le droit de tout citoyen de postuler un emploi public, ils ont aussi prévu un correctif, selon lequel « les candidats doivent être aptes aux fonctions qu'ils seront appelés à remplir » [2]. Le principe d'égal accès dans la fonction publique est donc soumis à une condition d'aptitude et de capacité, dont l'expression la plus équitable a été trouvée dans la compétition ouverte que seul le concours peut assurer.

Légèrement rhétorique de nos jours, la question de savoir ce qu'il faut comprendre par concours n'est pas véritablement désuète. Rappeler la définition du concours signifie avant tout garder à l'esprit - dans l'opposition tradition vs. modernisation -, la philosophie sur laquelle repose le concours d'accès dans la fonction publique. A cet égard, le concours est décrit comme « un procédé de recrutement placé sous l'autorité d'un jury et destiné à sélectionner les meilleurs candidats pour un nombre limité d'emplois ouverts par l'Administration » [3], et ce, par le biais d'une série d'épreuves aboutissant à un classement des candidats par ordre de mérite [4]. De plus, le concours est considéré non seulement comme une opération destinée à assurer le recrutement des collaborateurs de l'administration, mais aussi comme un instrument de carrière (de promotion) [5].

À la lumière de ces considérations, le concours se profile comme un « outil » censé assurer l'équilibre entre le principe d'égale admissibilité à la fonction publique, d'une part, et la sélection des meilleurs candidats dans une logique de transparence, d'autre part. L'analyse de l'évolution du concours à différents moments clés de son histoire prouve que le recrutement par concours est incontournable pour le respect du principe d'égalité d'accès dans la Fonction publique, ainsi que pour écarter les inconvénients, notamment le favoritisme (**chapitre 1**). Toutefois, force est de constater que loin de rester figé dans sa forme originelle, la tradition statutaire de recrutement par concours est évolutive dans ses procédures, et ce, dans le respect des principes statutaires (**chapitre 2**).

---

[1] Conseil constitutionnel du 14 janvier 1983, *3ème voie d'accès à l'ENA*, déc. n°82-153 (http://www.conseil-constitutionnel.fr/conseil-con..decision-n-82-153-dc-du-14-janvier-1983.8052.html, consulté le 19 février 2022).

[2] Anty (R.), *op. cit.*, p. 10.

[3] Didier (J.-P.), « La professionnalisation des concours de la fonction publique », JCP A, 2008, n°42-43, pp. 31-35.

[4] Anty (R.), *op. cit.*, p. 11.

[5] Auby (J.-M.), Auby (J.-B.) Jean-Pierre (D.) et Taillefait (A.), *Droit de la fonction publique*, Dalloz, 7e éd., 2012, pp. 180-191.

Chapitre 1. Le concours, un instrument historiquement efficace contre l'arbitraire et le favoritisme politique

115. L'imposition du concours en tant que forme principale du recrutement a représenté une importante révolution pour le droit de la fonction publique des deux États. A la suite de l'examen de capacité, la sélection par concours dans la Fonction publique s'est imposé comme un des seuls moyens de sélection qui privilégie à la fois l'esprit de compétition et le principe d'égal d'accès à la fonction publique, ainsi que la compétence professionnelle. Le régime et les procédures juridiques de sélection par concours diffèrent en revanche sensiblement d'un système de fonction publique à un autre, notamment par rapport au degré de centralisation ou de décentralisation de son déroulement. Considérés comme trop coûteux et complexes, les principes du recrutement par concours sont mis en question ces dernières années en faveur d'une procédure plus souple comme l'entretien sur base de CV et lettre de motivation. Reste toutefois que, sous l'influence notamment du droit européen les règles relatives aux concours, se sont progressivement assouplies notamment par l'ouverture de la fonction publique aux ressortissants des États membres de l'UE ainsi que la reconnaissance des qualifications, des diplômes, ou encore, de l'expérience et de l'ancienneté professionnelles. Synonymes « d'hybridation du droit applicable », la travaillisation ou la contractualisation de la Fonction publique implique l'intégration des « dérogations au fonctionnariat qui sont de moins en moins exceptionnelles » [1]. À cet effet, et afin de mieux mettre en évidence ce constat, différentes exceptions à la règle du recrutement par concours ont été réglementées, particulièrement en droit français.

Le rappel historique de l'évolution des procédures d'accès à la fonction publique roumaine (**Section 1**), permet, après un détour dans l'histoire du « concours » français, d'évaluer les forces et les faiblesses du concours en tant que forme consacrée de sélection des fonctionnaires dans les deux systèmes (**Section 2**).

Section 1. L'évolution historique du concours

116. Le concours a été préféré par le législateur statutaire - de la première moitié du XXe siècle -, à toute autre forme de recrutement dans la Fonction publique afin de limiter voire anéantir les recrutements de sinécure et les favoritismes ou les « dettes » politiques qui vulnérabilisaient considérablement la Fonction publique dans les deux systèmes étudiés. Dès

[1] Aubin (E.), « La contractualisation et l'agent », *RFDA*, 2018, p. 250.

sa consécration, les différentes procédures expérimentées dans les deux systèmes de fonction publique convergeaient vers un modèle commun. La préservation du concours, même pendant le régime socialo-communiste, ne fait que conforter l'idée du caractère incontournable du concours, et ce, à l'heure où la Fonction publique française était dotée d'un Statut. La chute du régime communiste et le retour à un régime statutaire de la Fonction publique roumaine a d'ailleurs (re)consacré la sélection par concours, même si les procédures diffèrent sensiblement des procédures françaises.

Les retombées des différents statuts juridiques connus en droit roumain au fil de l'histoire (**§ 1**) conduisent vers l'identification d'un certain nombre de similarités des concours français et roumain, du moins aux débuts de l'institutionnalisation des procédures de concours dans les deux systèmes (**§ 2**).

§ 1. Les retombées historiques du concours en droit roumain

117. Les premières dispositions statutaires du droit roumain de fonction publique ont consacré, en tant que premier dispositif de sélection, l'examen de capacité. L'évolution des normes statutaires vers le concours s'est réalisée progressivement d'abord pour les fonctionnaires territoriaux par le biais de la loi portant réorganisation administrative territoriale de 1925, dispositif adopté et transposé par la suite dans la loi portant statut des fonctionnaires publics. Les lois statutaires qui ont suivi, en 1940 et 1946, ont davantage contribué au peaufinage et à la structuration des procédures de concours. Par suite, tout en préservant le concours en tant que principale forme de recrutement des fonctionnaires d'Etat, le législateur communiste n'a toutefois pas manqué d'adapter ses procédures à la philosophie de l'époque.

La consécration de l'examen, par le biais des normes statutaires de 1923, a représenté la première étape vers la consécration du concours **(A)**, lequel a ensuite été repris, voire conservé, également pendant le régime communiste **(B)**.

A. L'évolution de l'examen de capacité au concours

118. Les débuts de la réflexion sur la mise en œuvre d'un système de sélection. Par les Règlements organiques de 1830/31, la vénalité des fonctions publiques a été supprimée tant en Valachie qu'en Moldavie, et ce, en faveur des nominations effectuées par le suzerain roumain [1] ; ce qui à l'époque a engagé nombre de questions sur la manière dont le recrutement dans la Fonction publique pouvait être juridiquement protégé voire transformé en un véritable instrument juridique de sélection, et, non plus comme un instrument politique. Dans cette optique, le seul moyen d'écarter le favoritisme et les pressions politiques était de ne plus laisser le recrutement à la discrétion des dirigeants des institutions publiques, voire confier la sélection des candidats à la fonction publique à une commission qui prenne en considération non seulement les droits des fonctionnaires, mais aussi les besoins récurrents du service public [2]. Dès lors, la période devançant l'adoption du statut de 1923 a représenté l'occasion de renforcer davantage les réflexions relatives à la mise en œuvre d'un procédé objectif de sélection des candidats dans la fonction publique. L'adoption du premier Statut des fonctionnaires publics a permis, outre la consécration unitaire des différentes conditions à caractère général et spécial d'entrée dans la Fonction publique, celle de ce qui, à l'époque, a été considéré comme un excellent outil de sélection, à savoir, l'examen de capacité. Reste que si l'examen de capacité a été qualifié comme un moyen novateur de recrutement **(1)**, le concours s'est imposé comme le meilleur moyen de sélection dans le respect du principe d'égalité **(2)**.

1. L'examen, une procédure juridiquement novatrice

119. La consécration normative de l'examen de capacité. Aux débuts de l'institutionnalisation de la Fonction publique roumaine, l'accès à cette dernière était conditionné non seulement par certaines exigences à caractère général [3], mais aussi par la réussite à un examen de capacité. En effet, aux termes des dispositions de l'article 37 de la loi portant Statut des fonctionnaires publics de 1923, « une personne [ne pouvait] être nommée dans une fonction publique que sur la base d'un examen de capacité » [4].

---

[1] Le même principe a été consacré également par la Convention de Paris de 1958 [Negulescu (P.), *Tratat de drept administrativ (Traité de droit administratif)*, éd. Bucarest, 1900, p. 148].

[2] Dimiu (R.), *Lege pentru statutul functionarilor publici (Loi portant statut des fonctionnaires publics*), éd. Curierul judiciar, 1927, p. 80.

[3] Selon les dispositions de l'article 5 du statut de 1923, le candidat à une fonction publique doit, sans différence de sexe, avoir la citoyenneté roumaine, avoir atteint l'âge de la majorité (21 ans révolus), être en bonne santé et ne pas avoir subi une condamnation infamante.

[4] Cass. III, déc. n°569 du 16 mars 1938, Bull.Cass., 1938, p. 1758, où les juges de la Cour de cassation statuaient qu'en vertu des dispositions de la loi portant statut des fonctionnaires, l'examen est obligatoire pour l'admission dans une fonction publique ; l'examen représentait un élément de l'acte de nomination dans la fonction ... [Note de jurisprudence réalisée par Rudescu (C.) et Marchidan (G.), *Statutul functionarilor publici si statutul salariatilor*

Seules y échappaient certaines catégories de fonctionnaires qui bénéficiaient de statuts propres, dont les magistrats, les membres du corps diplomatique et consulaire, les membres du corps enseignant, les ecclésiastiques, les membres de tous les corps techniques et de spécialité, ainsi que les fonctionnaires des corps législatifs [1].

Par l'examen de capacité, les candidats devaient, pour la première fois, faire la preuve des aptitudes requises pour intégrer la fonction publique devant une Commission de nominations et d'avancements. En d'autres termes, cet examen n'était donc pas seulement une forme d'évaluation de la « culture professionnelle » [2] du candidat, mais aussi, et surtout, d'évaluation de son niveau de culture générale ainsi que de ses capacités intellectuelles [3]. Toujours est-il que, similaire au concours français de sélection dans la Fonction publique, le fait d'avoir réussi l'examen d'aptitude ne conférait au candidat que le statut « d'aspirant à une fonction publique ». Les nominations étaient d'ailleurs effectuées dans la limite des postes disponibles et dans l'ordre des résultats : « la nomination des stagiaires en fonctionnaires « définitifs » [étant ainsi] faite dans l'ordre du classement des résultats [et dans la limite] des fonctions disponibles » [4].

Loin d'être parfaite, la consécration normative de l'examen de capacité, en tant qu'instrument de sélection pour le recrutement dans la Fonction publique, a été considérée à l'époque comme une « conquête importante, tant pour l'administration que pour les candidats ... » [5]. A l'abri donc de l'arbitraire politique, l'examen de capacité octroyait à l'administration la possibilité, du moins en théorie, de recruter les meilleurs parmi les inscrits à passer l'examen [6]. Les dispositions de l'article 67 du Code de 1940 [7] ont maintenu l'examen en tant que vocation pour les candidats déclarés admissibles d'être nommés dans une fonction publique dans un délai qui

---

comunali (Le statut des fonctionnaires publics et le statut des salariés communaux), éd. Bucuresti, 1947, p. 53].

[1] Article 33 du Statut des fonctionnaires de 1923.

[2] Du point de vue de son expérience professionnelle.

[3] Cojocaru (I.), *Statutul functionarilor publici (Le statut des fonctionnaires publics)*, éd. Revista administratia financiară, 1934, p. 22.

[4] Toutefois, en vertu des dispositions de l'article 37 du Statut des fonctionnaires publics, le candidat répondant à toutes les conditions, notamment à l'examen de capacité, disposait d'un an d'essai en tant que stagiaire. À la fin de ce délai, sur la base des avis formulés par ses supérieurs hiérarchiques, la Commission des nominations et des avancements décidait si le stagiaire était apte ou non pour être nommé définitivement dans la fonction publique. Si la Commission jugeait le stagiaire inapte pour devenir fonctionnaire « définitif » (titulaire), les dispositions de l'article 37 étaient applicables : « le fonctionnaire, qui n'est pas apte à être nommé définitivement, peut bénéficier d'un an de stage supplémentaire. Si, ensuite, il n'est toujours pas apte, il sera écarté de la fonction exercée ».

[5] Cojocaru (I.), *op. cit.*, p. 22.

[6] *Ibid.*, p. 22.

[7] Lequel a abrogé le statut de 1923.

n'excède pas un an [1]. Parallèlement à l'examen, une nouvelle forme de sélection s'est progressivement imposée : le concours.

2. Le concours, une procédure visant l'excellence

120. L'évolution de l'examen vers le concours. L'adoption, deux ans avant l'abrogation du Statut des fonctionnaires de 1923 [2], d'une nouvelle loi d'organisation administrative territoriale, a beaucoup influé sur l'avenir de l'examen, ci-dessus décrit. Ainsi, il y a au moins deux innovations importantes apportées par la nouvelle loi administrative du 14 août 1938. Tout d'abord, une innovation qui concerne l'ensemble des fonctionnaires et qui réside, en vertu de l'article 132, dans l'insertion, parmi les conditions de participation à l'examen de capacité et/ou du concours, de l'obligation pour les personnes, se portant candidates à une fonction publique, d'avoir une formation professionnelle administrative [3]. Par suite, à la différence des fonctionnaires soumis aux dispositions statutaires et recrutés par examen, tel que prévu à l'article 126 du texte susmentionné, les fonctionnaires de l'administration publique locale ne pouvaient être recrutés que par concours [4]. Bien que ce fût la première fois que cette modalité de recrutement était consacrée juridiquement dans la Fonction publique, elle n'en était pas moins une source de confusion par rapport à l'examen de capacité. Le concours réglementé par les dispositions de la loi administrative de 1938, dont la publicité devait être assurée au moins 30 jours avant son organisation, était composé de deux épreuves, l'une écrite et l'autre orale. Cette dernière se déroulait devant une Commission formée par un professeur d'université spécialisé, un directeur de service, deux fonctionnaires spécialisés et un délégué de la mairie [5]. Les lauréats du concours étaient inscrits sur une liste dans l'ordre des résultats, dont la validité ne pouvait pas excéder deux ans [6].

La loi portant Statut des fonctionnaires publics de 1946 [7] a généralisé le concours en tant que moyen de recrutement dans la Fonction publique. D'après les dispositions de l'alinéa 1 de l'article 16, le concours devenait non seulement la forme principale d'accès à la fonction publique, mais aussi

---

[1] La vocation était reconnue non seulement pour les postes disponibles au moment de l'examen, mais également pour les postes devenus ultérieurement vacants à l'intérieur dudit délai d'un an.

[2] Par le Code de conduite de 1940 qui a repris les dispositions de l'ancien statut.

[3] Vermeulen (J.), *Teoria funcţiunii publice (La théorie de la fonction publique),* éd. Universitatea Bucuresti – Facultatea de Drept, 1939, p. 87.

[4] Lequel allait être organisé par voie de règlement.

[5] Vermeulen (J.), *op. cit.*, p. 95.

[6] Vermeulen (J.), « La loi administrative roumaine de 1938 et le statut légal des fonctionnaires publics », *RDP*, XIIIe année, 1938, p. 529.

[7] Laquelle a abrogé le Code de conduite des fonctionnaires de 1940.

le procédé le plus approprié pour la gestion des postes ouverts au concours, ainsi que du nombre des postes mis au concours.

Les spécialistes de l'époque se sont d'ailleurs interrogés sur les différences qui séparaient les procédés d'examen de celles du concours. À ce sujet, le Professeur Jean Vermeulen considérait que « l'examen représentait une habilitation pour occuper une fonction publique tandis que le concours représentait une compétition où plusieurs candidats luttaient pour un poste ou une fonction bien déterminés » [1]. De plus, le « concours par poste » consacré par le statut de 1946 était aussi considéré comme une garantie contre l'arbitraire et le pouvoir discrétionnaire qui accompagnaient souvent les nominations dans la Fonction publique.

Concernant les procédures, aux termes de l'article 14 du Statut de 1923, l'examen était composé par plusieurs épreuves - écrite, orale, pratique -, dont chacune était éliminatoire. Ce qui n'était pas le cas pour l'épreuve orale, telle que réglementée par les dispositions du Code de conduite des fonctionnaires de 1940. Concernant l'épreuve écrite, plusieurs variantes de sujets étaient établies par une commission, seulement une heure avant son début. De plus, le statut de 1946 y imposait l'anonymat. Les sujets étaient tirés au sort devant les candidats par le président de la commission, juste avant le début de l'épreuve écrite. Il n'en était pas de même pour les épreuves orales et pratiques, où les sujets étaient extraits par les candidats eux-mêmes au moment du passage devant la commission. Les candidats ayant réussi le concours étaient inscrits sur un tableau dans l'ordre des résultats. Un aspect intéressant, censé illustrer la place secondaire que le niveau d'instruction [2] occupait à l'époque, concerne les situations d'égalité des résultats entre les candidats à un concours de recrutement. Ainsi, en cas d'égalité, étaient prioritaires, en ordre : d'abord les candidats mariés avec le

---

[1] À cet effet, le Professeur Vermeulen présentait, en 1947, à ses étudiants de droit public de la faculté de droit de l'université de Bucarest, l'exemple suivant :

« Il s'agit d'un cas déféré à la Haute Cour de Cassation, concernant le déroulement d'un concours pour l'occupation de plusieurs postes de secrétaire ou attaché de légation, concours organisé sous l'imperium de la Loi du ministère des Affaires Etrangères. Le problème juridique, déféré devant l'Instance Suprême, concerne le fait que l'annonce du concours avait fixé le nombre de postes vacants pour l'année 1947, à 20 ». À la suite du concours « il n'y eut que 15 candidats retenus parmi ceux ayant réussi le concours. Alors que la Cour d'appel, n'avait pas donné gain de cause aux cinq derniers [dans la limite de 20], classés, la Cour de Cassation a cassé la décision de la Cour d'appel donnant gain de cause à ces derniers ». Dans sa motivation, la « Cour a statué que, du moment que le concours avait été organisé pour 20 postes, cela signifiait que les candidats, dans la limite du nombre de postes fixé pour le concours et dans l'ordre des résultats obtenus, avaient le droit légal d'être retenus » [Vermeulen (J.), *Curs de drept administrativ – teoria functiei publice (Cours de droit administratif – la théorie de la fonction publique)*, éd. Universitatea Bucuresti – Facultatea de Drept, 1947, p. 99].

[2] Article 17 du Statut.

plus grand nombre d'enfants, ensuite les candidats mariés, et enfin, en dernière position, les candidats munis de diplômes universitaires [1].

Le concours a représenté une évolution importante pour la stabilité et la transparence du recrutement dans la Fonction publique. Cela parce que, si tous les candidats pouvaient réussir un examen [2], le concours était organisé dans le but de pourvoir aux postes vacants précis, sur lesquels étaient nommés les candidats ayant obtenu les meilleurs résultats [3]. C'est pourquoi le procédé de sélection du concours fut préservé aussi pendant la période communiste ...

B. La préservation du concours pendant la période communiste

121. Le recrutement pendant le régime communiste a été marqué, à ses débuts, par une double sélection, politique et professionnelle **(1)** à travers des examens ou concours **(2)**.

1. La double sélection, politique et professionnelle, des débuts du régime

122. Le recrutement pendant le communisme. Le cadre statutaire ayant été abrogé, les procédures de recrutement durant le régime communiste ont été repensées autour d'une double sélection, politique et professionnelle, réalisée, à quelques exceptions près [4], exclusivement par le dirigeant de chaque institution et/ou autorité publique [5]. S'agissant des conditions à réunir pour bénéficier de la « conclusion d'un contrat individuel de travail » dans une fonction d'État [6], les exigences concernaient la formation

---

[1] Sachant que le troisième critère – relatif aux études supérieures -, n'a été introduit que par le statut de 1946 [Rudescu (C.) et Marchidan (G.), *Statutul functionarilor publici si statutul salariatilor comunali (Le statut des fonctionnaires publics et le statut des salariés communaux*), éd. Bucuresti, 1947, p. 59].

[2] Et au cas où il n'y avait pas assez des postes disponibles les personnes n'ayant pas été nommées, mais ayant bien réussi l'examen, étaient inscrites dans l'ordre des résultats sur un tableau d'attente.

[3] Vermeulen (J), *op. cit*, p. 99.

[4] Ces exceptions concernent les fonctionnaires des organes élus, les fonctionnaires de direction de chaque organe administratif ainsi que les juges et les procureurs.

[5] Ionescu (R.), *Curs de drept administrativ al R.P.R. (Cours de droit administratif de la R.P.R.)*, éd. Didactica si Pedagogica, Bucuresti, 1960, pp. 330-333.

[6] Pour rappel, l'expression fonction d'État représente un équivalent pour le concept de fonction publique utilisé avant et après l'instauration du communisme.

professionnelle et politique et/ou une certaine expérience professionnelle [1]. De plus, au niveau institutionnel, en 1953, a été créée la Direction générale du recrutement et de la répartition des forces de travail auprès du Conseil des ministres [2], laquelle est devenue, après la création du ministère du travail en 1967, la Direction des forces de travail [3]. Par suite, l'encadrement en matière de recrutement découlait de la loi n°12 du 1er juillet 1971 [4] relative à l'encadrement et à la promotion dans le travail du personnel des unités socialistes d'État [5].

Des dispositions de l'article 7 de la loi n°12 du 1er juillet 1971, corroborées par les dispositions de l'article 62 du Code de travail du 23 novembre 1972 [6], il ressort que le recrutement dans la Fonction publique d'État pouvait être réalisé par examen ou concours [7], par libre sélection, nomination, ou encore, par répartition [8].

2. La préservation des deux formes de sélection par examen et concours

123. Recrutement par concours ou examen. Le concours, en tant que modalité de recrutement dans la Fonction publique d'État, a été institutionnalisé par la loi n°12 du 1er juillet 1971. Ainsi, outre le concours sur dossier, plutôt réservé aux enseignants, la philosophie du concours à l'époque reposait en même temps sur une évaluation effective des aptitudes et des connaissances requises pour l'exercice de la fonction ouverte au

---

[1] Sans omettre les conditions d'incompatibilité qui précisent que ne peut pas être fonctionnaire la personne qui est le mandataire d'une tierce personne avec laquelle l'institution respective a des liens d'intérêt patrimonial ; de même, en est-il de la personne qui est liée par des liens de parenté à l'un des fonctionnaires qui deviendrait ainsi son supérieur ; ou encore, la personne qui détient déjà une fonction d'État dans une institution – en cas de cumul de fonctions [Ionescu (R.), *op. cit.*, p. 332].

[2] Décision du Conseil des ministres n°3590/1953.

[3] En tant qu'organe central de spécialité.

[4] En vigueur jusqu'au 13 janvier 1998, lorsqu'elle a été abrogée par la loi n° 7 du 8 janvier 1998.

[5] Aux termes de la lettre « a », de l'article 6 de ladite loi, par unités socialistes d'État il faut comprendre les ministères, les autres organes centraux d'État, les comités (bureaux) exécutifs des Conseils populaires départementaux, ainsi que des communes urbaines et rurales, voire les unités économiques, socialo-culturelles et administratives se trouvant en leur subordination.

[6] Adopté par la loi n°10 du 23 novembre 1972 relative au Code du travail.

[7] Le concours ne s'organisait que lorsqu'il y avait plusieurs candidats inscrits. S'il n'y avait qu'une candidature, le recrutement se déroulait par examen.

[8] Iorgovan (A.) et Gilescu (V.), *Drept administrativ şi ştiinţa administraţiei (Droit administratif et science de l'administration)*, éd. Universitatea Bucuresti, 1986, p. 246.

concours [1]. En effet, d'après les articles 49 et suivants de la loi n°12 du 1 juillet 1971, cette dernière forme d'examen/concours [2] était composée de deux épreuves. À l'évaluation des connaissances de spécialité, succédait une épreuve pratique par laquelle le candidat devait faire preuve de ses capacités d'exercer les attributions de la fonction ouverte au concours [3]. Par suite, la Commission de concours dressait une liste des lauréats dans l'ordre décroissant des résultats. Toutefois, ce n'étaient pas forcément les personnes ayant obtenu les meilleurs résultats qui étaient nommées en priorité dans les fonctions ouvertes au concours, mais celles ayant ajouté à leur dossier le plus grand nombre de recommandations et d'appréciations délivrées par des personnes jouissant d'une position professionnelle importante. Ce qui a suscité certaines critiques concernant la transformation du concours dans une compétition de dossiers à contenu exclusif « d'appréciations et de qualificatifs » [4].

Les personnes, inscrites sur la liste des lauréats, mais en surnombre par rapport aux postes ouverts au concours, pouvaient toutefois être nommées, d'après l'alinéa 2 de l'article 52 de la loi n°12 du 1er juillet 1971, dans des fonctions équivalentes, voire inférieures, devenues vacantes au sein de l'institution organisatrice du concours. L'inscription sur ladite liste était valable un an.

124. La répartition en tant que forme spécifique de recrutement. Une autre modalité de recrutement spécifique au régime communiste a été la « répartition » à la suite de l'obtention d'un diplôme dans une école ou université spécialisée. En fait, la répartition des diplômés des différentes formes d'enseignement représentait en soi une forme de concours. Cela, parce que, durant le régime communiste, l'inscription dans une école et/ou université n'était possible qu'après la réussite d'un concours d'admission réputé, encore de nos jours, pour son degré de difficulté [5]. Les lauréats de l'examen d'entrée spécifique à une des formes d'enseignement existantes se voyaient proposer des contrats d'étude par lesquels ils s'engageaient, à la fin de leurs études, à exercer un certain nombre d'années la profession pour laquelle ils allaient être formés [6].

---

[1] Negoiţă (A.), *Drept administrativ si elemente de stiinţa administraţiei (Droit administratif et éléments de sciences administratives)*, Universitatea Bucuresti, 1981, p. 166.

[2] En fonction du nombre des candidats inscrits.

[3] Voir la rédaction d'un projet de décision ou d'un mémoire relatif à une problématique donnée à être solutionnée [Negoiţă (A.), *op. cit.*, p. 166].

[4] Iorgovan (A.) et Gilescu (V.), *op. cit.*, p. 248.

[5] Dans le sens de très difficile, et de ce fait très sélectif.

[6] Nous sommes donc ici en présence d'une forme de sélection en amont des « fonctionnaires de demain », qui se rapproche sensiblement des écoles françaises de formation des fonctionnaires, l'INSP et/ou les IRA.

En outre, aux termes des dispositions de l'article 11 de la loi n°24 du 5 novembre 1976, corroborées par les précisions de l'alinéa 2 de l'article 46 de la loi n°28 du 21 décembre 1978, les diplômés de lycée, qui n'envisageaient pas de poursuivre leurs études, devaient effectuer un stage de 6 à 18 mois, avant d'être nommés définitivement. Comme le régime juridique des stagiaires au sein des organes des administrations locales - diplômés de lycées de droit économico-administratif -, n'était pas réglementé, les professeurs Iorgovan et Gilescu avaient avancé à l'époque une proposition *de lege ferenda*, par laquelle le stage [1] devenait une condition sine qua non pour l'inscription au concours d'admission dans les facultés de droit administratif [2].

La « répartition » était réglementée par les dispositions des lois n°24 du 5 novembre 1976 relative au recrutement et à la répartition de la force du travail et n°25 du 5 novembre 1976 relative à l'encadrement dans un travail utile des personnes aptes à travailler, corroborées par la loi n°28 du 21 décembre 1978 relative à l'éducation et l'enseignement. Réglementant de manière générale le régime juridique des « gens de travail », ces dispositions n'étaient qu'en partie applicables à la fonction publique d'État. L'acte de répartition avait la valeur d'un acte administratif, qui tirait sa force coercitive du contrat d'études conclu entre la direction de l'école/université et le candidat ayant réussi le concours d'admission au sein dudit établissement scolaire et/ou universitaire. Par conséquent, les diplômés d'université ou de lycée avaient l'obligation de se présenter au siège de l'institution indiquée sur l'acte de répartition.

Même si l'acte de répartition ne produisait des effets que jusqu'à la conclusion du contrat de travail, juridiquement il était assimilé à l'acte d'investiture d'un stagiaire dans la fonction publique [3]. La nomination définitive en fonction n'intervenait qu'après avoir passé l'examen de capacité obligatoire pour les stagiaires [4].

Le concours reste donc la forme spécifique de sélection sous les deux régimes. Ses procédures présentent un certain nombre de similarités avec les procédures françaises du concours.

---

[1] Iorgovan (A.) et Gilescu (V.), *op. cit.*, p. 259.

[2] Proposition qui sera détaillée dans la partie consacrée à la formation des fonctionnaires.

[3] Iorgovan (A.) et Gilescu (V.), *op. cit.*, pp. 259-260.

[4] À cet effet, il est important de préciser que la durée du stage des diplômés des études supérieures était de trois ans, à l'exception des diplômés des facultés juridiques et de sous-ingénieurs pour lesquels la durée du stage était de deux ans [Iorgovan (A.) et Gilescu (V.), *op. cit.*, p. 260].

§ 2. Les similarités françaises et roumaines des procédés de concours

125. À l'opposé des procédures roumaines de concours qui ont connu une évolution en deux temps, sous la monarchie et le communisme, dans le système français les règles juridiques relatives au concours ont connu une évolution sans détour depuis les premières consécrations statutaires. Un bref regard dans l'évolution historique des procédés de concours et ses spécificités en droit français **(A)**, permet de dégager la place du concours dans les deux systèmes de fonctions publiques depuis leurs origines **(B)**.

A. La préférence française pour des concours nationaux

126. L'imposition progressive du concours. Sous l'Ancien Régime, similaire au système roumain, la plupart des fonctionnaires de l'ordre judiciaire « achetaient » leur charge, tandis que d'autres étaient nommés par le pouvoir royal [1]. Le concours ne s'est progressivement imposé, en tant que mode normal de sélection des candidats aux fonctions permanentes, qu'à partir de la fin du XIXe siècle [2]. Toutefois, avant que le concours ne devienne un procédé de droit commun de sélection des fonctionnaires, les modalités de recrutement se manifestaient sous différentes formes, notamment par la nomination discrétionnaire ou sur présentation d'une autre autorité [3], ou encore, sur concours, examen ou cooptation [4]. Le concours a progressivement été considéré comme présentant le « double avantage d'éliminer les risques d'arbitraire dans les choix des agents et d'assurer au maximum les garanties de qualification par les moyens d'une sélection technique » [5]. Son usage variait pour autant, chaque corps établissant ses propres règles de droit au sujet des procédures de concours. Aux conditions à caractère général concernant l'obligation de choisir seulement parmi les candidats inscrits [6], des conditions de diplômes [1] ou d'expérience [2]

[1] Anty (R.), *Le concours mode de recrutement de la fonction publique*, éd. Recueil Sirey, 1936, pp. 5-6.

[2] Les toutes premières origines du concours remontent en réalité à la Révolution française quand « un certain nombre de cahiers de doléances réclamaient l'abolition de la vénalité des offices et demandaient qu'on substitue un véritable concours pour l'attribution des places aux examens d'aptitude qui existaient parfois et qui étaient réputés plus sérieux » [Sibert (M.), *Le concours comme mode juridique de recrutement de la fonction publique*, éd. Arthur Rousseau, 1912, p. 23 ; Marcou (G.), *L'accès aux emplois publics*, LGDJ, 2014, p. 6].

[3] CE 10 mars et 17 juillet 1950, *Dauvilier et Syndicat CGT-Foi,* D. 1950, p. 775 (note G. Jèze).

[4] Laubadère (de) (A.), *Traité élémentaire de droit adminsitratif*, LGDJ, 1953, p. 681.

[5] Melleray (F.), *Droit de la fonction publique*, Economica, 4e éd., 2017, p. 280.

[6] Aux termes de l'article 16 du Statut général des fonctionnaires de 1959, les conditions générales, auxquelles les candidats à une fonction publique devaient répondre, concernaient la

professionnelle dans la fonction publique se sont graduellement imposées [3]. C'est pourquoi, juridiquement, le concours est considéré comme une création de la jurisprudence du Conseil d'État [4], et seulement après, du législateur.

127. Consécration statutaire du concours. Les différentes règles relatives au concours ont été unifiées dans un premier temps par le statut de Vichy [5], et ensuite par le statut de 1946. L'ordonnance de 1958, dans ses dispositions de l'article 18, précise que, « sous réserve des mesures prévues par la législation sur les emplois réservés, en ce qu'il est des catégories B, C, et D, les fonctionnaires sont recrutés par voie du concours ». Toutefois, en vertu de l'article 20 du même acte normatif, les statuts particuliers pouvaient déroger aux conditions normales de concours, soit à l'occasion de la création d'un nouveau corps [6], soit pour le recrutement de certaines catégories d'agents publics [7]. Dans cette optique, le Professeur André Laubadère s'interrogeait sur le fait de savoir s'il fallait réduire le nombre des concours en les unifiant au maximum, ou au contraire, les diversifier, voire les multiplier, de manière que chaque corps ou cadre d'emploi arrive à assurer son propre recrutement [8] ? Question intéressante de nos jours également, compte tenu des tendances de déconcentration et de décentralisation qui

---

possession de la nationalité française, la jouissance des droits civiques, une bonne moralité, ainsi qu'une position régulière au regard des lois relatives au service militaire obligatoire, ou encore, l'aptitude physiques pour l'exercice de la fonction.

[1] Particulièrement pour les filières techniques.

[2] Les agents, bénéficiant de dix ans d'expérience dans la fonction publique et étant arrivé à un certain niveau dans la hiérarchie, pouvaient être nommés « maître des requêtes » au Conseil d'État [Anty (R.), *op. cit.*, p. 10].

[3] En cas de méconnaissance d'une des conditions imposées par les normes des statuts général et/ou particuliers, la candidature doit être rejetée, tel que le Conseil d'État l'avait précisé dans sa décision *Musard* du 28 novembre 1929.

[4] CE 10 mai 1912, *Abbé Bouteyre,* Rec. 453 ; CE 13 juillet 1917, *Berillou*, Lebon p. 571 ; CE 3 juillet 1936, *Demoiselle Bobard*, Lebon p. 721 ; CE du 12 janvier 1938, *Pélissier*, Lebon p. 12 ; CE 25 juillet 1939, *Demoiselle Beis*, Lebon p. 524 ; CE 4 mai 1948, *Connet*, Lebon p. 197 ; CE 30 juin 1950, *Bruère*, Lebon p. 778 ; CE Ass. 28 mai 1954, *Barel*, Lebon p. 308.

[5] Aux termes des dispositions de l'article 27 de la loi du 14 septembre 1941, « nul ne peut être admis à un emploi s'il n'a pas réussi les épreuves d'un concours ou les examens de sortie d'une école lorsque le recrutement est assuré par cette voie ... ».

[6] Des conditions d'âge et de formation professionnelle étaient imposées.

[7] Laubadère (de) (A.), *Traité élémentaire de droit administratif*, LGDJ, 5e éd., 1970, p. 59.

[8] Dans les années 60, les tendances allaient en tout cas vers une unification des différentes formes de concours par l'institution, du moins en ce qu'il était de grands corps, d'un concours commun d'entrée à l'École Nationale de l'Administration (ordonnance du 9 octobre1945). Les grands concours d'entrée dans la fonction publique avant leur unification étaient organisés par le Conseil d'État, inspection des finances, affaires étrangères, Cour des comptes [Laubadère (de) (A.), *op. cit.*, p. 31].

habitent actuellement les politiques publiques [1] et qui poussent les réflexions vers une modernisation des procédures de recrutement dans la Fonction publique. Le jury était, en outre, l'instrument censé garantir l'indépendance et les mérites du concours [2]. Le jury devait être unique pour un même concours [3], la nomination de ses membres relevant de la responsabilité du ministre ; lequel devait veiller à ce que son choix ne porte pas sur des personnalités dont l'indépendance puisse être contestée, ou encore, sur des professeurs qui connaissaient les candidats [4]. Si les sujets formulés par le jury devaient être conformes aux matières arrêtées par le programme de concours - sous sanction d'annulation des épreuves de concours [5] -, les notes, voire les évaluations du jury ne pouvaient pas, à quelques exceptions près [6], faire l'objet d'une mise en cause contentieuse. Le jury était ensuite tenu de dresser la liste de classement des résultats des candidats, mais dans la limite des postes à pourvoir ; sauf si le règlement du concours prévoyait l'établissement en même temps d'une liste complémentaire [7].

Par suite, graduellement à partir de 1965, les textes ont modifié l'objet classique des concours et autres procédés de sélection [8], transformant le concours en un instrument qui vise plutôt l'aménagement des carrières que la vérification des recrutements extérieurs [9]. Ce qui renvoie au fait de savoir s'il faut réserver l'accès à des emplois « élevés » exclusivement aux titulaires de diplômes ou s'il ne faut pas « démocratiser » la Fonction publique en prévoyant des concours parallèles ouverts aussi aux fonctionnaires subalternes [10]. Ce qui permettrait d'assurer la promotion des fonctionnaires « sortis du rang » [11]. Nombre de réponses à ces interrogations se retrouve finalement dans la préservation historique du concours dans les deux systèmes, et ce, malgré la variation des formes et des procédures du concours développées ces dernières décennies.

---

[1] Tendances concrétisées particulièrement dans la fonction publique territoriale (voir infra paragraphe n°39).

[2] Silvera (V.), *op. cit.*, p. 244.

[3] CE 17 juin 1927, *Bouvet*, Lebon p. 676 ; CE 30 mars 1968, *Ministre de l'Education nationale c/ M. Schmitt et Mme Delmares*, Lebon p. 223.

[4] Silvera (V.), *op. cit.*, p. 244.

[5] CE 18 mars 1949, *Chalvon Demersay et autres*, Rec. 134 ; CE 12 novembre 1954, *Choufflot*, Rec. 598 ; CE 3 juillet 1959, *Feldzer*, Lebon p. 419.

[6] CE 23 décembre 1955, *Lévy*, Lebon p. 608.

[7] Silvera (V.), *op. cit.*, pp. 247-248.

[8] Plantey (A.), *op. cit.*, p. 501.

[9] CE 25 octobre 1961, *Association amicale*, Rec. 591.

[10] Laubadère (de) (A.), *op. cit.*, pp. 61.

[11] Les dispositions de l'article 19 de l'ordonnance de 1959 consacrent d'ailleurs une dualité des concours ouverts, d'une part, aux jeunes diplômés, et d'autre part, aux fonctionnaires [Laubadère (de) (A.), *op. cit.*, pp. 61-62].

B. La persistance historique du concours dans les deux systèmes

128. La permanence historique du concours. Indépendamment du régime politique qui a habité la Roumanie, le concours se présente comme la méthode de sélection la plus adéquate des fonctionnaires publics. Le concours est régulièrement considéré comme un bouclier contre les favoritismes et le pouvoir discrétionnaire, responsables de la vulnérabilité du processus de recrutement dans la Fonction publique [1]. Toutefois, même si le concours représente le meilleur outil pour le recrutement des candidats faisant preuve d'« une très bonne mémoire et d'une solide culture générale » [2], le concours n'a pas, en même temps, été épargné de reproches. Comme de nos jours, les critiques concernaient particulièrement le contenu trop théorique des épreuves, qui ne permettait pas d'évaluer certaines des qualités requises pour l'exercice des attributions afférentes à la fonction publique, telle que l'aptitude à diriger, à prendre les meilleures décisions dans des situations pratiques, à endosser la responsabilité des décisions prises, ou encore, celle de travailler en équipe [3].

À l'opposition du droit roumain, les règles françaises de concours n'ont été uniformisées et unifiées que par le Statut de 1946 ; ce qui n'a pas empêché chaque corps ou cadre d'emploi de conserver et/ou d'élaborer des règles spécifiques, bien avant l'adoption des premiers actes unitaires relatifs à la Fonction publique française.

129. Questionnements au sujet du concours. Le concours a régulièrement fait l'objet de vives critiques, dont notamment celle de « favoriser l'éclosion d'une oligarchie de fonctionnaires » [4]. Ce mode « de désignation [était non seulement loin d'assurer] un parfait recrutement des services publics », mais les qualités, qui étaient demandées aux fonctionnaires, se différenciaient considérablement de celles, dont les fonctionnaires devaient faire preuve lorsqu'ils se présentaient aux épreuves [5]. D'où la question de savoir s'il fallait se contenter seulement des qualités évaluées par les épreuves du concours, ou compléter cette technique de recrutement par l'organisation d'une formation des fonctionnaires ? Interrogation qui rejoint, d'une certaine manière, les efforts déployés par les juristes roumains du début du XXe siècle pour la création des institutions spécialisées dans la formation des fonctionnaires en amont de leur

---

[1] Oroveanu (M.), *Tratat de drept administrativ (Traité de droit administratif)*, éd. Universitatea Crestina « Dimitrie Cantemir », 1994, p. 221.

[2] *Idem.*

[3] *Idem.*

[4] Anty (R.), *Le concours mode de recrutement de la fonction publique*, éd. Recueil Sirey, pp. 13-14.

[5] Anty (R.), *op. cit.*, p. 14.

nomination, ou encore, pendant le communisme par la création de liens forts entre les enseignements pré-universitaire et universitaire et la fonction d'État [1].

Les procédés de recrutement par concours pouvaient donc à l'époque être regroupés autour de deux grandes idées dont, d'une part, « celle des garanties fondamentales assurées aux candidats, [et d'autre part], celle d'une réserve de pouvoir reconnue à l'autorité administrative » [2]. En tant que garantie, le concours représente indubitablement la « première illustration du phénomène de limitation des pouvoirs du chef hiérarchique par l'intervention d'un organisme extérieur » [3]. Et ce, tout en laissant à l'autorité administrative non seulement le pouvoir d'écarter, lorsque l'intérêt du service public l'exige, certains candidats de l'accès au concours [4], mais aussi le droit de ne pas aussitôt procéder aux nominations après concours [5].

Même si les procédures de concours ont beaucoup évolué depuis les premières consécrations statutaires, aucune des modifications apportées au fil du temps n'a été de nature à porter atteinte aux garanties fondamentales qui lui sont propres, dont notamment l'esprit de compétition équitable et d'égal accès de tous les candidats répondant aux conditions générales et spéciales du concours.

Section 2. L'encadrement actuel du concours et ses enjeux

130. À l'opposé du droit de la fonction publique française qui réglemente un nombre important d'exceptions de la procédure régulière de recrutement par concours, ce dernier représente, dans la Fonction publique roumaine, le seul moyen d'accès à une fonction publique en vertu des normes statutaires en vigueur. Fondées sur des principes communs, les règles juridiques relatives au concours diffèrent toutefois sensiblement dans les deux États au

[1] Voir *supra* : paragraphe n°145.

[2] Les garanties reconnues aux candidats concernent particulièrement le respect des règles de procédure du concours ainsi que l'obligation pour l'autorité qui détient le pouvoir de nomination de respecter l'ordre de mérite proposé par le jury de concours (art. 18 de l'ordonnance de 1958). La réserve de pouvoir laissée à l'autorité administrative, concerne plutôt deux compétences, voire, selon le professeur Laubadère, deux pouvoirs négatifs, ou encore, des « facultés d'empêcher : d'une part, c'est le ministre (l'administration) qui doit arrêter avant tout concours la liste des candidats admissibles à concourir (CE 4 mai 1948,*Cannet,* Lebon p. 42 ; CE 26 novembre 1954, *Guntz*, Lebon p. 13), et d'autre part, c'est l'autorité administrative qui n'est pas tenue de procéder à des nominations (CE 30 juin 1950, *Bruère*, Lebon p. 778) [Laubadère (de) (A.), *op. cit.*, pp. 59-60].

[3] Laubadère (de) (A.), *op. cit.*, pp. 59-60

[4] CE 7 février 1936, *Jamart*, Lebon p. 172 ; CE 4 mai 1948, *Connet*, S. 1949.III.42 ; CE 28 mai 1954, *Barel*, Lebon p. 308 ; CE 21 décembre 1960, *Vicat-Blanc*, Lebon p. 421.

[5] Laubadère (de) (A.), *Traité élémentaire de droit administratif*, LGDJ, 1953, p. 681.

regard des procédures et de leur étendue juridique. Reste que, malgré les différences qui les caractérisent, les deux systèmes sont habités par, peu ou prou, les mêmes questions liées à la publicité, au contenu des épreuves, ou encore, à la composition des jurys d'évaluation. Fondé sur un système de concours par poste, le cadre juridique du concours en droit roumain (**§ 1**) diffère sensiblement du caractère plus général et impersonnel du concours français (**§ 2**).

§ 1. La spécificité des concours roumains

131. Le concours représente la seule modalité d'accès dans la Fonction publique roumaine. Si les fondements juridiques en vigueur se rapprochent sensiblement des fondements originels du concours, ses procédures, en revanche, se différencient tant du concours consacré pendant la monarchie que pendant la période communiste. L'analyse des fondements juridiques des procédés de concours en droit roumain **(A)** est indispensable à l'analyse des différentes étapes qui composent le concours d'accès dans la Fonction publique roumaine **(B)**.

A. Les fondements juridiques

132. En matière de recrutement dans la Fonction publique, les règles sont composées des dispositions de la section I – Le recrutement des fonctionnaires publics, du chapitre VI consacré à la carrière des fonctionnaires publics (titre 2 partie 6 du Code administratif) [1]. Ces dispositions doivent être corroborées par la décision gouvernementale n°611 du 4 juin 2008 concernant l'approbation des normes relatives à l'organisation et au développement de la carrière des fonctionnaires publics. Les dispositions statutaires reconnaissent au concours une position privilégiée, dans le sens qu'il représente la seule modalité d'entrée dans la Fonction publique **(2)**, pour les candidats répondant aux conditions générales et spéciales d'accès au concours **(1)**.

[1] Ancienne section I, chapitre VI de la loi n°188 du 8 décembre 1999 relative au statut des fonctionnaires publics.

1. Les conditions d'accès au concours

133. Conditions d'accès au concours. En vertu de l'article 465 du Code administratif [1], la personne qui souhaite se porter candidate à un concours d'entrée dans la Fonction publique doit avoir la citoyenneté roumaine et être domiciliée en Roumanie [2]. Considérant l'étendue stricto sensu de la Fonction publique, le législateur roumain n'a pas été mis dans la situation de répondre aux exigences des directives européennes concernant l'élargissement des dispositions statutaires relatives à l'accès dans la Fonction publique des ressortissants des États membres de l'Union européenne. Cela parce que toutes les fonctions publiques réglementées par le titre 2 partie 6 du Code administratif [3] impliquent l'exercice de la puissance publique.

Par suite, en vertu de l'article cité ci-dessus, les candidats doivent connaître la langue roumaine, écrite et parlée, avoir 18 ans révolus [4], une capacité juridique complète, une santé qui corresponde à la nature des attributions (attestée par un certificat médical) [5] et répondre aux conditions

---

[1] Ancien article 54 de la loi n°188 du 8 décembre 1999 relative au statut des fonctionnaires publics.

[2] La condition relative à la nationalité roumaine et au domicile en Roumanie trouve un fondement constitutionnel dans l'alinéa 3 de l'article 16, qui précise que « les fonctions et les dignités publiques, civiles ou militaires, peuvent être occupées seulement par les personnes qui ont la citoyenneté roumaine et un domicile en Roumanie ». Lesdites dispositions constitutionnelles ont fait place à de nombreuses interrogations, afin de savoir s'il fallait avoir exclusivement la citoyenneté roumaine ou la situation de la double citoyenneté était également acceptable. Même si les opinions restent encore partagées, la citoyenneté exclusivement roumaine demeure la règle [Vedinaş (V.), *Statutul functionarilor publici (Le statut des fonctionnaires publics)*, éd. UJ, 2009, pp. 207-208 ; Muraru (I.), *Drept constitutional si institutii politice (Droit constitutionnel et institutions politiques*), éd. Actami, 1998, p. 188 et les ss., Ionescu (C.), *Drept constitutional si institutii politice. Sistemul institutional romanesc (Droit constitutionnel et institutions politiques. Le système institutionnel roumain*), éd. Lumina Lex, 1997, p. 155 et les ss., Iancu (G.), « Reguli constitutionale privind ocuparea funcţiilor şi demnităţilor publice (Règles constitutionnelles concernant l'occupation des fonctions et des dignités publiques) », *RDP*, 1999, n°2, pp. 63-70].

Toutefois, notamment dans le contexte de l'adhésion de la Roumanie à l'Union européenne, la condition relative à l'exclusivité de la citoyenneté roumaine a été légèrement assouplie, l'alinéa 4 de l'article précité a ajouté, lors de la révision constitutionnelle de 2003, que « les citoyens de l'UE, qui répondent aux conditions de la loi organique, ont le droit d'élire et de se faire élire au sein des autorités de l'administration publique locale ».

[3] Ancienne loi n°188 du 8 décembre 1999 relative au Statut des fonctionnaires publics.

[4] L'âge de la majorité en Roumanie.

[5] Aux institutions publiques, incombe l'obligation, en vertu de la loi n° 448 du 6 décembre 2006 (modifiée en 2008) d'assurer les conditions requises pour permettre l'accès aux concours de recrutement dans la fonction publique des candidats qui, atteints par un handicap, répondent toutefois aux conditions de santé exigées par l'exercice de la fonction pourvue.

d'études exigées par la fonction publique sur laquelle porte la candidature [1]. De plus, les candidats ne doivent pas avoir subi une condamnation pour une infraction contre l'humanité, contre l'État ou contre l'autorité, une infraction de service ou liée au service qui soit de nature à empêcher l'application de la loi ; ne pas avoir pas subi des condamnations pour des délits de faux et usage de faux, ni commis des faits de corruption ou une infraction intentionnelle de nature à créer une incompatibilité avec la fonction publique pourvue, sauf cas de réhabilitation. D'autres conditions regardent plutôt la probité du candidat dans le sens où il ne doit pas avoir été destitué d'une fonction publique dans les sept dernières années ou ne pas avoir effectué une activité de police politique durant l'ancien régime. Toute personne répondant aux conditions évoquées ci-dessus peut se porter candidate au concours d'accès dans la Fonction publique.

2. La sélection exclusive par concours

134. Modalités d'occupation des fonctions publiques. Les dispositions des articles 464 et 465 du Code administratif [2], en vertu desquelles « l'occupation des fonctions publiques vacantes ou temporairement vacantes est soumise au respect des dispositions statutaires », sont complétées par les précisions de l'article 466 du même acte normatif [3] qui individualisent les modalités concrètes d'avancement et d'entrée dans la fonction publique. En vertu desdites dispositions, un candidat peut être nommé dans une fonction publique par promotion, transfert, redistribution, recrutement et autres modalités prévues expressément par les dispositions du présent code [4].

135. Recrutement par concours. Sans ignorer les autres formes de nomination, lesquelles feront l'objet d'une analyse approfondie lors de l'analyse des règles juridiques relatives à la carrière des fonctionnaires, l'attention est concentrée sur le recrutement, lequel ne peut être effectué que par concours. En effet, en vertu des articles 465 et 466 du Code administratif, le recrutement est assuré par concours, et ce, dans la limite des fonctions publiques vacantes et temporairement vacantes. Ces dernières sont

---

[1] Lorsque la loi l'exige, le candidat peut être amené à répondre aussi à certaines conditions spécifiques.

[2] Ancien article 55 de la loi n°188 du 8 décembre 1999 relative au Statut des fonctionnaires publics.

[3] Ancien article 56 de la loi n°188 du 8 décembre 1999 relative au Statut des fonctionnaires publics.

[4] « Autres modalités ... » ne représente qu'une marge de réserve que le législateur s'est permis de prendre au cas où des situations particulières se présentaient ; cette formule est régulièrement utilisée par le législateur roumain à la fin de toute énumération légale et indépendamment du domaine. Ce qui finalement laisse une marge importante pour intégrer des exceptions aux règles consacrées par les actes normatifs.

indiquées « pour chaque autorité et institution publique, par acte administratif du dirigeant ou, selon le cas, par décision du conseil départemental ou local » [1].

Par suite, contrairement aux dispositions du Statut des fonctionnaires publics de 1999 qui ne réglementaient que le concours par poste, l'OUG n°57 du 5 juillet 2019 indique la cohabitation pour l'avenir de deux types de concours d'entrée dans la Fonction publique territoriale et d'Etat [2]. Un concours national, tout d'abord, dont la vocation ne serait que de vérifier les connaissances et les compétences générales pour être nommé dans une fonction publique. Ensuite, le concours par poste qui est entré en vigueur depuis 1999. Le concours national ne confère aux lauréats que la vocation - pendant trois ans - de se porter candidats aux concours par poste organisés individuellement par les institutions publiques. L'entrée dans la fonction publique locale reste assujettie au concours par poste.

Il apparaît évident que par la réglementation d'une forme nationale de concours le dispositif roumain de recrutement tente de se rapprocher davantage du concours d'entrée dans la fonction publique territoriale française. On ne peut toutefois que regretter le choix d'un double concours d'entrée dans la fonction publique, choix qui risque d'alourdir encore plus, non seulement les procédures d'organisation du concours, mais également le « chemin » des candidats vers la nomination dans une fonction publique (comme il ressort ci-après pour la fonction publique française). De plus, du texte statutaire ne ressort pas si la réussite au concours national représente une condition *sine qua non* pour se porter candidat au concours par poste, ou s'il concerne toutes les catégories de candidats, diplômés des facultés des sciences administratives ou des Écoles administratives compris. Les décrets d'application du concours national devraient apporter certains éclairages sur ces questionnements.

L'institution compétente de l'organisation du concours change selon qu'il s'agit des hautes fonctions publiques, des fonctions publiques de direction ou d'exécution. L'entrée dans la catégorie des hauts fonctionnaires publics ne peut être réalisée que par concours national organisé par une Commission permanente et indépendante formée par sept membres nommés par décision du premier ministre ; le secrétariat technique de la Commission étant assuré par l'ANFP. Le concours pour pourvoir des fonctions publiques de direction, générales et spécifiques, est organisé par l'Agence Nationale de la Fonction Publique (ANFP) [3]. À l'exception des fonctions de direction de « secrétaire »

---

[1] Article 407 du Code administratif.

[2] Vedinas (V.), Bitea (C.), « Mutatii aduse de Codul administrativ in reglementarea personalului din administratia publica (Les mutations apportées par le Code administratif dans la reglémentation du personnel de l'administration publique) », *RDP*, 2019, n°3, p. 22.

[3] Disposition âprement critiquée par la doctrine roumaine, d'une part, du fait que l'ANFP « est une structure politique, qui se trouve sous les ordres d'un ministère et implicitement du Gouvernement », ce qui risque d'apporter de graves atteintes aux principes de légalité, voire

de la commune, chef de service ou chef de bureau, qui, ensemble avec les fonctions d'exécution, relèvent de la compétence des autorités ou des institutions, auxquelles lesdites fonctions se rattachent.

Afin d'assurer l'application unitaire et correcte des dispositions relatives à l'organisation des concours, l'alinéa 2 de l'article 58 du Statut précisait que, pour assurer « la vérification et la validation des conditions légales d'organisation et de déroulement des concours à tous les niveaux », l'ANFP devait être représentée dans toutes les commissions de concours par un « responsable de procédure », fonctionnaire public de l'ANFP [1]. Ce dernier pouvait aussi être remplacé dans les commissions de concours pour l'occupation d'une fonction publique territoriale par un représentant de la préfecture ou, selon le cas, du Conseil départemental. Les dispositions statutaires du Code administratif ont, malheureusement, supprimé cette obligation pour les fonctions publiques d'exécution. Les nouvelles dispositions statutaires laissent dorénavant à la latitude des institutions organisatrices du concours d'inviter ou pas dans la commission de concours un membre de l'ANFP.

Enfin, si l'annonce du concours devait être publiée dans la IIIe partie au Moniteur Officiel de la Roumanie, ainsi que dans un journal national, 30 jours au minimum avant la première épreuve [2], depuis l'adoption du Code administratif il n'y a plus que l'obligation de publier les annonces de concours, dans les mêmes délais, sur les sites institutionnels locaux, territoriaux et nationaux.

B. Les étapes du concours

136. Le déroulement du concours repose sur plusieurs étapes dont l'une consiste en une constitution et un dépôt du dossier d'inscription. Quant à l'autre, elle est constituée de deux épreuves, écrites et orale **(1)**, dont les règles d'évaluation ne sont pas dépourvues de certaines ambiguïtés **(2)**.

---

de stabilité, et d'autre part, du fait que lesdites dispositions transgressent l'autonomie fonctionnelle des autorités et institutions publiques [Vedinaş (V.), *op. cit.*, p. 228].

[1] Le contenu de cet article a été repris par l'alinéa 5 de l'article 467 du Code administratif, dont le contenu doit être interprété par corroboration avec l'alinéa 2 de l'article 625 du même acte normatif *via* lequel le Gouvernement roumain s'accorde au moins un an pour adopter les décrets (décisions gouvernementales en roumain) d'application relatifs aux règles d'organisation et de déroulement de la carrière des fonctionnaires publics roumains.

[2] Exceptionnellement, tel que les dispositions de l'alinéa 8 de l'article 467 du Code administratif le précisent, le délai de 30 jours peut être réduit à 15 jours lorsqu'il s'agit d'un concours organisé pour l'occupation des fonctions publiques d'exécution temporairement vacantes.

1. Les procédures de concours

137. Le déroulement du recrutement par concours. En vertu des dispositions du chapitre III de l'OUG n°611 du 4 juin 2008 précitée, la procédure de concours par poste est formée de l'ensemble des étapes incluses entre le premier jour du dépôt des dossiers d'inscription et la nomination des lauréats. Toutefois, et ce à la différence du système français, les fonctions publiques pour lesquelles la procédure de concours a été démarrée ne peuvent plus être modifiées [1].

Concernant l'organisation, aux termes des dispositions de l'article 46 de l'OUG n°611 du 4 juin 2011, le concours de recrutement est formé de trois étapes successives, respectivement : la sélection des dossiers, l'épreuve écrite et l'entretien.

L'épreuve écrite se présente sous la forme de questions à réponse courte ou de questionnaires à choix multiples. L'épreuve écrite est censée tester non seulement les connaissances théoriques et les capacités pratiques nécessaires à l'exercice de la fonction publique pour laquelle le concours est organisé, mais aussi les connaissances générales des candidats dans le domaine de l'administration publique. Les sujets ne peuvent être formulés que sur la base de la bibliographie et du programme du concours, de manière qu'ils puissent refléter la capacité d'analyse et de synthèse des candidats. A noter, en tant qu'élément de nouveauté par rapport aux anciennes dispositions statutaires, qu'en vertu de l'alinéa 2 de l'article 467 du Code administratif dans la bibliographie du concours doivent se retrouver impérativement des « thématiques concernant la dignité humaine, la protection des droits et des libertés fondamentaux de l'homme, la prévention et le combat de toute incitation à la violence et à la haine » [2].

Concernant la procédure par laquelle les sujets sont arrêtés et transmis aux candidats, les dispositions de l'article 52 de l'OUG précitée apportent des précisions importantes. La commission de concours se réunit le jour de l'épreuve écrite pour établir plusieurs variantes de sujets pour les candidats. Chaque membre de la commission propose à cet effet au moins trois sujets. Par suite, sur la base de l'ensemble de propositions effectuées par chaque

[1] Aux termes de l'article 45 de l'OUG n°611 du 4 juin 2008, une fois la procédure de concours commencée, les fonctions publiques ouvertes au concours ne peuvent être : transformées de fonctions publiques statutaires en fonctions contractuelles ; transformées en fonctions publiques d'une autre classe ou grade professionnel ; ou encore, leur contenu, en termes d'attributions, ne peut pas subir des modifications substantielles ; réduites, à l'exception d'une éventuelle réorganisation par diminution du nombre des fonctions existantes au sein du service auquel la fonction publique, pour laquelle les procédures de concours ont été mises en œuvre ; occupées par transfert (mutation).

[2] Voir notamment Vedinas (V.), Bitea (C.), « Mutatii aduse de Codul administrativ in reglementarea personalului din administratia publica (Les mutations apportées par le Code administratif dans la reglémentation du personnel de l'administration publique) », *op. cit.*, p. 23.

membre, la Commission doit arrêter au minimum deux variantes qui soient présentées aux candidats.

À la suite de l'épreuve écrite, il y a l'entretien, lequel ne peut être passé que par les candidats ayant réussi l'épreuve écrite. Aux termes des articles 54 et 55, le rôle de l'entretien est de tester les capacités, les aptitudes et la motivation des candidats, et ce, sur la base d'une série de critères d'évaluation retenus par la commission de concours le jour même de l'entretien. Les critères retenus généralement dans le « plan d'entretien » ont trait aux capacités de communication, à la capacité d'analyse et de synthèse, aux capacités imposées par la fonction, à la motivation du candidat, ainsi qu'au comportement dans des situations de crise. Lorsqu'il s'agit de fonctions de direction, ledit plan peut concerner aussi des critères relatifs à la capacité de prise de décision et d'évaluation, leur impact, ou encore, l'exercice du contrôle décisionnel et la capacité managériale. L'entretien doit avoir lieu dans un délai maximal de cinq jours ouvrables à compter de l'épreuve écrite. Ce délai de cinq jours peut, à titre exceptionnel, être considérablement raccourci en l'absence des contestations des résultats des épreuves écrites, et avec l'accord de tous les candidats ayant réussi l'épreuve écrite. Les questions des membres de la commission, ainsi que les réponses des candidats doivent figurer dans le rapport final du concours, sous forme d'annexe. L'évaluation des épreuves repose sur un système de points.

2. L'évaluation des épreuves du concours

138. Les fondements d'une évaluation fondée sur un système de points. En vertu des dispositions de l'article 467 du Code administratif corroborées par l'article 60 de l'OUG n°611 du 4 juin 2008, l'évaluation des épreuves est fondée sur un système de points, dont le pointage maximal est de 100 points pour chacune des deux épreuves, écrite et orale. Pour être déclarés admis à l'épreuve écrite, les candidats qui souhaitent exercer une fonction d'exécution doivent obtenir au minimum 50 sur 100 points, et ceux voulant exercer une fonction de direction, 70 sur 100 points. Des exigences similaires en termes de résultats sont précisées par l'article 61 dudit acte normatif aussi pour l'entretien, respectivement 50 sur 100 points pour l'entretien relatif à l'occupation d'une fonction d'exécution, et 70 sur 100 points pour ce qui est d'une fonction de direction. Les résultats obtenus aux deux épreuves sont ensuite affichés sous forme de tableau dans l'ordre décroissant des résultats. Outre la rubrique afférente au nombre de points obtenus par chaque candidat, les dispositions légales en la matière imposent aussi l'existence d'une rubrique, où la mention « admis » ou « rejeté » est associée aux résultats.

À noter que, par rapport au système de fonction publique française, dans la Fonction publique roumaine, seul le candidat, ayant obtenu les meilleurs résultats aux deux épreuves confondues, est nommé dans la fonction publique pourvue. Les autres candidats, ayant postulé la même fonction, ne sont pas éligibles, même s'ils ont obtenu une moyenne supérieure au minimum exigé. De plus, ces derniers ne peuvent pas opposer les résultats obtenus pour occuper une autre fonction publique que celle pour laquelle ils se sont portés candidats.

En vertu des dispositions de l'alinéa 1 de l'article 76, le candidat, déclaré admis et ayant obtenu le meilleur résultat au concours de recrutement, est nommé dans la fonction publique pour laquelle il s'est porté candidat. À cet effet, lesdites dispositions précisent l'obligation pour le département des ressources humaines ou de l'ANFP – lorsque la compétence d'organiser le concours lui incombe –, de proposer, dans un délai de 15 jours de l'affichage des résultats finaux du concours, la proposition de nomination du candidat ayant obtenu le meilleur résultat. L'acte administratif de nomination doit être pris dans, au plus, les dix jours à compter de la date où la proposition de nomination a été communiquée, sauf exception quand, à la suite des raisons justifiées, le lauréat demande par écrit que cette nomination ait lieu au-delà des dix jours, mais sans excéder 31 jours.

Même si l'entrée dans la Fonction publique française est également conditionnée par la réussite à un concours, force est de constater que les procédures d'organisation et d'admission diffèrent sensiblement des règles roumaines.

§ 2. Les enjeux des concours français et roumains

139. À l'opposé du concours roumain de sélection dans la Fonction publique, le législateur français a construit un dispositif impersonnel dont la complexité rapproche le concours français en vigueur de celui pratiqué dans la Fonction publique roumaine du début du XXe siècle. Un regard analytique dans la réglementation des « concours » en droit français **(A)** permet de dégager les forces et les faiblesses des procédés de concours dans les deux systèmes **(B)**.

A. La complexité du concours en droit français

140. Les conditions d'accès aux différentes formes de concours d'admission dans la Fonction publique française **(2)** sont, à quelques exceptions près, similaires aux conditions consacrées par le Statut roumain **(1)**, dont les procédures et les procédés de sélection diffèrent sensiblement, tant sur la forme, que sur le fond **(3)**.

1. Les conditions d'accès au concours

141. Conditions sensiblement proches des conditions d'accès posées par le système roumain. Comme en droit roumain, l'accès au concours d'entrée dans la Fonction publique est préalablement soumis à deux catégories de conditions, générales et spéciales. Rapprochées sensiblement du système roumain, les conditions générales requises pour pouvoir se porter candidat à un concours d'accès dans la fonction publique sont précisées à l'article L321-1 du CGFP [1]. D'après cet article, une personne ne peut être fonctionnaire que si elle possède la nationalité française, jouit de ses droits civiques [2], dont le casier judiciaire ne comporte pas des mentions qui la rendent incompatible à l'exercice d'une fonction publique [3], ou encore, si elle n'a pas effectué son service militaire [4], remplit les conditions d'aptitude physique [5] exigées pour l'exercice de la fonction compte tenu des possibilités de compensation du handicap [6].

Sous l'influence du droit européen, la condition concernant la citoyenneté a considérablement été assouplie [7]. En effet, depuis 2005, l'accès des ressortissants des États membres de l'UE ou d'un autre État partie à l'accord sur l'Espace économique européen autres que la France a, à quelques exceptions près, été rendu possible [8] par les dispositions de l'article 5bis

---

[1] Article 5 de la loi n°83-634 du 13 juillet 1983 portant droits et obligations des fonctionnaires.

[2] CE 28 mai 1982, *Roger*, req. n°025.468, Lebon p. 192 (les juges y ont dégagé le principe à portée générale en vertu duquel « nul ne peut accéder à un emploi public ni être maintenu dans un tel emploi s'il ne jouit pas de l'intégralité de ses droits civiques ») ; CE 17 novembre 2010, *ministère du Budget c/ B.*, req. n° 315.829 (la radiation des cadres ne peut survenir qu'à partir de la date à laquelle la condamnation pénale est devenue définitive).

[3] CE 27 janvier 1992, *ministère de l'Intérieur c/ Castellan*, req. n°89.074, Rec. 1003 (est refusé l'accès au concours d'inspecteur de police à un candidat ayant été interpellé à plusieurs reprises pour comportement extrémiste) ; CE 22 février 2002, *Mutualité de Meurthe-et-Moselle*, req. n°219.259, Lebon p. 56, AJDA, 2002, n° 6 (note. M.-C. de Montecler) (un agent public, placé sous tutelle, ne peut pas être radié des cadres) ; CE ass. 11 décembre 2006, *Marianne N.*, req. n°271.029, AJDA, 2007, n° 10, p. 545 (note G. Peiser) (la radiation des cadres civiques face au nouveau code pénal) ; Cons. const. 5 octobre 2012, déc. QPC n°2012-278 (sur la condition de bonne moralité pour se porter candidat au concours d'entrée de l'ENM).

[4] Condition tombée en désuétude depuis que le service militaire a cessé d'être obligatoire (la loi n°97-1019 du 28 octobre 1997 portant réforme du service national), au profit d'une journée d'appel de préparation à la défense devenue la « journée défense et citoyenneté » consacrée par la loi n°2010-241 du 10 mars 2010 [Aubin (E.), *L'essentiel du droit de la Fonction publique*, Gualino, 10e éd., 2016, p. 55].

[5] CE 27 octobre 2004, *Chopard*, req. n°258.767, AJDA, 2005, n° 9, p. 489 (note E. Aubin).

[6] CE 28 juillet 2000, *M. Courtoux*, req. n°275.919, Lebon p. 652 ; CE 30 avril 2004, *Mlle Monnier*, req. n°254.106, Lebon p. 572.

[7] CE 6 mai 1998, *Confédération nationale des groupes autonomes de l'enseignement public*, req. n°144.904 ; CE Ass., Avis, 11 septembre 2014, n°389.022.

[8] CE 4 août 2005, *Ficher*, req. n°280.769.

ajouté à la loi portant droits et obligations des fonctionnaires [1]. Lesdites exceptions concernent les fonctions, dont les attributions, soit ne sont pas séparables de l'exercice de la souveraineté [2], soit engagent une participation directe ou indirecte à l'exercice de prérogatives de puissance publique de l'État ou des autres collectivités publiques. Les ressortissants cités ci-dessus doivent répondre aux mêmes conditions générales et/ou spéciales que les Français pour pouvoir se porter candidats à un concours d'accès dans la Fonction publique.

2. Les différentes formes de sélection par concours

142. Le concours sous ses différentes formes. D'après l'article L320-1 du CGFP, « les fonctionnaires sont recrutés par concours sauf dérogation prévue par le présent livre ». En opposition aux dispositions roumaines de l'article 464 du Code administratif qui réglementent le concours en tant que seule forme de recrutement des fonctionnaires publics, le législateur français a aussi reconnu la possibilité d'y déroger dans les cas prévus par la loi.

Une première distinction peut être faite entre le concours externe, dit aussi « concours étudiant », le concours interne appelé aussi « concours fonctionnaire », et encore, le troisième concours, nommé également « la troisième voie ». Ces trois formes de concours sont aussi utilisées en tant que procédés de sélection pour l'entrée dans les principales écoles administratives de formation des fonctionnaires [3]. Si le concours externe est ouvert aux jeunes diplômés n'ayant jamais exercé une fonction publique, le concours interne est perçu en même temps comme une voie de promotion pour les fonctionnaires qui font déjà partie de la Fonction publique. Le troisième concours a été créé au profit des candidats justifiant de plusieurs années de fonctions électives locales ou d'activités associatives ou dans le privé.

La sélection par concours sur épreuves ou sur titres peut assurer de manière directe l'intégration d'un corps de fonctionnaires ou d'une des écoles de formation des fonctionnaires. Dans ce dernier cas, des écoles comme l'ENA ou les IRA « sélectionnent par un concours d'entrée et un classement de sortie », au terme de leur scolarité, les élèves fonctionnaires

---

[1] L'article 5 bis a été inséré en vertu de l'article 10 de la loi n°2005-843 du 26 juillet 2005 portant diverses mesures de transposition du droit communautaire à la fonction publique.

[2] CE 31 mars 2014, B … *Mme.* req. n°367.632 (la fonction d'inspecteur des impôts est inséparable de l'exercice de la souveraineté nationale) ; CAA Paris 16 mai 2006, *Zottou c/ Ministre de l'Agriculture*, req. n° 04PA00604, *AJFP*, 2006, n° 2, p. 286 (la fonction de vétérinaire-inspecteur, emploi de souveraineté).

[3] L'Institut National du Service Public, les Instituts Régionaux d'administration, ou encore, l'École Nationale de la Magistrature.

ayant la possibilité de choisir, selon leur rang de sortie, le corps d'affectation ou, en cas d'unicité de corps, le lieu d'affectation [1].

Les règles procédurales relatives à l'organisation du concours diffèrent sensiblement, selon que l'on se réfère à la Fonction publique d'État, territoriale ou hospitalière. Cette différence est due notamment au fait que les dispositions statutaires sont complétées par des précisions arrêtées par les statuts particuliers qui varient sensiblement d'un corps et/ou d'un cadre d'emploi à un autre. Par rapport au concours roumain, le concours français est caractérisé donc par une grande diversité de règles, dont l'ensemble doit, selon les juges administratifs, respecter le cadre général esquissé par les normes statutaires générales [2].

Les procédures de sélection par concours présentent certaines spécificités propres au système français de fonction publique.

3. Les spécificités des procédures de sélection par concours

143. Le déroulement du recrutement par concours. En vertu des dispositions de l'article L.320-1 du CGFP [3] « les fonctionnaires sont recrutés par voie de concours... », organisés aux niveaux national ou déconcentré.

Les personnes, qui souhaitent se porter candidates aux concours d'accès dans la Fonction publique de l'État, doivent, par conséquent, remplir les conditions générales précisées par les articles L.321-1, L.321-2 et L.321-3 du CGFP et par le statut particulier du corps auquel ils postulent au plus tard à la date de la première épreuve du concours. Au cas où il s'agit d'un concours sur titres, les conditions doivent être remplies à la date de la première réunion du jury chargé de la sélection des dossiers, sauf indications contraires dans le statut particulier du cadre concerné, tel qu'il ressort de l'article L.325-25 du CGFP [4].

Chaque concours dans la Fonction publique d'État donne lieu à l'établissement d'une liste principale - classant par ordre de mérite les candidats déclarés aptes par le jury -, et d'une liste complémentaire constituée aussi par ordre de mérite. La liste complémentaire permet non seulement de remplacer les candidats inscrits sur la liste principale qui ne peuvent pas être nommés, mais aussi de suppléer aux vacances d'emplois qui pourraient survenir dans l'intervalle de deux concours [5]. La liste complémentaire n'est valable que jusqu'à la date du « début des épreuves

---

[1] Dord (O.), *Droit de la fonction publique*, PUF, 3e éd., 2017, p. 137.

[2] CE du 19 juillet 1974, *Gourcy*, Lebon p. p. 351.

[3] Article 19 de la loi n°84-16 du 11 janvier 1984 portant dispositions statutaires relatives à la fonction publique d'État

[4] Article 20 de la loi portant statut des fonctionnaires territoriaux.

[5] Article 20 de la Loi n°84-16 du 11 janvier 1984 portant dispositions statutaires relatives à la fonction publique de l'État.

pour le concours suivant et, au plus tard, deux ans après la date d'établissement de la liste complémentaire » [1]. De plus, les dispositions de l'alinéa 3 de l'article L.325-36 [2] précisent que, pour chaque concours, le nombre des postes, qui peut être pourvu par nomination de candidats inscrits sur la liste complémentaire, ne peut excéder un certain pourcentage, fixé par décret, du nombre des postes offerts au concours. Le concours dans la Fonction publique d'État n'est pas épargné de critiques, allant jusqu'à être comparé à des « machines à sélectionner des candidats sans objectif précis en termes d'emplois à pourvoir, plutôt que des actes de recrutement visant à satisfaire à un emploi clairement défini » [3].

Le concours représente également la principale forme de recrutement dans la Fonction publique territoriale, même si les règles procédurales diffèrent sensiblement. Toutefois, à la différence du concours pour le recrutement des fonctionnaires d'État, le concours organisé pour le recrutement des fonctionnaires territoriaux donne lieu, à chaque fois, à l'établissement d'une liste d'aptitude, classant par ordre alphabétique les candidats déclarés aptes par le jury.

À la différence de la Fonction publique d'État où l'inscription sur la liste principale vaut recrutement, l'inscription sur une liste d'aptitudes ne vaut pas recrutement [4]. De plus, lorsque les statuts particuliers le prévoient, les concours peuvent être organisés par spécialité et, le cas échéant, par discipline. Chaque statut particulier peut fixer individuellement, dans la Fonction publique territoriale, les règles relatives au niveau de diplômes requis pour pouvoir se porter candidat à un concours externe, le programme du concours ainsi que la nature des épreuves, ou encore, l'opportunité d'organiser des concours distincts selon l'origine des candidats.

Finalement, les procédures de concours dans la Fonction publique hospitalière sont quasi identiques aux procédures de concours applicables au recrutement des fonctionnaires d'État. Ainsi, tout d'abord, les dispositions de l'article L325-32 [5] citée ci-dessus précisent que « les fonctionnaires sont recrutés par voie de concours organisés » suivant l'une des modalités prévues par lesdites dispositions. Certains concours peuvent être ouverts aux candidats justifiant de certains diplômes ou ayant accompli certaines études,

---

[1] Article L.325-36 du CGFP.

[2] Article 20 de la loi n°84-16 du 11 janvier 1984.

[3] Desforges (C.) et Chalvron (G.), *Rapport sur la mission préparatoire au réexamen général du contenu des concours d'accès à la fonction publique de l'État*, La Documentation française, 2008, p. 9.

[4] L'inscription sur la liste d'aptitudes est valable deux ans, l'inscription étant, en l'absence d'une nomination, renouvelable de plein droit, sur demande écrite pour une nouvelle année dans la limite de encore deux ans. Au cas où aucun concours n'a été organisé pendant ce délai, la période de quatre ans est prolongée jusqu'à « la date d'organisation d'un nouveau concours » [Espinasse (F.) et David (P.), *Fonction publique territoriale. Le statut en bref.*, La Documentation française, 2e éd., 2017, p. 37].

[5] Article 29 de la loi n°89-33 du 9 janvier 1986.

ou encore, à d'autres candidats justifiant d'une certaine expérience (troisième concours). Les concours dans la Fonction publique hospitalière peuvent être ouverts, aux termes de l'article L.325-32 [1] précité, soit par l'autorité compétente de l'État à l'échelon national, régional ou départemental, soit par l'autorité investie du pouvoir de nomination. Comme c'est le cas pour la Fonction publique d'État : le nombre d'emplois mis au concours est égal au nombre d'emplois déclarés vacants en vue de ce concours ; chaque concours donne lieu à l'établissement d'une liste classant par ordre de mérite les candidats déclarés aptes par le jury. À titre exceptionnel, les dispositions de l'article L.325-48 du CGFP [2] considèrent, pour certains concours également, la possibilité, lorsque les statuts particuliers le prévoient, qu'une liste d'aptitude, classant par ordre alphabétique les candidats déclarés aptes par le jury, soit dressée. Dans ce dernier cas, l'inscription sur une liste d'aptitude ne vaut pas recrutement.

Même si le système de recrutement par concours n'a pas été mis en question tel quel – voire son principe d'égal accès à la fonction publique –, force est de constater que certaines de ses procédures le sont. De ce fait, l'analyse comparative des règles juridiques propres au concours dans les deux systèmes de fonction publique permet de dégager les forces et les faiblesses qui caractérisent les procédures de concours en vigueur.

B. Les forces et les faiblesses des concours français et roumains

144. Le fait d'avoir perduré, et ce, malgré les différents régimes politiques qui se sont succédé à différents moments, signifie indéniablement que, malgré ses faiblesses **(2)**, le concours reste un procédé de recrutement fortement ancré dans la Fonction publique des deux États **(1)**.

1. Le concours, le seul garant des principes d'égal accès et de transparence

145. Les atouts du concours. Considéré comme « le sésame de l'entrée dans la fonction publique », le concours a presque incontestablement été regardé comme le seul « garant du principe d'égal accès de tous les citoyens aux emplois publics » [3]. Cela lui a permis de s'imposer progressivement

[1] Article 30 de la loi n°89-33 du 9 janvier 1986.
[2] Article 31 de la loi n°89-33 du 9 janvier 1986.
[3] Pochard (M.), *Les 100 mots de la fonction publique*, PUF, 2011, p. 67.

« comme le mode de recrutement de droit commun, le plus conforme aux règles de la démocratie » [1].

Face à la vulnérabilité due à l'immixtion et à l'interventionnisme politique dans les deux systèmes de fonction publique, le concours a été érigé en tant que mécanisme de défense contre le mal que les « nominations scandaleuses et les avancements illégaux » [2] infligeaient à la Fonction publique, et implicitement à la qualité du service public. C'est dans ce contexte que le concours est devenu progressivement le procédé de droit commun utilisé pour la sélection des fonctionnaires publics [3].

Le législateur ayant ainsi pris conscience que tant qu'il réglementera en détail son organisation et son fonctionnement [4], le concours représentera le procédé le plus sûr, non seulement au regard du respect du principe d'égal accès à la fonction publique [5], mais aussi, du combat contre le « népotisme » et les ingérences politiques spécifiques quant aux recrutements dans le secteur public. Reste que, outre ses forces, les procédures de concours en vigueur accusent aussi plusieurs faiblesses.

2. Les faiblesses des procédures de concours

146. Les qualités intrinsèques, reconnues au principe même de compétition qui habite « le concours », n'empêchent pas le questionnement de certains aspects des procédures de concours qui s'avèrent finalement communs aux deux systèmes de droit [6]. Entre autres, la question de savoir si le concours, déroulé sous sa forme traditionnelle – épreuves écrites générales et/ou techniques et épreuves orales, dont un entretien devant un jury – représente toujours un mode objectif de sélection et en accord avec les besoins des services publics [7]. Les critiques les plus courantes dans les deux systèmes de Fonction publique concernent particulièrement la publicité **(a)**, la composition des épreuves **(b)**, ou encore, la composition des jurys **(c)**.

---

[1] Sadran (P.), « Recrutement et sélection par concours dans l'Administration publique », RFAP, 1977, n°1, p. 53.

[2] Berthélemy (H.), *Traité élémentaire de droit administratif*, éd. Rousseau, 1933, p. 70.

[3] Plantey (A.), *Réformes dans la fonction publique*, éd. LGDJ, 1978, p. 65.

[4] CE 2 octobre 1970, *Société des agrégés*, Lebon p. 1060.

[5] « … si l'article 34 de la Constitution réserve au législateur le soin de fixer les « règles concernant les garanties fondamentales accordées aux fonctionnaires civils et militaires de l'État, il appartient normalement au pouvoir réglementaire de mettre en œuvre lesdites règles à l'occasion des dispositions qu'il édicte pour fixer le statut de chaque corps ou administration », Conseil Const., déc. n°63-23 L du 19 février 1963 : http://www.conseil-constitutionnel.fr/conseil-con..l/decision-n-63-23-l-du-19-fevrier-1963.6600.html, consulté le 20 février 2022).

[6] Les questionnements les plus radicaux allant jusqu'à s'interroger s'il ne fallait pas supprimer le concours comme mode d'accès à la fonction publique.

[7] Desforges (C.) et Chalvron (J.-G.), *op. cit.*, p. 7.

a. Les critiques liées au défaut de publicité

147. Les critiques « roumaines » concernent la publicité des fonctions mises au concours, ainsi que l'information insuffisante au sujet des attributions afférentes à la fonction publique à pourvoir [1]. Comme il a été susmentionné, les dispositions statutaires et légales roumaines imposent la publication des annonces de concours dans les journaux de circulation nationale et locale, ou encore, sur les sites institutionnels de l'institution organisatrice du concours et des institutions publiques les plus importantes de la commune et/ou du département. L'objectif recherché par le législateur, en instaurant lesdites obligations, est de s'assurer que toute personne potentiellement intéressée de s'y porter candidate ait accès à l'information en temps voulu. La pratique révèle pour autant de nombreuses situations où la procédure de publicité est réalisée de manière si discrète qu'elle feint presque de friser le « silence ».

En revanche, les critiques « françaises » portent non seulement sur l'apparente insuffisance de l'information au sujet des concours d'entrée dans la Fonction publique, mais aussi sur l'absence des informations quant aux objectifs assignés aux concours et aux profils des candidats à recruter [2]. Par suite, les critiques se poursuivent au sujet de la composition des épreuves des concours pratiqués dans les deux systèmes de droit.

b. Les critiques liées à la composition des épreuves

148. Des épreuves trop théoriques. Même si le contenu des épreuves écrites diffère dans les deux systèmes de droit, il apparaît que leur contenu est trop théorique en droit roumain et trop académique en droit français.

Trop théorique en droit roumain si l'on considère que les sujets pour l'épreuve écrite sont établis sur la base d'une bibliographie spécialisée, composée des actes normatifs qui encadrent juridiquement les attributions afférentes à la fonction mise au concours, ainsi qu'à l'organisation et au fonctionnement de l'administration en général, dont l'objectif serait de vérifier la capacité d'analyse et de synthèse des candidats au sujet desdits actes normatifs. À cet effet, la 6e Partie du Code administratif consacrée au Statut des fonctionnaires publics doit obligatoirement faire partie de la bibliographie arrêtée pour chaque concours de recrutement dans la Fonction publique [3]. En l'absence d'une condition impérative, à l'égard des candidats,

---

[1] Décision n°90 du 10 avril 2006 de la Cour d'Appel de Iasi, CPJ, 2006, p. 296.

[2] Desforges (C.) et Chalvron (J.-G.), *op. cit.*, p. 8 et s ; Jean-Pierre (D.), « La professionnalisation des concours de la fonction publique », *JCP A*, 2008, n°42-43, pp. 31-35.

[3] Lorsqu'il s'agit d'une fonction publique locale la 3e Partie du Code administratif portant sur l'Administration publique locale (ancienne loi n°215 du 23 avril 2001 relative à

d'avoir suivi, en amont de leur participation au concours, des formations administratives ou juridiques, il apparaît légitime de s'interroger sur le degré de compréhension des candidats de la signification juridique et administrative de l'ensemble des actes normatifs existant dans la bibliographie de concours. Si les efforts des candidats se résument à un exercice de mémorisation des dispositions normatives, sans véritablement saisir et/ou interpréter leur sens voire être en mesure de corroborer les dispositions des différents actes normatifs, le concours peut-il être considéré, dans sa forme actuelle, comme permettant réellement de sélectionner le candidat le plus approprié pour une fonction publique ou une autre ? Le terme « approprié » est intentionnellement préféré à celui de « meilleur » sur ce point, parce qu'il est plus suggestif et plus en accord avec les besoins et les exigences du service public. Un candidat peut être un très bon théoricien et/ou faire preuve d'une mémoire brillante, sans pour autant exceller en pratique. De ce fait, la question est de savoir si le fait d'être muni d'une excellente capacité de mémorisation est obligatoirement « synonyme » du savoir, voire de la méthode, requis pour interpréter et appliquer uniformément l'ensemble des actes normatifs spécifiques aux attributions qui composent la fonction que le lauréat sera amené à exercer.

Les épreuves de concours apparaissent trop académiques en droit français, si l'on considère qu'elles portent plutôt sur l'évaluation de la culture générale des candidats voire la rédaction de notes de synthèse. D'ailleurs, pour ce qui est des épreuves du « concours français », la question qui ressort régulièrement de la doctrine est de savoir quel est finalement le lien entre les épreuves de culture générale, la note de synthèse et les différents choix mis à la disposition des candidats entre le droit, l'histoire, la géographie, les mathématiques et les attributions afférentes aux fonctions publiques pourvues [1]. A cet égard, d'après certains auteurs le contenu de ces épreuves dépasserait les exigences liées aux attributions requises pour l'exercice de certaines fonctions publiques pourvues [2] ? Reste que, malgré ces critiques, tous, universitaires comme professionnels, s'accordent lorsqu'il s'agit de rappeler que « la culture générale est indissociable des exigences de la professionnalisation » [3].

La prise en considération des techniques de recrutement utilisées en droit privé, où le concours prend plutôt la forme d'un entretien, ne doit pas survenir sans garder en permanence à l'esprit les raisons qui ont apporté au

---

l'administration publique locale) s'ajoute aux autres actes normatifs, qui constituent la bibliographie afférente audit concours.

[1] Montecler (de) (M.-C.), « Un rapport pour refonder le système des concours ? », *AJDA*, 2008, n° 27, p. 1466.

[2] Desforges (C.), *op. cit.*, p. 16.

[3] Frangi (M.), « Réflexions sur la place de la culture générale dans les concours », *AJFP*, 2009, n°6, pp. 288-294.

concours [1], sinon la qualification de meilleur procédé de sélection, du moins celui « du moins mauvais des systèmes de recrutement et certainement le moins injuste » [2] ci-dessus évoquées. D'autant qu'ensemble avec le régime statutaire de la fonction publique, le concours contribue au maintien de la stabilité et de la transparence, voire de la lutte contre le clientélisme politique dans la Fonction publique. Ce qui n'empêche pas de s'interroger sur le contenu des épreuves, qu'à l'égard de la composition des jurys de concours.

c. Les critiques liées à la composition des jurys

149. La mise en cause de la composition des jurys. En droit roumain, la composition des commissions de concours et de solution des contestations diffère selon qu'il s'agit d'une fonction publique de direction ou d'exécution [3]. Pour pourvoir une fonction publique de direction, la commission de concours est formée de cinq membres, dont trois représentants de l'institution organisatrice du concours et deux membres représentants de l'ANFP ; alors que, pour une fonction publique d'exécution, la commission de concours est constituée par trois membres [4]. Si, avant l'adoption du Code administratif, la présence d'un membre de l'ANFP était obligatoire aussi pour les fonctions d'exécution, depuis elle est laissée à l'appréciation de l'institution organisatrice de concours qui jouit de la liberté d'inviter ou pas un représentant de l'ANFP en tant que membre de la commission de recrutement. Cette décision est regrettable parce que les représentants de l'ANFP étaient censés être une garantie pour le respect des principes de transparence et de rectitude dans le déroulement du concours. Pour les fonctions publiques territoriales et locales, les représentants de l'ANFP pouvaient être remplacés par des représentants des institutions préfectorales ou du Conseil départemental.

Les organisations syndicales peuvent également solliciter qu'un de leurs membres intègre la commission de concours. Toutefois, l'objectivité des membres des commissions de concours est constamment mise en cause, particulièrement au regard de l'oral qui succède à l'épreuve écrite. Cette méfiance à l'égard des jurys est due au fait que les critères d'évaluation,

---

[1] Lebreton (G.), « Mouvementer » les concours de recrutement ? », *AJDA*, 2009, n°26, pp.1393-1396 ; Peiser (G.), « Les concours professionnalisés face au principe d'impartialité », *AJDA*, 2010, n°35, pp. 1996-1999.

[2] Jean-Pierre (D.), *op. cit.*, pp. 31-35.

[3] La décision n°917 du 21 novembre 1994 de la Cour Suprême de Justice, séc. Contentieux administratif, dans le Répertoire de jurisprudence et doctrine roumaine 1989-1994, vol. 2, p. 51.

[4] Article 26 de la loi n°611 du 4 juin 2008 concernant l'approbation des normes relatives à l'organisation et au développement de la carrière des fonctionnaires publics.

précisés à l'article 55 susmentionné, restent très subjectifs. Subjectivité qui entretient inévitablement un manque de transparence dans le déroulement du processus de recrutement. L'entretien, qui suit les épreuves écrites, représente, en effet, un point des plus sensible pour les procédures de recrutement roumain par concours. Une raison de plus pour puiser non seulement dans l'expérience française en la matière, mais aussi dans la pratique des autres États européens. Et ce, afin d'engager une réflexion plus ample sur la manière, dont l'encadrement juridique relatif à l'entretien pourrait être renforcé en termes de transparence et de professionnalisation de ses membres.

En revanche, en droit français, ce ne sont pas tant les critères d'entretien qui font défaut, que la qualité des membres des jurys, considérée, comme pour le contenu des épreuves écrites, trop académique. De plus, l'organisation des concours d'accès dans la Fonction publique implique des coûts faramineux pour l'Administration française. Ces coûts sont particulièrement dus à la location des salles, la mobilisation nécessaire des surveillants et des examinateurs, ainsi qu'à l'absentéisme très important des candidats le jour du concours, par rapport au nombre d'inscrits [1].

Toujours est-il que similaire au système roumain, des interrogations ont aussi été formulées au sujet de l'impartialité des jurys français, dont ni les notations des copies écrites [2], ni les appréciations des titres et des mérites des candidats [3], ou encore, les critères de notation [4], ne peuvent faire l'objet d'un contrôle du juge administratif. En fait, les principes de l'impartialité et de l'unicité des membres de jury posent un problème, dès lors que l'annulation d'un concours résulte du fait qu'un seul candidat est lié à un ou plusieurs membres du jury par des rapports professionnels [5], ou encore lorsque des liens trop proches unissent un candidat à un des membres du jury [6]. La jurisprudence du Conseil d'État « hésite » en matière d'impartialité des membres des jurys et sur leurs désignations ... [7]

L'ensemble des critiques évoquées ci-dessus permettent d'esquisser une analyse conclusive au sujet des défaillances du concours dans les deux systèmes de droit.

---

[1] La raison de cet absentéisme résiderait dans l'intervalle trop important entre la période d'inscription et celle de déroulement de la première épreuve, ainsi que dans la possibilité donnée aux candidats de s'inscrire à plusieurs concours à la fois [Desforges (C.) et Chalvron (J.-G.), *op. cit.*, 2008, p. 8 et les ss ; Jean-Pierre (D.), *op. cit.* p. 2236].

[2] CE 20 mars 1987, *Gambus*, req. n°70.993, Lebon p. 100.

[3] CE 16 juin 1988, *Bady*, req. n°472.210, Lebon. 247 ; CE 9 février 2011, *Mme B. ...*, req. n°317.314, *AJDA*, 2011, n° 6, p. 305.

[4] CE 25 octobre 1996, *Mlle Cabassut*, req. n°170.200.

[5] CE 17 octobre 2016, *M.B.*, req. n°386.400, Lebon p. 679, AJFP, 2017, n° 1, p. 16 (note A. Zarco).

[6] CE 7 juin 2017, *Mme D. ...*, req. n°382.986 (concl. F. Dieu), AJFP, 2017, n° 5, p. 263 (note A. Zarco).

[7] CE 12 mai 2017, *M. B ...*, req. n° 377.887, AJFP, 2017, n° 5, p. 265 (note C. Forestier).

3. L'esquisse d'une analyse conclusive

150. Les premières conclusions. Des considérations précitées, il ressort que, même si la modalité de recrutement par concours est commune aux deux systèmes de droit analysés, les procédures d'organisation et de déroulement diffèrent sensiblement. Si, en droit roumain, chaque institution est responsable de la mise au concours de la fonction vacante en son sein, avec l'approbation et/ou l'information préalable de l'ANFP, en droit français le concours a un caractère général, qui porte sur un ensemble de fonctions vacantes, au niveau central ou déconcentré.

Dans l'un et l'autre cas, le principe d'égalité est respecté, à la seule différence que, dans le système roumain, les candidats à une fonction publique ont la certitude qu'à l'issue du concours, celui d'entre eux, qui obtiendra le meilleur résultat, sera nommé dans la fonction publique pourvue. De plus, les dispositions légales reconnaissent aux candidats le droit de savoir non seulement quel est le service auquel la fonction publique mise au concours est rattachée, mais aussi quelles sont les attributions inscrites dans la fiche de poste afférente à ladite fonction. Si la procédure de concours est donc scrupuleusement respectée, les candidats sont censés prendre connaissance des attributions inscrites sur la fiche de poste de la fonction publique ouverte au concours depuis le jour de dépôt du dossier de candidature. Ensuite, par rapport au concours français, où le caractère général et impersonnel peut déboucher non seulement sur des coûts importants, mais aussi sur le statut moins plaisant de « reçu collé » [1], le concours roumain est fondé sur le principe du concours « par poste ».

Contesté ou apprécié, le concours se trouve donc au cœur des deux systèmes de droit, en tant que gardien du principe de l'égalité d'accès dans la fonction publique, ainsi que du principe de transparence, contre le favoritisme et/ou le clientélisme politique.

Au carrefour des principes de New Public Management et des exigences européennes, il apparaît que l'état de figement dans des « traditions lointaines » reproché aux dispositions statutaires ne représente finalement qu'un cliché. En effet, les procédures de concours font inlassablement

---

[1] Bien qu'ayant réussi le concours d'entrée dans la fonction publique, personne ne peut être nommé en cas de défaut d'emploi vacant. Si au bout du délai spécifié par les dispositions statutaires, le lauréat n'est pas nommé dans une fonction, il se retrouvera dans la situation de devoir repasser le concours. Cette situation est d'une certaine manière similaire à celle des enseignants roumains non titulaires de l'enseignement préuniversitaire, lesquels sont obligés de passer des examens de « titularisation », dont la réussite ne leur assure la nomination dans un emploi que dans la limite des heures disponibles dans leur matière.

Le « phénomène des « reçus-collés » dévalorise fortement les concours traditionnels, parce que les candidats perdent le bénéfice de leur concours à l'échéance de la liste d'aptitude » [Lanord (M.), « Le recrutement par concours dans la « territoriale » : chronique d'une mort annoncée », AJFP, 2002, n°4, p. 4].

preuve de plus en plus d'adaptabilité et de souplesse, et ce, sans que l'on touche aux principes statutaires, traditionnels, qui ont finalement apporté au concours la qualification du plus juste et équitable procédé de recrutement.

Chapitre 2. Le concours, un instrument évolutif dans ses procédures

151. Le concours représente, ensemble avec le régime juridique statutaire, une constante de la Fonction publique statutaire. Toujours est-il que malgré leur valeur traditionnelle, les normes statutaires en matière de concours ont continuellement et progressivement évolué à l'aune non seulement du droit européen, mais aussi du courant de travaillisation. Sous l'influence de ces derniers, l'échafaudage statutaire est constamment ébranlé dans sa substance, entre autres par le rôle et la place du concours en tant que moyen principal de sélection dans la Fonction publique. L'adaptation des règles statutaires françaises concernant les procédures du concours aux exigences européennes, ainsi que sa préservation, du moins dans certains des États ayant soit contractualisé, soit travaillisé leur système de fonction publique témoignent de la place importante du concours dans la Fonction publique.

Les normes statutaires se trouvent donc particulièrement ces deux dernières décennies mises à l'épreuve sous l'influence des normes de travail, voire des outils de gestion moderne des ressources humaines (**section 1**), ainsi que par la volonté de construire des systèmes dérogatoires, qui permettent le contournement du concours dans le recrutement de certaines catégories d'agents publics (**section 2**)

Section 1. Le concours traditionnel mis à l'épreuve de la travaillisation

152. L'État « doit veiller à améliorer ses performances y compris dans l'organisation de ses recrutements, et [ce, spécialement,] dans un contexte de profondes mutations avec la redéfinition des périmètres des politiques publiques et de leur nécessaire adaptation aux exigences de la société » [1].

La philosophie qui habite traditionnellement le concours a considérablement été mise, du fait notamment de la pression économique, à l'épreuve ces dernières années, que ce soit par les États nationaux eux-mêmes, par le droit européen, ou encore, par la volonté de dynamiser l'entrée dans la Fonction publique selon le « visage et la ressemblance » des principes de recrutement propres au droit privé. Et ce, tout en laissant parfois l'illusion que les secteurs public et privé pourraient à un certain moment se trouver sur un pied d'égalité.

---

[1] Comité d'enquête sur le coût et le rendement des services publics, *L'organisation et le pilotage des recrutements au sein de la fonction publique de l'État*, juillet 2008, p. 1.

Les réformes engagées ces dernières années pour la professionnalisation du concours d'entrée dans la fonction publique française (**§ 1**) permettent, à la lumière d'autres expériences européennes en la matière, de dégager une réflexion plus ample concernant la modernisation voire l'avenir du « concours » d'entrée dans la Fonction publique (**§ 2**).

§ 1. La professionnalisation progressive du concours

153. Les procédures de concours ont régulièrement fait l'objet de contestations en droit français. Comme cela a déjà été précisé, au-delà du « caractère livresque et encyclopédique des préparations » qui est reproché au concours, d'autres critiques concernent le choix des jurys, le conformisme et le perfectionnisme théorique des programmes et des épreuves, ou encore, l'insuffisance des critères d'évaluation spécifiques à l'entretien, ainsi que la relativité de la notation et du classement, voire l'illusion de l'impartialité et de la neutralité des appréciations [1]. De plus, combinant le recrutement par concours et la formation dans des écoles administratives spécialisées après recrutement, le système français est par lui-même très particulier [2].

Les concours, étant « lourds à organiser et toujours susceptibles à être contestés, les administrations publiques [concentrent] leurs efforts [plutôt] sur leur sécurisation juridique » [3], et moins sur la question de savoir comment moderniser les procédures sans toucher à la substance intrinsèque du concours. Dans cette optique, il a souvent été reproché que « la finalité du concours (...) n'est pas d'identifier les meilleurs éléments au regard des profils recherchés, mais d'établir un classement non contestable des candidats ». Les connaissances servent plus que les compétences comme principal critère de sélection [4]. Il en ressort que les critiques portées au concours sont entendues dans les deux systèmes de droit, lorsqu'il s'agit d'atténuer « l'insuffisante adéquation entre la nature des épreuves et les besoins de recrutement des administrations » [5]. Il s'avère donc indispensable « d'optimiser l'organisation et les procédures de recrutement afin de les ajuster aux besoins quantitatifs et qualitatifs de demain » [6], et ce, notamment dans le souci de mieux répondre aux principes de performance, d'efficience et d'efficacité qui se trouvent actuellement au cœur de la modernisation du service public. Mais, cette tendance de professionnalisation du concours ne

---

[1] Plantey (A.), *Réformes dans la fonction publique*, LGDJ, 1978, p. 65.

[2] Comité de l'enquête sur le coût et les rendements du service public, *op. cit.*, p. 3 et les ss.

[3] Silicani (J.-L.), *Livre blanc sur l'avenir de la fonction publique*, La Documentation française, 2008, p. 120.

[4] *Ibid.*, p. 120.

[5] *Ibid.*, p. 120.

[6] Comité d'enquête sur le coût et le rendement des services publics, *op. cit.*, p. 2.

repose pas seulement sur la volonté de sa modernisation, mais aussi sur l'obligation de l'aligner sur les exigences des normes européennes ; lesquelles, depuis le début des années 90, ne cessent d'influer, de manière directe ou indirecte, sur l'organisation et l'étendue juridique du concours. À cet effet, force est de constater que les évolutions voire les transformations, subies par les concours d'accès à la fonction publique française, ne sont finalement pas exclusivement le fruit de l'inspiration du législateur **(B)**, mais elles résultent aussi de l'influence du droit européen, qui rappelle, régulièrement, le devoir des États membres de l'UE de s'aligner sur les exigences du droit de l'UE **(A)**.

A. Les procédés de concours face à l'influence européenne

154. L'ouverture de la Fonction publique aux ressortissants des États membres de l'Union Européenne **(1)** a conduit à la généralisation du principe de reconnaissance des qualifications et des diplômes **(2)**, ainsi qu'à l'expérience et à l'ancienneté professionnelles **(3)**.

1. L'ouverture de la Fonction publique aux ressortissants des États membres de l'UE

155. Les enjeux de l'ouverture de la Fonction publique aux ressortissants de l'UE. En posant clairement le principe de non-discrimination en raison de la nationalité en ce qui concerne l'emploi, la rémunération et les autres conditions de travail entre les travailleurs des États membres, les dispositions de l'alinéa 2 de l'article 45 CE (ex-article 48 CEE) ont effectivement consacré le principe de libre circulation des travailleurs. Principe qui a connu d'importants élargissements du fait de l'impact de la jurisprudence communautaire [1]. Ces derniers ont statué notamment que les dispositions précitées interdisaient non seulement « les discriminations ostensibles fondées sur la nationalité », mais également « toutes formes dissimulées de discrimination, qui, par l'application d'autres critères, aboutissent au même résultat » [2].

L'ouverture de la Fonction publique aux ressortissants des États de l'UE, s'attache donc au principe de libre circulation des personnes dans l'UE [3], et

[1] CJCE 10 mars 1993, *Commission c/ Duché du Luxembourg,* aff. n°C. 111/91.

[2] Icard (P.), « L'ancienneté acquise dans un autre État européen », AJFP, 1999, n°3, p. 28.

[3] Consacré par le Règlement du Conseil n°1612/68 du 15 octobre 1968 relatif à la libre circulation des travailleurs à l'intérieur de la Communauté corroboré par les dispositions de la directive du Conseil 68/360 du 15 octobre 1968 relative à la suppression des restrictions au déplacement et au séjour des travailleurs des Etats membres et de leur famille à l'intérieur de la Communauté (CJCE, 23 mars 1982, *D.M. Lévin,* aff. n°53/81).

implicitement à la notion de travailleur [1] ; elle s'applique aux fonctionnaires sans tenir compte des spécificités nationales de l'emploi public [2]. Toutefois, les dispositions de l'article 45 du traité susmentionné, corroborées par les dispositions des articles 51 et 52 du même traité, qui constituent pratiquement à elles seules le fondement juridique de la liberté de circulation des personnes, ne sont en réalité que « l'expression, dans leurs domaines respectifs, d'un principe plus général et plus fondamental : le principe d'égalité de traitement énoncé à [l'article 8] du traité CE (ex-article 7 du traité CEE) » [3].

À l'origine, la libre circulation des travailleurs, affirmée par les dispositions de l'article 45 du traité CE, en tant que principe fondamental de l'UE, n'était pas conçue de façon à porter atteinte à la Fonction publique des États membres. Cela, en raison de l'exclusion des administrations publiques de son champ d'application [4]. Toutefois, la jurisprudence de la Cour de Justice a constamment statué, depuis les années 80 [5], que « les États membres ne sont autorisés à réserver leurs emplois dans la Fonction publique à leurs ressortissants que si ces emplois ont un rapport avec les activités spécifiques de l'administration publique, c'est-à-dire lorsque celle-ci est investie de l'exercice de la puissance publique et de la responsabilité de la sauvegarde des intérêts généraux de l'État (…,) auxquels doivent être assimilés également ceux des collectivités publiques, telles que les administrations municipales » [6]. Aussi, par ses arrêts du 17 décembre 1980 et du 26 mai 1982 [7], la Cour avait précisé que, par emplois dans l'administration publique, il faut entendre « un ensemble d'emplois qui comportent une participation, directe ou indirecte, à l'exercice de la puissance publique et aux fonctions qui ont pour objet la sauvegarde des intérêts généraux de l'État ou des autres collectivités publiques et qui supposent, de ce fait, de la part de leurs titulaires, l'existence d'un rapport de

---

[1] CJCE, 3 juillet 1986, *Deborah Lawrie-Blum et Land Baden-Württemberg*, aff. n°66/85.

[2] Basilien-Gainche (M.-L.), « Le juge communautaire et la loi nationale. Réflexions sur l'affaire Burbaud », Parlement[s], Revue d'histoire politique, 1/2009, n°11, pp. 67-79.

[3] Honorat (E.), « Le droit communautaire de la mobilité des agents publics nationaux en Europe », AJFP, 1997, n°5, pp. 20-24.

[4] « *Les dispositions du présent article ne sont pas applicables aux emplois dans l'administration publique* » (al. 4, art. 48, Traité CEE).

[5] CJCE, 17 décembre 1980, *Commission des communautés européennes c/ Royaume de Belgique*, aff. n°149/79 ; CJCE, 2 juillet 1996, *Commission des Communautés européennes c/ Grand-duché de Luxembourg*, aff. n°C-473/93 ; CJCE, 3 juillet 1986, *Deborah Lawrie Blum c/ Land Baden Würtemberg*, aff. n°66/85.

[6] Commission des Communautés européennes, *Communication : libre circulation des travailleurs – en tirer pleinement les avantages et les potentialités*, COM (2002) 694 final, Bruxelles, p. 20.

[7] CJCE, 26 mai 1982, *Commission des Communautés européennes contre Royaume de Belgique*, aff. n°149/79.

solidarité à l'égard de l'État, ainsi que la réciprocité des droits et des devoirs qui sont le fondement du lien de nationalité » [1].

Afin de dégager une définition de la notion d'emplois dans l'administration publique, la Commission a essayé de systématiser la jurisprudence de la Cour et de déterminer « les secteurs de l'administration publique qui [devaient] faire l'objet d'une ouverture » [2]. À cet effet, la Commission a divisé dans une Communication du 5 janvier, puis dans une autre du 11 décembre 2002, les fonctions en deux grandes catégories : celles qui « paraissaient devoir être ouvertes aux ressortissants communautaires, et celles qui lui paraissaient pouvoir être réservées aux nationaux » [3]. Dans la catégorie des fonctions qui entrent dans le champ de l'alinéa 4 de l'article 45 du traité de la CE, la Commission mentionne les « emplois dans l'administration publique ». Plus précisément la Commission avait regroupé les emplois réservés aux nationaux de la manière suivante : l'armée, la police et les autres forces de l'ordre, la magistrature, l'administration fiscale, la diplomatie, ainsi que les emplois exercés au sein des ministères de l'État, les gouvernements régionaux, les collectivités territoriales, les banques centrales (lorsque la nature des attributions au sein de ces dernières implique l'exercice de la puissance publique) [4]. En revanche, parmi les fonctions exemptées de l'application des dispositions précitées, la Commission a retenu les secteurs concernant les organismes chargés de gérer un service commercial [5] ainsi que l'enseignement dans les établissements publics [6].

Les réflexions des juges communautaires et des représentants des institutions européennes conduisent d'une certaine manière la réflexion vers une sorte de volonté de la CJUE voire du législateur communautaire d'appliquer au secteur public les mêmes principes qu'au secteur privé, en

---

[1] CJCE, 3 juillet 1986, *Deborah Lawrie-Blum et Land Baden-Württemberg*, aff. n°66/85.

[2] Cette action de la Commission a débuté par sa Communication du 18 mars 1988, intitulée *Libre circulation des travailleurs et accès aux emplois dans l'administration publique des États membres. Action de la Commission en matière d'application de l'alinéa 4, de l'article 48 du traité CE, JOCE C 72* (Honorat (E.), « CJCE : les administrations ouvertes à la libre circulation des fonctionnaires en Europe », AJFP, 1997, n°5, p. 19).

[3] Auby (J.-M.), Auby (J.-B.), Jean-Pierre (D.), Taillefait (A.), *Droit de la fonction publique*, Dalloz, 7e éd., 2012, p. 27.

[4] « … des activités ordonnées autour d'un pouvoir juridique de l'État ou d'une autre personne morale de droit public telle que l'élaboration des actes juridiques, la mise en exécution de ces actes, le contrôle de leur application, la tutelle des organismes dépendants » [Honorat (E.), « CJCE : les administrations ouvertes à la libre circulation des fonctionnaires en Europe », *AJFP*, 1997, n°4, p. 19].

[5] Transports publics, électricité, gaz, compagnies aériennes ou maritimes, postes et télécommunications.

[6] Il en ressort que les emplois dans l'administration publique peuvent être définis comme étant ceux qui « comportent une participation, directe ou indirecte, à l'exercice de la puissance publique et aux fonctions, qui ont pour objet la sauvegarde des intérêts généraux de l'État et des autres collectivités » [Larzul (T.), « Droit communautaire et fonction publique », *AJDA*, 1996, n°HS, pp. 28-35].

matière d'égalité de traitement entre les « ressortissants nationaux et les ressortissants des autres pays européens et, par voie de conséquence, la nécessaire élimination des discriminations directes et indirectes à l'encontre des ressortissants des autres États membres ainsi que la suppression des obstacles de toute nature à la libre circulation » [1]. En effet, la jurisprudence communautaire considère « sans intérêt [le fait de] savoir si un travailleur se trouve employé à titre d'ouvrier ou de fonctionnaire, ou encore, si son lien d'emploi relève du droit public ou du droit privé ; ces qualifications étant variables au gré des législations nationales » [2]. Ce qui renvoie à l'intérêt de savoir « si l'emploi en cause est ou non caractéristique des activités spécifiques de l'administration en tant qu'elle est investie de l'exercice de la puissance publique (...) pour la sauvegarde des intérêts de l'État » [3].

La France a consacré légalement le principe de l'ouverture de « ses » fonctions publiques aux ressortissants communautaires par la loi n°91-715 du 26 juillet 1991 portant diverses dispositions relatives à la fonction publique. Comme susmentionné, par l'introduction d'un nouvel article 5 bis dans le Titre premier du statut général [4], a été reconnu aux ressortissants des États membres de l'Union Européenne, voire depuis 2005, aux ressortissants d'un autre État partie à l'accord sur l'Espace Economique européen, l'accès, dans les conditions prévues au Statut général, aux corps, cadres d'emplois et emplois de ces mêmes fonctions publiques. Cela, à l'exception des emplois, dont les attributions « soit ne sont pas séparables de l'exercice de la souveraineté, soit comportent une participation directe ou indirecte à l'exercice de prérogatives de puissance publique de l'État ou des autres collectivités publiques ». Il en ressort que le principe de libre circulation des travailleurs se termine là où le champ de la puissance publique commence. Par conséquent, « tous les organes administratifs (services de l'État, collectivités locales, personnes publiques spéciales) doivent être ouverts aux ressortissants communautaires, à la seule exception de ceux dont tous les emplois seraient spécifiques à l'Administration publique » [5]. Ces dispositions ont rendu accessibles, par concours, aux ressortissants

---

[1] Morel-l'Huissier (P.), *Rapport n°2222 au nom de la Commission des lois constitutionnelles, de la législation et de l'administration générale de la République sur le projet de loi, adopté par le Sénat (n°2210), portant diverses mesures de transposition du droit communautaire à la fonction publique*, mars 2005.

[2] CJCE, 3 juin 1986, *Commission des communautés européennes c/ République française*, aff. n°307/84.

[3] Olson (T.), « Accès des européens à la fonction publique : la fin de l'affaire Burbaud ? », *AJDA*, 2005, n°26, pp. 1465-1474.

[4] L321-2 du CGFP.

[5] Voir, à cet effet, la Communication de la Commission du 11 décembre 2002 (COM(2002) 694, relative à la libre circulation des travailleurs, selon laquelle « les forces armées, la police et les autres forces de l'ordre, la magistrature, l'administration fiscale et le corps diplomatique » représentent des « emplois spécifiques », réservés exclusivement aux nationaux d'un État ».

communautaires, pas moins de 80 % des emplois de la Fonction publique de l'État et 70 % de l'ensemble des emplois de la fonction publique française, et ce, dans des conditions « qui sont en droit compatibles avec les exigences du principe de non-discrimination » [1].

Cela n'a pourtant pas empêché la mise en cause, entre 2000 et 2005, de l'État français devant la CJUE, dans plus d'une centaine d'affaires pour manquement aux règles européennes en vertu de leur primauté par rapport au droit national [2]. Reste que, comme il ressort notamment de la doctrine française, les juges nationaux ne peuvent pas se substituer au législateur, auquel le devoir de transposition du droit européen appartient en exclusivité [3]. Comme M. Pierre Morel le rappelle, dans son rapport rendu à l'Assemblée nationale, en 2005, « l'évolution du droit communautaire suppose une adaptation régulière du droit interne pour assurer sa conformité et avancer de [concert] avec les autres États membres (...) ; l'exigence d'adaptation est d'autant plus pressante qu'elle constitue un des principes fondamentaux du service public, et subséquemment du droit de la fonction publique ». Ce sont les juges communautaires qui ont, une nouvelle fois, indirectement imposé au droit français l'obligation de s'adapter aux exigences communautaires, notamment par l'arrêt de la CJUE du 9 septembre 2003 [4].

Afin d'éviter de nouvelles mises en cause de la loi nationale par le juge communautaire, la loi du 25 juillet 2005 portant diverses mesures de transposition du droit communautaire relatif à la fonction publique a été adoptée [5]. Depuis lors, l'ouverture aux ressortissants communautaires est devenue la règle de droit commun [6]. En tout état de cause, si les États

---

[1] Dubouis (L.), « L'influence de la jurisprudence de la Cour de justice des Communautés européennes sur l'ouverture de la fonction publique française en cours de carrière », *RFDA*, 1998, n°1, pp. 106-120.

[2] CJCE, 9 septembre 2003, *Isabel Burbaud c/ Ministre de l'emploi et de la solidarité*, aff. n°C-285/01.

[3] *Idem.*

[4] CJCE, 9 septembre 2003, *Isabel Burbaud c/ Ministre de l'emploi et de la solidarité*, aff. n°C-285/01.

[5] Parmi ses objectifs, figure celui d'assurer une meilleure ouverture de la fonction publique aux ressortissants des États membres de l'Union Européenne et de l'Espace Economique européen ainsi que celui de rendre l'ordre juridique interne conforme aux prescriptions de la directive 1999/70/CE du 28 juin 1999, en reprenant l'accord-cadre sur le travail à durée déterminée passé entre les partenaires sociaux au niveau européen. La loi vise ensuite à transposer la directive 2001/23/CE du 12 mars 2001 sur le maintien des droits des travailleurs en cas de transfert d'entreprises ou la directive 76/207/CEE du 9 février 1976 exigeant un renforcement de l'égalité hommes-femmes par la suppression des différences de traitement en matière de limites d'âge ou de conditions de diplôme lors du recrutement [Basilien-Gainche (M.-L.), *op. cit.*, p. 67-79].

[6] Freyder (A.), *La fonction publique chronique d'une révolution silencieuse*, LGDJ, 2013, p. 226.

membres demeurent, en principe, libres de définir [1] les modalités d'accès aux emplois publics, qui ne relèvent pas des dispositions du paragraphe 4 de l'article 45 (ex. 48), ils sont toutefois tenus « de ne pas adopter des dispositions susceptibles non seulement de défavoriser, mais aussi de gêner, de manière injustifiée, les ressortissants des autres États membres » [2]. A contrario, si une règle ou une pratique s'appliquent au détriment des ressortissants des autres États, ou simplement les gênent, elle est présumée contraire au principe de libre circulation [3].

Par ailleurs, dans un souci permanent de renforcement du principe de libre circulation voire d'ouverture des fonctions publiques nationales, la CJUE a étendu progressivement l'application de ce dernier principe, notamment en ce qui concerne l'équivalence des qualifications et des diplômes, ainsi que des expériences professionnelles, et ce, notamment par l'unicité voire la continuité des carrières au regard des droits sociaux [4].

2. La reconnaissance des qualifications et des diplômes

156. Les enjeux de l'équivalence des diplômes et des qualifications entre les États membres de l'UE. Quelle que soit « la procédure de sélection retenue (concours, examen ou autre), quelle que soit la qualification juridique de la structure d'accueil (corps, cadre d'emplois, emploi...), et quel que soit le statut de l'agent recruté (titulaire ou non-titulaire), les conditions de qualification ou de diplômes permettant de faire acte de candidature doivent être identiques pour [tous] les ressortissants communautaires » [5]. Toutefois, en raison de l'absence d'harmonisation, la Cour de justice de l'Union Européenne a toujours reconnu aux États membres le droit de définir les connaissances et les qualifications requises à l'exercice d'une profession et d'exiger l'obtention d'un certain diplôme attestant lesdites connaissances et qualifications [6]. Cette exigence a été source de nombreux obstacles à l'intégration des ressortissants des États membres dans une fonction publique « étrangère » voire nationale, dès lors

[1] Voir en matière d'équivalence de diplômes et/ou de l'expérience professionnelle, tant en ce qui concerne les ressortissants des autres États membres que ceux de l'État en question ayant obtenu des diplômes d'étude dans un autre État membre que le leur (CJCE, 15 octobre 1987, *Union nationale des entraîneurs et cadres techniques professionnels du fotbal c/ Heylens e. a.*, aff. n°222/86 ; CJCE, 7 mai 1991, *Irène Vlassopulou c/ Ministerium fur Justiz, Bundes-und Europa ange legenheiten Baden-Wurttemberg*, aff. n°C-340/89 ; CJCE, 31 mars 1993, *Diete Kraus c/ Land Baden-Württemberg*, aff. n° C-19/92.

[2] Honorat (E.), *op. cit.*, p. 21.

[3] CJCE, 23 mai 1996, John *O'Flynn*, aff. n°C-237/94.

[4] Morel-l'Huissier (P.), *op. cit.*.

[5] Lemoyne de Forges (J.-M.), *L'adaptation de la fonction publique française au droit communautaire*, Dalloz, 2003, p. 36.

[6] Honorat (E.), *op. cit.*, p. 20.

que celle-ci dépend de l'obtention d'un diplôme dans un autre pays que celui d'origine. Selon la doctrine, les causes de ces obstacles peuvent être regroupées en deux catégories : « ou bien les systèmes de formation des États membres sont mal connus, et il est difficile d'établir une correspondance entre les diplômes auxquels ils conduisent et ceux qui certifient les formations dispensées sur le territoire national (...) ; ou bien la réglementation nationale exige, pour l'accès à certaines activités, la possession de certains diplômes, en se référant au seul système de formation national » [1]. Cela signifie en réalité qu'une personne, ayant obtenu un diplôme dans un État autre que celui, dont elle est ressortissante, pourrait se retrouver dans la situation de ne pas pouvoir se porter candidate pour l'obtention d'un emploi public dans son pays d'origine, et cela pour la seule raison de manque de reconnaissance de son diplôme sur ce territoire national [2].

De même, les ressortissants des autres États membres de l'UE peuvent être confrontés à une exigence de diplôme délivré par l'État dans lequel ils souhaitent postuler un emploi public, en raison de l'absence d'harmonisation des règles relatives à la reconnaissance des diplômes et à l'expérience professionnelle d'un État à un autre [3]. Les difficultés précitées ont permis d'engager une réflexion concernant l'élaboration d'un système général de reconnaissance des diplômes d'enseignement supérieur qui sanctionnent des formations professionnelles d'une durée minimale de trois ans [4]. Ces réflexions ont trouvé une première consécration dans la directive n°89/48/CEE du Conseil du 21 décembre 1988, laquelle fut modifiée et complétée en 1992 par la directive 92/51/CEE du Conseil du 18 juin 1992 relative à un deuxième système général de reconnaissance des formations professionnelles. Selon ces deux directives, les diplômes requis pour l'exercice d'une profession donnée attestent d'une formation, qui prépare spécifiquement à l'exercice de la profession pour laquelle une personne se porte candidate [5]. Par conséquent, et afin de satisfaire aux dispositions de l'article 45 CE, la Commission est d'avis que, lorsque « seul compte le niveau d'études pour lequel un diplôme est délivré, les autorités de l'État membre d'accueil ne peuvent prendre en considération le contenu de la formation (...) ; seul le niveau de diplôme [doit] être retenu par les autorités

---

[1] Pertek (J.), « Reconnaissance des diplômes et ouverture des emplois publics aux ressortissants communautaires », AJDA, 1991, n°10, pp. 680-690.

[2] CJCE, 25 juillet 1991, *Commission des communautés européennes c/Italie,* aff. n°C-58/90, Rec. 1991, p. I-4193 concernant la reconnaissance de titres professionnels obtenus à l'étranger, réservée aux citoyens italiens.

[3] Pertek (J.), op. cit., pp. 680-690.

[4] CJCE, 15 octobre 1987, *Unectef c/ Georges Heylensea*, aff. n°222/86.

[5] Commission des Communautés européennes, *Communication : libre circulation des travailleurs – en tirer pleinement les avantages et les potentialités*, COM (2002) 694 final, Bruxelles, p. 25.

de l'État membre d'accueil » [1]. De plus, si un diplôme d'un niveau donné permet d'accéder à la fonction publique ou à une procédure de sélection pour l'obtention d'un autre type de poste public dans l'État membre où le diplôme a été obtenu, ce diplôme « doit également permettre d'accéder de la même manière à une procédure de sélection pour un emploi dans une catégorie équivalente dans le secteur public de l'État membre d'accueil » [2]. Le positionnement de la Commission est le même également en ce qui concerne le diplôme qui sanctionne un niveau déterminé de formation. Même s'il répond à certains critères en matière de contenu, le diplôme ne fait pas l'objet d'une formation professionnelle au sens des directives 89/48/CEE et 92/CEE [3]. Le fait que « les conditions d'accès, qui caractérisent la profession réglementée, ne se réduisent pas nécessairement à la détention d'un diplôme académique intéresse… », même les États, comme la France, où les formations suivies dans certaines Écoles, telle l'École nationale de la santé publique de Rennes, « ne donnent naissance qu'à la qualité d'ancien élève sans remise expresse d'un diplôme classique » [4].

Dans cet esprit, l'affaire Burbaud représente une référence en matière de liberté de circulation et de reconnaissance de diplômes. En juillet 2001, la « Cour administrative d'appel de Douai a posé, en application de l'article 234 CE, deux questions préjudicielles relatives à l'interprétation de l'article 39 CE (ex-48 du traité CEE) et de la directive 89/48/CEE du Conseil du 21 décembre 1988 relative à un système général de reconnaissance des diplômes d'enseignement supérieur qui sanctionnent des formations professionnelles d'une durée minimale de trois ans ». Ces questions ont été soulevées dans le cadre du litige opposant Mme Burbaud au ministère de l'Emploi et de la Solidarité portant sur la sollicitation d'intégrer le corps des directeurs des hôpitaux en France. Cela, en se prévalant des diplômes et des acquis professionnels obtenus dans son pays d'origine, le Portugal. À l'appui de sa démarche, elle a fait état de « l'obtention du diplôme d'administrateur hospitalier délivré par l'École nationale de la santé publique de Lisbonne et de son expérience professionnelle d'administration d'hôpital au Portugal du 1er septembre 1983 au 20 novembre 1989 » [5]. Suite au rejet de sa demande, le 20 août 1993, par le ministre délégué à la Santé, au motif « qu'en l'état de la réglementation nationale, si le décret du 19 janvier 1993 avait ouvert l'accès des ressortissants des États membres à certains corps de la fonction publique hospitalière, le corps des personnels de direction des hôpitaux régi par le décret du 19 février 1988 n'était, pour sa part, pas accessible aux ressortissants communautaires et qu'en tout état de cause l'intégration

[1] *Ibid.*, p. 25.
[2] *Ibid.*, p. 25.
[3] CJCE, 8 juillet 1999, *Fernandez de* Bobadilla, aff. n°C-234/97.
[4] Lemoyne de Forges (J.-M.), « L'illégalité du système de reconnaissance des diplômes communautaires pour l'accès à la fonction publique », AJDA, 2004, n°10, pp. 554-558.
[5] CE 16 mars 2005, *Mme Burbaud*, req. n°268718, *AJFP*, 2005, n°4, p. 187.

sollicitée était subordonnée à la réussite aux épreuves du concours d'admission à l'école nationale de la santé publique de Rennes et au suivi de la formation dispensée par cette école » [1], Mme Burbaud s'est adressée au tribunal administratif de Lille. Le rejet du recours par ce dernier a conduit Mme Burbaud à saisir la Cour administrative d'appel de Douai, laquelle, comme mentionné ci-dessus, a adressé à la CJUE deux questions préjudicielles. La première, concernait la question de savoir « si le cursus de formation à l'ENSP, débouchant sur une titularisation dans la fonction publique, devait être considéré comme un diplôme au sens de la directive 89/48/CEE du Conseil, du 21 décembre 1988, relative à un système général de reconnaissance des diplômes d'enseignement supérieur qui sanctionnent des formations professionnelles d'une durée minimale de trois ans (JOCE 1989 L 19, p. 16) » [2]. Alors que la seconde cherchait à savoir « si un État membre [pouvait] subordonner l'intégration dans la fonction publique de fonctionnaires d'un autre État membre ayant un diplôme équivalent à la réussite [d'autres conditions] tel que le concours d'entrée » [3] dans une école nationale de formation desdits fonctionnaires. En fait, c'est ce dernier point qui a suscité des commentaires du milieu doctrinal français, et ce, parce que si le système français s'est « résigné » à ouvrir progressivement certains de ses corps et/ou cadre d'emplois aux ressortissants des États membres de l'UE, « rien ne laissait [toutefois] supposer que le système même du recrutement par concours pourrait être directement affecté par le droit communautaire » [4]. Le fait d'ouvrir à ces derniers la possibilité de se présenter aux épreuves externes de recrutement apparaissait comme suffisant pour que la légalité communautaire soit respectée [5].

À cet effet, « la jurisprudence européenne, notamment dans l'arrêt Burbaud », considère qu'un corps ou cadre d'emplois fait partie de la catégorie des « professions réglementées » [6], en application de la directive 89/48/CEE du Conseil du 21 décembre 1988, « dès lors que son accès est strictement réservé aux détenteurs d'un titre ou d'un diplôme particulier, tel que la qualité d'ancien élève d'une école administrative » [7].

---

[1] *Idem.*

[2] Gervasoni (S.), « Principe du concours et libre circulation des travailleurs », *AJDA*, 2003, n°32, pp. 1734 - 1739.

[3] *Ibid.*, pp. 1734 - 1739.

[4] *Ibid.*, pp. 1734 - 1739.

[5] *Ibid.*, pp. 1734 - 1739.

[6] Par « *profession réglementée* », il faut comprendre, selon les dispositions du 1er article de la directive précitée, une « activité professionnelle dont l'accès ou l'exercice dans un État est subordonné directement ou indirectement, par des dispositions législatives, réglementaires ou administratives à la possession d'un diplôme » (CJCE, 1er février 1996, *Giorgio Aranitis c/ Land Berlin*, aff. n°C-164-94,). Voir à cet effet également Lemoyne de Forges (J.-M.), *op. cit.*, pp. 554-558.

[7] Lemoyne de Forges (J.-M.), « La loi de transposition du droit communautaire à la fonction publique », *AJDA*, 2005, n°41, pp. 2285-2291.

Les deux directives ont été abrogées en 2005, lorsque le Parlement européen et le Conseil du 7 septembre 2005 ont adopté la directive 2005/36/CE relative à la reconnaissance des qualifications professionnelles. L'étendue juridique des dispositions précitées recouvre notamment la reconnaissance de l'expérience et de l'ancienneté professionnelles, acquises soit dans l'État d'origine – lorsqu'il s'agit d'un(e) candidat(e) ressortissant(e) d'un État membre -, soit dans un autre État que celui d'origine.

3. La reconnaissance de l'expérience et de l'ancienneté professionnelles

157. Les enjeux posés par la prise en considération de l'expérience et de l'ancienneté professionnelles entre les États membres de l'UE. L'évolution du droit de l'UE « impose, selon la Cour rejointe sur ce point par la Commission européenne, de prendre en compte les activités professionnelles accomplies dans un autre État membre lorsqu'un ressortissant est recruté en cours de carrière » [1]. L'article 6 de la Directive 92/51/CEE précise que « lorsque, dans l'État membre d'accueil, l'accès à une profession réglementée ou son exercice est subordonné à la possession d'un certificat, l'autorité compétente ne peut refuser à un ressortissant d'un État membre, pour défaut de qualification, d'accéder à cette profession (...) si le demandeur a exercé à temps plein cette profession pendant deux ans (...) au cours des dix années précédentes dans un autre État membre qui ne réglemente pas cette profession en ayant un ou plusieurs titres de formation » [2]. La question de la prise en compte de l'expérience et de l'ancienneté professionnelles est donc d'autant plus décisive et complexe, qu'elle touche directement tant au concours d'accès dans la Fonction publique qu'au déroulement de la carrière [3]. De plus, selon les dispositions du même article, l'absence de tout diplôme peut être remplacée par une pratique professionnelle équivalente à trois ans à temps plein [4]. Par conséquent, la Commission considère que l'expérience professionnelle et

---

[1] Dubouis (L.), « L'influence de la jurisprudence de la Cour de justice des Communautés européennes sur l'ouverture de la fonction publique en cours de carrière », RFDA, 1998, n°1, pp. 106-120.

[2] Lemoyne de Forges (J.-M.), *op. cit.*, pp. 554-558.

[3] « Il s'agit de faire en sorte que l'expérience professionnelle acquise dans un autre État membre soit traitée de la même façon que l'expérience acquise dans son propre p*ays* (...) », ce qui soulève de nombreuses questions par rapport aux services au sein desquels cette expérience fut acquise, d'une part et d'autre part, par rapport à « la portée à donner à cette reconnaissance en matière de concours et de reclassement » [Pochard (M.), *Perspectives pour la fonction publique*, in *Rapport 2003 : jurisprudence et avis de 2002. Perspectives pour la fonction publique*, La documentation française, 2003, p. 282].

[4] Lemoyne de Forges (J.-M.), *op. cit.*, pp. 554-558.

l'ancienneté obtenues dans un autre État membre doivent être prises en considération « par les administrations des États membres en matière d'accès à leur Fonction publique et de détermination des avantages professionnels (rémunération, grade) de la même manière que l'expérience est prise en compte dans leur propre système » [1]. Sur ce point, les juges communautaires ont statué, par l'arrêt Scholz, rendu le 23 février 1994, que : « l'article 48 du traité CEE [2] doit être interprété en ce sens que, lorsqu'un organisme public d'un État membre, à l'occasion du recrutement de personnel pour des postes qui ne relèvent pas du champ d'application de l'article 48 paragraphe 4, du traité, prévoit de prendre en compte les activités professionnelles antérieures, exercées par les candidats au sein d'une administration publique, cet organisme ne peut, à l'égard des ressortissants communautaires, opérer de distinction, selon que ces activités ont été exercées dans le service public de ce même État membre ou dans celui d'un autre État membre » [3].

Malgré le nombre de questionnements déjà évoqués, l'adoption de la loi n°2009-972 du 3 août 2009 relative à la mobilité et aux parcours professionnels dans la fonction publique a marqué l'ouverture des concours internes aux ressortissants communautaires dans les mêmes conditions que les candidats issus des administrations françaises, et ce, en faisant prévaloir les services accomplis dans l'Administration de leur État membre d'origine [4]. L'adoption de la loi de 2009, faisant suite à l'adoption de l'acte normatif relatif à la modernisation de la fonction publique du 2 février 2007, dont les dispositions des articles 5 et 6 ont introduit la reconnaissance des acquis et de l'expérience dans l'organisation des concours (RAEP), a conduit non seulement à favoriser la promotion interne, mais également à diversifier le recrutement.

L'influence exercée par le droit communautaire en matière d'accès à la fonction publique n'a pas eu le même impact sur l'encadrement juridique du concours roumain de recrutement dans la Fonction publique [5]. Les domaines pour lesquels les directives européennes « recommandent » l'ouverture des emplois publics aux ressortissants européens étant soumis, en droit roumain, au Code du travail considéré ensemble avec les dispositions de la décision n°286 du 23 mars 2011 relative à l'approbation du règlement-cadre relatif à l'établissement des principes généraux d'occupation d'un poste vacant, ou

---

[1] Commission des Communautés européennes, *Communication : libre circulation des travailleurs – en tirer pleinement les avantages et les potentialités*, COM (2002) 694 final, Bruxelles, p. 23.

[2] Article 45 CE (ancien 39 CE).

[3] CJCE 23 février 1994, *Ingetraut Scholz c/ Opera Universitaria di Cagliari*, aff. n°C-419/92.

[4] Freyder (A.), *La fonction publique. Chronique d'une révolution silencieuse*, LGDJ, 2013, p. 226.

[5] Toutes les fonctions qui composent la fonction publique roumaine engagent *expressis verbis* l'exercice de la puissance publique.

temporairement vacant, correspondent aux fonctions contractuelles et aux critères de promotion du personnel contractuel du secteur budgétaire et rémunéré des fonds publics [1]. Par suite, ne peut être ignoré le fait que si le droit communautaire a beaucoup influencé l'élargissement et l'assouplissement des procédures d'accès à la Fonction publique française, voire roumaine, cette influence n'a pas été la même, en termes d'intensité, sur les interrogations qui habitent le milieu français et qui touchent le contenu des épreuves et la composition des jurys.

B. Les écueils de la professionnalisation du concours français

158. Les premières réflexions de professionnalisation des concours remontent aux débuts des années 1990 **(1)**, sans toutefois connaître des aboutissements révolutionnaires avant la fin des années 2010 **(2)**.

1. Les premières réflexions vers la professionnalisation des concours

159. Les réflexions engagées en faveur de la professionnalisation des concours. Les années 1990 ont été marquées par un courant quasi généralisé en faveur de la professionnalisation des procédés de sélection par concours [2]. L'interrogation était de savoir quelle trajectoire donner à cette professionnalisation ? À cet effet, les influences du droit européen en faveur de l'ouverture de la Fonction publique aux ressortissants des États membres de l'UE, par la reconnaissance de l'expérience professionnelle acquise dans l'État d'origine ou dans un autre État que celui d'origine, ou encore, par équivalence des conditions de titres ou diplômes requis [3] pour se présenter aux concours, ont représenté des étapes extrêmement importantes dans l'évolution des règles relatives aux conditions et procédures de concours [4]. La loi de modernisation de la fonction publique du 2 février 2007 a

[1] Les concours d'accès aux emplois publics dans des domaines comme l'enseignement, la santé, entreprises d'État etc.

[2] Dreyfus (B.), *Rapport sur la mise en œuvre du dispositif législatif sur la fonction publique territoriale*, La documentation française, 2003 ; Desforges (C.) et Chalvron (G.), *Rapport sur la mission préparatoire au réexamen général du contenu des concours d'accès à la fonction publique de l'État*, La Documentation française, 2008 ; Silicani (J.-F.), *Livre blanc sur la fonction publique*, La documentation française, 2007.

[3] CE 13 juillet 2011, *M. Jaunatre*, req. n°323.935, *AJDA*, 2011, n° 26, p. 1467 : l'équivalence de diplômes pour accèder au concours d'ingénieur territorial en chef.

[4] Loi n°2001-2 du 3 janvier 2001 relative à la résorption de l'emploi précaire et à la modernisation du recrutement dans la fonction publique, ainsi qu'au temps du travail dans la fonction publique territoriale.

également laissé une empreinte révolutionnaire sur la professionnalisation du concours lorsqu'elle a consacré la reconnaissance des acquis de l'expérience professionnelle (RAEP) dans l'organisation du concours. Les objectifs attendus de cette démarche cherchaient non seulement à favoriser la promotion interne, mais aussi à diversifier le recrutement. Toutefois, force est de constater que ce sont les concours d'accès dans la Fonction publique territoriale qui ont été les plus touchés par ce qui est appelé « courant de professionnalisation ». Spécialement si l'on considère que, par rapport aux concours d'accès aux Fonctions publiques d'État et hospitalière, le législateur français a retenu pour les acteurs de la fonction publique territoriale la possibilité de faire un choix parmi les lauréats du concours.

Comme il a été déjà susmentionné, les seuls résultats obtenus aux concours d'entrée dans la Fonction publique territoriale ne suffisent pas pour être nommé dans une fonction publique. C'est pourquoi, après la réussite au concours, il faut encore démarcher des collectivités territoriales par des candidatures et des entretiens similaires aux entretiens de recrutement spécifiques au droit privé. Cette liberté de sélection des collectivités territoriales comparable « à celle dont disposent les employeurs privés dans les relations contractuelles qu'ils engagent avec les demandeurs d'emploi » a été jugée par la doctrine comme une marque « d'insertion du contrat dans le statut » [1], et implicitement de rapprochement des procédés de sélection pratiqués dans le secteur privé. Reste que l'une des démarches les plus importantes d'évaluation et de réflexion de la composition même des épreuves du concours s'est déroulée entre 2008 et 2012.

2. La poursuite des réflexions de professionnalisation du concours

160. Les propositions de professionnalisation des concours de la fin des années 2010. Contesté par les défenseurs du concours traditionnel et apprécié par ses contestataires, le rapport [2], rendu en janvier 2008 par madame Corinne Desforges et monsieur Jean-Guy de Chalvron, a marqué le point de départ de ce qui allait représenter un long processus de transformation des règles de concours de sélection/recrutement dans la Fonction publique française [3]. À cet effet, les conclusions du rapport précité

[1] Allaire (F.), « L'accès à la fonction publique territoriale : entre droit administratif et droit du travail », AJFP, 2005, n°2, pp. 67-72.

[2] Desforges (C.) et Chalvron (de) (J.-G.), *Rapport de la mission préparatoire au réexamen général du contenu des concours d'accès à la fonction publique de l'État*, janvier 2008.

[3] Montecler (de) (M.-C.), « Passer des concours de sélection à des concours de recrutement », AJDA, 2008, n° 7, pp. 324-325 ; Bourdon (J.), « De la réforme des concours d'accès à la fonction publique », *AJFP*, 2008, n° 3, pp. 113-116.

ont trouvé leur expression dans une circulaire du 20 juin 2008 [1]. Le contenu de la circulaire indique, parmi les axes autour desquels le plan d'action relatif à la modernisation du concours d'accès à la Fonction publique allait être articulé, la redéfinition du contenu du concours et la professionnalisation du jury [2].

Concernant la redéfinition du contenu des concours, les précisions de la circulaire précitée ciblent trois points principaux autour desquels les réflexions devaient être centrées : ce qui est encouragé dans les épreuves [3], ce qui est prohibé [4] et ce qui doit être prohibé au cas par cas. Plus concrètement, pour les épreuves écrites, la proposition concernait le remplacement de la dissertation classique soit par des questions à choix multiples (QCM), soit par des questions à réponses courtes (QRC). Cette dernière solution étant mieux reçue que la première [5]. Toutefois, les recommandations le plus discutées ont été celles relatives non seulement à la suppression du droit public des programmes de concours pour les catégories B et C, mais aussi à l'interdiction adressée aux correcteurs d'accorder des points supplémentaires pour les réponses des candidats qui aillent au-delà des exigences minimales attendues en fonction des programmes de révision. C'est « Mozart que l'on assassine », annonçait le Professeur Didier Jean-Pierre, tout en se demandant ironiquement, s'il n'y avait presque pas lieu « de se réjouir que n'ait pas été proposé que le candidat qui en sait trop soit pénalisé » [6].

Ces dernières considérations présentent une importance particulière également pour le système roumain de recrutement par concours, du moins

---

[1] Circulaire n°239 du 20 juin 2008 relative à la mise en œuvre des préconisations des rapports de Mmes Desforges et Dorne-Corraze sur le réexamen général du contenu des concours et l'organisation et le pilotage des recrutements au sein de la fonction publique.

[2] Les deux autres axes regardaient le pilotage interministériel de la politique de recrutement et une nouvelle communication sur les concours et les emplois de la fonction publique.

[3] Identifier les compétences et aptitudes requises pour la fonction ; définir les contenus des épreuves en conséquence, réduire le nombre d'épreuves en privilégiant celles qui permettent d'identifier les compétences recherchées et en supprimant celles sans lien avec les métiers exercés ; réduire et simplifier les programmes de révision ; développer les épreuves de reconnaissance des acquis de l'expérience professionnelle (RAEP) dans les concours internes et les concours de la 3ème voie, afin de valoriser l'expérience professionnelle, introduire des grilles d'analyse et de comportement pour les épreuves orales, encourager la présence d'un professionnel du recrutement aux épreuves orales (Circulaire n°239 du 20 juin 2008, p. 2).

[4] Des épreuves inadaptées aux compétences recherchées, trop académiques. Des options multiples sans lien avec la fonction : droit civil, histoire …, mieux définir le concours interne, afin qu'il ne soit plus un outil d'évaluation des connaissances, mais des compétences acquises dans le métier et les aptitudes à exercer des fonctions de niveau supérieur [une combinaison de RAEP, un entretien de motivation et de comportement pourraient permettre de sélectionner les meilleurs candidats (Circulaire n°239 du 20 juin 2008, p. 2)].

[5] Jean-Pierre (D.), « La professionnalisation des concours de la fonction publique », *JCP A*, 2008, n°42-43, pp. 31-35.

[6] *Ibid.*, p. 2236.

pour ce qu'il en est des questionnements portant sur une redéfinition du contenu des épreuves en harmonisation avec les compétences et les aptitudes préalablement identifiées comme nécessaires pour l'exercice de la fonction. Par suite, la demande relative à l'introduction d'une grille d'analyse et de comportement pendant les épreuves orales, de même que l'idée d'inclure parmi les membres du jury un professionnel du recrutement pour l'entretien, touchent à des aspects très sensibles pour le tellement contesté entretien - qui succède aux épreuves écrites du concours roumain.

Concernant la professionnalisation des jurys, les recommandations invitent à faire en sorte que « les membres de jury [soient] recrutés avec soin, formés, en particulier aux techniques de conduite d'entretien et d'élaboration des grilles d'évaluation pour apprécier les qualités des candidats » [1]. Lesdites conclusions voire recommandations ont poussé les défenseurs du concours traditionnel à considérer que « la formation juridique des futurs fonctionnaires n'est plus une priorité », mettant ironiquement en exergue le fait que « le rapport regrette (...) que les lauréats des concours soient majoritairement surdiplômés, et propose d'y remédier en créant des licences et des baccalauréats professionnels adaptés aux « métiers de la fonction publique » [2].

L'heure étant désormais à l'exaltation des vertus de l'expérience, qu'elle ait été acquise à l'étranger, dans le secteur privé, ou encore, à travers des titres universitaires, le concours est ainsi allégé, transformé, de manière qu'il devienne plus souple, voire moins lourd [3]. Ce qui, selon le Professeur Fabrice Melleray, fait perdre au concours « une partie de son sens et de sa valeur » [4], d'autant que l'élément essentiel du concours réside précisément « dans le caractère déterminant des épreuves dans le choix des agents, caractère qui a évidemment pour effet de grandement limiter la liberté d'appréciation de l'autorité de nomination » [5].

C'est à l'aune des démarches de modernisations entreprises depuis 2008 que les épreuves de certains des concours d'accès à la Fonction publique française ont connu des transformations importantes. La réforme du concours d'accès aux Instituts Régionaux d'Administration (IRA) a débuté presque au lendemain des rapports Desforges et Correze par l'arrêté du 6

---

[1] La circulaire du 20 juin 2008 insiste sur l'obligation de mise en place des formations spécialisées à cet effet (Circulaire n°239 du 20 juin 2008, p. 4).

[2] Lebreton (G.), « Mouvementer » les concours de recrutement ? », *AJDA*, 2009, n°26, pp. 1393-1396 ; Peiser (G.), « Les principes professionnalisés face au principe d'impartialité », *AJDA*, 2010, n°35, pp. 1996-1999 ; Priet (F.), « Mort d'un (du) concours », *AJDA*, 2009, n° 28, pp. 1513-1516 ; Taillefait (A.), « La loi du 27 janvier 2017 relative à l'égalité et à la citoyenneté : impression « soleil couchant », *AJFP*, 2017, n° 4, pp 195-199.

[3] Melleray (F.), *Droit de la fonction publique*, Economica, 4e éd., 2017, p. 283.

[4] *Ibid.*, p. 278.

[5] Sadran (P.), *Le régime juridique des concours de la fonction publique*, Thèse, Bordeaux I, 1972, pp. 20-65.

juin 2008 [1]. Aux termes dudit arrêté, et afin d'orienter les recrutements d'accès à la Fonction publique plutôt vers l'appréciation des compétences des candidats et un peu moins vers des savoirs académiques, l'épreuve de culture générale a été réduite à une épreuve sur un sujet général portant sur le rôle de l'État. De plus, le « grand oral » a été reconsidéré non plus comme une conversation avec le jury à partir d'un sujet théorique, mais sous forme d'une mise en situation, censée « orienter le concours vers la logique du recrutement professionnel sur la base d'un entretien d'embauche » [2]. De même, le décret du 6 juin 2008 fut remplacé par le décret n°2009-756 du 22 juin 2009 fixant les modalités d'organisation des concours pour le recrutement des attachés territoriaux, en vertu duquel les épreuves de concours ont été repensées dans le sens « d'une professionnalisation qui cultive à tort, une méfiance à l'égard des savoirs acquis à l'université » [3].

Les propositions d'un second rapport, intitulé « Dorne-Corraze », rendu en juillet 2008, ont été jugées plus réalistes parce qu'elles concernaient plutôt la structure du concours, par une refonte autour de trois types de concours : initial, professionnel et de promotion [4]. Si aux termes desdites propositions, le concours initial devait être ouvert exclusivement aux jeunes diplômés, le concours professionnel l'était aux personnes disposant déjà d'une expérience professionnelle dans les secteurs public ou privé. Par suite, en matière de promotion interne, le rapport précité proposait qu'elle soit repensée sur la base d'examens professionnels qui, à la différence des concours de promotion, repose sur des épreuves valorisant plutôt les compétences [5]. Les conclusions du Comité d'enquête sur le coût et le rendement des services publics du rapport précité individualisaient particulièrement deux priorités à prendre en considération pour la réforme des procédures de recrutement par concours [6]. La première priorité résidait dans la simplification, la déconcentration et la mutualisation de l'organisation des concours « en s'appuyant sur les pôles de ressources spécialisés existants, tout en réduisant le nombre de procédures ». Et ce, par une harmonisation des programmes, des épreuves ou des conditions d'admission au concours qui accompagne le processus de déconcentration, mais sans porter atteinte au principe de subsidiarité. La seconde priorité visant précisément la refonte du recrutement autour des trois types de concours évoqués précédemment : initial, professionnel et de promotion.

[1] L'arrêté du 6 juin 2008 fixant la nature, la durée et le programme des épreuves des concours d'entrée aux instituts régionaux d'administration.

[2] Aubin (E.), *La fonction publique*, Gualino, 6e éd., 2015, p. 242.

[3] *Ibid.*, p. 221.

[4] Rapport Dorne-Correze et autres, *L'organisation et le pilotage des recrutements au sein de la fonction publique de l'État*, La Documentation française, 2008, pp. 75-95.

[5] Rapport Dorne-Correze et autres, *op. cit.*, p. 85.

[6] *Ibid.*, p. 85.

Partant des propositions de modernisation du recrutement par concours formulées par le milieu scientifique et administratif français, il s'avère utile d'élargir le spectre de cette analyse aux pratiques, voire évolutions, enregistrées dans d'autres États européens. L'objectif est de prouver le caractère incontournable du recrutement par concours pour la Fonction Publique.

§ 2. Le caractère incontournable du concours

161. Le concours reste la forme principale de sélection indépendamment du régime juridique de la Fonction publique. Les réflexions relatives à la modernisation des procédures de sélection par concours peuvent être regroupées autour de plusieurs objectifs, dont la flexibilité et la diversification des procédures de recrutement, ainsi que leur décentralisation. Ajouter à l'expérience française, des enseignements issus de l'analyse d'autres systèmes européens, statutaires ou d'emplois **(A)** permettent de dégager des réflexions concernant la capacité des normes statutaires de s'adapter aux défis actuels de modernisation **(B)**.

A. Les enseignements à tirer des expériences étrangères

162. Traditionnellement, l'accès dans la Fonction publique des États membres de l'Union Européenne est assuré par des concours et/ou des examens d'entrée ouverts à tous les candidats, qui répondent aux conditions consacrées par les dispositions constitutionnelles et/ou légales. Reste que si presque tous les États membres de l'Union européenne privilégient le concours en tant que procédé principal d'accès à la Fonction publique, il n'en reste pas moins que certaines des caractéristiques traditionnelles du concours sont, similairement au cas français, touchées par un fort courant de professionnalisation.

Les réflexions en la matière se sont concentrées particulièrement sur la flexibilité et la diversification par la numérisation des méthodes de sélection **(1)**, ainsi que sur la décentralisation [1] des procédures de recrutement et des responsabilités afférentes **(2)**.

---

[1] Demmke (C.) et Moilanen (T.), *Civil services in the EU of 27. Reform outcomes and the future of the civil service*, éd. Peter Lang, 2010, pp. 164-165.

1. L'intrusion du numérique dans les processus de sélection par concours

163. Le développement progressif d'un droit du numérique par rapport notamment à certains aspects de la Fonction publique fait suite à l'informatisation des différentes procédures de concours, tel que les expériences belge **(a)** et européenne **(b)** le témoignent.

a. L'expérience numérique du concours belge

164. Les spécificités du système belge de recrutement. Le système belge d'accès dans la Fonction publique n'est pas, à cet effet, dépourvu d'intérêt pour les systèmes tant roumain que français. Construit sur le système de la carrière [1], l'accès à la Fonction publique belge est géré depuis 1938 par le biais du secrétariat permanent de recrutement (SPR) [2]. L'objectif assigné à cette structure visait la rationalisation du « processus de recrutement et de sélection pour mieux le soustraire à l'influence politique » [3]. Rebaptisé, soixante ans plus tard, en tant que Bureau de sélection de l'Administration fédérale (SELOR), ses compétences et ses activités sont regroupées autour de trois axes. Ainsi, les responsabilités de SELOR ne concernent pas seulement l'organisation du recrutement et de sélection des fonctionnaires statutaires et/ou de support dans la procédure de sélection pour des fonctions contractuelles, mais aussi la mobilité « volontaire ou d'office » [4]. Au-delà toutefois des responsabilités citées ci-dessus, la mission de SELOR vise en priorité « à soutenir de manière positive l'image de l'administration fédérale en tant qu'employeur » [5]. À cet effet, SELOR doit promouvoir la gestion des talents au sein de l'administration en termes de recrutement, de sélection, ou encore, de (re)orientation de carrière ; et ce, en se portant garant de l'objectivité et de l'égalité des chances de tous les candidats, selon une déontologie fondée sur des valeurs comme l'indépendance, la transparence, le professionnalisme, ou encore, l'orientation et l'ouverture vers le « client » [6]. Œuvrant pour plus de 150 services publics différents, SELOR est responsable tant des recrutements des agents pour l'administration fédérale, mais aussi, pour

---

[1] Arrêté Royal (ci-après AR) du 2 octobre 1937 portant statut des agents de l'État.

[2] AR du 20 février 1938.

[3] Amara (M.), *Dossier d'étude et de préparation du tableau de tri*, SELOR, 2009, p. 16.

[4] Rapport sur la fonction publique belge, 2009, p. 14 (http://annuelreport.selor.be, consulté le 03 mars 2022).

[5] SELOR, *2002 une année de turbulences*, publié le 31 décembre 2002 (http://annualreport.selor.be/frbe/detail/2002-une-annee-de-turbulences, consulté le 03 mars 2022.

[6] *À propos de SELOR*, http://www.selor.be/fr/a-propos-de-selor/, consulté le 11 mars 2022.

certaines des administrations des régions et des communautés. De plus, l'évolution progressive vers un système de sélection comparative des candidats [1] a davantage favorisé le développement de l'e-recrutement dans la Fonction publique belge. En effet, depuis 2002, SELOR a œuvré à la modernisation des procédures d'appel à candidatures, de publicité des postes ou des applications facilitant des « possibilités interactives telles que la candidature en ligne et la liste de diffusion des offres d'emploi » [2]. Le développement de ces deux derniers points présente un intérêt particulier parce que, loin d'affecter la substance des principes de libre et égal accès à la Fonction publique, la candidature en ligne et la liste de diffusion des offres d'emplois représentent avant tout des instruments juridiques censés renforcer non seulement l'accès aux informations relatives aux fonctions mises en concours, mais aussi faciliter les procédures de pré-candidature.

L'interface de SELOR gère, d'une part, toutes les offres d'emploi dans la Fonction publique, et d'autre part, les candidats potentiellement intéressés par une carrière dans l'Administration d'État. Dans cette optique, l'obligation pour les employeurs publics de passer par SELOR pour la publication de toute offre d'emploi est doublée par l'obligation des personnes potentiellement intéressées par une carrière dans la Fonction publique, et/ou qui, étant déjà fonctionnaires, souhaitent réorienter leur carrière, de s'enregistrer d'abord sur le site web de SELOR et de télécharger en ligne leur CV. Les personnes enregistrées sur SELOR ont ainsi la possibilité de manifester en ligne l'intérêt de concourir pour un emploi public bien déterminé.

Le développement de l'e-recrutement semble avoir offert, d'une part, aux personnes inscrites sur le site SELOR la possibilité de gérer de manière indépendante leurs CV et leurs candidatures en ligne, et d'autre part, à l'Administration la possibilité de compter à long terme sur une banque de données de profils professionnels des plus divers. Une banque de données qui permet aujourd'hui d'effectuer des « matchings » [3] entre les compétences recherchées et le profil des candidats [4].

En ce qui concerne son contenu, le concours est fondé sur un système de sélection comparative [5] qui, sur la base d'une description de fonction et du

---

[1] Broux (P.-O.) (de), « De Camus à Copernic : l'évolution de la fonction publique en Belgique », Administration publique, vol. 3, 2005, p. 158.

[2] *2002, une année de turbulences*, le 31 décembre 2002, http://annualreport.selor.be/frbe/detail/2002-une-annee-de-turbulences, consulté le 03 mars 2022.

[3] Nouvelle technique de recrutement par la mise directe en contact de deux personnes (candidate – employeur) qui semblent se correspondre professionnellement.

[4] *2002, une année de turbulences*, le 31 décembre 2002, http://annualreport.selor.be/frbe/detail/2002-une-annee-de-turbulences , consulté le 03 mars 2022.

[5] Les sélections comparatives sont organisées pour la nomination aux classes A1 à A4, ainsi qu'aux grades des niveaux B, C, et D.

profil de compétences recherché, est organisée soit à la demande d'un ministre ou de son délégué, soit à l'initiative de l'administrateur délégué du SELOR. La sélection comparative conduit non seulement à l'établissement d'un classement des lauréats [1], mais aussi, lorsqu'il y a une décision du délégué de SELOR en ce sens, à une réserve de lauréats valide pour une durée normale de deux ans [2]. En tout état de cause, la décision relative à la constitution ou non d'une réserve de lauréats doit être prise avant le démarrage des premières épreuves de concours. Il en ressort que la sélection comparative présente des enjeux particuliers entre autres lorsque la constitution d'une liste de réserve est décidée [3].

Aux termes des dispositions de l'arrêté royal (AR) du 11 avril 2005, la sélection comparative organisée à l'initiative de SELOR confère au « service intéressé » le choix entre recruter directement sur la base du classement des lauréats arrêté par SELOR, ou après l'organisation d'une épreuve comparative complémentaire sur la base d'un profil de compétences. Cette épreuve complémentaire est organisée, au sein de ladite institution, par une commission « interne » de concours qui doit, non seulement être présidée par SELOR, mais dont le choix des membres doit être validé par ce dernier.

165. Les épreuves du concours. Les épreuves du concours d'accès aux emplois publics belges sont regroupées autour de deux modules qui se déroulent en deux étapes. Premièrement, les candidats qui répondent aux conditions de participation [4] peuvent s'inscrire au module 1, appelé « screening généralisé via des tests informatisés » [5]. Formé de trois tests informatisés, le premier module est censé mesurer les compétences génériques et les aptitudes cognitives des candidats pour exercer un niveau de fonction déterminé [6]. Communs aux quatre catégories A, B, C, D de Fonction publique, les trois tests informatisés portent sur un exercice du bac à courrier, un test du jugement situationnel et, sur la capacité de raisonnement abstrait [7]. Les candidats ayant réussi le premier module

[1] Article 20 de l'AR du 1937 portant statut des agents d'État.

[2] Le délai de réserve est renouvelable une seule fois sur la base d'une demande motivée du ministre concerné ou de son délégué.

[3] Batselé (D.), Mortier (T.) et Scarcez (M.), *Manuel de droit administratif*, Bruylant, 2010, p. 305.

[4] Diplôme d'étude et/ou expérience professionnelle, ou encore, arrêté de nomination pour le recrutement interne.

[5] Les candidats, qui sont déjà fonctionnaires statutaires fédéraux, sont dispensés de ce module, sauf s'ils candidatent pour un emploi d'une catégorie supérieure à celle dans laquelle ils sont nommés.

[6] *Screening standard*, http://www.selor.be/fr/proc%C3%A9dures/screening-standard/, consulté le 04 avril 2022.

[7] Si les trois tests sont communs aux quatre catégories de fonction publique, ils n'évaluent certainement pas les mêmes compétences. Pour les fonctions de catégorie A (master), les compétences évaluées portent sur les capacités d'intégration et de décision, alors que pour les catégories B et C (bachelier et secondaire supérieure) les compétences évaluées concernent la

peuvent se prévaloir des résultats obtenus durant trois ans, alors que les candidats ayant échoué ne peuvent se représenter au concours qu'au terme de six mois.

La réussite au 1er module confère donc aux candidats le droit de s'inscrire aux épreuves du 2d module, appelé « screening spécifique à la fonction », lequel se termine presque toujours par un entretien. À la différence du premier module, les tests du second sont conçus spécialement pour l'évaluation des compétences requises pour exercer convenablement un emploi déterminé [1]. Les résultats sont rendus publics individuellement, sur le compte « Mon SELOR » de chaque candidat, dès que le dernier candidat a passé son entretien. Les candidats, n'ayant pas réussi le concours ou qui, bien que l'ayant réussi, se trouvent hors quota, ont la possibilité de demander un retour par rapport à l'évaluation de leurs tests [2]. Lesdits retours (« feedbacks ») ne mentionnent jamais les réponses aux questions, et ce, par un souci, dixit les représentants de SELOR, de protéger la validité des tests [3]. Pratique qui fait d'ailleurs l'objet de nombreux reproches, tant de la part de la doctrine belge que tout particulièrement des candidats qui, ne semblent pas très convaincus des arguments apportés par les représentants de SELOR [4].

Les méthodes de sélection du concours d'entrée dans la Fonction publique belge se rapprochent considérablement de celles développées par l'Office européen de sélection du personnel (EPSO) dans la fonction publique européenne.

---

capacité d'analyse et de résolution des problèmes, alors que, concernant des fonctions de catégorie D (secondaire inférieure ou pas de diplôme), l'évaluation porte sur les capacités de traitement de l'information et de travail de manière structurée (http://www.selor.be/fr/proc%C3%A9dures/screening-standard/, consulté le 04 avril 2022).

[1] Les tests de ce second module sont donc spécifiques à chaque emploi à pourvoir. D'ailleurs, dans la description de fonctions il y a toujours des précisions concernant non seulement les tests prévus, mais aussi les compétences qui seront mesurées, ainsi que le moment approximatif de leur déroulement (http://www.selor.be/fr/proc%C3%A9dures/screening-standard/, consulté le 04 avril 2022).

[2] http://www.selor.be/fr/proc%C3%A9dures/screening-standard/, consulté le 04 avril 2022.

[3] *Idem.*

[4] « Nous préférons donner un feed-back en termes de compétences fortes et de compétences à développer plutôt que le test lui-même. D'autant que certains candidats pourraient demander un feed-back pour étudier les réponses au test plutôt que d'essayer de comprendre les points à améliorer. Nous devons aussi protéger nos testings » ; [Fanello (L.), « L'hécatombe lors des tests abstraits de Selor », le 27 décembre 2013, http://www.lalibre.be/actu/belgique/l-hecatombe-lors-des-tests-abstraits-du-selor-52bd03cc35701baedaaa1ea8, consulté le 14 février 2022].

b. L'expérience numérique du recrutement européen

166. Les spécificités propres aux méthodes de sélection dans la fonction publique européenne. S'inspirant à l'origine du droit français [1], les procédures de concours dans la fonction publique européenne reposent sur le principe d'égal accès de tous aux emplois publics. Le statut des fonctionnaires européens réglemente deux catégories de concours, externe et interne. Les concours externes sont ouverts à tous les ressortissants des États membres de l'UE, alors que les concours internes sont ouverts aux fonctionnaires, agents temporaires et agents contractuels déjà employés par l'institution qui organise le recrutement [2]. L'élargissement progressif de l'UE a mis les institutions européennes devant le défi de gérer un flux important de candidats, ressortissants européens, souhaitant intégrer la fonction publique européenne. Afin de relever au mieux ce défi, les représentants des institutions européennes ont décidé au début des années 2000 de créer un « office administratif interinstitutionnel spécialisé qui se consacre exclusivement à la sélection des fonctionnaires et des agents de l'Union » [3]. Cette volonté s'est concrétisée par la création, le 26 juillet 2002, de l'Office européen de sélection du personnel (EPSO). Les procédures de sélection EPSO sont conçues en deux temps. Les candidats, inscrits préalablement en ligne sur le site EPSO, sont d'abord soumis à des tests de raisonnement verbal, numérique et/ou de langues. Les candidats ayant obtenu les meilleurs résultats sont ensuite soumis à une série d'épreuves visant à évaluer leur capacité à exercer les attributions relevant du profil de la fonction mise au concours. Cette dernière épreuve se déroule sous forme d'épreuves écrites, pratiques, ou encore, orales [4].

À l'opposé des expériences belge et européenne de sélection fondées plutôt sur une philosophie abstraite d'identification des profils adaptés aux spécificités de la Fonction publique se situent les exemples scandinaves fondés sur une philosophie fortement décentralisée et libérale de recrutement, tel que l'expérience suédoise le témoigne.

2. L'expérience décentralisée du recrutement suédois

167. Les spécificités du recrutement suédois. Le recrutement dans le secteur public suédois repose sur un cadre à la fois constitutionnel et légal. En effet, les dispositions de l'article 9 du chapitre 11 de la Constitution

[1] Feugier (J.-L.) et Pradines (M.-H.), *La fonction publique européenne en perspective*, La Documentation française, 2015, p. 264.

[2] *Ibid.*, p. 264.

[3] *Ibid.*, p. 264.

[4] Épreuves censées permettre de tester l'adéquation entre le candidat et les attributions afférentes à la fonction pourvue [Feuigier (J.-L.) et Pradines (M.-H.), *op. cit.*, 2015, p. 277].

suédoise du 28 février 1974 précisent que les recrutements dans la fonction publique sont fondés exclusivement sur des critères objectifs, tels que le mérite et l'aptitude [1]. De plus, l'ouverture des procédures de recrutement à tout candidat, et dans les mêmes conditions que dans le secteur privé, prouve que la Fonction publique suédoise est également fondée sur le principe de l'égalité d'accès à un emploi public. Pour l'exercice de certaines catégories de fonctions du système judiciaire et de l'Administration de l'État, les dispositions constitutionnelles précitées imposent toutefois des conditions de citoyenneté et de qualification.

Les dispositions constitutionnelles sont complétées par l'acte n°260 du 28 avril 1994 portant sur l'emploi public et corroborées par les dispositions du Code du travail et des conventions collectives. Organisée généralement sur la base des entretiens d'embauche similaires au droit privé, la sélection à un emploi public suédois est en principe laissée à la discrétion de l'employeur, voire de l'Agence exécutive compétente. Cette liberté, concédée aux Agences, non seulement pour l'organisation de leurs structures, mais aussi de la sélection de leurs employés, fait suite au processus de déconcentration des effectifs engagé dans les années 1990-2000. Partant du principe que les gestionnaires ne peuvent être tenus responsables des résultats que, lorsqu'ils sont pleinement responsables de leurs actes – gestion de leur personnel y compris –, le Gouvernement suédois a décidé de créer le cadre juridique requit qui permet à chaque agence de développer un modèle propre de gestion qui soit en accord avec ses besoins [2]. Ce qui a engagé une diminution considérable des règles générales applicables à l'ensemble de la Fonction publique, afin de permettre à chaque agence de définir librement des règles propres, notamment en matière de recrutement [3]. De plus, le recrutement des agents à des fonctions auprès du Gouvernement laisse, paraît-il, peu de place aux critères politiques ; cela parce qu'en cas d'alternance politique, il est estimé qu'il n'y a que 100 à 150 personnes qui quittent en moyenne les services gouvernementaux et la chancellerie [4]. Toutefois, pour le recrutement de certaines catégories d'agents, le concours a été conservé comme seule modalité de recrutement [5], ce qui finalement rejoint les réflexions concernant le caractère incontournable du concours.

---

[1] http://www.parliament.am/library/sahmanadrutyunner/Sweden.pdf, consulté le 05 avril 2022.

[2] Auger (J.), *Réforme de l'administration publique : Suède*, l'Observatoire de l'administration publique, ENAP, juin 1998, vol. 4, n°2 (http://www.observatoire.enap.ca/Observatoire/docs/Coup_oeil/1998-juin-vol4no2.pdf, consulté le 05 avril 2022).

[3] *Idem.*

[4] Lambert (A.) et Migaud (D.), *L'administration suédoise. Structure et fonctionnement*, 2006, p. 6 (http://www.alain-lambert.org/wp-content/uploads/2006/06/L_administration_Suedoise.pdf, consulté le 05 avril 2022).

[5] Policiers, juges pour le recrutement desquels existe d'ailleurs aussi une condition de nationalité suédoise (art. 5 et 6, de l'acte n°260 du 28 avril 1994 relatif à l'emploi public).

L'analyse comparée des systèmes de recrutement en vigueur dans les Fonctions publiques roumaine et française, d'une part, et de certains autres exemples étrangers, d'autre part, permet de dégager certaines solutions pour la modernisation des procédures statutaires de recrutement par concours.

B. Les solutions préconisées pour la modernisation du concours

168. L'alternative au concours. Le positionnement des défenseurs des principes du New Public Management, à l'égard du recrutement dans la Fonction publique, incitent à l'adoption des pratiques développées en droit privé. Selon ces derniers, le concours serait un outil obsolète, voire une source permanente d'inégalités du fait des coûts engagés par son organisation et sa finalité. À cela, s'ajoutent les reproches concernant le système trop fermé de la Fonction publique voire son maintien dans une sphère trop académique, où l'accès est limité en principe aux détenteurs de « grands » diplômes. Quelle est dans ce cas-ci l'alternative proposée ? Une compétition différente où les institutions publiques auraient la possibilité de recruter leurs collaborateurs dans une logique de gré à gré voire de cooptation sur la base d'un entretien professionnel, où les deux parties seraient amenées « à se vendre » [1]. Même si un tel système de recrutement présente certains avantages, force est toutefois de constater que, même une Fonction publique fondée sur un système d'emploi, comme le suédois, a choisi de préserver le « concours » pour les catégories d'agents qui exercent directement des missions en lien avec la puissance publique.

Considérant non seulement la vocation générale de l'État, mais aussi les traditions et la culture roumaine voire française, l'interrogation porte sur le fait de savoir s'il est possible d'imaginer le recrutement dans les deux systèmes de fonction publique assujettit aux principes « donnant-donnant » spécifiques au secteur privé. Cela d'autant que la majorité des spécialistes en droit de la fonction publique ne conteste pas le concours en tant que meilleur procédé de sélection des futurs fonctionnaires, elle demande seulement de « trouver un équilibre entre une égalité de chances reposant sur des épreuves ouvertes et anonymes et une détection des compétences s'appuyant sur de véritables mises en situation professionnelle » [2].

---

[1] C'est-à-dire, d'une part l'employeur, pour convaincre les meilleurs candidats d'accepter les offres d'emploi rendues publiques, et d'autre part, le candidat pour convaincre l'employeur de ses compétences.

[2] Freyder (A.), *La fonction publique – chronique d'une révolution silencieuse*, éd. LGDJ, 2013, p. 232.

169. Le choix au carrefour de plusieurs alternatives. Repenser les procédés de concours roumain selon le modèle français, fondé particulièrement sur des épreuves uniques organisées au niveau national voire régional, conduit à s'interroger sur le fait de savoir si un tel procédé aux coûts importants conviendrait à l'État roumain alors que ses ressources financières sont assez limitées [1]. De plus, centraliser le processus de recrutement n'irait-il pas à l'encontre des efforts de décentralisation et de responsabilisation des institutions publiques engagés ces deux dernières décennies, par l'État roumain ? C'est la raison pour laquelle une telle possibilité doit être considérée avec prudence, d'autant que les coûts faramineux, relatifs à l'organisation du concours doublé par l'absentéisme important, représentent autant d'inconvénients soulignés régulièrement par les rapports relatifs à l'état de la Fonction publique française [2].

Partant de ces considérations, les critiques formulées à l'égard des procédures de concours peuvent être regroupées en trois grandes catégories : la bureaucratisation excessive caractérisée par une publicité insuffisante des postes mis au concours **(1)**, la forte théorisation des épreuves **(2)** et le manque de transparence des évaluations des jurys **(3)**.

1. La création d'un portail unique de recrutement

170. Les « points sensibles » de la publicité. La publicité insuffisante concernant des fonctions publiques vacantes fait l'objet, de même que la bureaucratisation excessive des procédures de dépôt des dossiers de candidature, de critiques récurrentes dans les systèmes statutaires.

Concernant le cas roumain, il ne s'agit pas tant d'un manque de réglementation en matière de publicité, mais plutôt d'un manque de rigueur dans son application. A cet égard, les dispositions statutaires, corroborées par les règlements d'application susmentionnés, précisent que la mise en concours de toute fonction publique doit être publiée dans le Moniteur Officiel, ainsi que dans des journaux d'importance nationale et/ou locale au moins 30 jours avant le premier jour du concours. L'annonce doit être publiée également sur le site de l'institution organisatrice du concours ainsi

[1] Pour rappel, par l'OUG n°57 du 3 juillet 2019 portant Code administratif, un « double concours » d'entrée dans la fonction publique roumaine a été consacré. Un concours national de vérification de compétences valable trois ans (qui n'ouvre donc pas droit à la titularisation), doublé par le concours déjà existent, par poste.

[2] Le gouvernement avait d'ailleurs inclus dans la stratégie relative au développement de la fonction publique 2016-2020, l'intention de tester la faisabilité de la mise en place, à titre expérimental, d'un concours national en tant qu'unique fondement d'entrée dans le corps des fonctionnaires publics. Le changement de Gouvernement de décembre 2016, qui a fait suite aux élections parlementaires du même mois, avait eu comme conséquence l'abandon de cette expérimentation.

que sur les sites des autres institutions publiques à portée locale, départementale et/ou nationale.

L'exemple belge de création d'un pôle unique de recrutement dans la Fonction publique s'avère intéressant pour la modernisation des procédures de publicité des concours dans la Fonction publique statutaire [1]. Instituer l'obligation légale pour les employeurs publics de publier les postes ouverts au concours, dans le délai prévu par les dispositions statutaires, sur un portail unique de l'emploi public renforcerait la visibilité et la transparence des procédures de concours dans la Fonction publique. Créer, par la suite, la possibilité, pour toute personne potentiellement intéressée par une carrière dans la Fonction publique, ou qui en fait déjà partie et qui souhaite se porter candidate à un concours d'avancement, de s'enregistrer sur un tel portail et de pouvoir y télécharger son CV permettrait la création d'une base de compétences disponibles pour les Directions de ressources humaines (DRH) des institutions publiques. En effet, cela permettrait aux DRH de constituer un bilan non seulement des compétences déjà existantes au sein de chaque institution ou autorité de l'administration publique, mais aussi des profils professionnels appropriés pour les missions de service public.

Par suite, dématérialiser le dossier de candidature par des applications en ligne, à partir des comptes personnels des candidats, présenterait des avantages tant pour les employeurs que pour les candidats. Pour les bureaux des ressources humaines, cela constitue l'avantage, d'une part, de recevoir un nombre plus important de candidatures, et d'autre part, de ne plus avoir à gérer des « dossiers papier ». Pour les candidats, cela s'exprime par la réduction des coûts de dépôt des candidatures résultant de l'impression du dossier et du déplacement au siège de l'institution organisatrice du concours [2], mais aussi par une information plus rapide concernant les postes au concours.

Une première étape a déjà été franchie dans le système roumain par le biais de M. Cristian Bota qui, dans le cadre de ses études doctorales, a mis en œuvre un portail où presque tous les postes vacants du secteur public sont publiés. Ce projet, intitulé initialement « public.job.ro », aujourd'hui « posturi.gov.ro », représente la première démarche d'unification des informations relatives aux postes ouverts au concours dans l'Administration publique roumaine. L'objectif avoué par son créateur était « la volonté de renforcer la transparence et la lutte contre le népotisme et le favoritisme dans le recrutement dans l'administration publique centrale, territoriale et locale,

---

[1] M. Pêcheur a d'ailleurs inclus dans son rapport sur la fonction publique d'octobre 2013 la proposition de créer un « portail internet unique qui intègre ou fédère les portails déjà existants de bourse et les complète pour permettre d'avoir connaissance de tous les emplois publics vacants » ; et qui serait administré par un groupement d'intérêt public (GIP) [Pêcheur (B.), *Rapport sur la fonction publique*, La documentation française, 2013, p. 164].

[2] Cet élément présente une importance particulière pour les candidats qui habitent les communes, rurales et urbaines, voisines.

d'une part, et l'accès en temps réel des citoyens à ces informations, d'autre part ». Reste que cet outil informatique aurait une autre légitimité s'il bénéficiait d'une réglementation obligatoire et contraignante pour les institutions publiques. Une telle démarche imposerait également de prévoir en amont l'institution responsable de la gestion d'un tel pôle unique et interactif du recrutement dans la Fonction publique. En d'autres termes, opter soit pour une responsabilité centralisée, soit pour une responsabilité décentralisée à travers des pôles régionaux/départementaux qui fonctionneraient sous la coordination du pôle national. Confier une pareille responsabilité à l'ANFP serait tout à fait logique, cela d'autant que l'Agence pourrait se reposer en territoire sur ses centres régionaux.

Une démarche similaire a aussi été engagée en France par le biais du Répertoire Interministériel des Métiers de l'État (RIME) [1]. À la différence du SELOR ou du portail roumain, le RIME décrit les métiers existant dans la Fonction publique de l'État, dont le nombre a atteint à présent 264 repartis au sein de 26 domaines fonctionnels. Toutefois, « le lien entre le RIME et le concours reste très imparfait » [2]. Pour remédier à ces imperfections et afin de faciliter la mobilité au niveau local, il a été procédé à l'unification des portails d'offres d'emplois publics dans les trois fonctions publiques [3].

Comme dans la Fonction publique française, la création d'un répertoire des fonctions de l'État et des collectivités territoriales permettrait aux directions roumaines de ressources humaines de s'appuyer sur un outil opérationnel de rédaction des fiches de poste voire d'une actualisation plus facile. Cet outil permettrait en même temps aux candidats à une fonction publique, voire aux fonctionnaires en faisant déjà partie, de prendre connaissance de l'ensemble des responsabilités qui composent une fonction publique [4]. Un outil pareil permettrait aussi de mieux cibler le contenu des épreuves écrites voire de l'entretien du concours.

2. La refonte des épreuves par des approches pratiques

171. Le défaut des épreuves. Considérées trop théoriques, les épreuves du concours roumain encouragent plutôt la mémorisation des textes des différents actes normatifs inclus dans la bibliographie du concours, que la mise à l'épreuve de la capacité d'analyse et de synthèse des candidats, et encore moins, les aptitudes requises pour l'exercice de la fonction.

---

[1] http://rime.fonction-publique.gouv.fr/.

[2] Freyder (A.), *La fonction publique – chronique d'une révolution silencieuse*, LGDJ, 2013, p. 238.

[3] www.place-emploi-gouv.fr

[4] Pour rappel, en droit roumain chaque fonctionnaire public est nommé dans une fonction publique. Par conséquent, le corps rassemble les fonctions publiques et les fonctionnaires nommés.

Les exemples belge et européen, où le concours est fondé sur des épreuves abstraites, doivent toutefois être considérés avec prudence, et ce, d'autant qu'il n'y a pas encore d'évaluations concluantes qui attestent leur performance par rapport aux types traditionnels d'épreuves [1].

Par conséquent, au lieu de considérer les sujets sous forme des questions qui encouragent un exposé des notions mémorisées, il serait recommandable de concevoir des sujets ou questions de mise en situation. Des questions, dont les réponses refléteraient, comme en France, le degré de maîtrise de l'information assimilée par la lecture et la compréhension de l'ensemble des actes normatifs inclus dans la bibliographie de concours, mais mise en perspective dans des situations concrètes. L'expérience des fonctionnaires, exerçant déjà des fonctions similaires, pourrait être mise à profit dans l'élaboration des sujets appropriés eu égard aux attributions qui incombent à la fonction publique ouverte au concours. Les fonctionnaires publics exerçant le même type de fonctions pourraient ainsi contribuer de manière objective et réaliste à l'élaboration des sujets des épreuves écrites. De plus, une telle prise en considération de leur expérience au sein de l'institution renforcerait les liens d'appartenance à la Fonction publique voire à l'institution employeuse. Outre la composition des épreuves, les règles qui encadrent l'organisation et le fonctionnement des jurys de concours doivent également faire l'objet d'une refonte.

3. La refonte des règles de fonctionnement des jurys

172. Les déficiences reprochées aux jurys. Une source importante de méfiance au regard du concours roumain réside dans la composition des jurys et l'« opacité » qui entoure généralement les évaluations rendues par ce dernier lors de l'entretien de recrutement. Effectivement, en l'absence d'une disposition légale qui impose à la commission de concours la transmission du procès-verbal dressé à l'issu de l'entretien aux candidats, ces derniers ne bénéficient pas d'un retour transparent des évaluations effectuées par les membres du jury à l'issue des échanges.

Comme il a déjà été mentionné, le concours roumain fonctionne, à quelques exceptions près [2] sur des fondements assez décentralisés, chaque institution a la responsabilité d'organiser le concours de recrutement et/ou de promotion pour les fonctions vacantes en son sein. Si ce processus n'était pas atteint par des doutes concernant l'intégrité des jurys, formés en majorité par des membres issus de l'institution organisatrice du concours, les

---

[1] Bien au contraire si l'on considère les critiques citées ci-dessus dont regorge la doctrine belge.

[2] L'ANFP est directement responsable de l'organisation des concours pour les situations précisées à l'article 58 de la loi portant droits et obligations des fonctionnaires publics.

procédés de concours roumain s'inscriraient dans une logique de décentralisation institutionnelle permettant à chaque institution publique de pourvoir ses postes vacants selon ses besoins.

Reste que, dans un milieu politisé, les procédures, bien encadrées en théorie, dissimulent des pratiques « d'interventionnisme », qui légitiment la méfiance à l'égard des procédés de concours dans le secteur public dans son ensemble. Force est par ailleurs de constater un découragement généralisé de la part des candidats qui, bien que munis des compétences et des formations requises, renoncent à se porter candidats du fait de manque de soutien politique [1] à l'intérieur de l'institution. C'est une conviction tellement ancrée dans la mentalité de la population roumaine que, même si des solutions juridiques de lutte contre de telles pratiques étaient identifiées et appliquées, cette étiquette accompagnera et encore pour longtemps les concours d'accès dans la Fonction publique voire dans le secteur public roumain.

La mise en œuvre d'un concours national, similaire à celui qui existe dans la Fonction publique française, doit toutefois être considérée avec prudence. Et ce d'autant que les concours pour les hautes fonctions publiques et les fonctions de direction sont déjà organisés par l'ANFP, institution censée être indépendante, malgré sa subordination au ministère du Développement régional, de l'administration publique et des fonds européens.

L'expérience française devient, en revanche, intéressante pour la fonction publique locale, si on évoque l'époque où les collectivités, comptant plus de 350 fonctionnaires, étaient libres d'organiser presque tous les concours de recrutement. Compétence qui, dans un premier temps, a progressivement été transférée aux Centres de gestion, avant que, dans un second temps, ce transfert ne devienne obligatoire. En effet, au regard des retours positifs quant aux pratiques de transfert, la loi n°2007-209 du 19 février 2007 a confié l'organisation, à quelques exceptions près, de tous les concours aux Centres de gestion de la fonction publique territoriale [2].

---

[1] Populairement : par manque de « pistons ».

[2] D'après les articles L.451-1 à L4514 (article 13 de la loi portant statut de la fonction publique territoriale), les centres de gestion de la fonction publique territoriale sont des établissements publics locaux à caractère administratif dirigés par un conseil d'administration comprenant de quinze à trente membres. Le conseil d'administration est composé par des employeurs territoriaux – représentants élus des collectivités territoriales et des établissements publics affiliés, titulaires d'un mandat –, qui ont pour vocation de participer à la gestion des personnels territoriaux et au développement des collectivités. La mission générale des centres de gestion concerne l'entrée dans la fonction publique. En effet, outre la gestion de la bourse de l'emploi par la diffusion des offres d'emplois déclarées obligatoirement par l'ensemble des collectivités territoriales, les centres de gestion sont directement responsables de l'organisation des concours d'entrée dans la fonction publique territoriale et/ou des concours de promotion, voire des examens traditionnels, à l'exception des concours de catégorie A+.

Aux termes des articles L.451-5 à L.451-11de la loi portant statut des fonctionnaires territoriaux, l'une des missions principales des centres concerne la gestion des ressources

Si le concours roumain de recrutement dans la Fonction publique locale était reconsidéré selon l'exemple français ci-dessus, la réflexion devrait d'abord porter sur la manière dont l'organisation et le fonctionnement des centres régionaux de l'ANFP pourraient être repensés.

Actuellement les responsabilités desdits centres régionaux se limitent à la mise en œuvre de la formation continue des fonctionnaires publics, responsabilités qui, à partir du 2017, ont été (re)transférées à l'Institut National d'Administration (l'INA). En termes de refonte des concours au niveau territorial et local, l'exemple français de recrutement par le biais des centres de gestion apparaît intéressant surtout parce que sa transposition en droit roumain serait de nature à briser « la conviction », selon laquelle les institutions publiques ne représentent que « de grandes familles » [1], où ne se font recruter que les « relatifs » (parents) des fonctionnaires y exerçant déjà des fonctions voire les personnes bénéficiant d'appui politique ou d'autre nature.

Partant de ces considérations, réorganiser les centres régionaux de l'ANFP par la consécration de nouvelles responsabilités à leur profit, notamment en matière de recrutement des fonctionnaires publics, représente une possibilité qui mérite d'être prise en considération, au moins à titre expérimental. Organiser les concours d'accès dans la Fonction publique ou de promotion au niveau régional et/ou départemental par une entité indépendante, dont les jurys seraient constitués par des fonctionnaires publics exerçant des fonctions similaires [2] à celles qui font l'objet d'un concours, d'une part et d'autre part, par des fonctionnaires spécialistes en la matière, voire des spécialistes en GRH.

Pour aller plus loin, le législateur pourrait prévoir que la composition des jurys soit déterminée seulement quelques jours avant la première épreuve de concours par tirage au sort parmi les personnes ayant préalablement consenti à exercer une telle responsabilité. Par conséquent, chaque institution de l'Administration territoriale et communale du département et/ou de la région aurait l'obligation de transmettre aux centres départementaux et /ou régionaux une liste des personnes, dressée par service, et disponible à cet effet. Les doutes concernant la subjectivité voire le manque d'intégrité des jurys de concours seraient ainsi, sinon complètement éliminés, du moins considérablement amoindris. Par suite, réglementer l'obligation d'établir un calendrier qui pointe avec précision les périodes de recrutement - une fois par semestre ou par trimestre, par exemple - permettrait aux candidats d'établir leur stratégie de préparation.

---

humaines, avec comme mission complémentaire, le développement des collectivités territoriales.

[1] Propos présents également dans la fonction publique française, où est souvent pointé du doigt le fait que les emplois publics font encore assez souvent l'objet de « transmissions de père en fils ».

[2] Par exemple, la fonction publique de « conseiller » débutant dans le service d'État civil.

Le tout, tel que la jurisprudence française le rappelle, en renforçant davantage le cadre juridique relatif au respect des principes d'impartialité et d'unicité des jurys dans le sens de sanctionner plus durement les situations où « un membre du jury a avec l'un des candidats des liens, tenant à la vie personnelle [1] ou aux activités professionnelles [2], qui seraient de nature à influer sur son appréciation » [3]. Ce membre doit « non seulement s'abstenir de participer aux interrogations et aux délibérations concernant ce candidat, mais encore, en raison du principe d'unicité, s'abstenir de participer à celle concernant l'ensemble des candidats au concours » [4].

Il reste que, même si certaines des procédures du concours roumain d'accès à la fonction publique pouvaient être revues au nom de l'égalité, de l'impartialité et de la transparence, il ne serait en revanche pas conseillé de supprimer le système de « concours par poste ». Il s'agit, en effet, d'une spécificité du concours roumain, qui permet aux candidats de focaliser leurs efforts sur la préparation d'un concours à l'issue duquel ils ont la certitude d'être nommés dans la fonction vacante et ouverte au concours ; et ce, à la seule condition d'obtenir le meilleur résultat. C'est d'ailleurs l'esprit même d'une compétition, voire d'un concours. Cela permet aussi d'adapter au mieux la ressource au besoin, à la différence des concours généralistes obéissant à l'exercice des métiers parfois très différents et sans que les compétences des lauréats soient les mieux adaptées à certains d'entre eux.

De fait, le concours par poste peut être adopté à titre expérimental aussi par la Fonction publique française. Il contribuerait non seulement à la décongestion des listes d'attente des lauréats de concours, mais aussi à la réduction de la durée et des coûts d'organisation reprochés au concours actuel. Le système français de fonction publique réglemente, en outre, de nombreuses dérogations du principe au concours, certaines ayant un caractère social, d'autres un caractère politique.

---

[1] CE 10 février 1922, *Aldeguer*, Lebon p. 127 (parent) ; CE 10 février 1995, *Mme Perrin*, req. n°109.204 (ex-conjoint) ; CE 6 novembre 2000, *Grégory*, req. n°289.398 (« Examinateur d'une épreuve orale d'admission à l'École normale supérieure, ayant exercé, durant l'année universitaire à l'issue de laquelle était organisé le concours, des activités d'enseignement dans le premier cycle des études médicales et ayant, après avoir accepté de participer à ce concours, rempli une fiche de renseignements indiquant qu'il ne préparait pas de candidat audit concours ». Candidats au concours « ayant cependant bénéficié de son enseignement, et notamment le seul étudiant en médecine dont l'admission à l'École normale supérieure a été proposée au jury. Examinateur ayant, en outre, au cours de l'épreuve d'admission de biochimie, adopté un comportement révélant un manque d'impartialité, qui a pu influer sur les résultats du concours »).

[2] CE Sect. 18 mars 1983, *Spina*, req. n°33.379, Lebon p. 125 ; CE 20 septembre 1991, *Blazsek*, req. n°100.225, Lebon p. 990.

[3] CE 7 juin 2017, *Mme Vétillard.*, req. n°382.986, AJDA, 2017, n°25, p. 1448 (note G. Odinet et S. Roussel).

[4] Odinet (G.) et Roussel (S.), « Impartialité et unicité des jurys de concours : l'épreuve du réel », AJDA, 2017, n°25, pp. 1448-1453.

Section 2. Les dérogations au principe du concours

173. En droit français, outre le recrutement par contrat, d'autres exceptions du procédé commun de recrutement par concours se sont progressivement imposées particulièrement dans les Fonctions publiques territoriale et hospitalière. Qu'il s'agisse de raisons d'assouplissement de la fonction publique ou de raisons sociales et politiques, force est de constater qu'au recrutement par contrat, se sont ajoutées d'autres formes de recrutement, dont les parcours d'accès aux carrières de la fonction publique territoriale, hospitalière et d'État (PACTE), les emplois fonctionnels occupés par voie du détachement, ou encore, le recrutement direct.

Même si l'étendue juridique du système roumain se différencie de celle du système français, les solutions proposées par ce dernier pour répondre à des impératifs de nature sociale (**§ 1**) ou politique (**§ 2**), fondées sur un cadre plus général de contournement du concours au bénéfice du contrat, imposent une attention particulière.

§ 1. Les procédés de contournement du concours

174. Le procédé le plus fréquent de contournement du concours reste le contrat. À l'opposé du droit roumain où le contrat est exclu expressis verbis de la Fonction publique, dans le système français les deux régimes, statutaire et contractuel, convergent vers la délimitation d'un champ de cohabitation. Le système public roumain ne méconnaît pas le contrat, le législateur roumain mettant en place, pour les autres catégories professionnelles du secteur public que les fonctionnaires publics, les fondements juridiques requis pour l'usage du contrat de travail de droit public. L'analyse du cadre général, qui permet d'éluder le recrutement par « concours » par le biais des « contrats » **(A)** débouche sur l'étude d'une première catégorie de contrats spécifiques au droit français, les contrats de travail à caractère social **(B)**.

A. Le recours au contrat

175. Les spécificités du recrutement par contrat. Les dispositions statutaires de l'article L311-1 du CGFP [1] précisent que, sauf dérogation prévue par une disposition législative, les emplois énumérés audit article ne peuvent être occupés que par des fonctionnaires. En se fondant précisément sur « sauf dérogation prévue par une disposition législative », le législateur a, en principe, juridiquement encadré les situations, où des recrutements sur

---

[1] Article 3 de la loi portant droits et obligations des fonctionnaires du 13 juillet 1983.

une base contractuelle peuvent être effectués dans les trois fonctions publiques françaises. C'est sur cette base que le décret n°86-83 du 17 janvier 1986 fixant les dispositions générales applicables aux agents contractuels de l'État, ainsi que le décret n°88-145 du 15 février 1988 fixant les dispositions générales applicables aux contractuels de la fonction publique territoriale, ou encore, le décret n°91-155 du 6 février 1991 concernant les dispositions applicables aux contractuels de la fonction publique, ont été adoptés.

Considérablement modifiés en 2014 et 2015 [1], et récemment en 2021 et 2022, lesdits actes normatifs ne précisent que les conditions auxquelles il faut répondre pour être recruté(e) par contrat à un emploi public, et non la procédure de recrutement [2]. Reste que, si dans la réglementation du régime juridique des contractuels, il n'y a pas de précisions concernant les modalités de recrutement (concours, examen, entretien, etc.), en revanche, le législateur impose l'obligation d'indiquer dans le contenu du contrat la disposition législative sur la base de laquelle le contrat est établi, sa date d'effet, sa durée, ainsi que le poste occupé, ou encore, la catégorie hiérarchique dont l'emploi relève [3]. De plus, le contrat, conclu pour un motif de remplacement momentané d'un agent absent, de vacance temporaire d'emploi ou d'accroissement temporaire ou saisonnier d'activité, ou de projet, doit définir très clairement le motif du recrutement.

Laissé à la latitude des employeurs publics, le recrutement par contrat a souvent été étiqueté comme un outil qui permet de contourner le concours, en assurant, dans un premier temps, l'accès dans la Fonction publique et, dans un second temps, la titularisation « sans concours ». Toutefois, considérant que le recrutement des agents par « voie directe » ne dispense pas les collectivités territoriales d'assurer la publicité des vacances d'emplois [4], le rapprochement entre les deux procédures de recrutement, par contrat et sur titres, est important.

---

[1] Décret n°2014-364 du 21 mars 2014 modifiant le décret n°86-83 du 17 janvier 1986 relatif aux dispositions générales applicables aux agents non titulaires de l'État pris pour l'application de l'article 7 de la loi n°84-16 du 11 janvier 1984 portant dispositions statutaires relatives à la fonction publique de l'État ; Décret n°2015-1912 du 29 décembre 2015 portant diverses dispositions relatives aux agents contractuels de la fonction publique territoriale ; Décret n°2015-1434 du 5 novembre 2015 portant diverses dispositions relatives aux agents non titulaires de la fonction publique hospitalière.

[2] D'autres modifications plus ponctuelles ont été apportées aussi par le décret n°2016-1403 du 18 octobre 2016 relatif à la formation des membres représentants du personnel des instances compétentes en matière d'hygiène, de sécurité et de conditions de travail et le décret n° 2017-1201 du 27 juillet 2017 relatif à la représentation des femmes et des hommes au sein des organismes consultatifs de la fonction publique.

[3] Article 6 du décret n°2014-364 du 21 mars 2014 relatif aux agents contractuels de la fonction publique d'État ; article 3 du décret n°2015-1912 du 29 décembre 2015 relatif aux agents contractuels de la fonction publique territoriale ; article 8 du décret n°2015-1434 du 5 novembre 2015 relatif aux agents contractuels de la fonction publique hospitalière.

[4] CE 30 novembre 2011, *M. Michel B…*, req. n°322.629, Lebon p. 2125.

En droit roumain, le régime juridique des emplois publics [1] est réglementé par les articles 538 à 562 du Code administratif [2]. D'après l'alinéa 7 de l'article 554 du Code administratif, le pourvoi d'un poste vacant ou temporairement vacant de nature contractuelle ne peut être réalisé que par concours ou lorsqu'il n'y a qu'un candidat par examen. Les conditions, auxquelles les candidats doivent répondre, sont similaires à celles qui sont réglementées par la loi portant statut des fonctionnaires publics. Toutefois, et à la différence des dispositions statutaires, pour les emplois contractuels, peuvent se porter candidats non seulement les citoyens roumains, mais aussi les ressortissants des autres États membres de l'Union européenne ou des États de l'Espace économique européen, à condition qu'ils aient leur domicile en Roumanie [3].

Les autres étapes du concours, à savoir la publicité des postes et les dossiers des candidats, ainsi que la création des commissions de concours et la contestation des épreuves, sont soumises en principe à des règles similaires aux concours statutaire.

Considérant l'ensemble des observations développées ci-dessus, il ressort que, finalement, la dimension de ce qui est appelé « la tendance à la contractualisation » de la fonction publique est directement proportionnelle à l'étendue juridique réservée à la Fonction publique. En effet, dans le contexte d'une acception stricto sensu de la Fonction publique, comme dans le système roumain, les personnels de l'enseignement, de la santé, de l'entretien des institutions publiques, ainsi que les personnels des entreprises publiques, ont, depuis l'adoption du Statut des fonctionnaires publics de 1999, été recrutés par contrat, dont le contenu repose généralement sur des conventions collectives [4]. La situation diffère dans le système français où la situation juridique desdites catégories de personnels est réglementée par les dispositions statutaires, et seulement à caractère exceptionnel par contrat. Toutefois, lorsque les exceptions relatives à l'usage du contrat tendent à se multiplier voire se généraliser, particulièrement dans des domaines comme l'enseignement ou la santé, la crainte exprimée par la doctrine française face à la travaillisation de la Fonction publique paraît légitime.

Par ailleurs, malgré une structuration voire une étendue juridique différente de la Fonction publique, les deux systèmes se rapprochent

[1] Hors fonction publique au sens de la loi n°188 du 8 décembre 1999.

[2] Ancienne loi la loi n°286 du 23 mars 2011 pour l'approbation du règlement-cadre relatif à l'établissement des principes généraux d'occupation d'un poste vacant ou temporairement vacant correspondant aux fonctions contractuelles et de promotion.

[3] Comme pour les fonctionnaires, les autres conditions concernent l'âge de la majorité, la capacité juridique la connaissance écrite et parlée de la langue roumaine, ou encore, les conditions relatives à l'état de santé et au casier judiciaire. En fonction de la nature de l'emploi, les candidats doivent aussi répondre à des conditions de diplôme ou d'expérience, ainsi qu'à d'autres conditions spécifiques arrêtées par l'institution organisatrice du concours.

[4] Voir, contrat collectif de travail conclu au niveau national par branche d'activité (enseignement, santé, etc.).

considérablement, lorsque l'analyse dépasse précisément les différences dues à la dimension et à la structure de la Fonction publique. Tel que le prouve notamment le recours aux contrats de protection sociale.

B. Les contrats de protection sociale

176. L'accès à la Fonction publique plutôt sur la base de critères sociaux que sur celle de compétences est généralement restreint aux emplois qui, ne nécessitant pas un niveau de formation élevée, permettent la titularisation dans un corps ou cadre d'emploi sans devoir passer pour ce faire par la voie du concours. Outre les emplois réservés, considérés comme aussi anciens que la fonction publique, le système français a aussi développé le recrutement PACTE [1], les « emplois d'avenir », ou encore, l'apprentissage.

177. Les emplois réservés. Remontant à une loi de 1924, puis repris par une loi de 1946, ce système a été mis en œuvre afin d'apporter sa contribution à la construction d'un système de priorité d'emploi au profit des victimes de guerre (blessés, veuves, orphelins). Longtemps inerte, l'étendue juridique de ce dispositif a été élargie par la loi n°2008-492 du 26 mai 2008, le nouveau dispositif étant repris dans le Code des pensions militaires d'invalidité et des victimes de la guerre, au bénéfice des victimes d'actes de terrorisme, de fonctionnaires ou élus victimes d'une atteinte à leur intégrité physique dans le cadre de leur activité professionnelle dont résulte une incapacité permanente, ainsi que de certains militaires ou d'anciens militaires [2]. Le pourcentage des emplois réservés ne peut pas dépasser 10 % du nombre total des emplois pour lesquels un recrutement est ouvert.

178. Les emplois PACTE. Instauré par l'ordonnance n°2005-901 du 2 août 2005 [3] et modifié considérablement par la loi n° 2017-86 du 27 janvier 2017 relative à l'égalité et à la citoyenneté, le dispositif instituant un nouveau parcours d'accès aux carrières de la Fonction publique territoriale, de la Fonction publique hospitalière et de la Fonction publique d'État (PACTE), met en place pour « les jeunes âgés de 16 à 28 ans au plus » [4], ainsi que pour d'autres catégories de publics la possibilité d'être recrutés, à la suite d'une procédure de sélection, à des emplois de catégorie C [5].

[1] Parcours d'accès aux carrières de la fonction publique territoriale, hospitalière et d'État.

[2] Marcou (G.), *L'accès aux emplois publics*, LGDJ, 2014, p. 59.

[3] Moniolle (C.), « Le parcours d'accès aux carrières de la fonction publique (PACTE) », *AJDA*, 2006, n°12, pp. 648-652 ; Muller-Quoy (I), « Le « Pacte » : une voie contractuelle d'intégration à la fonction publique », *AJFP*, 2007, n° 3, pp. 129-133.

[4] L'âge fixé par le législateur, avant l'adoption de la loi n°2017-86 du 27 janvier 2017 relative à l'égalité et à la citoyenneté, était entre 16 et 25 ans révolus.

[5] Articles L326-10 à L326-19 du CGFP.

Recrutés sur la base d'un contrat de droit public, dont la durée ne doit pas être inférieure à 12 mois ou supérieure à 24 mois, les jeunes en question doivent avoir quitté le système éducatif sans diplôme ou qualification professionnelle voire détenir un niveau de qualification inférieur au diplôme de fin de second cycle long de l'enseignement général, technologique ou professionnel [1].

Les dispositions de l'article 162 de la loi n°2017-86 du 27 janvier 2017 relative à l'égalité et à la citoyenneté ont élargi « le champ de publics concernés » [2] aux personnes en situation de chômage de longue durée et âgées de 45 ans et plus, ainsi qu'aux bénéficiaires du revenu de solidarité active, de l'allocation de solidarité spécifique aux adultes handicapés, ou encore, aux personnes bénéficiaires du revenu minimum d'insertion ou de l'allocation de parent isolé dans les départements d'outre-mer et les collectivités de Saint-Berthélemy, Saint-Martin et Saint-Pierre-et-Miquelon [3]. Comme les PACTES pour les jeunes, les PACTES seniors visent la possibilité d'être, à l'issue de leur contrat, recrutés sur des emplois du niveau de catégorie C.

In fine, les dispositions de l'article 167 de la loi citée ci-dessus réglementent, à titre expérimental pour une durée de six ans, un nouveau dispositif de contractualisation avant sélection, considéré comme une sorte de « PACTE prépa » [4]. Le dispositif vise les personnes sans emplois ou occupant des emplois d'avenir, âgées de 28 ans au plus, et les chômeurs de longue durée d'au moins 45 ans [5], lesquels à l'issue d'une procédure de sélection pourraient être recrutés sur des emplois du niveau des catégories B et A. D'après les dispositions précitées, ils seraient recrutés par des contrats de droit public comportant la possibilité de suivre une formation en alternance avec leur activité professionnelle [6]. Les employeurs publics, qui recourent à de tels contrats, doivent par la même occasion désigner un tuteur administratif, qui oriente et appuie le bénéficiaire. L'objectif serait une mise à niveau qui leur permette de se présenter à un concours administratif pour accéder à un corps ou cadre d'emplois d'une des trois Fonctions publiques.

La spécificité de ce type de recrutement réside dans l'objectif, qui se trouve au cœur des contrats PACTE, et qui est celui de permettre à ces bénéficiaires, visant un statut de titulaire, d'acquérir, par une formation en alternance en lien avec leur activité professionnelle, une qualification en

---

[1] Article L.326-14 du CGFP.

[2] Taillefait (A.), « La loi du 27 janvier 2017 relative à l'égalité et à la citoyenneté : impression « soleil couchant », *AJFP*, 2017, n°4, pp. 195-199.

[3] L.326-18 du CGFP (alinéa 4 de l'article 162 de la loi du 27 janvier 2017).

[4] Taillefait (A.), *op. cit.*, 2017, pp. 195-199.

[5] *Ibid.*, pp. 195-199.

[6] Décret n°2017-1471 du 12 octobre 2017 instituant à titre expérimental un dispositif d'accompagnement des agents publics recrutés sur contrat à durée déterminée et suivant en alternance une préparation aux concours de catégorie A ou B de la fonction publique.

rapport avec l'emploi pour lequel le recrutement a été effectué. En tout état de cause, la formation ne peut pas être inférieure à 20% de la durée totale du contrat. Le renouvellement du contrat ne peut pas survenir dans la limite d'un an, si, à la suite d'un échec aux épreuves d'évaluation de la formation suivie ou en cas de défaillance de l'organisme de formation, le bénéficiaire du contrat n'a pas réussi à obtenir la qualification et/ou le diplôme mentionné en tant qu'objectif du contrat. En cas de réussite, et sous réserve de l'évaluation de son aptitude par une commission constituée à cet effet et du carnet de suivi rédigé par le tuteur [1], l'intéressé est titularisé dans le corps correspondant à l'emploi qu'il occupe.

179. Les « emplois d'avenir ». Mis en place par la loi n°2012-1189 du 26 octobre 2012 [2], le dispositif des emplois d'avenir a été conçu en faveur de l'insertion professionnelle et/ou de la qualification des jeunes âgés entre 16 et 25 ans qui, sans qualification ou peu qualifiés, rencontrent des difficultés particulières à se faire recruter dans un emploi. À la différence des PACTES, ce type de recrutement ne concerne que des emplois relatifs à des activités présentant un caractère d'utilité sociale ou environnementale ou ayant un fort potentiel de création d'emplois. Ce dispositif profite aussi, dans les mêmes conditions, aux personnes reconnues en tant que « travailleuses handicapées », si elles sont âgées de moins de trente ans.

180. L'apprentissage. Loin d'être un mode de recrutement, l'apprentissage représente le moyen par le biais duquel les jeunes travailleurs, ayant satisfait à l'obligation scolaire, peuvent bénéficier d'une formation générale, théorique et pratique, qui aboutit à une qualification professionnelle sanctionnée par un diplôme ou un titre à finalité professionnelle enregistré au répertoire national des certifications professionnelles [3]. L'apprentissage se présente donc comme une forme d'éducation, où la formation, comportant l'exercice d'une ou plusieurs activités liées à la qualification, qui fait l'objet du contrat d'apprentissage, est alternativement associée à des enseignements dispensés pendant le temps de travail dans un centre de formation d'apprentis ou une section d'apprentissage.

L'apprentissage sur le lieu de travail fait aussi l'objet d'une réglementation spécifique en droit roumain. Aux termes du 1er article de la

---

[1] TA Rouen 03 juin 2009, *Mme Temagoult ...*, req. n°0801089, *AJFP*, 2010, n°1, p.15 : l'annulation d'un refus de titularisation à l'issue d'un contrat PACTE en raison de l'absence du carnet de suivi de stage rempli par le tuteur de stage.

[2] Lors de l'adoption de la loi du 26 octobre 2012, le Conseil constitutionnel a été saisi pour inconstitutionnalité face au principe d'égal accès aux emplois publics. Le Conseil constitutionnel a déclaré le contenu de la loi conforme à la constitution [CC 24 octobre 2012, déc. n°2012-656-DC (note M.-C. de Montecler)].

[3] Code du travail, art. L. 6211-1.

loi n°279 du 5 octobre 2005, « l'apprentissage sur le lieu du travail représente la formation professionnelle réalisée sur la base d'un contrat d'apprentissage ». À cet effet, l'employeur a l'obligation de désigner un de ses salariés en tant que coordinateur d'apprentissage pour la formation professionnelle de l'apprenti. Au cas où l'employeur est un entrepreneur, il devra assumer lui-même cette qualité. En vertu de l'article 4 de l'acte normatif précité, le contrat d'apprentissage est un contrat individuel de travail à durée déterminée. La possibilité de bénéficier d'un contrat d'apprentissage n'est reconnue qu'aux jeunes âgées de 16 à 25 ans. L'explication de cette limite d'âge réside dans le fait que la période d'apprentissage est assimilée à une période de poursuite des études.

Ce qui présente un intérêt tout particulier sur ce point, c'est l'évolution française des contrats d'apprentis. En effet, depuis le début des années 1990, a été étendu l'usage de ce type de contrats aux institutions publiques. La loi n°92-675 du 17 juillet 1992 a permis l'expérimentation de l'apprentissage également dans les administrations publiques, pour que, cinq ans plus tard, la loi n°97-940 du 16 octobre 1997 relative au développement d'activités pour l'emploi des jeunes pérennise l'apprentissage en tant que modalité de formation voire de qualification, des jeunes dans l'administration. Par suite, à la fin des années 2010, ont été créées des classes préparatoires d'intégration (CPI) aux écoles du service public. Consacrées à la préparation des concours externes de la fonction publique, les CPI apportent « un soutien pédagogique renforcé ainsi qu'un accompagnement particulier, notamment grâce à un tuteur, une aide financière et des facilités d'hébergement (dans la mesure du possible) à des étudiants ou des demandeurs d'emploi, disposant des capacités et de la motivation nécessaires mais placés dans une situation sociale, matérielle ou personnelle moins favorisée que d'autres candidats » [1]. La CPI repose sur une convention conclue entre l'élève et l'institution publique [2]. La circulaire du 8 mars 2016 rappelle les critères de sélection aux CPI, dont les critères financier (un revenu inférieur à 33.100 euros par an) et géographique (les candidats issus des quartiers prioritaires de la politique de la ville ou des zones de revitalisation rurale sont privilégiés). À noter que l'étude des dossiers et la sélection suivent une logique méritocratique de départage par mérite des candidats et non une logique sociale [3].

Un tel dispositif pourrait être envisagé notamment dans la fonction publique roumaine, du moins pour les fonctions publiques d'exécution, pour

---

[1] Circulaire du ministre du travail, de la solidarité et de la fonction publique du 19 mai 2010, p. 2.

[2] Sur les trois fonctions publiques, la territoriale est la seule n'avoir pas encore mis en place des CPI.

[3] Horty (l') (Y.), *Les discriminations dans l'accès à l'emploi public*, rapp. rendu au Premier Ministre, juin 2016, 103 pp ; Chalas (E.), *Gestion des finances publiques et des ressources humaines*, Avis sur le projet de loi (n°2272) de finances pour 2020, tome 2, Ass. Nat., le 10 octobre 2019, pp. 14-29.

l'exercice desquelles il n'y a qu'une exigence d'études au niveau du baccalauréat. Cela permettrait aux jeunes, munis des diplômes professionnels [1] ou qui, après l'obtention du diplôme de baccalauréat, ne disposent pas des moyens requis pour la poursuite de leurs études au niveau universitaire, de bénéficier d'une formation qui leur permette non seulement de préparer le concours d'accès dans la Fonction publique, mais aussi de se prévaloir d'une expérience professionnelle, par ailleurs rémunérée.

Outre les exceptions à caractère social, le contournement du concours s'opère aussi par des recrutements à caractère politique.

§ 2. Les procédés de contournement du concours à caractère politique

181. Les exceptions à caractère politique du recrutement par concours signalent la volonté du législateur français d'octroyer une certaine liberté aux décideurs politiques dans le choix de certains de leurs collaborateurs. Les situations du recrutement par concours s'étendent par conséquent aussi à la sphère politique par des nominations à caractère politique **(A)** voire selon la décision du gouvernement **(B)**.

A. Les nominations à caractère politique

182. La nomination au « tour extérieur ». Les dispositions de l'article L326-5 du CGFP [2] réglementent, pour certains corps de catégorie A, dont la liste est arrêtée par décret en Conseil d'État [3], la possibilité d'autoriser par le biais des statuts particuliers l'accès direct des fonctionnaires, répondant à la condition d'ancienneté requise [4], à un corps.

Prévues à l'origine pour, théoriquement, « assurer une ouverture de la fonction publique sur le monde extérieur », pratiquement, « depuis longtemps, ces nominations sont souvent devenues politiques ou d'amitié » [5]. Le tour extérieur permet ainsi de nommer des personnalités politiques [6], de reclasser un haut fonctionnaire dans une fonction de direction

[1] Niveau d'étude inférieur au baccalauréat, dont la durée est de trois ans.

[2] Article 24 de la loi n°84-16 du 11 janvier 1984 portant dispositions statutaires relatives à la fonction publique de l'Etat.

[3] Décret n°85-344 du 18 mars 1985 portant application de l'article 24 de la loi n° 84-16 du 11 janvier 1984 portant dispositions statutaires relatives à la fonction publique de l'État.

[4] CE 21 juin 2013, *Mme Villaume*, req. n°349.730.

[5] Auby (J.-M.), Auby (J.-B.), Jean-Pierre (D.) et Taillefait (A.), *Droit de la fonction publique*, Dalloz, 7e éd., 2012, p. 183.

[6] Ancien ministre ou parlementaire par exemple.

à la suite d'un changement politique, ou encore, d'intégrer dans le corps des fonctionnaires appartenant à d'autres corps et/ ou des personnalités externes à l'administration disposant de compétences dans des domaines précis [1]. De plus, le Conseil d'État exerce un contrôle restreint sur les nominations au tour extérieur, le nombre de fois où il a annulé une telle nomination étant assez limité [2]. En fondant donc sa compétence sur l'article 6 de la DDHC [3], le Conseil d'État vérifie si, « compte tenu des fonctions déjà exercées, la décision de nommer une personne n'est pas entachée d'une erreur d'appréciation » [4], liée à son aptitude à exercer ses fonctions [5].

Outre les nominations à caractère politique, le législateur français a aussi réglementé une nouvelle catégorie d'exceptions, qui concernent les nominations par décision du gouvernement.

B. Les nominations par décision du gouvernement

183. Les emplois par décision du gouvernement. En vertu de l'article L341-1 du CGFP (article 25 de la loi n°84-16 du 11 janvier 1984 portant dispositions statutaires relatives à la fonction publique d'État [6]), le Conseil d'État désigne par décret les emplois supérieurs pour lesquels les nominations sont laissées à la décision du Gouvernement. Les nominations par décision du gouvernement ne créent pas « de droit ni même de vocation à la titularisation » [7]. Aux termes du décret n°85-779 du 24 juillet 1985 [1], les

[1] Marcou (G.), *op. cit.*, pp. 70-71.

[2] CE 23 décembre 2011, *Syndicat parisien des administrations centrales, économiques et financières*, req. n°346.629 (pour une erreur manifeste d'aptitude) ; CE 16 mai 2011, *Association des administrés civils de la défense*, req. n°341.936.

[3] CE 23 décembre 2011, *Synd. Parisien des administrations centrales, économiques et financières*, req. n°346.629, Rec. 655 : « Si les dispositions de l'article 8 de la loi du 13 septembre 1984 laissent une liberté de choix au Gouvernement pour procéder aux nominations au tour extérieur dans les corps d'inspection et de contrôle, elles ne le dispensent pas de respecter la règle posée par l'article 6 de la Déclaration des droits de l'homme et du citoyen, selon laquelle " tous les citoyens (...) sont également admissibles à toutes dignités, places et emplois public, selon leur capacité et sans autre distinction que celle de leurs vertus et de leurs talents ».

[4] Dord (O.), *Droit de la fonction publique*, Thémis, 3e éd., 2017, pp. 145-146.

[5] CE ass 16 décembre 1988, *Association générale des administrateurs civils c/M. Christian Dupavillon et M. Bleton et autres c/M. Sarazin (2 espèces),* Rec. 450, concl. Vigouroux.

[6] La constitutionnalité dudit article a été contestée par la voie d'une question prioritaire de constitutionnalité (QPC). Par la décision QPC n°2010-94 du 28 janvier 2011 le Conseil constitutionnel a déclaré que l'article 25 de la loi n°84-16 du 11 janvier 198 portant dispositions statutaires relatives à la fonction publique de l'État est conforme à la Constitution.

[7] Article L.341-2 du CGFP [v. aussi Aubin (E.), *L'essentiel du droit de la fonction publique*, Gualino, 10e éd., 2016, p.70].

emplois laissés à la décision du gouvernement sont des emplois de commissaires généraux, hauts-commissaires, secrétaires généraux, délégués généraux et délégués lorsqu'ils sont placés directement sous l'autorité du ministre, directeurs généraux et directeurs d'administration centrale, ou encore les emplois supérieurs placés auprès du Premier ministre [2], des ministres chargés des relations extérieures [3], de l'Intérieur [4], ainsi que de l'Éducation nationale [5].

Reste, comme il ressort de sa jurisprudence, que non seulement le Conseil d'État ne se considère pas lié par l'énumération citée ci-dessus [6], mais il précise aussi que les « les règles statutaires applicables au fonctionnaire ne doivent pas faire obstacle à sa nomination » à un emploi à la décision du Gouvernement [7].

---

[1] Portant application de l'article 25 de la loi n° 84-16 du 11 janvier 1984 fixant les emplois supérieurs pour lesquels la nomination est laissée à la décision du Gouvernement.

[2] Secrétaire général du Gouvernement, secrétaire général de la Défense nationale, délégués interministériels et délégués.

[3] Chef de mission diplomatique ayant rang d'ambassadeur.

[4] Préfets, directeurs des services actifs de police.

[5] Aubin (E.), *La fonction publique*, Gualino, 6e éd., 2015, p. 261.

[6] CE ass. 13 mars 1953, *Tessier*, req. n°07423, Lebon p. 133 ; CE 25 février 2011, *Casanovas*, req. n°344.732 (la nomination à un tel emploi ne peut, en principe, pas être contestée par l'autrui) ; CE 27 janvier 2016, *Mme Boutet-Waiss,* req. n° 384.873.

[7] CE ass. 31 mai 2006, *Syndicat CFDT du ministère des affaires étrangères*, req. n°269.635, *AJDA*, 2006, n° 34, p. 1899 (note T. Olson) : le Conseil d'État avait « considéré que le gouvernement ne pouvait nommer un fonctionnaire pour occuper un emploi à sa décision que pour autant que les règles statutaires applicables à celui-ci n'y faisaient pas obstacle ».

Titre III. La tradition statutaire, socle incontournable de la réhabilitation de la déontologie publique

> « Consacrer la déontologie dans le Statut général de la fonction publique est une chose, cultiver le réflexe déontologique en est une autre » [1].

184. La Fonction publique et la déontologie forment « un couple improbable et pourtant ancien et de plus en plus uni » [2]. Considérant que le fonctionnaire « sert la loi et non ses propres convictions ou préférences » [3], la déontologie représente non seulement « l'art de se poser les questions avant qu'il ne soit trop tard », mais aussi « l'art de créer de la confiance chez les citoyens usagers » [4]. En d'autres termes le fonctionnaire ne doit pas se laisser « guider, dans l'exercice de sa fonction par ses convictions, ses impressions, ses intérêts ou ses habitudes » [5].

En l'absence d'une définition légale, la déontologie a été décrite par la doctrine publiciste comme l'ensemble de règles relatives aux « devoirs et obligations qui s'imposent à l'administration dans l'accomplissement de ses missions » [6]. Le manquement à ces droits et obligations, réglementées par les normes statutaires, engage la responsabilité du fonctionnaire. Contrairement à la déontologie qui indique à l'agent public ses obligations et devoirs professionnels liés à l'exercice de sa fonction, le droit de la responsabilité dispose et organise des règles qui sanctionnent les manquements auxdits obligations et devoirs [7]. À cet effet, le professeur Victor Silvera a regroupé les principes directeurs, encadrant l'activité des fonctionnaires, en deux catégories. Dans une première catégorie, il a rangé le respect de la compétence du fonctionnaire [8], le respect des règles juridiques liées à la fonction, ainsi que le principe de la soumission aux mesures d'organisation du service [9]. Dans une seconde catégorie, il a rangé non seulement

---

[1] Aubin (E.), « L'entrée de la déontologie dans le titre I[e] du Statut général », AJDA, 2016, n°26, pp. 1433-1438.

[2] Morret-Bailly (J.) et Truchet (D.), « Actualité et enjeux », AJDA, 2012, n°16, p. 865.

[3] Vigouroux (C.), *Déontologie des fonctions publiques*, Dalloz, 2e éd., 2013-2014, p. 153.

[4] *Ibid*, p. 13.

[5] *Ibid.*, p. 153.

[6] Jean-Pierre (D.), *La déontologie de l'administration*, PUF, 1999, p. 6.

[7] Delpérée (F.), *L'élaboration du droit disciplinaire de la fonction publique*, LGDJ, 1969, p. 23.

[8] C'est-à-dire « du cadre juridique à l'intérieur duquel il peut régulièrement agir et en dehors duquel il ne saurait agir sans commettre un excès de pouvoir » [Silvera (V.), La fonction publique et ses problèmes actuels, Éditions de l'Actualité Juridique, 1969, p. 111].

[9] À cet effet : « que les fonctionnaires puissent défendre en justice leurs droits et obligations, c'est légitime, qu'ils puissent défendre leur conception de l'organisation et du fonctionnement du service contre leurs supérieurs, tant qu'il subsistera une parcelle de pouvoir hiérarchique, c'est impossible », Commissaire du gouvernement Mosset, conclusions sur l'arrêt Association Générale d'Administrateurs du 26 octobre 1956

l'obligation du fonctionnaire de consacrer toute son activité à l'Administration, mais aussi la prohibition corrélative des cumuls d'activités. Reste que, malgré les différents régimes politiques traversés par les deux États étudiés, l'étendue juridique des règles déontologiques non seulement évolue à l'épreuve du temps **(chapitre 1)**, mais elle contribue aussi à la création progressive d'un « droit de responsabilisation », parallèlement au développement de la responsabilité en général, et disciplinaire en particulier **(chapitre 2)**.

(https://www.legifrance.gouv.fr/affichJuriAdmin.do?idTexte=CETATEXT000007636499, consulté le 15 mai 2022).

Chapitre 1. La déontologie à l'épreuve du temps

185. Sommairement définie comme « un corps d'usages et de règles régissant les comportements professionnels » [1], la déontologie recherche le comportement approprié du fonctionnaire qui doit en faire à la fois son « but et [son] outil » [2]. Le but, parce que le fonctionnaire est observé et jugé à travers l'ensemble de ses actions sous les doubles aspects de sa vie professionnelle et privé ; l'outil, parce que, seulement en discernant ses actions, il est possible de dégager les valeurs déontologiques, voire de définir la déontologie [3].

Indépendamment de la période historique à laquelle l'étude des questions déontologiques se rapporte, les dispositions statutaires permettent d'identifier un usage régulier des notions d'obligation et de devoir. À cet effet, dans un essai de démarcation des deux termes, la doctrine publiciste souligne que, « au-delà des obligations proprement dites des fonctionnaires publics, [le devoir revêt] aussi une dimension morale, d'attitude, d'ordre participatif du fonctionnaire public, qui, par sa conduite d'ensemble, ne doit pas porter atteinte au prestige de la Fonction publique ou à l'institution au sein de laquelle il exerce sa fonction » [4].

Indispensable « au bon fonctionnement interne [de la Fonction publique], la déontologie n'est plus seulement une affaire intérieure à celle-ci » du moment où ses règles ne concernent plus les seuls fonctionnaires, mais aussi les citoyens usagers, dont les enjeux sont « la crédibilité et la confiance » de ces derniers envers l'État [5]. Raison de plus pour que les règles déontologiques, corroborées par le droit de la responsabilité disciplinaire, confèrent à l'État la légitimité nécessaire pour « définir des comportements et les imposer à ses agents pour être crédible. Or, pour l'État, être crédible c'est exister et donc remplir exactement ses fonctions » [6].

La consécration juridique des règles déontologiques a toutefois suivi une évolution progressive dans les deux systèmes de droit, avec le détour connu par la Roumanie pendant le régime socialo-communiste, des seuls devoirs et obligations des fonctionnaires **(section 1)** vers une culture déontologique juridiquement plus sensible aux valeurs éthiques **(section 2)**.

---

[1] Morret-Bailly (J.) et Truchet (D.), « Actualité et enjeux », *AJDA*, 2012, n°16, p. 865.
[2] Vigouroux (C.), *op. cit.*, pp. 22-23.
[3] *Ibid.*, p. 23.
[4] Popa (E.), *Drept administrativ (Droit administratif)*, éd. Servo-Sat, 2000, p. 113.
[5] Truchet (D.), « Le besoin de déontologie », *AJDA*, 2010, n°38, pp. 2129-2132.
[6] Vigouroux (C.), *op. cit.*, p. 13.

Section 1. L'institutionnalisation progressive de la déontologie

186. À l'origine de leur institutionnalisation, les règles à valeur déontologique concernaient particulièrement les droits et les obligations des fonctionnaires, dont le nombre et le contenu pouvaient varier d'un régime politique à un autre en droit roumain. À l'opposé du droit roumain, dont les règles juridiques ont bénéficié d'un encadrement statutaire dès les années 1920, les mêmes règles ont, en droit français, été développées d'abord par la jurisprudence administrative, ensuite par les lois. Après la chute du régime socialo-communiste, outre l'encadrement statutaire des obligations et devoirs des fonctionnaires, le législateur roumain s'est empressé, au début des années 2000 [1], d'adopter la loi n°7 du 18 février 2004 portant Code de conduite des fonctionnaires publics, dont les dispositions consacrent et/ou réaffirment un nombre important de principes déontologiques. À l'opposé, le législateur français vient de renforcer la valeur juridique de certains principes déontologiques par leur inclusion dans la loi du 13 juillet 1983 tout d'abord par la réforme du 20 avril 2016, et ensuite par celle du 6 août 2019.

À la lumière de ces précisions, les règles à valeur déontologiques, même éparses et légitimées par des sources juridiques différentes, sont historiquement communes **(§ 1)**, de même que leur évolution voire transformation actuelle dans les deux systèmes de droit **(§ 2)**.

§ 1. Des règles juridiques éparses, mais historiquement communes

187. La construction des règles à valeurs déontologiques en droit roumain est marquée par certains détours historiques dus au passage d'un régime statutaire à un régime contractuel de Fonction publique des années 1950 lors de l'instauration du régime socialo-communiste en Roumanie **(A)**. À l'opposé du droit roumain, les règles déontologiques françaises ont progressivement été construites d'abord par les juges administratifs, dont les décisions ont contribué à la construction d'un droit prétorien en matière de déontologie de la Fonction publique **(B)**.

[1] Cela dans un souci de répondre aux exigences européennes en vue de l'adhésion de la Roumanie à l'UE.

A. Les détours historiques de l'affirmation des principes déontologiques en droit roumain

188. La consécration des règles à caractère déontologique par les législateurs statutaires de la première moitié du XXe siècle est due non seulement à la jurisprudence, mais aussi au militantisme de la doctrine publiciste qui a favorisé la dissémination des règles déontologiques sous la monarchie **(1)**. Sans remettre en question le fond, le législateur socialo-communiste des années 1950 a procédé à l'adaptation de leur contenu, par le biais des dispositions de droit commun, à l'idéologie de l'époque **(2)**.

1. La dissémination originelle des règles déontologiques sous la monarchie

189. Le cadre général. La spécificité des missions de la Fonction publique a conduit le législateur du XXe siècle à consacrer une série de devoirs à l'égard des fonctionnaires. La nature de ses devoirs, qui contribuait d'ailleurs à la différentiation du régime juridique des fonctionnaires par rapport à celui des salariés, abritait en même temps un élément moral qui cherchait à donner un certain « prestige aux fonctionnaires, en les élevant au rang d'organes de la plus haute organisation sociale » [1].

190. L'étendue juridique des obligations et devoirs fixés par le Statut de 1923. Le Statut du 23 juin 1923 avait consacré des devoirs qui, du fait de leur étendue juridique - qui allait bien au-delà de l'accomplissement des attributions de service -, se constituaient en « vraies restrictions à la liberté individuelle », vie privée comprise [2]. Sur ce point, le professeur Tarangul avait regroupé les restrictions à l'égard des fonctionnaires en trois grandes catégories, dont des limitations d'ordre civil [3], politique [4] et de citoyenneté [1].

---

[1] Onişor (V.), *Tratat de drept administrativ roman (Traité administratif roumain)*, éd. Cartea romaneasca, 2e éd., 1930, p. 384.

[2] Cojocaru (I.), *Statutul funcţionarilor publici- doctrină şi jurisprudentă (Le statut des fonctionnaires publics – doctrine et jurisprudence)*, éd. Revista administrativa financiara, 1934, p. 97.

[3] Les restrictions d'ordre civil concernaient, aux termes de l'article 43 du Code de conduite des fonctionnaires publics de 1940, notamment l'interdiction assignée aux fonctionnaires de se marier avec des personnes d'origine ethnique étrangère.

[4] Parmi les restrictions politiques, le professeur Tarangul rangeait les dispositions de l'article 15 du Statut du 19 juin 1923 [reprises ensuite aussi par le Code de conduite de 1940 (art. 15) et par le statut des fonctionnaires publics de 1946], qui interdisaient l'élection des fonctionnaires en qualité de députés ou de sénateurs ainsi que le cumul de fonctions. Les restrictions, inclues dans la catégorie citoyenneté, concernaient l'interdiction pour les fonctionnaires d'exercer des activités de commerce, de s'approprier et diriger des entreprises publiques ou privées. Cette interdiction portait atteinte, selon le Professeur Tarangul,

191. Les devoirs exigeant l'accomplissement du service et une conduite compatible avec le prestige de la Fonction publique. Pointé comme une obligation fondamentale dans le Statut de 1923, et repris ensuite par les lois statutaires de 1940 et 1946, l'accomplissement du service se présente comme une obligation inséparable de la qualité même de fonctionnaire public [2]. À cet effet, d'après les dispositions de l'article 8 du Statut de 1923 corroborées par les dispositions des articles 13, 14 et 17 du Règlement d'application du Statut de 1923, le fonctionnaire devait être en permanence à la disposition de l'institution publique employeuse. De ce fait, il était obligé de « travailler, si nécessaire, sans interruption pour assurer le fonctionnement normal et sans interruption du service » [3]. Afin de s'assurer du respect de l'obligation d'accomplissement du service, le législateur statutaire de 1923 avait institué une autre obligation à l'égard du fonctionnaire, celle de résider dans la commune où se situait l'institution employeuse [4] ou dans ses environs [5].

Par ailleurs, les dispositions de l'article 82 du Statut des fonctionnaires publics de 1946 consacraient un principe, inexistant dans les deux Statuts précédents [6], aux termes duquel le fonctionnaire était obligé de connaître les lois, les règlements, les instructions et les ordres (acte administratif) qui concernaient la fonction exercée. En cas de violation de leur contenu, le fonctionnaire ne pouvait, selon l'adage « *nema censetur ignorare jus* », pas se défendre en invoquant leur méconnaissance [7].

Une obligation, qui transcendait la sphère publique voire professionnelle du fonctionnaire, était celle qui imposait une conduite compatible avec le prestige de la fonction publique exercée [8]. À cet effet, l'article 11 du statut de 1923 précisait que les fonctionnaires étaient obligés « à ne pas porter

---

notamment à la liberté de travailler ou à la liberté de faire du commerce, libertés dont le fonctionnaire aurait pu se prévaloir en qualité de citoyen.

[1] Tarangul (D-E.), *Tratat de drept administrativ roman (Traité de droit administratif roumain)*, éd. Cernauti, 1944, pp. 273-275.

[2] Article 81 du Statut de 1946.

[3] Bien évidemment, il faut entendre cette obligation dans les limites imposées par l'article 8 susvisé qui fixait la durée d'une journée de travail à 7 heures [Cojocaru (I.), *op. cit.*, p. 97].

[4] Article 10 du Statut de 1923 (et les articles 21 et 22 du règlement d'application du Statut de 1923), repris ensuite par l'article 82 du Statut de 1946 (Cour d'Appel de Bucarest, décision civile n°212/1927).

[5] Si l'article 10 du Statut de 1923 ne précisait pas aussi la possibilité de résider dans les environnements, en revanche les dispositions de l'article 21 du règlement d'application dudit Statut l'indiquaient. Possibilité reprise aussi par le Code des fonctionnaires publics de 1940 et le Statut de 1946 (art. 82).

[6] De 1923 et de 1940.

[7] Rudescu (C.) et Marchidan (G.), *Statutul funcționarilor publici și statutul salariaților comunali (Le statut des fonctionnaires publics et le statut des salariés communaux)*, éd. Universitatea Bucuresti, 1947, p. 150.

[8] Cojocaru, *op. cit.*, pp. 98-99.

atteinte à la fonction ou au corps d'appartenance par les actions menées dans leur vie publique ou privée »[1]. En d'autres termes, les dispositions déjà évoquées prohibaient, aux fonctionnaires, toute action de nature à porter atteinte à la dignité et à l'honneur de la Fonction publique [2]. Les fonctionnaires ne pouvaient pas non plus accepter des cadeaux en espèce ou matériels, ou se procurer, en vertu de leurs fonctions, d'autres avantages, pour eux ou pour les membres de leur entourage [3].

192. Les principes d'obéissance hiérarchique et de non-cumul. Les dispositions de l'alinéa 3 de l'article 13 du Règlement d'application des dispositions statutaires de 1923 ont, par la même occasion, consacré le devoir d'obéissance hiérarchique. Comme en droit français, la question qui se posait à l'époque était de savoir si le fonctionnaire devait obéir même lorsque les ordres reçus étaient illégaux. À cet effet, le professeur Victor Onişor considérait que le devoir d'obéissance ne privait pas le fonctionnaire du « droit et du devoir d'examiner la disposition reçue de son supérieur hiérarchique tant sur le plan de la compétence (rationae materiae), que de la légalité (*ratio legis*) » [4]. Il fondait son opinion sur les dispositions de l'article 99 de la Constitution de 1923 qui précisaient que « l'acte illégal du ministre ne [déchargeait] de responsabilité solidaire le fonctionnaire contresignataire que si [ce dernier] [avait] attiré l'attention du ministre sur l'illégalité dudit acte par écrit ». D'autres obligations concernaient la discipline et le dévouement dans l'exercice des attributions de fonction, c'est-à-dire de servir l'État avec fidélité et croyance dans le respect de la Constitution et de la loi.

In fine, les dispositions statutaires ont aussi consacré le principe du non-cumul de deux ou plusieurs fonctions publiques. Parmi les arguments apportés en faveur du non-cumul des fonctions, peut être rappelée « la conviction que le fonctionnaire qui [exerçait] deux ou plusieurs fonctions rétribuées, non seulement ne [pouvait] atteindre les objectifs d'aucune d'entre elles, mais cela favorisait les situations où un fonctionnaire pouvait bénéficier des rémunérations bien plus onéreuses que d'autres fonctionnaires », qui n'exerçaient qu'une fonction [5]. A cet égard le silence

[1] L'obligation de ne pas porter atteinte, par ses actions en public et en privé, à la dignité de la fonction publique a été reprise également par les dispositions de l'article 82 du Statut de 1946.

[2] À titre d'exemple : jouer à des jeux d'argent (art. 15 du Règlement d'application de la loi portant statut des fonctionnaires publics de 1923).

[3] Article 21 du Règlement d'application de la loi portant statut des fonctionnaires publics de 1923.

[4] Onişor, *op. cit.*, p. 387.

[5] Le législateur a régulièrement interdit le cumul de fonctions : « La loi relative au cumul des fonctions publiques du 1er juillet 1890, modifiée au 4 juillet 1891. Ensuite, la loi du cumul d'avril 1931 qui n'a pas connu d'application, ou encore la loi d'août 1934 » (Cojocaru, *op. cit.*, pp. 101-102).

des dispositions statutaires au sujet du cumul des fonctions public-privé interpelle. En effet, les actes normatifs relatifs à la réglementation du cumul étaient fondés sur le principe que « personne ne pût occuper plus d'une fonction rétribuée par l'État ou par les collectivités territoriales et locales », complété par l'obligation de ne pas exercer des activités incompatibles avec la fonction publique exercée.

Par suite, tandis que l'interdiction du cumul prohibait l'exercice de deux ou plusieurs fonctions concomitamment, le régime des incompatibilités, à l'égard de la fonction publique exercée, interdisait au fonctionnaire de développer un certain nombre d'activités parallèlement à la fonction publique exercée [1]. Parmi les activités prohibées par les dispositions statutaires, figuraient toute activité de commerce ou d'entreprise, ainsi que l'exercice de toute fonction au sein des institutions ou administrations qui relevaient du secteur privé, sans avoir préalablement obtenu à cet effet l'autorisation du chef de l'autorité ou l'institution d'appartenance [2]. D'autres incompatibilités concernaient la gestion des affaires de toute personne privée, la participation à la direction, l'administration ou le contrôle de toute société financière, industrielle ou commerciale, et ce, sous certaines conditions [3]. Comme pour l'interdiction du cumul, l'objectif suivi par ces interdictions résidait dans la volonté d'éviter les situations où le fonctionnaire aurait été tenté de donner priorité aux intérêts voire activités d'ordre personnel, au détriment des attributions afférentes à la fonction publique exercée [4]. En d'autres termes, privilégier le prestige de la Fonction publique et du fonctionnaire [5] d'une part et éviter toute immixtion des trois pouvoirs étatiques [6], d'autre part. Tout manquement à ses devoirs engageait, aux termes du dernier alinéa de l'article 14 du Statut de 1923, une comparution devant la commission de discipline.

Les dispositions statutaires abrogées et le premier Code du travail de l'histoire de la Roumanie adopté, les devoirs des fonctionnaires ont été

---

[1] Article 14 du Statut du 19 juin 1923.

[2] Autorisation qui devait se fonder sur l'avis conforme de la commission pour les propositions de nomination et d'avancement.

[3] D'après l'article 14 de la loi portant statut des fonctionnaires publics de 1923, la participation à la direction, l'administration ou le contrôle d'une société financière, industrielle ou commerciale, est possible lorsque le supérieur hiérarchique l'a autorisée, sur la base d'un avis conforme rendu par la commission pour les propositions des nominations et des avancements, et seulement s'il n'y a pas de lien, et donc de conflit avec les attributions de sa fonction.

[4] Dimiu (R.), *Lege pentru statutul funcţionarilor publici (Loi pour le statut des fonctionnaires publics)*, éd. Curieurul Judiciar, 1927, p. 45.

[5] Un fonctionnaire ne pourra jamais être à la fois commerçant et détenteur du service public [Dimiu (R.), *op. cit.*, p. 45].

[6] Voir à titre d'exemple, la situation où un magistrat serait nommé aussi dans une fonction administrative - pouvoir judiciaire vs. pouvoir exécutif [Dimiu (R.), *op. cit.*, p. 45].

rangés, non plus dans un acte normatif particulier, mais parmi les dispositions de droit commun.

2. La dissémination idéologique des règles déontologiques sous le communisme

193. Devoirs à valeur déontologique. Les devoirs des fonctionnaires d'État pendant le communisme étaient divisés en deux grandes catégories, dont l'une était liée aux attributions propres à la fonction exercée et l'autre concernait la sphère personnelle.

La première catégorie de devoirs cherchait à mettre en exergue les particularités de la fonction d'État, par rapport aux fonctions d'autres domaines socioprofessionnels [1]. Il est important de souligner que, dans la philosophie de l'époque, les devoirs des fonctionnaires trouvaient leur source dans les droits conférés par leur fonction. En effet, à l'époque, il fallait distinguer entre les droits personnels [2] et les droits de service requis pour l'exercice des attributions propres à la fonction détenue [3]. De ce fait, il apparaît que « les droits de fonction n'[étaient] octroyés aux fonctionnaires que pour être exercés, ces droits représentent avant tout des obligations » [4].

Comme au cours de la première moitié du XXe siècle, le devoir fondamental des fonctionnaires d'État pendant le communisme était celui d'exercer les attributions confiées en vertu de la fonction exercée [5].

194. L'obligation de subordination hiérarchique et le rôle formateur assigné à l'autorité hiérarchique. Fondé sur le principe de la subordination hiérarchique des organes étatiques, le devoir de subordination des fonctionnaires d'État par rapport au supérieur hiérarchique était nécessaire pour assurer « l'unité d'action dans les différents domaines et secteurs d'activité de l'Administration d'État » [6]. En d'autres termes, l'obligation de subordination hiérarchique représentait le moyen par le biais duquel

---

[1] Negoiţă (A.), *Drept administratif şi elemente de ştiinţa administraţiei (Droit administratif et éléments de science administrative)*, éd. Universitatea Bucuresti – Facultatea de drept, 1981, p. 175.

[2] Droit à la rémunération, aux congés de repos ou de maladie, etc.

[3] Anghene (M.), *Elemente de drept administrativ (Éléments de droit administratif)*, éd. Stiintifica, 1958, p. 134.

[4] Ionescu (R.), *Curs de drept administrativ al R.P.R. (Cours de droit administratif de la R.P.R.)*, éd. de Stat Didactica si Pedagogica, 1960, p. 341.

[5] Ces attributions ressortaient souvent des normes juridiques qui réglementaient l'organisation et le fonctionnement de l'institution de rattachement.

[6] Dans la philosophie de l'époque, les ordres des fonctionnaires d'État de direction étaient censés contribuer à montrer aux fonctionnaires d'exécution comment il fallait qu'ils accomplissent leurs attributions [Negoiţă (A.), *op. cit.*, 1981, p. 176]. Il en ressort de cela qu'une dimension formatrice était associée au devoir de subordination.

l'autorité hiérarchique propre « aux fonctions supérieures » [1] était réalisée. Cette autorité hiérarchique pouvait, d'après le professeur Alexandru Negoiță, comporter des dimensions différentes, dont une dimension formatrice [2], d'instruction des fonctionnaires subordonnés, et une dimension de contrôle exercé par le supérieur hiérarchique. En effet, en vertu de ce pouvoir, l'autorité hiérarchique jouissait de la légitimité de surveiller la manière, dont ses subordonnés exerçaient leurs fonctions et, si nécessaire, d'intervenir lorsque ses indications n'avaient pas été respectées [3].

Toutefois, comme au cours de la période statutaire de fonction publique de la première moitié du XXe siècle (sous la monarchie), la doctrine de l'époque se posait aussi la question de savoir s'il y avait des limites à cette subordination. Similaire aux juristes du début du XXe siècle, le principe de légalité a également été invoqué lorsqu'il a été souligné que cette obligation ne pouvait subsister que si les ordres du supérieur hiérarchique conservaient leur caractère légal. À cet effet, et afin d'éviter la situation où, « chaque fois que le fonctionnaire d'exécution [recevait] des ordres de son supérieur hiérarchique, il refuse de les exécuter pour un motif d'illégalité (...), en se transformant de ce fait en juge des actes émis par son supérieur hiérarchique » [4], il a été apprécié que le fonctionnaire ne pouvait refuser que l'exécution des ordres manifestement illégaux. Sachant que, comme le soulignait aussi le professeur Negoiță, l'exécution d'un ordre illégal n'exonérait pas de sa responsabilité le fonctionnaire l'ayant exécuté.

195. Le secret de service et son étendue juridique. Consacrée par les différentes lois statutaires relatives à la fonction publique pendant la période qui a précédé l'instauration du communisme, l'obligation de garder le secret d'État a été élevée au rang de principe également pendant le régime communiste, tant à l'intérieur de l'institution de travail qu'en dehors. Il en ressort que l'étendue juridique de cette obligation concernait tant la vie professionnelle que la vie privée des fonctionnaires d'État. Par ailleurs, aux fonctionnaires d'État, incombait également l'obligation de conserver un comportement digne du prestige de la fonction exercée, même en dehors du service.

196. Les incompatibilités avec l'exercice d'une fonction publique d'État. Similaire à la Fonction publique statutaire, le fonctionnaire d'État du régime communiste était aussi tenu par certaines incompatibilités dans l'exercice de sa fonction, dont l'interdiction de se consacrer hors service à

---

[1] Negoiță (A.), *op. cit.*, 1981, p. 176.

[2] Cette fonction formatrice était assurée par le biais des différentes notes et circulaires de service, mais aussi par des ordres (acte administratif) de service.

[3] Cette intervention se traduisait par l'annulation ou la suspension des actes effectués par les fonctionnaires subordonnés.

[4] Negoiță (A.), *op. cit.*, 1981, p. 176.

des activités contraires à la fonction exercée [1]. Dans le même sens, l'adoption du décret n°189 du 25 juin 1977 concernant certaines mesures relatives à la conclusion des actes juridiques à caractère patrimonial par les personnels des organes de niveaux central, local, ainsi que d'autres institutions publiques, interdisait la conclusion des actes juridiques à caractère patrimonial (achat ou donation de biens) par des fonctionnaires avec des personnes privées.

Les dispositions du décret n°189 du 25 juin 1977 ont, trois ans plus tard, été complétées par la loi n°4 du 22 octobre 1980, qui consacrait l'obligation pour les cadres de direction du domaine économico-social ainsi que des autres « activistes » [2] de parti et d'État de déclarer leurs biens de valeur, leurs propriétés personnelles. Concernant également les biens du conjoint et des enfants, la déclaration devait être réalisée dans un délai de 60 jours de leur acquisition sous peine de sanctions disciplinaires ou pénales.

197. Les devoirs spécifiques à l'idéologie socialo-communiste. Outre les devoirs spécifiques à l'exercice de la fonction, le législateur communiste avait aussi réglementé une catégorie de devoirs de droit commun, c'est-à-dire commune à toute la « classe travailleuse » [3]. Parmi ces devoirs, l'alinéa 2 de l'article 20 de la loi n°10 du 25 novembre 1972 relative au Code du travail énonçait notamment le devoir d'avoir une attitude honnête et consciencieuse envers la « classe ouvrière », de défendre et de contribuer au développement de la propriété socialiste et d'assurer la légalité populaire. D'autres devoirs concernaient l'obligation d'accomplir « avec exactitude et initiative » les attributions propres à la fonction d'État exercée, de défendre les droits et les intérêts des « gens de travail », ou de combattre le bureaucratisme [4]. Reste que, pendant la période communiste, « ...la politisation était considérée comme quelque chose de normal » [5].

À la différence du dispositif roumain, où la consécration statutaire des principes à caractère déontologique est survenue une fois avec l'adoption du

[1] À titre d'exemple, « il était interdit à l'enseignant de donner des leçons privées aux élèves et étudiants qu'il était ensuite censé évaluer lors d'un examen et/ou du programme écolier. Cela parce que, dans une telle situation, il était sûr que l'enseignant n'aurait plus assurer une évaluation objective » [Negoiță (A.), *op. cit.*, p. 177].

[2] Membre militant d'une organisation de parti ou de masse, qui se consacre exclusivement au travail politique au sein de l'organisation (Dictionnaire explicatif roumain, https://dexonline.ro/definitie/activist, consulté le 28 avril 2022).

[3] Iorgovan (A.) et Gilescu (V.), *Drept administrativ si stiinta administratiei (Droit administratif et la science de l'administration)*, Universitateadin Bucuresti – Facultatea de drept, 1986, p. 297 ; Prisacaru (V.), *Tratat de dreptadministrativ roman (Traité roumain de droit administratif)*, éd. ALL, 1996, p. 191.

[4] Ionescu (R.), *op. cit.*, 1960, p. 341.

[5] Ivanoff (I.-V.), *Exercițiul patologic al funcției publice (L'exercice pathologique de la fonction publique)*, 2005, p. 10.

premier Statut de la fonction publique, en droit français, c'est la jurisprudence qui les a élevés au rang de principes.

B. La construction originelle des principes déontologiques en droit français

198. La consécration jurisprudentielle et statutaire des règles à valeur déontologique. Les règles déontologiques en droit français présentent la particularité d'avoir été créées d'abord par la jurisprudence, et seulement après par le législateur. L'encadrement normatif des devoirs professionnels des agents publics n'a pourtant pas signifié leur inclusion dans les différentes lois portant Statut des fonctionnaires qui se sont succédé dans les années 1940. Ce qui a amené le professeur Roger Grégoire à affirmer que « le Statut général des fonctionnaires français n'[avait] rien d'un Code de déontologie (...) [et que pour le compléter, il fallait] faire appel tant aux principes généraux du droit public qu'aux décisions jurisprudentielles » [1]. Et ce, tant pour ce qu'il était de l'étendue juridique de l'obligation d'obéissance hiérarchique **(1)**, que de l'interdiction du cumul **(2)** ou des obligations liées à la dimension de moralité des fonctionnaires publics **(3)**.

1. L'étendue juridique de l'obligation d'obéissance hiérarchique

199. Les obligations de subordination à la loi et d'obéissance hiérarchique. Similaires au droit roumain, les obligations fondamentales des agents français concernent les obligations de subordination à la loi et de consacrer son temps de travail entièrement à la fonction exercée ou, en d'autres termes, de privilégier son obligation de servir. La subordination à la loi engageait implicitement une autre obligation sous-jacente, celle d'obéissance hiérarchique.

Les dispositions de l'article 11 précitées, corroborées par les dispositions de l'article 12 du même texte de loi, affirmaient que le fonctionnaire de direction est tenu responsable « de l'exécution des ordres qu'il a donnés ». Comme en droit roumain, la question s'est posée de connaître l'étendue de cette responsabilité voire ses limites. En d'autres termes, il s'imposait de déterminer si l'agent devait ou pas exécuter même un ordre illégal. C'est le Conseil d'État, qui a donné une réponse à ces interrogations, lorsqu'il a

[1] Grégoire (R.), *La fonction publique*, Librairie Armand Colin, 1954, p. 296.

statué dans la jurisprudence Langneur [1], que « l'agent qui exécute un ordre manifestement irrégulier commet une faute passible de sanctions » [2]. Le devoir d'obéissance se transforme donc « non en droit, mais en devoir de désobéissance » [3] seulement en présence de deux conditions, concomitamment réunies, à savoir lorsque l'ordre donné est « manifestement illégal et de nature à compromettre gravement un intérêt public » [4]. Dans le cas contraire, l'obligation d'obéissance subsiste, tel qu'il ressort de la jurisprudence du Conseil d'État [5]. Dépourvue d'une consécration légale dans les Statuts de 1946 et de 1959, c'est le législateur de 1983 qui a comblé cette lacune en transposant les solutions apportées par le Conseil d'État au sujet de l'obéissance [6].

2. L'étendue juridique de l'interdiction du cumul

200. L'interdiction du cumul. La prohibition du cumul d'une fonction publique et d'une activité privée remonte bien au-delà de l'adoption du premier Statut des fonctionnaires, c'est-à-dire au décret-loi du 29 octobre 1936 relatif au cumul de retraites, de rémunérations et de fonctions [7]. Dans sa forme initiale, les dispositions du décret-loi interdisaient aux fonctionnaires d'exercer parallèlement à leur fonction toute autre profession industrielle ou commerciale, d'occuper des emplois privés rémunérés, ou encore, d'effectuer, à titre privé, tout travail susceptible d'être rémunéré [8]. Cette interdiction s'étendait aussi au cumul des pensions et de rémunérations ainsi qu'au cumul de plusieurs pensions [9].

L'interdiction du cumul réglementée par le décret-loi du 29 octobre 1936 ne concernait pas seulement le cumul d'emplois public-privé, mais aussi celui de deux ou plusieurs emplois publics. À cet effet, les dispositions de l'article 7 interdisaient le cumul d'emplois publics quand l'une des deux

---

[1] CE Sect. 10 novembre 1944, *Langneur*, Rec. 248, JCP A 45.II n°2852 (obs. C. Chavanon), D 1945, p. 87 (concl. R. Chenot).

[2] Grégoire (R.), *op. cit.*, pp. 296-297.

[3] Chapus (R.), *Droit administratif général*, Montchrestien, 15e éd., 2001, p. 294.

[4] Article 28 de la loi portant droits et obligations des fonctionnaires n°83-634 du 13 juillet 1983.

[5] CE 27 mai 1949, *Dme Arasse*, Lebon p. 248 ; CE Sect. 4 janvier 1964, *Charlet et Limonier*, Lebon p. 1 ; CE 3 novembre 1967, *Dlle Frémont*, Lebon p. 840.

[6] En vertu de la forme initiale de l'article 28 de la loi du 13 juillet 1983, « tout fonctionnaire, quel que soit son rang dans la hiérarchie, est responsable de l'exécution des tâches qui lui sont confiées. Il doit se conformer aux instructions de son supérieur hiérarchique, sauf dans le cas où l'ordre donné est manifestement illégal et de nature à compromettre gravement un intérêt public. Il n'est dégagé d'aucune des responsabilités qui lui incombent par la responsabilité propre de ses subordonnés ».

[7] Carius (M.), « Feu le décret du 29 octobre 1936 », AJDA, 2007, n°10, p. 521.

[8] Silvera (V.), *op. cit.*, pp. 115 et ss.

[9] Article 1er du décret-loi du 29 octobre 1936.

fonctions suffisait « à occuper normalement à elle seule l'activité d'un agent ... » [1]. Il n'en reste pas moins que, comme le professeur Roger Grégoire l'avait souligné, l'adoption de la législation sur le cumul des activités publiques et privées était due initialement, moins à des raisons d'ordre déontologique que sociales. Effectivement, de prime abord l'adoption du cadre normatif relatif au cumul ne visait pas nécessairement à « défendre l'Administration contre les dangers qui [pouvaient] résulter du conflit chez un agent entre les intérêts du service et ceux d'une entreprise privée à laquelle il serait lié, moins à lutter contre les abus qui [pouvaient] résulter d'un transfert d'activité vers une profession annexe aux dépenses du rendement [mais, plutôt] à éviter qu'une personne, déjà pourvue d'un métier lui permettant de vivre, bénéficie d'une seconde rémunération dont serait privée une personne sans emploi » [2]. Au-delà du contexte socio-économique qui se trouvait à l'origine du décret-loi sur le cumul, les propos du professeur Roger Grégoire permettent par la même occasion de dégager certains des objectifs du cumul, dont la lutte contre les conflits d'intérêts et les abus de service qui peuvent résulter d'une situation de cumul.

L'interdiction du cumul a ensuite été reprise par les dispositions de l'article 9 de la loi du 19 octobre 1946 portant Statut général des fonctionnaires qui interdisaient « à tout fonctionnaire d'exercer, à titre professionnel, une activité privée lucrative de quelque nature que ce soit » [3]. La même formulation relative à l'interdiction du cumul a été reprise également par les dispositions de l'article 8 de l'ordonnance du 4 février 1959 portant refonte du Statut général des fonctionnaires, à la seule différence que pour les dérogations, l'article 8 renvoyait non plus au décret-loi de 1936, mais à des règlements d'administration publique. Ces dérogations concernaient la production d'œuvres scientifiques, littéraires ou artistiques, ainsi que les enseignements, expertises et consultations, ou encore, l'exercice des professions libérales [4].

---

[1] CE 15 juillet 1957, *Vignal*, Lebon p. 494.

[2] Grégoire (R.), *op. cit.*, p. 297.

[3] L'article 3 du décret-loi du 25 octobre 1936 avait réglementé plusieurs dérogations à l'interdiction du cumul dont les activités à caractère scientifique, littéraire ou artistique. À titre d'exemple, le Conseil d'État avait jugé, en 1960, que l'activité de masseur-kinésithérapeute ne pouvait pas être associée au métier de professeur d'éducation physique (CE 1er juillet 1960, *Ministre de l'Education Nationale*, Lebon p. 448).

[4] C'est en vertu de ces dispositions que les décisions du Conseil d'État sont allées dans le sens où un professeur de droit peut être avocat ou conseiller juridique tant qu'il n'est pas amené à plaider contre l'Administration (CE 9 novembre 1954, *Bertrand*, Lebon p. 583 ; CE 6 octobre 1976, *Badinter et Bredin*, Lebon p. 394) ; de même qu'un professeur d'éducation physique peut exploiter une salle de gymnastique, tant que cette salle n'acquiert pas statut d'entreprise commerciale (CE Sect 8 novembre 1963, *Le Fay et Denis*, Lebon p. 540) [Voir pour des commentaires plus amples sur Chapus (R.), *Droit administratif général*, Montchrestien, 15e éd., 2001, pp. 292-293].

201. L'obligation de désintéressement. Comprise comme une interdiction à l'égard de tout fonctionnaire « d'avoir, dans une entreprise en relation avec son service, des intérêts de nature à compromettre son indépendance » [1], l'obligation de désintéressement a été consacrée par l'ordonnance de refonte du statut général des fonctionnaires de 1959. L'obligation de désintéressement pouvait étendre ses effets également à l'égard de certaines activités privées interdites au fonctionnaire sortant de la fonction publique pour un certain délai [2]. L'article 175 du Code pénal avait institué une interdiction de cinq ans, à l'égard du fonctionnaire sortant de la fonction publique, de prendre « des intérêts dans les entreprises dont il avait assuré la surveillance » [3].

3. L'étendue juridique des obligations de moralité

202. L'obligation de moralité. L'obligation de moralité [4] ou l'atteinte à la « crédibilité » de l'administration [5], représentait une autre catégorie de devoirs, spécifique aux agents publics dont l'étendue juridique ne s'arrêtait pas à la seule vie professionnelle, mais concernait aussi la vie privée [6]. La première et seule consécration statutaire de cette obligation remonte à la loi du 14 septembre 1941 portant premier Statut des fonctionnaires, où les dispositions de l'article 5 précisaient que le fonctionnaire devait, « dans sa vie privée, éviter tout ce qui serait de nature à compromettre la dignité de la fonction publique ». Aucun des Statuts, qui ont suivi, n'a consacré de manière explicite cette obligation [7]. Ce silence normatif a généreusement été comblé par la riche jurisprudence du Conseil d'État [8].

203. En complément aux obligations à caractère général déjà énoncées. Les obligations à caractère général évoquées ci-dessus sont complétées par d'autres obligations ayant vocation à assurer que « les agents

---

[1] Laubadère (de) (A.), *Traité élémentaire de droit administratif*, LGDJ, 5e éd., 1970, p. 92.

[2] L'article 54 de l'ordonnance de refonte du statut général des fonctionnaires n°59-244 du 4 février 1959 précisait que les activités privées « interdites » aux fonctionnaires après leur sortie définitive de la fonction publique allaient être désignées par un règlement de l'administration publique.

[3] Laubadère (de) (A.), *op. cit.*, pp. 92-93.

[4] Chapus (R.), *op. cit.*, pp. 303-304.

[5] Bandet (P.), *Les obligations des fonctionnaires des trois fonctions publiques*, Berger-Levrault, 3e éd., 2004, pp. 75-77.

[6] CE 16 juillet 1947, *Bensmain Ghalem Ben Hadj*, Lebon p. 319 ; CE 27 janvier 1982, *Ministre de l'Intérieur c/ Castellan*, Lebon p. 1043.

[7] La condition de la « bonne moralité » figure, en revanche, parmi les conditions d'accès à la fonction publique (voir la lettre b de l'article 16 de l'ordonnance n°59-244 du 4 février 1959 relative au Statut général).

[8] CE Sect 20 juin 1958, Louis, Rec. 369 ; CE 13 décembre 1986, *Gomard*, Lebon p. 652.

s'acquittent de leur obligation de servir au mieux les exigences de l'intérêt général »[1].

L'obligation de neutralité des agents publics a été consacrée par la jurisprudence du Conseil d'État dans les années 1950[2]. À cet effet, par la décision du 3 mai 1950, les juges du Conseil d'État précisaient que le respect du « devoir de stricte neutralité s'impose à tout agent collaborant à un service public »[3]. Par l'obligation de neutralité, il faut entendre le détachement de l'agent de ses opinions politiques, philosophiques ou religieuses de manière que « les actes ou décisions, qu'il [était] appelé à prendre, soient dictés uniquement par l'intérêt du service public »[4]. Il en ressort que, hors service, l'agent était, en principe, libre de manifester ses opinions politiques, philosophiques ou religieuses, à la seule condition de respecter son obligation de réserve[5].

L'obligation de neutralité a été complétée par celle de discrétion professionnelle qui concernait les faits et informations, dont le fonctionnaire prenait connaissance « dans l'exercice ou à l'occasion de l'exercice de ses fonctions »[6]. Comme l'a montré le Conseil d'État dans l'arrêt Faucheux[7], l'obligation de discrétion professionnelle n'imposait pas une condition d'appartenance du fonctionnaire indiscret au « service ou au bureau qui [avait] préparé, étudié, ou détenu le document à ne pas divulguer », mais il suffisait que le document en cause « soit parvenu entre ses mains, alors que ses attributions ne le destinaient pas à en connaître »[8].

Par ailleurs, l'obligation de discrétion professionnelle devait être distinguée du secret professionnel, dont l'étendue juridique ne concernait que les faits définis dans le Code pénal[9]. À la différence de l'obligation professionnelle qui s'imposait même si « les informations révélées n'[étaient] pas couvertes par le secret professionnel au sens pénal du terme »[10], le secret professionnel considérait les agents publics, en vertu de ses fonctions, comme « les dépositaires des secrets qui leur [avaient] été confiés » par les usagers[11]. Le secret professionnel concernait finalement

---

[1] Chapus (R.), *op. cit.*, pp. 299-304.

[2] La neutralité du service public représente d'ailleurs un principe à portée constitutionnelle.

[3] CE 3 mai 1950, *D^lle^ Jamet*, Lebon p.. 247 ; dans le même sens voir aussi CE 8 décembre 1948, *D^lle^Pasteau*, Lebon p. 464.

[4] Marillia (G.-D.), *Les obligations des fonctionnaires des trois fonctions publiques*, Berger-Levrault, 4e éd., 2008, p. 111.

[5] CE Ass. 27 mai 1955, *Dame Kowaleski*, Lebon p. 297.

[6] Article 10 de l'ordonnance de refonte du statut de la fonction publique n°59-244 du 4 février 1959.

[7] CE 6 mars 1953, *D^lle^ Faucheux*, Rec. 123.

[8] Silvera (V.), *op. cit.*, p. 140.

[9] Marillia (G.-D.), *op. cit.*, p. 106.

[10] *Ibid.*, p. 106.

[11] Chapus (R.), *op. cit.*, p. 302.

tous les agents publics, qui, en raison de leurs fonctions, détenaient « des renseignements confidentiels dont la divulgation pourrait nuire à divers intérêts privés » [1]. Il en ressort que, sauf exception prévue par la loi, seul le bénéficiaire de ces informations confidentielles pouvait délier l'agent de cette obligation [2].

Le contenu des règles à caractère déontologique après les années 1990 a suivi une même évolution dans les deux systèmes de droit, à savoir le renforcement de la valeur juridique des règles déontologiques.

§ 2. L'encadrement plus homogène des règles déontologiques actuelles

204. La chute du régime totalitaro-communiste de 1989, suivie entre autres par la volonté de l'État roumain d'intégrer les principales structures européennes et internationales, dont notamment l'Union européenne, mettait la Roumanie face à un défi de plus important : celui de la dépolitisation de l'Administration publique. À cet effet, le législateur statutaire de la fin des années 1990 a consacré, par la loi n°188 du 8 décembre1999 portant statut des fonctionnaires publics roumains, toute une section du chapitre V à la réglementation des devoirs des fonctionnaires publics. Dans le même sens, le législateur roumain a doté, en 2004, la Fonction publique d'un Code de conduite, où il a procédé à une délimitation plus détaillée du périmètre de la déontologie des fonctionnaires publics roumains. Les textes des deux actes normatifs ont été incorporés dans le Code administratif adopté le 3 juillet 2019 **(A)**. Plus récemment, le législateur français a institutionnalisé plusieurs des règles déontologiques consacrées auparavant par la jurisprudence administrative ou par d'autres actes légaux ou réglementaires. La portée des règles consacrées par la réforme de 2016 a davantage été renforcée par la réforme de 2019 **(B)**.

A. Le statu quo des règles déontologiques en vigueur en droit roumain

205. Le législateur roumain a sacralisé les principales règles déontologiques essentiellement dans le corpus de deux actes normatifs : le Statut **(1)** et le Code de conduite des fonctionnaires publics **(2)**.

---

[1] *Ibid.*, p. 302.

[2] Tel a été le cas dans l'arrêt *Gougeon* rendu par le Conseil d'État le 24 octobre 1969, lorsqu'il a statué que le juge administratif n'apportait aucune violation au devoir du secret médical (dans le sens des dispositions de l'article 378 du Code pénal), en décidant de transmettre à l'intéressé le dossier médical constitué lors du jugement (CE Sect. 24 octobre 1969, *Gougeon*, Lebon p. 457).

1. Les règles déontologiques érigées en devoirs et obligations

206. Cadre légal. Le cadre normatif lié à la « déontologie de la fonction publique » a été délimité par les dispositions de la 2e section du Ve chapitre de la loi n°188 du 8 décembre 1999 portant Statut des fonctionnaires publics, intitulé « Les devoirs des fonctionnaires publics », corroborées par les dispositions de la loi n°7 du 18 février 2004 portant Code de conduite des fonctionnaires publics. Depuis juillet 2019, les règles déontologiques précitées ont été regroupées dans les sections 2 (Devoirs des fonctionnaires publics) et 3 (L'accompagnement étique des fonctionnaires publics et leur information à l'égard des normes de conduite qui leur incombe) du titre 2 de la partie 6 du Code administratif de l'OUG n°57 du 3 juillet 2019 relative au Code administratif.

En vertu des dispositions de l'article 431 du Code administratif [1], incombe au fonctionnaire, d'une part, une obligation de « faire », c'est-à-dire d'accomplir ses attributions avec professionnalisme, impartialité [2] et en conformité à la loi ; et d'autre part, une obligation de « ne pas faire », c'est-à-dire de s'abstenir de toute action susceptible à préjudicier des personnes physiques et morales ou d'entacher le prestige du corps des fonctionnaires publics [3]. Par prestige du corps des fonctionnaires publics, il faut comprendre « toute action de nature à porter atteinte à une valeur à caractère moral, qui vise l'ensemble du corps des fonctionnaires publics » [4]. Les dispositions de l'article 431 précité [5] imposent aux fonctionnaires publics l'obligation de défendre le prestige de l'institution et de l'autorité d'appartenance, ainsi que de s'abstenir de toute action qui pourrait préjudicier l'image ou les intérêts de cette dernière.

207. L'obligation des fonctionnaires publics de direction d'être à l'écoute des fonctionnaires d'exécution. L'alinéa 3 de l'article 449 du

---

[1] Ancien article 43 de la loi n°188 du 8 décembre 1999 relative au Statut des fonctionnaires publics.

[2] L'impartialité, ensemble avec un autre principe, l'indépendance, ont été décrites, à la lettre « e », de l'article 3 de la loi n°7 du 18 février 2004 comme « les principes sur la base desquels les fonctionnaires publics sont obligés d'avoir une attitude objective, neutre politiquement, économiquement et religieusement ou d'autre nature, dans l'exercice de leurs fonctions ».

[3] Il est important de préciser que, dans sa forme initiale, le contenu de cette disposition ne faisait pas référence aux actions susceptibles de préjudicier à des personnes physiques et morales.

[4] Vedinaş (V.), *Statutul funcţionarilor publici – comentarii, legislaţie, doctrină şi jurisprudentă (Le Statut des functionnaires publics – commentaires, législation, doctrine et jurisprudence),* UJ, 2e éd., 2016, p. 39.

[5] Anciennes dispositions de l'alinéa 1 de l'article 43 de la loi n°188 du 8 décembre 1999, corroborées par les dispositions de l'article 7 du Code de conduite des fonctionnaires publics.

Code administratif [1] institue à l'égard des fonctionnaires de direction l'obligation de prendre en considération et de soutenir les propositions et les initiatives motivées, formulées par les personnels se trouvant sous leurs ordres. Ces propositions doivent viser soit l'amélioration de l'activité ou de l'institution publique d'appartenance, soit l'amélioration de la qualité des services publics offerts aux citoyens. Introduite dans le Statut de 1999 par l'importante réforme de 2003 [2], cette obligation visait à redéfinir le rapport entre les fonctionnaires de direction et d'exécution sur de nouvelles bases, dont les principes de collaboration et de consultation hiérarchique. Ce principe de collaboration, voire de prise en considération des propositions avancées aux supérieurs hiérarchiques en vue de l'amélioration de la qualité des services publics présente d'autant plus d'importance que, comme le souligne madame le professeur Verginia Vedinaş, les fonctionnaires d'exécution sont ceux qui appliquent la loi et qui, de ce fait, affrontent les difficultés que sa mise en application engage. Cette obligation impérative à l'égard des fonctionnaires de direction était aussi censée atténuer les rapports de force inter-hiérarchies, en mettant fin aux situations où « les fonctionnaires de direction adoptent souvent une attitude de supériorité envers leurs collaborateurs, ne prenant pas en considération leurs propositions, idées » [3].

Pour sa part, l'article 430 du Code administratif [4] impose un devoir qui concerne l'obligation des fonctionnaires publics de respecter la Constitution, la loi, ainsi que les normes de conduite professionnelle [5] et civique réglementées par la loi. Concernant les normes de conduite professionnelle, d'après la lettre « a » de l'article 431 du Code administratif [6], elles contribuent à poser les bases des rapports sociaux et professionnels requis non seulement pour le prestige de la Fonction publique, mais aussi pour le maintien de son niveau d'excellence.

208. Les interdictions d'ordre politique. L'article 436 du Code administratif [7] institue une série d'interdictions à l'égard des fonctionnaires, dont celle d'être nommés ou élus dans des fonctions de direction dans les structures ou dans les organes de direction des partis politiques, des

---

[1] Ancien alinéa 2 de l'article 43 de la loi n°188 du 8 décembre 1999 relative au Statut des fonctionnaires publics.

[2] La loi 161 du 19 avril 2003 relative à certaines mesures censées assurer la transparence dans l'exercice des fonctions de dignité publique, des fonctions publiques et dans le milieu d'affaires.

[3] Vedinaş (V.), *op. cit.*, 2016, p. 140.

[4] Ancien article 3 de la loi n°7 du 17 février 2007 relative au Code de conduite des fonctionnaires publics.

[5] C'est-à-dire la loi n°7 du 18 février 2004.

[6] Ancien article 2 de la loi n°7 du 18 février 2007 relative au Code de conduite des fonctionnaires publics.

[7] Ancien article 44 de la loi n°188 du 8 décembre 1999.

organisations jouissant du même régime juridique que les partis politiques, ou encore, des fondations ou des associations qui fonctionnent auprès des partis politiques.

Par ailleurs, force est de constater que l'étendue juridique de cette interdiction est plus large à l'égard des hauts fonctionnaires publics du moment où ils ne peuvent même pas avoir la qualité de membre d'un parti politique (association politique). En cas de non-respect de cette interdiction, les hauts fonctionnaires publics encourent la destitution. Ce qui n'est pas le cas des fonctionnaires publics, dont le droit d'association politique est reconnu, dans le respect des dispositions déjà évoquées. Les dispositions statutaires imposent néanmoins des limites, à savoir, dans l'exercice de leurs attributions, les fonctionnaires publics doivent s'abstenir d'exprimer ou de manifester publiquement leurs convictions ou préférences politiques [1]. De plus, ils ne peuvent et ne doivent favoriser, sous quelque forme que ce soit, aucun parti politique ou organisation qui jouit du même régime juridique que les partis politiques [2].

209. L'obéissance hiérarchique et ses limites. Les dispositions de l'article 437 du Code administratif [3] consacrent deux principes fondamentaux avec des retombées entre autres sur la situation juridique du fonctionnaire public tout au long de sa carrière, que sont le principe de responsabilité pour l'accomplissement des attributions et le principe d'obéissance hiérarchique. À cet effet, l'alinéa 1 de l'article 437 susvisé institue la responsabilité des fonctionnaires à l'égard, non seulement, de l'accomplissement des attributions qui leur incombent en vertu de leur fonction, mais aussi des attributions qui leur sont déléguées. De ce fait, les fonctionnaires publics sont obligés de se conformer aux ordres reçus de leurs supérieurs hiérarchiques. L'alinéa 3 de l'article 437 suscité impose toutefois des limites au principe de l'obéissance hiérarchique, consacré par l'alinéa 2 du même article, lorsqu'il reconnaît le droit du fonctionnaire de refuser, par écrit et de façon motivée, l'exécution des dispositions reçues de son supérieur, chaque fois qu'il les considère illégales. Reste que, l'obligation du fonctionnaire d'exécuter un ordre reçu de son supérieur hiérarchique perdure, lorsque ce dernier le formule par écrit, sauf si l'illégalité dudit ordre est évidente ; cas de figure où le fonctionnaire public doit non seulement refuser son exécution, mais aussi en saisir le supérieur hiérarchique de son supérieur.

---

[1] Article 436 du Code administratif (ancien alinéa 3 de l'article 44 de la loi n°188 du 8 décembre 1999).

[2] Disposition ajoutée par la réforme appliquée par la loi n°261 du 27 juin 2006.

[3] Ancien article 45 de la loi n°188 du 8 décembre 1999.

210. Les limites du secret professionnel. Les fonctionnaires publics doivent également se conformer à l'obligation de préserver le secret d'État, le secret de service, ainsi que la confidentialité concernant les attributions de service, les informations et les documents, dont ils prennent connaissance dans l'exercice de leurs fonctions, à l'exception des informations d'intérêt public. Concernant l'obligation de préserver le secret d'État et le secret de service, les dispositions statutaires sont corroborées par les dispositions de la loi n°544 du 12 octobre 2001 relative à l'accès aux informations d'intérêt public, ainsi que par la loi n°182 du 12 avril 2002 relative à la protection des informations protégées [1]. Les dispositions du Code pénal relatives à l'infraction de divulgation du secret de service, réglementée par l'article 303, ainsi que les infractions de divulgation du secret de service consacrée par l'article 304 et de négligence dans la préservation des informations instituée par l'article 305, renforcent le régime juridique de l'obligation de secret professionnel consacré par les dispositions statutaires susmentionnées.

En outre, le régime juridique de l'obligation de confidentialité est aussi renforcé par les dispositions du Code pénal où l'article 227 incrimine la divulgation du secret d'État. De même que les dispositions de l'article 440 du Code administratif [2] instituent deux interdictions à l'égard des fonctionnaires publics. La première concerne l'interdiction de dévoiler des informations à caractère public (dans d'autres conditions que celles prévues par la loi), alors que la seconde interdit de dévoiler les informations auxquelles ils ont accès en vertu de leur fonction ; spécialement, si ce dévoilement est susceptible d'attirer des avantages indus ou de préjudicier à l'image ou aux droits de l'institution voire d'autres fonctionnaires publics, ainsi que des personnes physiques et morales.

211. Obligations visant la minimisation du trafic d'influence. L'obligation de solutionner dans les délais impartis les ordres/travaux des supérieurs hiérarchiques s'ajoute aux autres obligations des fonctionnaires publics [3]. Par la même occasion, le législateur a également institué une interdiction qui défend aux fonctionnaires publics de recevoir des demandes, même si elles relèvent de leurs compétences, directement des usagers, de discuter avec eux, ou encore, d'intervenir auprès de leurs collègues pour la solution de telles demandes. Cette dernière interdiction évoque la volonté du législateur d'éliminer « le trafic d'influence auquel pourraient être tentés [particulièrement] les fonctionnaires publics d'exécution... » [4].

---

[1] « Clasificate » en roumain.

[2] Anciennes dispositions des lettres c) et d) de l'alinéa 1, de l'article 7, de la loi relative au Code de conduite des fonctionnaires publics

[3] Article 442 du Code administratif (Ancien article 48 de la loi n°188 du 8 décembre 1999).

[4] Vedinaş (V.), *op. cit.*, p. 150.

2. Les règles déontologiques érigées en normes de conduite

212. Les prémisses d'un Code de conduite. L'héritage communiste, traduit au niveau de l'administration par une forte politisation de la Fonction publique, a favorisé l'adoption d'un Code de conduite des fonctionnaires publics. Ce dernier est censé limiter le développement de la corruption, de l'abus de pouvoir, de l'arbitraire décisionnel, ou encore, du contournement de l'éthique professionnelle et de la bureaucratisation excessive du service public. Comme pour l'adoption de la loi n°188 du 8 décembre 1999 portant Statut des fonctionnaires publics, le vote de la loi n°7 du 18 février 2004 relative au Code de conduite des fonctionnaires publics a été dû, moins à une volonté politique, qu'à une pression informelle exercée à cet effet tant par la doctrine publiciste roumaine que par les engagements assumés par la candidature de la Roumanie à la qualité de membre de l'Union européenne.

213. L'adoption d'un Code de conduite des fonctionnaires publics. L'adoption de la loi n°7 du 18 février 2004 portant Code de conduite des fonctionnaires publics a été considérée par la doctrine publiciste roumaine comme le « premier essai réussi d'institutionnalisation des principales règles de comportement, de moralité, d'équité et d'éthique de l'administration publique » [1].

Les normes de conduite professionnelle énoncées à la section 2, du titre 2, de la partie 6 du Code administratif sont obligatoires pour les personnes nommées dans une fonction publique au sein des institutions et des autorités publiques de l'administration centrale et locale, ainsi que des autorités administratives autonomes [2].

214. L'obligation de professionnalisme des fonctionnaires publics. D'entrée, il faut préciser que le Code administratif consacre, en vertu de l'article 433 [3], l'obligation des fonctionnaires publics d'assurer un service public de qualité au profit des usagers. Plus concrètement, le premier alinéa de cet article réglemente les moyens par le biais desquels les fonctionnaires peuvent répondre à cette obligation, c'est-à-dire par une participation active au processus de prise de décision et de son application pratique. Pour cette raison, dans l'exercice de leurs fonctions, il incombe aux fonctionnaires publics l'obligation non seulement de s'approprier un comportement professionnel, mais aussi d'assurer et de promouvoir la transparence

---

[1] Neagu (N.), *Natura juridică şi etică a funcţiei publice (La nature juridique et l'éthique de la fonction publique)*, éd. BREN, 2006, p. 333.

[2] Le Code de conduite des fonctionnaires réservait un premier chapitre aux précisions relatives au domaine d'application et des principes généraux qui doivent gouverner la conduite professionnelle des fonctionnaires publics, alors qu'un 2e chapitre énonçait et développait les normes générales de conduite professionnelle de ces derniers.

[3] Ancien article 5 de la loi n°7 du 18 février 2018.

administrative [1]. L'objectif de cette dernière obligation serait de « gagner et de maintenir la confiance du public dans l'intégrité, l'impartialité et l'efficacité des institutions publiques » [2].

215. Le devoir de loyauté et la liberté d'opinion. Le Code administratif réglemente le devoir de loyauté des fonctionnaires publics, d'abord envers la Constitution et les lois du pays, ensuite envers les institutions publiques [3]. Par la même occasion, le législateur a aussi précisé que, lorsque la nature de la fonction publique détenue l'impose, les fonctionnaires publics doivent se soumettre à la restriction de certains de leurs droits.

La loyauté envers les autorités et institutions publiques doit être comprise en tant qu'obligation intrinsèque du fonctionnaire public de défendre de manière loyale son institution. De ce fait, les dispositions du 2e alinéa de l'article 434 interdisent au fonctionnaire d'exprimer en public des appréciations non conformes à la réalité concernant l'activité de son institution de rattachement, ses politiques, stratégies, ou encore, ses projets normatifs. La même interdiction concerne aussi les litiges en cours, dans lesquels l'institution de rattachement est partie prenante. En vertu des mêmes dispositions, il est également interdit aux fonctionnaires publics d'accorder des consultations juridiques aux personnes physiques ou morales qui pourraient envisager de demander la comparution de l'État ou d'une institution publique devant une juridiction.

Les dispositions de l'article 432 du Code administratif réglementent par la même occasion aussi la liberté d'opinion des fonctionnaires publics, laquelle doit être comprise dans les limites de la dignité de la fonction publique exercée [4], ainsi que les limites des activités respectivement de la représentation publique de l'institution de rattachement et politique des fonctionnaires publics.

216. Les interdictions d'ordre politique. Les dispositions de l'article 436 du Code administratif [5] instituent plusieurs interdictions à l'égard des fonctionnaires publics, dont celles de participer à la collecte des fonds pour l'activité des partis politiques ou d'appuyer logistiquement les candidats à des fonctions de dignité publique. De même, il est interdit aux fonctionnaires publics de collaborer, hors des relations de travail, avec des personnes physiques ou morales qui financent (par donations ou sponsorisations) les

---

[1] Alinéa 2 de l'article 433 du Code administratif (ancien alinéa 2 de l'article 5 de la loi n°7 du 18 février 2004).

[2] Alinéa 2 de l'article 433 du Code administratif (ancien alinéa 3 de l'article 5 de la loi n°7 du 18 février 2004).

[3] Article 434 du Code administratif (anciens articles 6 et 7 de la loi n°7 du 18 février 2004).

[4] Ancien article 8 de la loi n°7 du 18 février 2004.

[5] Ancien article 10 du Code de conduite des fonctionnaires publics.

partis politiques ou d'afficher aux sièges des institutions publiques des objets avec le sigle des partis politiques. Dans le même sens, les fonctionnaires publics ne peuvent pas accepter que leur nom ou leur image soit utilisé pour des spots publicitaires ou dans des buts électoraux, tel que le précise l'alinéa 3 de l'article 436 du Code administratif [1].

217. L'interdiction de demander ou d'accepter des cadeaux. Le Code administratif institue également l'interdiction de demander ou d'accepter des cadeaux, des services, des faveurs, des invitations ou tout autre avantage pour eux, pour leur famille ou pour les amis des personnes avec lesquelles ils ont eu des relations d'affaires ou d'ordre politique ; ce qui pourrait, de ce fait, soit influencer leur impartialité, soit constituer une récompense en échange de l'accélération d'une procédure administrative [2]. Par la même occasion, le législateur a consacré aussi l'interdiction, à l'égard des fonctionnaires publics, de promettre la prise d'une certaine décision, soit au nom de leur institution, soit au nom d'autres collègues [3].

Les dispositions de l'article 449 du Code administratif [4] interdisent aussi aux fonctionnaires de faire usage des prérogatives de leur fonction publique dans d'autres buts que ceux prévus par la loi. Dans le même sens, le législateur a prévu aussi des interdictions à l'égard des fonctionnaires publics qui, par la nature de leurs fonctions - activités de prise de décision, de consultation, d'élaboration des projets d'actes normatifs, d'évaluation et de participation à des enquêtes ou des actions de contrôle -, pourraient essayer d'obtenir des avantages matériels ou d'autre nature, à titre personnel ; ou bien, au contraire, essayer de causer des dommages à d'autres personnes. Les dispositions de l'alinéa 2 de l'article 449 interdisent toute action de ce type [5].

218. La déontologie relative à la dépense des ressources publiques. Le Code administratif réserve un de ses articles également à la déontologie de la

---

[1] Ancien article 11 de la loi n°7 du 18 février 2004 relative au Code de conduite des fonctionnaires publics.

[2] Voire, à titre d'exemple, l'accélération de la procédure d'obtention d'une autorisation de construction, sans que cela signifie forcément que le fonctionnaire viole la loi, en ne pas respectant le délai imposé par la loi. Il suffit que le fonctionnaire solutionne systématiquement au dernier moment les demandes adressées par les usagers, et qu'il n'accélère leur règlement qu'à la suite des stimulations pécuniaires ou d'autre nature (en les demandant ou non).

[3] Article 440 du Code administratif (ancien article 15 de la loi n°7 du 18 février 2004 relative au Code de conduite des fonctionnaires publics).

[4] Ancien article 17 de la loi n°7 du 18 février 2004.

[5] D'autres interdictions réglementées par le biais de l'article 449 concernent la situation où un fonctionnaire essaierait d'influer, grâce à sa fonction, sur le déroulement d'une enquête interne ou externe, ou sur la prise d'une décision ; ou encore, d'essayer de convaincre d'autres fonctionnaires publics de s'inscrire dans certaines organisations ou associations, indépendamment de leur statut, ou de leur suggérer une telle approche en leur promettant l'octroi de certains avantages matériels et professionnels.

dépense des ressources publiques. En effet, le législateur institue l'obligation des fonctionnaires d'assurer la protection du patrimoine public et privé de l'État et des collectivités territoriales et locales [1]. Pour cela, ils doivent se comporter et agir en toute situation comme un « bon » propriétaire, afin d'éviter que le moindre préjudice soit apporté au patrimoine national. Cette obligation implique également l'usage utile et efficace des deniers publics.

In fine, la liste des obligations et des interdictions se termine par plusieurs limitations au sujet de la participation des fonctionnaires publics à des acquisitions, concessions ou louages de biens, propriétés privées de l'État ou des collectivités territoriales et locales.

219. L'ANFP, institution de coordination, de surveillance et de contrôle. L'application des règles de conduite sus-évoquées est coordonnée, surveillée et contrôlée par l'Agence Nationale des Fonctionnaires Publics (ANFP) [2]. Toutefois, dans l'exercice de ses activités de coordination, de surveillance et de contrôle, l'ANFP ne peut, aux termes du dernier alinéa de l'article 401 du Code administratif [3], influer sur l'activité des commissions de discipline réunies au sein des institutions et autorités publiques.

220. La création de la fonction de conseiller d'éthique. Les dispositions de l'article 451 du Code administratif [4] réglementent l'obligation des institutions et autorités publiques de désigner un fonctionnaire public, choisi généralement parmi les fonctionnaires exerçant leurs fonctions au sein du département des ressources humaines, pour donner des consultations d'ordre éthique aux autres fonctionnaires publics de l'institution. Le conseiller d'éthique est censé veiller au respect des normes de conduite au sein de, et par, l'institution qu'il représente. Si, en droit roumain, les règles à caractère déontologique ont été insérées parmi les normes statutaires depuis les années 2000, l'incorporation de certaines d'être elles remonte en droit français à la réforme de 2016 [5].

B. Le renforcement récent des règles déontologiques en droit français

221. Cherchant à renforcer la relation de confiance entre les usagers et les agents publics, le législateur français a procédé récemment à l'encadrement statutaire des principes déontologiques fondamentaux **(1)**, ainsi qu'au

---

[1] Ancien article 18 du Code de conduite des fonctionnaires publics.

[2] Lettre « e », de l'alinéa 1 de l'article 401 du Code administratif (ancien article 20 de la loi n°7 du 18 février 2004).

[3] Ancien article 20 de la loi n°4 du 18 février 2007.

[4] Ancien article 21 du Code de conduite des fonctionnaires publics.

[5] Niquège (S.), « La loi sur la déontologie, ou la réforme à pas comptés », *AJFP*, 2016, n°4, pp. 196-201.

renforcement des règles de prévention des situations déontologiquement conflictuelles **(2)** ou encore, à la création de la fonction de référent déontologue **(3)**.

1. Les principes déontologiques fondamentaux

222. L'inclusion encore récente de certaines règles déontologiques parmi les normes statutaires. L'adoption de la loi n°2016-483 du 20 avril 2016 relative à la déontologie et aux droits et obligations des fonctionnaires, a imposé la création de plusieurs nouveaux articles dans le corpus de la loi n°83-634 du 13 juillet 1983 portant droits et obligations des fonctionnaires par le biais desquels ont été institutionnalisés statutairement plusieurs règles à caractère déontologique, voire la création de nouvelles institutions censées contribuer à la dissémination d'une culture déontologique parmi les agents publics français. Par ailleurs, l'objectif de la réforme de 2016 visait le « renforcement de la relation de confiance entre les Français et les fonctionnaires » [1].

Modifié par la loi n°2016-483 du 20 avril 2016, l'article L.121-2 du CGFP [2] précise que les fonctionnaires doivent exercer leurs fonctions avec « dignité, impartialité [3], intégrité [4] et probité ». En outre, dans l'exercice de ses fonctions, le fonctionnaire est tenu à l'obligation de neutralité et au respect du principe de laïcité [5] dans l'exercice de ses fonctions [6]. De ce fait, il lui incombe à s'abstenir de manifester toute opinion religieuse dans l'exercice de ses fonctions [7]. Les mêmes dispositions statutaires instituent

---

[1] Roux (E.), « Loi « Déontologie » du 20 avril 2016 : les nouveaux impératifs déontologiques des fonctionnaires », *AJCT*, 2016, n°6, pp. 292-297.

[2] Article25 de la loi portant droits et obligations des fonctionnaires.

[3] CE 7 août 2008, *Fédération chrétienne des Témoins de Jéhovah de France*, req. n°310.220, *AJDA*, 2008, n°29, p. 1570.

[4] CAA Versailles 5 juillet 2012, *M. S. ...*, req. n°11VE01975, AJFP, 2013, n°3, p. 168.

[5] Montecler (de) (M.-C.), « Les règles de la laïcité dans la fonction publique rappelées par circulaire », *AJDA*, 2017, n°12, pp. 654-655 ; Letteron (R.), « Droit européen et laïcité : la diversité de modèles », *AJDA*, 2017, n°24, pp. 1368-1375 ; Saillant-Maraghni (E.), « Les frontières de la laïcité », *AJDA*, 2017, n°24, pp. 1381-1388 ; Vilette (V.), « Laïcité et fonction publique : la menace fantôme ? », *AJDA*, 2017, n°24, pp. 1395-1402 ; Lallet (A.) et Geffray (E.), « Le Conseil d'État, gardien du temple : bref retour sur 25 ans de laïcité », *AJDA*, 2014, n°2, pp. 104-106.

[6] Valentin (V.), « Laïcité et neutralité », *AJDA*, 2017, n°24, pp. 1388-1395 ; Bui-Xuan (O.), « Une application à géométrie variable de l'obligation de neutralité religieuse ? », *AJFP*, 2017, n°5, pp. 249-259.

[7] CE avis 3 mai 2000, *Mlle Marteaux*, req. n°217.017, AJDA, 2000, n° 7, p. 673 : « le fait pour un agent du service public de l'enseignement de porter un signe destiné à marquer son appartenance à une religion constitue un manque à ses obligations » ; TA Versailles 07 mars 2007, *Mme L. ...*, req. n°504.270, *AJFP*, n° 4, 2007, p. 208 (note O. Guillaumont) : le devoir de stricte neutralité religieuse.

également le devoir des fonctionnaires de traiter de manière égale toutes les personnes, et qui plus est, de respecter leur liberté de conscience et leur dignité.

Le suivi des modalités et de la rigueur d'application des principes évoqués ci-dessus relève de la compétence voire de la responsabilité du chef de service. De plus, les dispositions statutaires déjà évoquées reconnaissent au chef de service la légitimité d'adapter ces principes, à condition d'accueillir au préalable l'avis des représentants du personnel.

2. Les règles de prévention des cas déontologiquement conflictuels

223. L'étendue juridique du conflit d'intérêts. Créé par la loi n°2016-483 du 20 avril 2016, les articles L.121-4 et L.121-5 du CGFP [1] sont réservés au conflit d'intérêt. En vertu de l'article L.121-4, il incombe au fonctionnaire de veiller à faire cesser immédiatement ou à prévenir toute situation de conflit d'intérêts, qui existe ou pourrait exister [2].

Les dispositions de l'article susvisé offrent par la même occasion une définition du conflit d'intérêts qui est décrit comme « toute situation d'interférence entre un intérêt public et des intérêts publics ou privés qui est de nature à influencer ou paraître influencer l'exercice indépendant, impartial et objectif, de ses fonctions ». Le législateur statutaire poursuit par l'indication de l'attitude du fonctionnaire dans les différentes situations de conflit d'intérêts énumérées à l'article L.122-1 du CGFP [3]. Ces situations de conflit sont au nombre de cinq, dont le fonctionnaire placé dans une position hiérarchique à la suite d'une délégation de signature, le fonctionnaire membre d'une instance collégiale ou le fonctionnaire nommé dans une fonction juridictionnelle. Une autre situation de conflit concerne le fonctionnaire qui, amené à exercer des compétences dévolues, doit, en cas de conflit, en saisir son supérieur hiérarchique. Le fonctionnaire, se trouvant dans une des situations susvisées, doit s'abstenir respectivement de faire usage de son siège (il peut éventuellement le déléguer), ou de siéger (au sein d'une instance collégiale). Dans toutes ces situations, le fonctionnaire peut demander d'être tout simplement suppléé.

Afin de prévenir l'apparition d'une situation de conflit d'intérêts, les dispositions de l'article L.122-2 [4] conditionnent la nomination dans certains emplois, dont le niveau hiérarchique le justifie, au dépôt préalable d'une

---

[1] Article 25 bis (d) de la loi n°83-634 du 13 juillet 1983.

[2] Taillefait (A.), « Prévention des conflits d'intérêts : la culture administrative en question », *AJFP*, 2016, n° 4, pp. 189-196.

[3] Article 25 bis (point II) de la loi n°83-634 du 13 juillet 1983.

[4] Article 25 ter de la loi n°83-634 du 13 juillet 1983.

« déclaration exhaustive, exacte et sincère de ses intérêts à l'autorité investie du pouvoir de nomination ». Cette déclaration est, aux termes des mêmes dispositions, transmise ensuite à l'autorité hiérarchique, dont le fonctionnaire relève dans l'exercice de ses nouvelles fonctions. Au cas où l'autorité hiérarchique décèle une situation de conflit d'intérêts dans le contenu de la déclaration, elle doit prendre les mesures qui s'imposent pour mettre fin à cette situation, et ce, dans le délai qu'elle détermine. Au cas où l'autorité ne s'estime pas compétente pour apprécier l'existence d'un tel conflit, elle doit transmettre la déclaration susvisée à la Haute Autorité pour la transparence de la vie publique [1] qui doit se prononcer dans un délai de deux mois à compter de sa réception. À noter que la Haute Autorité pour la transparence de la vie publique se prononce par le biais d'une recommandation qu'elle adresse à l'autorité hiérarchique. La Haute Autorité peut aussi informer l'autorité hiérarchique et le fonctionnaire du fait que « la situation n'appelle aucune observation » ; ce qui, dans cette hypothèse, n'a aucune incidence sur la situation professionnelle du fonctionnaire.

224. Les déclarations d'intérêts et patrimoniales. L'article L.122-7 du CGFP [2] précise que, par principe, la déclaration d'intérêts ne comporte aucune mention des opinions ou des activités « politiques, syndicales, religieuses, ou philosophiques de l'intéressé », à l'exception de la situation où de telles informations résultent implicitement des fonctions ou du mandat exercés. En tout état de cause, toute modification importante des intérêts du fonctionnaire survenue en cours d'exercice de fonctions doit être rapportée par le biais d'une nouvelle déclaration d'intérêts dans un délai de deux mois. La et/ou les déclarations d'intérêts sont déposées, sous le sceau de la confidentialité, dans le dossier du fonctionnaire.

Outre la déclaration d'intérêts, les dispositions de l'article L.122-10 du CGFP [3] instituent, à l'égard du fonctionnaire nommé dans un emploi, dont le niveau hiérarchique ou la nature des fonctions le justifient, l'obligation de déposer une déclaration patrimoniale [4]. Cette déclaration doit être « exhaustive, exacte et sincère de sa situation patrimoniale [et elle concerne]

[1] Créée en 2013, la Haute Autorité pour la transparence de la vie publique a reçu comme mission principale le contrôle des déclarations de situation patrimoniale et d'intérêts des acteurs publics, tel que le décret n° 2013-1212 du 23 décembre 2013 le précise ; Pastor (J.-M.), « Dernière ligne droite pour les projets de loi sur la transparence de la vie publique », *AJDA*, 2013, n° 30, p. 716 ; Poupeau (D.), « La Haute Autorité pour la transparence de la vie publique en fonction », *AJDA*, 2014, n° 6, p. 6 ; Montecler (de) (M.-C.), « Transparence : une année chargée pour la Haute Autorité », *AJDA*, 2017, n° 14, pp. 773-774 ; CE 4 mai 2016, *Mme Le Pen*, req. n° 395.386, AJDA, 2016, n° 26, p. 1579 (note M. Taboui).

[2] Article 25 ter (point IV) de la loi n°83-634 du 13 juillet 1983.

[3] Article 25 quinquies de la loi n°83-634 du 13 juillet 1983 (créé par l'article 5 de la loi n°2016-483 du 20 avril 2016).

[4] Dyens (S.), « Déclaration d'intérêts et déclaration de situation patrimoniale des agents publics », AJCT, 2017, n°9, pp. 450-455.

la totalité de ses biens propres ainsi que, le cas échéant ceux de la communauté ou les biens indivis ». La déclaration de la situation patrimoniale doit être déposée dans un délai de deux mois suivant la nomination du fonctionnaire. La même obligation s'impose aussi à la fin de ses fonctions, lorsque le fonctionnaire doit déposer une nouvelle déclaration patrimoniale auprès de la Haute Autorité pour la transparence de la vie publique. Dans un délai de six mois à compter de la réception de cette dernière, la Haute Autorité doit apprécier l'évolution de la situation patrimoniale de l'intéressé. Comme pour la déclaration d'intérêts, toute modification substantielle de patrimoine d'un fonctionnaire soumis aux dispositions de l'article L.122-11 [1] engage, dans un délai de deux mois, le dépôt d'une nouvelle déclaration.

En toute situation, les dispositions de l'article L.122-16 reconnaissent à la Haute Autorité la légitimité non seulement de demander au fonctionnaire, soumis à l'obligation de déclaration patrimoniale, des éclaircissements sur certains points de la déclaration, mais aussi, en cas de carence de sa part, de lui adresser une injonction, à cet effet. Le fonctionnaire dispose d'un délai d'un mois à compter de la date de réception de l'injonction, pour compléter sa déclaration et/ou pour transmettre les explications voire les documents demandés. En l'absence d'une telle déclaration, la Haute autorité peut, en vertu des mêmes dispositions, demander des informations, dont elle a besoin, pour l'éclaircissement de certaines des déclarations de patrimoine, aux administrations fiscales. À cet effet, l'article L.122-18 précise que les administrations fiscales sont, dans ce cas précis, déliées du secret professionnel, chaque fois que des membres ou des rapporteurs de la Haute Autorité demandent leur concours en vertu de l'article susvisé.

225. L'étendue juridique de l'interdiction du cumul. La réforme de 2016 a aussi élevé au rang de principe statutaire l'obligation du fonctionnaire de consacrer l'intégralité de son activité professionnelle aux attributions confiées par sa fonction, principe consacré par l'article L.123-1 [2]. Comme en droit roumain, cette obligation est accompagnée par l'interdiction, à quelques exceptions près, pour le fonctionnaire d'exercer à titre professionnel une « activité privée lucrative de quelque nature que ce soit » [3]. Parmi les interdictions, que l'article 25 septies réglemente, figure

[1] Article 25 quinquies de la loi n°83-634 du 13 juillet 1983

[2] Article 25 septies de la loi n°83-634 du 13 juillet 1983 (les dispositions statutaires doivent être corroborées par les dispositions du décret n° 2017-105 du 27 janvier 2017 relatif à l'exercice d'activités privées par des agents publics et certains agents contractuels de droit privé ayant cessé leurs fonctions, aux cumuls d'activités et à la commission de déontologie de la fonction publique).

[3] Parmi ces exceptions, l'article L.123-1 énumère notamment la situation où le dirigeant d'une société ou d'une association à but lucratif réussit un concours d'entrée dans la fonction publique et est recruté en qualité d'agent contractuel de droit public, il peut continuer à

celle de créer ou de reprendre une entreprise lorsqu'elle engage l'immatriculation au registre de commerce et des sociétés ou au répertoire des métiers, ou encore l'affiliation aux termes du Code de la sécurité sociale, notamment si le fonctionnaire occupe un emploi à temps complet [1].

Au même titre, il est interdit aux fonctionnaires de participer aux organes de direction de sociétés ou d'association à but lucratif, ainsi que de donner des consultations, ou encore, de plaider en justice dans les affaires intéressant toute personne publique, sauf si cette prestation s'exerce au profit d'une personne publique ne relevant pas du secteur concurrentiel. En outre, aux fonctionnaires, leur est aussi interdit de prendre ou de détenir, directement ou par personnes interposées, au sein des entreprises dont l'activité est contrôlée par l'administration de rattachement ou en lien avec cette dernière [2], des intérêts de nature à compromettre leur indépendance. L'article déjà évoqué interdit aussi le cumul de plusieurs emplois permanents à temps plein. De même, l'autorité hiérarchique peut, en vertu de l'article L.123-1 déjà cité, autoriser, sur demande, un fonctionnaire à temps complet de créer ou de reprendre une entreprise où il exerce une activité privée lucrative, mais à temps partiel. L'autorisation peut être accordée pour deux ans, renouvelable pour une année à compter de la création ou de la reprise de l'entreprise. En outre, les dispositions de l'article L.123-7 du CGFP instituent la situation où, sur demande de l'agent, l'autorité hiérarchique dont il relève l'autorise à exercer, à titre accessoire, une activité, lucrative ou non, auprès d'une personne ou d'un organisme public ou privé. Cela, à condition que cette activité ne soit pas incompatible avec les attributions propres à ses fonctions.

226. Le secret et la discrétion professionnels. Comme les fonctionnaires roumains, les fonctionnaires français sont aussi, en vertu de l'article L.121-6 du CGFP [3], tenus par le secret professionnel dans le cadre des règles fixées par les dispositions du Code pénal [4]. Devoir de longue date, la discrétion professionnelle concerne tous les faits, les informations ou les documents, dont les fonctionnaires ont pu prendre connaissance dans l'exercice ou à l'occasion de l'exercice de leurs attributions

---

exercer son activité privée pendant une année, renouvelable une fois, et ce, à compter de son recrutement.

[1] Villeneuve (P.), « Cumul d'activités et activité accessoire : mode d'emploi pour les agents publics », *AJCT*, 2017, n°9, pp. 450-455.

[2] CE Ass 6 décembre 1996, *Société Lambda*, req. n°167.502 ; voir aussi sur cet arrêt : Simon (G.), « Stop au pantouflage », *AJDA*, 1997, n°1, p. 35.

[3] Article 26 de la loi du 13 juillet 1983.

[4] CE 5 février 2014, *M. P…*, req. n°371.396, par le biais duquel le Conseil d'État a refusé de renvoyer au Conseil constitutionnel une QPC relative à la formulation législative de l'obligation de discrétion professionnelle (*AJFP*, 2014, n°4, p. 219).

professionnelles [1]. Les fonctionnaires ne peuvent être déliés des devoirs de secret et de discrétion professionnels que par décision expresse de l'autorité dont ils dépendent [2]. Reste que les obligations de secret professionnel et de discrétion professionnelle ne doivent pas être confondues, compte tenu du fait que « l'obligation de secret vise à garantir les secrets des administrés, tandis que l'obligation de discrétion s'oppose à la divulgation d'informations concernant l'administration » [3].

En toute situation, et dans le respect du secret et de la discrétion professionnels, les fonctionnaires doivent engager toute leur diligence pour satisfaire les demandes d'information du public [4]. Par conséquent, les dispositions de l'article L.121-10 du CGFP [5] imposent aux fonctionnaires, quel que soit leur rang dans la hiérarchie, la responsabilité de l'exécution des tâches qui leur sont confiées en vertu de leur fonction. Par la même occasion, les dispositions susvisées ont repris le principe, déjà consacré par les Statuts de 1946 et 1959, d'obéissance hiérarchique, en vertu duquel le fonctionnaire doit « se conformer aux instructions de son supérieur hiérarchique » ; sauf si l'ordre donné est manifestement illégal et de nature à compromettre gravement un intérêt public. Sur ce point, il est à noter, que les dispositions de l'article cité ci-dessus restent silencieuses quant aux modalités d'expression du refus d'exécuter l'ordre reçu peut être manifesté par le fonctionnaire. Sachant que le fonctionnaire n'est, en principe pas dégagé des « responsabilités qui lui incombent par la responsabilité propre de ses subordonnés ». Reste qu'afin de renforcer l'accompagnement des agents publics en matière de règles déontologiques, le législateur a, entre autres, imposé l'obligation à l'égard des institutions publiques de créer en leur sein la fonction de référent déontologue.

3. Le référent déontologue

227. La création récente de la fonction de référent déontologue. Créé par l'article 11 de la loi du 20 avril 2016, l'article L.124-2 du CGFP [6] consacre le droit du fonctionnaire de consulter un référent déontologue. Le référent déontologue est, en vertu de cet article L.124-2, chargé d'apporter « tout conseil utile au respect des obligations et des principes déontologiques » précédemment exposés. La fonction de référent

---

[1] CE 29 décembre 2000, *Syndicat Sud Travail*, req. n°213.590 ; CE 21 novembre 2003, *Poukalo*, Rec. 830 ; CE 4 juillet 2005, *M.C.*, req. n°269.177, *AJDA* 2005, n°35, p. 1968 ; CE 30 novembre 2007, *M. B.*, req. n°298.814, *AJDA* 2008, n°2, p. 110.

[2] CE 10 octobre 2012, *Office public de l'habitat de Châtillon c/ Mme Hamet*, Rec. 820.

[3] Melleray (F.), *op. cit.*, 2017, p. 422.

[4] Article L121-8 du CGFP (article 27 de la loi n°83-634 du 13 juillet 1983).

[5] Article 28 de la loi n°83-634 du 13 juillet 1983.

[6] Article 28 bis de la loi du 13 juillet 1983.

déontologue est exercée « sans préjudice de la responsabilité et des prérogatives du chef de service ». Les modalités et les critères de désignation des référents déontologues au sein des institutions sont fixés par le décret n°2017-519 du 10 avril 2017 relatif au référent déontologue dans la fonction publique. Cette institution est d'autant plus importante qu'il est « souvent difficile à un agent de savoir ce qu'il peut ou doit dire, ce qu'il peut ou doit taire » [1]. Reste, toutefois, la question de savoir comment concilier le devoir d'obéissance hiérarchique et la conscience personnelle, lorsque le premier heurte la seconde [2]. De ce fait, le rôle et la place du référent déontologue, ainsi que les résultats obtenus dans l'exercice de ses missions, apparaissent conditionnés par la création, voire par la promotion, d'une culture déontologique.

Section 2. Les impératifs juridiques d'une culture déontologique

228. Le rangement des règles déontologiques parmi les dispositions statutaires remonte à des moments différents pour les deux systèmes de Fonction publique analysés. Toutefois, il est non moins vrai que si le Statut roumain de fonction publique s'est, depuis son adoption en 1999, approprié certains obligations et devoirs à valeur déontologique, leur application pratique en souffre. D'autant que les principes déontologiques, réglementés initialement par le Code de conduite des fonctionnaires, ont été adoptés en 2004, moins sous l'empressement du législateur que sous la pression des institutions européennes.

Contrairement au système roumain, qui paraît se complaire dans un état de figement en matière de déontologie, le système français se trouve, depuis plusieurs années, engagé dans des réflexions qui permettent la consécration statutaire de nouvelles règles de déontologie voire le renforcement de la valeur juridique de celles déjà consacrées. Ainsi en est-il de la réforme de 2016, par le biais de laquelle le législateur français a codifié certains des principes déontologiques issus de la jurisprudence et délibérément non repris par la loi statutaire de 1983. Ce qui n'empêche, comme le Professeur Didier Jean-Pierre le souligne, que certains d'entre eux aient été repris « sans valeur ajoutée » [3].

Considérant les critiques régulières apportées à l'application déficitaire des règles déontologiques consacrées par le Statut et le Code de conduite des fonctionnaires roumains, ainsi que des observations formulées en droit

---

[1] Moret-Bailly (J.) et Truchet (D.), « Actualité et enjeux », *AJDA*, 2012, n°16, p. 865.
[2] *Ibid.*, p. 865.
[3] Jean-Pierre (D.), « La nouvelle déontologie de la fonction publique : du décalogue au catalogue », *JCP A*, 2016, n°24, p. 16.

français à l'égard de certaines « omissions » de la loi n°2016-483 du 20 avril 2016, plusieurs défis se posent à l'état actuel de la déontologie dans la Fonction publique **(§1)** pour que les deux systèmes disséminent une vraie culture déontologique parmi leurs agents **(§ 2)**.

§ 1. Les défis posés à la modernisation des règles déontologiques actuelles

229. La doctrine publiciste a dégagé quatre valeurs de principe qui, ensemble, guident la réflexion déontologique avec, en point de mire l'exigence de probité et de lutte anticorruption [1]. Reste que la démarche consistant à les « graver dans le marbre législatif » statutaire est censée leur conférer non seulement une valeur symbolique certaine, mais aussi une plus grande valeur sur le plan juridique ; et ce, afin que les conseils de discipline puissent s'en saisir et les utiliser plus facilement [2].

La réflexion relative aux règles déontologiques les plus sensibles pour les deux systèmes de droit **(A)** permet d'individualiser un besoin important d'une part de (re)ordonnancement des principes déontologiques propres, particulièrement en droit roumain, et d'autre part, d'approfondissement de la définition de ces derniers dans les deux systèmes de droit **(B)**.

A. Les questionnements communs actuels

230. Les questionnements franco-roumains en matière de déontologie se regroupent autour de l'encadrement statutaire désordonné spécifique au droit roumain **(1)** et de l'encadrement statutaire inachevé des principes fondamentaux propres au droit français **(2)**.

1. L'encadrement statutaire désordonné en droit roumain

231. Le manque de cohérence dans l'ordonnancement des principes déontologiques en droit roumain. Comme par le passé, les règles à caractère déontologique roumaines ont, dans un premier temps, été consacrées sous la forme des devoirs assignés aux fonctionnaires publics par les normes statutaires.

---

[1] Les trois autres courants concernent l'appel à l'impartialité de l'État, la pression des réformateurs de l'action publique, et en dernière position, le débat international [Vigouroux (C.), *op. cit.*, 2013-2014, p. 40].

[2] Roux (E.), « L'obligation de dignité dans la fonction publique : entre désuétude et modernité », *AJCT*, 2015, n°2, pp 76-81.

À l'opposition du premier alinéa de l'article L.121-2 du CGFP [1] qui précise que le fonctionnaire exerce ses fonctions avec « dignité, impartialité, intégrité et probité », les dispositions de l'article 431 du Code administratif [2] instituent l'obligation des fonctionnaires publics d'« accomplir leurs devoirs de travail avec professionnalisme, impartialité et dans le respect de la loi, ainsi que de s'abstenir de toute action susceptible à préjudicier des personnes physiques et morales, ou encore, de porter atteinte au prestige du corps des fonctionnaires publics ». En outre, les premières normes générales, consacrées par le Code de conduite des fonctionnaires roumains et reprises par le Code administratif, réglementent l'obligation d'assurer un service public de qualité, la loyauté envers la Constitution, les lois et les institutions publiques, et ce, sans précisions complémentaires au sujet du statut du fonctionnaire dans l'exercice de ses fonctions. En d'autres termes, comme par le passé, le législateur roumain a élevé au rang de principes déontologiques l'ensemble des devoirs et obligations professionnels, sans fixer les valeurs morales essentielles propres. Il est toutefois évident que « la dignité dans et hors l'exercice des fonctions de ces agents (…) est liée aux exigences d'impartialité et de probité : l'une ne va pas sans les autres » [3]. Reste que la notion de dignité ne doit pas être considérée exclusivement à travers le prisme de l'attitude du fonctionnaire envers les usagers, mais aussi de ces derniers envers le fonctionnaire, ou encore, eu égard aux relations hiérarchiques de ce dernier. En d'autres termes, si l'obligation de dignité « a pour vocation de protéger essentiellement la réputation de l'administration et du corps dont relève le fonctionnaire », pendant et en dehors du service, elle a en même temps « vocation [aussi] à couvrir les fonctionnaires contre certaines attitudes des usagers » [4]. La probité regroupe ensuite des valeurs déontologiques comme l'intégrité et le désintéressement, alors que l'impartialité engage « de multiples devoirs comme la neutralité et l'égalité », de même que l'efficacité du service public « garantit le maintien de la confiance des citoyens » [5].

À la lumière de ces précisions, il apparaît que les obligations et les devoirs des fonctionnaires roumains restent dissimulés derrière un langage plastique qui place en arrière-plan les véritables normes déontologiques. Ce qui n'est pas le cas du législateur français qui, notamment par la réforme du 20 avril 2016, a consacré sans équivoque des principes comme la dignité, l'impartialité, l'intégrité et la probité voire la neutralité des fonctionnaires. Reste que si le législateur français a effectivement consacré juridiquement

---

[1] Article 25 de la loi n°83-634 du 13 juillet 1983.

[2] Ancien article 43 de la loi n°118 du 8 décembre 1999.

[3] Cassia (P.), *Dignité(s). Une notion juridique insaisissable*, Dalloz, 2016, p. 35.

[4] Roux (E.), *op. cit.*, pp 76-81.

[5] Sauvé (J.-M.), « Quelle déontologie pour les hauts fonctionnaires ? », RFAP, 2013, n°147, pp. 725-745.

les valeurs déontologiques, il n'en reste pas moins qu'il ne les a pas, par la même occasion, définies.

En l'absence de la légalité des faits disciplinaires, ainsi que des définitions qui délimitent l'étendue juridique des principes déontologiques précités, il ressort que le champ disciplinaire français jouit d'une grande liberté d'appréciation ; ce qui « laisse le champ libre à l'imagination » [1]...

2. L'encadrement statutaire inachevé en droit français

232. Tout en saluant la réunification des piliers fondamentaux de la déontologie de la Fonction publique – la dignité, l'impartialité, l'intégrité, la probité et la neutralité [2] -, la doctrine publiciste française n'a pas hésité à exprimer son regret quant à l'absence, entre autres, des obligations de loyauté et de réserve **(a)**. Par la même occasion, les commentaires de la doctrine publiciste permettent de saisir certaines difficultés de délimitation de l'étendue juridique de ces principes du fait de l'absence de définitions formulées par le législateur [3] **(b)**.

a. L'absence statutaire des principes de loyauté et de réserve

233. La doctrine publiciste française déplore l'absence de certains principes des dispositions statutaires. Par l'énumération des cinq principes déontologiques dans l'article L.121-2 du CGFP, le législateur français a cherché à renforcer leur visibilité [4]. En effet, même si les cinq grands principes déontologiques avaient déjà été consacrés par les juridictions administratives [5], ils étaient assez peu connus du fait de leur dispersion jurisprudentielle voire réglementaire [6].

---

[1] Chapus (R.), *op. cit.*, 2001, p. 304.

[2] La dignité, l'intégrité et la probité avaient déjà fait l'objet d'une consécration légale dans la loi n°2013-907 du 11 octobre 2013 relative à la transparence de la vie publique.

[3] Jean-Pierre (D.), « La nouvelle déontologie de la fonction publique : du décalogue au catalogue », *JCP A*, 2016, n°24, pp. 16-19 ; Roux (E.), *op. cit.*, *AJCT*, 2016, n°6, pp. 292-297.

[4] Roux (E.), « Loi « Déontologie » du 20 avril 2016 : les nouveaux impératifs déontologiques des fonctionnaires », *AJCT*, 2016, n°6, pp. 292-297.

[5] Jean-Pierre (D.), *L'éthique du fonctionnaire civil. Son contrôle dans les jurisprudences administrative et constitutionnelle française*, LGDJ, 1999, 540 p. ; Aubin (E.), « L'entrée de la déontologie dans le titre Ier du statut général », *AJDA*, 2016, n°26, pp.1433 et ss.

[6] Vasselle (A.), *Rapport au nom de la commission des lois constitutionnelles, de législation, du suffrage universel, du Règlement et d'administration générale (1) sur le projet de loi, adopté par l'Assemblée Nationale après l'engagement de la procédure accélérée, relatif à la déontologie et aux droits et obligations des fonctionnaires*, Sénat, n°274, le 16 décembre 2015, p. 31.

La doctrine publiciste française déplore toutefois l'absence, parmi les principes déontologiques susvisés, des obligations de réserve [1] et de loyauté. Contrairement au législateur français, le droit statutaire roumain a consacré l'obligation de loyauté tant à l'égard de la Constitution et de la Loi, que des institutions publiques [2]. Décrite comme l'obligation de respecter la Constitution et les lois, de défendre de manière loyale le prestige de l'institution publique, ainsi que de s'abstenir de tout acte qui pourrait porter atteinte entre autres à son image, force est de constater qu'en se limitant à indiquer certaines des facettes de la loyauté, le législateur roumain s'est abstenu d'une définition de ce principe. À cet effet, la loyauté pourrait brièvement être décrite comme « la fidélité à tenir ses engagements » [3], allant jusqu'à en se faire un honneur de cela [4]. La doctrine publiciste française déplore l'absence d'une consécration statutaire *expressis verbis*, d'autant plus que c'est d'elle que « découlent les obligations d'obéissance hiérarchique, de réserve, d'impartialité, de neutralité, de discrétion et de secret professionnel » [5]. À cet effet, il apparaît intéressant qu'en vertu du devoir de loyauté, les dispositions roumaines de l'article 434 du Code administratif listent une série d'interdictions, dont l'interdiction d'exprimer en public des discours non conformes à la réalité, concernant l'activité, les stratégies ou les politiques de l'institution d'appartenance. Comparant la vision de la doctrine publiciste française sur la notion de loyauté et celle du législateur roumain, il ressort que les deux visions diffèrent sensiblement l'une de l'autre. Alors que l'obligation de loyauté en droit roumain est fondée sur un ensemble d'interdictions, dont la transgression risquerait de porter atteinte au prestige et à l'image de l'Administration, la doctrine publiciste française appréhende un ensemble de valeurs, qui se complètent réciproquement [6].

In fine, alors que la loi du 20 avril 2016 a omis, à bon escient [7], de ranger parmi les dispositions statutaires l'obligation de réserve, le législateur statutaire roumain a encadré l'obligation de réserve des fonctionnaires roumains, lorsqu'il s'agit entre autres d'exprimer leurs opinions pendant et en dehors du travail. Reste que la doctrine publiciste française soulève

---

[1] Melleray (F.), « L'impossible codification de l'obligation de réserve des fonctionnaires ? », *AJDA*, 2013, n°28, pp. 1593-1596.

[2] Articles 6 et 7 de la loi n°7 du 18 février 2004 portant Code de conduite des fonctionnaires publics.

[3] Jean-Pierre (D.), *op. cit.*, p. 18 ; Littré, *Dictionnaire de la langue française,* tome 4, Pauvert, 1957, p. 1741.

[4] Beignier (B.), *L'honneur et le droit*, LGDJ, 2e éd., 2015, 660 p.

[5] Jean-Pierre (D), *op. cit.*, p. 18 ; dans le même sens, voir aussi : Roux (E.), « Loi « Déontologie » du 20 avril 2016 : les nouveaux impératifs déontologiques des fonctionnaires », *AJCT*, 2016, n°6, pp. 292-297.

[6] CE 25 janvier 1935, *Defrance* ; CE 15 mars 2004, *Pinon* ; CE sect. 3 mars 1950, *Dlle Jamet* ; CE 24 septembre 2010, *Girot de Langlade*, req. n°333.708.

[7] Jean-Pierre (D.), *op. cit.*, p. 18.

plusieurs omissions voire imperfections du très récent cadre déontologique législatif, dont notamment la définition des différentes valeurs déontologiques rangées parmi les normes statutaires françaises.

b. L'absence statutaire des définitions des principes fondamentaux

234. L'absence des définitions statutaires aux cinq principes déontologiques réglementés par la réforme de 2016. En l'absence d'une définition formulée par le législateur, il a été défendu que la dignité vise à « s'assurer que les comportements du fonctionnaire ne portent pas atteinte à la réputation de son administration » [1]. Définition qui se rapproche plutôt de l'obligation, instituée à l'article 434 du Code administratif, de défendre de manière loyale le prestige de l'institution publique. À cet égard, est considéré comme un manquement à l'obligation de dignité le fait pour un commissaire de police de dénoncer le comportement de ses supérieurs dans le seul but de leur nuire [2], ou encore, le fait pour un fonctionnaire en uniforme de créer un scandale dans un espace public, alors qu'il était en état d'ébriété [3].

La probité signifie pour le fonctionnaire de ne pas utiliser ses fonctions pour en tirer un profit personnel. Ainsi, l'article 440 du Code administratif institue l'interdiction d'utiliser les prérogatives de puissance publique pour en tirer un profit personnel.

Comme la probité, l'intégrité « des agents publics est une préoccupation constante du pouvoir et la condition même de son maintien et de sa légitimité » [4]. En vertu du principe d'intégrité, l'agent public est censé, comme le soulignait M. Sauvadet, exercer ses fonctions de manière désintéressée [5]. Au sujet de l'intégrité, il s'avère intéressant pour le système roumain, de souligner qu'au principe d'impartialité, retenu initialement dans la loi sur la transparence de la vie publique française de 2013, lui a été préféré le principe d'intégrité. L'explication réside dans le fait que la notion

---

[1] Vasselle (A.), *op. cit.*, p. 32.

[2] CE 15 mars 2004, *M. Jean-Yves A*, req. n°255.392.

[3] CAA Nantes 21 octobre 1999, *Patrice Z.*, req. n°96NT02209.

[4] Sueur (J.-P.), *Rapport fait au nom de la commission des lois constitutionnelles, de législation, du suffrage universel, du Règlement et d'administration générale sur le projet de loi organique, adopté par l'Assemblée nationale après engagement de la procédure accélérée, relatif à la transparence de la vie publique et sur le projet de loi, adopté par l'Assemblée nationale après engagement de la procédure accélérée, relatif à la transparence de la vie publique*, Sénat, 3 juillet 2013, p. 9.

[5] Vasselle (A.), *op. cit.*, p. 32.

d'impartialité était « traditionnellement réservée aux fonctions juridictionnelles … » [1].

Le principe d'impartialité a été ajouté aux trois principes, déjà consacrés par la loi sur la transparence publique de 2013, de même que le principe de neutralité. Consacré par la jurisprudence administrative comme principe général du droit [2], le principe d'impartialité signifie que le fonctionnaire public doit avant tout servir la loi, l'État, voire les citoyens usagers, et seulement après, s'intéresser à ses intérêts personnels, tant qu'il n'entre pas en conflit avec ceux de la fonction exercée [3].

In fine, considérée proche du principe d'impartialité, la neutralité impose aux fonctionnaires de ne pas « faire état de leurs convictions et de ne pas utiliser leurs fonctions pour les répandre ». Le principe de neutralité, tel que décrit par la doctrine publiciste française, correspond au contenu de l'article 432 du Code administratif qui vise la liberté des opinions. Pour rappel, l'article susvisé institue l'obligation, à l'égard des fonctionnaires publics, de « respecter la dignité de la fonction publique détenue, corrélant la liberté du dialogue avec la promotion des intérêts de l'institution ou de l'autorité publique ».

Afin de sortir du « désordre [des règles roumaines à caractère déontologique] qui partent dans tous les sens » [4], il s'avère important que le législateur statutaire procède à la réorganisation des règles relatives aux devoirs des fonctionnaires et des normes de conduite, en distinguant les principes déontologiques applicables aux fonctionnaires, des obligations générales et d'un régime disciplinaire correspondant [5].

---

[1] Sueur (J.-P.), *op. cit.*, p. 57.

[2] CE 29 avril 1949, *Bourdeaux*, Lebon p. 188 ; CE 17 juin 1927, *Vaulot*, Lebon p. 683 ; CE Sect. 30 décembre 2010, *Société Métropole télévision*, req. n°338.273 : les juges du Conseil d'État ont statué que « le principe d'impartialité s'impose à toute autorité administrative, notamment aux autorités administratives indépendantes. Il incombe aux membres de ces autorités de s'abstenir de toute prise de position publique de nature à compromettre le respect de ce principe » (https://www.legifrance.gouv.fr/affichJuriAdmin.do?idTexte=CETATEXT000023493755, consulté le 14 juin 2022).

[3] Pour mémoire, les dispositions de l'article 430 du Code administratif (ancien article 43 de la loi portant statut des fonctionnaires publics) – qui est le premier article de la section consacré aux devoirs des fonctionnaires publics – instituent l'obligation des fonctionnaires d'accomplir leurs attributions avec professionnalisme, impartialité et dans le respect de la loi.

[4] Truchet (D.), « Le besoin de déontologie », *AJDA*, 2010, n°38, pp. 2129-2132.

[5] Roux (E.), *op. cit.*, pp. 292-297.

B. Les questionnements français et roumains spécifiques à la lutte contre la corruption

235. Les conflits d'intérêts et les incompatibilités continuent à représenter un problème sensible pour les deux systèmes de droit en général, et pour le système roumain en particulier **(1)**, ce dernier étant d'autant plus vulnérable du fait de la présence discrète des déontologues censés promouvoir une culture de responsabilisation dans les institutions publiques **(2)**.

1. L'épineux problème des conflits d'intérêts et des incompatibilités

236. Le problème épineux des conflits d'intérêts et des incompatibilités dans les deux systèmes de droit. Le problème du conflit d'intérêts représente, comme le professeur Verginia Vedinaş le soulignait dans son ouvrage sur la fonction publique, un point sensible pour tous les États du fait du devoir des agents publics de veiller, dans l'exercice de leurs fonctions, à l'intérêt général.

Les dispositions de l'article 445 du Code administratif [1] se limitent à instituer l'obligation des fonctionnaires à respecter le régime juridique du conflit d'intérêts et des incompatibilités, en renvoyant pour la définition de ces notions et des situations susceptibles de placer le fonctionnaire en conflit d'intérêts à d'autres actes normatifs, dont la loi n°161 du 19 avril 2003 relative à certaines mesures, pour assurer la transparence dans l'exercice des dignités publiques, des fonctions publiques. Contrairement au législateur statutaire roumain qui consacre l'interdiction des situations de conflit d'intérêts et renvoie pour des détails à d'autres actes normatifs, le législateur français a, par le biais de la loi du 20 avril 2016, inclus, parmi les dispositions statutaires, les différentes situations susceptibles de placer le fonctionnaire en position de conflit d'intérêts.

237. La corruption, une menace permanente pour la Fonction publique. Commencée dans les années 1990 par l'adoption de la loi n°115 du 16 octobre 1996 relative à la déclaration et au contrôle des patrimoines des dignitaires publics, magistrats et fonctionnaires publics, et continuée par la loi n°78 du 8 mai 2000 relative à la prévention, à la découverte et à la sanction des faits de corruption, la lutte contre la corruption s'est depuis matérialisée dans plusieurs dizaines d'actes normatifs [2]. Un des nombreux

---

[1] Ancien article 49 de la loi n°188 du 8 décembre 1999.

[2] Ministère de l'Administration et de l'Intérieur, *Studiu privind coruptia din administratia publica locala (Étude concernant la corruption dans l'administration publique locale)*, 2012, p. 33.

rapports portant sur le phénomène de la corruption dans le secteur public roumain mettait récemment en exergue que « le cadre légal anticorruption de la Roumanie est très bon (…,), mais qu'il souffre considérablement lorsqu'il s'agit de son application … » [1].

Similaire à la Roumanie, le législateur français s'est aussi consacré au renforcement des règles juridiques relatives à la lutte contre la corruption dans le secteur public français. Outre l'adoption de la loi n°2013-907 du 11 octobre 2013 relative à la transparence de la vie publique, censée contribuer à la prévention des conflits d'intérêts et à la transparence de la vie publique, en 2014, a été adoptée la loi organique n°2014-125 du 14 février 2014 interdisant le cumul de fonctions exécutives locales avec le mandat de député ou de sénateur. Reste que les résultats encore modestes, obtenus dans la lutte contre les situations de conflits d'intérêts et les situations d'incompatibilité, voire contre la corruption, sont également dus à la présence discrète du conseiller d'éthique.

2. La présence discrète du conseiller d'éthique

238. Le rôle modeste du conseiller d'éthique en droit roumain. Si l'institution du référent déontologue a été réglementée par les normes statutaires françaises seulement en 2016, la Fonction publique roumaine en bénéficie depuis l'adoption du Code de conduite des fonctionnaires roumains de 2004. Pour rappel, les dispositions de l'article 451 du Code administratif [2] instituent l'obligation à l'égard de toutes les institutions et autorités publiques de désigner un conseiller d'éthique.

Toutefois, l'institution du conseiller d'éthique continue à être peu connue parmi les fonctionnaires publics. À cet effet, des données rendues publiques semestriellement par l'ANFP, au sujet du respect des normes de conduite des fonctionnaires publics, des principes d'éthique et de l'application des procédures disciplinaires, il ressort que moins de 50% des institutions publiques ont créé la fonction de conseiller d'éthique en leur sein [3]. En outre, la formation des conseillers d'éthique reste déficitaire, étant donné que seulement un quart d'entre eux ont suivi des formations professionnelles, initiale ou continue, en la matière [4].

[1] *Ibid.*, p. 33.

[2] Ancien article 21 de la loi n°7 du 18 février 2004.

[3] En 2016, seulement 1.287 d'institutions sur 4.363 ont transmis à l'ANFP les rapports concernant les normes de conduite (Agenția Națională a Funcționarilor Publici, *Raport de supraveghere a normelor de conduită a funcționarilor publici și aplicarea procedurilor disciplinare (Rapport de surveillance concernant le respect des normes de conduite par les fonctionnaires publics et de l'application des procédures disciplinaires*), 2016, 24 p.

[4] Ministère de l'Administration et de l'Intérieur, *op. cit.*, 2012, p. 33.

Considérant ces défaillances il apparaît légitime de s'interroger sur les moyens qui se présentent au législateur pour responsabiliser d'abord les institutions au regard de l'obligation de désigner un conseiller d'éthique en leur sein, ensuite d'assurer l'accès de tels conseillers à des formations spécifiques, et enfin, pour renforcer le rôle et la légitimité juridique du conseiller d'éthique au sein de son institution.

En matière de législation, il peut être considéré que le système roumain a devancé le système français, compte tenu de l'empressement du législateur à aligner la législation roumaine au regard des exigences européennes en matière de déontologie de la vie publique en général, et de la Fonction publique en particulier. L'attente de presque dix ans, à compter de décembre 1989, des fonctionnaires de se voir dotés d'un cadre juridique protecteur face à l'interventionnisme et au pouvoir discrétionnaire politiques, a aussi concerné la délimitation d'un champ éthique et de responsabilité concrétisée par l'adoption du Code de conduite énoncé ci-dessus [1]. Il est non moins vrai que, finalement, la réglementation en matière de déontologie a progressivement abouti à une abondance législative, qui accuse un certain manque de cohérence, tellement l'étendue juridique assignée à une et même définition peut différer.

Contrairement au législateur roumain, le législateur statutaire français a, intentionnellement ou pas, réalisé le peaufinage jurisprudentiel des différentes valeurs déontologiques, avant de s'approprier ces valeurs en les élevant au rang de principes statutaires. Par suite, le langage, direct et compréhensible, du législateur français s'oppose au langage, plastique et redondant, du législateur roumain. Toujours en est-il que dans le système roumain, comme dans le système français la déontologie représente l'antidote pérenne à la corruption.

§ 2. La déontologie, véritable antidote à la corruption

239. Le manquement aux obligations et devoirs à valeur déontologique représente souvent une conséquence du non-respect des règles des conflits d'intérêts et des incompatibilités dans la fonction publique qui favorisent la corruption dans le secteur public. Il est notoire que la corruption a toujours représenté une « menace sérieuse contre l'État de droit, la démocratie, les droits de l'homme, l'équité et la justice sociale, qu'elle entrave le développement économique, met en danger la stabilité des institutions démocratiques et les fondations morales de la société » [2].

[1] Dont les différentes exigences à l'égard des fonctionnaires sont complétées par différents actes normatifs.

[2] Comité des ministres du Conseil de l'Europe, *Recommandation n°R [2000] 10 du 11 mai 2000 aux États membre sur les codes de conduite pour les agents publics*, p. 1.

L'analyse comparée de l'étendue juridique des conflits d'intérêts et des incompatibilités **(A)** a permis d'identifier non seulement les causes des faiblesses du cadre normatif en vigueur à leur sujet, mais aussi certaines solutions qui contribuent au renforcement plutôt des règles de prévention que de sanction **(B)**.

A. L'encadrement des conflits d'intérêts et des incompatibilités

240. L'encadrement des situations des conflits d'intérêts **(1)** et des incompatibilités **(2)** représente encore un chantier inachevé pour les législateurs des deux États.

1. L'étendue juridique des conflits d'intérêts

241. Considérations générales relatives au conflit d'intérêts. La notion de conflit d'intérêts n'a été encadrée en droit roumain qu'au début des années 2000, toujours sous la pression des institutions européennes, lorsque le Comité des ministres du Conseil de l'Europe émettait la Recommandation n°R(2000)10 du 11 mai 2000 à l'égard des États membres sur les codes de conduite pour les agents publics. Afin de satisfaire aux exigences européennes, l'État roumain a adopté dans la foulée plusieurs actes normatifs, dont la loi n°78 du 8 mai 2000 concernant la prévention, la découverte et la sanction des faits de corruption, la loi n°161 du 19 avril 2003 concernant certaines mesures qui créent un cadre transparent dans l'exercice des dignités publiques, des fonctions publiques, ainsi que dans le milieu des affaires, voire de sanction de la corruption, ou encore, la loi n°7 du 18 février 2004 portant Code de conduite des fonctionnaires publics.

Le législateur français s'est aussi vu astreint à mettre en question la « moralité de la vie publique » en réponse à certaines affaires [1] qui ont jeté l'ombre du doute sur les acteurs du système public français. Des réflexions relatives à l'émergence d'une nouvelle culture déontologique dans la vie publique ont été engagées dès le début des années 2010 [2]. Ces réflexions ciblaient plus particulièrement la prévention des conflits d'intérêts et les incompatibilités [3], elles avaient/ont comme objectif la moralisation de la vie

---

[1] Voir à titre d'exemple l'affaire d'Eric Woerth l'été 2010, l'affaire Jérôme Cahuzac de 2013, ou encore, la récente affaire François Fillon de 2017.

[2] Sauvé (J.-P.), Migaud (D.) et Magendie (J.-C.), *Pour une nouvelle déontologie de la vie publique*, La Documentation française, 2011, 154 p.

[3] Brondel (S.), « Des propositions pour faire émerger une nouvelle culture déontologique dans la vie publique », *AJDA*, 2011, n°3, p. 132.

publique [1] afin de renouer avec la confiance publique et l'exemplarité des responsables publics [2].

242. Les règles de conduite roumaines censées démarquer le secteur public du secteur privé et prévenir les conflits d'intérêts. Le législateur statutaire roumain s'est empressé d'encadrer, outre les principes déontologiques fondamentaux déjà évoqués, les règles de conduite qui contribuent à la séparation des sphères, politique ou privée, de celle de la Fonction publique. Tel a été le cas de l'interdiction instituée par les dispositions de l'article 44 de la loi n°188 du 8 décembre 1999 - et reprises par l'alinéa 2 de l'article 436 du Code administratif -, qui prohibent aux fonctionnaires roumains d'occuper des fonctions de direction dans les structures ou les organes de direction, élues ou nommées, des partis politiques ou d'autres organisations jouissant du même régime. Cette interdiction est complétée par l'obligation, contenue dans l'article 445 du même acte normatif à l'égard des fonctionnaires publics, de respecter le régime juridique du conflit d'intérêts et des incompatibilités.

L'OUG n°57 du 5 juillet 2019 n'a malheureusement pas repris la définition du conflit d'intérêts formulée à la lettre e) de l'alinéa 1 de l'article 4 du Code de conduite des fonctionnaires publics roumains. Lesdites dispositions décrivaient le conflit d'intérêts comme « la situation où l'intérêt personnel, direct ou indirect, du fonctionnaire public contrevient à l'intérêt public, de manière qu'il [, l'intérêt,] affecte ou qu'il pourrait affecter l'indépendance et l'impartialité du fonctionnaire dans la prise des décisions ou dans l'accomplissement, en temps voulu et objectivement, des devoirs qui lui incombent en vertu de sa fonction » [3].

L'article L.121-5 du CGFP [4] définit le conflit d'intérêts comme « toute situation d'interférence entre un intérêt public et des intérêts publics ou privés qui est de nature à influencer ou paraître influencer l'exercice indépendant, impartial et objectif de ses fonctions ». À la différence de la définition roumaine, le législateur français a pris en considération également la possibilité d'un conflit dû à l'interférence des intérêts d'ordre public et

---

[1] Jospin (L.), *Pour un renouveau démocratique : rapport de la Commission de rénovation et de déontologie de la vie publique*, La documentation française, 2012, 131 p.

[2] Nadal (J.-L.), *Renouer la confiance publique sur l'exemplarité des responsables publics*, La documentation française, 2015, 192 p.

[3] Cette définition a été considérée par le Professeur Vedinaş plus rigoureuse que la définition du conflit d'intérêts formulée par les dispositions de l'article 70 de la loi n°161 du 19 avril 2003 déjà évoquée (Vedinaş (V.), *op. cit.*, UJ, 2e éd., 2016, p. 49). Aux termes desdites dispositions, le conflit d'intérêt représente la situation où « une personne qui exerce une fonction de dignité publique ou une fonction publique a un intérêt personnel, d'ordre patrimonial, qui pourrait influencer l'accomplissement avec objectivité des attributions qui lui incombent en vertu de la Constitution ou d'autres actes normatifs ».

[4] Article 25 bis..

privé [1]. Si par la loi n°2016-483 du 20 avril 2016, le législateur français a décidé d'incorporer, parmi les dispositions statutaires, les différentes situations pouvant constituer des conflits d'intérêts, le législateur roumain renvoie pour cela à la loi n°161 du 19 avril 2003. À cet effet, les dispositions de l'alinéa 1 de l'article 79 réglementent trois situations de conflit d'intérêts. Il s'agit des situations où le fonctionnaire peut être appelé à solutionner des demandes, à prendre des décisions ou à participer à la prise d'une décision à l'égard d'une personne, physique ou morale, avec laquelle il a des relations à caractère patrimonial. De même, en est-il de la situation où le fonctionnaire est amené à siéger au sein de la même commission avec son conjoint ou un parent de Ier degré, ou encore, lorsque ses intérêts patrimoniaux ou ceux de son conjoint ou d'un parent de premier degré sont susceptibles d'influencer les décisions qu'il doit prendre dans l'exercice de ses attributions. Le fonctionnaire, qui se trouve dans l'une de ces situations, doit, normalement en informer immédiatement son supérieur hiérarchique, lequel doit se prononcer dans un délai de trois jours. L'absence d'une notification au sujet d'une situation de conflit d'intérêts peut engager, en fonction de la gravité, la responsabilité disciplinaire, administrative, civile ou pénale, du fonctionnaire.

2. L'étendue juridique des incompatibilités

243. Les incompatibilités dans la Fonction publique roumaine. Les dispositions de l'article 94 de la loi n°161 du 19 avril 2003 consacrent le principe en vertu duquel « la qualité de fonctionnaire public est incompatible avec l'exercice de toute autre fonction publique ou qualité officielle que celle de nomination, ainsi qu'avec toute fonction de dignité publique ». D'après l'alinéa 2 de cet article, les fonctionnaires ne peuvent exercer des activités, rémunérées ou non rémunérées, au sein des autorités et des institutions publiques, dans le cabinet d'un dignitaire public (sénateur, député, etc.), excepté la situation où le fonctionnaire demande préalablement la suspension de sa fonction pour la durée d'une telle collaboration. De même, les fonctionnaires publics ne peuvent dérouler des activités, rémunérées ou non rémunérées, au sein des régies autonomes, des sociétés commerciales ou au sein d'autres sociétés commerciales ou unités à but

[1] Voir aussi Qazbir (H.), « Le conflit d'intérêts dans le droit de la fonction publique », *AJFP*, 2014, n°5, p. 277-285 ; Vier (C.-L.), « La notion de conflit d'intérêts », *AJDA*, 2012, n°16, pp. 869-875.

lucratif du secteur public, ou encore, en qualité de membre d'un groupement d'intérêt économique [1].

Comme en droit français, le législateur roumain a aussi prévu des situations où l'étendue juridique des incompatibilités perdure même après la sortie de la fonction publique [2]. Par la même occasion, les dispositions de l'article 95 instituent des interdictions liées aux rapports hiérarchiques, lesquels sont prohibés entre époux et parents (relatifs) de 1er degré.

In fine, les fonctionnaires publics peuvent exercer des fonctions ou des activités dans le domaine de l'enseignement, de la recherche scientifique, de la création littéraire artistique, ainsi que dans le secteur privé, si ces dernières activités ne sont pas en lien direct ou indirect avec les attributions exercées dans le cadre de la fonction publique occupée.

B. Le renforcement du régime de prévention des conflits d'intérêts et des incompatibilités

244. La prévention des conflits d'intérêts et des incompatibilités est conditionnée non seulement par le renforcement des règles de prévention et de sanction déjà en vigueur **(1)**, mais aussi par le renforcement concomitant du rôle et de la place du réseau institutionnel de prévention et d'identification des situations de conflits d'intérêts et des incompatibilités **(2)**.

1. Le renforcement des règles de prévention et de sanction

245. L'instabilité du cadre normatif en matière de conflit d'intérêts et d'incompatibilités. Le cadre légal roumain en matière de conflit d'intérêts et des incompatibilités à l'égard des acteurs du système public roumain reste extrêmement instable [3]. L'abondance législative, qui définit souvent de manière contradictoire les mêmes notions, donne lieu à des multiples interprétations voire discussions, qui favorisent le maintien de la corruption

[1] Cela à l'exception des situations où le fonctionnaire a été désigné, par acte administratif, pour représenter l'État dans les relations avec les régies autonomes ou les sociétés commerciales évoquées ci-dessus, par exemple.

[2] C'est le cas des fonctionnaires publics qui, en vertu de leurs fonctions publiques, ont déroulé des activités de suivi et de contrôle auprès des sociétés commerciales ou d'autres unités à but lucratif. Si le fonctionnaire s'est trouvé dans une situation similaire, les dispositions de l'article 94 lui interdisent d'offrir ses services de consultance auprès de ces sociétés pour une durée de trois ans à compter de sa sortie de la Fonction publique.

[3] Commission Européenne, *Rapport concernant les progrès enregistrés par la Roumanie dans le cadre du Mécanisme de coopération et de vérification*, Bruxelles, 25 janvier 2017, pp. 7-9.

aux différents niveaux de l'administration à un taux assez élevé. De plus, la « petite » corruption semble avoir acquis un statut de « valeur culturelle », tellement elle apparaît ancrée au cœur de la société roumaine [1].

246. Les réflexions françaises de renforcement des règles de prévention et de sanction des situations de conflits d'intérêts et des incompatibilités. La vie publique française n'a pas non plus été épargnée par de telles situations, de nature à ébranler « la confiance des citoyens français dans les institutions d'État » [2]. Toutefois, il n'est pas moins vrai que le cadre normatif français en vigueur, au sujet des conflits d'intérêts et des incompatibilités [3], a été renforcé à la suite du rapport de la commission Sauvé sur une nouvelle déontologie de la vie publique, dont les propositions ont été ensuite reprises dans les projets et sont devenues, aujourd'hui, des lois.

La Commission Sauvé a, à cette occasion, dirigé ses réflexions, pas autant vers l'identification des moyens qui permettent le durcissement du panel des sanctions à l'égard des conflits d'intérêts ou des incompatibilités, que, et surtout, vers la création d'un cadre juridique de prévention de telles situations. À cet effet, aux termes du rapport Sauvé, l'élaboration « d'une politique de prévention des conflits d'intérêts dans la vie publique (...) impose d'éviter deux écueils » [4]. Tandis que le premier est d'éviter un « parti pris et une quête absolutiste de transparence », l'autre avertit contre le risque de se limiter à « de simples recommandations de comportement, souvent qualifiées de « soft law », laissant aux personnes concernées le soin de déterminer, par elles même, les situations à éviter et donnant toutes les apparences de la vertu sans garantir effectivement l'indépendance, l'impartialité et la probité des acteurs publics ». À la lumière de l'analyse du système roumain, en matière de conflits d'intérêts et d'incompatibilités, il apparaît que le défaut des autorités roumaines réside précisément dans la préférence des « recommandations » au lieu et place des règles juridiques imprégnées de précision et de clarté.

---

[1] Malgré les dispositions statutaires, qui interdisent aux fonctionnaires publics de prétendre et/ou d'accepter tout comme aux usagers d'offrir aux fonctionnaires, des cadeaux en vue d'accélérer la solution d'une demande qui relève de sa compétence ou, de faire diligence auprès d'un collègue à cet effet (art. 440 du Code administratif – ancien art. 47 de la loi n°188/1999) [Voir notamment l'étude du ministère de l'Administration et de l'Intérieur, *Studiu privind coruptia din administratia publica locala (Étude concernant la corruption dans l'administration publique locale)*, 2012, 205 p].

[2] Montecler (de) (M.-C.), « Mais où est donc passée la déontologie ? », *AJDA*, 2011, n°39, p. 2153.

[3] L'article L121-5 du CGFP (25 bis de la loi n°83-634 du 13 juillet 1983), inséré par la loi n°2016-483 du 20 avril 2016 relative à la déontologie et aux droits et obligations des fonctionnaires ainsi que la loi n°2013-907 du 11 octobre relative à la transparence de la vie publique.

[4] Sauvé (J.-M.), *op. cit.*, p. 9.

Outre la recommandation, à l'égard du législateur, de définir la notion de conflits d'intérêts et les principes fondamentaux qui concourent à leurs préventions, les propositions formulées par la commission Sauvé [1] incitent aussi à l'adoption des codes ou chartes de conduite [2] ainsi qu'à la construction d'une « véritable architecture institutionnelle de la déontologie et de la prévention des conflits d'intérêts » [3].

2. Le renforcement du réseau institutionnel de prévention et d'identification

247. La création d'un réseau de déontologues. La mise en place d'un réseau de déontologues qui fonctionnerait sous la tutelle d'une Autorité de déontologie de la vie publique, représente une recommandation du rapport Sauvé. D'après ce dernier, du fait de sa très bonne connaissance de l'institution ou l'autorité à laquelle il serait rattaché, le déontologue se positionnerait en « tiers de référence » ou « confident déontologue » tant pour la personne concernée que pour l'autorité hiérarchique [4]. Bref, le déontologue doit être muni d'« un pouvoir d'aide au discernement, de conseil et de recommandation, ainsi que de contrôle de cohérence des informations déclarées ». Par la même occasion, et au vu de son efficacité en tant que premier niveau de conseil, le déontologue devrait être « extrêmement souple et réactif ».

Cette proposition a été transposée par le législateur statutaire français par l'article L.124-2 [5] qui alloue aux fonctionnaires la possibilité de consulter le référent déontologue, désigné en cette qualité par son institution de rattachement, pour toute question d'ordre déontologique. Reste à voir de quelle manière cette obligation sera mise en pratique par les institutions de l'administration françaises. Pourvu que les institutions françaises soient plus réactives et volontaires que celles roumaines où, malgré l'imposition de la création d'une fonction de conseiller d'éthique dès les années 2000, par l'article 21 de la loi n°7 du 18 février 2004, cette institution reste toujours peu connue des fonctionnaires publics roumains. De plus, le rôle assumé par le conseiller d'éthique roumain, lorsque l'institution en a désigné un, est plutôt celui d'un recenseur des statistiques concernant les sanctions

---

[1] Brondel (S.), « Des propositions pour faire émerger une nouvelle culture déontologique dans la vie publique », *AJDA*, 2011, n°3, p. 132.

[2] Pour rappel, la Fonction publique roumaine s'est doté d'un Code de conduite des fonctionnaires publiques dès 2004. Reste que ses dispositions traitent de manière incidente des conflits d'intérêts et des incompatibilités.

[3] Sauvé (J.-M.), *op. cit.*, pp. 91-100.

[4] *Ibid.*, p. 93.

[5] Créé par la loi du 20 avril 2016.

disciplinaires appliquées par son institution en cours d'année, et moins d'un disséminateur des règles déontologiques.

248. La création d'un mécanisme de « lanceur d'alerte éthique ». Une autre proposition de la Commission Sauvé, et reprise par les textes normatifs en vigueur, a concerné la création d'un mécanisme de « lanceur d'alerte éthique » [1] dans les services publics au sujet des conflits d'intérêts potentiels [2]. Brièvement, il s'agit, aux termes de la recommandation du Conseil de l'Europe du 30 avril 2014, d'une « personne qui fait des signalements ou révèle des informations concernant des menaces ou un préjudice pour l'intérêt général dans le contexte de sa relation de travail, qu'elle soit dans le secteur public ou privé » [3].

La protection des lanceurs d'alerte est réglementée particulièrement par les lois n°2013-907 du 11 octobre 2013 relative à la transparence de la vie privée et n°2016-483 du 20 avril 2016 qui a complété l'article L135-1 du CGFP [4]. Considérant les aspects encore en suspense, tant au sujet de la protection du lanceur d'alerte que de l'usage frauduleux de ce droit, la doctrine publiciste française s'interroge si « l'alerte éthique dans la fonction publique [a des chances de] devenir une « réalité opérationnelle » ou [si elle va] simplement demeurer une « illusion optique » [5].

Utilisé de bonne foi, le lanceur d'alerte éthique pourrait être regardé non seulement comme un moyen d'identification, dans le sens de punir des conflits d'intérêts, mais aussi un moyen de prévention des fonctionnaires qui pourraient se trouver à leur insu dans une situation de conflit d'intérêts. Concernant le système roumain de Fonction publique, l'appropriation de ce dispositif par la loi n°571 du 17 décembre 2004 relative à la protection du personnel des autorités publiques, des institutions publiques et des autres unités, qui signale des violations des normes légales, apparaît ne représenter qu'une nouvelle forme sans fond. En d'autres termes, pour que l'appropriation des dispositifs aussi sensibles que les « lanceurs d'alerte » soit efficace, il est important de parachever la modernisation de ces segments de la Fonction publique qui permettent aux fonctionnaires d'acquérir la maturité professionnelle et déontologique nécessaires pour sa gestion, dont la formation, l'évaluation, la rémunération, ou encore, la gestion de carrière.

---

[1] Descamps-Crosnier (F.), *Rapport fait à l'Assemblée Nationale sur le projet de loi relatif aux droits et obligations des fonctionnaires*, 2015, n°3099, pp. 22-23.

[2] Foegle (J-P.) et Pringault (S.), « Les « lanceurs d'alerte » dans la fonction publique », *AJDA*, 2014, n°39, p. 2256 et les ss. ; Dyens (S.), « Le lanceur d'alerte dans la loi « Déontologie », un traitement toujours insuffisant », *AJCT*, 2016, n°6, pp. 301-307.

[3] Conseil de l'Europe, *Recommandation CM/Rec(2014)7et exposé des motifs sur la protection des lanceurs d'alerte*, du 30 avril 2014, p. 8.

[4] Article 6 ter de la loi du 13 juillet 1983.

[5] Dyens (S.), *op. cit.*, p. 301.

Comme cela est d'ailleurs le cas des déclarations de patrimoine et d'intérêts, lesquelles en droit roumain sont obligatoires, en vertu de la loi n°176 du 1er septembre 2010 [1], spécialement pour « ... les fonctionnaires publics (...) qui exercent leurs activités au sein de toutes les autorités et institutions publiques des niveaux central et local ». Outre que chaque institution publique doit diligenter la publication desdites déclarations sur son site institutionnel, ces dernières peuvent aussi, en certaines situations, faire l'objet d'une vérification de l'Agence Nationale de l'Intégrité (ANI) [2]. Cette dernière, en coopération avec la Direction Nationale Anticorruption (DNA) [3], et la Direction Générale Anticorruption (DGA) [4], veille à contrôler, voire à limiter et sanctionner les faits de corruption. Toutefois, l'accomplissement de ces obligations reste le plus souvent purement administrative, sans une véritable analyse, ex-ante voire ex-post, de la prise de fonctions.

249. Facteurs qui favorisent la corruption. Outre le cadre normatif, le phénomène de corruption est directement lié à plusieurs éléments qui d'eux-mêmes font état de la situation des fonctionnaires publics dans tout État, tels que la rémunération, la formation et la carrière. Même le cadre normatif le plus précis ne saurait constituer un frein à la corruption, tant que le système de rémunération ne récompensera pas convenablement les efforts engagés par le fonctionnaire dans l'exercice des attributions de leur fonction. De

---

[1] Les dispositions du point 31, de l'alinéa 1, de l'article 1 précisent que les déclarations de patrimoine et d'intérêts sont obligatoires pour « ... les fonctionnaires publics (...) qui exercent leurs activités au sein de toutes les autorités et institutions publiques des niveaux central et local ».

[2] Créée en 2007, par la loi n°144 du 21 mai 2007, la mission de l'Agence Nationale d'Intégrité (ANI) est d'assurer la vérification des situations de conflits d'intérêt, d'incompatibilité, ainsi que des fortunes personnelles des fonctionnaires publics [2]. L'ANI fut créée en 2007 par la loi n°144 du 21 mai 2007 relative à la création, l'organisation et le fonctionnement de l'Agence Nationale de l'Intégrité, afin d'assurer l'exercice des fonctions et des dignités publiques dans des conditions d'impartialité, d'intégrité, de transparence ; et ce, par l'organisation de manière unitaire et institutionnalisée de l'activité de contrôle de la fortune obtenue durant les mandats politiques détenus ou des fonctions exercées. Parmi les attributions de l'ANI, figure notamment la vérification des conflits d'intérêts.

[3] La Direction Nationale Anticorruption (DNA) est une structure du parquet, spécialisée dans le combat de la corruption (http://www.dna.ro). Elle fut créée en 2002 par l'OUG n°43 du 4 avril 2002 relative à la Direction Nationale Anticorruption. Les missions de la DNA concernent la découverte, l'investigation et l'envoi devant les juridictions judiciaires des cas, moyens et importants de corruption, ainsi que des infractions contraires aux intérêts financiers de l'UE (Commission Européenne, Stratégie anticorruption – chap. concerné à la Roumanie, le 3 février 2014, p. 3). La Direction Nationale Anticorruption est une entité indépendante par rapport au système judiciaire en son ensemble (juridictions, parquets qui fonctionnent auprès des juridictions), ainsi que par rapport à ses relations avec les autres autorités publiques.

[4] La Direction Générale Anticorruption (DGA) du ministère de l'Intérieur est une structure de police spécialisée, responsable de l'enquête des cas de corruption au sein de la police (http://www.mai-dga.ro).

même, au sujet du niveau d'instruction des fonctionnaires, dont seul un dispositif professionnel et responsable de formation, initiale et continue, permettra aux fonctionnaires de chercher la performance, la volonté d'évoluer, de progresser ou de faire carrière. Dynamiser cette dernière signifie stimuler les fonctionnaires, s'intéresser aux formations professionnelles, être préoccupés des résultats obtenus dans l'exercice de leurs fonctions, ou, en d'autres termes, veiller à leurs performances.

In fine, l'existence d'un dispositif d'évaluation performant et surtout rigoureux doit permettre de cerner, parmi les fonctionnaires, les plus et les moins compétents. Les fonctionnaires moins compétents, à condition que les autres aspects de la Fonction publique évoqués ci-dessus soient satisfaisants – à savoir la rémunération, la formation et la carrière – , sont généralement les plus prédisposés à des actes de corruption.

Lorsque, à la suite de l'échec de la prévention de violation des règles déontologiques, des manquements aux obligations professionnelles sont constatés, c'est le droit disciplinaire qui intervient. Sur ce dernier point, il est intéressant de remarquer que nombre des réflexions détectent, parallèlement au droit de la responsabilité disciplinaire, le développement d'une culture de responsabilisation des fonctionnaires voire, plus globalement, des agents publics.

Chapitre 2. La déontologie entre responsabilité et responsabilisation

250. Si commander consiste « à prévoir, donner des ordres et veiller à leur exécution, [il n'en est pas moins vrai que] celui qui exerce le commandement doit disposer de sanctions lui permettant, dans les cas extrêmes, d'imposer le respect de ses directives » [1]. Le principe de responsabilité des agents publics revêt une portée à la fois constitutionnelle et légale dans les deux systèmes de droit. En effet, les dispositions de l'article 10 de la Déclaration des droits de l'homme et du citoyen encadrent le droit de la société de « demander compte à tout agent public de son administration ». D'autant que les dispositions de l'article 52 de la Constitution roumaine de 1991, révisée en 2003, reconnaissent le droit des citoyens, « lésés dans un droit ou dans un intérêt légitime par une autorité publique (...) d'obtenir la reconnaissance du droit prétendu ou de l'intérêt légitime, l'annulation de l'acte et la réparation du dommage ».

Le fonctionnaire public est donc tenu de respecter, pendant l'exercice de ses fonctions, l'ensemble de ses obligations et devoirs. Toutefois, il y a des situations où le fonctionnaire n'agit pas toujours dans le respect des obligations statutaires et réglementaires, et encore moins des ordres, empreints de légalité, reçus de ses supérieurs. De même, il y a des situations où le fonctionnaire peut agir en « contradiction au droit objectif, au bon déroulement des services publics ou à l'intérêt général » [2]. Mal intentionné ou non, dû à la négligence ou non, le fait irrégulier du fonctionnaire doit faire l'objet d'une répression disciplinaire, voire pénale lorsque les éléments constitutifs d'une infraction pénale sont réunis. D'autres formes de responsabilité peuvent y être associées en fonction de la nature du fait incriminé, telle la responsabilité civile ou contraventionnelle. Reste néanmoins que chaque sanction disciplinaire, voire pénale, civile ou contraventionnelle, doit être assumée non seulement comme un objectif atteint par l'institution concernée – dans le sens d'avoir détecté et incriminé l'infraction –, mais aussi comme un échec de cette dernière du fait de ne pas avoir réussi à la prévenir. C'est sur ce dernier point que la responsabilité des commissions de discipline, ainsi que des institutions et autorités publiques, doit être élargie, dans le sens de ne pas se limiter juste à constater l'existence ou l'inexistence des fautes disciplinaires et d'appliquer les sanctions correspondantes, mais aussi d'essayer d'identifier les causes qui ont conduit à la faute disciplinaire. Ce qui rendrait plus efficace aussi la mission des

---

[1] Grégoire (R.), *La fonction publique*, Librairie Armand Colin, 1954, p. 298.

[2] Tarangul (D-E.), *Tratat de drept administrativ român (Traité de droit administratif roumain)*, éd. Cernăuţi, 1944, pp. 278-279.

conseillers d'éthique/référents déontologues [1], ainsi que des commissions de déontologie.

L'évolution historique du système disciplinaire prouve que l'attention du législateur, ainsi que des fonctionnaires, munis des compétences en la matière, a traditionnellement été portée plus sur la sanction **(section 1)** que sur la responsabilisation des fonctionnaires dans une logique de prévention **(section 2)**.

Section 1. L'évolution du droit de la responsabilité disciplinaire dans les deux systèmes

251. Les différentes formes de responsabilité à l'égard du fonctionnaire – disciplinaire, civile, pénale, contraventionnelle, voire matérielle (pendant le régime communiste roumain) – ont bénéficié d'encadrements normatifs très précis. Par rapport aux autres formes de responsabilité qui ne relèvent pas de la compétence de l'Administration, la responsabilité disciplinaire est la seule engagée devant l'autorité administrative « pour faute commise dans l'exercice ou à l'occasion de l'exercice de ses fonctions » [2].

Le droit disciplinaire roumain a bénéficié d'un encadrement précis indépendamment du régime politique. Outre la responsabilité disciplinaire, qui jouissait depuis ses origines d'une existence indépendante par rapport à la responsabilité pénale engagée pour le même fait présumé avoir été commis par le fonctionnaire, les premières consécrations statutaires avaient réglementé aussi les responsabilités pénales et civiles. Les mêmes formes de responsabilité ont été reprises pendant le régime socialo-communiste [3].

Les formes de responsabilité en droit français étaient similaires à celles roumaines, réglementées dès la monarchie, sachant toutefois que des différences à l'égard des principes y afférents sont saisissables.

---

[1] Respectivement conseiller d'éthique en droit roumain, et référent déontologue en droit français.

[2] Article L.530-1 du CGFP (article 29 de la loi n°83-634 du 13 juillet 1983 portant droits et obligations des fonctionnaires).

[3] En outre, pendant le communisme, il fallait aussi prendre en compte la responsabilité matérielle, qui faisait l'objet d'une réglementation distincte et qui intervenait lorsqu'un fait illicite, commis en lien avec ou pendant le travail, préjudiciait l'institution employeuse. Il ressort que, dans le cas de la responsabilité matérielle, le préjudice concernait l'institution publique même et non l'usager ou un autre tiers [Iovănaş (I.*), Dreptul administrativ şi elemente ale ştiinţei administraţiei (Le droit administratif et les éléments de la science de l'administration)*, éd. Didactica si pedagogica, 1977, p. 196]. Cette forme de responsabilité visait la défense de la propriété socialiste et le respect de la légalité et de la discipline socialiste [Ionescu (R.), *Curs de drept administrativ al Republicii Populare Române (Cours de droit administratif de la République populaire de la Roumanie),* éd. Didactică si Pedagogică, 1960, p. 355].

Comparant les dispositions relatives à la responsabilité disciplinaire consacrées par les différents Statuts de la fonction publique connus dans les deux systèmes de droit, il apparaît évident qu'outre la répression des faits dommageables causés par les fonctionnaires au bon fonctionnement des services publics et implicitement aux citoyens-usagers, le législateur a aussi cherché à conférer des garanties aux fonctionnaires inculpés contre les éventuels abus de la part des supérieurs hiérarchiques voire des citoyens-usagers.

Compte tenu du rôle de la responsabilité disciplinaire dans la dissémination d'une culture de responsabilisation, cette étude ne retiendra que l'analyse de la responsabilité disciplinaire de ses origines **(§ 1)** à la réglementation en vigueur **(§ 2)**.

§ 1. L'évolution historique du droit disciplinaire

252. La responsabilité disciplinaire a été décrite par le Professeur Tarangul, comme « le fait du supérieur hiérarchique d'appliquer au fonctionnaire public surpris en faute, une sanction disciplinaire, c'est-à-dire une souffrance morale ou matérielle » [1]. En réprimant donc « toute action non conforme au service public et en sanctionnant toute action ou inaction illégale et illicite », le supérieur hiérarchique ne doit chercher « que le [bon] fonctionnement des services publics et l'intérêt général » [2].

À la lumière de ces données, le droit disciplinaire peut être défini comme « un ensemble de normes qui réglementent la discipline au sein des Services publics et qui sanctionnent les délits, les fautes des fonctionnaires de nature à compromettre le bon fonctionnement des services publics » [3]. Le droit disciplinaire a été progressivement affiné pendant la première moitié du XXe siècle et refondé sur de nouvelles bases idéologiques à partir des années 1950 **(A)**. En opposition au droit statutaire roumain, les règles relatives à la responsabilité disciplinaire et aux procédures disciplinaires n'ont été intégrées dans les normes statutaires qu'avec l'adoption des premiers Statuts des années 1940 **(B)**.

A. Les principes originels de responsabilité en droit roumain

253. Le droit disciplinaire a été progressivement construit et peaufiné par les différents Statuts qui se sont succédé pendant la monarchie **(1)**, et

---

[1] Tarangul (D.-E.), *op. cit.*, p. 279.
[2] *Ibid.*, p. 279.
[3] Vermeulen (J.), *op. cit.*, p. 145.

reconstruit juridiquement sur de nouvelles bases idéologiques pendant le communisme **(2)**.

1. Le peaufinage progressif pendant la monarchie

254. Définition et cadre légal de la sanction disciplinaire. Partant des obligations et des devoirs réglementés à l'égard des fonctionnaires publics, le législateur a parallèlement consacré le principe à caractère général, en vertu duquel « le fonctionnaire [devait] soumission et accomplissement des obligations mis à sa charge par la fonction qui lui a été confiée » [1]. Par conséquent, et afin de prévenir – en réponse à l'inaccomplissement ou l'accomplissement déficitaire de l'une ou l'autre de ses obligations de fonction -, toute désorganisation des services publics, le législateur a réglementé une série de sanctions disciplinaires encourues par les fonctionnaires présumés coupables d'une faute disciplinaire. Les sanctions disciplinaires pouvaient concerner également certains actes voire actions de la vie privée des fonctionnaires.

255. La consécration du principe de la légalité des sanctions disciplinaires par le Statut de 1923. Les dispositions de l'article 11 du Statut de 1923 précisent que « les fonctionnaires sont obligés dans leur vie publique ou privée de ne pas compromettre, par leurs actions, la fonction ou le corps d'appartenance ».

À cet effet, l'article 51 du Chapitre V du Statut des fonctionnaires de 1923, intitulé La discipline, présentait, à titre exhaustif, les sanctions disciplinaires, dont l'institution publique pouvait faire usage en cas d'inaccomplissement par les fonctionnaires de leurs obligations de travail. Au nombre de sept, ces sanctions disciplinaires pouvaient prendre la forme d'une réprimande verbale ou écrite (« mustrare ») ou d'un avertissement avec suppression des droits salariaux 15 jours, maximum [2]. En fonction de la gravité des faits imputés au fonctionnaire, la sanction pouvait aussi consister en une radiation du tableau d'avancement. Cette radiation ne pouvait concerner que l'année en cours, compte tenu du fait que les tableaux d'avancement n'étaient constitués qu'annuellement. In fine, lorsque la gravité de l'action ou de l'inaction reprochée au fonctionnaire l'exigeait, la sanction encourue par ce dernier était la suspension pendant 6 mois au maximum (sans rémunération), la mise en disponibilité, ou encore, la destitution.

---

[1] Negulescu (P.), *op. cit.*, p. 531.

[2] Onişor (V.), Tratat de drept administrativ roman (Traité de droit administratif roumain), éd. Cartea romaneasca, 2e, 1930, p. 407.

La loi portant statut des fonctionnaires de 1923 n'indiquait pas, en revanche, quelles peines correspondaient à quelles infractions. De ce fait, les instances disciplinaires n'étaient pas tenues de respecter la graduation des peines disciplinaires [1], selon l'énumération de l'article 51 cité ci-dessus [2]. En d'autres termes, pour un fait disciplinaire d'une certaine gravité, l'instance disciplinaire était libre de choisir souverainement l'une ou l'autre des peines énoncées ci-dessus [3].

Les sanctions disciplinaires étaient ensuite inscrites dans une « feuille de qualification » pour cinq ans. En effet, en vertu des dispositions de l'alinéa 4 de l'article 52 du Statut de 1923 une sanction disciplinaire était rayée de droit de la feuille de qualification après cinq ans à compter de son inscription, à condition que, pendant ce délai, le fonctionnaire n'ait pas subi une autre condamnation disciplinaire.

256. La consécration du principe de légalité des sanctions et des fautes disciplinaires par les Statuts de 1940 et 1946. L'usage discrétionnaire qui était fait par les instances de discipline en matière de sanctions disciplinaires, a déterminé le législateur de 1940, puis celui de 1946, à légaliser les fautes disciplinaires ainsi que les sanctions. Toutefois, et comme l'avait souligné aussi la doctrine publiciste roumaine, l'encadrement des sanctions ne pouvait être que partiel [4], compte tenu du fait qu'il était pratiquement impossible de donner une définition légale pour chaque infraction disciplinaire, tant les fautes professionnelles étaient nombreuses et variées [5]. Si le Code de conduite de 1940 légalisait non moins de 47 fautes disciplinaires, le Statut de 1946 avait réduit leur nombre à 33 fautes divisées

---

[1] Cour de cassation, 28 septembre 1928, n°321, Bulletin Cassation p. 151.

[2] La procédure du jugement disciplinaire comportait deux phases. Une première, dite phase préliminaire, qui consistait dans l'enquête au sujet de la faute imputée au fonctionnaire. Si les résultats préliminaires de cette enquête indiquaient l'existence d'éléments caractérisant une faute disciplinaire, l'affaire était renvoyée devant la Commission de discipline. La seconde phase concernait la procédure devant la commission de discipline, laquelle devait se prononcer par avis.

Concernant la procédure devant la Commission de discipline, il faut savoir que la Commission avait une structure mixte, elle réunissait plusieurs fonctionnaires sous la présidence d'un magistrat. Le fonctionnaire bénéficiait d'un délai de 15 jours, avant sa comparution devant la Commission de discipline (délai qui était censé permettre au fonctionnaire d'étudier son dossier en vue de la préparation de sa défense). Le fonctionnaire pouvait également se faire assister par un avocat. À la suite des débats qui se déroulaient à huis clos, la Commission statuait par avis sur la culpabilité ou non du fonctionnaire et déterminait la peine correspondante [Voir Vermeulen (J.), *op. cit.*, p. 153 et ss].

[3] Cojocaru (I.), *Statutul funcţionarilor publici (Le statut des fonctionnaires publics)*, éd. Revista administratia financiara, 1934, p. 163.

[4] Rudescu (C.) et Marchidan (G.), *Statutul funcţionarilor publici şi statutul salariaţilor comunali (Le statut des fonctionnaires publics et le statut des salariés communaux)*, éd. Universitatea Bucuresti, 1947, p. 169.

[5] Bonnard (R.), *Précis de droit administratif*, LGDJ, 3e éd., 1940, p. 480.

en différentes catégories de sanctions. En effet, en vertu de l'article 95 du Statut des fonctionnaires de 1946, les sanctions disciplinaires étaient la prévention, la remontrance, l'avertissement, la mutation disciplinaire dans une autre commune que celle de sa résidence, la suspension temporaire de la fonction, la mise en disponibilité et la destitution.

La prévention a été définie par les dispositions de l'article 96 du même Statut comme la mise en garde du fonctionnaire par rapport à la faute commise et la recommandation de ne plus la répéter [1]. Aux termes des mêmes dispositions, la prévention revêtait la forme écrite et était confidentielle.

Plus sévère, la remontrance consistait, aux termes de l'article 97 du Statut de 1946, dans la réprobation écrite du comportement du fonctionnaire par le biais de laquelle il était demandé au fonctionnaire de revoir son comportement pour l'avenir. La remontrance engageait la « perte de droit » du salaire pour une période allant de trois à dix jours [2]. Par la même occasion, les dispositions de l'article 97 indiquaient également les situations dans lesquelles la remontrance devait être appliquée au fonctionnaire fautif. En effet, d'après le second alinéa de l'article cité ci-dessus, la remontrance pouvait survenir soit lorsque le comportement du fonctionnaire avait déjà été sanctionné par une « prévention », soit lorsqu'il était responsable des faits, qui étant donné leur gravité, ne pouvaient pas faire l'objet d'une prévention [3].

Réglementé par l'article 98 du Statut de 1946, l'avertissement présentait un caractère particulier du fait de sa forme qui consistait dans la « réprobation publique du manquement à ses devoirs par le fonctionnaire ». Cette sanction ne pouvait pas s'appliquer sans avoir préalablement demandé des « explications écrites au fonctionnaire ». L'avertissement engageait non seulement la suspension des droits rémunératoires de 10 à 30 jours, mais aussi la suspension du droit à l'avancement pendant un an. L'avertissement pouvait être appliqué, aux termes de l'alinéa 5 du même article, lorsque le fonctionnaire fautif avait déjà été sanctionné au moins deux fois pour le même type d'infraction ou lorsque le degré de gravité d'une faute commise pour la première faute était si important que les deux sanctions précédemment énoncées ne pouvaient pas être appliquées [4].

---

[1] La prévention s'adressait donc au fonctionnaire surpris pour la première fois en faute, mais pour des fautes insignifiantes ou pour de négligences légères et sans conséquences.

[2] Le Code des fonctionnaires de 1940 réglementait une privation du salaire qui pouvait aller de 5 à 15 jours (art. 132).

[3] Le législateur énumère, à titre d'exemple, le comportement irrespectueux envers les collègues et/ou les fonctionnaires situées sur des positions inférieures, l'absence injustifiée du travail d'un à trois jours consécutifs, ou encore, le fait de se prévaloir de l'intervention des personnes étrangères à l'institution pour obtenir des traitements privilégiés ou des avancements.

[4] Il s'agit ainsi du comportement irrespectueux du fonctionnaire envers l'usager, le manque de respect répété de l'horaire du service, la présentation des arrêts maladie

Partie de la catégorie des sanctions lourdes, la mutation disciplinaire engageait la mobilité forcée du fonctionnaire au sein d'une institution située dans une autre commune que celle de résidence de l'institution employeuse. Cette sanction s'appliquait pour négligence grave dans l'exercice des fonctions, ainsi que pour d'autres fautes graves de nature à compromettre tant les intérêts de l'administration que le prestige de la Fonction publique [1]. De plus, le fonctionnaire sanctionné par la « mutation disciplinaire » était privé du droit à l'avancement de grade et d'échelon pendant deux ans.

La suspension à durée limitée [2] consistait dans la suspension du fonctionnaire pour une période allant de 30 jours à six mois [3]. Pendant la suspension, le fonctionnaire était privé de ses droits salariaux, ainsi que du droit à l'avancement de grade et d'échelon pendant deux ans. De plus, la période de suspension était décomptée tant pour l'avancement de grade ou d'échelon que pour le calcul de la retraite.

Revêtant un caractère d'exclusion temporaire, la mise en disponibilité du fonctionnaire engageait, en vertu des dispositions de l'article 101, l'exclusion du corps des fonctionnaires pour au moins deux ans [4]. En effet, à la suite d'une mise en disponibilité le fonctionnaire ne pouvait réintégrer le corps des fonctionnaires qu'après deux ans [5], et seulement sur la base de

---

contrefaits, le manque de discipline au travail, le comportement violent (altercations, injures, menaces) qui provoque du désordre au sein de l'institution, l'attitude indigne au travail, des fautes de service qui ne revêtent pas le caractère de fraude ou qui n'ont pas causé des préjudices à l'institution, les injures écrites ou les accusations infondés contre d'autres fonctionnaires de l'administration, l'abus d'autorité envers le personnel placé sous ses ordres, ou encore, le développement d'activités en dehors du service qui peuvent porter atteinte aux intérêts et au prestige de l'institution.

[1] Les dispositions de l'article 99 du Statut de 1946 énumèrent parmi les fautes susceptibles de cette peine les dépositions inexactes susceptibles d'apporter atteinte au prestige de l'administration, ne pas dénoncer les faits de vol, de dissimulation ou de destruction des objets et valeurs appartenant à l'administration, la négligence répétée au travail de nature à compromettre les intérêts et le bon fonctionnement du service, l'évaluation et la notation superficielle des fonctionnaires se trouvant placés sous ses ordres.

[2] Cour de cass., décision n°842 du 5 juillet 1929, *Pandectele Saptamanale*, 1930, p. 303.

[3] La suspension à durée limitée peut survenir pour des faits comme l'abandon de poste, pour des contraventions ou des actions de favoritisme de certaines personnes ayant commis des contraventions, alors que le fonctionnaire est censé les pénaliser, en vertu de la loi, des actions et manigances susceptibles d'altérer voire d'affaiblir la solidarité des fonctionnaires.

[4] La mise en disponibilité pouvait survenir pour des faits comme l'absence injustifiée du travail pendant 15 jours consécutifs ainsi que pour des faits qui engagent la destitution, mais qui, au vu de la forme légère de leur gravité, peuvent être sanctionnés par la commission de discipline par une mise en disponibilité.

[5] Un des problèmes jurisprudentiels posés au sujet de l'application de la mise en disponibilité concernait le moment à partir duquel cette sanction commençait concrètement à produire des effets, et si la mise en disponibilité pouvait avoir des effets rétroactifs. Les décisions de la Cour de cassation a pu ainsi statuer que, par principe, l'acte administratif de mise en disponibilité ne pouvait produire des effets qu'à partir du moment où cette sanction a été prononcée par la commission de discipline, et non du moment où le fait a été commis (Cour de cass. 5 juillet 1930, déc. n°842, P.S., 1930, p. 306 ; Cour de cass., 24 juin 1935, déc.

l'avis motivé et conforme de la commission de propositions de nomination et d'avancement [1].

In fine, la destitution engageait, aux termes de l'article 102 du Statut de 1946, l'exclusion permanente de la Fonction publique [2]. La destitution ne pouvait survenir que si le fait qui l'avait provoquée avait été effectué par mauvaise volonté [3]. De plus, et afin de préserver la stabilité du service public, la destitution ne pouvait pas avoir d'effet rétroactif [4].

257. La procédure disciplinaire. La prévention et la réprimande étaient prononcées directement par le supérieur hiérarchique direct. Les autres sanctions étaient appliquées par le chef de l'administration sur la base d'une décision disciplinaire [5]. La décision disciplinaire était définitive et exécutoire. La question qui s'est posée à l'époque a été de savoir quel était le caractère juridique de ces décisions disciplinaires ? Pouvaient-elles faire l'objet d'une contestation devant les juridictions administratives ? Alors que les dispositions de la lettre b de l'article 3 de la loi relative au contentieux administratif du 23 décembre 1925 précisaient que « les décisions des commissions disciplinaires réglementées par le Statut des fonctionnaires (...) n'étaient pas susceptibles de recours en contentieux », des dispositions de l'article 107 de la Constitution de 1923 ne ressortait pas un tel empêchement. Étant donné que l'avis donné par la Commission disciplinaire n'avait pas la valeur d'un acte juridictionnel, les juges de la Cour de cassation ont considéré à l'époque, qu'il ne pouvait pas, par lui-même, faire l'objet d'un

n°1181, Bull. de cassation, 1935, p. 1983). Cela à l'exception de la mise en disponibilité avec effet rétroactif à la date de la suspension du fonctionnaire pour des infractions d'usage de faux et dilapidation (Cour de cass. 24 février 1937, déc. n°319, P.S., 1934, p. 830).

[1] La réintégration dans la Fonction publique après deux ans de suspension équivalait à une nouvelle nomination (Cour de cass. 23 mars 1936, déc. n°1616, Bull. cass., 1936, p. 1531 ; Cour de cass. 25 mars 1936, déc. n°579, Repertoriu, 1936, colonne n°3564 ; Cour de cass. 2 mai 1934, déc. n°877, Repertoriu, 1934, colonne n°2203).

[2] La destitution pouvait survenir pour des faits d'abandon d'un poste de direction exercé au sein de l'administration, la prise indue d'argent ou de biens du patrimoine de l'administration, ou encore, pour avoir accepté de l'argent ou d'autres cadeaux ou avantages des personnes avec lesquelles le fonctionnaire pouvait être en contact dans l'exercice de ses fonctions. D'autres faits, passibles de destitution, concernaient les faits consistant à dénaturer ou de détruire des documents officiels, afin de cacher des irrégularités ou un manque d'argent ou de valeurs matériels voire une négligence grave ; l'ivrognerie répétée au travail ou la violation du secret de service qui a eu comme conséquence l'endommagement de l'administration.

[3] Cour de cass, 7 février 1940, déc. n°5034, Bull. cass., 1940, p. 771.

[4] Cour de cass. 28 octobre 1935, déc. n°1724, Bull. cass., 1935, p. 2170.

[5] La révocation ne pouvait pas être prononcée sans l'avis de la Commission disciplinaire. Cette condition visait le renfort du principe de stabilité dans la Fonction publique (Cour de cass. 7 juillet 1933, déc. n°1318, P.S., 1934, p. 160). De même, concernant la sanction de la mutation disciplinaire qui ne pouvait pas survenir sans l'avis de la commission de discipline en ce sens-là (Cour de cass. 21 mars 1934, déc. n°623, Bull. de cass., 1934, p. 1060).

recours administratif direct [1]. Les dispositions de l'alinéa 2 de l'article 103 consacraient la possibilité d'un recours gracieux préalable contre la prévention ou la réprimande, dans un délai de dix jours, auprès du dirigeant de l'institution publique. Ce dernier devait se prononcer sur la contestation dans un délai maximum de dix jours.

Tant les dispositions du Code des fonctionnaires de 1940, que celles du Statut de 1946, ont aussi consacré la possibilité de demander la révision d'une décision disciplinaire, lorsque de nouveaux documents étaient ultérieurement découverts, et dont l'administration n'avait pas eu connaissance au moment de l'application de la sanction disciplinaire [2], ou encore, lorsque certains actes ou témoignages ont ultérieurement fait l'objet d'une décision pénale pour faux [3].

De même, un fonctionnaire sanctionné disciplinairement pouvait demander la révision, lorsqu'une décision pénale définitive constatait l'inexistence du fait pénal qui s'était aussi trouvé à l'origine de la sanction disciplinaire [4]. En réponse à la demande de révision, les sanctions disciplinaires pouvaient être modifiées ou annulées. La demande de révision était soumise à un délai de prescription d'une année, à compter de la découverte des documents ou des épreuves exigés par la loi pour la révision de la décision disciplinaire.

258. La mise en place d'un dispositif de réhabilitation. Au Statut de 1946, revient le mérite d'avoir créé une institution nouvelle dans le paysage de la responsabilité disciplinaire, à savoir la réhabilitation. En effet, les dispositions de l'article 112 précisaient que le fonctionnaire, « exclu » du service à la suite d'une mesure disciplinaire, pouvait être réhabilité administrativement et de ce fait réintégré dans la Fonction publique. Reste que la réhabilitation ne pouvait intervenir, aux termes de l'article 113 du même acte normatif, qu'après quatre ans à compter de la sortie du service et seulement si, pendant ce temps, le fonctionnaire avait fait preuve de bonne conduite. Ces conditions accomplies, la réhabilitation était accordée par le chef de l'institution publique sur la base de l'avis de la Commission de discipline.

In fine, si par les dispositions du Statut de 1923, le législateur avait statué que le fonctionnaire, renvoyé devant la commission de discipline, devait

---

[1] Le fonctionnaire, à l'encontre duquel une commission de discipline a prononcé une décision de sanction disciplinaire, n'a la possibilité d'attaquer cet avis qu'en réaction à l'acte de renvoi devant la commission de discipline par la direction du service public (Cour de cass. 15 juin 1927, n°1669, P.S., 1927, p. 704 ; Cour de cass. 18 décembre 1929, déc. n°1768, J.G., 1930, p. 427 ; Cour de cass. 7 décembre 1927, déc. n°1014, J.G.1928, p. 310 ; Cour de cass. 13 janvier 1931, n°891, Pandectele Romane, 1932, p. 15).

[2] Cour de cass. 6 février 1939, déc. n°305, Bull. cass., 1939, p. 1639.

[3] Cour de cass. 1er février 1926, déc. n°128, Bull. cass., 1926, p. 546.

[4] Cour de cass. 17 mai 1937, déc. n°887, R.J.A., 1937, p. 2010.

implicitement être suspendu de la fonction publique exercée, par les deux actes normatifs statutaires qui l'ont suivi, le législateur a préféré être moins exigeant, laissant cette décision à la latitude du chef de l'Administration qui « pouvait disposer de la suspension de la fonction publique exercée » par le fonctionnaire [1].

2. La construction sur de nouvelles bases idéologiques pendant le communisme

259. L'étendue juridique de la faute disciplinaire. Similaire à la période où le régime juridique des fonctionnaires était statutaire, la responsabilité disciplinaire pendant la période communiste concernait les fautes commises par les fonctionnaires de l'administration d'État tant dans l'exercice des attributions de leur fonction qu'en dehors de la sphère professionnelle, lorsqu'elles étaient susceptibles de porter atteinte au prestige de la fonction exercée, et implicitement au fonctionnaire lui-même [2]. La faute disciplinaire avait été définie par la doctrine publiciste de l'époque comme « la faute commise par l'inaccomplissement des devoirs de service par la faute du fonctionnaire, mais qui, ne constituant pas une infraction pénale, est sanctionnée, en principe, par les organes hiérarchiques, et non par les instances judiciaires » [3].

L'abrogation du cadre statutaire, à la fin des années 1950, a engagé la reconstruction du cadre relatif à la responsabilité des fonctionnaires, dont les fondements ont été inscrits dans les dispositions du Code de travail de 1950. À cet effet, les dispositions de l'article 100 du Code de travail précisent que « les transgressions commises par une personne dans le cadre de son travail, indépendamment de sa fonction ou du poste occupé, représentent une faute disciplinaire ». En vertu du même article 100, la faute disciplinaire pouvait être sanctionnée par la réprimande, l'avertissement, la rétrogradation d'un ou plusieurs grades ou la suppression du salaire pour une période de 1 à 3 mois voire, dans le cas de ceux disposant seulement du salaire de base, d'une diminution allant de 5 à 10% pour la même période, la diminution du salaire et de l'indemnisation de direction de 5 à 10% de 1 à 3 mois, ou encore, la

---

[1] Reprise par les dispositions de l'article 161 du Statut de 1946.

[2] Negoiță (A.), *Drept administrativ și elemente de știința administrației (Droit administratif et éléments de la science administrative)*, Universitatea Bucuresti-Facultatea de drept, 1981, p. 184 ; Iorgovan (A.) et Gilescu (V.), *Drept administrativ și știința administrației (Droit administratif et la science de l'administration)*, éd. Universistatea din Bucuresti – Facultatea de drept, 1986, p. 299.

[3] Ionescu (R.), *Curs de drept administrativ al Republicii Socialiste România (Cours de droit administratif de la République Socialiste de la Roumanie)*, éd. de Stat Didactica si Pedagogica, 1960, p. 349.

rétrogradation dans la fonction ou de la catégorie dans la même fonction pour une durée de 1 à 3 mois voire l'annulation du contrat de travail.

260. Les recours possibles à l'encontre de la décision de la commission disciplinaire. À l'encontre de la décision de l'organe de direction collectif ou du dirigeant de l'institution d'appliquer une sanction disciplinaire, la personne sanctionnée pouvait porter plainte dans les trente jours à compter de la connaissance de la décision disciplinaire.

Le dispositif décrit ci-dessus a été, deux décennies plus tard, repris par la loi n°1 du 26 mars 1970 relative à l'organisation et à la discipline du travail dans les unités socialistes d'État. Cette loi était appliquée à toutes les catégories socioprofessionnelles. En vertu des dispositions de l'article 14 de la loi n°1 du 26 mars 1970, la sanction disciplinaire devait être fixée par l'organe collectif ou par le directeur de l'institution. Exceptionnellement, dans les règles d'ordre intérieur il pouvait être décidé que les sanctions de remontrance ou l'avertissement soient directement appliqués par les supérieurs hiérarchiques.

À part énoncer les sanctions encourues par les fonctionnaires en faute [1], les dispositions de l'article 13 précisaient également que pour l'individualisation de la sanction applicable, il fallait prendre en compte les causes et la gravité des peines, les circonstances dans lesquelles le fait fautif a été commis, le degré de culpabilité du fonctionnaire ainsi que son casier administratif. Comme pendant la période statutaire de la première moitié du XXe siècle, la sanction disciplinaire ne pouvait être appliquée qu'après avoir préalablement enquêté sur les conditions dans lesquelles la faute a été commise, ainsi qu'après avoir écouté le salarié présumé coupable d'une faute disciplinaire et vérifié ses déclarations en défense. La sanction disciplinaire devait être prononcée et communiquée par écrit dans, tout au plus, les 30 jours à compter du moment où le supérieur hiérarchique ou la direction avait pris connaissance de la faute disciplinaire. Les dispositions de l'article 13 susvisé instituaient également un délai de prescription, lorsqu'elles précisaient que « la sanction disciplinaire ne [pouvait] être appliquée au-delà de 6 mois à compter de la date où la faute disciplinaire avait été commise ». Le fonctionnaire mécontent de la décision de la commission pouvait contester la décision disciplinaire auprès de l'autorité hiérarchique supérieure dans un délai de 15 jours. Cette dernière devait se prononcer dans un délai de 30 jours.

[1] La remontrance, l'avertissement, la suppression d'une ou de plusieurs échelons de rémunération sur une période allant d'un à trois mois ou la diminution de la rémunération de 5 à 10 % sur la même période pour ceux encadrés avec le SMIC (salaire minimum, en roumain) ; la rétrogradation en fonction ou catégorie (fonctions de direction, fonctions d'exécution) – au sein de la même profession – sur une durée d'un à trois mois et, finalement, dans les cas extrêmes, la résiliation disciplinaire du contrat de travail.

La sanction disciplinaire était radiée du casier professionnel du fonctionnaire au terme d'une année à compter du jour de son application à condition, qu'entre temps, le fonctionnaire sanctionné n'ait pas commis une autre faute disciplinaire.

Les dispositions de l'article 19 du même acte normatif ont institué une garantie [1], censée protéger le fonctionnaire contre les abus, en précisant qu'en cas d'innocence, les « personnes qui, avec mauvaise volonté, ont appliqué ou ont déterminé l'application d'une sanction disciplinaire, en répondent disciplinairement, matériellement voire pénalement ». Similaire au droit roumain, le droit disciplinaire français s'est aussi construit notamment autour du principe de légalité de la faute.

B. Les principes originels de responsabilité en droit français

261. Le législateur statutaire des années 1940, consacrant le caractère légal de la sanction disciplinaire, a désigné les fautes correspondant à chaque sanction ; ce qui a favorisé une riche jurisprudence pour excès de pouvoir **(1)**. Par suite, le caractère discrétionnaire du choix de la sanction disciplinaire complétait, avec certaines limites, la procédure disciplinaire de l'époque **(2)**.

1. Le caractère légal de la sanction disciplinaire et ses limites

262. La délimitation du champ juridique de la faute et de la sanction disciplinaires. En matière disciplinaire, la notion de faute est laissée à l'appréciation des détenteurs du pouvoir hiérarchique sous le contrôle du juge administratif. En l'absence d'une définition légale de la faute disciplinaire, la doctrine publiciste l'a décrite comme « un manquement aux obligations du fonctionnaire, lesquelles peuvent varier d'un service à un autre et peuvent être appréciées différemment selon le rang occupé par le fonctionnaire dans la hiérarchie » [2].

Les deux premiers Statuts des fonctionnaires ont reconnu le caractère légal de la sanction disciplinaire [3]. Parmi les sanctions communes [4] peuvent être énumérés l'avertissement, le blâme, la radiation du tableau d'avancement, le déplacement d'office, l'abaissement d'échelon, la rétrogradation, la révocation sans suspension des droits à pension, la

---

[1] Negoiţă (A.), *op. cit.*, pp. 186-189.

[2] Silvera (V.), *La fonction publique et ses problèmes actuels*, éd. de l'Actualité juridique, 1969, p. 389.

[3] CE 30 mars 1962, *Bertaux*, Rec. 238.

[4] Article 61 de la loi portant statut des fonctionnaires de 1946 et article 31 de l'ordonnance portant statut général des fonctionnaires de 1959.

révocation avec suspension des droits à pension. De plus, les dispositions de l'article 31 du Statut général de 1959 ont ajouté deux nouvelles sanctions : la réduction d'ancienneté d'échelon et la mise à la retraite.

Reste que, contrairement au droit statutaire roumain de la première moitié du XXe siècle, le législateur français n'a pas donné des exemples de fautes qui correspondent à chacune des sanctions sus-énumérées. En effet, les dispositions de l'article 11 du Statut général de 1959 se limitaient à préciser que « toute faute commise par un fonctionnaire dans l'exercice ou à l'occasion de l'exercice de ses fonctions l'expose à une sanction disciplinaire ». Toutefois, et afin d'éviter tout acte arbitraire ou discrétionnaire en matière d'appréciation disciplinaire, le juge de l'excès de pouvoir vérifiait si « le fait reproché [avait] matériellement existé et s'il constituait juridiquement une faute disciplinaire » [1].

Le pouvoir disciplinaire appartenait, en vertu de l'article 31 du Statut général de 1959, à l'autorité investie du pouvoir de nomination, qui était tenue de l'obligation, à l'exception de l'avertissement et du blâme, de saisir, pour consultation, les commissions administratives paritaires (CAP). Siégeant, depuis 1946, en conseil de discipline, les CAP étaient saisies par le biais d'un rapport de l'autorité détenant le pouvoir disciplinaire pour indiquer clairement « les faits répréhensibles, et les circonstances dans lesquelles ils ont été commis » [2].

2. Le caractère discrétionnaire de la sanction disciplinaire et ses limites

263. La procédure disciplinaire. S'agissant de la procédure devant le conseil de discipline, outre le droit du fonctionnaire de se faire assister d'un « défenseur de son choix », les dispositions statutaires susvisées réaffirmaient l'obligation de l'autorité de permettre l'accès, en temps utile [3],

---

[1] CE 14 janvier 1916, *Camino*, Lebon p. 15. Cette jurisprudence faisait suite à la décision du CE 4 avril 1914, *Gomel*, Lebon p. 488, par laquelle le Conseil d'État admettait pour la première fois de « contrôler non seulement l'exactitude du raisonnement juridique suivi par l'administration, mais aussi la validité de la qualification juridique des faits à laquelle elle s'était livrée pour prendre la décision attaquée ». Si, par la décision *Camino,* le Conseil d'État a étendu son contrôle sur la matérialité des faits, reste qu'il « ne contrôle pas les raisons d'opportunité qui avaient conduit l'administration à prendre sa décision » (CE 12 janvier 1938, *Coulangeon*, Lebon p. 11) [Voir aussi les commentaires Laubadère (de) (A.), *op. cit.*, p. 103 ; *Contrôle par le juge de la qualification juridique des faits à laquelle se livre l'administration*, en ligne sur http://www.conseil-etat.fr/Decisions-Avis-Publications/Decisions/Les-decisions-les-plus-importantes-du-Conseil-d-Etat/4-avril-1914-Gomel, consulté le 07 juin 2022].

[2] Grégoire (R.), *op. cit.*, p. 305.

[3] CE 22 juin 1938, *Albertini*, Lebon p. 570.

du fonctionnaire présumé coupable au contenu du dossier disciplinaire [1]. L'obligation de communiquer préalablement le dossier remonte à la loi du 22 avril 1905 portant fixation du budget des dépenses et des recettes de l'exercice dont l'article 65, toujours en vigueur, précise que « tous les fonctionnaires civils et militaires, tous les employés et ouvriers de toutes les administrations publiques ont droit à la communication personnelle et confidentielle de toutes les notes, feuilles signalétiques et tous autres documents composant leur dossier, soit avant d'être l'objet d'une mesure disciplinaire ou d'un déplacement d'office, soit avant d'être retardés dans leur avancement à l'ancienneté » [2].

In fine, l'autorité compétente à appliquer la sanction n'était pas tenue par l'avis consultatif du conseil de discipline. De ce fait, elle était libre d'infliger au fonctionnaire fautif une sanction inférieure ou supérieure à celle proposée par le conseil de discipline dans son avis. Reste que, lorsque le fonctionnaire avait été sanctionné par une peine supérieure à celle indiquée par le conseil de discipline, les dispositions du Statut général de 1959 susvisées lui reconnaissaient la faculté de contester, après avis conforme du conseil de discipline, la sanction reçue auprès du Conseil Supérieur de la Fonction Publique [3]. À la différence des dispositions du Statut général de 1959, les dispositions statutaires de 1946 avaient reconnu cette faculté à l'égard du seul conseil de discipline [4], qui pouvait saisir le Conseil Supérieur non seulement lorsque l'autorité disciplinaire avait prononcé une sanction plus lourde à l'égard du fonctionnaire fautif, mais aussi lorsqu'il avait « prononcé une sanction moins lourde à celle proposée par [le conseil] » [5].

264. L'indépendance des actions disciplinaire et pénale. Comme en droit roumain, les actions pénales et disciplinaires étaient entièrement indépendantes l'une de l'autre [6]. En tout état de cause, aucune des deux instances, disciplinaire et pénale, n'était tenue dans son jugement par la décision de l'autre instance, l'autorité disciplinaire pouvant rendre sa décision sans tenir compte de l'état d'avancement du procès déroulé devant

---

[1] Les procédures et les modalités disciplinaires étaient réglementées par le décret n°59-311 du 14 février 1959 portant règlement d'administration publique (RAP) et relatif à la procédure disciplinaire concernant les fonctionnaires.

[2] L'obligation de communiquer le dossier a aussi donné lieu à une importante jurisprudence, dont notamment : CE 18 décembre 1935, *Vignaux*, Lebon p. 1204 ; CE 18 juillet 1936, *Hurlaux*, Lebon p. 1126 ; CE 5 mai 1939, *Cruel*, Lebon p. 3.

[3] La contestation concernait des sanctions autres que le blâme, l'avertissement ou la radiation du tableau d'avancement [Laubadère (de) (A.), *op. cit.* pp. 100-101].

[4] Grégoire (R.), *op. cit.*, p. 305.

[5] Laubadère (de) (A.), *op. cit.*, p. 101.

[6] CE 24 juillet 1987, *Conseil départemental de l'Ordre des médecins de l'Ariège*, Lebon p. 916. Reste que si un fait ne réunissait pas les éléments constitutifs d'une infraction, il pouvait en revanche représenter une faute disciplinaire. La règle *non bis in idem* n'étant plus d'applicable ici [Grégoire (R.), *op. cit.*, p. 299].

la juridiction pénale [1]. En revanche, même si la règle du non-cumul de deux ou plusieurs peines pour la même faute s'appliquait tant dans le droit disciplinaire qu'en droit pénal, lorsqu'un même fait se constituait à la fois en faute disciplinaire et en infraction pénale, le fonctionnaire « doublement condamné » devait subir les deux peines [2].

À la différence du droit français où le cadre statutaire des années 1980 a repris les principes relatifs à la responsabilité disciplinaire consacrés par les Statuts précédents, après la chute du régime communiste du décembre 1989, le législateur roumain a procédé à la reconstruction des fondements statutaires en matière disciplinaire.

§ 2. L'état actuel du droit de la responsabilité disciplinaire

265. La reconstruction des règles juridiques en matière de responsabilité et de sanctions disciplinaires après la chute du communisme a été réalisée à partir des éléments expérimentés au début du XXe siècle. Si le législateur roumain a consacré la légalité de sanctions disciplinaires, contrairement au passé, il s'est seulement contenté d'énumérer, à titre d'exemple, plusieurs fautes à caractère disciplinaire sans les regrouper au regard des catégories correspondantes de sanctions réglementées. En d'autres termes, sans indiquer quel(s) type(s) de sanction(s) correspondaient à l'une ou l'autre faute. Concernant le droit disciplinaire français, les dernières réformes du 20 avril de 2016 et du 6 août 2019 ont apporté plusieurs modifications importantes, dont l'imposition d'un délai de prescription au regard de l'action de poursuites disciplinaires, ainsi que la modification et l'harmonisation de l'échelle légale de sanctions [3].

La délimitation du champ juridique de la responsabilité disciplinaire en droit roumain **(A)** et en droit français **(B)** permet de saisir non seulement l'étendue juridique des deux systèmes, mais aussi leurs limites.

A. L'encadrement plus rigide de la responsabilité disciplinaire en droit roumain

266. Le système roumain en vigueur est caractérisé par les principes de la légalité et de la prescription des fautes que le législateur réglemente en détail **(1)**, ainsi que par une procédure disciplinaire spécifique **(2)**.

---

[1] CE Ass. 27 mai 1955, *Dame Kowalewski*, Lebon p. 297.
[2] CE 24 janvier 1936, *Bonny,* Lebon p. 881.
[3] Aubin (E.), *L'essentiel du Droit de la Fonction publique*, 13e éd., Gualino, 2019, p. 151.

1. Les principes de la légalité et de la prescription des fautes

267. Cadre légal. La responsabilité et les sanctions, encourues par les fonctionnaires publics, sont réglementées par le chapitre VIII du titre 2 de la partie 6 du Code administratif [1], intitulé « Les sanctions disciplinaires et la responsabilité des fonctionnaires publics ». Même si l'intitulé du chapitre consacré à la responsabilité pourrait induire l'idée qu'il ne traite que de la responsabilité disciplinaire, en réalité le législateur y consacre également les autres formes de responsabilité civile, contraventionnelle et pénale. En effet, le premier article du chapitre susvisé précise que « la violation avec intention des devoirs de service attire la responsabilité disciplinaire, contraventionnelle, civile ou pénale » [2]. Ces quatre formes de responsabilité ne s'excluent pas réciproquement, elles peuvent être appliquées concomitamment lorsque le fait incriminé remplit, en même temps, les conditions de deux ou de plusieurs formes de responsabilité juridique [3].

Toute personne, qui se considère lésée dans un droit personnel ou dans un intérêt légitime, peut, en vertu des dispositions de l'article 491 du Code administratif [4], s'adresser « aux juridictions judiciaires, pour abus, à l'encontre de l'autorité ou de l'institution publique, qui a émis l'acte ou qui a refusé de solutionner sa demande relative à un droit ou à un intérêt légitime » [5]. Considérant les dispositions de la loi du contentieux administratif, en vertu desquelles tout litige qui concerne un acte administratif relève de la compétence d'une juridiction administrative, l'expression « juridictions judiciaires », dans le corpus de l'article précité, fait pourtant référence à la catégorie des « juridictions administratives ».

---

[1] Ancien chapitre VIII de la loi n°188 du 8 décembre 1999 portant Statut des fonctionnaires publics.

[2] Article 490 du Code administratif.

[3] Vieriu (E.), *Răspunderea funcționarului public (La responsabilité du fonctionnaire public)*, in *Tendințe actuale in dreptul public. Abordare juridica și filozofică (Tendances actuelles en droit public. Approche juridique et philosophique)*, éd. Universitara, 2014, pp. 98-100.

[4] Ancien article 76 du Statut des fonctionnaires publics.

[5] Ce principe a connu, une consécration constitutionnelle, par les dispositions de l'article 52 de la Constitution de la Roumanie, qui précisent que « la personne lésée dans son droit personnel ou dans un intérêt légitime, par une autorité publique, par un acte administratif ou par le manque de décision positive dans le délai légal d'une demande, a le droit d'obtenir la reconnaissance du droit exigé ou de l'intérêt légitime, l'annulation de l'acte et la réparation du préjudice ». Le même principe est également repris par le premier article de la loi n°544 du 02 décembre 2004 relative au contentieux administratif, aux termes duquel « toute personne qui se considère lésée dans son droit personnel ou dans un intérêt légitime par une autorité publique, par un acte administratif ou par le manque de décision à sa demande dans le délai légal, peut s'adresser au tribunal administratif compétent (juridiction administrative), en vue de l'annulation de l'acte, et/ou la reconnaissance du droit prétendu, ainsi que pour la réparation du préjudice ». La nature de l'intérêt légitime, peut être privé ou public.

268. Les fautes disciplinaires. Les dispositions du premier alinéa de l'article 492 du Code administratif [1] consacrent le principe de la responsabilité disciplinaire qui peut survenir lorsqu'un fonctionnaire public enfreint intentionnellement les devoirs propres à la fonction publique qu'il exerce ainsi que les normes de conduite professionnelle et civique.

Sont constitutives de fautes disciplinaires, au sens de l'alinéa 2 de l'article 492 du même acte normatif, le retard systématique dans l'accomplissement des travaux, la négligence répétée dans l'accomplissement des attributions, les absences injustifiées au travail ainsi que les interventions ou les « insistances » de certains usagers ou collègues, de voir leurs demandes solutionnées en dehors du cadre légal ou en priorité. D'autres fautes concernent le non-respect du secret professionnel ou de la confidentialité des données du travail, les activités à caractère politique pendant le travail ainsi que le refus d'accomplir les tâches propres à la fonction exercée. In fine, l'alinéa 2 susvisé mentionne aussi parmi les fautes disciplinaires l'irrespect des devoirs afférents à la fonction publique (voir supra) ainsi que les incompatibilités liées aux conflits d'intérêts.

La liste des fautes disciplinaires, encadrée par l'alinéa 2 précité, n'est pas exhaustive dans la mesure où le législateur précise qu'elle peut être complétée par d'autres faits réglementés, en tant que fautes disciplinaires, et/ou par d'autres actes normatifs liés à la Fonction publique et aux fonctionnaires en général. Cette dernière précision du législateur doit être interprétée comme la volonté de ce dernier de ne pas laisser hors-la-sphère disciplinaire d'autres fautes qui pourraient survenir dans l'exercice des attributions des fonctionnaires en général.

269. Les principes de légalité des fautes. Après avoir indiqué, dans une énumération énonciative, les différents types de fautes disciplinaires incriminées par la responsabilité disciplinaire, le législateur précise, à l'alinéa 3 de l'article 492 précité, les sanctions encourues par les fonctionnaires coupables d'une faute disciplinaire.

En effet, en fonction de la gravité d'une faute disciplinaire, les sanctions peuvent prendre la forme d'un blâme écrit ou d'une diminution des droits salariaux de 5 à 20% jusqu'à 3 mois ou de 10 à 15% pour une période d'un an. D'autres sanctions peuvent engager la suspension du droit d'avancement pendant une période allant jusqu'à un an, la rétrogradation dans une fonction publique de niveau inférieur jusqu'à une année accompagné par la diminution correspondante de la rémunération, ou encore, la destitution de la Fonction publique [2].

Les critères, qui doivent guider les membres de la commission de discipline dans le processus d'individualisation de la sanction appropriée à la

[1] Ancien article 77 de la loi n°188 du 8 décembre 1999.

faute imputée, sont, aux termes de l'alinéa 6 de l'article 492 du Code administratif [1], les causes et la gravité de la faute disciplinaire, le contexte dans lequel cette dernière a été commise ainsi que le degré de culpabilité et les conséquences engagées par la faute. D'autres critères, qui peuvent influer sur le type de sanction infligée par les membres de la commission de discipline, concernent le comportement général du fonctionnaire public au travail ainsi que le contenu de son casier administratif.

270. La prescription des sanctions disciplinaires. Les sanctions disciplinaires doivent être appliquées dans, tout au plus, six mois [2] à compter de la date de saisine de la commission disciplinaire, mais pas plus tard que deux ans à compter de la date où la faute est supposée avoir été commise. En d'autres termes, les dispositions de l'alinéa 8 de l'article 492 du Code administratif [3] instituent deux délais de prescription. D'une part, un délai à caractère général en vertu duquel une faute disciplinaire ne peut plus être portée devant la commission de discipline au-delà d'un délai de deux ans. D'autre part, une prescription spécifique, à l'égard de la commission de discipline à qui incombe l'obligation légale de rendre sa décision dans les six mois de sa saisine. Il en résulte que la sanction des fautes disciplinaires bénéficie d'un délai de prescription de deux ans et demi, dont deux ans à l'égard de l'administration pour saisir la commission de discipline, et six mois à l'égard de la commission disciplinaire pour rendre sa décision.

Si le fait a été constaté et décrit comme étant une faute disciplinaire et une infraction pénale, la procédure relative à la responsabilité disciplinaire est suspendue jusqu'à la finalisation de la procédure pénale, c'est-à-dire jusqu'au moment où la décision du non-lieu ou de l'abandon de toute poursuite pénale est actée ou si la personne est acquittée. L'alinéa 10 de l'article 492 du Code administratif [4] précise aussi que, pendant l'investigation administrative, le fonctionnaire public, accusé d'avoir commis une faute disciplinaire, pouvant exercer une influence quelconque sur le déroulement de l'enquête, l'institution publique a l'obligation d'interdire l'accès de l'agent aux documents liés au litige ; et même, lorsque la situation l'impose, de procéder au transfert temporaire de l'agent dans un autre département ou une autre structure de l'autorité ou de l'institution publique.

---

[1] Ancien alinéa 4 de l'article 77 de la loi n°188 du 8 décembre 1999.

[2] Et non plus d'un an, comme le prévoyait le Statut de la fonction publique avant l'intégration de son contenu dans le Code administratif adopté le 5 juillet 2019 par l'OUG n°57.

[3] Ancien alinéa 5 de l'article 77 de la loi n°188 du 8 décembre 1999 portant Statut des fonctionnaires publics.

[4] Ancien alinéa 7 de l'article 77 de la loi n°188 du 8 décembre 1999 portant Statut des fonctionnaires publics.

2. Les particularités de la procédure disciplinaire

271. La procédure du jugement disciplinaire. La compétence de jugement disciplinaire relève généralement d'une Commission disciplinaire constituée au sein de chaque institution et autorité publique. L'organisation et le fonctionnement des commissions de discipline sont réglementés par les dispositions de la DG n°1344 du 31 octobre 2007 relative aux normes d'organisation et de fonctionnement des commissions de discipline. Aux termes de l'article 2 de la DG susvisée, les commissions de discipline sont des structures délibératives, sans personnalité morale, indépendantes dans l'exercice de leurs attributions, et qui ont la compétence d'analyser les faits incriminés et commis par les fonctionnaires publics comme des fautes disciplinaires.

Les dispositions de l'article 3 du même acte normatif instituent à l'égard de chaque institution publique l'obligation de constituer, par acte administratif, une commission de discipline formée de trois membres, tous étant des fonctionnaires publics titulaires. Des trois membres de la commission de discipline, deux sont désignés par le dirigeant de l'institution publique, et un troisième membre est obligatoirement désigné par l'organisation syndicale représentative ou une autre personne élue par la majorité des agents publics, lorsque les agents ne sont pas organisés en syndicat ou si la formation syndicale n'est pas représentative.

En ce qui concerne le jugement des fautes disciplinaires des hauts fonctionnaires publics, la Commission de discipline est composée, selon l'alinéa 4 de l'article 494 du Code administratif [1], de 5 (cinq) hauts fonctionnaires publics nommés par décision du Premier ministre, sur proposition du ministre de l'Administration.

En vertu des dispositions du 1e alinéa de l'article 493 du Code administratif [2], aucune sanction disciplinaire ne peut être appliquée en l'absence des investigations préliminaires effectuées par l'institution, auquel le fonctionnaire potentiellement fautif est rattaché, et sans que ce dernier ait été préalablement entendu par la Commission. Lorsque la gravité de certaines fautes indique l'existence d'éléments constitutifs d'une infraction qui relèvent plutôt de la compétence du tribunal administratif, la Commission peut déférer l'affaire devant cette juridiction. Les dispositions de l'article 495 du Code administratif reconnaissent au fonctionnaire public, mécontent de la décision de la Commission de discipline, le droit de

[1] Ancien alinéa 4, de l'article 494 de la loi n°188 du 8 décembre 1999.

[2] Ancien alinéa 3 de l'article 78 de la loi n°188 du 8 décembre 1999 portant Statut des fonctionnaires publics.

demander devant les juridictions administratives l'annulation ou la modification de la sanction infligée [1].

Dès que toute voie de recours est épuisée et que la décision de la Commission reste définitive, l'Agence Nationale des Fonctionnaires Publics a l'obligation de délivrer un casier administratif, qui reflète la situation disciplinaire de l'agent public.

272. Casier administratif. Le casier administratif représente, selon les dispositions de l'article 496 du Code administratif [2], un acte comprenant les sanctions disciplinaires appliquées à l'agent public (non encore radiées). Par principe, aux termes des dispositions de l'alinéa 3 de l'article susmentionné, le casier administratif est obligatoirement requis lors de la désignation en tant que membre d'une Commission de concours pour le recrutement des fonctionnaires publics, en tant que président et membre d'une Commission de discipline, ou encore, en tant que membre d'une commission paritaire. De même en est-il, lors de l'occupation d'une fonction publique appartenant à la catégorie des hauts fonctionnaires publics ou des fonctionnaires publics de direction ainsi que dans toute autre situation prévue par la loi. Du fait, de cette dernière précision, il ressort que l'énumération par le législateur des situations où le casier administratif est demandé n'est pas exhaustive [3].

Les dispositions de l'article 497 précisent qu'une sanction disciplinaire est radiée des casiers disciplinaires dans un délai de 6 (six) mois à compter de son exécution pour le blâme écrit. Pour les autres sanctions, à l'exception de la révocation, la radiation survient à compter de leur exécution [4]. In fine, la prescription est de 3 (trois) ans pour la révocation [5]. À l'opposé du droit roumain, la responsabilité disciplinaire en droit français bénéficie d'un encadrement beaucoup plus souple.

---

[1] En vertu du principe *non reformatio in pejus*, la modification, par le juge de la sanction infligée doit être interprétée dans le sens de son remplacement par une sanction d'ordre inférieur, et non supérieur à celle appliquée par la commission disciplinaire.

[2] Ancien article 81 du Statut des fonctionnaires.

[3] Le casier administratif peut, en vertu de l'alinéa 4 de l'article 81 susvisé, être délivré, sur demande, au fonctionnaire public intéressé, au dirigeant de l'institution ou à l'autorité publique employeuse, au président de la commission de discipline, ainsi qu'à toute autre personne prévue par la loi.

[4] Et non plus d'un an à compter de son exécution concernant les infractions de diminution de 5 à 20% des droits salariaux pendant tout au plus 3 mois, la suspension du droit d'avancement au niveau du salaire ou selon le cas du droit d'avancement dans la fonction publique pendant une période d'un à trois ans, ainsi qu'en cas de rétrogradation sur une période inférieure à une année. Comme cela a été le cas avant l'adoption de l'OUG n°57 du 3 juillet 2019.

[5] Et non plus de 7 ans comme cela était le cas avant l'adoption de l'OUG n°57 du 3 juillet 2019.

B. L'encadrement plus souple de la responsabilité disciplinaire en droit français

273. La responsabilité disciplinaire dans la Fonction publique repose non seulement sur le principe de la légalité de la sanction, et de la prescription de la faute **(1)**, mais aussi sur une procédure disciplinaire bien spécifique **(2)**.

1. Les principes de la légalité de la sanction et de la prescription de la faute

274. Cadre légal. Le principe de responsabilité des agents publics remonte, comme déjà précisé, à l'adoption de la Déclaration des droits de l'homme et du citoyen (DDHC) du 26 août 1789, qui, par les dispositions de l'article 15, évoque que « la société a le droit de demander compte à tout agent public de son administration ». Par conséquent, et en vertu des dispositions de l'article L.530-1 du CGFP [1], toute faute « commise par un fonctionnaire dans l'exercice ou à l'occasion de l'exercice de ses fonctions l'expose à une sanction disciplinaire sans préjudice, le cas échéant, des peines prévues par la loi pénale ». En d'autres termes, ce qui caractérise la responsabilité disciplinaire est « le manquement des fonctionnaires à leurs obligations professionnelles ».

À la différence du dispositif statutaire roumain de responsabilité disciplinaire, les différents textes statutaires français « ne prédéterminent pas de manière précise la liste des fautes disciplinaires » [2]. Reste toutefois que certains textes spécifiques à certaines catégories de fonctionnaires peuvent indiquer que « tel ou tel comportement est constitutif d'une faute disciplinaire » [3].

275. Nulla poena sine lege : les quatre groupes de sanctions disciplinaires. Contrairement aux fautes, les sanctions sont exhaustivement énumérées par les dispositions statutaires de chacune des trois Fonctions publiques [4]. Divisées en quatre groupes, les sanctions disciplinaires sont, depuis la réforme du 6 août 2019 de transformation de la fonction publique,

---

[1] Article 29 de la loi n°83-634 du 13 juillet 1983.

[2] Melleray (F.), *Droit de la fonction publique*, Economica, 4e éd., 2017, p. 427.

[3] Auby (J.-M.), Auby (J.-B.), Jean-Pierre (D.), Taillefait (A.), *Droit de la fonction publique*, Dalloz, 7e éd., 2012, p. 90.

[4] CGFP, L.5, Chapitre 3, Sous-section unique : Sanctions disciplinaires pouvant être infligées à un fonctionnaire (article 66 de la loi n°84-16 du 11 janvier 1984 portant dispositions statutaires relatives à la Fonction publique de l'État ; article 89 de la loi n°84-53 du 26 janvier 1984 portant dispositions statutaires relatives à la Fonction publique territoriale ; article 81 de la loi n°86-33 du 9 janvier 1986 portant dispositions statutaires relatives à la Fonction publique hospitalière).

à une exception près, les mêmes dans les trois versants de la Fonction publique. Effectivement, la loi du 6 août 2019 a « enrichi l'échelle des sanctions pour rendre possible une répression disciplinaire plus affinée et en adéquation avec la gravité de la faute » [1].

En vertu de l'article L.533-1 du CGFP, le premier groupe encadre des sanctions qui peuvent être appliquées sans avoir saisi préalablement le conseil de discipline. Il s'agit de l'avertissement et du blâme, ainsi que de l'exclusion temporaire de fonctions pour une durée maximale de trois jours [2]. Les sanctions encadrées par le second groupe sont, à l'exception du déplacement qui reste propre à la Fonction publique d'État, les sanctions de radiation du tableau d'avancement, l'abaissement d'échelon [3] et l'exclusion temporaire de fonctions pour une durée de quatre à quinze jours [4] sont communes aux trois versants de la Fonction publique [5]. À la différence des deux premiers groupes, le troisième réunit des sanctions plus lourdes, comme la rétrogradation [6] et l'exclusion temporaire de fonctions pour une durée de seize jours à deux ans dans les trois Fonctions publiques [7]. In fine, le dernier groupe encadre les sanctions les plus sévères encourues par les fonctionnaires ayant gravement manqué à leurs obligations professionnelles, la mise à la retraite d'office et la révocation.

276. De l'imprescriptibilité à la prescriptibilité de l'action disciplinaire. Ce qui caractérisait le droit disciplinaire dans la fonction publique était, jusqu'à l'adoption de la loi n°2016-483 du 20 avril 2016, l'imprescriptibilité [8]. Les dispositions de l'article 36 de la loi du 20 avril 2016 ont ajouté un nouvel alinéa à l'article L.532-2 [9] , en vertu duquel

---

[1] Aubin (E.), *op. cit.*, 13e éd. Gualino, 2019, p. 157.

[2] Introduite pour les Fonctions publiques d'État et hospitalière par l'article 31 de la loi n°2019-828 du 6 août 2019.

[3] L'abaissement d'échelon à l'échelon immédiatement inférieur à celui afférent à l'échelon détenu par l'agent représente une modification opérée par la loi du 6 août 2019.

[4] Article L.533-1 du CGFP.

[5] À noter que la réforme du 6 août 2019 non seulement a ajouté la sanction de la radiation du tableau d'avancement aussi pour la fonction publique territoriale, mais elle a aussi aligné la durée de l'exclusion temporaire dans les trois Fonctions publiques.

[6] Rétrogradation « au grade immédiatement inférieur et à l'échelon correspondant à un indice égal ou à défaut immédiatement inférieur à celui afférent à l'échelon détenu par l'agent » (loi du 6 août 2019).

[7] Avant la réforme du 6 août 2019 la durée de l'exclusion était de trois mois à deux ans pour les fonctionnaires d'État et hospitaliers, et de seize jours à deux ans pour les fonctionnaires territoriaux.

[8] CE 12 mars 2014, *Etablissement public CAT Philibert*, req °367.260, *AJDA* 2014, n°25, p. 1446 (note F. Melleray). Par le biais de cette décision, le Conseil d'État a confirmé « sa jurisprudence traditionnelle selon laquelle l'exercice de l'action disciplinaire contre un agent public n'est soumis à aucun délai de prescription » et que, seule, une réforme législative pouvait remettre en cause cette solution.

[9] Article 19 de la loi du 13 juillet 1983.

« aucune procédure disciplinaire ne peut être engagée au-delà d'un délai de trois ans à compter du jour où l'administration a eu une connaissance effective de la réalité, de la nature et de l'ampleur des faits passibles de sanction » [1]. Comme en droit roumain, en cas de poursuites pénales exercées à l'encontre du fonctionnaire, le délai de trois ans est « interrompu jusqu'à la décision définitive de classement sans suite, de non-lieu, d'acquittement, de relaxe ou de condamnation ».

Par la même occasion, les dispositions susvisées précisent qu'une fois passé le délai de trois ans, les faits en cause ne peuvent plus être invoqués dans le cadre d'une procédure disciplinaire. Reste que le délai de prescription ne suspend pas le principe de l'opportunité des poursuites, en vertu duquel l'administration est libre d'engager ou non des poursuites disciplinaires. En effet, les dispositions de l'article L.530-1 du CGFP [2] précisent que « toute faute commise par un fonctionnaire dans l'exercice ou à l'occasion de l'exercice de ses fonctions l'expose à une sanction disciplinaire sans préjudice, le cas échéant, des peines prévues par la loi pénale ».

2. Les particularités de la procédure disciplinaire

277. Le déroulement de la procédure disciplinaire [3]. En vertu de l'article L.532-1 du CGFP [4], le pouvoir de répression disciplinaire relève de la compétence de l'autorité investie du pouvoir de nomination. Aux termes de l'article L.532-5 du CGFP [5], aucune « sanction disciplinaire autre que celles classées dans le premier groupe par les dispositions statutaires relatives aux fonctions publiques de l'État, territoriale et hospitalière, ne peut être prononcée sans la consultation préalable d'un organisme siégeant en conseil de discipline dans lequel le personnel est représenté ». L'organisme siégeant en Conseil de discipline est la Commission administrative paritaire (CAP), qui doit être saisie, chaque fois que sa consultation est nécessaire, par un rapport émanant de l'autorité ayant pouvoir de nomination, donc

[1] Effectivement, le Conseil d'Etat avaient jugé en 2015 qu'une procédure « de plus de trois ans à partir du moment où la juridiction disciplinaire disposait des éléments lui permettant de se prononcer était successive et créait un préjudice réparable » (CE 23 décembre 2015 req. n°385.172).

[2] Article 29 de la loi n°83-634 du 13 juillet 1983.

[3] Il est important de préciser que les procédures disciplinaire et pénale de répression d'un fonctionnaire sont indépendantes l'une de l'autre, c'est dire qu'elles n'instituent « ni une double poursuite, ni une double sanction » (Cons. const. 1er juillet 2016, n°2016-550 QPC). En d'autres termes, comme les juges administratifs le rappellent la procédure disciplinaire ne bloque pas la procédure pénale et inversement (CE 21 juillet 1995, *Capel* ; CE 21 juin 2019, req. n°424593).

[4] Article 19 de la loi du 13 juillet 1983.

[5] Article 19 alinéa 2 de la loi du 13 juillet 1983.

disciplinaire [1]. Depuis la réforme du 6 août 2019 de transformation de la fonction publique, il n'y a plus l'obligation pour les membres du conseil disciplinaire d'être au moins du même grade et rang que le fonctionnaire supposé avoir commis une faute disciplinaire [2].

Comme en droit roumain, les dispositions de l'article susvisé consacrent le droit d'accès du fonctionnaire au dossier disciplinaire 15 jours avant la tenue du conseil de discipline, ainsi que l'obligation de l'administration d'informer le fonctionnaire de ce droit [3]. Comme le Professeur Emmanuel Aubin le rappelle, le droit à la communication du dossier présente une importance essentielle parce qu'« il rend possible la censure, par l'organisation d'une procédure contradictoire, des sanctions disciplinaires qui seraient motivées par les opinions politiques et religieuses des agents » [4]. Après avoir écouté le fonctionnaire supposé fautif et les différents témoins, les membres du conseil de discipline délibèrent à huis clos, en dehors de la présence du fonctionnaire, de son défenseur ou des éventuels témoins. L'avis du conseil disciplinaire, ainsi que la décision de l'autorité ayant pouvoir disciplinaire, doivent être motivés.

278. Recours possibles. La décision infligée en premier ressort pouvait être contestée par un recours administratif ou recours pour excès de pouvoir devant les juridictions administratives. Par ailleurs, un recours pouvait être aussi exercé devant les Conseils supérieurs de la fonction publique, qui pouvaient se prononcer à titre consultatif [5]. La réforme d'août 2019 de la fonction publique n'a conservé que le recours auprès des juridictions administratives. En outre, parallèlement au droit de responsabilité des agents publics, force est de constater qu'un droit de responsabilisation s'impose progressivement au législateur.

---

[1] Article 2 du décret n°84-961 du 25 octobre 1984 relatif à la procédure disciplinaire concernant les fonctionnaires de l'État ; article 1er du décret n°89-677 du 18 septembre 1989 relatif à la procédure disciplinaire applicable aux fonctionnaires territoriaux ; article 1er du décret n°89-822 du 7 novembre 1989 relatif à la procédure disciplinaire applicable aux fonctionnaires relevant de la fonction publique hospitalière.

Les trois décrets susvisés réglementent en détail la procédure disciplinaire devant le conseil de discipline.

[2] Cette règle entrera en vigueur après les élections professionnelles de décembre 2022.

[3] CE 22 juin 2017, req. n°398.830.

[4] Aubin (E.), *op. cit.*, 13e , éd. Gualino, 2019, p. 154.

[5] CE Ass., 2 avril 2003, *Gosset*, req. n°220.687, *JCP A*, 2003, n°17, p. 1397 (note D. Jean-Pierre).

Section 2. Le développement progressif d'un droit de responsabilisation

279. La sanction disciplinaire ne doit être comprise ni comme « une ordalie ni [comme] une vengeance privée, elle est un impératif de service public », voire le « devoir de la collectivité publique de veiller à son meilleur fonctionnement » [1]. Reste néanmoins que la sanction ne devrait pas être la seule finalité recherchée par l'action disciplinaire, mais bien au contraire qu'elle serve à identifier, à l'aide notamment des instances disciplinaires, les éléments qui pourraient contribuer à la promotion d'une culture de responsabilisation au sein de l'administration. Cette « responsabilisation » ne doit pas être comprise comme s'adressant aux seuls fonctionnaires, voire agents publics, soient-ils de direction ou d'exécution, mais aussi aux citoyens-usagers. En effet, ces derniers pourraient contribuer de manière décisive à la création d'une culture de responsabilisation des fonctionnaires publics par la contestation officielle de toute action ou attitude des fonctionnaires incompatible avec la loi et les valeurs défendues par le droit de la Fonction publique. La moralisation de la vie publique en général, et de la Fonction publique en particulier, ne peut se réaliser en dehors d'une prise d'attitude ferme de la société usagère. Toutefois, pour que la société devienne un véritable acteur dans cette démarche de responsabilisation, il s'avère nécessaire non seulement que le législateur lui offre les outils nécessaires à cet effet, mais aussi que ce dernier encadre des règles qui imposent aux institutions publiques une meilleure information des usagers par rapport aux droits et obligations qui régissent, directement ou indirectement, la relation institution-usager. Par la même occasion, le législateur doit aussi renforcer les règles juridiques en matière de « moralisation des citoyens », et ce, par la consécration de règles plus strictes qui sanctionnent plus durement aussi les « essais » des citoyens d'obtenir satisfaction autrement que dans les limites de la loi [2]. D'autant que l'usage de la répression disciplinaire apparaît être tout, sauf dynamique au sein des administrations, roumaine [3] et française [4]; ce qui pose la question de savoir si la cause réside dans des « statuts (...) trop protecteurs », ou dans un

---

[1] Vigouroux (C.), *op. cit.*, 2013-2014, p. 578.

[2] Comprenant les situations où le concours d'accès à une fonction publique est déguisé à la suite de la complicité mutuelle de certains membres du jury de sélection et un candidat ; complicité due aux promesses ou aux offres de certains avantages matériels ou d'autre nature, en échange de la réussite au concours et, implicitement, de la nomination dans la fonction publique pourvue.

[3] Pas de statistique en matière de nombre de sanctions disciplinaires prononcées par les institutions publiques roumaines.

[4] Le nombre de sanctions prononcé annuellement dans la Fonction publique française varie autour de 1.400 hors avertissement et blâmes [Pochard (M.), *Les 100 mots de la fonction publique*, PUF, 2011, p. 91].

« manque de courage et de détermination de la part des employeurs publics » [1] voire des chefs de service. Reste que, comme le souligne le Professeur Marcel Pochard, « le délai [important] entre les faits et le prononcé de la sanction » pourrait expliquer l'« indulgence » dont les institutions publiques font preuve systématiquement en matière de sanction disciplinaire [2].

À cet effet, plusieurs aspects du régime disciplinaire peuvent être mis en question tant au sujet des limites de l'encadrement juridique de la responsabilité à l'aune de la responsabilisation des agents publics **(§ 1)**, que par rapport à, celle en particulier, des fonctionnaires de direction dans le foisonnement d'une culture de responsabilisation **(§ 2)**.

§ 1. La responsabilité à l'aune de la responsabilisation

280. L'analyse des règles juridiques relatives à la procédure disciplinaire permet de dégager plusieurs faiblesses du cadre normatif relatif à la responsabilité disciplinaire en vigueur en droit roumain, mais aussi en droit français. Ainsi, en est-il de la question de savoir si l'option du législateur statutaire roumain du début du XXe siècle de consacrer le principe de légalité tant pour les sanctions que pour les fautes n'était pas un moyen de lutter efficacement contre l'arbitraire et les ingérences politiques. Cette question trouve toute sa légitimité à un moment où la politisation de l'administration en matière de recrutement, d'évaluation, ou encore, de formation apparaissent être tout aussi fortes que par le passé. La mise en exergue de certaines interrogations en matière de délimitation juridique du champ disciplinaire **(A)** débouche sur le rôle et la place des commissions disciplinaires, dont l'organisation et le fonctionnement, soulèvent certains questionnements par rapport à leur composition, particulièrement en droit roumain **(B)**.

A. Les limites des règles juridiques de responsabilité

281. Le choix de la sanction disciplinaire applicable à un agent en faute accuse un certain caractère discrétionnaire, du fait de l'absence des précisions sur le type de sanction qui correspond à l'une ou l'autre faute disciplinaire **(1)**. Certaines limites sont décelables également au sujet des procédures disciplinaires **(2)**.

---

[1] Le Professeur Melleray considère que ce « n'est nullement la conséquence de ... », [Melleray (F.), *op. cit.*, p. 425].

[2] Pochard (M.), *op. cit.*, p. 92.

1. Les limites relatives au choix de la sanction

282. Le principe du choix discrétionnaire de la sanction. À la différence du système roumain qui a consacré le principe de légalité de la faute, le législateur français n'a pas trouvé opportun de l'instituer. Reste toutefois que, même si le législateur a réglementé une liste non exhaustive – il serait impossible autrement – de fautes à caractère disciplinaire, il n'en reste pas moins vrai qu'il n'avait pas apporté des précisions sur le/les type(s) de sanctions spécifique(s) à chacune d'entre elles [1]. Comme cela avait d'ailleurs été réalisé par le législateur statutaire des années 1940, afin d'« empêcher [l'administration] d'exercer un pouvoir discrétionnaire sur les agents » [2]. Allant dans le sens des propositions formulées dans les conclusions de cette thèse, l'OUG n°57 du 3 juillet 2019 précise à titre indicatif les sanctions qui peuvent être appliquées à chacune des fautes disciplinaires, énumérées à l'alinéa 2 de l'article 492 du Code administratif. Ces indications ne répondent toutefois pas à toutes les interrogations relatives à l'appréciation du degré de gravité de la faute commise.

Il s'impose, ensuite, de déterminer le degré de culpabilité et les conséquences engagées par la faute disciplinaire soumise au jugement, le comportement général au travail [3] ainsi que ses antécédents disciplinaires. Ainsi en est-il pour l'examen de la première faute, encadrée par l'alinéa 2 de l'article 492 du Code administratif et concernant le « retard systématique dans l'accomplissement des travaux impartis ». Qu'est-ce qu'il faut entendre par « retard systématique », voire à partir de quel nombre de retards faut-il considérer le fonctionnaire public en situation de « retard systématique » ?

En l'absence d'une individualisation des types de « sous-fautes » et/ou de sanctions disciplinaires, qui leur correspondent et qui permettent la sous-division de la faute en degrés « de gravité », la commission de discipline est libre d'appliquer, sur la base des six critères d'évaluation susvisés, l'une des cinq sanctions énumérées exhaustivement par l'alinéa 3 de l'article 492. La question est de savoir ce qu'il en est de la situation, où pour le même fait disciplinaire (« retard systématique ») la sanction proposée par les commissions de discipline varie considérablement d'une institution publique à une autre : à savoir de la plus lourde à la moins lourde des sanctions indiquées comme possibles pour sanctionner ladite faute ?

---

[1] Le législateur roumain précisait néanmoins, au 4e alinéa de l'article 77 de la loi n°188 du 8 décembre 1999, que, dans l'individualisation de la sanction, il faut prendre en considération au moins six critères, dont l'évaluation des causes et de la gravité de la faute disciplinaire ainsi que du contexte dans lequel celle-ci a été commise.

[2] Vigouroux (C.), *op. cit.*, p. 578.

[3] Critère retenu également par la jurisprudence française : CE 25 juin 1982, *X...*, Lebon p. 301 ; CE Sect. 8 juin 1956, *Dardenne*, Lebon p. 239 ; CE 22 décembre 1965, *Caux*, Rec. 709 ; CE 29 mai 1981, *Moatti*, Lebon p. 249.

Dans le même sens, en droit français les juges de la Cour administrative d'appel de Bordeaux ont précisé qu'en l'absence d'une majorité des membres d'un conseil de discipline au sujet de la sanction applicable au fait disciplinaire soumis au jugement, le président du conseil de discipline aurait aussi dû soumettre à l'attention des membres de la commission « les autres sanctions figurant dans l'échelle des sanctions disciplinaires en commençant par la plus sévère et jusqu'à ce que l'une d'elles recueille l'accord de la majorité des membres présents » [1]. Il ressort finalement que, tant en droit roumain qu'en droit français, l'individualisation de la sanction appropriée à la faute disciplinaire représente « un choix cornélien » [2], qu'il faudrait peut-être nuancer.

À la lumière de ces considérations, il s'avère important que le législateur procède à une meilleure démarcation des règles juridiques relatives à l'évaluation des fautes et des sanctions disciplinaires. De ce fait, l'action du législateur statutaire des années 1940 d'individualiser pour chaque catégorie de sanctions les fautes disciplinaires correspondantes est intéressante au moins sous deux aspects. D'abord sous l'aspect de l'accompagnement des commissions disciplinaires en matière d'évaluation des fautes disciplinaires et des sanctions correspondantes. Ensuite, par la minimisation de toute source d'arbitraire politique et hiérarchique dans l'application des procédures et des sanctions disciplinaires. La jurisprudence française [3] a d'ailleurs institué le principe, en vertu duquel « l'autorité disciplinaire ne doit pas entacher le choix de la sanction d'erreur manifeste d'appréciation (« contrôle restreint ») » [4]. Par suite, l'exercice de l'action disciplinaire est soumis à un délai de prescription qui n'est pas dépourvu de certaines critiques.

2. Les limites de la prescription disciplinaire

283. L'utilité de la prescription en droit disciplinaire. Contrairement au système roumain, où les dispositions de l'article 490 du Code administratif instituent le principe en vertu duquel toute violation intentionnée des obligations et devoirs de fonction engage la responsabilité du fonctionnaire, en droit français, l'administration est libre d'engager ou

---

[1] CAA Bordeaux 6 juin 2005, *Maison de retraite de Chalus*, req. n°01BX02813, *AJDA* 2005, n°31, p. 1750.

[2] Aubin (E.), *op. cit.*, 2015, p. 566.

[3] CE 26 juillet 1978, *Vinolay*, Lebon p. 315 ; CE 1er décembre 1978, *Dme Cachelièvre*, Lebon p. 483 ; CE 25 mai 1990, *Kiener*, Lebon p. 846 ; CE 15 mars 1999, *Mme Devic*, Lebon p. 65 (décisions d'annulation de sanctions manifestement disproportionnées).

[4] Voir pour plus de développements entre autres Chapus (R.), *Droit administratif général*, Montchrestien, 15e éd., tome 2, 2001, p. 340.

non des poursuites disciplinaires à l'encontre de ses agents [1]. Cette liberté reste de rigueur, même lorsque l'administration est certaine qu'un fait susceptible de poursuites disciplinaires a été commis par le fonctionnaire, et ce, en considérant, par exemple, « les bons antécédents de l'agent, sa situation de famille, son état de santé, la proximité de son admission à la retraite ou aussi par préoccupation de ne pas activer certaines tensions et d'apaiser les esprits » [2].

L'adoption de la loi relative à la déontologie et aux droits et obligations des fonctionnaires a créé une institution majeure, en droit disciplinaire de la Fonction publique française, qui est la prescription. En effet, si le législateur roumain a réglementé un délai de prescription dès l'adoption de la première version de la loi portant Statut des fonctionnaires publics, ce qui caractérisait le droit français était précisément le caractère imprescriptible des poursuites disciplinaires [3]. Le principe d'imprescriptibilité remonte à une décision de 1955 via laquelle les juges du Conseil d'État précisaient « qu'aucun texte n'enferme dans un délai déterminé l'exercice de l'action disciplinaire » [4]. Dorénavant, en vertu des dispositions de l'alinéa 1 de l'article 19 de la loi du 20 avril 2016, « aucune procédure disciplinaire ne peut être engagée au-delà d'un délai de trois ans à compter du jour où l'administration a eu connaissance effective de la réalité, de la nature et de l'ampleur des faits passibles de sanction ». Il en ressort qu'à l'intérieur du délai de trois ans, l'Administration est libre d'engager les poursuites disciplinaires dès la prise de connaissance de la faute, ou au contraire de décider d'engager de telles poursuites des mois voire des années plus tard (mais à l'intérieur des trois ans).

En droit roumain, en revanche, les sanctions doivent être appliquées dans un délai de six mois à compter du jour où la commission de discipline en a été saisie, mais pas au-delà de deux ans à compter du jour où le fait disciplinaire a été commis [5]. Contrairement au droit français, le législateur statutaire roumain a, indirectement, institué deux délais de prescription : l'un à l'égard de l'Administration qui est tenue de se prononcer dans tout au plus un an à compter de sa saisine et l'autre eu égard au moment où le fait a été commis, à savoir deux ans.

---

[1] CE 10 juillet 1995, *Mme Laplace*, req. n°141.654 *AJDA*, 1995, n°11, p. 849 (note F. Manol).

[2] Chapus (R.), *op. cit.*, p. 346.

[3] Aubin (E.), *op. cit.*, pp. 552-553 ; Dord (O.), *Droit de la fonction publique*, PUF, 3e éd., 2017, pp. 301-302 ; Melleray (F.), *Droit de la fonction publique*, Economica, 4e éd., 2017, pp. 429-430.

[4] CE Ass. 27 mai 1955, *Deleuze*, Lebon p. 296 ; CE 18 janvier 1901, *Walsin-Estherazy*, Lebon p. 36.

[5] Trăilescu (A.), *Unele considerații privind cercetarea disciplinară a funcționarilor publici (Certaines considérations relatives à l'enquête disciplinaire des fonctionnaires publics)*, Analele Universității de Vest din Timişoara, seria Drept, 2015, pp. 70-82.

D'après la doctrine publiciste roumaine, pour que la responsabilité disciplinaire atteigne ses triples objectifs de punition, d'éducation et de prévention – les *punit non solum quia peccatur, sed non peccatur* [1] -, il est important d'identifier des moyens pour « éliminer le risque d'un désintéressement de la part de l'institution publique au sujet de la responsabilité disciplinaire de son personnel » [2]. Par ailleurs, la procédure disciplinaire roumaine présente certains points sensibles à relever.

3. Les limites de la procédure disciplinaire

284. Les éléments sensibles de la procédure disciplinaire. Concernant le déroulement procédural du jugement, force est de constater que les deux systèmes de Fonction publique sont astreints à respecter les mêmes étapes, dont la saisine de la commission disciplinaire, l'enquête préalable du fait de la transmission des pièces du dossier au fonctionnaire présumé fautif ainsi que le droit de ce dernier de se faire représenter par un avocat, et finalement d'auditionner le fonctionnaire.

En l'absence de l'enquête préalable, étape obligatoire dans le déroulement de la procédure disciplinaire, ainsi que de l'audience du fonctionnaire présumé fautif, le juge administratif peut annuler la décision prononcée par la commission disciplinaire. Comme cela a été le cas d'un fonctionnaire public de la Direction Générale des Douanes de Roumanie (point de frontière de Băneasa) qui a été destitué de sa fonction sur la base d'un rapport de contrôle rédigé par la Direction Générale des Douanes [3]. À cette occasion, les représentants du corps de contrôle, en consignant que le fonctionnaire en question n'avait pas correctement réalisé ses attributions de « contrôle financier préventif », ont proposé que le fonctionnaire fautif soit sanctionné disciplinairement. À la suite de la proposition de la commission de contrôle de sanctionner disciplinairement ledit fonctionnaire, mais sans indiquer la sanction applicable, le directeur général a directement émis une décision de destitution du fonctionnaire en question. Lors du jugement du recours à l'encontre de la décision de destitution, le juge administratif a précisé que les sanctions disciplinaires ne peuvent être appliquées qu'après l'enquête préalable et l'audience du fonctionnaire public. Étant donné que l'institution en cause ne s'est fondée que sur le rapport de contrôle pour émettre la décision de révocation, le juge de la Haute Autorité de Cassation et de justice a admis le recours du fonctionnaire, en prenant acte de

---

[1] « La loi punit non seulement parce qu'une faute a été commise, mais aussi pour qu'il n'en soit plus commise ».

[2] Vedinaş (V.), *op. cit.*, 2016, p. 217.

[3] HCCJ sect. Contentieux administratif 19 février 2004, *T.C... c/ Direction Générale des Douanes*, n°705.

l'illégalité de la décision de destitution et en décidant la réintégration du fonctionnaire [1].

Du fait du principe du contradictoire [2], auquel le conseil de discipline français est astreint [3], la procédure disciplinaire française est aussi gouvernée par les obligations de communication du dossier, de prise de parole pendant le jugement [4], après avoir assisté aux prises de paroles des éventuels témoins [5], en tant que « garantie fondamentale des droits de la défense » [6]. Reste néanmoins que, contrairement au droit disciplinaire français qui réglemente l'obligation de l'institution publique d'informer le fonctionnaire supposé coupable d'une faute disciplinaire de l'ensemble de ces droits liés à la préparation de sa comparution devant l'autorité disciplinaire, le droit roumain est privé d'une telle réglementation, et ce, au détriment des fonctionnaires roumains.

B. Les limites du rôle réservé aux commissions de discipline

285. La constitution des commissions de disciplines fait l'objet de certaines critiques liées à la qualité et à l'impartialité de ses membres **(1)**, dont l'analyse, eu égard à l'exemple français, permet d'esquisser certaines réponses, voire solutions **(2)**.

1. Les critiques relatives à la composition des commissions disciplinaires

286. La composition des commissions disciplinaires roumaines en question. Les commissions disciplinaires sont, en vertu des dispositions statutaires de l'article 80 et de la loi n°1344 du 31 octobre 2007 relative aux normes d'organisation et de fonctionnement des commissions disciplinaires, constituées distinctement au sein de chaque institution publique. La commission de discipline est composée de trois membres, dont deux désignés parmi les fonctionnaires de l'institution, et un troisième membre en qualité de représentant du syndicat.

En se rapportant à des décisions disciplinaires émises par des commissions, dont la composition, du fait de la nomination de deux des trois membres par la direction de l'institution, force est de constater que,

---

[1] Avec l'octroi rétroactif de ses droits salariaux.
[2] CE 17 octobre 1958, *Boulo*, Lebon p. 488.
[3] CAA Paris 5 juillet 2005, *M...*, req. n°02PA01769 AJDA 2005, n°37, p. 2085.
[4] CAA Paris 28 octobre 2005, *M. B...*, AJDA 2006, n°3, p. 165.
[5] TA Lyon 11 mars 2015, *M. V...*, req. n°120.8267, AJDA 2015, n°26, p. 1602.
[6] Aubin (E.), *op. cit.*, 2015, p. 556.

finalement, le législateur offre très peu de garanties de neutralité. Cela d'autant plus qu'en ce qui concerne les représentants syndicaux, comme il a pu être observé aussi dans le premier titre de la première partie [1], ces derniers ne jouissent pas d'une forte confiance de la part des fonctionnaires. Les représentants syndicaux sont trop souvent considérés en position d'assujettissement politique, du fait, entre autres, d'une réglementation laxiste quant à la responsabilité assumée par le mandat confié par les fonctionnaires affiliés aux organisations syndicales. C'est sur ce point – la responsabilité – que le législateur doit insister à l'occasion de la reconstruction du dispositif de dialogue social dans la fonction publique roumaine.

Il ne s'agit pas seulement d'une question d'élargissement d'attributions en matière de dialogue social, mais surtout d'un renforcement de la représentation syndicale qui doit bénéficier d'un cadre normatif renforcé qui lui permette de se positionner comme un « partenaire égal » dans ses rapports avec la direction de l'institution représentée, et non une position de soumission voire d'obédience spécifique (comme à l'époque communiste). Les mêmes questionnements sont repris également au sujet du rôle et de la place des commissions paritaires au sein des institutions roumaines [2].

Contrairement à la Roumanie, la procédure disciplinaire française se déroule devant les commissions administratives paritaires (CAP), qui siègent en conseil de discipline chaque fois qu'elles sont saisies à cet effet par l'autorité compétente pour appliquer la sanction.

Dans ce sens, une étude, réalisée en 2013 au sujet des commissions de discipline roumaines, relevait plusieurs difficultés, dont le manque d'intérêt à siéger dans une telle commission [3]. Outre l'absence d'une motivation financière, parmi les causes énoncées par ladite étude, se trouvent la réticence devant la responsabilité que cette fonction implique, les pressions extérieures à la commission au regard des décisions à prendre, ou encore, la complexité des aspects techniques et légaux que la commission de discipline est amenée à analyser [4]. L'étude susvisée relevait également une certaine confusion des activités spécifiques à la fonction de conseiller d'éthique avec les activités spécifiques de membre d'une commission de discipline.

---

[1] Voir *supra.*

[2] Voir *infra.*

[3] Guvernul României, *Raport privind dificultățile administrației publice locale in gestionarea proceselor de resurse umane (Rapport relatif aux difficultés de l'administration publique locale dans la gestion des ressources humaines)*, Deloitte, 2013, p. 21

[4] *Ibid.*, p. 21.

2. L'esquisse de solutions possibles

287. Les solutions possibles pour pallier aux insuffisances dues à la composition des commissions de discipline. Compte tenu des considérations susmentionnées, plusieurs interrogations se posent, bien que des réponses se fassent jour.

Premièrement, au sujet de la commission de discipline, la pratique française consistant à conférer aux CAP le rôle d'« instance » disciplinaire peut s'avérer intéressante dans une double perspective. D'abord, dans une perspective financière, l'institution publique n'est plus amenée à financer deux commissions distinctes, composées souvent de membres différents. Cela d'autant plus que, dans le système roumain, l'absence d'une rémunération des attributions assumées par un membre d'une commission de discipline figure parmi les causes évoquées pour le refus d'assumer une telle qualité. Ensuite, dans une perspective de responsabilisation des CAP, en l'occurrence roumaines, ainsi que des commissions de discipline dans la dissémination d'une culture de professionnalisation et de déontologie voire de responsabilisation des fonctionnaires publics, il s'avère important de renforcer leur statut juridique. Et ce, compte tenu de la présence plutôt formelle de ces commissions, administrative paritaires ou disciplinaires, au sein des institutions publiques roumaines.

Concernant la composition des commissions disciplinaires, il y a particulièrement deux hypothèses qui peuvent être évoquées [1]. Une première hypothèse concerne la prise en considération de la possibilité de compléter la composition de la commission de discipline avec un membre extérieur de l'institution concernée. Ce membre pourrait être un représentant de l'ANFP, délégué par cette dernière pour siéger au sein de la commission de discipline de l'institution sollicitant. Reste à savoir s'il faut opter pour une délégation permanente du représentant de l'ANFP auprès d'une institution, voire de plusieurs institutions situées dans un périmètre préétabli ou s'il faut s'approprier un dispositif de délégation au cas par cas (à la suite de la sollicitation d'une institution publique ou d'une autre). Une seconde hypothèse concerne l'élection des membres de la commission sur des critères professionnels par l'ensemble des fonctionnaires œuvrant au sein d'une institution ou autorité publique. L'encadrement d'une telle possibilité conférerait plus de légitimité aux membres de la commission. Il n'en est toutefois pas moins vrai que ces deux dernières hypothèses pourraient être expérimentées concomitamment par le législateur.

Finalement, l'objectif d'une institution ne doit pas se focaliser exclusivement sur le développement des outils qui renforcent l'identification

[1] Ministère de l'Administration et de l'Intérieur, *Studiu privind corupția din administrația publică locală (Étude concernant la corruption dans l'administration publique locale)*, 2012, p. 63 et les ss. ; Guvernul României, *op. cit.*, Deloitte, 2013, p. 9 et les ss.

et la sanction des fautes disciplinaires, mais aussi, et surtout sur la création d'un dispositif de prévention de tels faits. Dès lors, il apparaît opportun de s'intéresser au rôle voire à la responsabilité des dirigeants des institutions ou autorités publiques en général, et des chefs de service en particulier, dans la création d'une culture de responsabilisation parmi les fonctionnaires voire les agents publics.

§ 2. Les enjeux d'une culture de responsabilisation institutionnelle et des fonctionnaires de direction

288. Le bon fonctionnement des services publics est directement conditionné par le sens de responsabilité des fonctionnaires. La promotion de la responsabilisation parmi les fonctionnaires peut être décrite comme « l'existence d'une attitude remplie de sollicitude envers les problèmes des citoyens, l'implication jusqu'à l'abandon de soi dans l'exercice des attributions propres aux fonctions exercées, fonctions comprises comme de vraies missions sociales » [1].

Les causes, liées au manque de respect d'éthique et d'intégrité au sein de l'administration, sont groupées principalement autour de la capacité insuffisante des institutions et des autorités publiques voire des dirigeants de ces dernières et de leurs chefs de service de prévenir les incidents disciplinaires **(A)** ainsi que de l'absence des connaissances, des compétences et d'information parmi les fonctionnaires, voire les citoyens **(B)**.

A. Les enjeux à l'égard des fonctionnaires de direction

289. Les retombées d'une administration fortement politisée **(1)** se ressentent en priorité au niveau des actions des fonctionnaires de direction ; lesquels, dans le contexte d'un manque ou d'un cadre légal laxiste en matière de responsabilisation, agissent souvent de manière discrétionnaire **(2)**.

---

[1] Le fonctionnaire public, muni de « responsabilité sociale » (dans le sens de responsabilité intrinsèque, voire de conscience à l'égard de la société en général), exerce ses attributions correctement et professionnellement, non « pour se faire remarquer par ses supérieurs (« pentru ochii sefului », en roumain) ou pour bénéficier d'avancement avant d'autres collègues bien plus méritants, mais par conviction morale, par conscience professionnelle … ». En d'autres termes, parce que c'est ainsi « qu'il comprend la vie et implicitement sa fonction, autrement il ne peut pas vivre » [Iorgovan (A.) et Gilescu (V.), *Drept administrativ si stiinta administratiei (Droit administratif et la science de l'administration)*, éd. Universistatea din Bucuresti – Facultatea de drept, 1986, p. 295].

1. L'enjeu de la politisation de l'administration

290. Les effets nocifs de la politisation de l'administration. La politisation de l'administration en général, et de la gestion des ressources humaines en particulier, peut fortement influer sur la qualité professionnelle des fonctionnaires, et implicitement sur la qualité du service public et la gestion des deniers publics. La politisation des hautes structures d'une institution publique se reflète, entre autres, par des « nominations de sinécure » [1] d'abord au niveau supérieur de la hiérarchie, ensuite decrescendo à tous les niveaux. Ces nominations de sinécures au sommet des institutions et à la direction de différents services se reflètent ensuite sur la qualité professionnelle des fonctionnaires d'une institution à tous les niveaux de la hiérarchie, et implicitement sur l'image des fonctionnaires au regard des citoyens-usagers.

Conséquence directe de la politisation de l'administration, ces nominations artificielles s'expliquent par la volonté de « quelques-uns de profiter de l'État, en s'offrant des bénéfices totalement disproportionnés » qui, non seulement diminuent « les revenus raisonnables des autres, mais aussi préjudicient l'intérêt général » [2]. Ce qui a conduit le Professeur Negulescu à attirer l'attention, dès le début du XXe siècle, sur l'importance que la direction d'une institution ou autorité publique revêt pour motiver professionnellement les fonctionnaires. D'après lui, le travail doit « être coordonné de façon que toutes les activités puissent converger vers un seul but par l'individualisation des responsabilités de chacun » [3]. Raison de plus pour que les dirigeants des institutions publiques, voire les chefs des services publics, soient munis, d'après le Professeur Negulescu de plusieurs qualités dont « une connaissance approfondie tant de leur service que de [«leurs » fonctionnaires], être un homme de culture, en concordance avec le mouvement des idées, et pas un homme routinier, lequel refuse toute idée du progrès, avoir un esprit d'initiative et posséder une maîtrise de soi, être doté du sentiment de la justice ... » [4].

Les propos du Professeur Negulescu sont encore imprégnés d'actualité. En effet, seul le dirigeant d'une institution et son équipe peuvent se trouver à l'origine de la propagation d'une culture de responsabilisation et de filtrage professionnel de leurs subordonnés, fonctionnaires publics.

---

[1] Voir *supra*.
[2] Negulescu (P.), *op. cit.*, 1930, p. 29.
[3] *Ibid.*, p. 79.
[4] Negulescu (P.), *op. cit.*, p. 80.

2. L'enjeu du renforcement de la responsabilité des encadrants

291. Le besoin d'un cadre normatif renforcé eu égard à la responsabilité des fonctionnaires de direction. L'absence d'un cadre normatif renforcé en matière de responsabilité des fonctionnaires de direction (ainsi que des élus) par rapport aux différentes attributions qu'ils sont obligés d'assumer en vertu de la fonction de direction exercée se reflète entre autres sur la lenteur avec laquelle les services publics roumains se modernisent [1]. À cet effet, la responsabilité d'un fonctionnaire de direction ne doit pas être comprise strictement par rapport à ses obligations professionnelles, mais aussi par rapport à ses fonctions. Cela d'autant plus que, dans l'exercice de leurs fonctions de chef de service, dirigeant d'une institution ou manager public [2], les fonctionnaires publics sont amenés à influer, positivement ou négativement, la qualité professionnelle de l'ensemble de leurs collaborateurs.

Le fonctionnaire, situé dans l'une des situations hiérarchiques énoncées ci-dessus, doit, d'abord, assumer la responsabilité de la sincérité des évaluations professionnelles de ses collaborateurs [3]. Une réglementation non contraignante à cet égard favorise les évaluations de complaisance où tous les fonctionnaires d'un service se voient attribués les mêmes qualificatifs voire appréciations. Il en ressort deux types de conséquences. L'une concerne la démotivation des fonctionnaires engagés dans l'exercice de leurs fonctions qui voient le volume de leur travail doubler, voire tripler, à la suite du maintien ou du recrutement des fonctionnaires sur d'autres critères que celui de leurs compétences. L'autre concerne la qualité du service public qui, dans une telle hypothèse, décline progressivement à la suite de l'incompétence des fonctionnaires recrutés sur la base d'un favoritisme, intentionnel ou bienveillant, d'une évaluation professionnelle fondée sur les mêmes critères, ou encore d'une démotivation des fonctionnaires compétents en réponse à une surcharge d'attributions.

La responsabilité des fonctionnaires, amenés en vertu de leurs fonctions à gérer un service ou une institution ou autorité publique, doit concerner également la professionnalisation continue de ses collaborateurs par des programmes de formation bien précis. En effet, les dirigeants des services publics, voire des institutions publiques, sont les mieux placés pour évaluer les compétences, qui doivent être renforcées dans leur service et imposer aux fonctionnaires concernés de suivre des formations de perfectionnement. La

---

[1] À titre d'exemple l'organisation et le fonctionnement des services de passeports ou d'état civil où les usagers sont régulièrement amenés.

[2] OUG n°92 du 24 juin 2008 concernant le statut du fonctionnaire public dénommé manager public.

[3] Voir *infra*.

légitimité du supérieur hiérarchique pour une telle imposition réside précisément dans l'obligation statutaire des fonctionnaires de mettre régulièrement à niveau leurs compétences [1]. Un refus obtus de leur part doit alors se constituer en faute disciplinaire, à la suite du manquement à l'obligation statutaire de perfectionnement continu des compétences professionnelles nécessaires à l'exercice de la fonction exercée [2].

Dans le même sens, encadrer la responsabilité du dirigeant d'un service ou d'une institution publique par rapport à son manque de prise de position face au non-investissement, intentionnel ou non (lorsqu'il est dû à l'incapacité professionnelle), de ses subalternes, au détriment d'abord de la qualité du service, de l'image de l'institution publique voire des autres fonctionnaires investis et compétents apparaît également pertinent.

Les trois sources de responsabilité, analysées ci-dessus, à l'égard des fonctionnaires de direction, conduisent à l'interrogation suivante : est-ce que les normes de responsabilité des fonctionnaires de direction sont suffisamment précises pour contribuer à la mise en place d'une culture de responsabilisation ? Est-ce que l'intervention du législateur statutaire dans le sens d'un renforcement des règles contraignantes en faveur d'une professionnalisation du rôle et de la place d'un fonctionnaire de direction est-elle nécessaire ?

Dans un contexte où le régime statutaire est régulièrement mis en question, ces réflexions servent aussi à s'interroger sur le fait de savoir si la dépréciation de l'image des services publics et des fonctionnaires est due à la rigidité des normes statutaires ou à leur insuffisante application ? De fait, l'instauration progressive d'une culture de haute responsabilisation, et non seulement de responsabilité, des fonctionnaires publics est avant tout conditionnée par l'éthique professionnelle, d'abord des dirigeants des institutions publiques, et ensuite des chefs de service [3].

Reste toutefois à déplorer l'apparente impuissance du législateur voire du juge administratif face à « la politisation et aux nominations partisanes pour les emplois dits supérieurs » [4]. Raison de plus pour renforcer aussi, parallèlement au régime juridique de la responsabilité, les règles de responsabilisation. À cet effet, le législateur français a procédé, entre autres, outre au renforcement du cadre normatif relatif au cumul d'emplois, à

---

[1] Article 50 de la loi n°188 du 8 décembre 1999.

[2] Voir *infra*.

[3] Dans le même sens, dans le cadre d'une étude sur le phénomène de la corruption dans l'administration locale, certains fonctionnaires répondant aux questionnaires distribués, ont même proposé l'adoption d'une loi spéciale qui définisse la sanction de « mal praxis » dans le management public et/ou dans le secteur administratif [Ministère de l'Administration et de l'Intérieur, *Studiu privind corupţia din administraţia publică locală (Étude concernant la corruption dans l'administration publique locale)*, 2012, p. 63].

[4] Jean-Pierre (D.), *L'éthique du fonctionnaire civil. Son contrôle dans les jurisprudences administrative et constitutionnelle française*, LGDJ, 1999, p. 470.

l'encadrement et au contrôle [1] des pratiques de « pantouflage » [2]. En ce qu'il est du système roumain, l'accès à des fonctions publiques de direction ou des hautes fonctions publiques est généralement conditionné par la réussite à un concours, et seulement, exceptionnellement, par des nominations temporaires. Du fait que l'Administration roumaine abuse des nominations temporaires qui dissimulent généralement un soustrait politique, il serait utile de supprimer ces exceptions de la règle du recrutement par concours. Par la même occasion, et seulement pour ces fonctions, il vaudrait mieux encadrer les conditions de démission de telles fonctions, afin d'éviter les situations de postes vacants. Compte tenu du fait « qu'il appartient aux hauts fonctionnaires de savoir limiter les abus », c'est au droit qu'il incombe de « venir épauler une morale professionnelle, à l'heure actuelle, en crise » [3]. Le développement d'une culture de responsabilisation ne présente pas des enjeux seulement à l'égard des agents publics, mais aussi des institutions publiques.

B. Les enjeux à l'égard des institutions

292. Outre les enjeux à l'égard des fonctionnaires de direction, il y a aussi la catégorie des enjeux à l'égard des administrations, dont la responsabilisation déontologique **(1)** et le renforcement de la fonction de déontologue **(2)**.

1. L'enjeu de la responsabilisation déontologique

293. Le renforcement de la responsabilisation déontologique. À l'opposé du passé, la déontologie ne peut plus s'improviser de nos jours, et ce, d'une part, parce que « l'usager est plus exigeant, [et d'autre part, que] les débordements, erreurs et méconnaissances de la déontologie (sont) plus nombreux » [4]. En outre, compte tenu de la rapidité avec laquelle les dérapages déontologiques sont connus, grâce notamment à l'informatique [5], il s'avère d'autant plus important d'élaborer voire de renforcer un courant de responsabilisation par la prévention des fautes disciplinaires auprès des agents. La responsabilisation des agents publics représente un ensemble

---

[1] Dord (O.), « Pantouflage : des règles simplifiées pour un contrôle renforcé », *AJDA*, 2007, n°10, pp. 516-521 ; Montecler (de) (M.-C.), « Mise en œuvre des nouvelles règles pour les cumuls et le pantouflage », *AJDA*, 2017, n°4, p. 197 ; Melleray (F.), « Haro sur le pantouflage ? », *AJFP*, 2018, n°4, pp. 185-190.

[2] Jean-Pierre (D.), *op. cit.*, p. 470.

[3] *Ibid.*, p. 470.

[4] Vigouroux (C.), *Déontologie des fonctions publiques*, Dalloz, 2e éd., 2013-2014, p. 605.

[5] *Ibid.*, p. 605.

d'actions d'information et de prévention, qui contribuent à la prise de conscience, voire à la compréhension des règles et normes à caractère déontologique, dont l'objectif serait de prévenir les risques de mise en cause disciplinaire, pénale et civile ou contraventionnelle [1].

Afin de contribuer à la création d'un environnement de responsabilisation dans la fonction publique, le législateur a réglementé la création de plusieurs institutions censées contribuer à une meilleure information des fonctionnaires au sujet des règles déontologiques et des normes de conduite, qui encadrent l'exercice de leurs fonctions, ainsi que des conséquences encourues. De plus, le législateur a aussi créé la fonction de déontologue, censé assurer un meilleur accompagnement des agents publics en matière des questions déontologiques.

2. L'enjeu du renforcement de la fonction de déontologue

294. L'utilisation insuffisante de la fonction de déontologue. Créée en droit roumain par les dispositions du Code de conduite de 2004, et en droit français par la loi du 20 avril 2016 dont le statut a déjà été analysé [2], la fonction de déontologue doit contribuer à la dissémination des règles déontologiques auprès des fonctionnaires. Pour cela, outre d'accorder des conseils et une assistance sur demande, le législateur pourrait lui reconnaître également des compétences de formation des fonctionnaires publics en matière de déontologie. Validé préalablement par l'ANFP ou l'INA ce type de formation pourrait être encadré dans la catégorie des formations obligatoires pour les fonctionnaires [3]. Toujours, dans le cadre des compétences de formation aux questions déontologiques, le législateur pourrait réglementer aussi la possibilité d'organiser mensuellement, ou tous les trois mois, des réunions d'échange au sujet des questions déontologiques avec la participation de tous les fonctionnaires de l'institution. Ces nouvelles missions pourraient démarrer dans un premier temps par un projet pilote au niveau de plusieurs institutions publiques.

Par ailleurs, les missions en matière de prévention des conflits d'intérêts et d'incompatibilités pourraient aussi être élargies, afin de permettre l'association du déontologue au comité constitué en vue de se prononcer sur les situations présumées, discuter des éléments propres à une situation de conflit d'intérêts ou d'incompatibilité. Par la même occasion, des attributions en matière de vérification et une analyse comparative des déclarations d'intérêts patrimoniaux pourraient lui être confiées, et ce, avant leur

---

[1] Potier (V.) et Péguy (V.), *La déontologie dans la fonction publique territoriale*, éd. Le Moniteur, 2002, p. 12.

[2] Voir *supra*.

[3] Voir *infra*.

publication sur le site de l'institution et leur transmission éventuelle à l'Agence Nationale d'Intégrité. Le déontologue pourrait aussi être la personne qui, sous le sceau de la confidentialité absolue et du secret professionnel, soit contactée en premier par les « lanceurs d'alerte », ayant connaissance de l'existence de situations des conflits d'intérêts ou d'incompatibilités.

Renforcer le rôle et la place des organes consultatifs, telles que les CAP roumaines, de manière qu'elles deviennent un support réel pour l'administration et les fonctionnaires en général, et pour l'aboutissement des actions du conseiller déontologue en particulier.

Conclusion de la première partie

295. Le régime statutaire de Fonction publique n'est pas désuet, au contraire, il doit être défendu afin d'éviter un retour au « fonctionnaire contractuel d'avant les statuts de fonction publique » [1], à savoir un fonctionnaire tourné plutôt « vers l'intérêt du chef » que « vers celui continu du service public » [2]. L'immutabilité du régime juridique statutaire de la fonction publique est aussi certifiée par le sens même des dernières réformes françaises qui, en rapprochant progressivement le régime juridique des agents contractuels de celui statutaire, par la création d'un Statut « *bis* » [3], risquent de faire du contractuel un « fonctionnaire en puissance » [4]. Le paradoxe de la contractualisation tient, par ailleurs, « au fait que le législateur s'efforce de consolider (...) les droits des « berkaniens » tout en mettant en place des dispositions visant à les transformer en fonctionnaires, c'est-à-dire à faire disparaître le caractère contractuel de la relation d'emploi » [5].

Est donc intéressant l'exemple espagnol où, comme dans la fonction publique européenne, le législateur a opté pour la réunification des dispositions réglementant le régime juridique de toutes les catégories socioprofessionnelles du secteur public sous l'égide d'un statut de l'emploi. A cet égard, de même que le législateur roumain a opté en 2019 pour le regroupement des actes normatifs qui règlementent la situation juridique de

---

[1] Touzeil-Divina (M.), « Evolution dramatique &révolution mathématique » la négation du service public et le retour au « fonctionnaire contractuel », intervention dans le cycle de conférences organisé par le Centre de droit des affaires et l'Institut Haouriou de l'Université Toulouse 1 Capitole et portant sur *Les transformations de la Fonction publique : tous travailleurs ? Regards croisés droit du travail, droit de la fonction publique*, le 24 septembre 2019, http://unitedudroit.org/FP/TFP1-MTD.pdf, consulté le 25 novembre 2019.

[2] Mény (Y.), « La République des fiefs », *Pouvoirs*, 1992, n°60, pp. 17-24.

[3] Aubin (E.), « La contractualisation et l'agent public », *RFDA*, 2018, p. 249.

[4] Ruzié (D.), *Les agents des personnes publiques et les salariés en droit français. Etude comparative de leur situation juridique*, LGDJ, 1960, p. 45.

[5] Aubin (E.), « La contractualisation et l'agent public », *op. cit*, p. 257.

différentes catégories d'agents du secteur public roumain dans le Code administratif [1], le législateur français a finalement aussi réussi à concrétiser le projet d'adopter un Code de la fonction publique. Sur ce point, il est à noter que la proposition formulée dans la version initiale de cet ouvrage, à savoir la thèse de doctorat défendue en février 2018, allait plutôt vers l'adoption d'un Code de l'emploi public. Un Code structuré en deux parties dont l'une consacrée aux fonctionnaires au service de la puissance publique et l'autre aux agents contractuels. Structure qui nous paraît plus appropriée pour la mise en valeur de la frontière qui sépare le régime statutaire de celui contractuel dans la Fonction Publique.

Par suite, si le concours représente, historiquement, « la technique la plus propre à assurer dans l'égalité la sélection des meilleurs » [2], il n'en reste pas moins que nombre de ses procédures doivent et peuvent évoluer dans le respect des dispositions statutaires. La dématérialisation du dossier de recrutement par la création d'un portail unique de recrutement, comme la refonte des épreuves par des approches pratiques - où l'expérience des fonctionnaires serait davantage valorisée dans la rédaction des sujets - peuvent être réalisées sans que les fondements statutaires soient touchés. Sans oublier la refonte des règles de fonctionnement des jurys de concours dans une logique de transparence des évaluations effectuées lors des échanges avec les candidats.

Enfin, il s'avère que la réhabilitation déontologique dans la Fonction publique est directement liée aux principes fondamentaux statutaires. Toujours est-il que les règles déontologiques sacralisées par les dispositions statutaires, dont le secret professionnel, l'obéissance hiérarchique, l'obligation de moralité, ainsi que les déclarations d'intérêt et patrimoniale, l'interdiction du cumul ou le pantouflage, impliquent d'abord la transparence de l'Administration publique. A cet égard, comme le Professeur Kerléo le rappelle, traiter de la transparence c'est « s'attaquer à ses obstacles qui sont d'ailleurs plus nombreux que le seul secret puisque s'y opposent également l'inintelligibilité, la complexité, la confidentialité, l'interdiction de réutilisation des données, le conflit d'intérêts [ou encore], le favoritisme ». En d'autres termes, il faut abandonner l'opacité qui entoure de manière générale l'activité des agents publics pour embrasser une approche ouverte, et ce, dans les limites de l'intérêt général du service public et de la sécurité de l'Etat. Ensuite, la réhabilitation déontologique impose une évolution de la responsabilité endossée par les institutions et par les fonctionnaires de direction en particulier, vers une culture de responsabilisation de ces

[1] Un Code de l'emploi public, dont une partie consacrée aux fonctionnaires (publics) au service de la puissance publique et dont l'autre l'est aux différentes catégories socioprofessionnelles du secteur public paraît plus opportun pour l'uniformisation de la législation en la matière.

[2] Chapus (R.), *Droit administratif général*, Montchrestien, 15e éd., 2001, p. 153-155.

derniers. Les devoirs et les obligations statutaires, ainsi que les droits, dont les fonctionnaires (publics) jouissent rappellent sans équivoque la vocation des fonctionnaires, qui est celle de l'intérêt général et de la continuité du service public.

296. Il ressort de cela que, loin d'être obsolètes, les dispositions statutaires continuent à défendre les principes qui constituent l'essence même de la Fonction publique, comme la stabilité, la continuité et l'égalité de traitement. La preuve réside dans le maintien du régime statutaire pour certaines catégories socioprofessionnelles, même dans les systèmes récemment *travaillisés* ou *contractualisés*, comme celui italien, portugais et suédois, ou encore, dans la préservation du recrutement par concours pour certaines catégories socioprofessionnelles du secteur public, même dans les systèmes d'emploi.

De manière significative, les vifs débats du milieu publiciste français au sujet de la *travaillisation* sont dus particulièrement au régime juridique *lato sensu* de la Fonction publique française. Dès lors, si les principes statutaires représentent un socle incontournable pour la préservation du concours en tant que garant du respect des principes d'égalité, d'impartialité et de transparence des recrutements dans la Fonction publique d'une part, et pour la réhabilitation de la déontologie dans la vie publique d'autre part, il reste à savoir si, en matière de rémunération, de formation, ou encore, de carrière, ce ne sont pas précisément les traditions statutaires qui doivent évoluer en s'inspirant, non sans une préalable adaptation aux spécificités du service public, des dispositifs de professionnalisation mis en place dans le secteur privé. Et ce, sans pour autant porter atteinte à l'échafaudage statutaire.

Partie 2. La modernisation entravée par la tradition : la partie évolutive du Statut

297. Dans le contexte d'un libéralisme idéologique dominé encore par les effets de la crise socio-économique débutée vers la fin des années 2000, les personnels de la Fonction publique ont été touchés par des « blocages de rémunérations [voire diminutions dans la Fonction publique roumaine], compression des effectifs, réduction de la dépense publique, affaiblissement de la motivation, atonie des syndicats » [1]. Le législateur s'est ainsi vu obligé de repenser certaines des règles de droit liées à la position juridique des fonctionnaires notamment en ce qu'il est de leur rémunération, de leur formation, ou encore, de leur carrière. Et ce, à l'aune des critiques de plus en plus régulières à l'égard de l'utilité voir de la rigidité des dispositions statutaires. A cet égard, certains États, comme l'Italie, le Portugal, la Suède ou la Suisse ont procédé à des réformes radicales de travaillisation ou de contractualisation, de droit public ou privé, de leur système de fonction publique. D'autres États, comme la France, malgré le nombre important des réformes, inspirées du droit du travail, ont toutefois conservé les principes fondamentaux sur lesquels le droit de la Fonction publique a été bâti pendant le XXe siècle.

298. À la lumière de l'héritage assez complexe et surtout égalitariste des règles relatives à la carrière et à la rémunération des agents publics, la notion de performance peine à trouver sa place dans le paysage statutaire en vigueur. En effet, l'évolution, en matière de rémunération, d'un régime juridique de « pension alimentaire » - qui était assurée par le législateur en guise de gratitude pour la quarantaine d'années consacrée par le fonctionnaire à la Fonction publique, à un régime de « récompense » qui favorise une logique de résultat, rend compréhensible la difficulté évoquée ci-dessus. De plus, l'appropriation statutaire de la notion de performance engage d'autres défis comme celui de renoncer aux procédées arithmétisés d'évaluation, au profit d'une évaluation professionnalisée voire humanisée des résultats professionnels, présents et d'avenir, des fonctionnaires. Ces réformes seraient toutefois vouées à l'échec en l'absence d'un dispositif de formation professionnel qui contribue à l'instruction des fonctionnaires de direction et des départements de gestion des ressources humaines en la matière. Le tout sur un fond de déconcentration de l'acte de gestion, besoin qui redonne une actualité aux propos du professeur Negulescu, qui, dans les années 1920, défendait l'idée de « décongestionner l'administration centrale,

---

[1] Le Pors (A.), « Quel avenir pour le statut ? », *Les Cahiers de la Fonction publique*, 2013, n°329, p. 37.

par l'octroi aux chefs de service externes du droit de statuer sur les affaires courantes, réservant à l'administration centrale seulement les affaires de grande importance » [1]. Par ailleurs, il est important de chercher à savoir si les préoccupations de la doctrine publiciste du début du XXe siècle, voire de la jurisprudence de cette époque, différaient considérablement de l'orientation donnée aux réformes actuelles de modernisation. La démarche s'avère d'autant plus importante à l'heure où le Statut est pointé comme l'entrave à la modernisation de la Fonction publique.

La modernisation de la Rémunération apparaît ainsi entravée par les traditionnels principes d'égalité et d'unilatéralité **(titre I)** alors que le manque d'une culture de responsabilisation auprès des acteurs, prestataires et bénéficiaires, de la Formation rend difficile l'effectivité de sa modernisation **(titre 2)**. Enfin, la modernisation du régime de Carrière est ralentie par la traditionnelle gestion administrative, au détriment d'une gestion prévisionnelle des ressources humaines **(titre 3)**.

---

[1] Negulescu (P.), *Tratat de drept administrativ (Traité de droit administratif)*, éd. Atelierele Grafice ale fundatiei culturale « Voievodul Mihai », 1925, p. 530.

Titre I. La modernisation de la Rémunération entravée par les traditionnels principes d'égalité et d'unilatéralité

> « Pour être valable, un système de rémunération doit être complet, simple et ordonné » [1].

299. Tout système de rémunération, indépendamment de ses fondements, doit permettre à l'État de recruter et de conserver un personnel compétent, et ce, dans les limites des ressources budgétaires dont il dispose [2]. De ce fait, la rémunération prend régulièrement la forme d'un compromis constant entre le souhait des administrations d'offrir des salaires élevés et les « possibilités des budgets surchargés » [3].

Il y a au moins deux aspects essentiels à prendre en considération lorsque la question de la rémunération est étudiée. D'une part, il est important que les niveaux de rémunérations pratiqués dans les secteurs public et privé soient comparables, afin que l'administration puisse conserver un attrait sur les jeunes compétents qui intègrent le marché du travail, ainsi que prévenir l'émigration des fonctionnaires vers le secteur privé [4]. D'autre part, il s'avère important, comme le précisait le professeur René Chapus que « l'écart entre les traitements les plus bas et les traitements les plus élevés ne soit ni trop ni assez élevé » [5]. Cela parce qu'un écart trop important serait de nature à favoriser un sentiment d'inégalité excessive parmi les fonctionnaires, alors qu'un écart trop faible favoriserait un sentiment d'iniquité par rapport à la nature des attributions voire au rang du fonctionnaire [6].

La rémunération des fonctionnaires ainsi que son régime juridique préoccupent le législateur et le milieu doctrinal, depuis l'origine de l'institutionnalisation de la fonction publique. La recherche des formules les plus appropriées relatives à la mise en place d'un système compétitif de rémunération a abouti à la mise en œuvre de différents mécanismes pro ou prou complexes, dont l'ossature statutaire a finalement perduré dans le temps.

Les années 1980 ont été marquées par les principes de *New Public Management* voire d'une nouvelle philosophie de gestion qui s'imposait aux administrations, fonctions publiques comprises, notamment des États européens. Certains États, comme la France et l'Espagne, ont ainsi opté pour

---

[1] Grégoire (R.), *La fonction publique*, Librairie Armand Colin, 1954, p. 247.
[2] *Ibid.*, pp. 251-252.
[3] *Ibid.*, pp. 251-252.
[4] Chapus (R.), *Droit administratif général*, Montchrestien, 15e éd., tome 2, 2001, p. 313.
[5] *Idem.*
[6] *Idem.*

un système dual de cohabitation des régimes statutaire et contractuel, dont les fondements juridiques diffèrent sensiblement. D'autres États, comme l'Italie et la Suisse, ont opté pour l'abrogation des dispositions statutaires et leur remplacement par des régimes de droit privé ou public. La Suède présente un intérêt particulier dû, d'une part, à son organisation en Agences exécutives autonomes, et d'autre, part, à l'aménagement d'un dispositif de négociation collective et individuelle de la rémunération qui se rapproche, le plus, des pratiques existantes dans le secteur privé.

Le système roumain, après les expériences voire les transformations subies pendant les deux régimes politiques connus dans son histoire, peine à mettre en place un système compétitif de Fonction publique, voire un système de rémunération incitatif à l'égard de ses fonctionnaires. De fait, alors que des États, comme la France, ont procédé depuis les années 2000 à l'aménagement expérimental et progressif de différents dispositifs qui remodèle les fondements de la rémunération des fonctionnaires, la Roumanie se confronte encore, 30 ans après la chute du régime socialo-communiste, à l'instabilité et à l'inapplication partielle des dispositions en vigueur en matière de rémunération. En effet, l'adoption, à l'occasion de chaque changement gouvernemental, de nouvelles dispositions (d'habitude par OUG) relatives à la mise en place d'un système unitaire de rémunération, soit à l'égard des seuls fonctionnaires publics, soit à l'égard de tous les personnels du secteur public, permet de dégager plusieurs interrogations au sujet de l'avenir du dispositif statutaire de rémunération.

Considérant l'absence d'harmonisation entre les fonctions des différents domaines professionnels du secteur public, la question qui se pose est de savoir si, par un souci de cohérence juridique et de gestion, une réglementation unitaire en la matière [1] ne contribuerait pas à la mise en place d'un système équitable de rémunération. Cette interrogation se justifie par la nécessité d'écarter les situations où, pour des postes à attributions identiques, mais rattachés à des administrations différentes, les montants de la rémunération diffèrent sensiblement. Par suite, à l'aune de son statut originel voire de son régime juridique actuel, il s'avère pertinent de s'interroger sur la capacité des règles statutaires d'être adaptées aux exigences de performance recherchées par les États dans le contexte socio-économique et politique délicat des dernières années.

Le système français témoigne de certaines difficultés en ce qui concerne la mise en place d'un dispositif compétitif de rémunération à la performance, des difficultés dues surtout à l'aménagement en amont d'un système professionnel d'évaluation de la performance, et ensuite, de l'établissement

[1] Sous forme de référentiel de fonctions, similaire au secteur public français où chaque fonction publique est dotée d'un référentiel des métiers, regroupant les différentes fonctions par famille professionnelle (voir *infra*).

des indicateurs et objectifs précis, qui permet de mesurer et de récompenser correctement le niveau de performance atteint.

L'évolution historique de la rémunération dans les deux États et son état actuel permet d'observer la managérialisation progressive **(chapitre 2)** du modèle socio-égalitariste de Rémunération mis en place au XXe siècle **(chapitre 1)**.

Chapitre 1. Le régime juridique originel : un modèle socio-égalitariste

300. L'histoire de la Rémunération dans les deux systèmes de droit, roumain et français, présente des évolutions communes tant au niveau légal que doctrinal et jurisprudentiel. D'autres évolutions sont perceptibles aussi à l'égard de la terminologie voire de l'idéologie propres à la rémunération. Si pendant les régimes, monarchique et démocratique, la rémunération des fonctionnaires roumains était/est désignée par le terme « salaire », pendant le régime communiste, du fait de la philosophie de l'époque, qui était celle d'un « partage des biens communs », c'est le terme « rétribution » qui a été préféré. À l'opposé, en droit français il faut distinguer entre le salaire privé, qui « s'inscrit dans une relation contractuelle » et le traitement qui « procède de la situation statutaire et réglementaire » du fonctionnaire [1].

L'évolution historique du système de rémunération permet de dégager au moins deux valeurs juridiquement distinctes associées à la rémunération : d'une part, une valeur de « pension alimentaire » pendant la première moitié du XXe siècle, commune aux deux systèmes de droit, roumain et français, et d'autre part une valeur de « récompense » pendant le communisme roumain.

L'évolution actuelle du système de rémunération doit être considérée différemment, selon qu'il est fait référence au système français ou roumain de fonction publique. Si le système français se trouve dans une étape de modernisation avancée voire de peaufinage des différents dispositifs de rémunération à la performance expérimentés ces deux dernières décennies, le système roumain, en revanche, est caractérisé par une instabilité législative accrue.

Le rappel historique permet d'engager une analyse objective de la place actuelle des principes traditionnels propres à la rémunération à l'aune de leur modernisation **(section 1)**, dont l'objectif est de dégager, par la suite, les défauts du système de rémunération en vigueur **(section 2)**.

Section 1. Les principes traditionnels à l'aune de leur modernisation

301. La modernisation des principes traditionnels spécifiques au système de rémunération dans la Fonction publique est, certes, représentée par la valorisation de la performance en tant qu'élément déterminant de la carrière et de la rémunération des agents publics. Néanmoins, l'instabilité législative qui caractérise le droit roumain de la fonction publique en général, et les normes relatives à la rémunération en particulier, a considérablement ralenti

[1] Dord (O.), *Droit de la fonction publique*, PUF, 3e éd., 2017, p. 260.

la mise en œuvre d'un dispositif moderne de rémunération dans la Fonction publique. À cet effet, l'objectif poursuivi, par les différents dispositifs de rémunération mis en place au fil de l'histoire dans les deux systèmes de droit, était de conférer, d'une part, une protection sociale, et, d'autre part, une incitation à un meilleur investissement dans l'exercice des attributions imparties.

L'analyse comparée de l'évolution historique des systèmes de rémunération et celle applicable de nos jours permet d'appréhender la complexité évolutive des systèmes originels de rémunération **(§ 1)**, et d'individualiser, dans la logique du passé, les défaillances du système actuel de rémunération **(§ 2)**.

§ 1. La complexité évolutive des systèmes originels de rémunération

302. L'évolution des systèmes originels de rémunération est influencée par le régime juridique de la rémunération situé en droit roumain entre le « nouveau » et le « renouveau » apposés par deux régimes politiques différents **(A)**, et en droit français, par un nombre important de réformes appliquées dans une logique de continuité **(B)**.

A. La rémunération roumaine entre le nouveau et le renouveau historique

303. À l'opposé de la période monarchique de l'État roumain, où la rémunération était considérée plutôt comme une forme de « protection sociale » à l'égard des fonctionnaires, que de récompense des résultats professionnels **(1)**, se trouve la période communiste où la rémunération revêtait une valeur de « récompense » voire de partage d'un patrimoine commun **(2)**.

1. La valeur d'une « pension alimentaire » pendant la monarchie

304. Les principes fondamentaux de la rémunération. La stabilité du fonctionnaire public représentait une garantie fondamentale qui conférait à ce dernier la certitude que tant qu'il exerçait en toute probité ses attributions, personne ne pouvait l'écarter de sa fonction. De ce fait, la rémunération des fonctionnaires était perçue comme une garantie contre les « tentations » extérieures à la fonction. Dans cette logique, le professeur Rarincescu s'interrogeait, dans les années 1930, sur le fait de savoir si c'était encore légitime de demander aux fonctionnaires « de travailler efficacement et honnêtement », compte tenu du fait que le traitement (salaire) qui leur était attribué était loin d'assurer le minimum requis pour une existence décente [1]. D'autant que le législateur leur transférait sans cesse de nouvelles responsabilités, sans se demander « de quoi ces derniers vivaient » [2]. En effet, au début du XXe siècle, le traitement était fixé par la loi « non dans l'intérêt du fonctionnaire, mais surtout de l'administration (...) et ce, parce que c'[était] l'administration qui [avait] besoin d'un appareil (personnels) qui soit à l'abri des soucis financiers » [3]. Par conséquent, le traitement était considéré comme s'intéressant plus à la fonction qu'à la situation du fonctionnaire.

305. Les principes de l'invariabilité, de la justesse et de l'égalité. Afin d'éviter des dissensions entre les différentes catégories de salariés, la rémunération des fonctionnaires publics devait être fixe, juste et égale [4]. Fixe dans le sens qu'elle soit déterminée, cela afin que le fonctionnaire soit sûr de sa rémunération. Juste, dans le sens qu'elle devait, d'une part, être équivalente aux services effectivement effectués, et d'autre part, qu'elle soit suffisante, de manière que le fonctionnaire ne soit pas obligé de la cumuler avec d'autres revenus. Égale, dans le sens de l'équivalence des rémunérations pour l'exercice de fonctions similaires par les différentes autorités.

306. Les principes de légalité et d'égalité. Consacrant le droit des fonctionnaires à des salaires qui correspondent au grade ou à la fonction exercée, les dispositions de l'article 36 du règlement d'application du statut de 1923 instituaient le principe d'égalité ad personam. En vertu du principe de légalité, les fonctionnaires, ayant les mêmes études, anciennetés et qualifications, devaient percevoir la même rémunération indépendamment du Ministère ou de l'autorité de rattachement. Si ce principe était louable en théorie, en pratique la rémunération restait toujours une source « d'arbitraire et de caprice » du Politique [5]. De ce fait, l'harmonisation des traitements se présentait, à l'époque, comme « l'œuvre de la plus haute importance pour

---

[1] Rarincescu (C.), « Reforma administrativă şi funcţionarii publici (La réforme administrative et les fonctionnaires publics) », *Revue Administraţia Română*, an XV, 1935, n°2, p. 10.

[2] *Ibid.*, p. 10.

[3] Vermeulen (J.), *Teoria funcţiei publice (La théorie de la fonction publique)*, éd. Universitatea Bucuresti, 1939, p. 143.

[4] Dimiu (R.), *Lege pentru statutul funcţionarilor publici (Loi pour le statut des fonctionnaires publics)*, éd. Curierul judiciar, 1927, pp. 48-49.

[5] Alexianu (G.), « Observatii asupra statului (Observations sur l'État) », *Revista de Drept Public*, IIIe année, 1928, p. 131.

l'État » [1]. Une harmonisation qui ne pouvait toutefois pas être réalisée en dehors de l'unification des règles d'organisation de tous les corps de fonctionnaires, de manière que l'équivalence des fonctions publiques soit assurée [2].

Le droit au traitement (salaire) a été consacré par les dispositions de l'article 16 du statut de 1923, d'après lesquelles, « les fonctionnaires [avaient] droit à un salaire qui corresponde au grade ou à la fonction occupé(e) ». De plus, outre le salaire de base, les fonctionnaires avaient aussi droit à des indemnités de logement ou « de coût de vie » [3].

307. Le principe de l'harmonisation des traitements. Les dispositions statutaires et du règlement d'application du statut de 1923 ont été complétées, dans un premier temps, par la loi générale de l'harmonisation des rétributions budgétaires du 1er juin 1927, dont l'application a été très brève. Par le biais dudit acte normatif, le législateur avait essayé de regrouper les droits des fonctionnaires dans deux grandes catégories, dont les droits relatifs aux moyens matériels de subsistance [4] et les droits relatifs au service [5] des fonctionnaires [6]. La loi d'harmonisation des salaires de 1927 a pu ainsi consacrer 37 catégories de rétributions légales [7]. Les fonctionnaires publics ne pouvaient être rétribués d'après d'autres normes ou d'autres types de rémunérations[8]. La loi de 1927 a été suspendue après seulement 5 mois d'application.

Un autre essai important d'uniformisation des salaires des fonctionnaires, bénéficiant du même grade ou exerçant la même fonction, a été effectué par

---

[1] *Ibid.*, p. 131.

[2] L'unification des salaires dans la fonction publique ne pouvait pas être réalisée sans d'abord unifier les normes d'organisation de tous les services publics d'État, du département et de la commune, ensuite sans l'unification des normes qui réglementent l'organisation de tous les corps de fonctionnaires publics, et implicitement, sans l'équivalence de tous les fonctions et grades existants dans les institutions et autorités publiques [Pascu (I.), *Echivalarea functiunilor publice si armonizarea salariilor (L'équivalence des fonctions publiques et l'harmonisation des salaires)*, éd. Viata Romaneasca, 1927, p. 4].

[3] Articles 35-38 et 43-46 du règlement d'application du statut des fonctionnaires publics.

[4] Le droit au salaire et à d'autres indemnisations permanentes, le droit à l'indemnisation de déménagement, le droit à une pension proportionnelle aux années d'ancienneté et au salaire perçu, ou encore, le droit à l'indemnité d'enterrement pour la famille du fonctionnaire décédé.

[5] Le droit à l'exercice de la fonction correspondante au grade détenu, le droit à un mois de congé sur une année de travail.

[6] Onişor (V.), *Tratat de drept administrativ român (Traité de droit administratif roumain)*, Cartea Romaneasca, 2e éd., 1930, pp. 389-390.

[7] Cette loi a inclus l'indemnité relative au « coût de vie » dans le salaire de base. Il est important de préciser que le montant de cette indemnité dépassait souvent la valeur du salaire de base.

[8] Onişor (V.), *op. cit.*, p. 391.

le décret-loi n°3029 du 13 novembre 1934 concernant la hiérarchisation des fonctions publiques.

308. Les dispositifs de rémunération consacrés par les Statuts de 1940 et 1946. Le code de conduite des fonctionnaires publics de 1940 a repris le système de rémunération fondé sur le grade ou la fonction correspondante, auquel s'ajoutait l'indemnité de « coût de la vie », dont le montant était établi annuellement.

Le statut de 1946 a apporté certaines innovations qui ont été accueillies de manière très différente par la doctrine roumaine. Si, pour certains auteurs, les nouvelles règles rémunératoires s'avéraient « suffisamment compliquées pour réussir à s'égarer dans le labyrinthe qu'elles formaient » [1], d'autres les appréciaient comme un « des systèmes de calcul des salaires des fonctionnaires le plus équitable » [2].

D'après les dispositions de l'article 27 du statut des fonctionnaires de 1946, « les fonctionnaires [avaient] droit à un salaire qui corresponde à la classe et à la fonction détenue … ». Aux termes de l'article cité ci-dessus, le salaire représentait le résultat d'une multiplication de plusieurs coefficients dont l'ancienneté, les titres détenus, le niveau hiérarchique de la fonction exercée, ou encore, la technicité de la fonction [3]. Ledit calcul partait d'un salaire de base désigné par la lettre « m » [4] multiplié par un coefficient de fonction indiqué dans une des annexes de la loi statutaire. En fait, les critères pris en considération pour le calcul du salaire de base ne regardaient pas exclusivement la qualité de vie du fonctionnaire, mais aussi, et surtout, le bon déroulement du service. Cela, parce que de manière idéale, la lettre « m » représentait le minimum d'existence nécessaire au fonctionnaire non seulement pour bénéficier d'un niveau de vie décent, mais aussi pour pouvoir se consacrer entièrement à l'exercice des attributions qui lui incombaient par la fonction détenue [5]. De ce fait, la rémunération attribuée au fonctionnaire était juridiquement considérée comme la valeur d'une « pension alimentaire », à laquelle le législateur se devait d'accorder une protection spéciale [6]. De plus, les dispositions de l'article 27 susvisé identifiaient, en fonction de la position géographique de la commune où le

---

[1] Vermeulen (J.), *Curs de drept administrativ. Teoria funcţiei publice (Cours de droit administratif. Théorie de la fonction publique)*, Facultatea de Drept, Bucuresti, 1947, p.118.

[2] Rudescu (C.) et Marchidan (G.), *Statutul funcţionarilor publici şi statutul salariaţilor comunali (Le statut des fonctionnaires publics et le statut des salariés communaux)*, éd. Bucuresti, 1947, p. 14.

[3] Rudescu (C.) et Marchidan (G.), *op. cit.*, p. 79.

[4] Le montant du salaire de base « m » (minimum d'existence) a été fixé par le journal n°1345 du Conseil de ministres et publié dans le Moniteur Officiel n°229 du 3 octobre 1945.

[5] Vermeulen (J.), *op. cit.*, p. 122.

[6] Rudescu (C.) et Marchidan (G.), *op. cit.*, p. 81.

fonctionnaire exerçait sa fonction, trois catégories de rémunération [1]. Les fonctionnaires, exerçant des fonctions dans les institutions et les autorités situées dans les communes, urbaines et rurales, situées dans la première catégorie, étaient rémunérés par 100% du salaire de base « m », alors que les fonctionnaires des communes placées dans les IIe et IIIe catégories touchaient, seulement et respectivement, 90 et 80% du salaire de référence « m ».

Une innovation, qui reflète d'ailleurs l'opinion de l'époque, a été apportée, en vertu de l'alinéa 5 du même article, par la décision de dégrever les traitements de l'impôt sur le revenu. Cette mesure a été considérée comme un avantage important pour les fonctionnaires voire une mesure logique de simplification bureaucratique [2]. De ce fait, la rémunération des fonctionnaires, pendant la première moitié du XXe siècle, était regardée plutôt comme un moyen d'assurer, sinon la subsistance du fonctionnaire et de sa famille, au moins son « bien-être », que comme outil qui stimule voire qui récompense la performance dans la fonction publique. Et ce, tant les déséquilibres et les iniquités rémunératoires étaient importants à l'époque ...

309. Les positionnements jurisprudentiels autour de la valeur de « droit gagné » associée à la rémunération des agents. Devant la question de savoir si le salaire représentait juridiquement un « droit gagné » du fonctionnaire, les juges de la Cour d'appel de Bucarest précisaient, dans une décision de 1936, que le « législateur ordinaire a le droit de réglementer, par des lois ordinaires, les salaires des fonctionnaires, de les augmenter, de les réduire ou de fixer une limite maximale dans certaines situations (...), cela parce que le fonctionnaire ne peut pas se prévaloir d'un droit gagné sur le salaire » [3]. Toutefois, le refus d'une institution publique de verser le traitement légalement dû à un de ses fonctionnaires a été considéré par les juges de la Cour de cassation comme un acte administratif d'autorité qui pouvait être soumis à la censure du juge administratif [4]. Par suite, les juges ont juridiquement qualifié d'acquiescement, l'absence de prise de position du fonctionnaire, qui n'a pas contesté le fait d'avoir reçu un salaire moins rémunératoire que ce que l'administration lui devait [5]. Le traitement ne pouvait pas non plus faire l'objet d'une transaction relative à une

---

[1] Les communes, urbaines et rurales, inclues dans les deux premières catégories ont été désignées par le journal du Conseil des ministres n°1544 publié dans le moniteur officiel n°252 du 30 octobre 1946.

[2] Rudescu (C.) et Marchidan (G.), *op. cit.*, p. 80.

[3] Cour d'appel de Bucarest section III, déc. n°225 du 17 juin 1936, P.S., 1937, p. 137.

[4] Cour de cassation section IV, déc. n°477 du 22 novembre 1940, Bull. de cass., 1940, p. 3198 ; Cour de cassation section III, déc. n°1340 du 27 novembre 1931, P.S., 1932, p. 220 ; Cour de cassation section III, déc. n°1025 du 9 décembre 1927, P.S., 1928, p. 259 ; Cour de cassation section III, déc. n°523 du 16 avril 1929, P.S., 1929, p. 455.

[5] Cour de cassation section III, déc. n°291 du 12 février 1934, R.J.A., 1934, colonne 782 ; Cour de cassation section III, déc. n°847 du 30 avril 1934, R.J.A., 1934, colonne 1676.

augmentation ou à une diminution par rapport à la valeur fixée par le législateur [1].

310. Les composantes de la rémunération. Le montant salarial de base pouvait, en fonction de la situation du fonctionnaire, être complété par différentes indemnisations, dont celle de logement d'enfants, de déplacement, de déménagement, ou encore, des indemnisations pour travail supplémentaire, pour activité technique ou pour droit d'auteur. Des récompenses, des primes de spécialité, des indemnités pour l'activité effectuée en qualité de membre dans les conseils d'administration, ainsi que dans les comités de direction et de commissions, des indemnités d'activité scientifique ou présentant un caractère militaire, ou encore, des indemnités pour des équipements ou de travail dans des conditions anormales pouvaient également s'y ajouter [2].

La place de la part variable de la rémunération des agents publics de l'époque restait tout aussi importante finalement que de nos jours. Tout en les diversifiant et en les enrobant dans l'idéologie de l'époque, le régime juridique réservé à la rémunération pendant le communisme a conservé certains des avantages pécuniaires obtenus par les agents sous la Monarchie.

2. La valeur d'une « récompense » pendant le communisme

311. Le principe de la rétribution selon la quantité, la qualité et l'importance sociale du travail effectué. Dans la République Socialiste de la Roumanie (RSR), le travail était reconnu en tant que « droit et devoir » d'honneur de chaque citoyen, une nécessité pour le progrès de la société, pour la formation, le développement et l'affirmation de la personnalité humaine [3].

Le législateur de l'époque avait consacré le principe en vertu duquel, dans tous les domaines d'activité, chaque « homme » devait être rétribué pour son travail au regard de la quantité, de la qualité et de l'importance sociale du travail effectué, et ce, en conformité avec le principe « travail égal, rétribution égale » [4]. Pendant le communisme, les « travailleurs » de l'administration d'« État » étaient rémunérés distinctement selon qu'il s'agissait de fonctionnaires d'État ou d'ouvriers. En effet, les fonctionnaires d'État étaient rémunérés en vertu d'un tarif fixé par le Conseil des ministres,

---

[1] Cour de cassation section IV, déc. n°539 du 31 mars 1931, Bull. de cass., 1941, p. 1705 ; Cour de cassation section III, déc. n°1963 du 20 novembre 1933, R.J.A., 1934, colonne 984.

[2] Article 3 du statut des fonctionnaires publics de 1946.

[3] Préambule de la loi n°57 du 29 octobre 1974 relative à la rétribution d'après la quantité et la qualité du travail.

[4] *Idem.*

alors que la rémunération des ouvriers était arrêtée par le biais d'accords collectifs de travail.

Le tarif de rémunération des fonctionnaires d'État était réglementé par la décision du Conseil des ministres n°47 du 21 juillet 1949, qui avait divisé les fonctions administratives et celles techniques en 15 catégories de rémunération. Établi mensuellement, le montant des rétributions pouvait être fixe ou variable. En effet, lorsque les conditions de travail, la qualification ou le niveau d'études, ou encore le positionnement géographique de la ville d'appartenance de l'institution au sein de laquelle était exercée la fonction l'exigeaient, le traitement pouvait connaître des variations selon un barème minimal, moyen ou maximal.

312. La création d'un Comité d'État pour les problèmes de travail et de traitements. Afin d'assurer une meilleure coordination des règles relatives à l'organisation du travail et à la rémunération, en 1957, a été créé un Comité d'État pour les problèmes de travail et de salaires. D'après les dispositions des actes normatifs de création et d'organisation [1], les attributions assignées audit comité concernaient l'étude et l'élaboration des projets de mesures et d'organisation de la rémunération [2], l'approbation des réseaux de rétribution, des règlements de primes, des primes au traitement sur la base des plans établis par le Conseil des ministres. D'autres attributions concernaient l'information du Conseil des ministres sur l'état de l'organisation et de l'encadrement normatif de la rémunération, la vérification auprès des organes centraux et des organes qui leur étaient subordonnés, de l'état d'application du système de rémunération et de la législation du travail, ainsi que la coordination méthodologique de l'encadrement du travail et de mise en place du dispositif de rémunération. Le Comité d'État pour les problèmes de travail et de rémunération était dirigé par un président, secondé par deux vice-présidents ; il comportait d'autres membres désignés par décision du Conseil des ministres et un représentant du Conseil central des Syndicats.

Les fondements d'un nouveau système de rétribution, qui était directement rapporté à la quantité, à la qualité et à l'importance sociale du travail effectué, ont trouvé leur expression dans la loi n°57 du 29 octobre 1974 relative à la rétribution selon la quantité et la qualité du travail. À partir de 1977, plusieurs mesures législatives ont été initiées afin de renforcer, du moins en théorie, les « principes de l'éthique et de l'équité socialiste en matière de rétribution ... ». Parmi les actes normatifs adoptés à cette occasion il faut considérer la loi n°1 du 30 juin 1977 relative à l'impôt sur le

---

[1] Institution créée par le décret n°35 du 25 janvier 1957 et la décision du Conseil des ministres n°76/1957 relative à l'organisation et au fonctionnement du Comité d'État pour les problèmes de travail et de salarisation.

[2] Projets qui devaient être transmis au Conseil de ministres.

fond total de rétribution, d'après laquelle « … personne ne [pouvait] obtenir de revenu sans travail ou s'approprier le travail d'autrui » [1]. En 1983, la loi n°2 du 9 juillet 1983 concernant les principes de base relatifs au perfectionnement du système de rétribution du travail et de répartition des revenus des « gens de travail » a été adoptée. Cette répartition devait être globalement et directement conforme au travail effectué par les salariés [2].

313. Définition du système de rétribution au travail. Considérant l'ensemble des dispositions déjà évoquées, le système de rétribution du travail désignait « l'ensemble des méthodes, des formes et des instruments utilisés pour la différentiation des revenus perçus par les « gens du travail » [3] en fonction de la quantité, de la qualité et de l'importance sociale du travail » [4]. En d'autres termes, le système de rétribution désignait « la totalité des catégories de droits pécuniaires dus, dans les conditions précisées par la loi, pour le travail effectué, par les salariés [5] » [6].

Le législateur de l'époque a d'ailleurs opéré une démarcation très intéressante entre les notions de « salaire », spécifique à la période monarchique, et celle de « rétribution », utilisée pendant le communisme. En effet, le législateur « communiste » précisait, dans le préambule de la loi n°57 du 29 octobre 1974 susvisée, qu'à la « différence du « salaire » qui, dans la société capitaliste, représentait le prix de la force de travail, dans la Roumanie socialiste, la « rétribution » due aux « gens du travail » représente cette partie du revenu national destinée à la consommation individuelle et qui doit être répartie entre ceux qui travaillent ». Il en ressort un autre principe fondamental sur lequel la politique de rétribution reposait à l'époque, le principe de « l'équité socialiste ». En vertu de ce principe, la politique de rétribution devait, en fonction de l'état de développement de l'économie, du niveau général de formation professionnelle et de culture des « gens de travail », représenter le reflet d'une proportion parfaite entre les revenus maximaux et minimaux.

---

[1] Firoiu (D.), *Dreptul muncii (Droit du travail)*, éd. Universitatea din Cluj-Napoca – Facultatea de Drept, tome 2, 1988, p. 31.

[2] Le décret-loi n°335 du 1er octobre 1983 portant application de la forme de rétribution des salariés.

[3] « Oamenii muncii », en roumain.

[4] Barbacioru (V.), « Sistemul socialist de retribuire a muncii si principalele directii ale perfectionarii lui in etapa actuala in R.S. Romania (Le système socialiste de rétribution du travail et les principales directions de son perfectionnement dans l'étape actuelle dans la R.S. de la Roumanie) », in *Noul sistem de retribuire a muncii (Le nouveau système de rétribution du travail*), éd. Scrisul romanesc, 1985, p. 34.

[5] Désignés en roumain par une expression propre au langage de l'époque : « Oamenilor incadrati in munca » (« gens encadrés dans le travail »).

[6] Ghimpu (S.), *Dreptul muncii (Droit du travail)*, éd. Didactica si pedagogica, 1985, p. 227.

314. Les composants de la rétribution. D'après l'article 9 de la loi n°57 du 29 octobre 1974, le système de rétribution était composé de plusieurs éléments, dont la rétribution tarifaire qui représentait la part principale de la rétribution totale. Dans les termes de l'acte normatif précité, la rétribution tarifaire représentait la rémunération calculée sur la base de « coefficients tarifaires » ou de « listes de fonctions » pour les ouvriers et le personnel « opératif » (militaires). La rétribution du personnel technique, économique ou d'autre spécialité, ainsi que le personnel administratif d'exécution ou de direction, était fixée sur la base de nomenclatures des fonctions.

D'autres éléments concernaient l'indemnisation de direction ou les indemnisations octroyées pour certaines activités supplémentaires [1], les « prix » [2] annuels accordés sous forme de gratification pour l'ensemble des résultats obtenus dans le travail et les primes accordées pendant l'année. Comme de nos jours, une prime d'ancienneté [3] dans la même institution était également accordée afin de stimuler la stabilité du personnel [4]. D'après l'article 10 de la loi n°57 du 29 octobre 1974, les fonds de rétributions étaient prévus par le Plan national unique de développement économico-social.

La loi n°2 du 9 juillet 1983 relative aux principes fondamentaux de perfectionnement du système de rétribution du travail et de répartition des revenus des « gens du travail » [5] a mieux regroupé les différents éléments du système de rétribution en deux parties : une partie fixe composée par la rétribution tarifaire et éventuellement les indemnisations de direction ou celles accordées pour des activités supplémentaires et la partie variable formée par toutes les autres indemnités précitées [6]. La stimulation et la récompense du travail effectué se situaient par ailleurs régulièrement au cœur des discours voire des actes normatifs à l'époque. D'autant que cette récompense devait correspondre à la quantité et la qualité du travail presté. Outre le salaire, les fonctionnaires d'État étaient donc stimulés, comme les autres catégories socioprofessionnelles, par d'autres moyens réglementés par les dispositions du Code du travail ou d'autres actes normatifs voire règlements d'ordre intérieur.

315. Les récompenses sous forme des « remerciements adressés publiquement ». Un moyen, utilisé pour exprimer une bonne appréciation de l'activité notamment des fonctionnaires, consistait dans l'action du

---

[1] Indemnisation, qui était différemment établie en fonction du domaine d'activité, de la dimension de l'institution ou de l'entreprise, ainsi que de la complexité des attributions.

[2] « Premii » en roumain.

[3] Connue de nos jours sous l'appellation de prime de « fidélité ».

[4] Article 10 du 23 novembre 1972 relative au Code du travail de la République socialiste de la Roumanie.

[5] Publiée dans le Bulletin officiel n°51 du 9 juillet 1983.

[6] Firoiu (D.), *op. cit.*, pp. 32-33.

dirigeant de l'institution ou de l'entreprise d'adresser publiquement des remerciements aux fonctionnaires ayant obtenu les meilleurs résultats dans l'exercice de leurs fonctions. D'autres modalités revêtaient la forme de primes ou de prix financiers [1], ou encore, l'octroi de titres d'honneur, de distinctions, d'insignes ou de diplômes d'honneur. En effet, le décret n°203 du 28 septembre 1950 avait institué le cadre réglementaire nécessaire pour la création et la transmission des titres d'honneur à l'égard des scientifiques, techniciens ou artistes méritants. De même, la décision du Conseil des ministres n°1015 du 9 octobre 1951 avait institué différentes formes de stimulation, à titre individuel ou collectif [2].

En contrepartie du système de récompense, le législateur de l'époque avait aussi prévu, en vertu des articles 84 et 85 du décret n°203 du 28 septembre 1950, des sanctions pour les salariés qui n'obtenaient pas des résultats convenables dans l'exercice de leurs fonctions. Il risquait, en effet, une réduction de salaire ou une rétrogradation en fonction, en cas de faute répétée ; les sanctions pouvaient même engager la cessation du contrat de travail.

A différence du droit roumain, le système français présente la particularité que les dispositifs de rémunération expérimentés au fil du temps s'inscrivent dans une logique d'une plus grande continuité juridique.

B. La rémunération française entre évolution et continuité

316. Les principes fondamentaux, autour desquels le système de rémunération français a été construit en début du XXe siècle dont le caractère plutôt socialo-protectionniste de la première moitié du XXe siècle **(1)**, a progressivement été remplacé par une volonté de récompense de la performance comme les Statuts de 1946 **(2)** et de 1959 **(3)** le témoignent.

1. Le caractère socialo-protectionniste de la rémunération avant le Statut de 1946

317. Les principes de l'harmonisation, de la parité et de la revalorisation. Comme en droit roumain, le système français de rémunération s'est articulé autour de trois principes essentiels, dont

[1] Article 90 de la loi n°10 du 23 novembre 1972.

[2] Les salariés, qui étaient récompensés par de telles distinctions, pouvaient bénéficier également des primes pécuniaires, ainsi que des billets de traitement balnéaire. Ils étaient prioritaires sur les listes de demande de logement ou pouvaient bénéficier d'une réduction des taxes scolaires de leurs enfants, par exemple.

l'harmonisation, la parité et la revalorisation. En effet, depuis le début du XXe siècle, les administrations ont régulièrement manifesté des préoccupations pour la mise en place d'un système rémunératoire comparable en partie au système privé, et ce, afin de « maintenir un recrutement satisfaisant dans la Fonction publique » [1]. Un système où les principes d'égalité, d'équité voire d'uniformité priment pour les fonctionnaires d'un même grade, d'un même échelon voire d'une même fonction, bien que servant dans des administrations différentes. À cet effet, pendant la première moitié du XXe siècle, les différents dispositifs de rémunération cherchaient à assurer la protection sociale de l'agent.

318. La création progressive de différents dispositifs de protection sociale de l'agent avant l'adoption du premier cadre statutaire. La période devançant l'adoption du statut des fonctionnaires publics de 1946 a été d'abord marquée par la création d'une indemnité de résidence, dont le montant était fixé en fonction du positionnement géographique de la commune où la fonction était exercée [2]. Ensuite, la loi du 30 avril 1921 avait prescrit « la révision générale des traitements dans le but de la péréquation et en conformité avec le mouvement général des prix, en tenant compte des charges de famille » [3]. À cet effet, le 14 avril 1926, a été créée la commission Martin à qui le système français doit la mise en place d'un barème comprenant un certain nombre d'échelles de traitement, dont une échelle minimale qui correspondait au salaire de début de carrière et qui était désignée par un chiffre minimal et un autre maximal correspondant à une rémunération de fin de carrière désignée par un chiffre maximal [4].

Comme en droit roumain, la crise économique des années 1930 a conduit le législateur français à instituer une indemnité de cherté de vie à l'égard des catégories de fonctionnaires les plus défavorisées. Par suite, le Gouvernement de Vichy a non seulement remplacé le le dispositif fondé à l'époque sur environ 400 d'échelons [5], mais il a aussi essayé d'améliorer la rémunération des fonctionnaires sous la forme d'indemnités et de suppléments provisoires au traitement, dont le supplément familial [6]. Instauré par la loi du 3 août 1943, par le nouveau dispositif de seulement trente échelons le législateur a aussi prévu, en tant qu'élément d'innovation,

---

[1] Silvera (V.), *La fonction publique et ses problèmes actuels*, Editions de l'Actualité juridique, 1969, p. 432.

[2] La loi du 6 octobre 1919.

[3] Silvera (V.), *op. cit.*, p. 432.

[4] En effet, la Commission Martin, dès sa création, a procédé pour la première fois à l'examen des traitements de tous les fonctionnaires à l'exclusion des postiers, dont les salaires devaient faire l'objet d'un autre groupe de travail (voir Grégoire (R.), *op. cit.*, p. 257 et les ss.).

[5] Silvera (V.), *op. cit.*, p. 433.

[6] Créé par le décret-loi du 25 septembre 1942 relatif au supplément familial de traitement.

la création d'un jury de classement responsable de la répartition des fonctionnaires entre les différents échelons.

Le Statut des fonctionnaires de 1946 a essayé de poser la rémunération sur de nouvelles bases.

2. La complexité des innovations apportées par le Statut de 1946

319. La réformation du niveau général des rémunérations et du classement hiérarchique. Le statut des fonctionnaires de 1946 a consacré le titre III à la rémunération [1]. Articulé toujours autour de deux parts, dont le traitement de base et les diverses indemnités accessoires au traitement [2], le système de rémunération était en même temps soumis à de nouvelles règles. En effet, les dispositions des articles 31 à 36 du Statut ont essayé de reformer tant le niveau général des rémunérations publiques que le classement hiérarchique de divers grades et emplois. Similaire aux dispositions roumaines consacrées par le Statut des fonctionnaires de 1946 au sujet du calcul du traitement à partir de la valeur de base « m », l'article 32 de la loi du 19 octobre 1946 portant Statut des fonctionnaires français fixait une valeur de référence désignée par l'expression « minimum vital ». D'après l'article 32 de la loi du 19 octobre 1946, la rémunération d'un fonctionnaire en début de carrière ne devait pas être inférieure à 120% du minimum vital. Cette valeur de référence était décrite comme la « somme en dessous de laquelle les besoins individuels et sociaux de la personne humaine, considérés comme élémentaires et incompréhensibles, ne peuvent plus être satisfaits » [3]. En 1950, soit quatre ans plus tard, au lieu et place du décret d'application des dispositions relatives « au minimum vital », c'est un nouvel instrument qui a été introduit dans le paysage juridique français, le salaire minimum interprofessionnel garanti (SMIG). Par suite, dans la volonté d'ajuster et d'harmoniser les différenciations salariales qui dominaient la Fonction publique de l'époque, le législateur a institué, deux ans après l'adoption du Statut de 1946, les grilles indiciaires [4]. Dans la même volonté, la reconversion des « indices nets » initiaux (100 à 800) en

---

[1] Les articles du 31 à 36.

[2] Outre les indemnités de résidence et de charges de famille qui jouissaient d'un caractère normalement obligatoire, diverses autres indemnités pouvaient être autorisées par le statut, dont les primes de rendement (art. 45 du statut), des indemnités représentatives de frais, de travaux supplémentaires de risques particuliers, etc. [Laubadère (de) (A.), *Traité élémentaire de droit administratif*, LGDJ, 1953, pp. 688-689].

[3] Alinéa 2 de l'article 32 de la loi du 19 octobre 1946 portant Statut des fonctionnaires.

[4] Décret n°48-1108 du 10 juillet 1948 portant classement hiérarchique des grades et emplois des personnel civils et militaires de l'État relevant du régime général des retraites.

« indices bruts » des années 1950 a davantage accru la complexité voire la difficulté initiale des grilles de calcul [1].

La loi n°55-316 du 3 avril 1955 relative à l'élaboration d'un plan de remise en ordre des rémunérations de la Fonction publique a favorisé le dépôt, le 1er octobre 1956, d'un projet de loi portant sur « l'harmonisation des statuts et des rémunérations applicables tant aux personnels de l'État en activité et en retraite, qu'aux divers entreprises et organismes nationaux à caractère économique industriel et social placés sous la direction de l'État ou le contrôle de l'État » [2]. Démarche qui, un an plus tard, a abouti à la mise en place d'un dédoublement des grilles indiciaires, encore applicables de nos jours, une grille d'indices chiffrés spécifique aux agents des différentes catégories de la Fonction publique, et une grille d'indices « lettre » ou indices « hors échelle » de A à G applicable aux hauts fonctionnaires publics [3]. À cet effet, il est important de rappeler que le Statut de 1946 a, hiérarchiquement, divisé les emplois publics en quatre catégories désignées dans l'ordre décroissant par les lettres A, B, C et D. Par ailleurs, plusieurs décrets devaient fixer notamment les rapports entre les moyennes des rémunérations d'encadrement dans chacune des quatre catégories, ainsi qu'entre les extrêmes de chaque échelle à l'intérieur de chaque catégorie, ou encore, assurer la parité entre les traitements des fonctionnaires exerçant leurs fonctions au sein des différentes administrations [4]. Le décret du 10 juillet 1948 portant classement hiérarchique des grades et emplois des personnes civiles et militaires a affecté chaque emploi d'un indice compris entre 100 et 800, dont pour la catégorie A entre 225 à 800, pour la catégorie B de 185 à 360, pour la catégorie C entre 130 et 250, pour la catégorie D de 100 à 185. Reste que cette tentative « de rationalisation des rémunérations au travers d'une grille véritablement commune à tous les fonctionnaires (…) [a été] un double échec » [5]. Ce double échec a été du d'abord au fait que la « hiérarchisation des augmentations accordées à la base et répercutées sur l'ensemble du personnel [s'avérant] trop coûteuse [a] conduit les pouvoirs publics à préférer des augmentations sectorielles ciblées à travers un jeu de plus en plus complexe de régimes indemnitaires » [6]. Ensuite, au fait que la « volonté politique de limiter les conflits sociaux [a entériné] l'écrasement de la hiérarchie (…) en privilégiant toujours les catégories les plus modestes qui [bénéficiaient] le plus de primes compensatoires très fortement dégressives » [7]. Compte tenu donc de la complexité du système mis en

---

[1] Chapus (R.), *Droit administratif général*, Montchrestien, 15e éd., tome 2, 2001, p. 314.

[2] L'article 32 de la loi n°55-316 du 3 avril 1955.

[3] Chapus (R.), *op. cit.*, p. 314.

[4] Silvera (V.), *op. cit.*, p. 435.

[5] Rouban (L.), « Le statut des fonctionnaires comme enjeu socio-historique », *RFAP*, 2009, n°132, p.681.

[6] *Idem.*

[7] *Idem.*

œuvre fin des années 1940, ainsi que des critiques y apportées le législateur de 1959 a cherché des solutions pour sa simplification.

3. La simplification recherchée par le Statut de 1959

320. La simplification recherchée par le statut de 1959. Le Statut général de 1959 a réduit à deux articles les dispositions consacrées au régime de rémunération, respectivement les articles 22 et 56. Les dispositions de l'article 22 fixaient le droit de tout fonctionnaire, après service fait, à une rémunération comportant le traitement, les suppléments pour charges de famille et l'indemnité de résidence. Quant au montant du traitement, lesdites dispositions précisaient qu'il était fixé en fonction soit du grade de l'agent et de l'échelon détenu, soit de l'emploi dans lequel il avait été nommé.

Reste que même si le statut général de 1959 avait considérablement simplifié le régime des rémunérations, il restait toutefois silencieux sur la procédure d'établissement du niveau général des rémunérations publiques. Par suite, il devient évident que les dispositions de l'alinéa 2 de l'article 56 du Statut général de 1959 ont maintenu le classement hiérarchique des différentes catégories de fonctionnaires instauré par le décret du 10 juillet 1948 précité. Toutefois, l'un des enjeux qui a marqué cette période concernait le renforcement du rôle des organisations syndicales dans le processus de négociation avec le gouvernement sur les conditions de rémunération dans la Fonction publique. La situation n'a connu un changement concret qu'à la suite des évènements de 1968, qui ont pratiquement obligé les autorités gouvernementales à prendre en considération les revendications qui agitaient à l'époque le monde de la fonction publique [1].

Les années suivantes ont été marquées par des essais répétés consacrés à la simplification et à la remise en ordre des niveaux généraux des rémunérations publiques, notamment en ce qui concerne les textes qui réglementaient l'échelonnement indiciaire, dont le jalonnement entre les valeurs nettes et brutes des indices pouvait prêter à confusions.

Des considérations évoquées ci-dessus, il ressort que l'évolution historique des systèmes français et roumain a considérablement influé sur la construction des particularités, qui caractérisent les encadrements actuels de la rémunération.

---

[1] À la suite de ces évènements, le traitement annuel de base afférent à l'indice 100 a connu une augmentation considérable [Silvera (V.), *op. cit.*, p. 441].

§ 2. Les systèmes actuels : entre l'instabilité roumaine et la continuité française

321. L'adoption du statut des fonctionnaires publics actuellement en vigueur a marqué, comme pour les autres dimensions de la Fonction publique, le début des réflexions concernant la mise en place d'un système unitaire de rémunération spécifique à la fonction publique. L'objectif que le législateur roumain s'est fixé, vise dès lors la mise en place d'un système unitaire de rémunération, tantôt de toutes les catégories de fonctionnaires œuvrant dans le secteur public, tantôt des seuls fonctionnaires publics. Toujours est-il qu'aucun des actes normatifs adoptés à cet effet n'a connu une application pratique effective. L'instabilité normative qui s'en est suivi **(A)**, contraste finalement avec la stabilité évolutive des règles françaises **(B)**.

A. L'instabilité des règles roumaines

322. Le droit au traitement reconnu par les normes statutaires. Les dispositions de l'article 417 du Code administratif [1] consacrent le droit des fonctionnaires publics, pour l'activité effectuée dans l'exercice de leurs fonctions, à un traitement composé d'un traitement de base et d'une prime d'ancienneté. Outre le traitement, les fonctionnaires peuvent aussi bénéficier de primes et/ou d'autres droits salariaux octroyés dans les conditions fixées par les différents actes normatifs relatifs à la rémunération des fonctionnaires [2]. Pour des précisions spécifiques, les dispositions de l'alinéa 3 de l'article susvisé renvoient à une loi relative à la mise en place d'un système unitaire de rémunération pour les fonctionnaires publics. À cet effet, malgré le nombre important des actes normatifs qui se sont succédé [3] au sujet de la mise en place d'un système unique de rémunération pour les fonctionnaires publics voire pour les salariés du système public, aucun n'a connu une application pratique réelle **(1)**. Cela a aussi été le cas du dernier dispositif du juin 2017 et qui était censé entrer intégralement en vigueur en décembre 2018 **(2)**.

---

[1] Ancien article 31 de la loi n°188 du 8 décembre 1999 relative au statut des fonctionnaires publics.

[2] Alinéa 2 de l'article 417 du Code administratif (ancien alinéa 2 de l'article 31 de la loi n°188 du 8 décembre 1999).

[3] Depuis l'adoption de la loi n°188 du 8 décembre 1999 portant Statut des fonctionnaires publics.

1. L'échec récurent d'un dispositif de rémunération unitaire

323. Les essais inaboutis de mise en œuvre d'un dispositif de rémunération unitaire. Les premiers essais de mise en place d'un dispositif de rémunération unitaire pour les fonctionnaires publics remontent aux années 2000, lorsque, par l'OUG n°245 du 30 novembre 2000, le législateur a essayé de mettre en place le premier système unitaire de rémunération des fonctionnaires publics. En vigueur seulement entre le 1er mars 2001 et le 02 avril 2001 [1], ladite ordonnance a été abrogée par une nouvelle ordonnance adoptée au cours de la même année, n°33 du 26 février 2001, relative à certaines mesures concernant la rémunération des fonctionnaires publics et des autres catégories de personnels du secteur public, ainsi que du personnel des organes de l'autorité judiciaire. D'autres actes normatifs ont suivi à une cadence annuelle, jusqu'à la fin des années 2000, et ce, à quelques exceptions près.

En 2009, a été adoptée, par la voie exceptionnelle de l'engagement de responsabilité gouvernementale, la loi-cadre n°330 du 5 novembre 2009. Ledit acte normatif était censé instituer le cadre juridique nécessaire pour la mise en place du dispositif attendu de rémunération unitaire des personnels rétribués sur des fonds publics. Les dispositions de l'article 6 de la loi susmentionnée précisaient que son objectif était de mettre en œuvre l'harmonisation du système de rémunération du personnel du secteur budgétaire en fonction de « l'importance, de la responsabilité, de la complexité de l'activité et du niveau d'études requis », pour l'exercice des attributions prévues par la fonction exercée. Un système de rétribution qui, aux termes de l'article 11 de la loi n°330 du 5 novembre 2009, devait être directement proportionnel « au travail déposé, à la quantité et à la qualité du travail, ainsi qu'à l'importance sociale du travail, aux conditions de travail, ou encore, aux résultats obtenus dans le travail ». Cet acte normatif projetait aussi une simplification de la hiérarchie des fonctions ainsi que la mise en œuvre d'une différenciation des salaires et des indemnisations mensuelles en fonction des trois niveaux administratifs territoriaux : central, départemental et local. Les dispositions de la loi n°330 du 5 novembre 2009 devaient entrer en vigueur à partir du 1er janvier 2010 et être appliquée progressivement, par étapes, jusqu'en 2015.

En réalité, cette loi a connu une application très restreinte, jusqu'au 1er janvier 2011, parce qu'au cours de l'année 2010 avait déjà été adoptée la loi n°284 du 28 décembre 2010 relative à la rémunération unitaire du personnel rétribué sur des fonds publics. Reprenant les principes spécifiques au système de rémunération, consacrés par les actes normatifs précédents, les dispositions de la loi n°284 du 28 décembre 2010 encadraient un système de

[1] L'OUG n°245 du 30 novembre 2000 a été abrogée par l'ordonnance n°33 du 26 février 2001.

calcul fondé sur des classes de rémunération et de coefficients (à l'ancienneté), ainsi que des grades de rémunération. En effet, d'après les dispositions de l'article 11 de la loi n°284 du 28 décembre 2010, les classes de rémunération et les coefficients de hiérarchisation, sur le fondement desquels étaient établis les salaires de base ainsi que d'autres primes et droits pécuniaires spécifiques à chacun des domaines d'activité, correspondent aux sept familles « occupationnelles » [1] de fonctions budgétaires, ainsi qu'aux personnels des autorités et des institutions publiques rémunérés sur fonds propres. Toutefois, force est de constater que, depuis son adoption, le contenu de la loi n°286 du 28 décembre 2010 a constamment été mis en cause. De plus, les différentes modifications apportées par d'innombrables ordonnances d'urgence qui, à leur tour, n'ont connu que des applications partielles, voire temporaires, n'ont fait qu'approfondir l'état d'incohérence législative, qui marquait déjà le régime juridique de la rémunération des fonctionnaires. Par ailleurs, avant même de connaître une application intégrale, la loi n°286 du 28 décembre 2010 a finalement été abrogée par la loi n°153 du 28 juin 2017 relative à la salarisation des personnes rémunérées sur des fonds publics.

2. L'encadrement récent d'un système qui « promettait » la performance

324. Les délimitations d'un nouveau cadre normatif de rémunération. Comme les actes normatifs précédents, l'objet de la loi n°153 du 28 juin 2017 est, en vertu de l'alinéa 1 de l'article 1, de fixer un système de rémunération pour le personnel budgétaire payé sur le budget général consolidé de l'État. À la différence des lois précédentes en la matière, l'actuel acte normatif ne fait plus référence à l'établissement d'un système unitaire de rémunération pour le personnel du secteur public, mais d'un système qui promeut la performance individuelle. Par la même occasion, les dispositions de l'alinéa 4 du même article précisent que, « par les contrats collectifs de travail ou les accords collectifs de travail et les contrats individuels de travail, ne peuvent pas être négociés des salaires ou d'autres droits salariaux en argent ou en nature qui excédent ou contreviennent aux dispositions de cette loi ». À cet effet, les dispositions de l'article 4 du même acte normatif assignent au Gouvernement l'obligation d'assurer, par le biais de ses institutions représentatives, le contrôle quant à l'application des dispositions légales relatives à la salarisation du personnel du secteur public. Par la suite, toujours à la différence des précédents actes normatifs essayant d'établir un système de rémunération unitaire, les dispositions de la loi du 28 juin 2017 précisent que le rapport entre le salaire

[1] Dans le sens de professionnelles.

de base minimum et maximum dans le secteur public est de 1 (un) à 12 (douze).

Outre les principes sur lesquels le nouveau système de rémunération repose, les dispositions de la loi n°153 du 28 juin 2017 encadrent également deux catégories de critères à caractère général sur la base desquelles tant la position hiérarchique que le quantum salarial sont déterminés. En effet, l'alinéa 1 de l'article 8 de la loi du 28 juin 2017 précise que la hiérarchisation des postes en vue d'établir les salaires de base, les salaires de fonction ou les indemnisations d'encadrement, repose sur les critères suivants : les connaissances et l'expérience ; la complexité, la créativité et la diversité des activités ; le jugement et l'impact des décisions ; la responsabilité, la coordination et la supervision ; le dialogue social et la communication ; les conditions de travail et les incompatibilités. Le législateur poursuit, dans le deuxième alinéa du même article, avec l'énumération exhaustive des critères de performance généraux qui conditionnent l'évolution dans la carrière des agents publics ou l'octroi de différentes primes [1]. Pour les critères de performance spécifiques de chaque domaine d'activité, ainsi que pour les procédures d'évaluation les dispositions de l'alinéa 4 du même article précité renvoient aux réglementations particulières propres à chaque catégorie de personnel.

325. Les traitements de base et les gradations. Aux termes des dispositions de l'alinéa 1 de l'article 10 de la loi n°153 du 28 juin 2017, les traitements de base se différencient selon les fonctions, les grades/ échelons et les graduations. À chaque fonction, à chaque grade ou échelon professionnel, correspondent, en vertu de l'alinéa 2 du même article, cinq graduations fixées, comme dans la réglementation précédente, en fonction des tranches d'ancienneté [2].

Un élément de nouveauté apporté par la loi n°153 du 28 juin 2017 réside dans la possibilité reconnue aux conseils départementaux, mairies, et conseils locaux, ainsi qu'aux services qui se trouvent sous leurs ordres, de fixer librement, en vertu des dispositions de l'article 11, par décision administrative, les salaires des fonctionnaires publics et du personnel contractuel qui œuvrent en leur sein. Cela, après consultation de l'organisation syndicale représentative au niveau de l'institution concernée.

---

[1] Parmi ces critères, figurent les connaissances professionnelles et les aptitudes, la qualité, l'opérativité et l'efficacité des activités développées, le perfectionnement professionnel, la capacité de travailler en équipe, la communication, la discipline, la résistance au stress et l'adaptabilité, la capacité d'assumer des responsabilités, l'intégrité et l'éthique professionnelles.

[2] Cela à l'exception des fonctions de dignité publique et des fonctions de direction pour lesquelles la graduation est incluse dans l'indemnisation/salaire mensuel(le) de base, ainsi que des militaires, des policiers et des fonctionnaires publics munis d'un statut spécial du système de l'administration pénitentiaire.

Les salaires de base fixés par une telle décision ne peuvent pas non plus être inférieurs aux montants minimaux fixés par le législateur. Reste que la liberté en matière de rémunération n'est pas totale, du moment où le niveau des revenus salariaux ne doit pas dépasser, en vertu de l'alinéa 4 de l'article 11 précité, le niveau de l'indemnisation mensuelle propre à la fonction de maire adjoint ou de conseiller départemental, selon le cas.

326. Les promesses du législateur en matière de primes et indemnisations. Outre le salaire de base, les dispositions de la loi n°153 du 28 juin 2017 disposent, entre autres, dans son article 18, qu'à partir du 1er décembre 2018, les fonctionnaires de toutes les catégories socioprofessionnelles du secteur public, qui n'en bénéficient pas encore, toucheront obligatoirement une indemnisation de nourriture. Le montant de l'indemnisation de nourriture doit, aux termes des dispositions susmentionnées, atteindre « le niveau annuel de deux salaires minimum bruts » [1]. Toujours à partir du 1er décembre 2018, les fonctionnaires, à l'exception des personnes élues ou nommées aux fonctions de dignité publique, toucheront « obligatoirement », en vertu des alinéas 4 et 5 de l'article 26, une indemnisation de vacances, dont le montant ne peut pas dépasser, sur une année, la valeur du salaire minimum de base.

D'autres primes, réglementées par les nouvelles dispositions de la loi n°153 du 28 juin 2017, concernent, entre autres, la prime pour le travail de nuit à hauteur de 25% du salaire de base [2]. Aux termes de l'article 21 de cette loi, la prime pour travail supplémentaire doit être composée en priorité par des « heures de congé » ou par une rémunération représentant 75% du salaire de base, lorsqu'il s'agit des heures supplémentaires effectuées en dehors des heures de programme ou 100% du salaire de base lorsqu'il s'agit des heures supplémentaires effectuées pendant les fêtes légales ou le dimanche. D'autres primes, comme celles relatives au handicap ou aux conditions difficiles de travail, peuvent être accordées aux fonctionnaires publics. Par ailleurs, le législateur a aussi prévu la possibilité pour le dirigeant d'une institution publique d'octroyer des « prix d'excellence » aux fonctionnaires, ayant obtenu des résultats extraordinaires dans l'exercice de leurs attributions.

En tout état de cause, conformément aux dispositions de l'article 25 du même acte normatif, le quantum total de primes ne doit pas dépasser 30% du salaire de base [3].

---

[1] L'indemnisation de nourriture n'est pas accordée, en vertu de l'alinéa 4 déjà évoqué, aux personnes qui occupent des fonctions de dignité publique (élues ou nommées).

[2] Par travail de nuit, il faut comprendre le travail effectué entre 22h00 et 06h00, et ce, en raison d'un minimum de trois heures pour pouvoir prétendre à ladite prime.

[3] Les prix d'excellence ne peuvent être octroyés que dans la limite de 5% du montant réservé aux rémunérations au niveau d'une institution publique.

327. Le renforcement de la transparence des droits salariaux. Le législateur roumain a aussi essayé de renforcer la transparence en matière de rémunération, en imposant par les dispositions de l'article 33 de la loi n°153 du 28 juin 2017 l'obligation des institutions de rendre publique, à raison de deux fois par an, tant à leur siège que sur leur page internet institutionnalisée, une liste avec toutes les fonctions publiques existantes au sein de l'institution et leurs revenus. Le manquement à cette obligation engage, en vertu de l'alinéa 2 de l'article 33 susvisé, la responsabilité pécuniaire du dirigeant de l'institution, dont le montant de la sanction varie entre 5.000 et 10.000 lei [1]. L'organe compétent pour constater et sanctionner un tel manquement c'est, aux termes de l'alinéa 3 du même article, l'Inspection du Travail.

Muni d'une volonté de transparence similaire, le législateur français a, par la réforme du 06 août 2019, également imposé aux institutions publiques de publier sur le site institutionnel les dix rémunérations les plus élevées des agents relevant de leur périmètre [2]. Sont concernées par cette obligation les départements ministériels, les collectivités territoriales et les EPCI de plus de 80000 habitants, ainsi que les établissements publics hospitaliers bénéficiant d'un budget supérieur à 200 millions d'euros.

328. La contestation du montant salarial de base et des primes. Les fonctionnaires mécontents des montants afférents à leurs droits salariaux peuvent contester, en vertu de l'alinéa 1 de l'article 37, l'acte administratif par le biais duquel les montants salariaux ont été fixés au sein de l'institution publique concernée, et ce, dans les 20 jours à compter de la date à laquelle l'acte administratif a été rendu public. La contestation se dépose auprès du dirigeant de l'institution. Ce dernier a l'obligation de se prononcer dans un délai de 30 jours. Le législateur reconnaît ensuite au fonctionnaire insatisfait la possibilité de contester la réponse du dirigeant de l'institution devant les juridictions administratives, et ce, dans un nouveau délai de 30 jours.

Par une entrée en vigueur effective et intégrale seulement au 1er décembre 2018, la loi n°153 du 28 juin 2017 semble ajouter une nouvelle pierre à l'édifice de l'instabilité du cadre normatif relatif à la rémunération des personnels du secteur public en général, et des fonctionnaires publics en particulier. À l'opposé de l'instabilité des normes roumaines en vigueur relatives à la rémunération des fonctionnaires se trouve la stabilité évolutive des règles françaises, dont le nombre important des réformes ne semble pas avoir altéré le principe de continuité législative.

---

[1] Entre 1.100 € et 2.200 €.

[2] Article 37 de la loi n°2019-828 du 6 août 2019.

B. La continuité évolutive des règles françaises

329. Les grilles indiciaires et les suppléments actuellement en vigueur **(2)**, reposent sur les fondements légaux consacrés par les Statuts des années 1983 **(1)**.

1. Les fondements légaux du droit à la rémunération

330. La consécration statutaire du droit à la rémunération. Le cadre normatif général de la rémunération des fonctionnaires français est fixé par les dispositions de l'article L115-1 du CGFP [1] en vertu duquel les agents publics ne peuvent se prévaloir du droit de rémunération qu'« après service fait » [2]. Il en ressort que, même si le traitement maintient son caractère social dans le sens qu'il doit permettre au fonctionnaire de maintenir son « rang social », force est de constater que « l'exigence du service fait montre que le travail accompli joue un rôle déterminant dans le droit au traitement » des agents français [3]. Il n'y a pas de service fait lorsque l'agent n'effectue pas, en tout ou en partie, ses heures de service ou lorsque, bien qu'effectuant ses heures de service, l'agent n'exécute pas tout ou partie de ses obligations de service [4].

Le droit à la rémunération est composé, aux termes de l'article L712-1 du CGFP, du traitement de base, de l'indemnité de résidence, du supplément familial de traitement ainsi que des autres indemnités instituées par un texte législatif ou réglementaire. Il en ressort que les éléments de base qui composent la rémunération des fonctionnaires sont donc les grilles indiciaires, le traitement indiciaire et les suppléments. Le montant du traitement est fixé en fonction du grade de l'agent et de l'échelon auquel il est parvenu, ou de l'emploi auquel il a été nommé. Les grilles indiciaires et les suppléments ont ensuite permis une harmonisation de la rémunération, de même que les suppléments.

2. Les grilles indiciaires et les suppléments

331. Grilles indiciaires. Les grilles indiciaires représentent un instrument d'harmonisation des traitements indiciaires entre les différents corps, d'une administration à une autre [5]. D'après le décret n°85-1148 du 24 octobre

[1] Article 20 de la loi du 13 juillet 1983.
[2] CE 20 décembre 1985, *Madame Alezrah*, RDP 1987 p. 262.
[3] Lachaume (J.-F.), *La fonction publique*, Dalloz, 1992, p. 90.
[4] Loi n°77-826 du 22 juillet 1977 relative à la modification de l'article 4 de la loi n°61-825 du 29 juillet 1961 relatives aux finances publiques.
[5] Pochard (M.), *Les 100 mots de la fonction publique*, PUF, 2011, p.51.

1985 [1], la grille indiciaire est composée, d'une part, d'une échelle numérique d'indices de 203 à 830 qui correspond à un montant annuel du traitement brut de 11.347 € à 46.672 € [2] et d'autre part, une échelle lettre de A au G, chaque échelle lettre étant à son tour divisé en trois chevrons [3]. Si l'échelle numérique concerne les fonctionnaires des catégories A, B et C, l'échelle « lettre » concerne les seuls hauts fonctionnaires publics [4].

332. Suppléments. Le traitement indiciaire peut être complété, selon le cas, par différents suppléments dont celui familial voué à « compenser le coût de l'éducation des enfants à charge de façon effective et permanente » [5]. D'après les dispositions de l'article L712-7 à L712-11 du CGFP, le droit au supplément familial (DSF) est ouvert en fonction du nombre d'enfants à charge au sens du titre Ier du livre V du Code de la sécurité sociale, à raison d'un seul droit par enfant. En cas de pluralité de fonctionnaires assumant la charge des enfants, il n'y a qu'un d'entre eux, à leur convenance, qui peut se prévaloir de ce droit [6].

Le supplément familial est composé d'un élément fixe et d'un élément variable, dont le premier représente une somme forfaitaire qui varie en fonction du nombre d'enfants et le second représente un pourcentage du traitement de l'agent [7]. À ce sujet, le Professeur Emmanuel Aubin rappelle que le SFT devrait faire l'objet d'une réforme qui amène « les administrations à verser un montant forfaitaire et non plus proportionnel au traitement à partir du 3e enfant » [8].

Outre le DSF, les émoluments perçus par les agents publics français peuvent être complétés, de manière différenciée, par plusieurs primes dont celles de logement, de mobilité, ou la prime du pouvoir d'achat. Par suite, en

---

[1] Décret relatif à la rémunération des personnels civils et militaires de l'État, des personnels des collectivités territoriales et des personnels des établissements publics d'hospitalisation.

[2] Décret n°2017-85 du 26 janvier 2017 portant modification du décret n°82-1105 du 23 décembre 1982 relatif aux indices de la fonction publique et du décret n°85-1148 du 24 octobre 1985 modifié relatif à la rémunération des personnels civils et militaires de l'État, des personnels des collectivités territoriales et des personnels des établissements publics d'hospitalisation.

[3] Il y a 7 échelles (A, B, B bis, C, D, E, F, G), dont les 5 premières sont à leur tour divisées en 3 chevrons, la suivante en deux chevrons, alors que les deux dernières en un seul. Les montants bruts varient pour le chevron I de 49765 € pour l'échelle A et 84629 € pour l'échelle G (décret 2017-85 du 26 janvier 2017).

[4] Aubin (E.), *La fonction publique*, Gualino, 6e éd., 2015, p. 352.

[5] Dord (O.), *Droit de la fonction publique*, PUF, 3e éd., 2017, p. 259.

[6] D'après l'article L712-11 (article 20 de la loi 83-638 du 13 juillet 1983).

[7] Le montant du SFT versé pour un enfant remonte à 27,48 euros, alors que pour deux enfants, il peut atteindre environ 110 euros pour un indice 652, à environ 280 euros pour trois enfants pour le même indice, respectivement 203 euros par enfant en sus de trois enfants [Aubin (E.), *op. cit.*, p. 356].

[8] Aubin (E.), *op. cit.*, p. 356.

vertu de l'article L712-12 du CGFP, les indemnités peuvent tenir compte des fonctions et des résultats professionnels des agents ainsi que des résultats collectifs des services. Avant de procéder à l'analyse de cette dernière catégorie d'indemnités censée stimuler la performance dans la Fonction publique, il s'avère utile de dresser d'abord un état de lieux des défaillances de l'encadrement actuel de rémunération.

Section 2. Les règles juridiques en vigueur sous le feu de la critique

333. L'instabilité normative en matière de rémunération spécifique au système public roumain a été marquée non seulement par des changements normatifs répétitifs, mais aussi, et surtout, par l'inapplication ou l'application partielle des dispositions en vigueur. Ce qui a favorisé un état de confusion normative et jurisprudentielle importante. Reste que, malgré sa continuité, le dispositif français de rémunération n'est pas épargné par les critiques, particulièrement au sujet de la nécessaire refonte de la grille indiciaire, ou encore, de la suppression de l'égalitarisme par la réglementation d'un dispositif de différentiation de la performance. L'analyse des difficultés manifestes de mise en œuvre d'un système unitaire de rémunération en droit roumain **(§ 1)**, est complétée par un état de lieux des défaillances des systèmes de rémunération roumain et français **(§ 2)**.

§ 1. L'échec systématique des dispositifs roumains de rémunération unitaire

334. L'absence des études de prospective, effectuées en amont de l'adoption d'un acte normatif relatif à la mise en place d'un système de rémunération dans le secteur public en général, et dans la Fonction publique en particulier, a régulièrement conduit à l'inapplication voire l'application partielle des règles juridiques relatives aux différents systèmes de rémunération unitaires consacrés jusqu'à présent **(A)**. Cet état des choses a favorisé une forte instabilité des règles légales en matière de rémunération ; ainsi, l'interprétation voire l'application discrétionnaire ont progressivement conduit à un état de confusion jurisprudentielle **(B)**.

A. L'instabilité des règles juridiques

335. L'instabilité des règles juridiques en matière de rémunération a connu deux temps, dont la période avant l'adoption du Statut des fonctionnaires du 8 décembre 1999 **(1)** et la période posterieure à cette date **(2)**. Cette instabilité s'est ensuite retrouvée à l'origine d'une confusion jurisprudentielle, dont les effets ne sont pas négligeables **(3)**.

1. L'instabilité postrévolutionnaire

336. Le principe de « droit gagné » de la rémunération. Le principe, sur lequel reposait le système de rémunération au début des années 1990, précisait qu'en tant que « droit gagné », le traitement ne pouvait subir des réductions, sauf en cas de sanction disciplinaire [1]. Cela, parce que, comme à la période monarchique, le traitement n'était pas le résultat d'une négociation individuelle entre le fonctionnaire et l'institution employeuse, mais d'une imposition par le biais des organigrammes [2] des fonctions [3]. Le traitement de base pouvait être complété par différentes primes, individuelles ou collectives, ainsi que d'autres indemnisations, dont celle de « continuité », dans la même institution ; ce qui était considéré comme un moyen efficace « de combat contre la mobilité du personnel » [4].

L'état de dispersion des règles juridiques, qui caractérisait la rémunération des différentes catégories de personnels publics, devait s'achever avec l'adoption de la loi n°154 du 15 juillet 1998 relative à la mise en place d'un système de calcul unitaire des salaires de base dans le secteur budgétaire et des indemnisations pour les personnes exerçant des fonctions de dignité publique. En fait, la loi n°154 du 15 juillet 1998 a le mérite d'avoir introduit, dans le paysage juridique relatif à la rémunération, des notions nouvelles comme la performance et les résultats professionnels. En effet, par le biais de cet acte normatif, le législateur avait renoncé à la « rétribution fixe » en faveur d'une rémunération, calculée, du moins en théorie, en fonction des résultats de l'évaluation des performances professionnelles. Le montant final variait entre un minimum et un maximum

---

[1] Prisăcaru (V.), *Tratat de drept administrativ roman (Traité de droit administratif roumain)*, éd. All, 1996, p. 189.

[2] « Stat » en roumain.

[3] DG n°40 du 8 août 1999 relative à la rémunération du président, du premier ministre ainsi que des personnels représentants ces institutions ; DG n°52 du 18 janvier 1991 relative à la rémunération des personnels su système judiciaire ; DG n°53/1999 relative à la rémunération des sénateurs ; DG n°307 du 25 avril 1991 relative à la rémunération des personnels des unités budgétaires.

[4] Oroveanu (M.), *Tratat de drept administrativ (Traité de droit administratif)*, éd. Universitatea crestina « Dimitrie Cantemir », 1994, p. 235.

fixés par la loi. Outre de fixer les principes fondamentaux relatifs à la rémunération, les dispositions du Statut du 8 décembre 1999 renvoyaient pour la mise en place d'un dispositif unitaire de rémunération à une loi spécialement adoptée à cet effet. Ce fut le point de départ d'une instabilité qui s'étale depuis, sans avoir encore connu une conclusion, à ce jour ...

2. L'instabilité des règles relatives à la mise en place d'un système unitaire

337. Le principe d'un cadre unitaire de rémunération. L'adoption du Statut des fonctionnaires de 1999 a engagé, en vertu des dispositions de l'article 30, de nouveaux débats concernant l'élaboration d'un système de rémunération unique pour les fonctionnaires publics. En effet, les dispositions du premier alinéa de l'article 30 susvisé précisaient que le système de rémunération des fonctionnaires allait être fixé par la loi. En vertu de l'alinéa 2 du même article pour l'élaboration dudit système de rémunération, il fallait, d'une part, prendre en considération la nécessité de réduire les coûts de l'administration publique, et d'autre part, de réglementer des modalités qui renforcent la motivation des fonctionnaires compétents et à leur due récompense. La formule contradictoire, utilisée par le législateur, a aussitôt été sanctionnée par la doctrine, d'après laquelle « une administration moderne suppose une administration fondée sur des compétences professionnelles élevées censées tenir à l'écart la corruption, la bureaucratie ou le népotisme », et non sur des ajustements pécuniaires [1].

Le nouveau système de rémunération exigeait aussi la création d'une hiérarchie qui repose sur des catégories, des classes et des grades, en fonction de l'évaluation du poste. Ce système devait aussi assurer un rapport juste entre la part fixe et la part variable du salaire ; lequel rapport devait prendre en considération non seulement l'activité effectuée, mais aussi, son importance.

338. L'instabilité législative au sujet de la mise en place d'un système de rémunération unitaire. Les exigences statutaires susmentionnées ont, théoriquement, trouvé leur expression dans l'OUG n°245 du 30 novembre 2000 relative à un système unitaire de rémunération des fonctionnaires publics. Théoriquement, en effet, parce que quelque mois plus tard, ladite ordonnance a été abrogée par l'OUG n°33 du 26 février 2001 concernant certaines mesures de rémunération des fonctionnaires publics ainsi que d'autres catégories de personnel du secteur budgétaire, y compris les

---

[1] Vedinaş (V.), *Legea nr. 188/1999 privind statutul funcţionarilor publici- comentata (La loi commentée n°188/1999 relative au statut des fonctionnaires publics)*, Lumina Lex, 2e éd., 2002, p. 145.

personnels des organes judiciaires. L'alinéa 1 de l'article 2 de ladite ordonnance marquait en fait un retour aux dispositions de la loi n°154 du 15 juillet 1998, dont les dispositions devaient être appliquées ensemble avec celles de l'OUG n°24 du 30 mars 2000 concernant le système de calcul des salaires de base des personnels contractuels du secteur budgétaire.

Il s'en est suivi l'OUG n°192 du 12 décembre 2002 relative à la réglementation des droits de nature salariale des fonctionnaires publics dont l'objectif était, une fois de plus, de créer un système unitaire de rémunération applicable à tous les fonctionnaires publics. Hiérarchisé en catégories, classes et grades, ledit système de rémunération devait assurer une corrélation entre le montant/niveau du traitement et la nature des compétences, ainsi que l'importance de l'activité effectuée [1]. Comme précédemment indiqué, le traitement était composé d'une part fixe - le traitement de base - et d'une part variable représentée par des indemnités et des primes. En vertu de l'article 5 de l'OUG déjà évoquée, chaque catégorie était composée de trois classes, dont chacune était à son tour formée de trois grades. Pour les fonctions exigeant le même niveau d'étude, les critères sur la base desquels les traitements des fonctionnaires étaient différenciés concernaient la responsabilité et l'importance sociale du domaine d'activité [2]. De plus, les traitements de base se différenciaient aussi selon qu'il s'agissait des fonctions publiques centrales, territoriales ou locales. En fonction des spécificités de la fonction exercée, le traitement de base pouvait être complété par différentes indemnisations, dont celle de direction, pour les fonctionnaires exerçant temporairement ou définitivement une fonction de direction. Outre les indemnités, le traitement de base des fonctionnaires pouvait être complété également par plusieurs primes, dont la prime au « mérite » [3] à l'ancienneté [4], ou encore, la prime de nuit [5].

Entre 2003 et 2009, des ordonnances gouvernementales ont annuellement été adoptées, par le biais desquelles le législateur entendait réglementer certaines mesures relatives aux droits rémunératoires des fonctionnaires [6]. Pléiade d'ordonnance qui ne faisait, comme le souligne également Madame

---

[1] Article 4 de l'OUG n°192 du 12 décembre 2002.

[2] Une attention particulière devait être consacrée aux domaines qui requéraient des personnels spécialisés dans des professions ponctuelles.

[3] La prime au mérite ne pouvait concerner que 20 % du personnel d'une institution publique et représentait 15% du salaire de base. L'octroi de la prime au mérite devait se fonder exclusivement sur les résultats professionnels.

[4] La prime d'ancienneté pouvait représenter : 5% pour une ancienneté de 3 à 5 ans ; 10% pour une ancienneté de 5 à 10 ans ; 15% pour une ancienneté de 15 à 20 ans ; 25 % pour une ancienneté de plus de 20 ans.

[5] Dont le montant était de 25% du traitement de base. En droit roumain, est considérée comme travail de nuit l'activité réalisée entre 22h00 et 06h00.

[6] Voir notamment l'ordonnance n°92 du 10 novembre 2004 qui est venue simplifier le dispositif de rémunération par la réduction des grades professionnels à trois : supérieur, principal et assistant.

le Professeur Vedinaş, que « refléter l'imbroglio qui [caractérise] le système de rémunération du secteur public roumain » [1]. Cet imbroglio législatif a par ailleurs favorisé une confusion jurisprudentielle importante.

3. La confusion jurisprudentielle due à l'instabilité des règles juridiques

339. La jurisprudence issue du « maquis » législatif. Le maquis législatif, qui a dominé la période, à la suite de l'adoption de la loi n°188 du 8 décembre 1999 portant statut des fonctionnaires publics, a favorisé, une jurisprudence très variée relative à l'octroi de différents droits salariaux.

Ainsi, un exemple est représenté par la décision n°626 du 24 octobre 2008, par le biais de laquelle le Tribunal d'Olt s'est prononcé sur la demande formulée à l'encontre de l'Autorité départementale de santé, par le représentant du syndicat du département d'Olt (filière du syndicat national des fonctionnaires publics de Roumanie) [2]. Par cette demande, le représentant de la filiale syndicale d'Olt demandait l'octroi de l'équivalent des suppléments de poste [3] et de l'échelle de rémunération (chacune représentant non moins de 25% du traitement de base) calculés rétroactivement à partir du 1er avril 2004. En effet, en vertu de l'article 29 de la loi n°188 du 8 décembre 1999 [4], les fonctionnaires publics avaient droit à une rémunération composée du traitement de base, de la prime d'ancienneté de travail, ainsi que du supplément du poste et du supplément afférent à l'échelle du traitement. L'octroi des suppléments sus-évoqués avait été suspendu, comme les juges du tribunal d'Olt ont pu le constater, à partir de 2004.

Du raisonnement des juges administratifs, il ressort que, même si l'octroi desdits suppléments avait été suspendu entre 2004 et 2007, par les OUG n°92 du 10 novembre 2004 [5] et n°2 du 12 janvier 2006 [6], à l'issue de la période de suspension, les fonctionnaires devaient être remis de leurs droits. D'après le raisonnement des juges, lesdits droits devaient se réactiver automatiquement dès la fin de la période de suspension fixée par l'OUG du 12 janvier 2006. Par conséquent, à partir de 2007 les parties devaient rétroactivement bénéficier dans leurs droits. De ce fait, les juges de la section administrative du Tribunal d'Olt ont admis l'action et ont octroyé

---

[1] Vedinaş (V.), *op. cit.*, éd. UJ, 2009, p. 31.

[2] Au nom des membres de syndicat : -, Talia, -, -a, G, -, ia, G, -a, -, -, G.

[3] L'équivalent de « primes » en français.

[4] La forme en vigueur en 2004.

[5] Article 44 de l'OUG n°92 du 10 novembre 2004 concernant la réglementation des droits salariaux et d'autres droits des fonctionnaires publics pour 2005.

[6] Article 48 de l'OUG n°2 du 9 février 2006 concernant la réglementation des droits salariaux et d'autres droits des fonctionnaires publics pour 2006.

rétroactivement les deux suppléments. Le raisonnement des juges du Tribunal de Olt a été réitéré par la décision n°2583/2008 de la section du contentieux de la Cour d'Appel de Craiova en se fondant sur des arguments similaires [1].

Ces décisions ont été qualifiées d'« illégales » par les spécialistes de droit administratif, compte tenu du fait que, par les dispositions statutaires de la loi n°188 du 8 décembre 1999, le législateur ne fait que préciser la possibilité de principe de l'octroi des deux suppléments. Pour les modalités et le montant, il renvoie à la loi relative à un système de rémunération unitaire, qui n'avait pas encore été adoptée [2]. Les arguments de la doctrine publiciste se fondaient aussi sur le raisonnement des juges de la Cour Constitutionnelle qui, courant 2008, avaient statué par le biais de quatre décisions que « les juridictions n'ont pas la compétence d'annuler ou de refuser l'application des actes normatifs ayant pouvoir de loi (...), et encore moins de les remplacer par des normes créées sur une voie judiciaire ou par des dispositions issues d'autres actes normatifs » [3].

Censé connaître une fin par l'adoption de la loi n°330 du 5 novembre 2009 concernant la rémunération unitaire du personnel payé des fonds publics [4], l'adoption en 2010 d'une nouvelle loi-cadre, n°284 du 28 décembre 2010 relative à la rémunération unitaire des personnels rétribués des fonds publics, complète la liste des actes normatifs adoptés à cet effet. Comme la doctrine publiciste le souligne aussi, force est de constater que, non seulement la loi n°284 du 28 décembre 2010 n'a ni simplifié, ni unifié les normes applicables en matière de rémunération, mais, en permettant l'application « cumulative de l'ancienne législation (de toute manière critiquable), aves les règles fixées par les lois n°330/2009 et n°284/2010, [le législateur] a rendu très difficile la mission des fonctionnaires publics », responsables en matière de rémunération [5]. De plus, à la suite des difficultés d'ordre financier que la Roumanie affronte depuis fin 2009, la valeur de référence et les coefficients de hiérarchisation, correspondants aux classes de rémunération réglementées et consacrées par la loi n°286 28 décembre 2010, n'ont jamais été appliqués. Les remises successives d'application de

---

[1] Voir pour un regard différent notamment la décision de la Cour d'Appel de Târgu Mureş – la section commerciale de contentieux administratif et fiscal 24 octobre 2008, n°859/R, http://www.jurisprudenta.org/Search.aspx (consulté le 30 septembre 2016).

[2] Vedinaş (V.), *op. cit.*, p. 145.

[3] Cour Constitutionnelle 3 juillet 2008, décisions n°818, 819, 820, 821, disponibles en ligne sur http://www.juridice.ro/47403/decizie-819-2008.html (consulté le 30 septembre 2021).

[4] Modifiée avant son entrée en vigueur par l'OUG n°1 du 25 janvier 2010 relative à certaines mesures de (re)encadrement de plusieurs catégories de personnel, la loi n°303 du 5 novembre 2009 n'a finalement été en vigueur que du 1er janvier 2010 au 1er janvier 2011.

[5] Vedinaş (V.), Duţa (M.) et Vedinaş (I.-L.), *Sporul de salariu pentru titlul stiintific de doctor. Aspecte controversate. Propuneri de lege ferenda (La prime pour le titre scientifique de docteur. Aspects controversés. Propositions de loi ferenda)*, Dreptul, 2015, n°1, p. 51.

l'intégralité du texte de la loi n°284 du 28 décembre 2010 ont fait en sorte que la rémunération des personnels du secteur public continue à être systématiquement soumise au cadre fixé par la loi du 5 novembre de 2009 ; et ce, jusqu'à l'adoption de la nouvelle loi portant rémunération des personnels du secteur public n°153 du 28 juin 2017, dont les dispositions sont entrées partiellement en vigueur au 1er juillet 2017.

Reste que, sur fond de crise économique, les juridictions administratives, et les institutions du contrôle relatives à l'exécution budgétaire des ordonnateurs principaux de crédits se sont confrontées à des situations qui, finalement, n'ont fait que mettre davantage en exergue l'un des principes fondamentaux des deux systèmes de droit, qui est le caractère unilatéral de la rémunération pour les fonctionnaires.

B. Le principe de l'unilatéralité, source d'instabilité pécuniaire

340. La fin des années 2000 a été marquée par une série de mesures socio-économiques, qui ont considérablement ébranlé la stabilité des revenus des fonctionnaires. La remise régulière de l'application du cadre définitif d'un système de rémunération des personnels du secteur public n'a pas tardé à favoriser des augmentations salariales provenant d'autres sources que celles de la loi **(1)**. L'installation de la crise économique à la même période, loin d'éclairer l'échafaudage normatif lié aux rémunérations des agents l'a, bien au contraire, approfondie par l'imposition de réductions salariales importantes **(2)**.

1. L'état de confusion de la jurisprudence administrative

341. La négociation collective relative à la rémunération en l'absence d'un cadre normatif stable. L'instabilité normative relative à la construction d'un système de rémunération unitaire des fonctionnaires a favorisé les démarches informelles de négociation de différentes primes et indemnités par le biais des conventions collectives ; et ce, malgré la prohibition impérative qui ressort des dispositions de la loi n°62 du 11 mai 2011 relative au dialogue social [1].

Les rapports annuels de la Cour des comptes mettaient en exergue, en fin d'année 2000, des dépenses de personnel jugées, aux termes de la Cour, préjudiciables pour les budgets de l'État et des collectivités territoriales. Lesdits rapports relevaient ainsi l'octroi de primes ou d'autres droits rémunératoires aux personnels de l'administration publique locale, voire

[1] Pour des développements plus amples voir *supra* : paragraphes n°127 et les ss.

centrale, autres que ceux prévus par les actes normatifs. Négociés et conclus par le biais des conventions collectives, les primes et les autres droits d'ordre pécuniaire concernaient particulièrement « les primes de fidélité, de loyauté et de stabilité, la prime de mobilité, la prime pour des conditions spéciales de travail, la prime pour le stress, d'autres droits assimilés à la fonction, primes de fête et/ou d'autres évènements (...), de l'argent pour la nourriture ou pour des vêtements » [1]. Les dispositions statutaires, considérées ensemble avec les dispositions relatives au régime juridique des agents contractuels et la loi relative au dialogue social susmentionnée, fixent non seulement la base légale des droits salariaux, mais aussi l'interdiction de réglementer, par le biais des contrats et/ou des conventions collectives, des droits de nature salariale [2] ; et ce, dans les conditions où la réglementation des droits salariaux relève exclusivement de la compétence du législateur.

Compte tenu des aspects susmentionnés, la Cour des comptes a émis, à l'égard des institutions et autorités publiques contrôlées, des décisions d'imputation des droits salariaux considérés comme indûment alloués. La jurisprudence, qui a suivi, permet d'identifier deux formes de réactions de la part des institutions contraintes de se tourner vers leurs personnels pour récupérer les sommes indûment octroyées. En effet, si certaines des institutions en cause ont directement procédé à la récupération des sommes imputées par le biais d'un programme de remboursement échelonné, d'autres les ont directement contestées devant les juridictions administratives. Dans le premier cas, les fonctionnaires se sont vus obligés de se retourner, individuellement ou collectivement, contre leur employeur, en contestant l'acte de remboursement devant les juridictions administratives.

342. La confusion jurisprudentielle au sujet des droits de rémunération. L'imbroglio jurisprudentiel, qui s'en est suivi, présente un intérêt particulier par rapport à la stabilité rémunératoire des fonctionnaires, d'une part, et aux différences d'interprétation des juges administratifs, d'autre part. C'est également le cas de la décision n°2713 du 20 juin 2011 de la Cour d'Appel de Cluj, qui a dû se prononcer sur le recours exercé contre la décision n°390/CA du 26 novembre 2010 prononcée par le Tribunal Bistrița-Năsăud, qui avait rejeté la demande en contentieux formulée par Monsieur S.D. contre la commune de Branistea. D'après la décision rendue en première instance, le maire de la commune de Branistea avait émis la « disposition » [3] n°272 du 11 décembre 2009, par laquelle il imputait les sommes jugées, par la Cour des comptes, comme indûment octroyées aux fonctionnaires publics et au personnel contractuel en 2008. La disposition du

---

[1] Cour des comptes, *Raportul public pe anul 2009* (*Le rapport public sur 2009*) ; www.curteadeconturi.ro, p. 244.

[2] *Ibid.*, p. 244.

[3] Acte administratif du maire en droit roumain.

maire se fondait sur le procès-verbal n°3293 du 25 septembre 2009 et la décision n°22/2009 émise par le Directeur de la Chambre des comptes du département de Bistrița-Năsăud ainsi que sur le rapport réalisé par un des inspecteurs de la commune [1]. La Cour d'Appel de Cluj a rejeté le recours du Monsieur S.D., en conservant dans son intégralité la décision de la première instance, aux termes de laquelle les primes et les autres droits salariaux, fixés par le biais d'un accord collectif, étaient indus. Dans l'interprétation des juges de la première instance, réitérée par la Cour d'Appel de Cluj, les dispositions de l'alinéa 1 de l'article 12 de la loi n°130 du 16 octobre 1996 relative au contrat collectif du travail [2] prohibent expressis verbis toute négociation des primes et droits salariaux par le biais d'un contrat collectif de travail. La création de tels primes et droits salariaux ne peut relever que de la compétence des dispositions légales en la matière. De ce fait, il ressort que la décision du conseil local, par laquelle l'accord collectif concernant les rapports de service avait été approuvé, ne bénéficiait pas de support légal en matière d'octroi de primes supplémentaires. Cela, parce que, « par les attributions conférées par la loi n°215/2001 relative à l'administration publique locale, le conseil local n'a pas la compétence de décider sur les droits salariaux pour le personnel de l'administration publique locale ».

Les appréciations des juges administratifs du Tribunal de Gorj ne sont pas allées dans le même sens que la décision n°4070 du 28 septembre 2012, où, contrairement à ce qui a été retenu par la jurisprudence citée ci-dessus, « l'octroi des droits spéciaux n'est pas atteint d'illégalité (...) et ce, en vertu du principe de la libre négociation ». En effet, le cas échéant, c'est la commune et le Conseil local qui ont contesté devant la section de contentieux administratif du Tribunal de Gorj la décision n°1065 du 5 août 2010, par laquelle la Cour des Comptes demandait à ladite collectivité locale de se tourner vers ses agents pour leur imputer les sommes considérées indûment octroyées en 2008. La commune a motivé sa démarche en mettant en exergue le fait que, par la décision n°1065/2010, la Cour des comptes avait retenu « de manière non fondée et illégale que ses employés n'étaient pas en droit de recevoir les indemnités et primes salariales arrêtées par le biais des contrats collectifs de travail conclus au niveau de l'institution ». Parmi les primes négociées et fixées par le contrat collectif figuraient « la prime de fidélité, la prime pour des conditions nocives de travail, les primes de fête (Noël et Pâques), les primes de vêtements, les primes mensuelles octroyées dans la limite de 10 % des dépenses avec les salariés ». De plus, par la même décision, la Cour avait retenu que les primes de dispositif, de mobilité et de confidentialité avaient également été irrégulièrement

[1] Document enregistré sous le n°4105 du 11 décembre 2009.

[2] La loi n°130 du 16 octobre 1996 relative au contrat collectif du travail est entrée en vigueur du 24 octobre 1996 au 13 mai 2011, date à laquelle a été abrogée par la loi n°62 du 10 mai 2011.

octroyées par la « disposition » du maire. Considérant que, du moment où l'accord collectif du travail avait été enregistré, son contenu devenait obligatoire pour les parties contractantes, et, d'autre part, que, si la décision d'imposition de la Cour des comptes était maintenue, les principes de sécurité des rapports juridiques de droit administratif ainsi que celui qui confère une force obligatoire aux actes administratifs seraient transgressés, le Tribunal a décidé d'annuler la décision d'imposition émise par la Cour des comptes du 5 août 2010.

Les représentants de la Cour des comptes ont largement critiqué les pratiques des juridictions administratives qui, en donnant « gain de cause » aux fonctionnaires et salariés du secteur public, au nom de leur droit à la négociation, ne prenaient pas en considération l'obligation des ordonnateurs de crédits de respecter les décisions légales relatives à la rémunération des personnels du secteur public. D'après les représentants de la Cour des comptes, cette pratique adoptée de concert par les juridictions administratives risquait non seulement d'encourager le développement des politiques arbitraires dans l'établissement des droits salariaux, mais aussi de vulnérabiliser les budgets locaux par l'augmentation incontrôlée des dépenses de personnel par rapport aux autres dépenses spécifiques du budget local [1].

Cette situation de fait a mis l'État devant un double défi. D'abord, l'État devait récupérer les sommes considérées illégalement octroyées par les corps de contrôle de la Cour des comptes, du moins jusqu'au moment où les juridictions administratives ont dénué de toute valeur juridique lesdits actes d'imputation. Ensuite, l'État se devait de gérer la crise socio-économique qui menaçait de mettre à « grandes épreuves » les budgets étatiques, et ce, à la suite des décisions rendues par les juridictions administratives en matière de droits salariaux des personnels du secteur public.

2. Le renforcement jurisprudentiel du caractère unilatéral de la rémunération

343. Les retombées du principe unilatéral de la rémunération. Comme pour tous les autres aspects liés à la Fonction publique, la rémunération est aussi atteinte par le caractère unilatéral de sa réglementation. Unilatéralité, qui a davantage été mise en exergue pendant la crise financière de 2008, qui, à des degrés différents, avait atteint tous les États européens, voire mondiaux. En effet, sur le fond de la crise socio-économique, non seulement l'application des dispositions de la loi n°284 du 28 décembre 2010 instituant la rémunération unitaire des personnels, rétribués sur des fonds publics, a été remise à une date non définie, mais il a

[1] Cour des comptes, *op. cit.*, pp. 244-245.

aussi été adopté par la loi n°118 du 29 juin 2010 certaines mesures requises pour le rétablissement de l'équilibre budgétaire.

En vertu de l'article 1 de la loi n°118 du 29 juin 2010, le montant brut des salaires, des soldes, ainsi que des indemnisations mensuelles d'encadrement, y compris les primes et les indemnités, allait être diminué de 25% [1]. Par un souci d'équité sociale, le législateur avait en même temps précisé qu'aucun traitement de base brut ne pouvait descendre en dessous de « 600 lei » [2]. D'après l'alinéa 1 de l'article 16, les mesures censées rééquilibrer le budget devaient être appliquées seulement jusqu'au 31 décembre 2010.

344. La jurisprudence de la Cour constitutionnelle. Jugée comme portant atteinte à certains droits fondamentaux garantis par la Constitution roumaine, dont notamment le droit au travail, le contenu de la loi n°118 du 29 juin 2010 a été attaqué devant la Cour constitutionnelle comme portant atteinte à certains des principes constitutionnels. En effet, en faveur de l'objection d'inconstitutionnalité, il a été souligné que la restriction apportée à l'exercice du droit au traitement engageait implicitement une restriction au droit du travail. De plus, ladite loi faisait suite à un autre texte similaire représenté par la loi n°329 du 5 novembre 2009 relative à la réorganisation de certaines autorités et institutions qui, dans un but identique, celui de contrecarrer les effets de la crise économique, avait imposé aux institutions et autorités publiques la diminution mensuelle des dépenses de personnel de 15,5%, pour la période d'octobre à décembre 2009.

Par suite, parmi les solutions proposées pour l'atteinte de ces résultats figurait notamment l'octroi jusqu'à 10 jours de congé non payé par mois. De même, par la décision n°1414 du 4 novembre 2009, les juges constituants ont rejeté l'objection d'inconstitutionnalité considérant que, de par son caractère temporaire, la restriction instituée apparaissait raisonnable et proportionnelle par rapport à la situation qui l'avait générée [3], c'est-à-dire la crise économique.

En se référant notamment à la décision rendue en 2009, la Cour constitutionnelle a apprécié une fois de plus que l'objection d'inconstitutionnalité des dispositions de la loi n°118 du 29 juin 2010 fût non fondée, et ce, pour plusieurs raisons. Premièrement, soulignaient les juges constitutionnels, par sa jurisprudence, dont notamment la décision

---

[1] Par le même acte normatif, les montants des allocations de chômage et de retraite devaient être diminués de 15%, mesure déclarée inconstitutionnelle par les décisions n°872/2010 et 874/2010 de la Cour constitutionnelle.

[2] « 600 » lei brut représentait un peu moins de 150 euros. Il en ressort qu'une partie importante des personnels du secteur public était contrainte de « survivre » avec une rémunération mensuelle nette d'un peu plus de 100 euros.

[3] http://lege5.ro/Gratuit/gezdsobqgy/decizia-nr-1414-2009-referitoare-la-obiectia-de-neconstitutionalitate-a-legii-privind-reorganizarea-unor-autoritati-si-institutii-publice-rationalizarea-cheltuielilor-publice-sustinerea-mediului-de-af, consulté le 01 octobre 2021.

n°1221 du 12 novembre 2008, la Cour avait établi « expressis verbis que le droit au travail est un droit complexe qui inclut aussi le droit au salaire ». Par conséquent, d'après les juges constitutionnels, il en ressort que le « salaire », en tant que composante du droit du travail, représente la contrepartie de l'employeur en fonction du travail de l'employé sur la base d'un rapport de travail. Comme dans la décision de 2009, la Cour poursuit son jugement en précisant que, même si, en effet, le droit au salaire représente « le corollaire d'un droit constitutionnel, c'est-à-dire le droit à travailler... », compte tenu des conditions économiques difficiles, la mesure temporaire de diminution de 25% répondait cumulativement aux conditions imposées par l'article 53 de la Constitution et que, de ce fait, elle était constitutionnelle.

Par ailleurs, lesdites dispositions ont fait aussi l'objet de plusieurs contestations notamment devant les juridictions administratives nationales qui, par leurs solutions, ont finalement rejoint la position de la Cour constitutionnelle. En effet, ces dernières avaient également apprécié que compte tenu de leur caractère temporaire une « liaison de proportionnalité entre les moyens utilisés (la diminution du salaire de 25%) et le but légitimement poursuivi [1] » ressortait desdites mesures d'austérité. En défendant leur cause, certains des fonctionnaires affectés par cette diminution de traitement impromptue ont essayé d'obtenir gain de cause auprès de la Cour des Droits de l'Homme et des Citoyens, en invoquant les dispositions de l'article 1 du Protocole Additionnel n°1 du 20 mars 1952 de la Convention de sauvegarde des droits de l'homme et des libertés fondamentales [2]. À cet effet, la décision de la CEDH du 6 décembre 2011 a aussi rejoint le raisonnement de la Cour constitutionnelle et des autres juridictions administratives roumaines. Après avoir rappelé aux intéressés que les dispositions de l'article 1 de la Convention susvisée « ne confèrent pas le droit à un montant salarial précis » [3], la CEDH a précisé que c'est à l'État « que revient la liberté d'établir, d'une manière discrétionnaire, le nombre d'avantages dont ses employés, rémunérés du budget de l'État, peuvent bénéficier » ; ce qui légitime finalement l'État à disposer unilatéralement et librement de la création, de la suspension voire de la cessation desdits bénéfices, et ce, en vertu de la loi [4].

Au 28 décembre 2010, la loi n°285 du 28 décembre 2010 concernant la rémunération sur 2011 des personnels rétribués sur des fonds publics a été

---

[1] Représenté par la réduction des dépenses budgétaires en vue de rééquilibrer le budget de l'État.

[2] Article 1 : « Toute personne physique ou morale a droit au respect de ses biens. Nul ne peut être privé de sa propriété que pour cause d'utilité publique et dans les conditions prévues par la loi et les principes généraux du droit international ».

[3] CEDH 12 octobre 2004, *Kjartan Asmundsson c/* Islande, aff. n°60669/00, paragraphe 39 ; CEDHC 19 avril 2007, *Vilho Eskelinen et autres v. Finlande*, aff. n°63235/00, paragraphe 94.

[4] CEDH 8 novembre 2005, *Ketchko c/ Ukraine*, aff. n°63134/00, paragraphe 23.

adoptée. Contre toute attente, au lieu d'un rétablissement du montant salarial à une même valeur que celle détenue avant l'application des mesures d'austérité, les dispositions du premier article annonçaient une majoration salariale de seulement 15%. D'après ledit acte normatif, le niveau des salaires n'allait donc pas revenir au niveau de celui de juin 2010. Mesure contestée à nouveau devant la Cour constitutionnelle et la Haute Cour de Cassation et de Justice, lesquelles une fois de plus ont donné des avis favorables à l'État, en précisant qu'il ne s'agissait pas « d'une perte du droit au salaire, mais d'une restriction temporaire appliquée sans discrimination à tous les personnels du secteur budgétaire » [1]. Les aspects susanalysés permettent par suite de dégager plusieurs des défaillances du système public de rémunération.

§ 2. Les défaillances du système public de rémunération

345. Les points sensibles de la réglementation en vigueur de la rémunération et communs aux deux États concernent trois aspects essentiels, dont l'organisation hiérarchique, les grilles indiciaires et le dispositif de rémunération à la performance. Compte tenu du fait que le système français, malgré sa continuité voire ses avancées en matière de réformation du système de rémunération spécifique au secteur budgétaire, apparaît n'avoir pas trouvé la formule requise pour rendre plus efficace et incitative la rémunération dans les trois Fonctions publiques **(A)**, certaines questions communes aux deux systèmes de droit se posent **(B)**.

A. Les critiques apportées au système français

346. L'égalitarisme des modes de rémunération représente une critique constante du système français de rémunération **(1)**, de même que l'égalitarisme des suppléments **(2)**.

1. Les critiques concernant l'égalitarisme des modes de rémunération

347. Des modes de rémunération trop égalitaires. Les analyses du système français de rémunération mettent en exergue des préoccupations

---

[1] HCCJ 11 janvier 2013, *D.A.V... c/ l'Inspectorat Général de Police de la Frontière*, déc. n°91.

sensiblement différentes par rapport au système roumain. Le système français apparaît fondé sur des règles « complexes et opaques » [1], qui débouchent sur des modes de rémunération « extrêmement – et sans doute trop – égalitaires » [2].

La fin des années 1990 a été marquée par la recherche d'un nouvel équilibre salarial, qui favorise la réduction des écarts entre « les rémunérations les plus basses et les plus hautes, notamment en resserrant l'éventail hiérarchique » [3]. Revalorisation envisagée par le biais d'une « prime exceptionnelle attribuée aux petits fonctionnaires, à l'intégration d'indemnités spéciales dans le traitement et aux reclassements indiciaires » [4].

Les protocoles Durafour de 1990 et Jacob de 2006 ont contribué à la réformation du système français de rémunération. Par le protocole Durafour, il a été procédé à la mise en place de grilles types censées revaloriser les rémunérations des différentes catégories des fonctionnaires ; ce fut également l'occasion de supprimer la catégorie D des fonctionnaires. Au protocole Jacob, le système français doit particulièrement une redéfinition globale « du standard commun aux grilles de l'ensemble de la catégorie C » [5]. Compte tenu du principe en vertu duquel aucun fonctionnaire ne peut toucher en dessous de la valeur du SMIC, la revalorisation régulière de ce dernier a progressivement contribué à « l'écrasement de la grille, les indices majorés de début de carrière des différentes catégories s'étaient considérablement rapprochés » [6]. Cela, sur le fond d'un manque de revalorisation des indices correspondant aux échelons et grades plus élevés [7]. La doctrine publiciste n'a pas tardé à s'interroger si l'évolution des rémunérations visait l'« égalitarisme ou [le] ciblage sur des catégories de fonctionnaires ou des emplois publics devant être valorisés en urgence ? » [8]. De ce fait, l'un des défis les plus importants du système français de rémunération continue à être représenté par l'élaboration et la mise en œuvre

---

[1] Silicani (J.-L.), *Livre blanc sur l'avenir de la fonction publique : faire des services publics et de la fonction publique des atouts pour la France*, La Documentation française, 2008, p. 139.

[2] Pêcheur (B.), *Rapport à Monsieur le Premier ministre sur la fonction publique*, La Documentation française, 2013, p. 43.

[3] Plantey (A.), *Réformes dans la fonction publique*, LGDJ, 1985, p. 45.

[4] *Ibid.*, p. 45.

[5] Silicani (J.-L.), *op. cit.*, p. 140.

[6] Pêcheur (B.), *op. cit.*, p. 42.

[7] Entre 2000 et 2012, le nombre des points d'indice majoré entre le bas de la grille de catégorie C et celui de la catégorie B a baissé de 35 à 8 points. Le nombre des points d'indice majoré entre le bas de la grille de catégorie C et A a baissé de 52 à 39 points, alors que les différences entre les catégories C et A ont baissé d'environ 40 points, respectivement de 87 à 47 points [Pêcheur (B.), *op. cit.*, p. 42].

[8] Aubin (E.), « Retour sur quelques idées reçues », *AJDA*, 2017, n°7, pp. 383-390.

d'une réforme d'ampleur de la grille indiciaire des fonctionnaires [1]. Une refonte de la grille sur des principes qui permettent d'atténuer l'effet d'aplatissement, qui caractérise actuellement la carrière dans la fonction publique française et qui ne se résume plus à la seule revalorisation à effet de « câlinothérapie », pratiquée « en début et en fin de mandat » [2]. Afin de pallier aux inconvénients cités ci-dessus relatifs aux grilles indiciaires, il a été procédé à l'octroi de différentes primes, qui différencient les revenus touchés par les fonctionnaires des différentes catégories voire corps et cadres d'emplois ; ce qui a conduit à l'élargissement progressif de la part des primes dans la rémunération nette des fonctionnaires [3]. Les différents suppléments, indemnisations ou primes, qui s'ajoutent au traitement de base du fonctionnaire, ne sont pas non plus épargnés de critiques.

2. Les critiques concernant les suppléments

348. La mise en cause du supplément familial de traitement et de l'indemnité de résidence. Les interrogations formulées à l'égard du supplément familial de traitement (SFT) conduisent la pensée juridique vers une probable tombée en désuétude par rapport aux évolutions de la notion même de famille (parent unique, parents divorcés e.a.). De plus, la complexité du dispositif est aussi mise en question. L'interrogation est de savoir si le SFT récompense encore de manière efficace la baisse du niveau de vie due à l'arrivée de nouveaux membres dans la famille. De ce fait, dans son rapport de 2014, M. Pêcheur va jusqu'à s'interroger sur l'utilité même du supplément familial de traitement.

De même, au sujet de l'indemnité de résidence (IR), elle ne semble plus en phase avec le coût de la vie spécifique aux zones d'attributions [4]. Du moment où la question de la reconstruction des fondements de la grille indiciaire de base de la rémunération peine à être tranchée, les enjeux relatifs à la mise en place d'un dispositif de rémunération à la performance s'avèrent d'autant plus importants. Des critiques similaires, mais dans un cadre beaucoup plus large et finalement commun aux deux systèmes, sont formulées également à l'égard du système roumain.

---

[1] Le Ministre en exercice de la Fonction Publique, Stanislas Guerini, étudie actuellement les modalités de mise en œuvre d'une réforme d'ampleur, qui réévaluerait le système global de rémunération.

[2] *Ibid.*, pp. 383-390.

[3] La part des primes représente plus de 28% de la rémunération globale des fonctionnaires d'État (soit 11 points de plus qu'en 2000), plus de 18 % de la rémunération globale des fonctionnaires territoriaux (soit 4 points de plus qu'en 2000), respectivement 24% de la rémunération globale des fonctionnaires hospitaliers [Pêcheur (B.), *op. cit.*, p. 43].

[4] Pêcheur (B.), *op. cit.*, pp. 45-46.

B. Les critiques apportées au système roumain

349. Des questionnements communs. L'amélioration voire la modernisation des dispositifs de rémunération a préoccupé les « têtes pensantes » de deux États depuis l'origine de l'institutionnalisation de la Fonction publique. Malgré les trajectoires politiques et existentielles différentes, les deux systèmes de droit de la fonction publique se rejoignent aujourd'hui sur des questions relatives notamment à la réorganisation hiérarchique **(1)**, à la reconstruction des grilles indiciaires de base de la rémunération **(2)**, ainsi qu'à la mise en place d'un dispositif de rémunération à la performance des agents publics **(3)**.

1. Les questionnements relatifs à la réorganisation hiérarchique

350. Les défaillances de la réorganisation hiérarchique. Concernant le système roumain, il est encore prématuré de juger les apports de la loi n°153 du 28 juin 2017. Reste néanmoins que l'expérience des autres actes normatifs en la matière prouve que les chances que ces nouvelles dispositions soient intégralement appliquées sont très réduites. Cela d'autant qu'elles concernent des majorations salariales qui frisent le double voire le triple des montants touchés actuellement par les fonctionnaires. Autrement, en matière de hiérarchisation dans la Fonction publique les apports des dispositions actuellement en vigueur sont assez modestes. De ce fait, il devient évident qu'à la différence des interrogations principales déjà évoquées et communes aux deux systèmes, les questionnements secondaires, qui en résultent, ne concernent plus avec la même intensité les deux systèmes de droit. Du moins, en ce qui concerne des solutions à apporter dans l'un ou l'autre de ces systèmes de droit.

Au niveau de la réorganisation hiérarchique dans la Fonction publique française, les interrogations portent sur le rôle et la place des corps et des cadres d'emplois dans le contexte des évolutions présentes traduites par le renforcement de la mobilité, ainsi que par la mise en place d'un dispositif de rémunération qui assure une équité dans la rémunération des postes de même nature voire une meilleure récompense de la performance. En contrepartie, en droit roumain, la question est de savoir si, en matière de rémunération, il ne faut pas d'abord procéder à la réorganisation des postes publics, une organisation qui aille au-delà du seul corps des fonctionnaires publics [1]. Des questionnements restent au sujet de la refonte indiciaire, au cas où une démarche concrète de réorganisation hiérarchique serait démarrée.

[1] Reste qu'un premier pas a déjà été fait par la création des sept familles occupationnelles par la loi n°285 du 28 décembre 2010.

2. Les questionnements concernant la reconstruction indiciaire

351. La reconstruction indiciaire assujettie à la réorganisation de la Fonction publique. La reconstruction indiciaire de base engage des questionnements différents selon l'approche à prendre en considération. Faut-il, dans le système français, réduire drastiquement, voire supprimer, en faveur d'une approche par catégorie, l'organisation en corps et cadres d'emplois des agents [1] ? Cela, afin de réduire au maximum la diversité des grilles indiciaires, compte tenu du fait qu'actuellement chaque corps et cadre d'emploi est muni d'une grille indiciaire propre. Concernant le droit roumain, il s'avère, encore une fois, très difficile de se positionner juridiquement du moment où l'inapplication des actes normatifs relatifs à la mise en place d'un système de rémunération unitaire des agents rétribués sur des fonds publics est devenue une pratique généralisée, poursuivie aussi par la loi n°153 du 28 juin 2017. Outre les questionnements relatifs à la refonte indiciaire, il y a aussi les questionnements plus sensibles d'encadrement de la rémunération à la performance.

3. Les questionnements concernant la rémunération à la performance

352. La rémunération à la performance considérée différemment, selon l'avancée des réformes de réorganisation du système de rémunération. La mise en place d'un dispositif de rémunération à la performance engage, lui aussi, des questionnements différents selon le degré d'avancée des processus de reformation des deux systèmes de fonction publique. Il est toutefois important de noter que la mise en place d'un tel système est conditionnée non seulement par l'existence d'un dispositif professionnel d'évaluation des résultats des agents publics, mais aussi par le degré de décentralisation des actions des institutions publiques. De plus, la décentralisation des actes de gestion de la fonction publique requiert, avant tout, une responsabilité professionnelle accrue. En effet, si la loi n°153 du 28 juin 2017 précitée a reconnu aux institutions publiques territoriales et locales roumaines la possibilité de fixer librement les montants salariaux de leurs personnels par décision du conseil local ou départemental selon le cas, il n'est en revanche pas certain que les représentants des institutions publiques en question présentent la maturité nécessaire pour maintenir les droits salariaux des fonctionnaires à un niveau soutenable financièrement pour leur

---

[1] Moniolle (C.), « Les mutations des corps de la fonction publique d'État », *AJDA*, 2013, n°6, pp. 328-335.

institution [1]. La recherche des réponses voire solutions aux questionnements évoqués ci-dessus, invite à l'analyse non seulement des expérimentations françaises en matière de mise en place d'un dispositif de rémunération à la performance, mais aussi d'autres systèmes étrangers de droit qui ont tout dernièrement relevé le défi de réformes parfois révolutionnaires en matière de rémunération.

---

[1] « À la suite de l'approbation de la décision du conseil local de la mairie d'Alexandria, les salaires des agents publics augmenteront, ainsi que celui du maire qui va toucher le double, soit environ 2000 €. La décision du conseil local d'augmentation salariale est conforme aux dispositions de la loi n°153/2017 relative à la salarisation du personnel rémunéré desfonds publics » [Jifcu (I.), *Salariile angajaților Primăriei Alexandria au fost mărite, începând cu 1 iulie, cea mai mare creștere fiind înregistrată chiar la indemnizația primarului municipiului (Les salaires des agents publics de la mairie d'Alexandria ont été augmentés, à partir du 1er juillet. L'augmentation la plus importante étant enregistrée pour l'indemnisation du maire)*, Ziarul Financiar, 1er août 2017, http://www.zf.ro/profesii/salariile-angajatilor-primariei-alexandria-au-fost-marite-incepand-cu-1-iulie-cea-mai-mare-crestere-fiind-inregistrata-chiar-la-indemnizatia-primarului-municipiului-16667297, consulté le 31 août 2021].

Chapitre 2. La managérisation progressive de la rémunération

353. Depuis 1990, le régime juridique de la rémunération des agents publics se trouve en quête d'une redéfinition autour de notions nouvelles, telles que la performance et les résultats professionnels. La performance se définit comme la capacité d'atteindre des objectifs préalablement fixés, exprimés en termes d'efficacité socioéconomique, de qualité de service ou d'efficience de la gestion, dont le but principal est de passer d'une logique de moyens à une logique de résultats [1]. La question de la modernisation du dispositif de rémunération doit être considérée tant du point de vue de la performance individuelle que collective. Certains des principes propres aux deux formes de performance précitées ont d'ailleurs été incorporés dans le cadre statutaire français.

Outre les dernières réformes appliquées en matière de modernisation du dispositif de rémunération en droit français, d'autres États comme l'Espagne, l'Italie, la Suède ou la Suisse ont expérimenté différents dispositifs de rémunération censés récompenser tant la performance individuelle que collective. Les défis relevés par les États susvisés au sujet de la mise en place d'un dispositif de rémunération à la performance complètent utilement la radiographie du système actuel de rémunération en vue de sa reconstruction.

Il devient toutefois évident qu'afin de dégager les enjeux de la mise en œuvre d'un dispositif de rémunération à la performance **(Section 2)**, le législateur a, une fois de plus, puisé son inspiration dans les normes du droit du travail **(Section 1)**.

Section 1. L'influence exercée par le droit du travail

354. Le droit du travail ne cesse pas, depuis la consécration des principes de *new public management*, d'inspirer voire d'influer sur le droit de la fonction publique. L'appropriation progressive des principes de performance individuelle et collective par les dispositions statutaires permet de saisir une certaine souplesse de la Fonction publique française. Cette dernière, régulièrement en quête d'une reconstruction qui réponde au mieux non seulement aux attentes des citoyens, mais aussi aux contraintes d'ordre socio-économique, doit se réinventer par l'adaptation progressive des

[1] OCDE, *La rémunération liée aux performances dans* l'administration, éd. OCDE, 2005, pp. 5-10.

dispositions statutaires aux exigences de performance **(§ 1)**, dont les enseignements à tirer d'un État à un autre s'avèrent éclairantes **(§ 2)**.

§ 1. L'adaptation progressive du statut français aux exigences de performance

355. L'appropriation d'une nouvelle philosophie en matière de gestion financière a marqué l'accélération de réflexions en matière de rémunération à la performance des agents publics. À cet effet plusieurs réformes portant état des lieux des enjeux relatifs à la mise en place d'un dispositif de rémunération à la performance ont été régulièrement disposées. En effet, le système français de fonction publique s'est, particulièrement depuis la fin des années 1990, constamment intéressé à la mise en place d'un dispositif de rémunération à la performance « individuelle » **(A)** et « collective » **(B)**.

A. L'appropriation des principes de la performance individuelle

356. La simplification **(1)** ou la reconstruction **(2)** du cadre juridique des régimes indemnitaires représente un défi qui a été régulièrement relevé par le système français de fonction publique **(3)**.

1. La simplification des régimes indemnitaires

357. Le « saut dans l'inconnu dû à la LOLF. Les innovations apportées par la loi organique n°2001-692 du 1er août 2001 relative aux lois de finances, connue sous l'appellation de la LOLF, ont été regardées comme « un saut dans l'inconnu, tant elle [la loi] représentait une rupture profonde » avec les modes de gestion pratiqués jusqu'alors [1]. En matière de rémunération, il était attendu que les nouvelles règles assouplissent considérablement la gestion de l'enveloppe salariale réservée aux personnels du secteur public [2]. Cette loi de finances ouvrait également la voie à une nouvelle philosophie de rétribution des agents publics, fondée sur les résultats individuels ou collectifs.

Afin de sécuriser et simplifier le cadre juridique relatif à la rémunération des agents publics, un défi incontournable s'imposait au législateur en ce qui

---

[1] Comité d'enquête sur le coût de la fonction publique, *Coût et organisation de la gestion des ressources humaines dans l'administration*, La Documentation française, 2006, p. 36.

[2] *Ibid.*, p. 64.

concernait la refonte des régimes indemnitaires [1]. En effet, le rapport sur la gestion des régimes indemnitaires et la modulation des primes, rendu public en avril 2004, révélait trois catégories de dysfonctionnements qui s'opposaient à la reconstruction du dispositif de rémunération sur des principes comme la performance et le résultat. Outre « l'opacité des dispositifs de fixation et de répartition des primes et indemnités » et ses conséquences sur la mobilité des agents, ledit rapport soulignait également une prise en considération insuffisante de l'engagement professionnel et des résultats de l'agent [2]. Le contenu des différents rapports portant sur la rémunération des agents, rendus publics entre 2004 et 2008, mettait, de ce fait, en exergue les bienfaits que la mise en place d'un dispositif de modulation, qui favorise la rémunération « au mérite des agents », pourrait apporter à la Fonction publique [3].

La modulation indemnitaire peut être définie comme « la pratique qui permet à l'administration de modifier, à la hausse ou à la baisse, par rapport à un taux moyen, le montant des indemnités versées à un agent » [4]. La question était de savoir si les critères qui allaient se retrouver à l'origine de la modulation des rémunérations devaient être considérés distinctement, selon qu'ils allaient se rapporter au grade ou au poste de l'agent. À cet effet, si la modulation liée au grade de l'agent n'engage pas d'observations particulières, il n'en est pas de même de la prise en considération de la valeur professionnelle et de la performance eu égard aux résultats. A cet égard, si la valeur professionnelle renvoie plutôt à « une appréciation individuelle de la performance professionnelle d'un agent », tel n'est pas les cas des « résultats », qui peuvent être considérés dans une perspective individuelle ou collective. Par conséquent, des réflexions ont été engagées pour identifier les meilleures solutions pour la reconstruction du régime indemnitaire.

2. Les propositions avancées pour la reconstruction du dispositif indemnitaire

358. Les options en matière de reconstruction du dispositif indemnitaire. Les propositions des spécialistes des questions de mutation et

---

[1] *Ibid.*, p. 1.

[2] *Ibid.*, p. 2.

[3] Silicani (J.-L.), *La rémunération au mérite des directeurs d'administration centrale : mobiliser les directeurs pour conduire le changement*, La Documentation française, février 2004, 46 p ; Comité d'enquête sur le coût et le rendement des services publics, *La gestion des régimes indemnitaire et la modulation des primes*, La Documentation française, 2004, 78 p. ; Silicani (J.-L.), *Livre blanc sur l'avenir de la fonction publique : faire des services publics et de la fonction publique des atouts pour la France*, La documentation française, 2008, 239 p.

[4] Comité d'enquête sur le coût et le rendement des services publics, *op. cit.*, p. 6.

de modernisation de la fonction publique sont allées vers la reconstruction du dispositif de rémunération à trois niveaux, dont [1] : le traitement de base, part fixe qui correspond au niveau de qualification de l'agent ; la rémunération fonctionnelle, dont la variation est directement proportionnelle à la nature des fonctions exercées ; la rémunération modulable, qui est octroyée à titre individuel ou collectif en fonction des résultats professionnels, individuels ou collectifs. D'autres propositions suggéraient que le dispositif de rémunération soit reconstruit autour de deux niveaux : d'une part, la rémunération indiciaire (grade, emploi, NBI) censée rétribuer la fonction et le niveau de qualification de l'agent et, d'autre part, la rémunération par « primes » censée rétribuer la manière de servir et l'efficacité de l'agent public [2]. À ce sujet, M. Sillicani, soulignait l'importance de définir en amont les modalités susceptibles d'assurer le succès d'une rémunération de la performance qui, d'après lui, devait être composée d'au moins trois phases successives, qui étaient la définition des objectifs, l'évaluation de la performance puis la traduction de cette évaluation dans une part variable qui ne dépasse pas, en principe, 20% de la rémunération globale [3].

3. L'expérimentation de différents dispositifs de rémunération à la performance

359. Après avoir expérimenté différents dispositifs de rémunération à la performance, dont l'indemnité de fonctions et de résultat, le législateur français a institué une prime de performance et de résultats (PFR) qui était censée remplacer presque tous les régimes indemnitaires existants **(a)**. Compte tenu des résultats mitigés issus de son application [4], un nouveau régime a été consacré dès 2014, à savoir le régime indemnitaire, tenant compte des fonctions, des sujétions, de l'expertise et de l'engagement professionnel **(b)**.

a. La prime de fonctions et de résultats

360. Les différentes expérimentations de mise en place d'un dispositif de rémunération à la performance. Le décret n°2008-1533 du 22

[1] *Ibid.*, p. 63.

[2] *Ibid.*, p. 64.

[3] Silicani (J.-L.), *La rémunération au mérite des directeurs d'administration centrale : mobiliser les directeurs pour conduire le changement*, La Documentation française, 2004, pp. 24-25.

[4] Melleray (F.), « Rémunérations des fonctionnaires : la nasse », *AJDA*, 2013, n°38, pp. 2177-2180.

décembre 2008 instituait la prime de fonctions et de résultats (PFR) qui, à la différence de l'indemnité de fonctions et de résultats (IFS) [1], était censée arriver, à terme, à « remplacer la quasi-totalité des régimes indemnitaires existants » [2] pour tous les fonctionnaires appartenant à des corps de la filière administrative ou détachés sur un emploi fonctionnel de cette filière [3].

En vertu des dispositions de l'article 2 du décret n°2008-1533 du 22 décembre 2008, la PFR était composé de deux parts, dont une part tenant compte des responsabilités, du niveau d'expertise et des sujétions spéciales liées aux fonctions exercées et une autre part tenant compte des résultats de l'évaluation annuelle de l'activité de l'agent. Versée mensuellement [4], la PFR regroupait, d'après l'article 5 du décret du 22 décembre 2008 cité ci-dessus, une part liée aux fonctions exercées, modulable de 1 à 6 en fonction du niveau de responsabilités, d'expertise et des sujétions et une part liée aux résultats individuels, modulable de 0 à 6 en fonction des résultats obtenus lors de l'évaluation professionnelle et de la manière de servir.

Il s'impose toutefois de noter que les deux parts de la PFR étaient calculées indépendamment l'une de l'autre par l'application de coefficients multiplicateurs à un montant annuel de référence fixé par le ministère du budget et exprimé en euros [5]. De plus, les dispositions de l'article 6 du décret du 22 décembre 2008 précisent que la PFR peut être également versée, soit selon une périodicité mensuelle, soit lorsqu'elle est attribuée à titre d'une année sous forme de versement exceptionnel, en une à deux fois par an et non reconductible automatiquement d'une année sur l'autre [6].

L'adoption du décret n°2014-513 du 20 mai 2014 portant création d'un régime indemnitaire, tenant compte des fonctions, des sujétions, de l'expertise et de l'engagement professionnel (RIFSEEP), a annoncé la fin imminente de la PFR à seulement quelques années de sa généralisation dans les trois fonctions publiques.

[1] Décret n°2004-1082 du 13 octobre 2004 relatif à l'indemnité de fonctions et de résultats en faveur de certains personnels des administrations centrales. L'indemnité de fonctions et de résultats (IFS) était censée prendre en considération la nature des fonctions et la manière de servir de certains personnels des administrations centrales.

[2] Cour des comptes, *Rapport public annuel de la Cour des comptes*, éd. La Documentation française, 2011, p. 181.

[3] Article 1, du décret n°2008-1533 du 22 décembre 2008 relatif à la prime de fonction et de résultat.

[4] Article 6 du décret n°2008-1533 du 22 décembre 2008 sus-cité.

[5] Circulaire du 14 janvier 2011 relative à la mise en application de la prime de fonctions et de résultats (PFR) à l'administration centrale du ministère de la justice et des libertés et de la grande chancellerie de la Légion d'honneur à compter du 1er janvier 2011, p. 2, http://www.textes.justice.gouv.fr/art_pix/JUST1101857C.pdf, consulté le 12 novembre 2021).

[6] *Idem.*

b. Le régime indemnitaire, tenant compte des fonctions, des sujétions, de l'expertise et de l'engagement professionnel

361. La mise en place progressive du RIFSEEP. Mis en application progressivement à partir du 1er janvier 2016 [1], le nouveau régime indemnitaire tend à « valoriser principalement l'exercice des fonctions via la création d'une indemnité principale, versée mensuellement ».

Le régime indemnitaire, RIFSEEP comprend l'indemnité de fonctions, de sujétions et d'expertise (IFSE) et le complément indemnitaire annuel lié à l'engagement professionnel (CIA) [2]. L'IFSE s'avère, en principe, exclusive de tout régime indemnitaire de même nature et repose non seulement sur la formalisation ponctuelle de critères professionnels, mais aussi, et surtout sur la prise en compte de l'expérience professionnelle [3]. Par conséquent, la mise en œuvre de l'IFSE impose, d'abord, la répartition des fonctionnaires d'un même corps ou cadre d'emploi en trois groupes de fonctions à partir de critères distinctes [4]. Le premier groupe concerne les fonctions d'encadrement, de coordination, de pilotage ou de conception [5], alors que le deuxième groupe de fonctions considère la technicité, l'expertise, l'expérience ou la qualification nécessaire à l'exercice des fonctions [6], pour que le troisième groupe se réfère aux sujétions particulières ou au degré d'exposition du poste au regard de son environnement professionnel [7].

---

[1] Décret 2015-661 du 10 juin 2015 modifiant le décret n° 2014-513 du 20 mai 2014 portant création d'un régime indemnitaire tenant compte des fonctions, des sujétions, de l'expertise et de l'engagement professionnel dans la fonction publique de l'État.

[2] Moniolle (C.), « Le régime indemnitaire tenant compte des fonctions, des sujétions, de l'expertise et de l'engagement professionnel », *AJDA*, 2017, n° 7, pp. 390-396.

[3] Le régime indemnitaire tenant compte des fonctions, sujétions, expertise et de l'engagement professionnel (RIFSEEP), http://www.cdg60.com/sites/default/files/fiche_pratique_rifseep_0.pdf, consulté le 12 novembre 2021, p. 2.

[4] Montecler (M.-C.), « Le nouveau régime indemnitaire se mettra en place en 2015 », *AJDA*, 2015, n°19, p. 1061 ; Durup de Baleine (A.), « Peut-on compenser la nouvelle bonification indiciaire avec la prime de fonctions et de résultat ? », *AJDA*, 2017, n° 27, pp. 1560-1563.

[5] Critère qui fait référence à des responsabilités plus ou moins lourdes en matière d'encadrement ou de coordination d'une équipe, d'élaboration et de suivi de dossiers stratégiques, ou bien encore, de conduite de projets (Circulaire du 5 décembre 2014 relative à la mise en œuvre du régime indemnitaire tenant compte des fonctions, des sujétions, de l'expertise et de l'engagement professionnel, p. 4).

[6] Critère qui doit valoriser l'acquisition et la mobilisation de compétences plus ou moins complexes, dans le domaine de référence de l'agent.

[7] Aux termes de la circulaire du 5 décembre 2014 relative à la mise en œuvre de l'IFSE, les sujétions spéciales font référence à des contraintes particulières, comme l'exercice de fonctions itinérantes, alors que l'exposition de certains types de poste peut être physique ou due à une mise en responsabilité prononcée de l'agent (lors de ses échanges avec les partenaires internes ou externes à l'administration). De même comme l'octroi de l'IFSE peut tenir compte également des sujétions liées à l'affectation ou à l'aire géographique d'exercice

Les montants minimums et maximums de l'IFSE sont fixés par arrêté pour chacun des trois groupes de fonctions déjà citées. Sachant que, d'après les dispositions de l'article 3 du décret du 20 mai 2014, le montant de l'IFSE peut faire l'objet d'un réexamen soit en cas de changement de fonctions, soit, en l'absence de tout changement, au moins tous les quatre ans afin de valoriser l'expérience acquise, soit en cas de changement de grade, à la suite d'une promotion. De plus, aux termes des dispositions de l'article 4 du décret du 20 mai 2014, un complément indemnitaire annuel peut être versé aux fonctionnaires et agents contractuels en fonction de l'engagement professionnel et de la manière de servir de l'agent. Fondée sur l'appréciation professionnelle, parmi les critères qui doivent être pris en considération pour l'évaluation de cette dernière, se retrouvent, aux termes de la circulaire du 05 mai 2014, la valeur professionnelle de l'agent, son investissement personnel dans l'exercice de ses fonctions, son sens du service public, sa capacité de travailler en équipe et sa contribution au collectif du travail. D'autres critères concernent la connaissance de son domaine d'intervention, dont sa capacité à s'adapter aux exigences du poste, à coopérer avec des partenaires internes ou externes, mais aussi l'appréciation de son implication dans le projet du service ou sa participation active à la réalisation des missions rattachées à son environnement professionnel [1]. À noter toutefois, qu'en vertu de l'article 5 du décret du 20 mai 2014, le complément indemnitaire annuel est exclusif de toutes autres primes et indemnités liées aux fonctions et à la manière de servir, à l'exception notamment de l'indemnisation des dépenses engagées au titre des fonctions exercées [2], les dispositifs d'intéressement collectif, les dispositifs compensant les pertes de pouvoir d'achat [3], ou encore, les sujétions ponctuelles directement liées à la durée du travail [4].

Rejetée par les syndicats lors de la réunion du Conseil supérieur de la fonction publique de l'État du 6 novembre 2013 pour son contenu presque identique à la prime des fonctions et des résultats, l'innovation de l'IFSE prend en compte l'expérience professionnelle acquise par un agent. Expérience professionnelle traduite par l'élargissement des compétences, l'approfondissement des savoirs et la consolidation des connaissances pratiques assimilées sur un poste sont autant de caractéristiques qui doivent

---

des fonctions dans la détermination des critères professionnels (Circulaire du 5 décembre 2014 relative à la mise en œuvre du régime indemnitaire tenant compte des fonctions, des sujétions, de l'expertise et de l'engagement professionnel, p. 5).

[1] Centre de gestion de la Fonction publique territoriale du Nord, *La mise en place du régime indemnitaire tenant compte des fonctions, des sujétions, de l'expertise et de l'engagement professionnel*, http://www.cdg59.fr/fileadmin/services/admincarrieres/cdg-info/annee_2016/cdg-info2016-1.pdf, consulté le 10 novembre 2021, p. 10.

[2] Les frais de déplacement, par exemple.

[3] La GIPA ou l'indemnité compensatrice ou différentielle, par exemple.

[4] Les heures supplémentaires ou d'astreintes, par exemple.

primer pour justifier la revalorisation du montant indemnitaire [1]. Outre l'encadrement des dispositifs de récompense de la performance individuelle, le législateur français s'est progressivement approprié les principes de la performance collective.

B. L'appropriation progressive des principes de la performance collective

362. Parallèlement à la mise en place d'un dispositif de rémunération à la performance individuelle, des réflexions ont été engagées aussi pour la mise en place d'une prime d'intéressement collectif **(1)**, dont la consécration légale ne s'est concrétisée qu'à la fin des années 2010 **(2)**.

1. Le bouillonnement réflexif autour de la mise en place d'une prime d'intéressement collectif

363. L'inaboutissement des premiers essais de mise en place d'une prime d'intéressement collectif. Parallèlement à la récompense de la performance individuelle, des réflexions ont été engagées également pour la mise en œuvre d'un dispositif d'intéressement collectif pour les agents publics. Cette volonté d'instituer, vers la fin des années 2000, une prime d'intéressement collectif n'était pas nouvelle compte tenu des essais inaboutis à défaut d'une base légale appropriée [2]. En effet, déjà à la fin des années 80, M. Jean Arthuis recevait la mission d'évaluer les modalités d'une extension au secteur public et à l'administration des dispositions de l'ordonnance du 21 octobre 1986 relative à l'intéressement et à la participation. L'une des conclusions formulées, à la suite de cette mission, lors du Conseil des ministres du 30 septembre 1987, était que « les mécanismes d'intéressement et de participation en vigueur dans le secteur privé [pouvaient] être aisément transposés dans les entreprises du secteur public concurrentiel » ; il n'en était pas de même pour les autres « entreprises publiques » [3].

---

[1] Circulaire du 5 décembre 2014 relative à la mise en œuvre du régime indemnitaire tenant compte des fonctions, des sujétions, de l'expertise et de l'engagement professionnel, pp. 6-7.

[2] La fonction publique territoriale a essayé de poser les bases d'une prime d'intéressement collectif dès 1989, alors que, dans la fonction publique hospitalière, le même type de prime a été mise en place par la loi n°91-748 du 31 juillet 1991 portant réforme hospitalière. Dans la fonction publique d'État, ce n'est que vers le milieu des années 2000, que des échanges à ce sujet ont été engagés.

[3] Arthuis (A.), *Le Conseil des ministres du 30 septembre 1987*, en ligne sur http://discours.vie-publique.fr/notices/876003258.html, consulté le 13 novembre 2021.

La situation se présentait différemment pour l'Administration, où il s'avérait nécessaire de créer le cadre requis non seulement pour « placer la satisfaction de l'usager au cœur de la logique de fonctionnement des services », mais aussi et surtout d'organiser au sein des différents services publics une réflexion sur leurs missions en y associant l'ensemble du personnel [1]. En considérant le cas roumain, la question est de savoir quelles sont les chances de réussite d'une telle démarche si les marges d'initiative et de responsabilité des gestionnaires publics, dans le sens de leur élargissement, ne bénéficient pas en amont d'un encadrement plus précis [2]. Les propos de M. Arthuis terminaient par la mise en exergue d'un nécessaire renforcement du dispositif normatif lié à la reconnaissance de la performance, doublé par l'introduction des mécanismes d'intéressement financier dans l'administration.
Ce n'est que des années plus tard que les premiers essais de mise en œuvre d'une prime d'intéressement collectif ont été enregistrés, d'abord, dans la Fonction publique hospitalière par la loi n°91-784 du 31 juillet 1991, ensuite, plus d'une décennie plus tard, dans la Fonction publique d'État. En l'absence d'un encadrement précis et renforcé, ces essais n'ont abouti qu'à des mises en pratique occasionnelles, voire informelles [3].

2. L'aboutissement de la mise en œuvre d'une prime d'intéressement collectif

364. L'encadrement réussi d'une prime d'intéressement collectif. En 2009, M. Michel Diefenbacher présentait l'introduction de « l'intéressement collectif » comme un outil « de nature à rénover profondément les pratiques de gestion, à renforcer la motivation des personnels et à approfondir le dialogue social » dans la Fonction publique [4]. De ce fait, les recommandations formulées par M. Diefenbacher sont allées vers l'adoption d'une loi, qui fixe la procédure et le régime juridique d'une prime d'intéressement collectif [5].

Ces recommandations ont été transposées dans les articles 38, 40 et 41 de la loi n°2010-751 du 5 juillet 2010 relative au dialogue social. En effet, les modifications apportées par l'article 38 de la loi du 5 juillet 2010 aux

---

[1] *Idem.*

[2] Voir *infra*.

[3] Les exemples de la commune d'Issy-les-Moulineaux qui a instauré en 1989 une prime d'intéressement collectif, ou du Grand Lyon en 1992.

[4] Defenbacher (M.), *L'intéressement collectif dans la fonction publique*, éd. La documentation française, 2009, p. 41.

[5] Un texte normatif qui précise notamment les conditions d'accès au dispositif : (ancienneté, présence effective, implication dans l'activité du service, absence de sanction disciplinaire, etc. [Defenbancher (M.), *op. cit.*, pp. 42-44].

dispositions de l'article L714-7 du CGFP [1]ont fixé notamment la possibilité de recours à des primes qui tiennent compte des performances collectives des services. L'article 40 de la loi du 5 juillet 2010 modifie en conséquence l'article L714-4 du CGFP[2]. D'après ces modifications, « les organes délibérants des collectivités territoriales et de leurs établissements publics fixent les régimes indemnitaires de leurs agents, dans la limite de ceux dont bénéficient les différents services de l'État » et peut décider, après avis du comité social territorial, d'instituer une prime d'intéressement tenant compte de la performance collective des services. La loi sur le dialogue social a aussi prévu la mise en œuvre d'une prime d'intéressement collectif pour la fonction hospitalière par le biais des modifications apportées par l'article 41 de la loi du 5 juillet 2010 à l'article 78-1 de la loi portant statut de la fonction publique hospitalière.

L'adoption de la loi du 05 juillet 2010 relative au dialogue social a donc mis les fondements utiles pour que le décret n°2011-1038 du 29 août 2011, instituant une prime d'intéressement à la performance collective des services dans les administrations de l'État, puisse être adopté. En vertu de l'article 2 du décret du 29 août 2011, la définition d'un dispositif d'intéressement à la performance doit comporter plusieurs démarches, dont celle de fixer en amont les objectifs et les résultats à atteindre ; les indicateurs qui seront utilisés pour mesurer le degré d'attente de ces objectifs ainsi que les modalités d'octroi de la prime. Le principe posé par le décret susvisé repose sur une attribution de la prime d'intéressement à la performance collective à l'ensemble des agents, ayant atteint sur une période de douze mois les résultats fixés par l'arrêté du ministre intéressé [3]. Toutefois, en cas d'insuffisance caractérisée dans la manière de servir, un agent peut, aux termes de l'article 4 du décret du 29 août 2011, être exclu du bénéfice de la prime d'intéressement à la performance collective des services.

Un an plus tard, le décret n°2012-624 du 3 mai 2012 [4] fixait les modalités et les limites de la prime d'intéressement à la performance collective des services dans les collectivités territoriales et leurs établissements publics, dont le montant était arrêté à 300 euros par le décret n°2012-625 du même jour. Comme pour les agents de la Fonction publique d'État, sur décision de l'autorité territoriale, un agent « peut être exclu du bénéfice de la prime d'intéressement au titre d'une année, en raison d'une insuffisance

[1] Article 20 de la loi n°83-634 du 13 juillet 1983 portant droits et obligations des fonctionnaires.

[2] L'article 88 de la loi portant statut de la Fonction publique territoriale a aussi été modifié par les articles 4 et 29 de la loi n°2019-828 du 6 août 2019.

[3] Alinéa 1 de l'article 2 du décret du 29 août 2011.

[4] Adopté sur la base de l'article 88 de la loi n°84-53 du 26 janvier 1984.

caractérisée de sa manière de servir constatée au titre de la même année »[1]. Cette exclusion doit toutefois être justifiée par des manquements répétés dans la manière de servir de l'agent, consignée notamment dans le compte-rendu de l'entretien professionnel. L'enjeu principal de la mise en œuvre d'une prime d'intéressement à la performance collective touche surtout à des « sujets majeurs tels que la modernisation des relations de travail, la performance de la gestion administrative et l'amélioration des services rendus au public »[2].

D'autres États ont procédé ces deux dernières décennies non seulement à la reconstruction voire la modernisation de leurs systèmes de fonction publique, mais aussi à l'expérimentation des dispositifs de rémunération à la performance, autant de sources d'inspiration pour la modernisation du système roumain de rémunération, voire français.

§ 2. Les enseignements à tirer des autres systèmes étrangers

365. Les différents dispositifs expérimentés par le système français en matière de rémunération dans la Fonction publique mettent en exergue particulièrement les difficultés auxquelles le législateur s'est confronté lorsqu'il s'est agi d'identifier et de réglementer les outils requis pour la juste mesure de la performance. Reste que les règles relatives à la rémunération ont connu des évolutions différentes qu'il s'agisse des systèmes traditionnellement statutaires **(A)** ou « antérieurement statutaires » **(B)**.

A. Les évolutions progressives du système statutaire espagnol

366. Les fondements constitutionnels et légaux de la Fonction publique espagnole **(1)** ont permis de fixer le cadre juridique de la fonction publique espagnole en général, et de la rémunération en particulier **(2)**.

1. Les fondements constitutionnels et légaux

367. Cadre général du régime juridique de la fonction publique espagnole. Les fondements du régime juridique des administrations publiques et du régime statutaire de leurs fonctionnaires relèvent, aux termes du point 18, du premier alinéa de l'article 149 de la compétence exclusive de

[1] Circulaire n°INTB12334383C du 22 octobre 2012 relative à la mise en place d'une prime d'intéressement à la performance collective des services dans les collectivités territoriales et leurs établissements publics.

[2] Diefenbancher (M.), *op. cit.*, p. 48.

l'État [1]. Sur cette base constitutionnelle, l'État espagnol a engagé dans les années 2000, plusieurs démarches de réflexion pour la modernisation de l'administration espagnole, Fonction publique comprise. Ces démarches ont abouti en 2007 à l'adoption de la loi n°7 du 12 avril 2007 portant statut de base pour les agents publics [2], dont l'objectif était notamment de réussir à réunifier la réglementation relative au régime juridique des différentes catégories de personnels publics [3].

En désignant les agents publics comme les personnes exerçant des fonctions rémunérées dans les administrations publiques au service de l'intérêt général, l'article 8 de la loi n°7 du 12 avril 2007 identifie quatre types de personnels, dont les fonctionnaires statutaires [4], les fonctionnaires intérimaires [5], les agents contractuels [6] et les personnels auxiliaires [7].

Les agents publics sont divisés, en fonction du niveau d'études requis, en quatre groupes, dont A [8], B [9], C [10] et autres groupements professionnels

---

[1] La Constitution espagnole du 27 décembre 1978, p. 43, http://www.tribunalconstitucional.es/Lists/constPDF/ConstitucionFRANCES.pdf, consulté le 18 novembre 2021.

[2] Publié dans le BOF n°89 du 13 avril 2007.

[3] La loi n°30 du 2 août 1984.

[4] Aux termes de l'article 9 de la loi n°7 du 12 avril 2007, sont « fonctionnaires statutaires les personnes désignées par la loi qui relèvent d'une administration publique en vertu d'une relation statutaire régie par le droit administratif, en vue d'accomplir des services professionnels rémunérés à caractère permanent. » (http://eur-lex.europa.eu/legal-content/FR/TXT/PDF/?uri=CELEX:62014CJ0177&from=EN, consulté le 18 novembre 2021).

Comme en droits roumain et français, les fonctions impliquant la participation directe ou indirecte à l'exercice de la puissance publique ou à la sauvegarde des intérêts généraux de l'Etat et des administrations publiques ne peuvent être exercées que par les fonctionnaires (https://www.boe.es/buscar/pdf/2015/BOE-A-2015-11719-consolidado.pdf , consulté le 18 novembre 2021).

[5] Les fonctionnaires intérimaires sont, d'après l'article 10 de la loi n°7 du 12 avril 2007, les fonctionnaires qui, vu l'état d'urgence ou de nécessité, sont nommés à titre temporaire comme fonctionnaires. Parmi les situations qui légitiment le recours à cette forme de nomination les dispositions de l'article 9 suscité énumèrent l'existence des places vacantes et il n'y a pas la possibilité de recruter des fonctionnaires titulaires ; la substitution temporaire d'un fonctionnaire ; l'exécution de projets à caractère temporaire qui ne dépassent pas trois ans, etc. (https://www.boe.es/buscar/pdf/2015/BOE-A-2015-11719-consolidado.pdf).

[6] Recrutés par des contrats à durée déterminée ou indéterminée.

[7] Les personnels auxiliaire désignent, d'après l'article 12 de la loi n°7 du 12 avril 2007, les personnes qui, en vertu de leur nomination et de manière temporaire, exercent des fonctions expressément qualifiées (fonctions de confiance, fonctions de conseiller spécialisé), rémunérées sur des lignes budgétaires spécialement réservées à cet effet (https://www.boe.es/buscar/pdf/2015/BOE-A-2015-11719-consolidado.pdf).

[8] Groupe divisé à son tour en deux sous-groupes A1 et A2 et où le niveau d'études requis est celui des études universitaires.

[9] Études techniques supérieures.

[10] Groupe divisé en deux sous-groupes C1 (diplôme de baccalauréat ou qualification technique) et C2 (diplôme de l'enseignement secondaire).

« E »[1]. Le dispositif actuel de rémunération des fonctionnaires espagnols est encadré par la loi n°7 du 12 avril 2007.

2. Le cadre juridique de la rémunération

368. Le régime juridique de la « rémunération ». Si la loi n°7 du 12 avril 2007 continue à réserver à l'État le rôle de déterminer le salaire de base pour toutes les catégories d'agents, elle innove en revanche lorsqu'elle réserve à chaque administration le droit de déterminer librement les compensations complémentaires [2]. Il en ressort que les rétributions des fonctionnaires sont composées, tel que le précise également l'alinéa 1 de l'article 22 de la loi n°7 du 12 avril 2007, de deux parts, une de base et une complémentaire.

En vertu des dispositions des articles 22 à 24 de la loi n°7 du 12 avril 2007, la rétribution de base du fonctionnaire est établie en fonction de son groupe d'appartenance voire corps et grade professionnel, sachant que, normalement le salaire de base du groupe « A » ne peut pas excéder plus de trois fois le salaire de base des fonctionnaires du groupe « E » [3]. Le salaire de base est, ensuite, complété par les « trienios » [4] (séniorial), qui représente l'équivalent d'une prime à l'ancienneté, compte tenu du fait que « les trienios » sont accordés tous les trois ans d'ancienneté dans la fonction publique [5].

369. Le dispositif de compléments et de primes de la rémunération des agents espagnols. L'alinéa 4 de l'article 22 de la loi n°7 du 12 avril 2007, corroboré par l'article 23 de la loi n°30 du 2 août 1984 susmentionnée, précisent ensuite les « paiements extraordinaires » (pagas extraordinarias). Au nombre de deux par an, en juin et décembre [6], le montant des « paiements extraordinaires » représente à chaque fois l'équivalent d'un

---

[1] Pas de diplôme requis.

[2] OCED Public Governance Reviews, *Spain : from Administrative reform to continuous improvement*, éd. OCED, 2014, pp. 44-45.

[3] Sanchez-Motos (E.-M.), *Civil service salary system in Spain and recent reform trends*, conference on civil service salary systems in Europe, Bucharest, 25 avril 2007, p. 3, (http://www.sigmaweb.org/publications/38654579.pdf, consulté le 10 octobre 2021).

[4] Triennal.

[5] L'article 23 de la loi n°30 du 2 août 1984 précise d'ailleurs qu'au cas où un agent changerait de corps, classe ou catégorie, durant les trois ans, la période passée dans le corps, la classe ou la catégorie précédente doit être pris en considération, comme s'il n'avait pas eu de changement (principe de la continuité).

[6] Le point B, de l'article 23 de la loi n°48 du 29 octobre 2015 relative au budget de l'État sur 2016 (https://www.boe.es/buscar/pdf/2015/BOE-A-2015-11644-consolidado.pdf , consulté le 19 novembre 2021).

salaire de base et des rétributions complémentaires. Il s'agit en fait d'une sorte de 13ème voire de 14ème salaire.

Les rétributions complémentaires, quant à elles, sont en principe fixées par les dispositions de l'article 24 de la loi n°7 du 12 avril 2007 à la libre volonté de chaque administration, avec toutefois le respect de certaines règles dont la prise en considération de la position atteinte par le fonctionnaire dans sa carrière. Ensuite, dans l'établissement des rétributions complémentaires, les administrations doivent tenir compte, d'une part, du niveau de technicité ou de responsabilité de la fonction et, d'autre part, du degré d'intérêt, d'initiative et d'investissement du fonctionnaire dans l'exercice de sa fonction. Il en ressort que les dispositions de la loi n°7 du 12 avril 2007 ont notamment posé les bases d'un dispositif de rémunération à la performance fondé sur l'évaluation de la performance, individuelle et/ou collective [1]. Parmi les principales formes de rétributions complémentaires, les dispositions de l'article 23 de la loi n°30 du 2 août 1984 énumèrent le supplément de « niveau », le supplément gratifiant les conditions particulières spécifiques au poste [2], le supplément de « productivité » destiné à récompenser le degré d'investissement et d'initiative du fonctionnaire dans l'exercice de ses attributions.

Le supplément de « niveau » représente le niveau assigné au poste occupé par le fonctionnaire, dont le montant est fixé annuellement par la loi relative au budget de l'État. À juger notamment d'après le point C de l'article 23 de la loi n°48 du 29 octobre 2015 relative au budget de l'État sur 2016 dans la fonction publique espagnole, il y a 30 niveaux rattachés aux différents groupements qui composent la fonction publique. Le montant global de ce dernier supplément ne pourra pas excéder 1% du budget total réservé annuellement à la rémunération des fonctionnaires. Le montant est individuellement établi pour chaque fonctionnaire (au cas par cas), en accord avec les dispositions de la loi annuelle relative au budget de l'État (« ley de presupuestos ») [3]. Si la rémunération de base [4] et la prime des fonctions sont en principe fixes et de ce fait quasi identiques pour les fonctionnaires appartenant au même groupe et au même niveau [5], quel que soit leur métier et leur administration [6], ce sont en fait les suppléments liés au niveau de

---

[1] *Idem.*

[2] Niveau de responsabilité, difficulté technique ou niveau de stress.

[3] La loi n°48 du 29 octobre 2015 relative au budget général de l'État pour l'année 2016 (https://www.boe.es/buscar/pdf/2015/BOE-A-2015-11644-consolidado.pdf , consulté le 19 novembre 2021).

[4] Par la rémunération de base, il faut comprendre le salaire de base avec, selon les cas, les bonifications triennales d'ancienneté et les 13e et 14e salaires.

[5] Dernier alinéa de l'article 24 de la loi n°30 du 2 août 1984.

[6] DGAFP, *Systèmes de rémunération des fonctionnaires : étude comparative internationale*, 2014, p. 33-34, http://www.fonction-publique.gouv.fr/files/files/publications/coll_outils_de_la_GRH, consulté le 19 novembre 2021.

responsabilités ou de difficultés techniques voire à la performance qui favorisent les écarts entre le niveau de rémunération, des fonctionnaires espagnols. La politique décentralisatrice des rémunérations encouragée par la loi n°7 du 12 avril 2007, fait que les écarts entre les montants des suppléments, dont l'octroi est laissé à la libre volonté des administrations, peuvent varier d'un à trois [1].

Il est à noter que l'encadrement normatif de la Fonction publique espagnole favorise la transparence par l'accès aux montants arrêtés annuellement pour les différentes composantes de la rétribution dans la fonction publique [2]. Reste à savoir si les systèmes qui ont abandonné l'encadrement statutaire, en faveur d'une réglementation plus souple, ont concomitamment abouti aussi à la mise en place d'un dispositif professionnel de rémunération à la performance.

B. L'évolution de la rémunération des systèmes antérieurement statutaires

370. L'aboutissement des réformes radicales connues par le système italien de fonction publique **(1)**, complétée par un système décentralisé poussé comme l'exemple suédois **(2)**, ou encore, par les transformations évolutives des règles suisses en matière de rémunération **(3)** s'érigent en autant de sources d'inspiration pour les législateurs roumain voire français.

1. L'exemple italien, un aboutissement de la rémunération à la performance

371. Rappel historique. Le système italien de fonction publique se remarque par les transformations progressives débutées dans les années 1990 qui ont conduit au remplacement du régime juridique statutaire par un régime contractuel, et de privatisation de la Fonction publique. À l'exception des magistrats, des préfets, des diplomates, des universitaires, de l'armée, de la police et de la gendarmerie, qui jouissent encore d'un régime statutaire, les autres catégories professionnelles, soit 85% des personnels du secteur public, ont vu leur rapport de service passer d'un rapport de droit public à un

---

[1] Cela, même si le fonctionnaire appartient au même groupe et occupe le même niveau (DGAFP, *op. cit.*, pp. 34-35).

[2] Voir le titre III de la loi n°48 du 29 octobre 2015 relative au budget de l'État sur 2016 consacré aux dépenses de personnel (« De los gastos de personnel ») et où sont indiqués les revenus de toutes les catégories d'agents publics, voire des représentants politiques de l'État (https://www.boe.es/buscar/pdf/2015/BOE-A-2015-11644-consolidado.pdf , consulté le 19 novembre 2021).

rapport de droit privé. C'est ainsi que les contrats de travail, la négociation collective à deux niveaux, nationale et intégrative, ont « remplacé la loi dans la détermination des tâches, des salaires, des primes et du régime d'emploi des fonctionnaires, avec des contrats individuels visant à promouvoir l'efficience et le professionnalisme des fonctionnaires, y compris des directeurs généraux » [1].

372. Le régime juridique de la rémunération. Les différentes réformes engagées [2] depuis les années 90 n'ont, donc, pas tardé à influer également sur le dispositif de rémunération des agents publics italiens. En effet, l'introduction des contrats collectifs [3] à double niveau, national et institutionnel (intégratif), du début des années 1990, a favorisé une négociation salariale à deux niveaux : nationale et dans chaque administration. Deux décennies plus tard, la réforme « Brunetta » [4] était censée non seulement mieux répartir les compétences entre la loi et le contrat collectif en matière de gestion des rapports publics de travail, mais aussi introduire la rémunération liée à la performance [5]. Cette démarche devait toutefois être accompagnée par la reconstruction voire la modernisation du dispositif d'évaluation jusqu'alors fondée plutôt sur des critères mécaniques et impersonnels. C'est pourquoi, le titre II du décret n°150 du 27 octobre 2009 a été consacré, comme il ressort de son intitulé, à la « mesure, l'évaluation et la transparence de la performance ». En fait, par le biais du titre II du décret susvisé, le législateur a cherché à introduire un ensemble de normes et de procédures voire d'institutions spécialisées dans la mesure et l'évaluation de la performance [6].

---

[1] Bassanini (F.), *La réforme du statut de la fonction publique en Italie : leçons apprises* », intervention lors du colloque organisé par SciencesPo Paris et l'IFRAP, Paris, le 27 avril 2009 (http://www.bassanini.it/public/SciencesPo2009Intervention_de_Franco_Bassanini.pdf, consulté le 22 novembre 2021).

[2] Voir *supra*.

[3] La loi n°29 du 3 février 1993.

[4] Le décret-loi n°150 du 27 octobre 2009 d'application de la loi n°15 du 4 mars 2009 en matière d'optimisation de la productivité, de l'efficience et de la transparence des administrations publiques, en ligne sur http://www.gazzettaufficiale.it/atto/serie_generale/caricaDettaglioAtto/originario?atto.dataPubblicazioneGazzetta=2009-10-31&atto.codiceRedazionale=009G0164 , consulté le 14 décembre 2021).

[5] L'introduction de la rétribution à la performance, il est important de le préciser, n'était pas une première pour le système italien de fonction publique. En effet, une telle démarche avait déjà été engagée au début des années 1980, lorsque par le biais du décret présidentiel n°347 du 25 juin 1983 (http://www.aeccher.eu/leggi/lex80_89/dpr347_83.html, consulté le 20 novembre 2021) a été introduite l'institution de la « productivité » (Ongaro (E.) et Bellé (N.), « Réforme de la fonction publique et introduction de la rémunération liée aux performances en Italie », *RFAP*, 2009, n°132, p. 835).

[6] Rapicavolli Carlo, directeur général de la province de Treviso, http://www.ambientediritto.it/dottrina/Dottrina_2009/brunetta_rapicavoli.htm, le 20 novembre 2021.

373. La mise en place d'un dispositif professionnel d'évaluation de l'activité des agents. D'après le 1er alinéa de l'article 3 du décret n°150 du 27 octobre 2009, la mesure et l'évaluation de la performance sont destinées à l'amélioration de la qualité des services offerts par les administrations publiques, ainsi qu'à l'amélioration des compétences professionnelles à travers la valorisation du mérite et l'instauration de primes liées aux résultats obtenus dans l'exercice des attributions professionnelles. Pour y arriver, il s'impose, d'abord, tel qu'il ressort de l'article 5 du décret susvisé, que des objectifs et des indicateurs de mesure soient minutieusement établis. En vertu des dispositions de l'alinéa 1 de l'article 5 du décret n°150 du 27 octobre 2009, les objectifs professionnels sont arrêtés sur une base triennale et doivent être pertinents par rapport aux besoins de l'administration. Les objectifs doivent également être bien indiqués et surtout concrètement et clairement mesurables, voire comparables aux évolutions de l'administration, par rapport aux trois dernières années.

Afin de répondre aux exigences évoquées ci-dessus, les dispositions de l'article 7 du décret n°150 du 27 octobre 2009 précisent que les administrations publiques doivent assurer annuellement l'évaluation de la performance collective et individuelle de ses agents. Parmi les acteurs, qui interviennent dans le processus d'évaluation, l'article 12 du décret n°150 du 27 octobre 2009 indique l'organisme central dénommé « Commission pour l'évaluation, la transparence et l'intégrité des administrations publiques », les organismes indépendants d'évaluation de la performance, ainsi que les organes d'orientation politico-administrative de chaque administration, dont les dirigeants de chaque administration.

La Commission pour l'évaluation, la transparence et l'intégrité des administrations publiques endosse, aux termes de l'article 13 du décret susvisé, des responsabilités en matière de promotion des dispositifs méthodologiques afférents aux nouvelles modalités d'évaluation ainsi que de support technique et méthodologique lors de la mise en place de nouveaux dispositifs d'évaluation. Parmi les obligations qui incombent à la Commission pour l'évaluation, la transparence et l'intégrité des administrations publiques, figure aussi l'adoption d'un guide définissant les instruments relatifs à la qualité des services publics ainsi que les paramètres et les modèles relatifs au système de mesure et d'évaluation de la performance. Par suite, les dispositions de l'article 14 du même décret imposent aux administrations publiques l'obligation de se doter d'un Organisme indépendant d'évaluation de la performance, dont les représentants sont nommés par la Commission pour l'évaluation, la transparence et l'intégrité pour un mandat de trois ans. Parmi les attributions de l'organisme indépendant de l'évaluation et de la performance, les dispositions de l'alinéa 4 de l'article susmentionné énumèrent des attributions de surveillance des dispositifs d'évaluation mis en place, de communication en temps voulu des irrégularités observées en matière d'évaluation [1], de garantir l'intégrité des processus de mesure et d'évaluation du mérite professionnel des agents.

374. Le régime juridique des primes de mérite et de récompense. Après avoir fixé le cadre pour la mise en œuvre d'un dispositif d'évaluation centré sur la « mesure » des résultats voire de la performance, le législateur a consacré le titre III du décret n°150 du 27 octobre 2009 au « Mérite et la récompense » des agents [2].

Les dispositions de l'article 18 du décret précité assignent aux administrations publiques l'obligation de promouvoir le mérite et l'amélioration des performances individuelles et collectives par le biais d'un dispositif de récompense sélective d'ordre économique ou de carrière. Partant de cette idée, le système italien propose au moins six modalités de récompense du mérite et du professionnalisme dans la fonction publique dont le bonus annuel d'excellence, la prime annuelle de l'innovation, des récompenses financières et de carrière, ou encore, l'octroi de nouvelles attributions et responsabilités, ainsi que l'accès à des formes de formation qui favorisent l'évolution dans la carrière aux plans national et/ou international.

Le bonus annuel d'excellence est censé récompenser les performances individuelles non seulement des agents de direction, mais également d'exécution. Octroyé généralement en avril, ce bonus est cumulable avec les autres modalités de récompense des agents.

Établie par chaque administration, la prime annuelle pour l'innovation est censée récompenser le meilleur projet réalisé dans l'année avec des retombées évidentes sur l'amélioration de la qualité des services publics rendus aux citoyens. Les lauréats de chaque administration viennent ensuite en concurrence au niveau national, quand un prix national pour l'innovation est attribué par le ministre de l'Administration publique et de l'innovation au meilleur d'entre eux.

Les récompenses économiques, quant à elles, sont attribuées, aux termes de l'article 23 du décret n°150 du 27 octobre 2009, de manière sélective et à un nombre limité d'agents, en fonction des résultats professionnels individuels et collectifs attestés par l'évaluation professionnelle ainsi que des efforts engagés pour le développement des compétences professionnelles.

---

[1] Auprès des organes de l'Administration, ainsi qu'à la Cour des comptes ou à l'Inspectorat de fonction publique ou de la Commission pour l'évaluation, la transparence et l'intégrité des administrations publiques.

[2] Comme les dispositions de l'article 17 le précisent, l'objectif et la finalité de ce titre regardent l'encadrement juridique requis pour la mise en place des outils de valorisation du mérite et d'incitation non seulement à la productivité et la qualité des prestations professionnelles, mais aussi et surtout, à l'appropriation des principes de sélection, de compétition dans l'évolution de carrière et de stimulation du mérite.

Les avancements (récompenses) de carrière représentent une autre modalité de reconnaissance et de valorisation des compétences professionnelles des agents italiens. Partant du fait que, depuis le 1er janvier 2010, les postes vacants des administrations italiennes ne peuvent être occupés que par concours, les dispositions de l'article 24 du décret n°150 du 27 octobre 2009, corroborées par les dispositions du décret n°165/2001, précisent que 50% tout au plus des postes ouverts au concours au sein d'une institution doivent être réservés aux agents en interne.

Quant à la philosophie, qui habite l'octroi des attributions et responsabilités plus importantes, elle réside dans la stimulation du perfectionnement progressif et continue du savoir professionnel et de la responsabilisation des agents, dont l'objectif serait l'amélioration des services publics offerts aux citoyens. Dans ce cas précis, le point 2 de l'article 25 du décret n°150 du 27 octobre 2009 précise que l'octroi de nouvelles attributions et responsabilités repose sur le document d'évaluation des résultats professionnels obtenus sur l'année précédente. À la différence des systèmes sus-évoqués, le dispositif de rémunération suédois est fondé sur des principes fortement décentralisateurs.

2. L'exemple suédois, un système décentralisé de rémunération

375. Un régime juridique fondé sur des conventions sectorielles et nationales. Reposant sur des fondements de droit privé, il s'avère que très peu des aspects liés au régime juridique des agents suédois [1] font l'objet d'un encadrement normatif. En effet, à l'exception des responsabilités [2], de certains droits et obligations [3], les autres aspects de la carrière des agents publics sont fixés sur la base de conventions sectorielles en tant que complément de la loi [4]. Pour rappel, le système suédois est caractérisé par deux catégories de conventions : l'une concernant le niveau de l'administration centrale et gouvernementale, et l'autre les niveaux régional et local. Par conséquent, le dispositif de rémunération suédois repose sur un système de rémunération relativement individualisé compte tenu du fait que chacune des agences qui composent le système public négocie la rémunération directement avec leurs agents [5]. Chaque Agence est responsable de la gestion de son propre budget, à l'exception de son

[1] Contractuels de droit privé.
[2] The public employment (Les actes de l'emploi public) des années 1974 et 1976.
[3] The 1994 Civil Service Act ; 1994 Public Employment Act.
[4] OCDE, *Public employment in European Union member states*, éd. OCDE, 2010, p. 238.
[5] Demmke (C.) et Moilanen (T.), *Civil service in the EU of 27*, éd. Peter Lang, 2010, p. 179.

« staff » [1], ainsi que de l'évaluation de ses agents. En l'absence d'un système d'évaluation uniforme des fonctionnaires suédois, presque toutes les Agences procèdent une fois par an à une évaluation des performances, sous forme de dialogue censé faire le bilan du parcours de chaque fonctionnaire en termes de résultats, tâches et besoins de formation futurs [2]. Le plus souvent, le « dialogue » d'évaluation prend la forme d'un échange par le biais duquel « l'employeur donne des informations en retour au directeur et vice versa » [3]. Les retours de la doctrine suédoise, sur ce type d'évaluation, soulignent que les évaluations sous forme de libre échange entre les évalués et les évaluateurs contribuent souvent à « améliorer le dialogue en le liant davantage aux objectifs actuels et en le faisant porter plus franchement sur les performances et attentes effectives » [4].

Il s'impose toutefois de préciser qu'initialement les conventions collectives sont négociées au niveau central. Une fois cette étape entamée et les conventions nationales conclues, chaque Agence procède à des négociations pour fixer notamment le cadre général rémunératoire pour ses agents. Une fois la convention collective arrêtée, l'Agence peut enfin passer à une négociation individuelle avec les agents concernés au regard de leur position stratégique au sein des institutions publiques suédoises [5].

En termes généraux, les salaires dans le système public suédois sont déterminés sur la base de plusieurs critères, dont notamment des résultats professionnels attestés lors des évaluations professionnelles annuelles [6]. À l'opposé, la fonction publique suisse reste encore, malgré sa contractualisation, attachée à un encadrement unilatéral assez détaillé en matière de rémunération.

3. L'exemple suisse, un système de rémunération assujetti à l'évaluation professionnelle

376. La consécration d'un système de rémunération assujetti à l'évaluation professionnelle [7]. Divisé en classes de rétribution, le dispositif

[1] OCDE, *op. cit.*, p. 240.

[2] OCDE, *La rémunération liée à la performance dans l'administration*, éd. OCDE, 2005, p. 168.

[3] *Ibid.*, p. 168.

[4] *Ibid.*, p. 168.

[5] OCDE, *Public employment in European Union member states*, éd. OCDE, 2010, p. 241.

[6] Plus de 90% des fonctionnaires suédois percevaient un salaire différencié de façon individuelle, dont la part prime liée à la performance a pu varier de 0 à 30% du salaire de base (OCDE, *op. cit.*, 2005, p. 169).

[7] Depuis les années 2000, les agents publics suisses ne bénéficient plus d'une protection statutaire. En matière de Fonction publique, c'est le Conseil fédéral qui édicte les principes applicables à la rémunération des cadres du plus haut niveau hiérarchique et des autres membres du personnel rémunéré de manière comparable [7]. L'ordonnance n°172.220.111.3 du

de rémunération suisse compte 38 classes de rémunération. Lors de son recrutement, l'agent est reparti dans une des 38 classes selon, d'une part, le niveau des études, et d'autre part, l'expérience professionnelle et extra-professionnelle.

Les modifications, apportées progressivement depuis le début des années 2010 aux textes de la loi n°172.220.1 du 24 mars 2000 sur le personnel de la Confédération et de l'ordonnance du 3 juillet 2001, mettent en exergue la volonté du législateur suisse de renforcer le lien de dépendance entre la rémunération et les résultats professionnels des agents publics.

Dans cet esprit, aux termes de l'article 15 de l'ordonnance du 3 juillet 2001[1], les agents suisses sont annuellement évalués par le biais d'un entretien professionnel avec leur supérieur hiérarchique. D'après l'alinéa 2 du même article, l'entretien professionnel doit représenter un moment d'échanges pendant lequel le supérieur hiérarchique peut mieux prendre connaissance des conditions de travail de l'agent, ainsi que d'avoir « un écho de la part de ses collaborateurs sur la façon dont il dirige son unité ». Ensuite, l'entretien professionnel doit également servir pour fixer les objectifs professionnels pour l'année suivante.

Outre l'évolution professionnelle, l'entretien professionnel sert de base également à l'évolution du salaire, laquelle, aux termes de l'alinéa 3 de l'article 15 de l'ordonnance du 3 juillet 2001, survient en fonction des objectifs convenus et fixés dans l'exercice de ses attributions, ainsi que du comportement professionnel et des compétences de l'agent. De plus, les dispositions de l'alinéa 3bis du même article précisent que le salaire des employés, ayant eu des absences de longue durée pendant la période soumise à l'évaluation, n'évolue que s'ils ont néanmoins été présents assez longtemps pour que leurs prestations, leur comportement et leurs capacités puissent être évalués [2].

Les dispositions de l'article 16 instituent l'obligation des supérieurs hiérarchiques d'informer en amont les agents sur les éléments retenus comme déterminants lors de l'entretien, tant pour l'évaluation personnelle que pour la fixation du salaire. À l'issue de l'entretien, l'agent peut se voir placé dans l'un des quatre « échelons » indiqués par l'article 17 de l'ordonnance du 3 juillet 2001 [3]. À l'échelon d'évaluation 4, correspond le qualificatif « très bien », à l'échelon d'évaluation 3 le qualificatif « bien », alors qu'à l'échelon 2 le qualificatif correspondant est le « suffisant », puis « insuffisant » pour le 1er échelon d'évaluation.

---

3 juillet 2001 sur le personnel de la Confédération est venue compléter les dispositions-cadres de la loi de 2000.

[1] Le contenu de l'article 5 suscité a été modifié en 2013 par l'Ordonnance RO 20132015 du 1er mai 2013.

[2] Précision introduite par l'Ordonnance RO 20131515 du 1er mai 2013.

[3] Article modifié en 2014, par l'ordonnance RO 20143403 du 15 octobre 2014.

Les précisions relatives au dispositif d'évaluation mis en place dans le système suisse s'avèrent importantes, compte tenu que le montant maximal de la classe de salaire [1] fixée dans le contrat de travail sert de base de calcul à l'évolution du salaire en fonction de l'évaluation personnelle et de l'expérience de l'agent [2]. En effet, aux termes de l'alinéa 2 de l'article 39 de l'ordonnance du 3 juillet 2001, si les prestations correspondent à l'échelon d'évaluation 4, le salaire est augmenté chaque année de 2.5 à 3%, jusqu'à ce que le montant maximal de la classe de salaire soit atteint [3]. Si les prestations correspondent aux échelons d'évaluation 3 ou 2, le salaire est augmenté de seulement 1 à 2%, voire de 0.5% [4]. En revanche, si les prestations correspondent à l'échelon d'évaluation 1 (qualificatif insuffisant), le salaire de l'agent peut être réduit chaque année au maximum de 2% du montant maximal de la classe de salaire d'appartenance [5]. Outre la baisse de salaire, le supérieur hiérarchique doit en même temps prévoir des mesures d'accompagnement, tel le suivi des formations spécialisées ou l'attribution d'un poste moins exigeant [6]. Au cas où les mesures d'accompagnement susmentionnées n'amènent pas une amélioration claire et nette des résultats professionnels des agents, les rapports de travail sont, aux termes de l'alinéa 1 de l'ordonnance du 3 juillet 2001, résiliés. En tout état de cause, les salaires des agents sont fixés par les offices fédéraux et les unités administratives assimilables sur proposition du supérieur hiérarchique.

Par ailleurs, le système suisse a aussi imposé un principe régulateur d'après lequel au cas où il y aurait un écart trop important entre un agent et ses collègues, l'autorité compétente peut augmenter le montant perçu par l'agent en cause, en une ou plusieurs fois, dans la limite de 10% du montant maximal de la classe de salaire fixée dans le contrat de travail. De même, comme le salaire ainsi ajusté ne doit pas dépasser le montant maximal de la classe de salaire.

La rémunération de base des agents suisses peut être complétée par une indemnité de résidence, une compensation du coût de la vie ainsi que par une augmentation du salaire réel. Cette dernière peut, lorsque la situation qui prévaut sur le marché de travail le justifie, ne pas être accordée aux agents de

---

[1] L'article 36 de l'ordonnance n°172.22.111.3 du 3 juillet 2001 indique, sous forme de tableau, le montant maximal correspondant à chaque classe de salaire. À titre d'exemple, à la classe 38, correspond un montant maximal de 370 568 francs helvétiques.

[2] Article 39 de l'ordonnance n°172.22.111.3 du 3 juillet 2001 sur le personnel de la Confédération.

[3] Alinéa 2 de l'article 39 a été modifié par l'ordonnance RO 2015 3155 du 11 septembre 2015.

[4] Alinéas 3 et 4 de l'article 39, modifiés par l'ordonnance RO 2015 3155 du 11 septembre 2015.

[5] Alinéa 5 de l'article 39, modifié par l'ordonnance RO 2015 3155 du 11 septembre 2015.

[6] Article 42 de l'ordonnance du 3 juillet 2001.

certaines classes de salaire. De même, son octroi peut être conditionné notamment par les qualificatifs attribués lors de l'entretien professionnel [1].

Depuis 2009, une prime de fonction peut être attribuée aux agents qui exercent des attributions « particulièrement engageantes », ne justifiant toutefois pas une affectation durable dans une classe de salaire supérieure [2]. En tout cas, les dispositions de l'alinéa 2 de l'article 46 de l'ordonnance du 3 juillet 2001 précisent que la prime de fonction ne doit pas dépasser « la différence entre le montant maximal de la classe de salaire fixée dans le contrat de travail et le montant maximal de la classe de salaire à laquelle est affectée la fonction ». D'autres primes et indemnités peuvent compléter les revenus des agents suisses, comme celle afférente à la famille. La Suisse doit donc être considérée comme un bon exemple, parmi les rares États qui, en mettant en place une politique de rémunération liée à la performance à grande échelle, ont simultanément accordé une place importante à la décentralisation des actes de gestion des ressources humaines et de l'autonomie financière.

Les exemples étrangers analysés ci-dessus en matière de rémunération permettent de dégager un certain nombre de défis qui dépassent le seul encadrement national des systèmes roumain et français.

Section 2. La nécessaire reconstruction statutaire du système de primes à la performance

377. Les dispositifs de rémunération, réglementés dans les différents systèmes étrangers de fonction publique, ont été construits autour d'une partie fixe, formée entre autres du salaire de base et de l'indemnisation de fonction, et d'une partie variable rapportée à certains critères de performance. La mise en place d'un dispositif de rémunération à la performance reste, toutefois, directement liée à la préexistence d'un système d'évaluation professionnalisé qui puisse permettre la mesure objective des performances des agents publics. L'analyse des retombées des enjeux posés à la modernisation des dispositifs étrangers de rémunération **(§ 1)**, permet d'individualiser voire de dégager les défis qui se posent à la modernisation du dispositif statutaire de fonction publique **(§ 2)**.

[1] Le montant est fixé après négociation avec les associations de personnel.

[2] Référence aux 38 classes de salaires précitées.

§ 1. Les enseignements à tirer des différentes expériences étrangères

378. Le système espagnol a réformé le dispositif de rémunération dans une logique de cohabitation statuto-contractuelle, autour de la notion d'emploi public. À la différence du système espagnol, le dispositif de rémunération italien repose plutôt sur des principes de négociation collective à deux niveaux, alors que le système suédois favorise entre autres la négociation individuelle. La radiographie des enjeux qui se posent à la rémunération statutaire à l'aune des expériences étrangères **(A)** permet de dégager les défis qui se posent aujourd'hui à la modernisation du dispositif de rémunération à la performance individuelle **(B)**.

A. La radiographie de la Rémunération à l'aune de sa reconstruction

379. Des enseignements tirés des expériences étrangères analysés ci-dessus, dont les expériences espagnole **(2)** et italienne **(3)**, il apparaît que la rémunération à la performance doit être assujettie à des règles renforcées d'évaluation **(1)**.

1. La rémunération à la performance assujettie à des règles renforcées d'évaluation

380. La rémunération à la performance. L'adoption de la rémunération à la performance dans les fonctions publiques des États européens témoigne de l'influence de la culture incitative et de responsabilisation individuelle exercée par le secteur privé sur le secteur public [1]. Dans presque tous les États membres de l'UE, la réforme des systèmes de rétribution s'accompagne depuis plusieurs années d'une décentralisation de compétences de gestion de personnels et de la création du cadre légal nécessaire à la mise en place d'un dispositif de rémunération à la performance [2]. Toutefois, pour assurer le passage d'un système de rémunération à l'ancienneté vers un système fondé sur la performance, les États devaient/doivent préalablement ou concomitamment relever un autre défi qui est celui de l'évaluation professionnelle de la performance. Comme

---

[1] OCDE, *op. cit.*, 2005, p. 12.

[2] Demmke (C.), *Evaluation de la performance dans les administrations publiques des États membres de l'UE : méthodes d'évaluation de la performance pour les entretiens avec les collaborateurs et les conventions d'objectifs*, Maastricht, juin 2007, 116p.

il ressort notamment des systèmes analysés ci-dessus, les États en question se sont d'abord préoccupés de la mise en œuvre de nouveaux dispositifs d'évaluation professionnelle, et seulement après de l'expérimentation de différents dispositifs de rémunération à la performance. Par conséquent, depuis le début des années 2000, presque tous les projets de modernisation des administrations publiques des États membres de l'UE, il ressort au moins un point commun qui est celui de « mieux encourager et rétribuer, mais également mieux évaluer et sanctionner la performance individuelle » [1]. Tel est notamment le cas de l'exemple espagnol.

2. Les enseignements tirés de l'expérience espagnole

381. Un dispositif fondé sur le principe de la corrélation entre les résultats et l'évaluation. Le statut de base de l'employé public en Espagne a marqué une rupture importante dans la culture administrative traditionnelle espagnole du fait de l'introduction des pratiques à orientation managériale dans le secteur public [2]. Cette réforme a été planifiée autour de trois objectifs principaux [3], dont celui de créer un modèle managérial qui assure un minimum d'homogénéité dans la Fonction publique d'État et territoriale. Pour y arriver, il a, d'abord, été procédé à l'instauration d'un système d'évaluation des performances « au titre duquel les employés publics [devaient] rendre compte de leurs performances ». L'instauration d'un nouveau dispositif d'évaluation a été due à la volonté de reconstruire le système de rémunération sur des fondements liés en partie aux résultats de l'évaluation voire des performances des agents dans l'exercice de leurs attributions. Compte tenu du fait que chaque institution publique présentait des caractéristiques administratives différentes, l'une des difficultés relevées par la mise en œuvre de la modernisation de la fonction publique concernait la conception d'un système unique d'évaluation des performances [4]. De même, pour le cas suédois, non seulement l'évaluation de la performance, mais également l'ensemble du dispositif de rémunération diffèrent d'une administration à une autre [5]. Il en ressort finalement que la décentralisation des dispositifs d'évaluation et de rémunération exige avant tout un grand professionnalisme, afin d'assurer une gestion cohérente dans l'ensemble de la Fonction publique [6]. Cet aspect a été largement révélé par les réformes mises en place récemment en Espagne par la loi n°7 du 12 avril 2007, qui a

[1] Demmke (C.), *op. cit.*, p. 5.
[2] Huerta-Melchor (O.), *La gestion du changement dans l'administration des pays de l'OCDE*, éd. OCDE, p. 28.
[3] *Ibid.*, p. 64.
[4] *Ibid.*, p. 64.
[5] Demmke (C.), *op. cit.*, pp. 8-9.
[6] *Ibid.*, pp. 8-9.

essayé de mieux lier la carrière et la rémunération de ses agents au regard de l'évaluation de la performance. Le processus d'individualisation de la relation de travail qui favorise le système de carrière professionnelle interfère donc directement sur la structure salariale de la Fonction publique [1]. De ce fait, le statut de base de l'employé public maintient une double approche de la rémunération. D'abord, un salaire et un complément d'ancienneté en fonction du groupe (corps) intégré à l'entrée dans la Fonction publique. Ensuite, des rémunérations complémentaires regroupées autour de facteurs de progression dans le système de carrière, du contenu fonctionnel du poste de travail (difficulté technique particulière, responsabilité, degré d'implication, incompatibilité ou conditions de travail) et du degré d'intérêt, d'initiative ou d'effort, dont le fonctionnaire fait preuve dans l'exercice de son travail voire du rendement ou des résultats qu'il a obtenus [2]. Il s'agit maintenant de savoir si le système de Fonction publique espagnole parviendra à appliquer des variables salariales favorisant une logique méritocratique, afin d'éviter qu'elles soient dénaturées au profit de fins différentes de celles qui sont envisagées par les modalités d'application ; comme cela a été le cas durant ces dernières années [3]. L'expérience italienne élargit davantage le nombre d'enseignements tirés au sujet de la mise en place d'un dispositif de rémunération à la performance.

3. Les enseignements tirés de l'expérience italienne

382. La rémunération à la performance conditionnée par une administration protégée contre l'interventionnisme politique. Monsieur Bassanini soulignait en 2009 que la qualité du service public italien ne pourrait être améliorée par la mise en place d'un dispositif de rémunération lié à la performance qu'à deux conditions : d'une part, seulement si « l'autonomie des fonctionnaires publics face aux pressions et aux interférences du politique [est] garantie, et [d'autre part, si] des paramètres objectifs et des procédures valables pour l'évaluation des performances et des résultats » [4] sont prévus. Par conséquent, les administrations italiennes ont procédé à la mise en œuvre d'un nouveau dispositif d'évaluation de la performance qui fonctionne sur la base d'objectifs et d'indicateurs de

---

[1] Mauri-Majos (J.) et Malaret-Garcia (E.), « L'emploi public espagnol : entre publicisation des salariés contractuels et privatisation du statut des fonctionnaires », RFAP, 2009, n°132, pp. 855-872.

[2] *Ibid.*, pp. 855-872.

[3] *Ibid.*, pp. 855-872.

[4] Bassanini (F.), *La réforme du statut de la fonction publique en Italie : leçons apprises*, intervention lors du colloque organisé par Sciences Po et IFRAP, http://www.bassanini.it/public/SciencesPo2009Intervention_de_Franco_Bassanini.pdf, consulté le 15 octobre 2021.

performance arrêtés annuellement. De plus, il a été procédé également à une décentralisation des procédures d'évaluation au niveau de chaque administration. De nouvelles institutions ont été créées, afin d'assurer une certaine cohérence et transparence des évaluations au niveau national. À cet effet, certains mécanismes ont dû être inventés comme les contrôles stratégiques effectués par une autorité nationale d'évaluation, ou la mise en place d'un *benchmarking* entre les administrations homologues, italiennes et étrangères, ainsi que la constitution d'une banque de données nationales de directives des ministres et des indicateurs de performance [1]. Toutefois, malgré la création du cadre normatif requis pour la rémunération à la performance, l'État italien a dû affronter avant tout la résistance au changement d'un nombre important d'administrations. Cette résistance s'est généralement manifestée par le biais soit d'un refus obstiné de prise en considération des normes relatives à la mise en place d'une rémunération liée aux performances, soit d'une prise en considération formelle [2].

Si la loi Cassesse [3] a marqué le début de la séparation entre les sphères politique et administrative – au sens où « les ministres [formulaient] des directives et les fonctionnaires sous la responsabilité des chefs des services respectifs, les [mettaient] en œuvre » -, elle a implicitement introduit l'idée selon laquelle « les responsables des services, dotés d'une certaine autonomie [devaient] être évalués pour leurs résultats » [4]. Par conséquent, chaque administration devait procéder à la mise en place des indicateurs, qui pouvaient établir des liens entre les missions d'un service et l'évaluation du degré de leur atteinte. Toutefois, il faut bien constater que ce n'est qu'une vingtaine d'années plus tard que l'obligation, assignée aux administrations de fixer « sous forme de programme annuel et pluriannuel les objectifs de chaque service et les ressources nécessaires à l'employeur pour les atteindre », a été concrétisée. L'optimisation de la « productivité du travail » à la performance [5] a ainsi été dotée d'un cadre juridique précis. La récente loi n°124 du 7 août 2015 relative à la réorganisation des administrations publiques complète le paysage juridique en matière notamment de

---

[1] *Idem.*

[2] Ongaro (E.) et Bellé (N.), « Réforme de la fonction publique et rémunération à la performance », *RFAP*, 2010, n°132, p. 835.

[3] Loi n°421 du 23 octobre 1992 et le décret d'application n°29 du 3 février 1993.

[4] Roma (G.), « Sur la loi Madia du 7 août 2015 en matière de réorganisation des administrations publiques italiennes », Revue générale du droit en ligne, http://www.revuegeneraledudroit.eu/blog/2015/08/30/sur-la-loi-madia-du-7-aout-2015-en-matiere-de-reorganisation-des-administrations-publiques-italiennes/, consulté le 20 novembre 2021.

[5] Malgré le nombre important de réformes de modernisation de l'administration italienne, dont le corollaire est représenté par la réforme de la fonction publique, d'après un rapport rendu publique par la Banque mondiale en 2013, l'État italien n'occuperait, parmi les États membres de l'UE, que la 25e position en ce qui concerne le niveau d'efficacité de ses organismes publics (Roma (G.), *op. cit.* Revue générale du droit en ligne).

valorisation des résultats des personnels de direction dans l'évolution de leur carrière [1].

Les réformes publiques italiennes, mises en place progressivement, prouvent que le changement représente un processus de longue haleine qui exige, outre une implication politique, la capacité de tirer des enseignements d'autres expériences étrangères voire une approche « autocritique » [2]. Par conséquent, en ce qui concerne la décentralisation de la gestion des dispositifs d'évaluation et de rémunération des agents, il devient évident que, « plus le système de rémunération est décentralisé, optionnel et flexible, plus d'informations il faudrait fournir aux personnes impliquées dans le système de paiements » [3]. C'est pourquoi, la prime de performance individuelle ne cesse d'être régulièrement mise en cause par la doctrine de spécialité.

B. La mise en cause de la prime de performance individuelle

383. Compte tenu des enjeux liés à la mise en place d'un système d'évaluation performant **(1)**, des critiques de plus en plus nombreuses mettent en cause l'efficacité de la rémunération à la performance individuelle **(2)**.

1. L'enjeu lié à la mise en place d'un système d'évaluation performant

384. La notion de performance en question. L'orientation des réformes de la plupart des États membres de l'UE en matière de rémunération a visé non seulement à « mieux encourager et rétribuer, mais également à mieux évaluer la performance individuelle », afin d'aboutir à un renforcement des liens entre la performance et la rémunération [4]. Comme il ressort des exemples évoqués ci-dessus, dont notamment la France, l'enjeu principal de la mise en place d'un dispositif de rémunération lié à la performance réside dans la mise en œuvre avant tout d'un système d'évaluation de la performance, qui soit à la fois un tremplin à la performance individuelle et

---

[1] L'article 11, de la loi n°124 du 7 août 2015 relative à la réorganisation des administrations publiques.

[2] Huerta-Melchor (O.), *op. cit.*, p. 27.

[3] Demmke (C.), *op. cit.*, p. 9.

[4] *Évaluation de la performance dans les administrations publiques des États membres de l'UE : méthodes d'évaluation de la performance pour les entretiens avec les collaborateurs et les conventions d'objectifs,* Maastricht, juin 2007, p. 9.

organisationnelle [1]. De ce fait, l'évaluation de la performance ne peut plus continuer à être assujettie à des dispositifs d'évaluation mécanisés voire sécurisants, tant pour les évaluateurs que pour les évalués. À cet effet, il est impératif de faire des dispositifs d'évaluation un des instruments les plus décentralisés de la politique de gestion des personnels de la Fonction publique [2].

Parmi le nombre important des raisons qui se retrouvent à l'origine de l'adoption des politiques de rémunération liée à la performance, il y a surtout la volonté de stimuler la motivation individuelle et la responsabilité des agents publics, afin d'améliorer leurs performances [3]. La rémunération liée à la performance est perçue non seulement comme un signe de changement adressé aux fonctionnaires, mais aussi comme un moyen d'indiquer aux citoyens que les performances dans la fonction publique font régulièrement l'objet d'évaluations [4]. La rémunération à la performance individuelle n'est toutefois pas épargnée de critiques.

2. Les critiques formulées à l'égard de la rémunération à la performance individuelle

385. La rémunération à la performance individuelle critiquée à l'instar de la performance collective. Ces dernières décennies, le caractère motivant de la rémunération liée à la performance individuelle est sujet à questions à l'instar de la rémunération de la performance collective. La question est de savoir si, finalement, les perspectives de carrière et de promotion, ainsi que l'intérêt des attributions exercées ne représentent pas des motivations bien plus importantes pour les agents que la rémunération à la performance [5] ? À cet effet, la Cour française des comptes soulignait, en 2011, que « la signification et l'impact de la rémunération à la performance ne doivent pas être surestimés, ce type de mécanisme jouant un rôle secondaire dans la motivation du personnel [...au regard de] l'intérêt des tâches imparties, des possibilités de formation ou de la souplesse de l'organisation du travail » [6]. Cela d'autant que les systèmes, ayant adopté des dispositifs de rémunération liés à la performance individuelle, sont,

---

[1] Demmke (C.), *Évaluation de la performance dans les administrations publiques des États membres de l'UE : méthodes d'évaluation de la performance pour les entretiens avec les collaborateurs et les conventions d'objectifs,* Maastricht, juin 2007, p. 10.

[2] *Ibid.*, p. 8.

[3] OCDE, *La rémunération liée aux performances dans l'administration,* éd. OCDE, 2005, 235p.

[4] *Idem.*

[5] OCDE, *op. cit.*, p. 15.

[6] Cour des comptes, *Rapport public annuel de la Cour des comptes*, éd. La Documentation française, 2011, p. 176.

amenés à affronter la gestion de formes nouvelles de tensions, dont la mise en concurrence des agents voire la tendance des agents à considérer que les collègues qui ont touché une prime à la performance ne la méritaient pas [1]. De ce fait, il apparaît que, plus les évaluations de la performance sont « liées à des objectifs relatifs aux compétences professionnelles – c'est-à-dire à des éléments touchant à l'avancement et à la rémunération, plus elles sont sources de conflit » [2].

Du fait des divisions que la rémunération liée à la performance peut créer au sein de la Fonction publique, sa mise en œuvre s'avère difficilement conciliable avec les principes traditionnels de la Fonction publique [3]. Concernant les raisons desdites difficultés, il n'y a pas un consensus sur la question de savoir « si une telle tension tient à des caractéristiques internes inhérentes aux valeurs du service public et aux motivations de la fonction publique » ou si elle « est essentiellement le reflet des circonstances plus conjoncturelles telles que la culture administrative nationale et/ou la culture organisationnelle individuelle » [4].

En droit français, la prime de fonction et de résultats a été critiquée parce qu'elle valorisait excessivement les performances individuelles, et de ce fait, elle a été remplacée depuis le 1er janvier 2016 par un nouveau régime indemnitaire.

L'expérience italienne prouve aussi que l'élément, garantissant la réussite du dispositif de rémunération à la performance, réside surtout dans une description claire et détaillée des objectifs qui doivent être atteints par les agents de direction [5]. Reste toutefois la question concernant l'évaluation de la performance individuelle des agents d'exécution, compte tenu des difficultés liées à la mesure de leur performance.

La définition des indicateurs, utilisés pendant le processus d'évaluation que les agents de direction sont amenés à conduire voire gérer dans le cadre d'un dispositif d'évaluation professionnelle, représente un élément tout aussi essentiel, que la description des objectifs ci-dessus évoquée [6]. Il en ressort finalement que « mesurer les performances des agents publics fait largement appel au jugement des instances de direction puisqu'il [s'avère] malaisé de trouver des indicateurs objectifs et quantifiables de performance » [7] pour toutes les catégories de fonctionnaires.

---

[1] Demmke (C.) et Moilanen (T.), *Civil service in the EU of 27. Form outcomes and the future of the civil service*, éd. Peter Lang, 2010, p.

[2] *Évaluation de la performance dans les administrations publiques des États membres de l'UE : méthodes d'évaluation de la performance pour les entretiens avec les collaborateurs et les conventions d'objectifs,* Maastricht, juin 2007, p. 7.

[3] Ongaro (E.) et Bellé (N.), *op. cit.*, p.835.

[4] *Ibid.*, p. 835.

[5] OCDE, *La rémunération liée aux performances dans l'administration*, éd. OCDE, 2005, p. 146.

[6] *Ibid.*, p. 146.

[7] *Ibid.*, p. 15.

L'ensemble des observations évoquées ci-dessus, à l'égard de l'un ou l'autre des systèmes de rémunération étrangers développés, conduisent la réflexion vers une nécessaire refonte du système de rémunération roumain.

§ 2. La nécessaire refonte du système statutaire de rémunération

386. L'instabilité législative qui caractérise la rémunération des fonctionnaires publics roumains a condamné pratiquement la construction d'un dispositif professionnel de rémunération à des innombrables recommencements. Un tel recommencement est marqué aussi par la loi n°153 du 28 juin 2017 qui, comme les précédents actes normatifs en la matière, a abrogé le dispositif en vigueur à son adoption, pour (re)commencer la construction d'un dispositif professionnel de rémunération des agents publics. Les développements supra permettent de dégager deux catégories de défis pour la reconstruction du système statutaire de rémunération : l'un concernant la refonte de la grille indiciaire de base **(A)**, l'autre concernant la mise en place d'un dispositif de primes liées à la performance **(B)**.

A. La nécessaire reconstruction de la grille de base

387. La modernisation de la grille de base de la rémunération des agents ne représente pas un défi seulement pour le système roumain **(1)**, mais aussi pour le système français de fonction publique **(2)**.

1. Les écueils français

388. Les orientations des démarches françaises en matière de reconstruction des grilles indiciaires. Durant ces deux dernières décennies, le dispositif français de rémunération des fonctionnaires a progressivement gagné en complexité, les écarts entre les différentes catégories se sont réduits, alors que les durées et les déroulements de carrière ne sont plus en adéquation avec la durée effective de la vie professionnelle [1]. Pour cette raison, en 2013, le Gouvernement a engagé des actions de concertation, qui ont finalement abouti à la conclusion d'un accord censé poser les bases de

[1] *Accord relatif à l'avenir de la fonction publique : la modernisation des parcours professionnels, des carrières et de rémunération*, 2013, http://www.fonction-publique.gouv.fr/files/files/statut_et_remunerations/PPCR/accord_PPCR.pdf.

nouveaux principes, notamment pour déterminer la politique de rémunération dans la fonction publique [1]. Par le biais dudit accord, il a été envisagé la restructuration des grilles de rémunération des corps et cadre d'emplois des catégories A, B et C qui doit être mise en œuvre de 2016 à 2020. L'objectif vise l'obtention d'une meilleure reconnaissance des qualifications des fonctionnaires ainsi que la garantie d'une carrière plus valorisante. De ce fait, la volonté française se dirige prioritairement vers le traitement indiciaire, en engageant un premier mouvement de transfert d'une part des primes versées aux agents vers les grilles indiciaires. Par suite, de manière similaire dans les deux systèmes de droit, le SMIC a fait l'objet de revalorisations répétées à un point où les différences entre les traitements perçus en début et/ou à différents niveaux de carrière se sont progressivement estompées. Afin de pallier cet inconvénient, il a été procédé de manière régulière à l'élargissement de la part des primes dans la rémunération arrivant dans certaines administrations jusqu'à doubler le traitement net perçu par l'agent. Ce qui a inévitablement conduit à des iniquités rémunératoires importantes selon l'administration d'appartenance des agents voire leur domaine socioprofessionnel d'appartenance dans le secteur public.

2. Les écueils roumains

389. Les enjeux posés au système roumain de rémunération de base. Les mesures d'austérité, appliquées par l'État roumain à la suite de la crise socio-économique de la fin des années 2000, ont davantage mis en exergue l'importance que le montant de base du traitement des agents revêtе. En effet, compte tenu du fait que les mesures d'austérité ont engagé la diminution de 25% du traitement des agents, ainsi que la suppression des primes, force est de constater que les agents publics roumains ont, à l'époque, été dépourvus non seulement de 25% de leur rémunération, mais aussi de la part variable formée par les primes. Ce qui n'aurait pas été le cas si la rémunération des agents avait reposé plus sur le montant de base, et moins sur les primes.

Les deux systèmes statutaires, roumain et français, de fonction publique se situent donc au carrefour d'au moins deux défis concernant la rémunération de base, dont la réorganisation hiérarchique et la refonte de la grille indiciaire de base. La question est de savoir sur quels fondements repenser la hiérarchie dans la Fonction publique, et ensuite la grille indiciaire. Le système français apparaît y œuvrer avec détermination, quant au système roumain, il a plusieurs défis à relever. Par ailleurs, la Fonction publique roumaine apparaît archaïque face au principe d'équité qui se trouve

[1] *Idem.*

au cœur des politiques rémunératoires spécifiques à la Fonction publique voire au secteur public. Il en ressort au moins deux difficultés : l'une d'ordre linguistique **(a)**, l'autre d'ordre juridique **(b)**.

a. Les difficultés d'ordre linguistique

390. Enjeux linguistiques. Comme il a été souligné dans la section consacrée à l'éclairage terminologique réalisé dans l'introduction de cette étude, le système roumain de fonction publique est marqué par différentes ambiguïtés terminologiques, identifiables également dans les interprétations jurisprudentielles. Il est donc important de rappeler que, du fait de l'organisation des fonctionnaires roumains en un seul corps au sein duquel chaque fonctionnaire est nommé dans une fonction publique, faire référence à la « fonction publique » s'avère plutôt inapproprié. L'ensemble des fonctions publiques, dans lesquelles sont nommés les lauréats des différents concours organisés distinctement pour chaque fonction publique, composent le corps roumain de Fonction publique.

Considérant les recommandations formulées en 2010 par une commission « bipartite », constituée en vertu de l'article 42 de la loi-cadre n°330 du 5 novembre 2009, le législateur roumain a engagé, par le biais de la loi n°286 du 28 décembre 2010, la mise en place d'un système reformé et simplifié de hiérarchisation fondé sur la notion sommaire des « familles occupationnelles » [1] et grades pour l'ensemble des postes du secteur public, et donc pas seulement du corps des fonctionnaires. Cette même structure a été reprise également par la loi n°153 du 28 juin 2017, du moins en ce qu'il est du maintien des familles occupationnelles [2]. Compte tenu de l'usage alternatif des fonctions et postes, il s'impose, au regard de la volonté de reformer les systèmes hiérarchiques existant actuellement dans le secteur public, voire de créer un système unitaire de rémunération, de procéder en amont à une reconsidération de la terminologie qui désigne les notions de fonction, poste, fonctionnaire public, ou encore, emploi public [3]. Autrement dit, éliminer toute source d'ambiguïté par un alignement sur les usages terminologiques propre à l'espace européen, afin de considérer la Fonction publique comme un ensemble de postes, dont les attributions caractéristiques impliquent l'exercice de la puissance publique. De cette manière, la confusion entre l'institution « Fonction publique » et la fonction publique dans laquelle un agent est nommé pourra être évitée.

[1] Que l'on dénommerait « filières » dans la fonction publique territoriale française.
[2] Article 9.
[3] Voir *supra*.

391. Hiérarchisation des postes dans le secteur public. M. Malcom Green, représentant de la Banque mondiale, précisait en 2010 à l'égard de la refonte du système de rémunération roumain, que le « but de la mise en place d'un système de classification des postes en grades réside dans le regroupement de l'ensemble des postes similaires. Le pas suivant étant l'établissement d'une grille de rémunération pour chaque grade… » [1].

Accompagnée par une délégation de la Banque Mondiale, la commission bipartite constituée en 2010 a procédé à une évaluation des postes existants dans le secteur public qui contribue à une hiérarchisation des postes du secteur public. Á la suite de son évaluation, la commission avait identifié 7 (sept) familles de postes correspondant aux différents domaines qui composent le secteur public [2], chacune structurée en neuf grades [3]. Des 226 postes identifiés, 47 ont été évalués en tant que postes représentatifs. Aux difficultés d'ordre linguistique s'ajoutent celles d'ordre juridique, bien plus importantes.

b. Les difficultés d'ordre juridique

392. Enjeux d'ordre juridique. Les défenseurs de la notion stricto sensu de Fonction publique plaident en faveur de l'idée de créer un cadre unitaire de rémunération pour le secteur public, Fonction publique comprise, au détriment d'un cadre consacré exclusivement à la Fonction publique [4]. Cette affirmation est due en partie aussi à la crainte d'un rapprochement trop important du droit de la fonction publique et du droit du travail. Sur ce point, les dernières réformes appliquées dans le système espagnol de fonction publique ne sont pas dépourvues d'intérêt non seulement pour le système roumain de fonction publique, mais également pour le système français. En effet, compte tenu du résultat incertain des politiques de privatisation de la Fonction publique, le législateur espagnol a procédé à l'aménagement d'un système dual de l'emploi public par la consécration d'une réglementation commune de l'emploi public dans l'ensemble du secteur public [5]. En d'autres termes, pour éviter de glisser sur un terrain incertain, l'Espagne a opté pour un statut fondamental commun à la totalité des employés publics

---

[1] *Ibid.*, p. 27.

[2] Administration, santé, enseignement, justice, culture et cultes, diplomatie, armée et ordre public, sécurité nationale.

[3] Comisia bipartita, *Reforma sistemului de salarizare si ierarhizare a posturilor din sectorul bugetar (La réforme du système de rémunération et de hiérarchisation des postes dans le secteur budgetaire)*, 2010, p. 29, http://www.juridice.ro/wp-content/uploads/raport-bipartid.pdf, consulté le 17 novembre 2021).

[4] Vedinaş (V.), *Statutul funcţionarilor publici : comentarii, legislaţie, doctrină şi jurisprudenţă (Le statut des fonctionnaires publics : commentaires, législation, doctrine et jurisprudence)*, UJ, 2e éd., 2016, pp. 115-122.

[5] Mauri-Majos (J.) et Malaret-Garcia (E.), *op. cit.*, pp. 855-872.

des administrations, un statut fondé sur la coexistence de deux régimes reposant sur des fondements de droit public.

L'adoption d'une logique similaire concernant la reconstruction hiérarchique, au regard de la rémunération, apparaît intéressante du moment où une telle approche permettrait de rétribuer de manière équitable les résultats professionnels des agents publics exerçant des attributions similaires, mais dans des domaines différents du secteur public. L'objectif serait de continuer à promouvoir le principe de « rémunération égale pour travail égal », mais cette fois-ci en fonction des attributions et des responsabilités exercées, ainsi que du degré d'atteinte des objectifs individuels et/ou collectifs fixés lors de la nomination en fonction voire lors du dernier entretien d'évaluation [1].

De plus, l'absence d'une standardisation de la rémunération dans la Fonction publique en fonction des critères énoncés antérieurement génère un manque de transparence important des montants nets octroyés, manque censé être pallié à présent par la loi n°153 du 28 juin 2017. En effet, la liste des indemnités et des primes s'avère très longue et diversifiée non seulement d'un domaine professionnel à l'autre du secteur public, mais aussi d'une institution publique à une autre [2]. De ce fait, les primes et les indemnités spécifiques à chaque institution publique favorisent des désaccords importants entre les rémunérations perçues des fonctionnaires nommés dans des fonctions similaires dans l'administration publique. De plus, la possibilité reconnue aux collectivités territoriales et locales roumaines par la loi n°153 du 28 juin 2017 déjà évoquée de fixer librement les rémunérations des agents œuvrant en leur sein, maire compris, par la décision (acte administratif) de ce dernier, laisse entrevoir des difficultés en matière de faisabilité financière des potentielles augmentations salariales dépourvues de toute responsabilité budgétaire.

B. La nécessaire reconstruction du système de primes de performance

393. Dans presque tous les États de l'UE, la réforme des systèmes de rémunération s'accompagne, depuis quelques années, d'une décentralisation des compétences de gestion de personnel, et en particulier des responsabilités concernant l'attribution de rémunérations liées à la performance [3]. À l'opposé du système français où les différents dispositifs de

---

[1] Comisia bipartita, *op. cit.*, p. 6.

[2] World Bank, *Sector Pay practices Overal Public Sector Trends and detailed analysis of local Governement contract Employees*, n°47755-RO, 2009, p. 14.

[3] Demmeke (C.), *Evaluation de la performance dans les administrations publiques des États membres de l'UE : méthodes d'évaluation de la performance pour les entretiens avec les collaborateurs et les conventions d'objectifs*, Maastricht, juin 2007, p. 16.

rémunération à la performance, expérimentés par le législateur français, dont le (encore récent) RIFSEEP, font état des difficultés liées, entre autres, au classement des emplois en fonction des responsabilités propres à chacun **(1)**, le système roumain peine à mettre en place un dispositif qui permette d'évaluer et de récompenser correctement la valeur professionnelle **(2)** ; et ce, à un moment où la récompense de la performance collective semble s'imposer progressivement face à la performance individuelle **(3)**.

1. Les difficultés françaises

394. Les enjeux de la décentralisation des actes de gestion en matière de rémunération. La prime de fonction et de résultat [1], mise en place dans le système français en 2010 et remplacée depuis le 1er janvier 2016 par une prime de fonctions, de sujétions et d'expertise, était considérée comme novatrice, moins parce qu'elle imposait la modulation de la part liée à la valeur professionnelle, que « parce qu'elle conduisait à une cotation des emplois en fonction des responsabilités assumées » [2]. Malgré son caractère novateur, le législateur a été critiqué de ne pas être allé au bout de ses ambitions en termes de classement d'emploi. En effet, par la conservation d'une classification en fonction du grade, il lui a été reproché d'avoir continué à favoriser les hiérarchies statutaires [3].

Comme la PFR, le RIFSEEP semble poursuivre la tradition de « l'identification des fonctions et de leur classement dans des groupes » qui empêcherait cette réforme d'aller au « bout de sa logique : la fonctionnalité » [4]. En effet, le corps continue à exister du moment où les « premiers classements sont faits par corps » ou le « plancher d'IFSE se réfère au grade des agents » [5]. Par la même occasion, et comme Madame Carole Moniolle le souligne, l'application du RIFSEEP ne mettrait pas totalement à l'abri les administrations des tentations « d'uniformisation des montants attribués [au sein d'une même institution] pour des fonctions semblables » [6].

Considérant que ce serait encore prématuré de dresser un bilan réaliste au sujet du RIFSEEP, vu que son adoption et son application par les fonctions publiques territoriale et hospitalière sont encore en cours, restent en suspend les questions de savoir quel sera son impact en matière de mobilité, de coûts

---

[1] Moniolle (C.), « Évolutions des modes de rémunérations dans la fonction publique d'État : vers une nouvelle cohérence ? », La Revue de l'Ires, 2014, n°80, pp. 3-29.

[2] Maury (S.), *La GRH dans la fonction publique*, La Documentation française, 2014, p. 100.

[3] *Ibid.*, pp.101-103.

[4] Moniolle (C.), « Le régime indemnitaire tenant compte des fonctions, des sujétions, de l'expertise et de l'engagement professionnel », *AJDA*, 2017, n°7, pp. 390-396.

[5] *Ibid.*, pp. 390-396.

[6] *Ibid.*, pp. 390-396.

budgétaires, ou encore, de dialogue social (au regard des organisations syndicales [1] qui conservent un fort attachement à « des régimes davantage rattachés à la détention d'un grade » [2]).

2. Les difficultés roumaines

395. Les trois étapes générales requises pour la mise en œuvre d'un dispositif de rémunération à la performance. De l'exemple français, ainsi que des autres exemples étrangers analysés ci-dessus, il ressort, outre l'enjeu lié à la fixation d'indicateurs précis de performance, que la réussite d'un dispositif de rémunération à la performance est également et surtout conditionnée par l'existence d'un dispositif professionnel d'évaluation. En effet, partant de la notion de performance décrite comme « l'atteinte d'objectifs ou de résultats attendus, et plus largement à la création de la valeur », il apparaît difficile de mesurer le degré d'atteinte desdits objectifs et/ou résultats en l'absence d'un dispositif d'évaluation transparent et clair [3]. Pour y arriver, il y a au moins trois étapes qui doivent être envisagées : fixer des objectifs et des résultats précis à l'égard de chaque agent (ce qui ne pourrait se réaliser que par le biais d'un registre de postes similaire au RIME existant dans le système français), construire des indicateurs quantitatifs et qualitatifs pertinents aptes à être utilisés dans un climat de dialogue ouvert et constructif, et finalement, savoir interpréter les variations de ces indicateurs [4]. Reste que la construction et la mise en œuvre des trois étapes susvisées nécessitent « un accompagnement des acteurs impliqués pour traduire les effets escomptés en termes d'évaluation de la performance », et ce, tant sur les plans juridique que culturel et technique [5]. De ce fait, la performance ne peut et ne doit pas être assujettie à des calculs mathématiques fondés sur des critères plus ou moins objectifs, mais sûr un dispositif qui permette l'observation et l'interprétation des résultats professionnels fixés en amont voire de l'ensemble de l'activité du fonctionnaire pendant la période évaluée [6].

---

[1] Montecler (de) (M.-C.), « Revalorisation des grilles : dilemmes des syndicats », *AJDA*, 2015, n°25, pp. 1389-1390.

[2] Comme Madame Carole Moniolle s'interroge à juste titre : « *jusqu'où le RIFSEEP est un instrument de politique RH et s'il ne comporte pas en lui des enjeux budgétaires non assumés* » [Moniolle (C.), *op. cit.*, 2017, pp. 390-396].

[3] Galdemar (V.), Gilles (L.), Simon (M.-O.), « Performance, efficacité, efficience : les critères d'évaluation des politiques sociales sont-ils pertinents ? », *Cahier de recherche*, éd. Crédoc, mars 2012, pp. 4-6.

[4] *Ibid.*, pp. 4-6.

[5] *Ibid.*, pp. 4-6.

[6] Laffont (J.-J.), *Étapes vers un État moderne : une analyse* économique, in État et gestion publique, Actes du colloque du 16 décembre 1999, Conseil d'analyse économique, éd. La Documentation française, 2000, pp. 117-149.

396. Les défis à relever par le législateur roumain pour la mise en place d'un système de rémunération à la performance. À la lumière des précisions déjà évoquées au sujet des efforts du législateur français de renforcer l'encadrement des primes individuelles de performance, voire des autres systèmes de droit étrangers analysés ci-dessus en matière de rémunération à la performance, il ressort que le système roumain est encore loin du cadre requis pour la mise en place d'un dispositif de rémunération à la performance. Avec un système d'évaluation mécanique, auquel est reproché le caractère purement formel [1], le système de rémunération roumain apparaît dépourvu de motivation et de tout paramètre qui induit l'idée de performance [2]. Tel qu'il ressort de la stratégie relative au développement de la Fonction publique 2016-2020 [3], l'absence de tout lien entre la performance et la rémunération prive la Fonction publique roumaine des incitations nécessaires pour augmenter l'efficience et l'efficacité des fonctionnaires.

La loi n°153 du 28 juin 2017 n'a pas non plus pallié cette lacune, le législateur se limitant à énumérer, seulement, les critères de performance sans le moindre ordonnancement. Il en ressort que, malgré la volonté des autorités roumaines, amplement exprimée notamment par le biais de la stratégie de développement de la Fonction publique précitée, elles ne doivent pas se précipiter dans la mise en œuvre d'un dispositif de rémunération à la performance. En tout cas, pas avant d'avoir progressivement engagé les démarches requises pour la professionnalisation des autres segments sur lesquels la rémunération repose, dont l'évaluation des fonctionnaires. En effet, des expériences étrangères analysées ci-dessus, il ressort que pour la mise en place d'un système de rémunération compétitif, voire comparable au système pratiqué dans le secteur privé, il faut d'abord repenser le dispositif d'évaluation. De ce fait, outre, la démarche relative au regroupement des postes en familles occupationnelles [4] qui se rapporte au secteur public en son ensemble [5] - réalisée d'ailleurs en partie par le biais de la loi n°286 du 28 décembre 2010, récemment abrogée et reprise par la loi n°153 du 28 juin 2017 -, le législateur roumain doit procéder à la mise en place, d'abord, d'un système d'évaluation professionnelle [6], et ensuite, d'un dispositif de rémunération à la performance. Toutefois, et afin d'éviter l'instabilité législative, voire souvent son inapplication, il s'avère essentiel d'encadrer

---

[1] Voir *supra.*

[2] Guvernul Romaniei, *op. cit.*, p. 21.

[3] Publiée dans le Moniteur Officiel, Ière partie, n°700bis du 8 septembre 2016.

[4] Dans le sens de professionnelles – nouvelle formulation du groupe (filière) occupationnel, en application de la loi n°153 du 28 juin 2017.

[5] Ce qui répondrait mieux à l'idée de mettre en œuvre un système de rémunération unitaire dans le secteur budgétaire.

[6] Voir les propositions effectuées aux paragraphes n°547 et les ss.

minutieusement en amont les différentes étapes liées à la mise en place des dispositifs d'évaluation professionnelle et de rémunération à la performance. Cela d'autant plus qu'en l'absence d'une décentralisation pratique des actes de gestion de la rémunération au niveau institutionnel, la notion de performance peut facilement devenir source de tensions entre les agents publics ; et ce, si sa mise en œuvre n'est pas accompagnée par le renforcement du régime juridique de la responsabilité des personnes qui sont amenées à en décider.

À titre expérimental, la récompense, sous forme de la valorisation des compétences par l'octroi des attributions qui engagent plus de responsabilités pratiquées dans le système italien, est intéressante et envisageable dans le respect des fondements statutaires. Cela permettrait surtout pour les fonctionnaires d'exécution de relever des défis d'autre nature que financière, pendant les longues périodes d'attente qui confèrent aux fonctionnaires publics l'accès aux derniers grades de la carrière, principal et supérieur [1].

3. L'individualisation versus la globalisation de la rémunération à la performance

397. Rémunération à la performance individuelle vs. collective. La question de savoir si la rémunération liée à la performance doit nécessairement concerner toutes les catégories de personnels, de direction et d'exécution, reste très vive. À la lumière des exemples français et roumain, ainsi que d'autres exemples étrangers, notre proposition se penche plutôt vers la création de deux dispositifs distincts, dont l'un valorisant la performance individuelle et l'autre la performance collective. La rémunération, liée à la performance individuelle, concernerait plutôt les fonctionnaires de direction, alors que la rémunération à la performance collective les fonctionnaires d'exécution. Construire un dispositif de rémunération à la performance collective à l'égard des fonctionnaires d'exécution permettrait de minimiser toute source de frustration et de tension, cela d'autant que, pour les fonctions d'exécution, il apparaît difficile de fixer des indicateurs de performance. La mise en place d'un tel dispositif permettrait en même temps d'éviter la banalisation de la prime liée à la performance individuelle, que les institutions se verraient obligées d'octroyer à tous ses employés afin d'éviter les contestations.

[1] La stratégie relative au développement de la fonction publique met en exergue le délai trop important d'attente entre l'avant dernier grade « principal » et le dernier dit « supérieur » ; ce qui représenterait un manque de motivation pour les fonctionnaires roumains.

Reste toutefois que, similaire à l'exemple suisse, le législateur doit aussi se poser la question de savoir ce qu'il en est des situations où un ou plusieurs des fonctionnaires d'exécution d'un service obtiennent des qualifications d'insuffisance professionnelle lors des évaluations individuelles. Est-ce que ces fonctionnaires doivent ou non bénéficier ensemble avec leurs collègues de la prime collective de performance ? Sur ce point, la pratique suisse de la pénalité rémunératoire pour insuffisance professionnelle se pose en exemple. En effet, comme il a été susmentionné [1], les fonctionnaires, dont l'investissement professionnel apparaît déficitaire lors des évaluations de leurs activités et compétences, peuvent être exclus du bénéfice de ladite prime collective.

Un dernier aspect incontournable de la reconstruction avec succès des dispositifs d'évaluation et de rémunération concerne la mise en place, en amont, d'un dispositif de formation spécifique des fonctionnaires en matière d'évaluation et de rémunération. À défaut, toute démarche de modernisation de la Fonction publique statutaire, sous ses différents aspects, s'avère vouée au même échec que celui connu par les différents actes normatifs de mise en place d'un cadre unitaire des personnels rétribués sur des fonds publics et adoptés depuis la fin des années 1990.

[1] Voir *supra,* l'exemple suisse.

Titre II. La modernisation de la Formation, entravée par le manque d'une culture de responsabilisation de ses acteurs

> « La formation initiale et continue des agents doit jouer pleinement son rôle d'instrument privilégié de la valorisation professionnelle des agents, et de l'adaptation de leurs qualifications aux évolutions des missions et des métiers » [1].

398. La formation du fonctionnaire représente l'un des problèmes le plus controversé [2] de la Fonction publique, et ce, indépendamment de l'époque historique à laquelle cette étude se rapporte. En effet, comme la rémunération, la formation des fonctionnaires se trouve régulièrement au cœur des démarches de modernisation de la Fonction publique.

L'évolution du système roumain de formation résulte des efforts engagés par les juristes dès le début du XXe siècle pour persuader le législateur de l'époque de l'utilité de créer non seulement un Institut des Sciences Administratives, mais aussi un réseau d'écoles administratives consacrées à la formation initiale et continue des futurs fonctionnaires, ainsi que des fonctionnaires déjà nommés (voir infra). Le changement de régime politique, par l'instauration du communisme dans les années 1950, a été marqué par la réorganisation du système de formation sur de nouveaux fondements juridiques et idéologiques. Parallèlement, le système français a mis en place les bases d'un système de formation, dont les fondements ont acquis aujourd'hui une renommée internationale.

Dès la fin des années 1980, la chute du communisme a placé le législateur roumain, d'une part, devant la volonté de supprimer tout lien avec l'ancien régime, et d'autre part, devant un certain nombre de choix à faire en lien avec la reconstruction de la Fonction publique, dont notamment la formation. À cet effet, plusieurs possibilités se présentaient au législateur roumain, dont celle de revenir sur les pas de l'histoire en s'inspirant des principes sur lesquels avait été construit le système de formation pendant la monarchie ou de construire un système nouveau, en s'inspirant non seulement du passé mais aussi des dernières réformes appliquées dans des États, comme la France. À cet effet, le législateur devait fixer et ordonnancer clairement les objectifs assignés au système de formation à réorganiser. L'enjeu s'avérait d'autant plus important que, comme l'expérience française le prouve, les objectifs de la formation professionnelle « sont difficiles à

[1] Circulaire Rocard du 23 février 1989 relative au renouveau du service public.

[2] Iorgovan (A.) et Gilescu (V.), *Drept administrativ şi ştiinţa administrativă (Droit administratif et la science administrative)*, Universitatea din Bucuresti – Facultatea de Drept, 1986, p. 262.

définir en qualité et en quantité, dans une administration (…) où n'existent ni analyse prospective des fonctions ni détermination des besoins exacts des services à moyen terme, ni véritable gestion prévisionnelle des personnels …» [1]. À tous les niveaux, dans tous les domaines, prend donc une importance grandissante, non seulement la sélection en vue de l'emploi, mais aussi la formation et le perfectionnement professionnels [2].

Les systèmes de formation sont généralement composés de deux catégories principales de formation, initiale et continue. Si l'objectif de la formation initiale est de permettre à l'agent stagiaire, puis jeune titulaire de s'adapter « à son premier poste », elle lui permet aussi d'acquérir « les éléments nécessaires à une bonne appréhension du milieu dans lequel il est appelé à effectuer sa carrière ». L'objectif de la formation continue vise, quant à lui, la création du cadre nécessaire pour l'adaptation permanente de l'agent « tant aux exigences du service public qu'aux évolutions des techniques et des méthodes de travail tout au long de la vie » [3]. Compte tenu des particularités de la Fonction publique française (étendue juridique, recrutement par des concours généralistes), le dispositif français de formation comporte également la préparation aux concours et examens professionnels, dont l'objectif serait de contribuer à faire progresser les agents dans « l'échelle sociale, leur ouvrant l'accès à des grades et des cadres d'emplois supérieurs » [4].

À la lumière de ces considérations, il ressort que le devenir de la Formation roumaine ne peut être préfiguré **(chapitre 2)** qu'à travers l'analyse des systèmes, roumain et français, de formation considérée à la croisée de leurs évolutions, tant passées que présentes **(chapitre 1)**.

---

[1] Plantey (A.), *Traité général de la fonction publique*, Litec, 2e éd., 2001, p. 492.

[2] Plantey (A.), *Réformes dans la fonction publique*, LGDJ, 1978, p. 70.

[3] Becuwe (S.), *Enjeux et défis de la formation professionnelle dans la fonction publique territoriale*, Conseil supérieur de la fonction publique territoriale, 2004, p. 3.

[4] *Ibid.*, p. 3.

Chapitre 1. La Formation à la croisée des évolutions passées et présentes

399. Les origines de la consécration des fondements des deux systèmes de formations remontent au XIXe siècle quand les premières écoles de formation initiale de certaines catégories d'agents publics ont été créées. Ce n'est toutefois que dans les années 1900 que les premières écoles spécialisées dans la formation des fonctionnaires ont été créées. D'abord dans le système roumain – par la création de l'Institut des sciences administratives des années 1920 – grâce, particulièrement, aux efforts du Professeur Negulescu ; ensuite, dans le système français par la création dans les années 1940 de l'ENA et du Centre des Hautes Études Administratives. Le système français de formation a ensuite continué son développement par la création des Instituts Régionaux d'Administration dans les années 1960, du Centre de formation des personnels communaux dans les années 1970, ou encore, par la création des Écoles des cadres territoriaux dans les années 1980. L'adoption du nouveau cadre statutaire français dans les années 1980 a aussi signifié l'extrapolation des réflexions au sujet du renforcement de la formation continue des agents publics français.

À l'opposé du système français de formation, le cadre normatif roumain en matière de formation des agents publics, à peine cristallisé pendant la période monarchique, a été abrogé aussitôt installé le régime socialo-communiste à la fin des années 1940. Conçu globalement pour toutes les catégories de salariés, « gens de travail », le système de formation, initiale et continue, a été reconstruit en lien avec l'idéologie du régime.

La chute du régime communiste de la fin des années 1980 a, une fois de plus, signifié le repositionnement voire la reconstruction du système roumain de formation sur des bases statutaires. Les défis, qui se posent actuellement à la modernisation du système de formation des fonctionnaires roumains, ne pourraient être dégagés objectivement qu'en analysant les traditions héritées **(section 1)**, et les cadres juridiques en vigueur **(section 2)** dans les deux systèmes de droit.

Section 1. Les écueils historiques liés à l'encadrement de la Formation

400. La première moitié du XXe a été marquée par la cristallisation d'un système de formation, initiale et continue, des fonctionnaires roumains fondé sur un réseau institutionnel semblable au réseau français. Reste qu'au moment où l'ENA et le Centre des Hautes Études Administratives trouvaient leur place dans le paysage normatif français, le système roumain de formation construit progressivement pendant plus de deux décennies était révolu, pour faire place à un nouveau système qui correspondait à l'idéologie communiste. Si le système français de formation a poursuivi son évolution, non seulement par l'élargissement de son champ d'application par la création des écoles de formation à différents niveaux de la Fonction publique, le système roumain a été voué à d'innombrables (re)commencements.

L'évolution du système roumain de formation est marquée par la discontinuité due particulièrement aux différents régimes politiques que la Roumanie a connus **(§ 1)**, tandis que le système français de formation est caractérisé par une évolution régulière et rectiligne **(§ 2)**.

§ 1. L'évolution discontinue de la Formation en droit roumain

401. La mise en place du premier dispositif dédié exclusivement à la formation des fonctionnaires publics remonte au début du XXe siècle, lorsque des juristes comme Paul Negulescu ont embrassé entre autres le courant international favorable au renforcement de la formation des fonctionnaires publics par la création des écoles spécialisées à cet effet. Reste que le régime juridique de la Formation diffère selon la période historique à laquelle l'analyse se rapporte. À l'institutionnalisation progressive de la « Formation » connue pendant la première moitié du XXe siècle **(A)**, s'oppose la contractualisation du droit à la formation pendant le communisme **(B)**.

A. L'institutionnalisation progressive de la Formation pendant la monarchie

402. Le milieu doctrinal du début du XXe siècle a vivement été préoccupé par le renforcement du rôle et de la place de la formation des agents publics de toutes les catégories **(1)**, militant de ce fait non seulement pour la création des écoles spécialisées de formation, mais aussi pour l'encadrement de la formation en tant que droit et obligation **(2)**.

1. Le renforcement progressif du rôle et de la place de la Formation

403. Les origines des premières écoles de formation administrative. L'intérêt pour la formation des agents publics remonte bien avant la création de la « Grande » Roumanie. En effet, à l'initiative du ministère de l'Instruction publique en 1871, l'Administration roumaine avait déjà posé les bases d'une « École supérieure des sciences d'État », censée instruire les personnes qui souhaitaient intégrer la Fonction publique [1]. L'idée d'instruction des fonctionnaires ressort aussi de la loi pour l'organisation administrative du Royaume de Roumanie de 1892 et de la loi pour l'organisation des services et des personnels de l'État du 27 mars 1893.

Toutefois, ce n'est qu'après la réunion des territoires roumains du 1er décembre 1918 que l'idée de la mise en place des institutions spécialisées, exclusivement dans la formation administrative des agents publics, s'imposa.

404. Les démarches soutenues du Professeur Paul Negulescu de renforcer le rôle et la place de la Formation dans la Fonction publique. L'idée de la mise en place d'un réseau institutionnel de formation s'est davantage cristallisée dans l'esprit du Professeur Paul Negulescu, lors du 1er Congrès International des Sciences Administratives de 1910, à Bruxelles. Les débats du Congrès ont porté sur plusieurs questions [2], dont l'importance de « voir fixer dans chaque pays un statut des fonctionnaires » et de créer des écoles de formation initiale et continue des fonctionnaires. Treize ans plus tard, lors de la 2e édition, les conclusions retenues à la fin du Congrès concernaient notamment le « vœu de réserver, en fin d'études moyennes et pendant les études universitaires, une place spéciale aux questions se rattachant à l'organisation, au rôle et aux attributions des administrations publiques, sans préjudice du stage effectif et pratique qui [était] nécessaire,

---

[1] Rudescu (C.) et Marchidan (G.), *Statutul functionarilor publici şi statutul salariatilor comunali (Le statut des fonctionnaires publics et le statut des salariés communaux)*, éd. Universitatea Bucuresti, 1947, p. 167.

[2] Les difficultés résultaient de l'expansion fonctionnelle de l'État ainsi que la manière dont les échanges entre les chercheurs et les fonctionnaires pouvaient être renforcés. Treize ans plus tard, à l'occasion de la 2e édition du Congrès international des Sciences Administratives, en 1923, les échanges ont aussi porté sur l'instauration du concours, en tant que moyen exclusif d'entrée dans la fonction publique [2]. Parmi les autres thématiques, poursuivies lors du Congrès international, figuraient notamment la mise en place d'une rémunération équitable, l'allocation des pensions et la détermination des critères de promotion des fonctionnaires (Moschopoulos (D.), *L'Institut international des sciences administratives : Étapes principales de son histoire*, RISA, 2005/2, pp. 203-222, en ligne sur https://www.cairn.info/zen.php?ID_ARTICLE=RISA_712_0203, consulté le 13 janvier 2022).

[et qui devait] rester distinct des études préparatoires et théoriques proprement dites » [1].

Le Professeur Negulescu considérait que « l'éducation professionnelle » des fonctionnaires devait être réalisée non seulement avant, mais aussi après, l'entrée dans la Fonction publique. Pour cette raison, il cherchait à savoir, de manière rhétorique, par quels moyens les gouvernants avaient réussi à créer un nombre important d'écoles de commerce pour l'instruction des commerçants, et aucune pour les fonctionnaires. À cet effet, la question formulée, jadis par le professeur Negulescu et cherchant à savoir comment l'Administration pouvait se rendre utile en l'absence de fonctionnaires forts d'une double formation, de culture générale et professionnelle, acquise dans des écoles spécialisées dans la formation des fonctionnaires publics, retrouve toute son actualité.

D'après le Professeur Negulescu, le législateur devait aussi réglementer, à l'égard des fonctionnaires méritants qui, six ans après leur recrutement, souhaitaient se consacrer à une carrière dans la Fonction publique, le droit de se porter candidats à l'examen d'entrée dans une École supérieure administrative [2]. Conçue comme une vraie « École d'État Majeur pour l'Administration », l'accès à cette école ne devait être possible que sur la base d'un concours d'admission et dans la limite d'une vingtaine de places par an. Par suite, le programme des deux années d'études devait impérativement comprendre des matières qui concernaient l'organisation et le fonctionnement des différents services publics spécifiques à l'administration roumaine, mais aussi aux administrations étrangères. D'autres matières devaient porter sur les obligations des fonctionnaires, les droits administratif et constitutionnel, l'interprétation des lois administratives, ainsi que « la morale, la logique, l'esthétique, la comptabilité publique ou l'ethnographie » [3]. Afin de développer l'esprit « patriotique » des fonctionnaires roumains d'élite, le Professeur Negulescu considérait que devaient être enseignées des matières comme l'histoire de l'État roumain et des États voisins de la Roumanie, la psychologie des peuples, ainsi que d'autres cours censés permettre « le développement de l'esprit d'initiative, de responsabilité, de volonté… » [4]. La proposition voire le projet du professeur Negulescu allait plus loin, dans le sens qu'il recommandait que la formation des diplômés, ayant obtenu les meilleurs

---

[1] Negulescu (P.), *Tratat de drept administrativ (Traité de droit administratif)*, éd. Instituttul de arte grafice Marvan, 4e éd., 1934 , p. 520.

[2] Cela, à condition que les potentiels candidats aient fait la preuve, par le biais des qualificatifs de notation obtenus annuellement, de professionnalisme, de probité, d'une bonne formation et esprit d'initiative, de responsabilité et d'esprit d'organisation [Negulescu (P.), *Tratat de drept administrativ (Traité de droit administratif roumain)*, éd. Atelierele grafice ale fundatiei Culturale « Voevodul Mihai », 1930, p. 81].

[3] *Ibid.*, p. 81.

[4] *Ibid.*, p. 81.

résultats, soit complétée par un stage de formation à l'étranger, dans les États de l'Europe occidentale ou aux États-Unis, dont la durée soit d'au moins un an.

Si le statut de 1923 ne retient aucune précision au sujet de la formation des fonctionnaires, en revanche les dispositions de l'article 378 de la loi n°95 du 14 juin 1925 pour l'unification administrative de l'État roumain [1] disposaient que « des écoles d'instruction professionnelle administrative devaient être crées pour les fonctionnaires administratifs de toutes les branches des niveaux départemental et local … ». Le début des années 1930 a été marqué aussi par les premiers encadrements légaux de la formation, en tant que droit et obligation.

2. La double consécration légale de droit et d'obligation

405. Les premières consécrations du droit et de l'obligation à la Formation administrative. Créé en 1925 par le Professeur Paul Negulescu, l'Institut des sciences administratives a acquis le statut d'établissement d'utilité publique seulement en 1928. Par la même occasion, il a été prévu de créer au sein de cet Institut un Bureau d'études et de documentation administrative où les institutions publiques puissent envoyer leurs fonctionnaires pour se documenter au sujet de différentes questions d'ordre administratif qui pouvaient les préoccuper en vertu de leurs attributions [2]. Le bureau de documentation a acquis la même année le rang d'« École de documentation et des sciences administratives » responsable de la formation administrative des fonctionnaires, tel que le professeur Negulescu l'avait souhaité.

Presque une décennie plus tard, les dispositions de l'article 237 de la loi administrative n°569 du 26 mars 1936 [3] consacraient le principe, aux termes duquel « personne ne [pouvait] être nommé fonctionnaire public administratif s'il [n'avait] pas suivi la formation technique professionnelle requise ». De plus, il ressort de l'alinéa 2 de l'article susvisé un nouveau principe, celui de la formation continue, d'après lequel « les fonctionnaires administratifs [devaient] suivre des cours de perfectionnement selon leur grade et leur spécialité ».

La formation initiale et continue allait être organisée, aux termes de l'article 238 de la loi n°569 du 26 mars 1936, par le ministère de l'Intérieur à travers l'Institut des sciences administratives créé par le Professeur

---

[1] En ligne sur : http://lege5.ro/Gratuit/gezdiobthe/legea-nr-95-1925-pentru-unificarea-administrativa, consulté le 15 janvier 2022.

[2] Negulescu (P.), *op. cit.*, 1934, pp. 520-521.

[3] En ligne sur : http://lege5.ro/Gratuit/gezdiobvga/legea-administrativa-nr-569-1936, consulté le 16 janvier 2016.

Negulescu, l'École des sciences administratives créée dans le cadre de l'Institut, ainsi qu'à travers l'École Supérieure des sciences de l'État créée en 1871.

Le Règlement d'application de la loi du 26 mars 1936 susmentionné a finalement abouti à encadrer l'organisation de la formation initiale et continue des fonctionnaires sous la forme d'un « Centre de préparation et de perfectionnement administratif ». Ce dernier incorporait en son sein des sections spécialisées tant pour l'instruction des personnes qui souhaitaient se porter candidates aux concours et/ou examens dans la Fonction publique, que pour le perfectionnement des fonctionnaires publics. Deux ans plus tard, la loi pour la réforme administrative du 13 août 1938 [1] qui a suivi à l'adoption d'une nouvelle Constitution, celle de 1938, précisait expressis verbis, par le biais de l'article 132, que « personne ne [pouvait] être nommé dans une fonction publique, [sans être] diplômé » [2] d'une école administrative. À cet effet, des écoles administratives professionnalisées, dont les formations ne dépassaient pas dix mois, devaient être créées [3]. L'objectif était de contribuer et de renforcer aussi la formation des fonctionnaires locaux en général, et des jeunes lycéens qui souhaitaient se consacrer à une carrière dans la Fonction publique en particulier [4].

406. Le renforcement du régime juridique de la « Formation » par les lois statutaires de 1940 et de 1946. Les principes consacrés par les dispositions des différents actes de réforme administrative au sujet de la formation des fonctionnaires ont été repris par les dispositions de l'article 96 du Code de conduite de 1940 [5] précisant, qu'en outre de « répondre aux autres conditions d'études exigées pour la nomination ou l'avancement dans les fonctions publiques, les candidats devaient avoir aussi suivi et/ou suivre (...) les cours de formation professionnelle » évoqués ci-dessus.

---

[1] Publiée dans le Moniteur Officiel n°187 du 14 août 1938.

[2] Rudescu (C.) et Marchidan (G.), *op. cit.*, p. 167 ; Rarincescu (C.), *La nouvelle organisation administrative de l'État roumain*, Revista de Drept Public, 1938, pp. 453-497.

[3] Le professeur Gheorghe Ciupe évoque la création de cinq écoles siégeant dans différentes régions du pays, qui scolarisaient annuellement environ 80 élèves fonctionnaires (chiffre modulable en fonction des besoins et dont les coûts de formation étaient pris en charge par l'administration, l'école et l'élève. Ce dernier étant amené à payer des frais d'inscriptions [Ciupe (G.), *Pregatire profesionala a functionarilor administrativi (Préparation professionnelle des fonctionnaires administratifs)*, Revue Administrația Română, an XV, 1935, n°2, p.10].

[4] Parmi les matières, qui devaient impérativement être étudiées au sein de ces écoles, figuraient le droit constitutionnel et le droit administratif. La formation comportait aussi un volet pratique censé apporter les connaissances nécessaires pour l'exercice des attributions plus spécialisées (économie politique, droit financier et comptabilité, droit civil ou encore droit pénal, etc.) [Ciupe (G.), *op. cit.*, p.10].

[5] Le Code de conduite des fonctionnaires publics de 1940 a abrogé les dispositions de la loi du 19 juin 1923 portant statut des fonctionnaires publics roumains.

Six ans plus tard, l'article 91 de la loi portant statut des fonctionnaires publics de 1946 [1] allait renforcer le régime d'obligation assigné déjà à la formation des fonctionnaires, en précisant que « les salariés publics sont obligés de suivre les écoles et les cours créés par les administrations publiques pour l'élargissement et le perfectionnement des connaissances professionnelles » [2]. Il est néanmoins important de noter que, par rapport aux lois statutaires précédentes, le statut des fonctionnaires de 1946 a réglementé l'obligation de formation spécialisée à l'égard de tous les « salariés publics », et non des seuls fonctionnaires publics. Il s'agit en réalité des éléments non négligeables, compte tenu des débats encore inachevés de la doctrine française qui, récemment, s'interrogeait sur le fait de savoir si les dernières réformes de modernisation de la Fonction publique française ne favorisaient pas l'idée d'un « marché d'emploi public unifié » [3], notamment en matière de formation.

Il en ressort finalement que le Statut a fait de la formation professionnelle une condition inéluctable d'entrée et d'avancement dans la Fonction publique de l'époque [4]. Une Fonction publique largement semblable en termes d'étendue juridique à la Fonction publique française de nos jours, c'est-à-dire s'adressant non seulement aux personnels des institutions et autorités de l'administration centrale et locale, mais aussi aux autres catégories de personnels du secteur public comme les enseignants.

In fine, une innovation du Code de conduite de 1940, reprise par le statut des fonctionnaires publics de 1946, concernait l'obligation des fonctionnaires de direction d'organiser des « conférences de service ». En effet, les dispositions de l'article 92 précisaient que « les chefs des administrations ou leurs remplaçants [devaient] convoquer au moins mensuellement les directeurs, les chefs des services, ainsi qu'un délégué des syndicats pour examiner ensemble le fonctionnement des services, les difficultés rencontrées dans l'exécution des mesures disposées par la loi ou par le Gouvernement, ainsi que toutes autres objections générales au sujet du bon fonctionnement de l'administration ». Par suite, les dispositions de l'article 93 exigeaient des directeurs et chefs de services d'organiser des conférences également avec et pour les fonctionnaires d'exécution qui leur étaient subordonnés. La raison de cette imposition était d'examiner collectivement les difficultés constatées dans le fonctionnement des services. Ces échanges étaient censés aboutir à des recommandations qui contribuent à la rationalisation et à la simplification de l'activité administrative.

---

[1] La loi portant statut des fonctionnaires de 1946 a renvoyé aux dispositions du Code de conduite des fonctionnaires publics.

[2] Les écoles allaient être organisées par des lois spéciales.

[3] Fialaire (J.), « Réforme de la Fonction publique et nouveau droit à la formation professionnelle des agents publics », RLCT, 2007, n°24, p. 35.

[4] Rudescu (C.) et Marchidan (G.), *op. cit.*, p. 168.

D'inspiration française [1], les « conférences de services » ont été encadrées par le législateur roumain en réponse aux insistances de la doctrine publiciste roumaine, d'après laquelle « pratiquées constamment et bien organisées, les conférences de service [contribuaient] à la maintenance d'un niveau élevé d'activité de l'administration » [2] .

Reste que l'instauration du régime socialo-communiste a apporté une vision nouvelle non seulement de la notion même de fonctionnaire et de son régime juridique, mais aussi de sa formation.

B. La contractualisation progressive pendant le communisme

407. La place dérisoire que la formation occupait aux débuts du régime communiste a, progressivement, été remplacée par l'encadrement des dispositifs centrés sur une approche théorico-pratique de la formation **(1)**, dont au cœur se trouvait la formation initiale et continue des « gens de travail », fonctionnaires d'État compris **(2)**.

1. L'affirmation progressive d'une approche théorico-pratique de la formation

408. Le rôle dérisoire de la Formation à l'installation du régime communiste. Les premières années du régime communiste ont été marquées par le recrutement, voire, la nomination de certaines personnes dans des fonctions publiques des plus importantes de l'État eu égard plutôt à leur « dévouement » aux causes socialistes qu'à leurs compétences. Par conséquent, la condition de formation voire de diplôme s'est vue temporairement dépourvue de son sens, compte tenu du fait que le plus souvent le parcours scolaire des personnes recrutées à cette époque était assez modeste [3].

---

[1] Fayol (H.), *L'administration industrielle et générale,* éd. H. Dunod, 1918 ; Fayol (H.), *L'éveil de l'esprit public*, éd. H. Dunod et E. Pinat, 1918.

[2] Rudescu (C.) et Marchidan (G.), *op. cit.*, pp. 168-169.

Sur ce point, il apparaît intéressant de rallier les idées évoquées ci-dessus aux démarches françaises du programme consultatif « Ma fonction se réinvente ». Lancé en 2016, ledit programme invite les agents publics à faire part de leurs propositions à réinventer la Fonction publique (ministère de la Fonction Publique, *Les propositions des agents pour réinventer la Fonction publique*, 2017, en ligne sur http://www.fonction-publique.gouv.fr/files/files/statut_et_remunerations/fonction_se_reinvente/MFPSR-livret-mars2017.pdf, consulté le 14 mars 2022).

[3] Ces personnes ont pu, en effet, compléter voire parfaire leur formation professionnelle en suivant les cours des écoles et des universités d'État, ainsi que l'enseignement du parti [Iorgovan (A.) et Gilescu (V.), *Drept administrativ si stiinta administratiei (Droit*

409. L'affirmation progressive de la Formation en lien direct avec le stage pratique. Les dispositions de l'alinéa 2 de l'article 159 du Code du travail de 1972 précisaient que « le ministère de l'Éducation et de l'Enseignement, ainsi que les autres ministères et organes centraux, comités exécutifs (...) ont le devoir d'assurer un lien étroit entre la formation théorique et pratique des élèves et étudiants ».

Les dispositions des articles 92 et 164 du Code du travail cité ci-dessus avaient mis les fondements d'un dispositif qui liait juridiquement la formation professionnelle au contrat de travail. De ce fait, la gratuité de la scolarisation (enseignements préuniversitaire et universitaire) était amortie par l'obligation assumée par les jeunes signataires du contrat d'études de faire un stage voire de travailler dès l'obtention de leur diplôme pour une période allant jusqu'à plusieurs années dans les institutions et/ou les entreprises, dans lesquelles ils allaient être affectés.

Concernant l'enseignement des niveaux d'apprentissage et du lycée, les dispositions de l'article 92 susvisé précisaient « qu'après leur inscription (...), les élèves [concluaient] des contrats avec les organisations socialistes par lesquels ils assumaient l'obligation de travailler dans ces organisations, pour une période allant de 2 à 3 ans après l'obtention de leur diplôme ou qualification » [1]. Il en fût de même, pour les étudiants qui, aux termes des dispositions de l'alinéa 4 de l'article 164, signaient, une fois avec l'inscription dans la première année de licence, un contrat d'engagement. Le Recteur, en tant que représentant de l'État, s'engageait par le biais dudit contrat à assurer à l'étudiant les conditions requises pour ses études, alors que l'étudiant s'engageait à respecter les normes d'activité et de discipline écolières ou universitaires, ainsi que d'effectuer le stage dans le cadre de l'institution au sein de laquelle il allait être affecté une fois son diplôme obtenu. L'étudiant qui manquait à cette obligation de stage dans le délai imparti était obligé de payer des pénalités civiles importantes [2]. Au cas où le stage était effectué seulement en partie, la pénalité civile était réduite proportionnellement à la période de stage effectuée [3]. Par suite, et ce afin de répondre aux dispositions de l'article 159 du Code du travail susvisé, le parcours écolier ou universitaire alternait avec des stages pratiques, souvent rémunérés. L'instruction pratique se déroulait en principe en concordance

---

administratif et la science de l'administration), éd. Universitatea Bucuresti – Facultatea de drept, 1986, p. 267].

[1] Les élèves n'ayant pas atteint l'âge de la majorité.

[2] 4.000 lei pour les études universitaires de trois ans et 8.000 lei pour celles de 4 ans.

[3] En cas de non-paiement, la procédure de récupération des sommes dues à ce titre était soumise aux règles de droit commun relative à l'exécution forcée [Ghimpu (S.) et Stefanescu (T.), *Dreptul muncii (Droit du travail)*, Universitatea din Bucuresti – Facultatea de Drept, tome 2, 1974, pp. 69-70].

avec les exigences des diplômes préparés [1]. En tout état de cause, aux termes de l'article 75 de la loi n°28 du 21 décembre 1978 portant sur l'éducation et l'enseignement, la pratique effectuée pendant les études devait « assurer l'accumulation des connaissances et des compétences requises pour l'exercice de la profession envisagée à la fin des études (...), les activités pratiques étant établies sur la base des plans d'enseignement et des stages pratiques ». De plus, il a été procédé à la création d'un réseau d'écoles spécialisées de formation au sein des différentes structures administratives qui contribue à la formation spécialisée des fonctionnaires d'État en général, et des fonctionnaires d'État de direction en particulier.

2. La mise en place progressive d'écoles spécialisées de formation initiale

410. La création d'une infrastructure d'écoles spécialisées. Compte tenu du fait que la formation spécialisée dans un certain domaine professionnel ne conférait pas les connaissances requises pour l'exercice des fonctions de direction au sein des différents organes de l'État, des écoles politico-juridico-administratives censées combler ces lacunes ont été créées. Il s'agit, d'une part, de l'Institut central d'instruction des cadres de direction des secteurs économiques et de l'Administration de l'État, qui a été créé au sein de l'Académie du parti pour l'enseignement socialo-politique [2], et d'autre part, de la Section des sciences administratives qui a été créée dans le cadre de la faculté de droit de l'Université de Bucarest [3]. L'inconvénient, tel que la doctrine l'avait souligné, résidait dans le fait que, malgré la création d'un enseignement administratif [4] de formation des fonctionnaires d'État, l'accès à la fonction d'État n'était pas conditionné par l'obtention d'un diplôme en droit administratif. Ce qui contribuait considérablement non seulement à la dépréciation de la qualité professionnelle des fonctionnaires d'État, mais aussi à un état de précarité des diplômés de la section de droit

---

[1] Ghimpu (S.), *Dreptul muncii (Droit du travail)*, éd. Didactica si pedagogica, 1985, pp. 35-36.

[2] Le Professeur Iorgovan soulignait toutefois, dans ses ouvrages de droit administratif de l'époque, qu'en absence d'un statut du fonctionnaire public, « la législation ne reflétait pas du tout la correspondance qui doit exister entre la qualité de diplômé de l'Institut suscité ou de la faculté d'administration et les conditions d'études pour l'occupation des fonctions de direction dans l'Administration d'État » [Iorgovan (A.) et Gilescu (V.), *op. cit.*, 1986, p. 267].

[3] La loi n°11 du 13 mai 1968 relative à l'enseignement dans la République Socialiste de la Roumanie adoptée sur la base des directives de la plénière du C.C. al P.C.R. des 22 et 25 avril 1968. Une dizaine d'années plus tard, cet acte normatif a été remplacé par la loi n°28 du 21 décembre 1978 portant sur l'éducation et l'enseignement.

[4] Après la suppression du système de formation crée pendant la monarchie.

administratif par rapport à ceux de droit général [1]. En effet, le Professeur Iorgovan déplorait le fait que les diplômés en droit administratif n'étaient pas prioritaires lors des recrutements dans la fonction d'État. De ce fait, il percevait l'accès inconditionnel des diplômés de la section de droit général aux fonctions de l'Administrations d'État au détriment des diplômés de la section administrative comme une discrimination. D'après cet auteur, non seulement les diplômés ne bénéficiaient pas des mêmes avantages [2], mais ils étaient en même temps privés d'un nombre important de fonctions auxquelles ils auraient pu légitimement prétendre [3].

Il est toutefois important de préciser que la mise en concurrence des deux catégories de diplômés en droit respectait, théoriquement, les dispositions légales relatives au recrutement en vigueur à ce moment. En vérité, c'était plus une question de moralité que de violation du droit. Par la suite, les modalités défectueuses de sélection des étudiants de la Section de droit économico-administratif ont été à juste titre déplorées par le professeur Antonie Iorgovan. Parallèlement à l'encadrement des différentes formes de formation initiale, le législateur de l'époque a été préoccupé aussi par la mise en œuvre d'un droit à la formation continue.

3. L'encadrement progressif de la formation continue

411. Renforcement de la formation continue. Outre la formation initiale, l'État a été préoccupé à l'époque également par la formation continue de ses cadres. À cet effet, lors de la plénière du Comité central (C.C.) du Parti Communiste Roumain (P.C.R.) des 10 et 11 février 1971, il a été décidé de créer un plan national relatif à la mise en place d'un dispositif de perfectionnement des outils de formation des cadres du parti et de l'État. Cette « décision du parti » a été concrétisée par la loi n°2 du 18 mars 1971 relative au perfectionnement professionnel des « travailleurs » des unités socialistes.

Les premiers articles de la loi n°2 du 18 mars 1971 consacrent le double caractère, de devoir et d'obligation, du perfectionnement professionnel (formation continue). Les dispositions de l'article 1er de la loi susvisée réservent aux directions « des unités socialistes » l'obligation d'assurer les conditions requises pour que chaque « travailleur », fonctionnaire compris,

[1] Dont les matières principales d'étude sont le droit civil, le droit de la procédure civile, ainsi que le droit pénal et le droit de la procédure pénale.

[2] Un diplômé en droit administratif ne pouvait pas être nommé en tant que juge, procureur, etc.

[3] Cette situation de fait avait favorisé le développement d'une pratique assez spéciale de la part des étudiants en droit administratif. Cette pratique consistait à procéder à une double inscription tant à la faculté de droit juridique qu'à la faculté de droit administratif [Iorgovan (A.) et Gilescu (V.), *op. cit.*, 1986, pp. 267-268].

puisse suivre périodiquement des formations de perfectionnement qui correspondent aux attributions exercées. Par conséquent, ladite loi annonçait la mise en place, dès l'année de son adoption, d'un système national de perfectionnement de la formation professionnelle de tous les « travailleurs ».

Les formations se déroulaient, aux termes de l'article 2 du même acte normatif, au sein des entreprises, des ministères, ainsi que des autres organes centraux de l'administration de l'État, ou encore, dans des instituts de recherches et de projections, des institutions d'enseignement ou d'autres institutions. Les formations pouvaient se présenter sous forme d'instructions sur le lieu du travail sous le contrôle du supérieur hiérarchique direct, ou encore, sous forme de cours organisés dans le cadre de l'institution d'appartenance ou dans des centres de perfectionnement des cadres. Par ailleurs, d'après les dispositions de l'article 3 du texte susmentionné, les formations se déroulaient sous forme de programmes personnels de perfectionnement, mais avec des évaluations régulières des connaissances assimilées. Les formations pouvaient aussi prendre la forme de stages pratiques et de spécialisation organisés dans l'institution d'appartenance ou dans une institution autre que celle d'origine, en Roumanie ou à l'étranger. L'obtention d'un diplôme d'études universitaires ou postuniversitaires après la nomination dans un poste, ou encore, du titre du docteur, représentait une forme de perfectionnement continu.

Il est important de préciser que le perfectionnement professionnel était, en vertu du dernier alinéa de l'article 3 évoqué ci-dessus, fondé avant tout sur l'auto-étude des « travailleurs » [1]. Les connaissances des salariés ayant suivi des cours de perfectionnement étaient, aux termes de l'article 13 de l'acte susvisé, évaluées sur la base des épreuves théoriques et pratiques, travaux, examens, dont le niveau était certifié par le biais d'une attestation ou d'un diplôme selon le type de formation.

Les dispositions de la loi n°2 du 18 mars 1971 devaient, au point de vue des procédures administratives, être considérées ensemble avec les dispositions de la loi n°1 du 26 mars 1970 relative à l'organisation et à la discipline du travail dans les unités socialistes. En vertu de l'article 21 de la loi n°1 du 26 mars 1970, l'institution qui envoyait un salarié à une école, au cours de perfectionnement ou de spécialisation, ou encore, dans l'institution qui assurait l'une de ces formes d'instruction dont le suivi engageait l'interruption du travail pour au minimum 3 (trois) mois, devait conclure avec le salarié un acte additionnel [2] au contrat du travail. Dudit acte

---

[1] Ce qui pourrait être assimilé au devoir des fonctionnaires de nos jours de parfaire régulièrement leur formation.

[2] L'acte additionnel au contrat du travail représentait un instrument juridique important, acte qui renforçait juridiquement les dispositions relatives à l'instruction et au perfectionnement professionnel [Haraga (N.), « Actul aditional al contractului de munca pentru scolarizarea salariatului (L'acte additionnel du contrat du travail pour la scolarisation

additionnel, devaient ressortir impérativement, d'une part, l'obligation de l'institution employeuse de prendre en charge partiellement ou intégralement les dépenses afférentes à la formation du salarié et, d'autre part, le devoir du salarié de continuer à travailler au sein de l'institution d'appartenance pour au moins cinq ans à compter de la fin de la formation. Au cas où le salarié ne respectait pas cette obligation, ledit acte additionnel réglementait l'obligation du salarié de dédommager l'institution ayant pris en charge ses dépenses de formation [1].

À titre liminaire, qu'il s'agisse de la première ou de la dernière moitié du XXe siècle, et malgré les idéologies différentes et les détours, dans les transformations voire les suppressions connu(e)s par la Fonction publique depuis ses origines, la Formation apparaît avoir occupé une place centrale. À la différence du système roumain de formation, le système français n'a été marqué que par la progression, le renforcement et la continuité de l'évolution de son dispositif de formation.

§ 2. L'évolution continue de la Formation en droit français

412. La préoccupation pour la formation des agents publics remonte dans le système français bien avant du XXe siècle lorsque le réseau institutionnel de formation a été progressivement renforcé et diversifié pour chacune des catégories d'agents publics. La création des écoles de formation initiale, assumant non seulement un rôle formateur, mais aussi de sélection des futurs fonctionnaires, représente toujours une spécificité française dont les systèmes étrangers continuent à s'inspirer. La mise en place des premiers dispositifs de formation initiale **(A)** a utilement été complétée par la consécration d'un droit à la formation continue **(B)**, dont les principes fondateurs sont encore en vigueur.

A. Les origines de la formation initiale

413. Les origines institutionnelles de la formation initiale. Comme en droit roumain, la préoccupation pour la formation des agents publics français remonte bien au-delà de l'institutionnalisation de la Fonction publique. Les administrations, confrontées progressivement, depuis le XVIIIe siècle, à de

du salarié) », *Revista Romana de Drept*, 1971, n°7, pp. 60-70 ; Ghimpu (S.) et Ştefănescu (T.), *op. cit.*, p. 79].

[1] Les dispositions dudit article s'appliquent également aux salariés envoyés pour études et/ou de la documentation à l'étranger.

nouvelles exigences dues au développement des activités administratives, ainsi qu'à la diversité de méthodes et des outils de travail ont « éprouvé le besoin de créer leurs propres organismes de formation et d'application » [1]. L'essor de la construction des organismes de formation a débuté par la création des écoles de formation pour les militaires, suivie par la création des écoles des Ponts en 1747, des Mines en 1816, ou encore, des Eaux et forêts en 1824. De par leur importance, peut être mentionnée également la création de l'école nationale de police [2] en 1941 ou l'École nationale de la santé publique [3] en 1945.

L'encadrement voire le renforcement de la formation des agents publics français a connu des progrès à deux niveaux. D'une part, au niveau de la formation des agents de l'État, et d'autre part de celle des agents territoriaux. La priorisation de la formation initiale **(1)** ressort entre autres de l'élargissement progressif du réseau français de formation initiale **(2)**.

1. La priorisation de la formation initiale

414. La création de l'École Nationale de l'Administration (ENA) et du Centre des Hautes Études Administratives (CHEA). Au lendemain de la Seconde Guerre Mondiale, l'ordonnance n°45-2283 du 9 octobre 1945 relative à la formation, au recrutement et au statut de certaines catégories de fonctionnaires et instituant une direction de fonction publique et un conseil permanent de l'administration civile a été adoptée.

Du préambule de cette ordonnance, il ressort que la formation des futurs fonctionnaires représentait une des priorités de l'époque. En effet, l'ordonnance susvisée annonçait la création des instituts universitaires d'études politiques situés à Paris et en province, une École Nationale de l'Administration, ainsi qu'un Centre des Hautes Études Administratives. D'après le même préambule, si les instituts universitaires devaient assurer aux étudiants, qui envisageaient ou non une carrière dans la Fonction publique, une culture politique ou administrative [4], l'ENA avait, en revanche, pour missions de pourvoir aux emplois des corps des hauts fonctionnaires visés par la réforme. Dès l'origine, cette école

---

[1] Silvera (V.), *La fonction publique et ses problèmes actuels*, Editions de l'actualité juridique, 1968, p. 273.

[2] École Nationale Supérieure de la Police (http://www.ensp.interieur.gouv.fr/).

[3] École des hautes études de santé publique (http://www.ehesp.fr/).

[4] Le 1er article de l'ordonnance n°45-2283 du 9 octobre 1945 prévoyait la création, par décret, des instituts d'université, dits « Instituts d'études politiques » (IEP) destinés à compléter l'enseignement des sciences sociales, administratives et économiques, dispensés dans les facultés de droits et de lettres. De plus, aux termes de l'article 3 de l'ordonnance citée ci-dessus, les étudiants, inscrits aux IEP et qui préparaient en même temps le concours d'entrée à l'ENA, allaient bénéficier des moyens requis pour la poursuite de leurs études.

d'administration a été conçue comme « un établissement d'application qui rassemble sous une même discipline des élèves déjà formés soit par l'enseignement supérieur, et notamment par les instituts sus-cités, soit par les fonctions administratives qu'ils [ont exercé] auparavant » [1]. L'accès des deux catégories de candidats précités devait se faire, aux termes du même préambule, par le biais des deux concours dont l'objectif n'était pas de créer deux groupes distincts d'étudiants/diplômés au sein de l'ENA, mais de garantir un certain nombre de places aux candidats qui, issus de l'administration, n'avaient peut-être plus l'habitude des épreuves scolaires d'admissibilité. Les dispositions du préambule de l'ordonnance n°45-2283 du 9 octobre 1945 soulignaient cependant qu'une fois réussi le concours d'admission, aucune différence ne devait être faite entre les lauréats des deux concours.

L'ENA ne devait pas se limiter à enseigner les techniques de la vie administrative et politique, mais aussi de s'efforcer à développer dans les futurs « hommes d'État » le sentiment « des hauts devoirs que la fonction publique entraîne et les moyens de bien les remplir » [2]. L'ENA devait donc répondre à une conception interventionniste et égalitaire de l'État ; étant habitée par un souci, identique à celui roumain du début du XXe siècle, elle visait la démocratisation et la qualification de la Fonction publique [3].

Pour leur part, les Centres des hautes études avaient pour missions essentielles de conférer une formation complémentaire à des fonctionnaires jouissant déjà d'une expérience importante dans la Fonction publique voire, exceptionnellement, dans le secteur privé et que l'État considérait utile de les « appeler à son service ». À la différence des deux premières formes de scolarisation, les formations des centres des hautes études devaient être dépourvues de tout caractère scolaire, en faveur de la promotion des confrontations d'idées et d'expériences. Le préambule de l'ordonnance n°45-2283 du 9 octobre 1945 susmentionnée précisait également que les diplômes délivrés par les centres des hautes études n'allaient attester qu'une vocation voire une aptitude, sans conférer aucun droit pratique.

Le paysage institutionnel des organismes de formation a été ensuite complété par la création de l'École nationale des impôts, en 1951, de l'École nationale des Douanes voire l'École de Trésor [4], l'École nationale de police,

[1] En effet, aux termes de l'article 5 de l'ordonnance évoquée ci-dessus, l'ENA était chargée de la formation des fonctionnaires qui souhaitaient se consacrer à une carrière au sein du Conseil d'État, de la Cour des Comptes, aux carrières diplomatiques ou préfectorale, à l'inspection générale des finances, au corps des administrateurs civils et autres.

[2] Préambule de l'Ordonnance n°45-2283 du 9 octobre 1945 relative à la formation, au recrutement et au statut de certaines catégories de fonctionnaires et instituant une direction de fonction publique et un conseil permanent de l'administration civile.

[3] Plantey (A.), *Réformes dans la fonction publique*, LGDJ, 1978, p. 79.

[4] L'École nationale des impôts est devenue, le 4 août 2010, l'École nationale des finances publiques.

l'École nationale de la santé publique, ou encore l'École nationale de l'aviation civile, ainsi que par d'autres institutions de formation qui ont progressivement élargi le réseau institutionnel de formation initiale.

2. L'élargissement du réseau institutionnel de formation initiale

415. La création des Instituts Régionaux d'Administration (IRA). L'adoption de la loi n°66-892 du 3 décembre 1966 d'orientation et de programme sur la formation professionnelle a permis de compléter davantage le réseau institutionnel de formation des fonctionnaires d'État, notamment par la création progressive, à partir des années 1970, de cinq Instituts Régionaux d'Administration, à Lille [1] Lyon [2], Nantes [3], Metz [4] et Bastia [5].

Un des mérites de la loi n°66-892 du 3 décembre 1966 concerne l'élévation de la formation professionnelle au rang « d'obligation nationale », qui a pour objet de favoriser l'accès des jeunes et des adultes aux différents niveaux de la culture et de la qualification professionnelle et d'assurer le progrès économique et social » [6]. L'article 15 de la loi susvisée créait les instituts régionaux d'administration, responsables du recrutement et de la formation de certains corps de catégorie. Comme pour l'ENA, le législateur avait prévu deux types de concours pour l'accès aux « futures » IRA : l'un réservé aux candidats titulaires de diplômes d'enseignement supérieur et l'autre aux candidats qui, n'étant pas munis de diplômes universitaires, jouissait en revanche d'une certaine expérience sur un poste civil ou militaire [7]. En d'autres termes, l'entrée aux IRA était possible par le biais de deux concours, étudiant et fonctionnaire (externe et interne). À l'instar des étudiants de l'ENA, les élèves et/ou les étudiants des IRA, arrivés au terme de leur scolarisation, allaient se voir proposer des postes.

Des considérations évoquées ci-dessus, il ressort que les écoles françaises de formation ont été érigées « non seulement comme des lieux incontournables de formation, mais aussi des creusets de culture voire d'identité professionnelle » [8], tels les corps ou les cadres d'emplois.

---

[1] Décret n°70-602 du 2 juillet 1970.
[2] Décret n°70-603 du 2 juillet 1970.
[3] Décret n°72-536 du 29 juin 1972.
[4] Décret n°73-834 du 21 août 1973.
[5] Décret °79-900 du 15 octobre 1979.
[6] Silvera (V.), *op. cit.*, p. 291.
[7] *Ibid.*, p. 291.
[8] Desforges (C.), Angel (N.), Debart (M.-H.) et Renaud-Boulesteix (B.), *Rapport sur la formation initiale des fonctionnaires de l'Etat dans les Ecoles du service public*, La Documentation française, 2011, p. 18.

Toutefois, compte tenu de la rapidité avec laquelle les connaissances générales, administratives ou techniques acquises en formation initiale tombaient en désuétude, face aux évolutions législatives, techniques et informatiques qui s'imposaient à la société, la nécessité de la mise en place d'un dispositif de formation continue s'est définitivement imposée.

B. Les fondements originels de la formation continue

416. L'encadrement du droit à la formation continue pour tous les agents publics **(1)**, réserve toutefois certaines spécificités pour les fonctionnaires territoriaux **(2)**.

1. L'encadrement du droit à la formation continue

417. La consécration progressive d'un droit à la formation continue. Parallèlement à la création de l'ENA et des autres écoles de formation initiale, des réflexions ont été engagées également au sujet de la formation « complémentaire » (continue), cela notamment par la création du Centre des Hautes Études administratives (CHEA). Reste que ce n'est qu'en début des années 1970 que la formation continue « a pris corps et s'est enracinée » [1] dans la Fonction publique française. En effet, c'est du moment où « l'évolution constatée et prévisible des besoins a fait prendre conscience de la nécessité d'offrir aux agents de la Fonction publique à tous niveaux et non plus au seul niveau de la haute fonction publique, comme aux travailleurs du secteur privé, une continuité de formation » [2]. La loi n°71-575 du 16 juillet 1971 portant organisation de la formation professionnelle continue dans le cadre de l'éducation permanente [3] a le mérite non seulement d'avoir fixé sans ambiguïté la distinction entre les formations initiale et continue, mais aussi d'avoir donné une définition à la formation continue en référence à la formation initiale [4]. En effet, en faisant de cette dernière une partie intégrante de l'éducation permanente [5], aux termes de la loi n°71-575 susvisée, le « tout n'était pas joué à la sortie de l'école et les travailleurs devaient avoir la possibilité sans fin de revenir aux sources de la culture pour leur épanouissement intellectuel, moral et spirituel » [6]. Il en ressortait l'obligation à l'égard de l'État de concevoir et de mettre en œuvre, au profit de ses

[1] Salon (S.) et Savignac (J.-C.), *Code de la fonction publique*, Dalloz, 14e éd., 2015, p. 363.
[2] *Ibid.*, p. 363.
[3] Décrets d'application du 11 avril 1975 et du 13 juillet 1976.
[4] Espagno (D.), « La formation professionnelle, enjeu de la modernisation de la fonction publique », *AJFP*, 2007, n°3, pp. 116-125.
[5] *Ibid.*, pp. 116-125.
[6] Salon (S.) et Savignac (J.-C.), *op. cit.*, p. 363.

agents, une politique coordonnée de formation professionnelle et de promotion sociale [1].

Une année plus tard, la recherche des meilleurs moyens possible de formation des agents territoriaux s'est retrouvée à l'origine de la conclusion d'un accord entre l'Association des maires de France et le groupe intersyndical « Boulogne-Billancourt » [2]. Cet accord a favorisé l'adoption de la loi du 13 juillet 1972 et la création du Centre de formation des personnels communaux (CFPC) [3]. En 1980, a été créée la première École nationale d'application des cadres territoriaux (ENACT) d'Angers. Plus tard d'autres ENACT ont été créés à Montpellier en 1984, à Nancy en 1993 et à Dunkerque en 2000. Depuis 2010, les quatre écoles ne s'appellent plus ENACT, mais INSET (Institut national spécialisé d'études territoriales).

Il reste que si, à l'origine, les politiques de formation des administrations reposaient plutôt sur des objectifs de promotion sociale interne et de préparation aux concours [4], après l'adoption de la loi Le Pors du 13 juillet 1983 portant droit et obligations des fonctionnaires, la formation continue a acquis, aux termes de l'article 22, une double valeur juridique à l'égard des agents : de droit et d'obligation.

2. L'encadrement distinct de la formation continue pour les fonctionnaires territoriaux

418. La « Formation » continue des fonctionnaires territoriaux dans le contexte des lois statutaires des années 1980. L'adoption au début des années 80 du nouveau cadre statutaire de la Fonction publique a ouvert des réflexions au sujet de la formation continue des agents de chacune des trois Fonctions publiques. C'est dans ce contexte que six mois après l'adoption de la loi du 26 janvier 1984 portant statut de la fonction publique territoriale, la loi n°84-594 du 12 juillet 1984 relative à la formation des agents de la fonction publique territoriale a été adoptée. Il n'est pas sans intérêt sur ce point de rappeler les dissensions existantes à l'époque à l'égard de l'article 24 de la loi du 12 juillet 1984. Issu de l'amendement Worms, ledit article envisageait que « des écoles relevant de l'État ou des collectivités locales puissent, par convention, organiser des concours pour le recrutement simultané des fonctionnaires de l'État et des collectivités territoriales, ainsi

---

[1] « Formation continue : un accord-cadre pour 1996-1998 », *AJFP*, 1996, n°2, pp. 4-10.

[2] Nemery (J.-C.), *Prospective de la fonction publique territoriale : l'articulation statut-formation*, Annuaire des collectivités locales, tome 22, 2002, pp. 51-59.

[3] Actuellement le CNFPT, qui est actuellement réglementé par la loi n°84-594 du 12 juillet 1984, telle qu'elle a été modifiée par la loi Gallard du 13 juillet 1987.

[4] « Formation continue : un accord-cadre pour 1996-1998 », *AJFP*, 1996, n°2, pp. 4-10.

que d'assurer leur formation commune »[1]. L'estimation des « énarques » a été qu'« aucun autre concours administratif ne [pouvait] offrir le même niveau de sélectivité que l'ENA ». Les anciens élèves de l'ENA ont pratiquement rejeté l'idée que « les administrateurs territoriaux puissent passer par cette école au double motif qu'une institution d'État ne saurait former des agents en charge de la décentralisation (...) et n'aurait pas la capacité d'accueillir les effectifs nombreux d'administrateurs territoriaux à recruter »[2].

Pour revenir à la formation continue des fonctionnaires territoriaux, les conditions d'exercice du droit à la formation consacré par la loi du 12 juillet citée ci-dessus ont été fixées par le décret n°85-1076 du 9 octobre 1985, dont le contenu était inspiré du décret du 14 juin 1985 relatif à la formation professionnelle des fonctionnaires de l'État.

La formation dans les deux Fonctions publiques de l'État et territoriale était donc construite autour de deux piliers, respectivement la formation dispensée en cours de carrière pour le perfectionnement de l'agent et la formation personnelle de l'agent[3]. Il reste à ajouter qu'au niveau institutionnel, les dispositions du décret n°85-644 du 26 juin 1985, corroborées par les dispositions de la loi n°85-1221 du 22 novembre 1985[4], annonçaient la mise en place d'un centre national de formation, d'un centre unique de la ville de Paris, ainsi que de 26 (vingt-six) centres régionaux et cinq centres départementaux[5]. Par ailleurs, des réflexions ont été engagées en vue de la modernisation du dispositif de formation, initiale et continue, déjà mis en place, dont les réflexions inscrites dans la circulaire Rocard.

3. Les réflexions de Michel Rocard pour la modernisation de la Formation

419. Les axes de modernisation de la Formation fixées par la circulaire Rocard. Dès la fin des années 1980, la circulaire Rocard mettait en exergue le double rôle et la place des formations initiales et continue à l'égard de la valorisation professionnelle des agents publics. Ladite circulaire soulignait de ce fait l'importance de créer des dispositifs de formation continue avec une prédilection dans les administrations, où « l'effort de formation accusait un net retard ». Les recommandations de la circulaire de 1989 incitaient les administrations à procéder à des réflexions sur l'évolution des missions, des métiers ainsi qu'à l'analyse des besoins

[1] Pouyet (B.), *La formation des fonctionnaires territoriaux en 1985*, Annuaire des collectivités locales, tome 6, 1986, pp. 305-316.
[2] *Ibid.*, pp. 305-316.
[3] *Ibid.*, pp. 305-316.
[4] Qui modifie les lois du 26 janvier 1984 et du 12 juillet 1984.
[5] Pouyet (B.), *op. cit.*, pp. 305-316.

exprimés par les agents, afin de dégager les priorités et les objectifs impératifs en matière de formation. D'autres recommandations concernaient non seulement une éventuelle prise en compte des formations suivies dans la gestion des affectations et des promotions, mais aussi, à l'occasion de l'accès aux postes d'encadrement. Concernant l'accès aux postes d'encadrement, le suivi au préalable des formations appropriées aux missions afférentes à ces types de postes pouvait revêtir la valeur d'une obligation.

Le Code du travail avait également consacré, à travers les dispositions des articles L. 970-1 et L. 970-5, l'obligation pour l'État de mettre en œuvre une politique coordonnée de formation professionnelle et de promotion sociale tenant compte du caractère spécifique de la Fonction publique [1].

Le décret modifié du 14 juin 1985 (v. décret du 19 mars 1993) régit la formation professionnelle des fonctionnaires de l'État en distinguant la formation interne (comportant l'adaptation à l'emploi), la préparation aux examens et concours après recrutement et la formation personnelle volontaire. L'organisation de la formation continue des fonctionnaires de l'État a, depuis, fait l'objet entre autres de l'accord-cadre avec les organisations syndicales du 29 juin 1989, renouvelé les 10 juillet 1992 et 22 février 1996 [2].

Par ailleurs, un congé de formation-mobilité a été institué par le décret n°97-1043 du 13 novembre 1997 au bénéfice de certains fonctionnaires d'État. La même année, l'arrêté du 7 juillet 1997 relatif au bilan social [3] a fixé les conditions, dans lesquelles les compétences professionnelles et personnelles ainsi que les aptitudes et motivations d'un agent pouvaient faire l'objet d'un bilan social. L'objectif de ce dernier était de contribuer à la définition d'un projet professionnel, le cas échéant d'un projet de formation [4]. Ce bilan était réalisé aux frais de l'administration et sur la base d'une convention tripartite entre l'agent bénéficiaire, l'administration et l'organisme prestataire du bilan professionnel. Toujours est-il qu'un nombre important des actes normatifs, qui ont consacré les fondements évolutifs du système actuel de formation des agents publics français, sont encore en vigueur, et ce, malgré les modifications plus ou moins importantes apportées par les différentes réformes appliquées en vue de la modernisation et le renforcement du rôle et de la place de la formation dans la Fonction publique française.

À l'opposé du système français, le dispositif de formation des fonctionnaires publics roumain se trouve en reconstruction depuis les années 1990. Elevé, en théorie, au rang de priorité pour la modernisation de la Fonction publique roumaine, la reconstruction d'un système compétitif,

---

[1] Plantey (A.), *Traité du droit de la fonction publique*, Litec, 2e éd., 2001, p. 492.

[2] Chapus (R.), *Droit administratif général*, Montchrestien, 15e éd., tome 2, 2001, p. 214.

[3] Arrêté abrogé le 14 août 2009.

[4] Article 14.

efficace et transparent, de formation des fonctionnaires publics apparaît toujours aussi lointaine de sa finalité qu'elle ne l'était à ses débuts.

Section 2. Les cadres juridiques en vigueur et leurs limites

420. Le système de formation en vigueur dans la Fonction publique roumaine est fondé, comme le système français, sur la formation initiale et continue. À l'opposé du système français où tant la formation initiale que la formation continue bénéficient d'un appui institutionnel fort – représenté par un réseau d'écoles de formation important à tous les niveaux de l'administration voire par domaines professionnels –, l'encadrement en vigueur du système de formation roumaine est encore à parfaire. En effet, considérant que la formation initiale des futurs fonctionnaires roumains repose, à quelques exceptions près, sur les institutions de formation à vocation générale comme les universités, des interrogations se posent concernant le niveau d'instruction spécialisée des personnes souhaitant intégrer la Fonction publique. Cela d'autant plus qu'aux termes des dispositions statutaires de l'article 9 de la loi n°18 du 8 décembre 1999, il y a aussi des fonctions publiques d'exécution dont le niveau d'études exigé, pour s'y porter candidat, est le baccalauréat. Toutefois, force est de constater que les fonctions d'exécution mises au concours pour les candidats munis « seulement » d'un diplôme de baccalauréat sont de moins en moins nombreuses [1]. Faut-il sur ce point se demander si le corps roumain des fonctionnaires publics se mue en un corps formé exclusivement de fonctionnaires publics munis de diplômes universitaires ? La question n'est pas anodine, particulièrement à l'égard de deux aspects. Le premier aspect concerne le caractère discriminatoire d'un tel stratagème, alors que les attributions propres à certaines fonctions publiques n'exigent pas un tel niveau. Le second aspect concerne l'organisation et les conditions de formations de certains centres universitaires [2].

---

[1] Des 145.498 fonctions d'exécution en 2015, seulement 26.770 sont exercées par des fonctionnaires publics de niveau baccalauréat, soit 18.40 %. À l'opposé, le nombre des fonctionnaires publics niveaux licence et/ou master est de 117.050, soit 80.45%. Il est d'ailleurs intéressant de souligner que seulement environ 9% des fonctionnaires publics roumains sont diplômés dans le domaine de l'administration publique (et/ou des sciences administratives) [ANFP, *Raport privind managementul functiei publice si al functionarilor publici pe anul 2015 (Rapport relatif au management de la fonction publique et des fonctionnaires publics sur 2015)*, 2016, p. 10, en ligne sur http://www.anfp.gov.ro/R/Doc/2016/Rapoarte/Raport%20management%202015.pdf, consulté le 20 mai 2022].

[2] Les conditions déficitaires – pédagogiquement, scientifiquement et logistiquement - dans lesquelles les filiales de certaines universités privées fonctionnent en territoire (à titre

De plus, les conditions socio-économiques déficitaires dues à la crise des années 2010 ont conduit à la suppression de l'Institut National d'Administration (INA), seul organisme de formation initiale et continue des fonctionnaires publics roumains. Cette mesure a aussi engagé une reconfiguration de la formation continue au sein de l'ANFP, qui a dû endosser les attributions dudit Institut.

L'existence de certains défis communs aux deux systèmes de Formation, dont notamment le renforcement du rôle et de la place des plans de formation, empêche d'anticiper l'écart important qui existe entre les systèmes de formation roumain et français. L'analyse des dispositions en vigueur dans les deux systèmes de formation permet d'opposer l'encadrement étroit de Formation roumaine **(§ 1)** à la richesse et la complexité des normes françaises en la matière, dont l'objectif est de dégager les défis communs aux deux systèmes en général, et propres au système roumain en particulier **(§ 2)**.

§ 1. La généralité des normes roumaines

421. La formation initiale des fonctionnaires publics roumains est, à quelques exceptions près, fondée sur l'enseignement universitaire. Si des essais de renouer avec le passé des temps du professeur Negulescu ont été effectués, entre autres par la création de l'Institut National de l'Administration, la crise économique de la fin des années 2000 y a mis prématurément fin. Parallèlement les fondements de la formation continue reposent sur des prestataires extérieurs et sur les antennes régionales de l'Agence Nationale des Fonctionnaires Publics crées spécialement à cet effet. Malgré certaines avancées en matière de renforcement juridique du rôle et de la place de la formation dans la Fonction publique roumaine, le dispositif actuel de formation est marqué par la place modeste des normes relatives à la formation initiale **(A)** et à la formation continue **(B)**.

---

d'exemple, l'affaire des « fabriques de diplômes universitaires », font 'objet de critiques constantes apportés au système roumain de formation universitaire depuis les années 1990 jusqu'à aujourd'hui. Voir à ce sujet Diaconu (R.), « Catusele de la « Spiru Haret » si cohortele de politicieni care au construit sau au beneficiat de monstruoasa fabrica de diplôme (Les menottes de « Spiru Harest » et les cohortes de politiciens qui ont construit ou ont bénéficié de la monstrueuse fabrique de diplômes) », le 19 décembre 2019, https://cursdeguvernare.ro/analiza-catusele-de-la-spiru-haret-si-cohortele-de-politicieni-care-au-construit-sau-beneficiat-de-monstruoasa-fabrica-de-diplome.html, site consulté le 15 janvier 2022 et Ionescu (V.), « Frauda universitara de proportii la « Spiru Haret » (Fraude universitaire de proportion à l'Université « Spiru Haret «) », le 18 décembre 2019, https://cursdeguvernare.ro/frauda-universitara-de-proportii-la-spiru-haret-privind-diplomele-emise.html, site consulté le 15 janvier 2022.

A. Les limites normatives du régime de Formation initiale

422. L'encadrement normatif du dispositif actuel de formation dans la Fonction publique roumaine présente plusieurs limites liées au caractère trop universitaire de la formation initiale **(1)**, et ce, malgré la création d'une école spécialisée des hautes études **(2)** et de la mise en place d'un Institut National d'Administration à l'existence incertaine **(3)**.

1. Le caractère universitaire de la formation initiale

423. Cadre légal. Le cadre normatif relatif à la formation est principalement composé de la section 4 partie 6 du Code administratif, intitulée « Formation et perfectionnement professionnel des fonctionnaires publics » [1] et de la décision gouvernementale n°1066 du 10 septembre 2008 pour l'approbation des normes concernant la formation professionnelle des fonctionnaires publics.

424. Les institutions responsables de la formation initiale. L'alinéa 1 de l'article 2 de la DG n°1066 du 10 septembre 2008 précise que ses dispositions s'appliquent à « toutes les autorités et les institutions publiques au sein desquelles travaillent des fonctionnaires publics ». Il en ressort que le législateur roumain n'a réservé des dispositions particulières au sujet de la formation initiale des fonctionnaires ni dans la loi portant application du statut de la fonction publique, ni dans la DG d'application des normes relatives à la formation professionnelle des fonctionnaires publics.

La formation initiale est généralement assurée par les universités, dans le cadre de leurs programmes de licence et/ou de master. Outre des licences en droit administratif ou en sciences administratives, les universités roumaines proposent également des masters spécialisés en administration. Toutefois, compte tenu du fait que pour le concours relatif aux fonctions publiques non spécialisées, peuvent se porter candidates toutes les personnes répondant à la condition du niveau de diplôme, quel que soit le domaine dans lequel il a été acquis [2], il en ressort que la nomination dans une fonction à caractère général n'est soumise à aucune condition de formation administrative suivie en amont de la candidature [3].

Outre les programmes de licences promus par les facultés des sciences juridiques et politiques, le paysage institutionnel en matière de formation

[1] Ancienne 3e section de la loi n°188 du 8 décembre 1999, intitulée « Le perfectionnement professionnel des fonctionnaires publics ».

[2] Géographie, sciences économiques, lettres, etc.

[3] Situation qui renvoie aux observations du professeur Antonie Iorgovan des années 80 au sujet de la place non privilégiée des diplômés de droit administratif pendant le communisme (voir *supra* : paragraphe n°429, p. 470).

initiale est complété par l'École nationale des sciences politiques et administratives de Bucarest (SNSPA) [1].

2. La création d'une école spécialisée de hautes études

425. L'École nationale des sciences politiques et administratives (ENSPA). Créée par la DG n°183 du 20 mars 1991, en tant qu'institution d'enseignement postuniversitaire des hautes études dotée de personnalité morale, l'ENSPA s'est vu assigner des objectifs visant à parachever la formation professionnelle, théorique et pratique, des personnes qui aspiraient non seulement à une carrière dans la Fonction publique [2], mais aussi dans la diplomatie, dans la magistrature ou dans d'autres domaines du secteur public [3]. D'après le même article, l'ENSPA était aussi compétente pour assurer des formations de perfectionnement des agents publics qui font partie d'un des domaines professionnels cités ci-dessus.

Quatre ans plus tard, en 1995, le Gouvernement de la Roumanie a adopté la décision n°542 du 21 juillet 1995 relative à la réorganisation de l'ENSPA. En effet, aux termes des dispositions de l'article 1, l'ENSPA allait fusionner avec l'Institut Roumain de Management qui avait fonctionné jusqu'alors auprès du ministère du travail et de la protection sociale et le Centre de Perfectionnement des fonctionnaires de l'administration locale [4].

Sensiblement modifiés, les objectifs de l'ENSPA ont acquis un caractère général en ce sens qu'elle doit, depuis lors, par ses programmes de formation, apporter son soutien au processus de réforme économique, sociale et administrative [5]. De ce fait, son offre de formation et de perfectionnement s'est considérablement élargie tant au niveau universitaire que postuniversitaire. L'ENSPA assure la formation des spécialistes dans les domaines des sciences politiques, de la communication sociale et des relations publiques, du management de l'administration publique et des relations internationales.

Parmi les attributions de l'ENSPA évoquées par les nouvelles dispositions de l'article 2 de la DG 542 du 21 juillet 1995, se retrouve l'élaboration de la stratégie de formation et de perfectionnement professionnel en matière d'analyse politique, communication et relations publiques, des managers, fonctionnaires publics, ainsi que des personnels du domaine des relations internationales. De plus, d'après le même texte, il

---

[1] http://www.snspa.ro/, consulté le 21 mai 2022.

[2] Être nommé dans une fonction publique de l'Administration centrale ou locale.

[3] Article 2 de la DG n°183 du 20 mars 1991.

[4] Qui fonctionnait à l'époque auprès du Département pour l'Administration publique locale.

[5] Conformément aux dispositions de l'alinéa 3 de l'article 1 de la DG n°542 du 21 juillet 1995.

revient à l'ENSPA d'assurer la formation et le perfectionnement professionnel du personnel de l'Administration publique centrale et locale. Ensuite, sur demande et sur une base contractuelle, l'ENSPA est aussi compétente en matière de formation et de perfectionnement professionnel des personnels des institutions publiques non gouvernementales, des agents économiques et des organisations syndicales.

Aujourd'hui, l'ENSPA est une institution publique d'enseignement supérieur, de recherche scientifique et de formation académique et professionnelle de haut niveau, national et international, qui assure des études aux trois niveaux de l'enseignement : licence, master et doctorat. Le besoin d'une formation plus spécifique des fonctionnaires publics roumains a poussé le législateur à s'inspirer de l'ENA française pour créer un Institut National d'Administration, chargé de la formation initiale de certaines catégories de fonctionnaires publics, puis de la formation continue de toutes les catégories d'agents publics, élus compris.

3. La mise en place d'un Institut National d'Administration

426. L'existence éphémère de l'Institut National d'Administration (INA). Au début des années 2000, l'OUG n°81 du 7 juin 2001 a créé l'Institut National d'Administration, dont la mission concernait la formation initiale des futurs fonctionnaires publics et la formation continue non seulement des fonctionnaires publics, mais aussi du personnel contractuel, qui œuvrait, au sein des institutions et autorités publiques, et des personnes, nommées ou élues dans des fonctions de dignité publique [1], de l'administration centrale ou locale. Le statut de l'INA était celui d'une institution d'intérêt national dotée de la personnalité morale. Outre les attributions en matière de formation, les dispositions de l'alinéa 2 de l'article 2 de l'OUG n°81 du 7 juin 2001 fixaient aussi des attributions en matière d'élaboration des études, projets et publications dans le domaine de l'Administration publique. L'INA pouvait également développer des relations de collaboration avec d'autres institutions du domaine de l'Administration nationale ou internationale.

Ces dispositions de l'OUG n°81 du 7 juin 2001 ont été complétées quelques mois plus tard par la DG n°710 du 3 avril 2002 relative au fonctionnement de l'Institut National de l'Administration.

En matière de formation initiale, l'INA organisait des cours de formation professionnelle spécialisée dans l'administration publique, d'une durée de deux ans, destinés aux titulaires de diplômes de licence et âgés de moins de 30 ans [2]. L'accès à l'INA n'était possible que par concours. Pendant les deux

[1] Comme les maires, par exemple.
[2] Article 3 de la DG n°710 du 30 juillet 2002.

années de cours, les élèves de l'INA revêtaient la qualité de fonctionnaire public débutant ou titulaire, selon le cas. De plus, similaire aux écoles françaises, les élèves de l'INA bénéficiaient d'un salaire mensuel versé par l'INA pour les fonctionnaires débutants, et par les institutions employeuses pour les fonctionnaires titulaire. En échange, les lauréats au concours d'entrée à l'INA devaient signer une convention par le biais de laquelle ils s'engageaient, à la fin des cours, à travailler dans l'administration [1] au moins cinq ans. Dans le cas contraire, il devait rembourser les frais de scolarité [2].

En 2010, dans le contexte de la crise économico-financière de la fin des années 2000, l'INA a été supprimée par la loi n°329 du 5 novembre 2009 [3]. Ses personnels et ses attributions en matière de formation continue ont été jusqu'en 2019 repris par l'Agence Nationale des Fonctionnaires Publics et ses antennes régionales. En effet, recréé par l'OUG n°23 du 24 août 2016 relative à la création de l'Institut National d'Administration (INA), l'INA s'est complétement réapproprié les attributions en matière de formation initiale et continue des agents depuis 2019. Si la réglementation de la formation initiale reste assez sommaire, l'encadrement de la formation continue, malgré certaines limites, est beaucoup mieux étoffé.

B. Les limites normatives du régime de Formation continue

427. L'étude du dispositif de formation continue des fonctionnaires publics permet de dégager l'idée qu'au droit et à l'obligation des fonctionnaires de se former tout au long de leur carrière correspond d'une part l'obligation des institutions employeuses de créer les conditions nécessaires pour l'exercice de ce droit **(1),** et d'autre part l'obligation des institutions responsables de la formation continue de s'assurer de la qualité et surtout de l'utilité des formations proposées **(2).**

1. L'étendue mitigée du régime juridique

428. Droits et obligations juridiquement collatéraux. Les dispositions de l'article 458 du Code administratif [4] consacrent la double nature juridique

[1] Les élèves-fonctionnaires définitifs s'engageaient à travailler dans l'institution publique, qui avait pris en charge leur scolarisation au sein de l'INA.

[2] Article 8 de l'OUG n°81 du 7 juin 2001 relative à la création de l'Institut national d'administration.

[3] Relative à la réorganisation de certaines autorités et institutions publiques, la rationalisation des dépenses publiques, le soutien du milieu d'affaires et le respect des accords-cadres avec la Commission Européenne et le Fonds Monétaire International.

[4] Ancien article 50 de la loi n°188 du 8 décembre 1999.

de la formation professionnelle [1] de droit et d'obligation. En effet, aux termes desdites dispositions les fonctionnaires publics ont « le droit et l'obligation d'améliorer continuellement leur formation professionnelle » [2]. Il en ressort implicitement, qu'au droit et à l'obligation des fonctionnaires à la formation, correspond incidemment l'obligation des autorités et des institutions publiques de créer les conditions nécessaires pour l'exercice de ce droit. Par conséquent, les dispositions de l'alinéa 4 du même article [3] instituent, à l'égard des autorités et institutions publiques, l'obligation de réserver, dans les budgets annuels propres, le pourcentage nécessaire pour les dépenses de formation professionnelle des fonctionnaires publics ; cela, lorsqu'elles sont organisées à l'initiative ou dans l'intérêt des autorités publiques respectives. Les dispositions de la lettre « b » de l'alinéa 5 de l'article 458 précité précisent également que, lorsque les formations sont organisées à l'initiative ou dans l'intérêt de l'institution publique, ou à l'initiative du fonctionnaire public, à condition qu'il ait préalablement obtenu l'accord de son institution publique [4], les fonctionnaires continuent à bénéficier de leurs droits salariaux. Pour les formations, financées sur le budget de l'État ou local, et qui dépassent 90 jours sur une année, ce financement est conditionné par un engagement écrit de la part du fonctionnaire bénéficiaire aux termes duquel il s'engage à continuer à travailler dans l'administration entre deux et cinq ans, à compter de la fin de la formation suivie.

Il est important de noter que le législateur ne paraît pas conditionner voire lier l'engagement du fonctionnaire à l'institution qui a financé sa formation, du moment où il précise que le fonctionnaire doit continuer à travailler dans l'administration. D'où se pose la question de savoir si, pour répondre à l'obligation de « continuer à travailler dans l'administration », le fonctionnaire est tenu à travailler au sein de l'institution ou de l'autorité qui a financé sa formation, ou s'il satisfait à cette obligation même dans une autre institution publique où il serait affecté par la voie du détachement ou du transfert. À cet effet, considérant que l'alinéa 4 de l'article 458 précité impose à toute institution publique de prévoir un budget particulier pour la formation de ses agents, il s'avère difficile d'interpréter lato sensu la volonté du législateur. Par conséquent, s'il s'agit d'une formulation qui prête à

[1] Par formation professionnelle, il faut entendre, aux termes de la lettre b) de l'article 4 de la DG n°1066 du 10 septembre 2008, le « processus d'instruction, au titre de formation continue, censé assurer le développement de certaines compétences dont l'objectif serait l'amélioration de l'activité professionnelle individuelle effectuée pendant l'exercice des prérogatives de puissance publique ».

[2] Cette double nature juridique de la formation retenue à l'égard du fonctionnaire public contraste avec le seul caractère d'obligation de la formation réglementée par les dispositions du Code du travail en faveur du salarié.

[3] Ancien article 51 de la loi portant Statut des fonctionnaires.

[4] *A contrario* le seul accord du chef de service ne suffit pas pour financer une formation à l'initiative du fonctionnaire public.

confusion, le législateur devrait prendre en considération le remplacement, à l'avenir, du mot « administration » par « institution qui a financé la formation de l'agent ». Par la même occasion, il s'avère important que le législateur précise, tel que c'est le cas en droit français, si l'institution de mobilité peut prendre en charge, en tout ou en partie, les coûts de la ou des formation(s) financée(s) par l'institution d'origine.

Concernant le nombre d'années à servir par le fonctionnaire, bénéficiaire d'une formation prise en charge par son employeur, il est de deux à cinq ans ; il est calculé au prorata du nombre de jours de formation professionnelle suivie [1].

Au cas où les fonctionnaires, qui ont bénéficié de formations, financées par des fonds publics, ne respectent pas leur engagement, ils sont obligés de rembourser non seulement la contre-valeur des dépenses avancées par l'institution publique pour la formation, mais aussi les droits salariaux perçus pendant la période de formation. Le remboursement est calculé au prorata de la période restante, à compter du départ de l'agent public jusqu'à la fin de l'engagement. Dans le même sens, lorsqu'à l'issue d'une formation, est prévu un examen d'évaluation des connaissances acquises, si le fonctionnaire ne le réussit pas, il est tenu de rembourser le coût de la formation prise en charge par son institution ainsi que les droits salariaux perçus pendant la période de formation. Lorsque le fonctionnaire est révoqué pour des raisons qui ne lui sont pas imputables, il n'est plus tenu par l'obligation de rembourser son employeur.

S'agissant des dispositions statutaires relatives à la formation, force est de constater que les dispositions normatives relatives à la formation continue des fonctionnaires n'apportent pas des précisions concernant les types de formation qui peuvent être prises en charge par les institutions publiques. Les dispositions de l'article 52 indiquent néanmoins que ne représentent pas de « formations de perfectionnement » et ne peuvent pas être financées sur le budget de l'État ou les budgets locaux les études universitaires (licence, master) ou les études doctorales.

L'encadrement du droit à la formation continue serait dépourvu de sens s'il n'était pas accompagné par un réseau renforcé d'écoles et/ou centres de formation spécialisés.

2. La responsabilité encore floue des institutions de formation continue

429. Le retour de l'Institut National d'Administration (INA) en tant que principal acteur en matière de formation. Institution d'intérêt public national et doté de personnalité morale - en tant qu'organe de spécialité du

[1] Sauf si une autre durée d'engagement était prévue par la loi.

Gouvernement -, l'INA est organisé et fonctionne sous les ordres du ministère du Développement Régional et de l'Administration Publique. En vertu du premier article de l'OUG n°23 du 24 août 2016 déjà citée, l'INA se réapproprie les attributions cédées en 2010 à l'ANFP et à ses centres régionaux de formation continue pour l'administration locale, en matière de formation professionnelle des agents de l'administration publique. L'alinéa 2 de l'article 458 du Code administratif institue l'obligation à l'égard des autorités et institutions publiques de « s'assurer que chacun de leurs fonctionnaires publics participera, tous les deux ans au moins, à un programme de formation et de perfectionnement organisé par l'INA ».

L'INA doit, à travers ses programmes de formation, contribuer à la mise en œuvre de la stratégie gouvernementale et au renforcement de l'efficacité de l'administration par la professionnalisation des personnels de l'Administration publique centrale et locale. L'INA conçoit notamment des programmes de formation pour les fonctionnaires publics jouissant d'une année d'ancienneté et qui souhaitent occuper une haute fonction publique [1], ou encore, pour les fonctionnaires d'exécution qui souhaitent acquérir les compétences nécessaires pour exercer une fonction de direction. L'INA assure également des formations de perfectionnement tant pour les fonctionnaires publics et le personnel contractuel, que pour les personnes élues ou nommées en fonction de dignité publique, pour les élus locaux, ou encore pour les managers publics. Pour l'élaboration et la mise en œuvre de ses programmes de formation, l'INA peut aussi conclure des partenariats et/ou s'associer avec d'autres institutions d'enseignement universitaire pour le montage de programmes de master, de doctorat voire de programmes postuniversitaires de formation continue.

Si la formation continue des fonctionnaires de toutes les catégories de l'Administration centrale est assurée par l'INA, la formation des fonctionnaires de l'Administration locale est organisée par les cinq centres régionaux de Constanta, Craiova, Iasi, Sibiu et Timisoara [2]. Comme l'INA, les cinq centres régionaux de formation continue peuvent aussi organiser des séminaires et des conférences sur des thématiques intéressant l'administration locale, de même qu'ils peuvent procéder à l'élaboration des études, des projets ou des publications en matière d'administration publique.

Toujours est-il que la règlementation en vigueur ne formule aucune précision au sujet de la responsabilité qui incombe à l'INA pour la qualité des formations et des formateurs proposés entre autres. Ce vide législatif est d'autant plus important pour le système roumain de formation que les critiques portent souvent sur le caractère formel des formations comme il sera démontré ci-dessous.

---

[1] Article 395 du Code administratif.

[2] A noter que pour la période où l'ANFP a assumé les fonctions de formation des agents, l'Agence était représenté en territoire par sept centres régionaux.

Bien que cristallisé dans ses fondements, le dispositif roumain de formation nécessite une réformation profonde afin que l'administration publique puisse répondre, à travers ses fonctionnaires, aux attentes des usagers en termes de qualité, d'efficience, d'efficacité et de performance du service public. Les précisions relatives aux dispositifs de formation en vigueur dans les deux États inspirent plusieurs questionnements communs aux systèmes, roumain et français.

§ 2. Les questionnements communs

430. À l'opposé du dispositif roumain de formation, le dispositif français se démarque par la complexité non seulement institutionnelle, mais aussi de l'étendue du droit à la formation voire des offres de formation. Les règles françaises de formation ne cessent pas d'évoluer voire de s'adapter aux nouveaux besoins des agents publics même si, pour cela, le législateur statutaire a dû s'inspirer des dispositifs déjà consacrés dans le secteur privé. Au lieu d'exercer une résistance importante, les dispositions statutaires traditionnelles apparaissent avoir bien adopté les nouvelles approches de la formation. Reste que les deux systèmes, français et roumain, présentent un certain nombre de défaillances dues soit à sa complexité pour le système français **(A)** soit à son formalisme pour le système roumain **(B)**.

A. La travaillisation de la Formation française

431. En consacrant le droit à la formation des fonctionnaires, les dispositions statutaires des années 1980 ont créé le cadre nécessaire pour l'essor réflexif et normatif **(1)**, notamment par la mise en place d'un dispositif de formation obligatoire et de professionnalisation **(2)**.

1. Un cadre légal complexe

432. Les règles générales concernant la formation des fonctionnaires sont posées par l'article L.115-4 du CGFP [1][2]. Ces dispositions doivent être considérées ensemble notamment avec l'ordonnance n°2017-53 du 19 janvier 2017 portant diverses dispositions relatives au compte personnel d'activité, à la formation et à la santé et la sécurité au travail dans la fonction

[1] Article 22 de la loi n°83-634 du 13 juillet 1983 portant droits et obligations des fonctionnaires.

[2] Modifié par l'article 4 de la loi n°2007-148 du 2 février 2007 relatif à la modernisation de la fonction publique.

publique [1]. D'autres actes normatifs concernent le décret n°2007-1470 du 15 octobre 2007 relatif à la formation professionnelle des fonctionnaires tout au long de la vie des fonctionnaires d'État [2], le décret n°2007-1845 du 26 décembre 2007 relatif à la formation professionnelle tout au long de la vie des agents de la fonction publique territoriale, et le décret n°2008-824 du 21 août 2008 relatif à la formation professionnelle tout au long de la vie des agents de la fonction publique hospitalière [3].

Des intitulés des trois décrets cités ci-dessus, il ressort que le législateur a limité l'application du décret n°2007-1470 susvisé à la formation professionnelle des seuls fonctionnaires d'État (et non aussi des agents), alors que les décrets relatifs à la formation continue dans les fonctions territoriale et hospitalière s'adressent non seulement aux fonctionnaires, mais aussi aux agents des deux Fonctions publiques.

Le droit à la formation professionnelle tout au long de la vie est reconnu aux « fonctionnaires » par le biais de l'article L.115-4 du CGFP [4]. Outre de contribuer au développement professionnel et personnel des fonctionnaires, le droit à la formation tout au long de la vie favorise l'adaptation aux « évolutions prévisibles des métiers », de même que l'accès aux « différents grades et emplois, en particulier entre femme et hommes, et à la progression des personnes les moins qualifiées ».

Le paysage des formations des fonctionnaires est complété par la possibilité reconnue à ces derniers, en vertu des dispositions de l'article L.422-2 du CGFP [5], de bénéficier de périodes de professionnalisation. Ces périodes comportent des actions de formation en alternance, dont l'objectif vise à permettre au fonctionnaire, à l'issue de sa formation, d'exercer de nouvelles fonctions au sein d'un même corps ou cadre d'emploi, ou encore, à accéder à un autre corps ou cadre d'emploi. Concernant ce dernier point, les dispositions de l'article 64 de la loi n°2019-828 de transformation de la fonction publique conditionnent dorénavant l'accès, pour la première fois, à des fonctions d'encadrement du suivi préalable d'une formation de management.

Enfin, en vertu de l'article L.22-15 du CGFP (dernier alinéa de l'article 22 précité), le fonctionnaire peut également demander un accompagnement personnalisé en vue de l'élaboration et la mise en œuvre de son projet

---

[1] Voir aussi le décret n°2017-928 du 6 mai 2017 relatif à la mise en œuvre du compte personnel d'activité dans la fonction publique et à la formation professionnelle tout au long de la vie.

[2] Le décret n°2007-1470 du 15 octobre 2007 remplace le décret n°85-607 du 14 juin 1985 relatif à la formation professionnelle des fonctionnaires de l'État.

[3] Le décret n°2008-824 du 21 août 2008 remplace le décret n°90-319 du 5 avril 1990 relatif à la formation professionnelle continue des agents publics de la fonction publique hospitalière.

[4] Article 22 de la loi n°83-634 du 13 juillet 1983 modifié par l'ordonnance n° 2017-53 du 19 janvier 2017.

[5] Article 22, alinéa 3 de la loi n°83-634 du 13 juillet 1983.

professionnel. Ledit accompagnement peut être assuré notamment dans le cadre du conseil en évolution professionnelle. Par ailleurs, outre les formations de professionnalisation, le législateur a également réglementé des formations obligatoires, dont l'objectif serait entre autres de faciliter l'intégration de l'agent.

2. Un encadrement qui renforce l'autonomie et prépare au changement

433. Les formations obligatoires et de professionnalisation des agents publics territoriaux. Le cadre normatif déjà évoqué doit être complété aussi avec les décrets n°84-594 du 12 juillet 1984 relatif à la formation des agents de la fonction publique territoriale [1] et n°2008-512 du 29 mai 2008 relatif à la formation statutaire obligatoire des fonctionnaires territoriaux. Les dispositions de ce dernier permettent d'identifier deux types de formations obligatoires pour les fonctionnaires territoriaux, les formations d'intégration et de professionnalisation.

La formation d'intégration vise, aux termes de l'article 6 du décret n°2008-512 du 29 mai 2008, à faciliter l'intégration des fonctionnaires territoriaux par l'acquisition de connaissances relatives, d'une part, à l'environnement territorial dans lequel s'exercent leurs missions, et d'autre part, à l'organisation et au fonctionnement des collectivités territoriales et de leurs établissements publics voire des services publics locaux ainsi qu'au déroulement des carrières des fonctionnaires territoriaux [2]. La durée des formations d'intégration, ainsi que les autres aspects d'ordre technique, sont, d'après l'article 7 du décret n°2008-512, fixés par les statuts particuliers de chaque cadre d'emploi. Il est important de préciser que, en vertu des dispositions de l'article 10 du même décret, la titularisation est subordonnée, sauf dispositions statutaires contraires, au respect de l'obligation de suivi de la formation d'intégration.

Le chapitre III du décret n°2008-512 du 29 mai 2008 fixe le cadre général de la formation de professionnalisation. D'après les dispositions de l'article 11, les formations de professionnalisation sont censées permettre non

[1] Ce décret complète la loi n°84-53 du 26 janvier 1984 portant dispositions statutaires relatives à la fonction publique territoriale.

[2] À l'exception des « candidats aux concours d'accès des cadres d'emplois de catégorie A déclarés aptes par le jury ainsi que les candidats aux concours de lieutenant de sapeurs-pompiers professionnels déclarés aptes par le jury [qui sont admis en tant qu'élèves] par le Centre national de la fonction publique territoriale » (art. 45 de la loi n°84-53 du 26 janvier 1984 portant dispositions statutaires relatives à la fonction publique territoriale). Il en est de même pour les fonctionnaires recrutés au titre du 1°et du 2° de l'article 39 de la loi évoquée ci-dessus.

seulement l'adaptation à l'emploi, mais aussi le maintien à niveau de leurs compétences. De ce fait, les formations de professionnalisation visent les fonctionnaires territoriaux de toutes les catégories. Les dispositions de l'alinéa 3 de l'article 11 énumèrent trois catégories de formations de professionnalisation, dont la formation au premier emploi, la formation tout au long de la carrière, ainsi que la formation de professionnalisation, obligatoire à la suite de l'affectation sur un poste à responsabilité.

Le contenu des formations de professionnalisation doit être adapté aux emplois pourvus sur la base des missions définies par les statuts particuliers. De même que, pour la formation d'intégration, la durée des formations ainsi que d'autres règles d'ordre techniques sont fixées par les statuts particuliers des cadres d'emplois. Il est important de souligner que, d'après l'article 13 du décret cité ci-dessus, la formation de professionnalisation au premier emploi ne peut survenir qu'après avoir suivi la formation d'intégration.

En 2008, chaque fonctionnaire nommé pour la première fois dans un emploi permanent de la fonction publique territoriale s'est vu doté d'un livret individuel de formation en vertu du décret n°2008-830 du 22 août 2008 relatif au livret individuel de formation. Le fonctionnaire se voit ainsi doté de l'obligation d'y inscrire régulièrement la date d'obtention des titres, des diplômes et des certificats de qualification détenus, ainsi que la durée et, si possible, le niveau des formations, des stages et des actions de tutorat suivis. Le livret individuel de formation est un document personnel qui « engage l'individu dans une réflexion sur ses perspectives d'évolution professionnelle », dont l'objectif inavoué est de rendre chaque agent « responsable de sa carrière et de sa formation » [1]. D'après l'article 6 du décret susmentionné, le fonctionnaire peut transmettre le livret individuel de formation à l'occasion de l'appréciation de sa valeur professionnelle et de ses acquis de l'expérience professionnelle en vue de son inscription sur une liste d'aptitude au titre de la promotion interne ou sur un tableau annuel d'avancement au titre de l'avancement de grade. Le livret individuel de formation peut être présenté aussi à l'occasion d'une demande de mutation ou de détachement, d'une demande de dispense de la durée des formations d'intégration ou de professionnalisation obligatoires.

La comparaison des règles en vigueur dans les deux systèmes de formation permet de dégager certains questionnements voire défaillances à l'égard du système roumain à l'aune du système français de formation.

[1] Bolot (F.), « La formation professionnelle des agents territoriaux », Formation emploi, 2013, n°121, pp. 39-60.

B. Les défaillances de la Formation

434. Le dispositif roumain de formation accuse des déficiences qui peuvent être regroupées autour de plusieurs axes **(1)**, dont l'analyse permet de dégager un certain nombre de défaillances spécifiques au système roumain **(2)**, mais aussi communes aux deux systèmes de droit **(3)**.

1. Les axes déficitaires des deux systèmes de formation

435. Les faiblesses spécifiques au système roumain de formation. En 2016, a été adoptée la décision gouvernementale n°650 du 8 septembre 2016 pour l'approbation de la stratégie concernant la formation professionnelle du personnel de l'administration publique concernant la période 2016-2020 [1]. Le 2e chapitre de cette DG est consacré à un état des lieux des difficultés auxquelles le dispositif roumain de formation est confronté [2]. Le contenu dudit chapitre permet d'identifier quatre grands chantiers de travail pour la reconstruction voire la modernisation du système roumain de formation. Outre le cadre légal, institutionnel et managérial de la formation, l'analyse du contenu des formations organisées par l'ANFP [3], tant pour les fonctionnaires que pour l'institution qui prend en charge les dépenses et les usagers, présente autant d'importance. D'autres déficiences concernent l'insuffisance de la réglementation relative à l'accès des agents aux formations ainsi que l'évaluation de la Formation, considérée sous le double aspect des prestataires de la formation et des acquis des participants à la formation.

In fine l'amélioration des politiques d'information et de prise de conscience de l'importance et du rôle des formations pour l'évolution professionnelle et personnelle des fonctionnaires représente un point incontournable de la reconstruction du système roumain et de modernisation du système français de formation.

2. Les faiblesses du dispositif roumain de formation

436. Le nombre de défaillances identifiées à l'égard du dispositif roumain de formation concerne le cadre légal, institutionnel et de management **(a)**, le

[1] http://www.anfp.gov.ro/R/Doc/2016/Strategii/Strategie%20de%20formare.pdf, consulté le 21 février 2022.

[2] Cette démarche est parmi la seule de ce type engagée par le Gouvernement roumain depuis l'adoption de la loi portant statut des fonctionnaires publics de 1999, en collaboration étroite avec l'ANFP.

[3] Pour rappel l'INA n'a pratiquement repris ses fonctions de formation qu'en 2018.

manque de formation initiale administrative **(b)**, ainsi que les aspects financiers et communicationnels **(c)**.

a. Les défaillances liées au cadre légal, institutionnel et managerial

437. L'insuffisance des normes relatives au rôle et la place des institutions responsables de la formation. En ce qui concerne le cadre normatif, il ressort une insuffisante délimitation des attributions des différentes institutions responsables de la formation des fonctionnaires. L'étude portant stratégie pour la formation dans l'administration publique mettait aussi en évidence l'encadrement déficitaire du rôle de l'ANFP en sa qualité d'autorité responsable de la réglementation et du suivi de l'application du dispositif de formation professionnelle du personnel de l'administration publique. Cette insuffisance est davantage mise en exergue par l'absence des ressources financières et humaines spécialement consacrées à la Formation. Ce qui met indirectement en évidence l'activité déficitaire des départements des ressources humaines œuvrant au sein de chaque institution publique en matière de formation ; et ce, du fait de leur rôle purement administratif en matière de gestion de la carrière des fonctionnaires publics en général, la Formation comprise.

Considérant l'obligation de l'ANFP de centraliser les plans de formations, pour le 1er mars de l'année, par le biais desquels les institutions publiques de l'Administration roumaine doivent remonter leurs besoins en formation, force est de constater que le pourcentage des institutions qui répondent à cette obligation reste très modeste [1]. La question qui en ressort est de savoir si le manque d'intérêt des institutions publiques au sujet de l'élaboration du plan de formation n'est finalement pas dû à l'absence de sanctions à l'égard des institutions, qui ne se conforment pas à cette obligation de planification annuelle.

En termes de management, le système roumain de formation se confronte avant tout à l'absence d'une politique de gestion prévisionnelle des compétences et des emplois. En effet, l'administration publique manque considérablement de données, d'abord, au sujet du nombre précis d'agents des catégories de personnels, autres que celle des fonctionnaires publics, au sein de chaque institution publique, particulièrement des contractuels ; ensuite, au sujet des modules de formation professionnelle organisés à l'égard, par exemple, du personnel exerçant des fonctions contractuelles ou

---

[1] En 2015, seulement 5,06% du total des institutions et autorités publiques ont transmis à l'ANFP les formulaires concernant les besoins annuels de formation [ANFP, *Raport privind formarea/ perfectionarea profesionala a functionarilor publici (Le rapport relatif à la formation/perfectionnement professionnels des fonctionnaires publics)*, 2015, p. 6].

de dignité publique au niveau de l'Administration centrale et locale. De ce fait, la capacité des institutions publiques roumaines de générer des données véridiques en temps réel au sujet du personnel de l'Administration publique est fortement limitée.

Ces carences en matière de gestion prévisionnelle du personnel, soulignées aussi en matière de recrutement, de rémunération et maintenant de formation, mettent en évidence le besoin d'un encadrement précis qui contribue à la redéfinition du rôle et de la place des départements de GRH au sein des institutions publiques.

L'absence d'écoles administratives spécialement consacrées à la formation initiale et continue des personnes souhaitant se consacrer à une carrière dans la Fonction publique, ainsi que les carences dans l'accompagnement des candidats tant à l'entrée que dans le parcours de carrière, rendent difficile l'évolution de la formation des fonctionnaires roumains, particulièrement au niveau de l'administration publique locale. Cela, parce que tel qu'il ressort des rapports de l'ANFP, les formations adressées aux hauts fonctionnaires et aux fonctionnaires publics de l'Administration centrale sont 3,7 fois plus importantes que les formations proposées aux fonctionnaires publics de l'État en territoire, et 7,4 fois plus importante que pour les fonctionnaires publics de l'administration locale [1].

In fine, il est tout aussi important de souligner le manque d'intérêt des institutions et autorités publiques au sujet du financement de la formation professionnelle en général ainsi que leur manque de respect dans l'application des plans annuels institutionnels de formation professionnelle. Ce manque d'intérêt peut être justifié par l'absence d'une stratégie à long terme relative à la formation professionnelle, mais, lorsqu'une telle stratégie existe, par son inapplication dès qu'il y a un changement politique. Le manque de formation initiale au sujet de l'organisation et le fonctionnement de l'administration, ainsi que des savoirs au sujet des droits et des obligations qui leur incombent, fragilise la position des fonctionnaires dans l'exercice de leurs fonctions.

b. Les défaillances issues d'un manque de formation initiale administrative

438. Les défaillances dues à l'incompatibilité entre les intérêts de l'institution et de l'agent. La question de la stratégie sur la formation déjà évoquée a mis en exergue la double importance du contenu de la formation tant à l'égard du fonctionnaire que de l'institution, qui finance la

[1] World Bank, *Poverty reduction and economic management unit Europe and Central Asia Region, Romania –analysis of capacity building activities in the Public Administration*, 2013, 232 pp.

participation du fonctionnaire à la formation. L'importance de cette dernière se reflète ensuite aussi, indirectement, à l'égard du citoyen en sa qualité de bénéficiaire direct des services publics. De ce fait, il apparaît que l'absence d'un module de formation initiale obligatoire pour les fonctionnaires qui intègrent l'Administration impacte à court et à moyen terme sur la qualité du service public fourni au citoyen. En d'autres termes, il apparaît légitime de s'interroger, comme le professeur Negulescu l'avait fait jadis, sur la question suivante : comment le lauréat d'un concours pour l'occupation d'une fonction à caractère général, qui n'a jamais suivi une formation administrative, peut efficacement exercer ses attributions de travail, tant au profit de l'Administration que, et surtout, à celui de l'usager ?

Les aspects concernant le financement des formations, la communication auprès des agents des informations liées à leurs droits de formation, ainsi que les différents programmes de formation proposés par les institutions responsables de la formation continue des agents, représentent des points sensibles pour le dispositif roumain de formation.

c. Les défaillances dues aux aspects financiers et communicationnels

439. Les défaillances liées au non-respect des engagements financiers à l'égard de la formation, ainsi qu'à une communication déficitaire. La part des budgets réservés aux formations des fonctionnaires diffère sensiblement d'une institution publique à une autre. Cette différence n'est pas due seulement à la taille de l'institution ou de l'autorité à laquelle on se rapporte, mais aussi à l'esprit managérial des dirigeants des institutions (ex. les maires d'une commune). Par conséquent, le système roumain de formation se confronte également aux situations, trop fréquentes, où les budgets réservés à la formation sont, en cours, de l'année redirigés vers d'autres domaines considérés prioritaires, et ce, au détriment du « renforcement professionnel » des agents [1].

Outre les aspects d'ordre financier, les déficiences identifiées dans le système roumain concernent aussi les défaillances liées à l'information et à la prise de conscience du rôle de la formation au cours d'une carrière dans la Fonction publique. Les répercussions d'une communication déficitaire en matière de formation concernent tant l'Administration que le fonctionnaire. La décision gouvernementale susvisée met en évidence un niveau assez

---

[1] ANFP, *Raport privind formarea/ perfectionarea profesionala a functionarilor publici (Le rapport relatif à la formation/perfectionnement professionnels des fonctionnaires publics)*, 2015, p. 6-9 ; ANFP, *Raport privind formarea/ perfectionarea profesionala a functionarilor publici (Le rapport relatif à la formation/perfectionnement professionnels des fonctionnaires publics)*, 2019, p. 9.

faible de prise de conscience des institutions publiques au sujet du rôle de la formation professionnelle de leurs agents et de sa planification.

Par la même occasion, l'absence des débats périodiques entre les différents acteurs de l'administration publique directement concernés par la formation est aussi indiquée comme une source de faiblesse pour la professionnalisation dans la Fonction publique. Reste toutefois que, malgré son avancée en matière de formation, certaines sensibilités à l'égard de l'état actuel de la Formation sont communes aux deux systèmes de fonction publique.

3. Les défaillances communes aux deux systèmes de formation

440. Regard franco-roumain. L'évolution sans détour du système français ne doit pas être compris comme un parcours sans blocages, voire parfois sans détour. Ce sont notamment les constats qui ressortent des rapports qui ont devancé l'importante réforme de 2007, qui dénonçaient plusieurs facteurs de blocage, comprenant la « faiblesse de la formation, l'opacité de l'offre et une gouvernance dont la répartition entre l'État et la région [était] mal définie ... » [1]. D'autres difficultés identifiées par la même occasion concernaient la typologie des actions de formation et le rôle des acteurs en matière d'initiative de formation, ou encore, une insuffisante formalisation du plan de formation des administrations. Ces constats permettent finalement d'observer qu'à un certain moment, les deux systèmes se confrontaient à des défis similaires en matière de modernisation des systèmes propres de Formation.

Un premier défi concerne l'élaboration annuelle du plan de formation. Bien que, commun aux deux systèmes de Fonction publique, cet outil est différemment exploité dans les deux systèmes analysés. Alors que les institutions et les autorités publiques roumaines accusent un désintérêt accru eu égard à l'obligation de procéder annuellement à l'élaboration des plans de formation et à leur transmission auprès de l'ANFP [2], les institutions françaises assument mieux cette obligation. Toutefois, à juger d'après un rapport récent du Conseil Supérieur de la Fonction publique territoriale qui souligne que « le plan de formation, pourtant obligatoire, n'est pas toujours élaboré dans l'ensemble des collectivités territoriales, puisque moins d'une

---

[1] Pastor (J.-M.), « Un rapport parlementaire propose des orientations pour réformer la formation professionnelle », *AJDA*, 2008, n°42, pp. 2310-2311.

[2] En 2019, seulement 166 d'autorités et institutions publiques sur 4350, soit 3.82%, ont transmis le plan de formation à l'Agence Nationale de la Fonction Publique [ANFP, *Raport privind formarea/ perfectionarea profesionala a functionarilor publici (Le rapport relatif à la formation/perfectionnement professionnels des fonctionnaires publics)*, 2019, p. 9].

collectivité sur deux établit ce document » [1], la situation dans le système français en matière de formation doit aussi être considérée avec prudence. Il n'empêche que, parallèlement à la réflexion concernant les moyens qui pourraient être envisagés afin que les institutions publiques assument la responsabilité des plans de formation, une autre réflexion doit être menée au sujet de l'insémination d'une culture de définition et d'identification des objectifs prioritaires de l'institution intéressée dès l'élaboration du plan de formation. Aboutir à la généralisation d'une telle culture permettrait, d'après M. Bolot, aux agents, une fois avoir pris connaissance des objectifs prioritaires de leur administration, de se positionner aussi par rapport à leurs besoins de formation [2].

L'ajustement déficitaire des formations aux emplois représente un autre défi commun aux deux systèmes. En d'autres termes, aboutir à une meilleure articulation entre le contenu des formations, les besoins de service et le parcours professionnel des agents, représente l'un des défis importants pour la modernisation de la Formation dans la Fonction publique en général. La réforme, appliquée en 2007 par la loi de modernisation de la Fonction publique française [3], a apporté des solutions juridiques intéressantes à certains des défis énoncés ci-dessus. Inspirée du droit privé, cette réforme a permis de refonder la formation initiale et continue sur des bases nouvelles, dont l'objectif avoué est d'aboutir à la mise en place d'un système dual de formation continue à l'initiative de l'administration (formations obligatoires) et à l'initiative de l'agent (CPF). Les différentes étapes parcourues par le système français, ainsi que les débats qui ont devancé la reformation du dispositif de Formation en droit français peuvent se constituer en autant de sources d'inspiration pour l'évolution de la Formation roumaine.

Une deuxième catégorie de questionnements communs concerne l'évaluation et les finalités de la formation. Plusieurs questions s'en détachent. D'abord, celle de savoir quelles sont les formes de responsabilité qui nécessitent une réglementation plus étroite. Faut-il dissocier deux voire trois formes de responsabilité par rapport à l'acte de « Formation », à savoir à l'égard de l'institution employeuse, de l'institution qui assure la formation et de l'agent bénéficiaire de la formation ? Ensuite, la question de savoir quel serait le mécanisme le plus adapté à l'évaluation non seulement de la qualité des formations dispensées, mais aussi de l'usage fait par le fonctionnaire des connaissances acquises lors de la formation.

In fine, considérant que l'accès des agents roumains et français « à la formation professionnelle dépend encore trop souvent du niveau de leur formation initiale et ou, surtout de la taille du service de l'employeur », ce

---

[1] Conseil Supérieur de la Fonction Publique territoriale, *La formation professionnelle des agents de la fonction publique territoriale – bilan et perspectives*, 2017, p. 11.

[2] Bolot (F.), *op. cit.*, pp. 39-60.

[3] Voir aussi l'ordonnance n°2017-53 du 19 janvier 2017.

qui conduit à s'interroger sur les mécanismes de financement [1], mais aussi d'évaluation des formations dans les deux États.

[1] *Ibid.*, pp. 39-60.

Chapitre 2. La réinvention de la Formation statutaire par la travaillisation de ses pratiques

441. Les fondements du système de formation des fonctionnaires voire des agents publics cherchent perpétuellement à se réinventer en s'inspirant souvent des pratiques consacrées dans le secteur privé. C'est le cas en droit français, dont le système de formation a régulièrement intégré, lors de cette dernière décennie, des outils de formation spécifiques au droit privé, et ce, dans le respect des principes statutaires.

Le développement et la notoriété, connus de nos jours par certaines écoles françaises de formation initiale ou continue des fonctionnaires, comme l'Institut National du Service Public (INSP) [1], les IRA [2], ou encore, le CNFPT et son Institut National d'Études Territoriales (INET), n'ont pas besoin d'être soulignés. Toutefois, le réseau institutionnel de formation initiale des agents français est bien plus complexe que l'INSP et les IRA. En effet, outre l'INSP (responsable de la préparation en priorité des hauts fonctionnaires), les IRA (responsables de la formation des fonctionnaires d'État [3]), le CNFPT (responsable de la formation des agents territoriaux), le réseau institutionnel de formation est complété notamment par les écoles de service public [4] et les écoles dites « de spécialité ou de spécialisation » œuvrant dans le domaine militaire.

À cet effet, par « école de formation initiale », il faut comprendre, du moins dans le système français, tout « établissement doté ou non de la personnalité morale, tout centre géographiquement identifiable au sein duquel des agents de tous grades, recrutés par concours, par examen professionnel ou à l'issue d'un entretien de sélection, engagés dans la voie d'un statut ou par contrat, reçoivent un entraînement général ou professionnel au tout début de leur engagement » [5]. Cette définition de

[1] Dissoute en 2021, l'ENA a été remplacée en 2022 par l'INSP.Les réflexions concernant une éventuelle réforme voire suppression de l'ENA devenant ainsi une réalité [Larat (F.), « Le dernier maillon dans la chaîne des inégalités ? Les particularités du profil des élèves de l'ENA », Revue française d'administration publique, n°153, 2015, pp. 103-124. ; Montecler (de) (M.-C.), « Emmanuel Macron lance la réforme de la haute fonction publique », *AJDA*, 2019, n°16, pp.900-901].

[2] Donz (J.-L.), « Le rôle des instituts régionaux d'administration (IRA) : quelle pédagogie pour quel enjeux ? », in Bachelard (O.), Espagno-Abadie (D.), *La formation professionnelle dans les services publics. Nouveaux enjeux, nouvelles pratiques*, Presses de l'EHESP, 2019, pp. 57-65.

[3] De 600 à 700 attachés d'administration par an des différents services de l'État.

[4] Qui se regroupent dans réseau dénommé le « Réseau des écoles de service public (RESP) : en ligne sur www.resp-fr.org.

[5] Le Bris (R.-F.), *Propositions pour une réforme de la formation initiale des agents de l'Etat*, La documentation française, 2009, p. 17.

l'école de formation initiale a permis d'identifier, en 2009, non moins de 169 écoles réparties sur 152 sites sur le territoire national français [1].

La réforme de 2007 portant modernisation de la fonction publique en matière de formation a été fondée principalement sur deux piliers, à savoir la formation professionnelle tout au long de la vie et la valorisation de l'expérience professionnelle. La rénovation de ces deux piliers n'était possible que par l'imposition d'une reconstruction du cadre légal, concrétisée par la loi n°2007-148 du 2 février 2007. Ce renouveau de la Formation des agents publics français ne pouvait prendre forme, sans prévoir en amont les transformations d'ordre institutionnel et de gestion auxquelles le nouveau cadre légal obligeait. Par conséquent, il avait été jugé important de clarifier voire redéfinir avant tout le rôle des différents acteurs nationaux de la formation, de manière que les institutions publiques gagnent en lisibilité et en efficacité [2].

À l'opposé du système français, le système roumain de formation se présente comme moins bien étoffé, tant institutionnellement que juridiquement. L'analyse des dernières réformes appliquées pour la modernisation du système français de formation cherche à dégager des réponses plus générales à certains des questionnements relatifs au rapprochement des règles statutaires de formation des normes applicables dans le secteur privé **(section 1)** ainsi que des réponses plus spécifiques en lien avec les défis posés au système roumain de formation **(section 2)**.

Section 1. La travaillisation progressive de la Formation française

442. La travaillisation de la Fonction publique représente un phénomène qui revient régulièrement dans tous les aspects de la Fonction publique statutaire, y compris la formation des agents titulaires et non titulaires français. L'élargissement progressif de la place et du rôle de la négociation collective dans l'élaboration des réformes appliquées dans la Fonction

---

[1] De plus, il s'avère que les 169 écoles employaient en 2007 environ 45.000 personnes pour un coût de fonctionnement de 2.5 milliards d'euros. Si du rapport de M. Le Bris, il ressort qu'en 2008 il y avait 169 établissements de formation initiale, le nombre d'établissements de formation continue remontait, d'après le même rapport, à environ 472 dont des centres nationaux (IGPDE), centres interrégionaux (MEEDDAT, Economie et budget), écoles spécialisées du ministère de la défense, ainsi que d'autres lieux géographiques départementaux ou locaux organisés sous forme de mini structures, dédiés à la formation continue (Economie et Budget Intérieur) [Le Bris (R.-F.), *op. cit.*, pp. 19-21].

[2] Ministère de la Fonction Publique, *Le protocole d'accord de la formation tout au long de la vie*, 2006, p. 25, disponible en ligne sur http://www.fonction-publique.gouv.fr/files/files/publications/coll_point_phare/protocole_accord_formation_professionnelle_vie.pdf, consulté le 12 février 2022).

publique a connu son point d'orgue avec le protocole d'accord relatif à la formation tout au long de la vie dans la Fonction publique conclu en 2006. Le contenu de cet accord se limitait, à quelques exceptions près, à reprendre le dispositif relatif à la formation tout au long de la vie consacré quelques années plus tôt pour les salariés du secteur privé. Une réforme de la formation des agents publics accentuait, jusqu'à friser l'unification, le rapprochement entre les systèmes de formation public et privé.

L'appropriation par la Fonction publique statutaire de différents outils spécifiques à la formation des salariés a conduit la doctrine publiciste française à voir un retentissement de la contractualisation, particulièrement en matière de formation continue **(§ 1)**, incluant une double responsabilité de la formation à l'égard de l'administration et de l'agent **(§ 2)**.

§ 1. Le retentissement de la contractualisation en matière de formation continue

443. L'influence des règles de formation par des sources contractuelles s'est manifestée particulièrement par le rôle et la place grandissante des négociations collectives notamment en cette matière. Les évolutions les plus importantes du dispositif français de formation ont fait suite aux différents accords conclus avec les principales forces syndicales des fonctionnaires. Cela a permis aux représentants des fonctionnaires de négocier avec les représentants de l'État l'introduction parmi les normes statutaires de différents outils ayant déjà fait leurs preuves dans le secteur privé. Les sources d'inspiration contractuelle, qui renforcent l'idée de travaillisation progressive des règles statutaires **(A)**, reposent sur l'intégration constante des outils à caractère managérial **(B)**.

A. Les sources d'inspiration contractuelle

444. Le dialogue social et les actions de négociations collectives ont, depuis les années 1970, régulièrement influé sur l'évolution des normes relatives à la formation dans la Fonction publique **(1)** ; ce qui a finalement conduit à une mixité des règles juridiques qui place le dispositif de formation continue à la frontière des deux secteurs, public et privé **(2)**.

1. La place privilégiée de la négociation collective

445. Le rôle et la place du dialogue social en matière de Formation. Le dialogue social voire la négociation collective apparaît avoir régulièrement influé sur les avancées enregistrées depuis les années 1970 en matière de modernisation de la Formation des agents publics. Dès la conclusion du premier accord-cadre entre l'Association des maires de France et le groupe intersyndical « Boulogne-Billancourt », qui a favorisé l'adoption de la loi du 13 juillet 1972 et la création du CFPC, d'autres accords sont suivis en 1989, 1992, 1996 et 2006. Ces derniers ont fait l'objet de multiples débats, qui ont finalement conduit à la consécration du droit à la formation professionnelle tout au long de la vie. Signé le 21 novembre 2006 [1], le protocole d'accord relatif à la formation professionnelle tout au long de la vie a développé certaines des règles relatives à la formation professionnelle. Ces règles ont ensuite été reprises par la loi n°2007-148 du 2 février 2007 de modernisation de la fonction publique [2].

L'accord de 2006 a été étiqueté comme le « copier-coller » de l'accord portant sur le même objet, de la formation professionnelle tout au long de la vie, passé trois ans plus tôt dans le secteur privé [3]. L'accord national interprofessionnel (ANI) relatif à la formation tout au long de la vie a favorisé la consécration pour les salariés du secteur privé de toute une série de dispositions novatrices, dont « la création d'un droit individuel à la formation (DIF), l'institution d'une période de professionnalisation, le développement des modalités de validation des acquis de l'expérience et le renforcement des bilans de compétences ».

Partant de ces innovations, les parties réunies pour la négociation de l'accord-cadre de 2006 pour la formation professionnelle des agents publics tout au long de la vie ont estimé que « la fonction publique ne [pouvait pas] rester à l'écart d'un tel mouvement ». De ce fait, elles ont acquiescé à l'unanimité sur « la nécessité d'offrir aux agents publics le bénéfice de ces nouveaux droits, en les adaptant aux spécificités de la fonction publique ». Dans ce contexte, et sur la base des dispositions de l'article 1 de la loi n°2010-751 du 5 juillet 2010 relative au dialogue social [4], des discussions ont été engagées au sujet de trois thématiques importantes, dont la formation professionnelle tout au long de la vie, la carrière et la prise en compte de l'expérience professionnelle. Les fruits de ces discussions ont, ensuite, été consignés dans l'accord-cadre du 21 novembre 2006 qui, en ne se limitant pas à la seule question de la modernisation de la fonction publique, fixe le

---

[1] L'accord-cadre a été signé entre le ministre de la Fonction publique, Christian Jacob et trois organisations syndicales de fonctionnaires dont CGT, CFTC et CFDT.

[2] Montecler (de) (M.-C.), « Accord sur la formation professionnelle tout au long de la vie », *AJDA*, 2006, n°40, p. 2208.

[3] Le 20 septembre 2003.

[4] L'article 1 de la loi relative à la rénovation du dialogue social et comportant diverses dispositions relatives à la fonction publique précise, au point 3°, que les organisations syndicales de fonctionnaires ont également qualité pour participer, avec les autorités compétentes, à des négociations relatives notamment à la formation professionnelle et continue.

cadre nécessaire pour la transposition, dans le statut des fonctionnaires, des innovations consacrées par la loi 2004 dans le secteur privé en matière de formation tout au long de la vie [1]. Toutefois, à la différence du secteur privé, le recours à la négociation conventionnelle et à l'accord collectif présente certains « limites et artifices » [2] dus notamment aux spécificités du régime juridique de la formation. De ce fait, si le Statut de la fonction publique garanti un « droit de participation » des fonctionnaires, il ne permet pas, en revanche, que la négociation proprement dite débouche sur des engagements contractuels [3]. Par suite, étant donné que les dispositions de l'article L1 du CGFP [4]placent le fonctionnaire dans une situation statutaire et réglementaire vis-à-vis de l'administration, les organisations syndicales ne peuvent que « débattre des conditions et de l'organisation du travail et non pas d'éléments substantiels de leur régime d'emploi ». Ce qui relève en principe de la compétence du législateur [5]. Reste néanmoins, comme l'histoire en matière de négociation collective le prouve, que la force morale et politique d'un accord entre les partenaires sociaux de la Fonction publique est équivalente à la force juridique. La mixité des règles juridiques qui en ressort caractérise tant la formation tout au long de la vie, que la formation initiale.

2. La mixité des règles juridiques

446. La formation tout au long de la vie. Loin de représenter une innovation, le droit à la formation tout au long de la vie reconnu aux agents publics par la réforme de modernisation de la fonction publique de 2007, ne représente, d'après la doctrine publiciste française, qu'un phénomène de mimétisme du même droit consacré trois ans plus tôt par le législateur privé à l'égard des salariés du secteur privé [6].

En « alignant la situation des fonctionnaires sur celle des salariés » [7], la consécration d'un droit à une formation professionnelle tout au long de la vie pour les agents (similaire aux salariés) devrait-elle être considérée comme un

---

[1] Espagno (D.), « La formation professionnelle, enjeu de la modernisation de la fonction publique », *AJFP*, 2009, n°3, pp. 116-125.

[2] Gomez-Mustel (P.-J.) et Soubirous (P.), « La formation professionnelle des agents publics tout au long de la vie : une transposition du droit privé », *AJFP*, 2009, n°2, pp. 60-67.

[3] *Ibid.*, pp. 60-67.

[4] Article 4 de la loi n°83-634 du 13 juillet 1983.

[5] *Ibid.*, pp. 60-67.

[6] Fialaire (J.), « Réforme de la Fonction publique et nouveau droit à la formation professionnelle des agents publics », *RLCT*, 2007, n°24, pp. 33-37 ; Aubin (E.), « Les dispositions relatives à la formation professionnelle des fonctionnaires tout au long de la vie », *AJDA*, 2007, n°10, pp. 511-516 ; Jean-Pierre (D.), « Le décret du 26 décembre 2007 relatif à la formation professionnelle tout au long de la vie des agents de la fonction publique territoriale », *JCP A*, 2008, n°9, pp. 27-31.

[7] Aubin (E.), *op. cit.* p. 511.

« énième ajustement de la construction statutaire classique aux mutations de l'environnement de la Fonction publique » [1], ou encore, comme une « marche irrésistible vers une absorption de ce droit dans l'espace plus large d'un droit commun du travail » [2] ? L'encadrement progressif des outils d'inspiration managériale, parmi les normes statutaires, conduit au même constat que les aspects de la Fonction publique précédemment développés eu égard à la souplesse et à l'adaptabilité des normes statutaires au regard de l'introduction des pratiques de droit privé et managériales.

B. L'encadrement progressif des outils d'inspiration managériale

447. Depuis la consécration du cadre statutaire des années 1980 **(1)**, les dispositions statutaires ont fait preuve de beaucoup de souplesse en incorporant parmi elles l'encadrement de plusieurs outils d'inspiration managériale, dont les congés de validation des acquis et des expériences **(2)**, le plan de formation qui a ainsi acquis la valeur d'une obligation **(3)**, ou encore le livret et l'entretien de formation **(4).**

1. Les fondements légaux des premiers outils d'inspiration managériale

448. Premiers encadrements. Compte tenu de la nécessaire optimisation des performances de la gestion publique, il est apparu évident que l'atteinte de cet objectif ne pouvait avoir lieu que « par une acclimatation [progressive] d'outils du management des ressources humaines » [3]. De ce fait, la loi n°83-634 du 13 juillet 1983 a, depuis son adoption, consacré le droit des fonctionnaires à des congés de formation professionnelle [4]. La réglementation de ce droit allait être assurée, en vertu de l'article 22 de la loi susvisée, par les statuts particuliers et décrets d'application [5].

[1] Fialaire (J.), « Réforme de la Fonction publique et nouveau droit à la formation professionnelle des agents publics », *RLCT*, 2007, n°24, p. 33.
[2] *Ibid.*, p. 33.
[3] *Ibid.*, p. 34.
[4] Article L422-1 du CGFP.
[5] Le décret n°85-607 du 14 juin 1985 relatif à la formation professionnelle des fonctionnaires de l'Etat précisait, dans son article 12, que « les fonctionnaires ont la possibilité de demander (...) un congé de formation professionnelle afin de parfaire leur formation personnelle ; la durée de ce congé ne peut excéder trois ans pour l'ensemble de la carrière ... ». Une possibilité similaire peut être retrouvée également dans le décret n°85-1076 du 9 octobre 1985 relatif à l'exercice du droit à la formation des agents de la fonction publique territoriale.

Des années plus tard, un arrêté du 7 janvier 1997 relatif au bilan professionnel [1] consacrait, à l'égard des agents publics, la possibilité « d'analyser leurs compétences professionnelles et personnelles ainsi que leurs aptitudes et motivations afin de définir un projet professionnel et, le cas échéant, un projet de formation ». Le bilan professionnel, aux termes de l'alinéa 1 de l'arrêté du 7 janvier 1997, ne peut survenir qu'à la demande de l'agent, ayant accompli dix années de service effectif, et qui envisage « une évolution fonctionnelle ou géographique de la carrière » ; ou encore, de l'agent qui souhaite « se voir accorder un congé de restructuration ...» [2].

Ce congé représente un autre outil de gestion que le législateur statutaire a doté de force juridique au début des années 1990 [3]. À cet effet, l'article 2 du décret du 19 mars 1993 précise que le congé de restructuration a pour objet de « donner à ses bénéficiaires la possibilité de préparer l'accès à un autre corps, cadre d'emplois ou emploi de l'une de trois fonctions publiques, ou à une autre profession des secteurs public ou privé ». Dans une logique parfaitement managériale, les dispositions de l'article 3 du décret cité ci-dessus précisent qu'il faut procéder à l'établissement d'un plan qui fixe ponctuellement les mesures destinées à la reconversion personnelle des agents aussitôt la demande de congé de restructuration acceptée [4]. Le plan doit être soumis à l'examen du comité technique ou de l'organisme paritaire compétent [5]. De ce fait, et afin d'éliminer toute source d'arbitraire, les dispositions de l'article 8 du décret susvisé prévoient que les demandes de congé de restructuration, qui entrent dans le champ dudit plan, « ne peuvent être refusées ». Faut-il y voir une garantie statutaire associée par le législateur à l'intrusion dans le champ statutaire d'un outil à caractère managérial ? Certainement !

Dans le cadre de la réforme de modernisation de la fonction publique du 2007, le législateur a rangé parmi les dispositions statutaires les droits à un congé de validation des acquis et des expériences et/ou de suivre des formations en alternance.

---

[1] Abrogé le 14 août 2009.

[2] L'agent, souhaitant « se voir accorder un congé de restructuration, peut demander à bénéficier d'un bilan professionnel préalable, pris en charge par l'administration, dans des conditions définies par arrêté du ministre chargé de la fonction publique » (art. 7 du décret du 19 mars 1993 instituant un congé de restructuration au bénéfice de certains agents de l'État).

[3] Le décret n°93 du 19 mars 1993 instituant un congé de restructuration au bénéfice de certains agents de l'État.

[4] Le congé de restructuration ne peut être accordé que « pour suivre une formation ayant reçu l'agrément de l'État dans les conditions définies à l'article 14 du décret du 14 juin 1985 » (art. 5 du décret n°93 du 19 mars 1993).

[5] Le plan « définit les services ou parties de service et, le cas échéant, la nature des emplois pour lesquels le droit à congé de restructuration est ouvert et arrêté le calendrier des opérations. Le plan fixe les conditions dans lesquelles les dispositions de reclassement prévues pour les agents des services faisant l'objet d'opérations de restructuration seront appliquées aux agents ayant bénéficié d'un congé de restructuration » (art. 3 du décret n°93 du 19 mars 1993 instituant un congé de restructuration au bénéfice de certains agents de l'État).

2. La consécration statutaire d'un congé de validation des acquis et des expériences

449. Congé de validation des acquis et des expériences (VAE), outil à portée managériale. La réforme de 2007 a élargi l'instrumentalisation juridique des outils à portée managériale en consacrant de nouveaux droits à l'égard des agents publics, dont notamment le congé de validation des acquis et des expériences (VAE) [1]. Par la même occasion, le législateur a aussi encadré, par le biais de l'article 4 de la loi du 2 février 2007, la possibilité des fonctionnaires de bénéficier des « périodes de professionnalisation comportant des actions de formation en alternance ». Cette possibilité a été reconnue à l'égard des seuls fonctionnaires titulaires, et ce, du fait qu'elle permet au fonctionnaire soit « d'exercer de nouvelles fonctions au sein du même corps ou cadre d'emploi, soit d'accéder à un autre corps ou cadre d'emploi ». L'organisation et la coordination de la « Formation » des fonctionnaires, voire des agents de l'État, sont réalisées par le biais d'un ensemble d'instruments, que le législateur a encadré à la charge de l'Administration et/ou de l'agent même. Parmi ces instruments, il y a l'obligation des institutions publiques à réaliser, annuellement ou tous les deux ou trois ans, un plan de formation à l'égard de leurs personnels.

3. L'obligation formelle du plan de formation

450. Le plan de formation : un outil sans conséquences juridiques ? Institué comme devoir à l'égard des institutions de l'Administration centrale et locale, le plan de formation [2] devait prévoir « les projets d'action de formation correspondant aux objectifs à moyen terme pour la formation des agents et les besoins des usagers » [3]. Il faut noter la vision du législateur au sujet de ce plan, d'après qui les différentes formations ne concernaient pas les seuls intérêts de l'administration et de ses agents, mais aussi les intérêts des usagers.

La réforme de 2007 a repris le devoir d'élaborer annuellement ou pluri-annuellement le plan de formation, d'abord par les dispositions des articles 6 et 31 du décret n°2007-1470 du 15 octobre 2007 relatif à la formation professionnelle tout au long de la vie des fonctionnaires d'État, ainsi que par

---

[1] Article 1er de la loi n°2007-148 du 2 février 2007.

[2] « Documentation d'orientation … » dans la fonction d'État (art. 20 du décret n°85-607 du 14 juin 1985 relatif à la formation professionnelle des fonctionnaires de l'État).

[3] Formulation initiale de l'article 7 de la loi n°84-594 du 12 juillet 1984 relative à la formation des agents de la fonction publique territoriale, complétant la loi n°84-53 du 26 janvier 1984 portant dispositions statutaires relatives à la fonction publique territoriale.

les dispositions de l'article L423-3 du CGFP [1]. À cet effet, les dispositions de l'article 31 reprennent pour les institutions étatiques le devoir des ministres d'établir, après concertation avec les organisations représentatives du personnel, un « document d'orientation » à moyen terme de la formation des agents (et non plus des seuls fonctionnaires) relevant de leur compétence. Le « document de révision » doit être reconsidéré au moins tous les trois ans. Les dispositions évoquées ci-dessus n'apportent, en revanche, aucune précision au sujet des conséquences juridiques encourues en cas de non-révision dudit plan dans le délai imparti. Dans ce contexte, il apparaît légitime de s'interroger sur le régime juridique de cette démarche, afin de savoir s'il s'agit d'une obligation, d'un devoir, ou d'une possibilité laissée à la libre appréciation des administrations. Compte tenu du silence du législateur, la volonté du législateur ne peut être interprétée qu'en tant que possibilité laissée à la libre appréciation des administrations. Ce qui pourrait expliquer peut-être le manque de réactivité de certaines administrations par rapport non seulement à l'élaboration du document d'orientation, mais aussi du plan de formation lui-même.

Le législateur précise par la même occasion que ledit « document d'orientation à moyen terme » fait partie tant du cadre stratégique des plans annuels de formation des administrations que de l'application du schéma stratégique de GRH et du plan de gestion prévisionnelle des ressources humaines de l'administration concernée.

Quant à la fonction publique territoriale, les dispositions de l'article L.423-3 déjà évoqué précisent que les collectivités territoriales et locales établissent un plan de formation annuel ou pluriannuel relatif aux actions de formation prévues à court et à moyen terme. Il reste, comme pour le « document d'orientation », que le législateur ne précise pas la valeur juridique qu'il faut associer au verbe « établir » (« les collectivités ...établissent ») : devoir, obligation ou possibilité reconnue aux collectivités ? De même, lesdites dispositions restent silencieuses quant aux conséquences encourues par l'établissement en cas d'inexécution du plan annuel de formation.

Après leur validation par les assemblées délibérantes, les plans de formation doivent être transmis à la délégation compétente du CNFPT. Afin de rendre davantage efficients les outils déjà évoqués, chaque agent public peut bénéficier d'un entretien de formation et est muni d'un entretien de formation.

[1] Article 7 de la loi n°84-594 du 12 juillet 1984 relative à la formation des agents de la fonction publique territoriale (tel que son contenu a été modifié, d'abord, par le décret n°2007-1845 du 26 décembre 2007 relatif à la formation professionnelle tout au long de la vie des agents de la fonction publique territoriale, puis, par l'article 164 de la loi n°2017-86 du 27 janvier 2017 relative à l'égalité et à la citoyenneté).

4. Le livret et l'entretien de formation, deux outils d'autonomisation de l'agent

451. L'agent, propre gestionnaire de sa formation. Outre le bilan de compétences, il est important de rappeler aussi l'encadrement d'un outil qui transforme l'agent en un « propre gestionnaire de sa formation » : le livret individuel de formation [1].

Le paysage des outils à caractère managérial est complété par l'entretien annuel de formation, qui doit être considéré distinctement de l'entretien annuel d'évaluation professionnelle. L'objectif de l'entretien annuel de formation, fixé par le législateur, vise à déterminer les besoins de formations des fonctionnaires compte tenu des objectifs qui leur sont fixés et de leur projet professionnel [2]. Outre le rappel des suites données aux demandes antérieures de formation du fonctionnaire, l'entretien de formation se concentre particulièrement sur les actions de formation qui apparaissent nécessaires eu égard aux missions et aux perspectives de carrière du fonctionnaire. Ensuite, l'entretien de formation doit être considéré comme l'occasion pour le fonctionnaire de présenter ses « demandes en matière de préparation aux concours, de validation des acquis de l'expérience, de bilan de compétences et de période de professionnalisation » [3].

Rédigé sous la responsabilité du supérieur hiérarchique, le compte-rendu de l'entretien d'évaluation –, qui doit permettre de saisir les objectifs de formation proposés pour l'agent –, est ensuite versé à son dossier. Le fonctionnaire est finalement informé des suites données à son entretien de formation, et tout refus opposé aux demandes de formations formulées lors de l'entretien doit être motivé, tel que l'article 2 susvisé le précise.

L'encadrement progressif des outils à teinte managériale a aussi considérablement contribué à l'esquisse de deux catégories d'instruments juridiques liés à la Formation, à l'initiative de l'Administration et de l'agent. Ce qui induit l'idée d'une responsabilité partagée de la formation tout au long de la vie professionnelle entre l'agent et son Administration.

§ 2. La responsabilité partagée de la formation tout au long de la vie professionnelle

452. La loi n°2007-148 du 2 février 2007 portant modernisation de la fonction publique a scellé le droit des agents à la formation professionnelle tout au long de la vie. Le contenu de cette loi, considéré ensemble avec les

---

[1] Voir *supra*.

[2] Article 2 du décret n°2007-1470 du 15 octobre 2007 relatif à la formation professionnelle tout au long de la vie des fonctionnaires de l'État.

[3] Article 2 du décret n°2007-1470 du 15 octobre 2007.

décrets d'application propres à chaque fonction publique, permet en outre de dégager, d'une part, la responsabilité assignée à l'Administration au sujet des deux types de formation, obligatoire et de professionnalisation **(A)**, et d'autre part, le rôle de gestionnaire de l'agent au sujet de sa formation individuelle **(B)**.

A. L'administration, « maître » de la formation obligatoire

453. Les règles juridiques relatives à la formation obligatoire **(1)** relèvent des portées différentes selon qu'il s'agit de la formation d'intégration **(2)** ou de professionnalisation **(3)**.

1. La formation obligatoire, entre intégration et professionnalisation

454. La délimitation de la formation obligatoire en matière de formation d'intégration et de professionnalisation. Les agents, qui souhaitaient être titularisés dans la Fonction publique, avant l'adoption de la loi de modernisation de 2007, étaient tenus de suivre la formation initiale d'application (FAP). D'une durée de six mois avant et de six mois après la titularisation, la formation initiale d'application a été jugée trop longue par les conclusions d'un rapport rendu au CNFPT en 2004 [1]. Effectivement, tout en soulignant les mérites de la formation initiale d'application, ledit rapport mettait en évidence le besoin que celle-ci soit repensée et réorganisée.

Les objectifs attendus de la formation initiale concernaient, d'une part, une bonne connaissance de l'organisation et du fonctionnement de l'administration, et d'autre part, une bonne maîtrise des outils nécessaires au bon accomplissement des missions attribuées dans une vision évolutive [2]. Partant de ces considérations, le rapport Becuwe a identifié deux phases principales dans le parcours de formation initiale. Premièrement, la phase d'intégration, qui favorise une prise de connaissance élémentaire du milieu organisationnel et fonctionnel de l'institution employeuse ; secondement, la phase de professionnalisation, qui vise une adaptation constante de l'agent aux différentes missions assignées [3]. La phase de professionnalisation comporterait des stages de professionnalisation liés aux différents postes auxquels le fonctionnaire aurait vocation. Si la formation d'intégration doit se dérouler dès la prise de fonction, la formation de professionnalisation se

---

[1] Becuwe (S.), *Enjeux et défis de la formation professionnelle dans la fonction publique territoriale*, éd. Conseil supérieur de la fonction publique territoriale, 2004, 19 p.
[2] Becuwe (S.), *op. cit.*, p. 4.
[3] *Ibid.*, p. 5.

déroulera tout au long de la carrière, et ce, chaque fois que des changements substantiels de fonctions l'imposeraient [1].

De ce fait, à l'instar du système de formation, applicable en début des années 2000, qui différenciait la formation avant titularisation, de la formation d'adaptation à l'emploi [2], le rapport Becuwe proposait la mise en place d'un dispositif en deux phases : l'une d'intégration dont la durée n'excède pas deux semaines et l'autre de professionnalisation qui intervient chaque fois que l'évolution des attributions professionnelles l'imposent. Ces propositions ont été reprises deux ans plus tard : d'abord, dans le protocole d'accord relatif à la formation professionnelle tout au long de la vie de 2006, et ensuite, par la loi de modernisation de la fonction publique de 2007. Cette dernière a, par conséquent, contribué au remplacement de la notion de formation initiale d'application, par la notion plus ample de formation d'intégration et de professionnalisation (FIP).

Les dispositions légales en matière de formation adoptées en 2007 réorganisent la formation initiale, imposant, de ce fait, l'obligation pour les agents de l'État de participer aux formations professionnelles statutaires [3] et, pour les fonctionnaires territoriaux, aux formations d'intégration et de professionnalisation [4]. Ces dernières, définies par les statuts particuliers de chaque cadre d'emploi, comportent des actions favorisant l'intégration des agents titulaires et non titulaires, ainsi que des actions de professionnalisation, dispensées tout au long de la carrière et à l'occasion de l'affectation dans un poste de responsabilité.

Les conditions d'application de la formation d'intégration et de professionnalisation ont été fixées par le décret n°2008-512 du 29 mai 2008 relatif à la formation statutaire obligatoire des fonctionnaires territoriaux. En vertu de l'article 2 de ce texte, la mise en œuvre du dispositif de formation d'intégration et de professionnalisation relève de la responsabilité du CNFPT. Ce dernier doit arrêter chaque année le calendrier, le contenu et les programmes de formation d'intégration et de professionnalisation et en informer les collectivités. À cet effet, le dernier alinéa de l'article 2 susvisé précise l'obligation des collectivités territoriales de transmettre, avant le 1er janvier de chaque année, au CNFPT, l'état prévisionnel de leurs effectifs et les perspectives d'évolution au cours de l'année à venir.

Obligatoires toutes les deux, il apparaît toutefois que la portée de la formation d'intégration diffère sensiblement de la portée de la formation de professionnalisation.

---

[1] *Ibid.*, p. 5

[2] Qui avait lieu tous les trois ans.

[3] Point n°1 du 1er article du décret n°2007-1470 du 15 octobre 2007 relatif à la formation professionnelle tout au long de la vie des fonctionnaires de l'État.

[4] Point n°1 du 1er article de la loi n°84-594 du 12 juillet 1984 relative à la formation des agents de la fonction publique territoriale, complétant la loi n°84-53 du 26 janvier 1984 portant dispositions statutaires relatives à la fonction publique territoriale.

2. La portée de la formation d'intégration

455. La formation d'intégration, une formation d'immersion dans la culture institutionnelle. La formation d'intégration porte généralement sur l'organisation et le fonctionnement de l'institution employeuse, des services publics qui la composent, ainsi que sur le déroulement des carrières dans la Fonction publique [1]. La formation d'intégration doit être dispensée au cours de la première année qui suit la nomination du fonctionnaire, la durée étant fixée par les statuts particuliers. Réduite à une durée maximale de cinq jours, le décret n°2015-1385 du 29 octobre 2015 relatif à la durée de la formation d'intégration dans certains cadres d'emplois de la fonction publique territoriale rallonge sa durée à dix jours pour certains cadres d'emplois des catégories A et B.

À l'opposé de la formation d'intégration, la formation de professionnalisation concerne la carrière du fonctionnaire, donc la période afférente à la vie active dans la Fonction publique.

3. La portée de la formation de professionnalisation

456. La formation de professionnalisation. À la différence de la formation d'intégration, la formation de professionnalisation comprend trois catégories de formation, dont celle au premier emploi, tout au long de la carrière, ou encore à la suite de l'affectation sur un poste à responsabilité. Si la formation au premier emploi suit la formation d'intégration dans l'intervalle fixé par les statuts particuliers [2], la formation de professionnalisation, tout au long de la carrière survient selon un calendrier arrêté par les statuts particuliers. La formation de professionnalisation à la suite de l'affectation à un poste de responsabilité, doit intervenir dans les six mois suivant cette affectation.

Outre le dispositif de formations obligatoires, d'intégration et de professionnalisation, à l'initiative des administrations, la réforme de 2007 a aussi contribué à faire de l'agent un entrepreneur de sa propre formation.

B. L'agent, entrepreneur de sa propre formation

457. Les évolutions encore récentes de modernisation de la « Formation » ont visé, outre d'encadrer un droit de formation tout au long de la vie **(1)**,

[1] Alinéa 2 de l'article 6 du décret n°2008-512 du 29 mai 2008 relatif à la formation statutaire obligatoire des fonctionnaires territoriaux.

[2] Article 13 du décret n°2008-512 du 29 mai 2008 relatif à la formation statutaire obligatoire des fonctionnaires territoriaux.

une meilleure articulation entre la Formation et ses différents acteurs **(2)**. Évolutions qui se présentent d'ailleurs comme le reflet des réformes relatives à la formation des salariés du secteur privé **(3)**, comme la réglementation d'un droit individuel de formation à la portée de l'agent public **(4)**.

1. L'évolution vers la consécration d'un droit de formation tout au long de la vie

458. L'évolution d'un droit à la formation permanente, à un droit de formation tout au long de la vie. Le début des années 2000 a été marqué par des réflexions non seulement au sujet de la formation initiale des agents, mais aussi et surtout de la formation continue. En effet, comme M. Marcel Pochard l'évoque, si la Fonction publique française a « su faire de la formation initiale de ses agents (...) un des éléments de son efficacité », il apparaît qu'elle « n'a pas su faire appel avec la même capacité à la formation continue » [1].

À cet effet, le décret n°85-607 du 14 juin 1985 relatif à la formation professionnelle des fonctionnaires de l'État [2] reconnaissait aux fonctionnaires, avant la réforme de 2007, la possibilité de demander soit une mise à disposition pour effectuer des études ou recherches présentant un caractère d'intérêt général, soit un congé de formation professionnelle afin de parfaire leur formation personnelle, soit le bénéfice d'un bilan professionnel. À la différence de la mise à disposition qui n'est pas tenue par un délai précis, le congé de formation professionnelle ne peut pas excéder trois ans pour l'ensemble de la carrière. De plus, pour bénéficier du congé de formation, l'agent doit avoir accompli au moins trois années ou l'équivalent de trois années des services effectifs dans l'administration. Compte tenu du fait que l'agent bénéficiaire d'un congé de formation continuait à être rémunéré par l'Administration au montant fixé par le décret de 1985 cité ci-dessus [3], à l'issue du congé de formation il prenait l'engagement de rester au service de l'État pendant une durée égale au triple de celle pendant laquelle l'agent bénéficiaire avait perçu l'indemnité [4]. A défaut, il était tenu de rembourser la contre-valeur de la rémunération et des coûts de formation pris en charge par l'administration. Mais, ne pouvaient bénéficier du bilan

[1] Pochard (M.), *Les 100 mots de la fonction publique*, PUF, 2011, p. 84.

[2] Article 3 du décret n°85-607 du 14 juin 1985 relatif à la formation professionnelle des fonctionnaires de l'État, modifié par le décret n°96-1104 du 11 décembre 1996, et abrogé par le décret n°2007-1470 du 15 octobre 2007.

[3] Environ 85% du traitement brut et de l'indemnité de résidence détenus au moment de leur départ.

[4] Article 13 du décret n°85-607 du 14 juin 1985 relatif à la formation professionnelle des fonctionnaires de l'État, tel qu'il a été modifié par les décrets n°93-410 du 19 mars 1993 et n°96-1104 du 11 décembre 1996, puis abrogé par le décret n°2007-1470 du 15 octobre 2007.

professionnel que les fonctionnaires ayant accompli dix ans de services effectifs. L'objectif du bilan professionnel étant de favoriser une mobilité géographique ou fonctionnelle. Quant aux fonctionnaires territoriaux, outre des mises en disponibilité et des congés de formation octroyés, à quelques exceptions près [1], dans les mêmes conditions que pour les fonctionnaires de l'État, les dispositions du décret n°85-1076 du 9 octobre 1985 relatif à l'exercice du droit à la formation des agents de la fonction publique territoriale leur réservaient également la possibilité de demander une décharge partielle de service [2].

Il en ressort qu'aux décrets de 1985 relatifs à la formation dans les trois fonctions publiques, le système français leur attribuait au moins deux effets directs ; d'une part « une très forte augmentation du volume des formations » et, d'autre part, un important « développement des services de formation » [3] à l'intention des agents et des institutions employeuses [4]. L'aboutissement d'une meilleure articulation entre la « Formation » et ses différents acteurs reste encore un défi important à relever pour le législateur français.

2. La recherche d'une complémentarité entre la Formation et ses différents acteurs

459. L'évolution vers une meilleure articulation entre la Formation et ses différents acteurs. Malgré l'évolution progressive de la formation continue ou permanente des agents (comme elle était dénommée avant 2007), c'est-à-dire d'« un outil de qualification des agents » vers « un instrument d'amélioration du fonctionnement des services » [5], il restait encore à rechercher une meilleure complémentarité entre les actions de formation des institutions responsables de la formation, les institutions employeuses, les partenaires sociaux et les agents eux-mêmes [6].

La conclusion de l'accord national interprofessionnel du 13 décembre 2003 relatif à la formation professionnelle des salariés du secteur privé [7],

---

[1] L'Administration pouvait décider de ne pas rémunérer le fonctionnaire bénéficiaire d'un congé de formation qui allait au-delà d'une année (TA Nancy 13 novembre 2001, *Deckhar c/ CCAS Pont-à-Mousson*, req. n°01-1282).

[2] Cela, sans préciser ce qu'il fallait entendre par cette notion.

[3] Cuby (J.-F.), Chatenay (Y.), Cusset (P.-Y.), La Joumard (D.), *La politique de formation continue des agents de l'État et des hôpitaux : rapport de l'instance d'évaluation,* La Documentation française, 2003, p. 33.

[4] *Ibid.*, p. 33.

[5] *Ibid.*, p. 33.

[6] Rognard (M.-A.), *La Fonction publique territoriale, acteur de la décentralisation, de l'aménagement du territoire et du développement local,* éd. Journaux Officiels, 2000, p. 70.

[7] *L'Accord national interprofessionnel du 14 décembre 2013 relatif à la formation* professionnelle, en ligne sur http://www.fpspp.org/portail/resource/filecenter/document/042-

transposé ensuite par la loi n°2004-391 du 4 mai 2004 relative à la formation professionnelle tout au long de la vie et au dialogue social, a rouvert également les débats sur le rôle et la place à réserver à l'agent dans le processus de formation professionnelle et personnelle. L'accord évoqué ci-dessus consacre dans son préambule au moins deux principes à valeur de postulat, dont le fait de savoir que « le niveau et l'évolution des compétences des salariés sont un levier déterminant de la compétitivité de l'entreprise », ainsi qu'un « élément structurant de la sécurisation des parcours professionnels des personnes ». De ce fait, ledit accord soulignait que, c'est « de l'intérêt de l'entreprise et des salariés d'apprécier, à intervalles de temps régulier et rapproché, le niveau et l'évolution des compétences des salariés, et de favoriser leur progression professionnelle ». Du contenu de l'accord national interprofessionnel de 2003, il ressort l'importance de la mise en place d'un entretien professionnel pour tous les salariés sans exception. L'entretien professionnel devait être distinct de l'entretien d'évaluation. Ensuite, il élevait la garantie d'accès à la formation de tous les salariés au rang de principe. Il traite aussi des questions relatives aux modalités d'acquisition des compétences, des qualifications et de mise en œuvre de la formation, ou encore, de la nécessaire reconnaissance des compétences et des qualifications acquises par les salariés. Pour la concrétisation des démarches susmentionnées, ledit accord évoquait aussi le nécessaire renforcement de la négociation en entreprises et le rôle des instances représentatives du personnel en matière de formation, et ce, par l'élargissement de la consultation sur le plan de la formation et la création d'un compte personnel de formation. Certaines des réformes appliquées en matière de formation des agents publics ne restent pas moins qu'une sorte de reflet des évolutions de la formation à l'égard des salariés de droit privé.

3. Les réformes de modernisation de la Formation inspirées par le droit privé

460. La modernisation du système de formation dans la Fonction publique, un reflet du mimétisme du système privé. Partant des défis relevés dans le secteur privé au sujet de la formation des salariés, des réflexions ont été entamées également dans le secteur public. Ces réflexions voire négociations ont débouché sur le protocole-cadre relatif à la formation professionnelle tout au long de la vie des agents publics de 2006, ainsi que sur la loi du 2 février 2007 relative à la modernisation de la fonction publique. La réforme de 2007 est venue renforcer le rôle de l'agent dans l'orchestration de son propre parcours professionnel, par la réglementation

---

00001n-06l/ani-du-14-decembre-2013-relatif-a-la-formation-professionnelle.pdf, consulté le 10 mars 2022.

d'une marge de manœuvre importante dans l'établissement d'un planning professionnalisé et en accord avec son projet de développement professionnel. À cet effet, les dispositions de l'article 1 de la loi n°2007-148 du 2 février 2007 généralisent, d'une part, les congés de validation des acquis de l'expérience et, d'autre part, les congés pour bilan de compétences [1].

Le cadre général fixé par les dispositions évoquées ci-dessus a été complété par des décrets d'application spécifiques à chaque fonction publique.

461. Les congés de validation des acquis de l'expérience (VAE) et pour bilan de compétences. Globalement, tant le congé de validation des acquis de l'expérience, que le congé pour bilan de compétences ne peuvent pas dépasser vingt-quatre (24) heures du temps de service, éventuellement fractionnable. Toutefois, à la différence du congé de VAE qui n'est pas soumis à d'autres conditions que celles d'octroi annuel et sur demande du fonctionnaire, pour se prévaloir du congé de bilan de compétences, le fonctionnaire doit répondre à plusieurs conditions. D'abord, une condition d'ancienneté, à savoir, aucune demande de congé VAE ne peut être faite sans avoir accompli dix ans de service effectif. La condition est justifiée par l'une des raisons assignées par le législateur au processus de validation, qui est celle de permettre éventuellement au fonctionnaire d'effectuer une mobilité fonctionnelle ou géographique [2]. Par suite, et ce, à la différence du congé du bilan de compétences qui peut être demandé sur une base annuelle, le congé de VAE ne peut être demandé que tous les cinq ans.

À cet effet, les dispositions de l'article 8 du décret n°2007 du 26 décembre 2007 relatif à la formation professionnelle tout au long de la vie des agents de la fonction publique territoriale précisent que les fonctionnaires territoriaux, qui « souhaitent étendre et parfaire leur formation en vue de satisfaire des projets professionnels ou personnels », peuvent bénéficier, outre de la mise en disponibilité et du congé de formation professionnelle consacrés déjà par l'ancien décret, aussi des congés pour bilan de compétences et pour validation des acquis de l'expérience. De plus,

---

[1] Article L422-3 du CGFP (les dispositions de l'article 1 de la loi n°2007-148 du 2 février 2007 ont complété le point 6°de l'article 34 de la loi n°84-16 du 11 janvier 1984 portant dispositions statutaires relatives à la fonction publique d'Etat qui consacre le congé pour validation des acquis de l'expérience et par un point 6°ter qui consacre le congé pour bilan de compétences).

Les mêmes dispositions de l'article 1 de la loi du 2 février 2007 ont réglementé la consécration des deux types de congé également pour la fonction publique hospitalière, et ce, par l'insertion de deux nouveaux point 6°bis et ter, après le point 6°de l'article 31 de la loi n°86-33 du 9 janvier 1986 portant dispositions statutaires relatives à la fonction publique hospitalière.

[2] Article 22 du décret n°2007-1470 du 15 octobre 2007 relatif à la formation professionnelle tout au long de la vie des fonctionnaires de l'État.

depuis le début des années 2000, l'agent public dispose d'un droit individuel de formation dont l'initiative lui appartient.

4. Le compte personnel de formation, un outil à l'initiative de l'agent

462. Les mécanismes d'un compte personnel de formation (CPF) [1] au profit de l'agent. Le CPF représente une des composantes d'un dispositif complexe et créé par l'ordonnance n°2017-53 du 19 janvier 2017 portant diverses dispositions relatives au compte personnel d'activité, à la formation et à la santé et sécurité au travail dans la fonction publique : le compte personnel d'activité (CPA). Afin de « renforcer l'autonomie et la liberté d'action et de faciliter son évolution professionnelle » tout fonctionnaire s'est vu doté d'un compte personnel d'activité (CPA) [2]. L'intérêt du CPA réside dans le fait que les droits y inscrits « demeurent acquis par leur titulaire jusqu'à leur utilisation ou à la fermeture du compte ».

Fondé sur une même logique que le droit individuel de formation (DIF), qu'il remplace, le compte personnel de formation (CPF) permet au fonctionnaire « d'accéder à une qualification ou de développer ses compétences dans le cadre d'un projet d'évolution professionnelle ». Pour cela, le législateur a conservé la base annuelle propre au DIF, ainsi que la possibilité de mise en œuvre à la seule initiative de l'agent en accord avec son administration. L'exercice du CPF est donc conditionné par la manifestation de volonté de l'agent auprès de son employeur. En l'absence d'une telle manifestation, l'administration est déchargée de toute obligation, du moment où elle a informé ses agents de leurs droits. De plus, par la création du compte personnel d'activité l'agent a la possibilité de vérifier à tout moment le nombre d'heures de formation, auquel il pourrait prétendre à titre de droit individuel de formation. L'obtention de l'accord de l'administration pour le suivi d'une certaine formation représente aussi l'engagement de cette dernière de prise en charge du coût de la formation. Il en ressort de cela que si l'utilisation/gestion du CPF relève de la responsabilité de l'agent, une fois obtenu l'accord de l'institution employeuse, le financement de la formation relève de la responsabilité de cette dernière. De plus, à la différence du dispositif existant avant 2017, les nouvelles dispositions précisent que les actions de formation suivies au titre du CPF doivent avoir lieu, en priorité, pendant le temps du travail.

---

[1] Le CPF remplace depuis le 1er janvier 2019 le droit individuel de formation (DIF) qui avait été créé par l'article 4 de la loi du 2 février 2004.

[2] Les conditions de mise en œuvre du CPA ont été détaillées par le décret n°2017-928 du 6 mai 2017 relatif à la mise en œuvre du compte personnel d'activité dans la fonction publique et à la formation professionnelle tout au long de la vie.

Par suite, le CPF est alimenté annuellement à hauteur non plus de 20 (vingt) heures maximum, comme c'était le cas pour le DIF, mais de 24 (vingt-quatre) heures par année de travail et ce, jusqu'à l'acquisition d'un crédit de cent vingt heures. Il reste qu'à différence du DIF, le plafond de 120 heures de formation atteint l'alimentation du compte continue à une hauteur cette fois-ci de 12 (douze) heures maximum par année de travail jusqu'à ce que la limite d'un plafond total de 150 heures soit atteinte.

Le CPF peut aussi être utilisé en combinaison avec le congé de formation professionnelle, en complément des congés pour validation des acquis de l'expérience ou encore pour effectuer un bilan de compétences. En outre, le CPF peut aussi être utilisé en combinaison avec le compte épargne-temps, pour préparer des examens et concours administratifs.

La demande de mise en œuvre du CPF formulée auprès de l'administration, cette dernière peut soit approuver la demande de l'agent, soit la refuser. Il reste qu'en cas de refus, l'administration doit motiver sa décision, cela d'autant plus que l'agent bénéficie d'un droit de recours auprès de l'instance paritaire compétente. Quoi qu'il en soit, le refus deux années de suite de la demande de mobilisation du CPF pour le suivi d'une formation de même nature, ne peut être suivi d'un troisième refus qu'après l'avis de l'instance paritaire compétente. Par suite, l'administration ne peut, tout au plus, que différer d'un an le suivi des formations relevant de l'article L. 6121-2 du code de travail [1].

Les innovations importantes, apportées à la modernisation du système de formation français ces dernières décennies si elles ne peuvent qu'inspirer la reconstruction du système roumain de formation des fonctionnaires publics, elles prouvent par la même occasion la souplesse des dispositions statutaires lorsqu'il s'agit de règlementer des dispositifs de droit privé en matière de Formation. La question est de savoir dans quelle mesure les différents outils, institués récemment par le législateur français, pourraient s'imposer efficacement, par la force de la plume du législateur, dans le droit de la fonction publique roumaine.

---

[1] « Toute personne cherchant à s'insérer sur le marché du travail dispose, quel que soit son lieu de résidence, du droit d'accéder à une formation professionnelle afin d'acquérir un premier niveau de qualification, de faciliter son insertion professionnelle, sa mobilité ou sa reconversion. A cette fin, la région assure, selon des modalités définies par décret, l'accès gratuit à une formation professionnelle conduisant à un diplôme ou à un titre à finalité professionnelle classé au plus au niveau 4 et enregistré au répertoire national des certifications professionnelles prévu à l'article L. 6113-1 ».

Section 2. Propositions répondant aux défis posés à la modernisation de la Formation statutaire

463. La formation professionnelle doit permettre aux agents publics non seulement d'améliorer leurs performances, mais aussi d'accéder à des catégories supérieures voire, dans une approche plus globale, de changer de métiers ou de carrière [1]. Cela compte tenu du rôle de la formation qui est celui « d'encourager la promotion et la mobilité dans l'administration de toutes les collectivités publiques » [2]. Il reste que la formation professionnelle ne peut « produire d'effets massifs que de l'adhésion et du volontariat » [3] des différents acteurs de la Fonction publique, agents publics en particulier. On est toutefois conduit à constater que, pour l'instant, les fonctionnaires ne semblent pas prêts, à quelques exceptions près, à faire « l'effort d'un perfectionnement professionnel que s'il en espère une promotion » [4]. C'est notamment le cas du système roumain de formation où tant les administrations que les fonctionnaires et les formateurs ne manifestent pas toujours un intérêt sur le devenir de la formation dans la Fonction publique. En effet, si les fonctionnaires roumains n'apparaissent pas globalement avoir pris conscience des bénéfices à moyen et long termes d'une formation initiale ou continue [5], les administrations ne manifestent pas non plus un intérêt important quant au développement d'une culture à la formation parmi leurs agents [6]. De ce fait, l'esquisse de réponses voire des solutions, liées à la professionnalisation du droit à la Formation **(§ 1)**, ne peut connaître de retombées pratiques utiles sans une prise en considération des mutations institutionnelles que l'encadrement et la mise en œuvre de certaines de ces propositions exigent indirectement **(§ 2)**.

---

[1] Plantey (A.), *Traité du droit de la fonction publique*, Litec, 2e éd., 2001, p. 492.

[2] *Ibid.*, p. 492.

[3] Plantey (A.), *Réformes dans la fonction publique*, Paris, LGDJ, 1978, p. 78.

[4] *Ibid.*, p. 78.

[5] Les administrations publiques, voire le secteur public, sont encore empreints de la conception aux termes de laquelle c'est « le diplôme qui compte ». Par conséquent, ce qui est important c'est l'obtention du diplôme, et pas forcément les connaissances.

[6] ANFP, *Raport privind formarea/ perfectionarea profesionala a functionarilor publici (Le rapport relatif à la formation/perfectionnement professionnels des fonctionnaires publics)*, 2019, p. 2.

§ 1. Les défis propres à la professionnalisation du droit à la Formation roumaine

464. Pour que le « fonctionnaire public soit utile, il faut qu'il bénéficie d'une formation professionnelle » [1], soulignait le Professeur Negulescu, dans les années 1930. Si, de nos jours, le législateur et la doctrine restent, dans un parfait consensus, attachés à la valeur de la formation professionnelle, force est de constater que tant la formation initiale que la formation continue manquent de cohérence dans leur encadrement.

L'évolution française en matière de formation en général, et les dernières réformes de modernisation du dispositif de formation des agents français en particulier, permettent de dégager certaines des réponses, qui se posent au législateur statutaire en termes de formation initiale **(A)** et de formation tout au long de la vie **(B)**.

A. La reconstruction du système de Formation initiale

465. La reconstruction du système de formation initiale en droit roumain pose plusieurs enjeux **(1)**, liés aux différentes solutions possibles pour le renforcement du régime juridique de la formation initiale **(2)**.

1. Les enjeux de la reconstruction du dispositif de formation initiale

466. Le nécessaire développement d'un dispositif de formation initiale. Les fondements du système de formation initiale des fonctionnaires français représentent le résultat de plusieurs décennies de réformes engagées dans une logique de continuité. Malheureusement, les différentes étapes, qui ont marqué politiquement l'existence de l'État roumain, ont considérablement influé sur les différents aspects juridiques de la carrière du fonctionnaire public, dont le dispositif de formation. L'exemple français permet de dégager un premier constat important, qui correspond d'ailleurs parfaitement à la vision des juristes roumains [2] du début du XXe siècle, qui concerne le développement de la formation initiale pour toutes les catégories de fonctionnaires de l'Administration centrale, territoriale et locale.

La remise en place de l'Institut National d'Administration, par l'OUG n°23 du 24 août 2016, représente une étape qui renoue avec les traditions de la Fonction publique roumaine en matière de formation initiale des

[1] Negulescu (P.), *op. cit.*, 1925, p. 519.
[2] Voir *supra*.

fonctionnaires [1]. Toutefois, à juger d'après le contenu de l'OUG susvisée, l'INA reste une institution spécialisée essentiellement en matière de formation continue. En effet, comme par le passé récent, ses programmes de formation initiale ne s'adressent en principe qu'aux futurs hauts fonctionnaires publics que l'INA est censée scolariser pendant deux ans. Ce n'est pas le cas des programmes de formation continue qui concernent les fonctionnaires publics de toute catégorie, ainsi que les personnels contractuels qui œuvrent au sein de l'Administration centrale, territoriale et locale. Les programmes de formation continue s'adressent également aux fonctionnaires nommés dans une fonction de dignité publique.

Si, au niveau de la formation générale, l'ENSPA et les facultés de droit administratif des universités roumaines assurent une formation spécifique, qui permet ensuite à leurs diplômés d'assumer, sur de bonnes bases théoriques en droit public et de gestion, une carrière dans la Fonction publique ; les diplômés des facultés, autres que celles en sciences juridiques, administratives ou de gestion sont dépourvus des connaissances spécifiques à l'Administration. De ce fait, la mesure où l'accès aux concours pour l'occupation d'une fonction publique générale n'est pas conditionné par un diplôme spécialisé en administration, les fonctions générales sont ouvertes non seulement aux diplômés en droit administratif, mais aussi aux diplômés des domaines, dont la formation ne présente pas un lien direct avec le milieu administratif [2]. Comme indiqué dans le titre deux de la première partie [3], il suffit de mémoriser (ce qui ne signifie pas comprendre) les textes des actes normatifs indiqués dans la bibliographie des programmes des concours, pour reproduire ensuite leur contenu lors de l'épreuve écrite. En l'absence des critères précis de correction des copies de concours qui valorisent avant tout les exposés qui font preuve d'une capacité de compréhension minimale des dispositions légales liées au sujet donné, des candidats dépourvus de toute connaissance théorique relative au fonctionnement et à l'organisation de l'administration en général, voire d'un certain service public en particulier, réussiront le concours d'accès à la fonction publique. Cette réussite n'est toutefois que rarement due à l'application cohérente des dispositions légales à des situations données, mais aux seules capacités de mémorisation des candidats. Des solutions de réorganisation institutionnelle de la formation initiale existent ...

---

[1] Pour rappel, les fonctions de l'INA sont, depuis sa dissolution de 2010, assumées par l'Agence Nationale des Fonctionnaires publics.

[2] Diplômé en géographie, en histoire ou en philosophie.

[3] Voir *supra*.

2. La proposition de solutions possibles

467. Les solutions possibles liées aux défis de reconstruction d'un dispositif de formation initiale en droit roumain. Comme développé ci-dessus, l'expérience française met en exergue plusieurs éléments en matière de formation initiale de nature à se constituer en autant de sources d'inspiration pour le législateur roumain.

Premièrement, le système français de formation initiale repose sur des réseaux institutionnels à différents niveaux de l'administration. Si l'INSP (ex-ENA) est censé former les hauts fonctionnaires publics, les IRA et le CNFPT forment les fonctionnaires d'État et territoriaux. Les écoles de services publics complètent le paysage institutionnel de formation des différentes catégories d'agents publics. Il est important de souligner que l'existence des écoles spécialisées de formation initiale n'exempte pas les candidats du parcours scolaire et/ou universitaire préalable.

Il en ressort de cela deux catégories d'observations au sujet du dispositif roumain de formation rapportées au dispositif français. D'abord, la mise en place des institutions de formation spécifique aux différentes catégories de corps et cadres d'emplois. A priori, à l'exception de la situation où le candidat justifie d'une expérience professionnelle importante, sans une formation préalable spécifique au milieu organisationnel et institutionnel administratif, il s'avère difficile d'intégrer la fonction publique française, du moins régalienne. Ensuite, et cela afin de doter la Fonction publique de fonctionnaires professionnels, chaque stagiaire, avant titularisation, doit suivre une formation spécifique au sein d'une des écoles ou institutions de formation des fonctionnaires.

Concernant le système roumain de formation des fonctionnaires, la question est de savoir si, pour l'accès aux fonctions publiques générales, il ne serait pas opportun d'ajouter aux conditions de se porter candidat à une fonction publique la condition d'avoir suivi préalablement au moins un module d'initiation à la réglementation, l'organisation et le fonctionnement de l'administration. La durée d'un tel module pourrait varier de six à douze mois. D'ailleurs, les plus concernés par un tel dispositif seraient les fonctionnaires publics des administrations rurales et des villes de taille moyenne et petite, dont la formation reste assez voire très déficitaire [1].

Secondement, le dispositif français de formation initiale prévoit aussi des formations d'intégration, qui sont obligatoires dès la nomination dans un poste de la Fonction publique. À l'exception des fonctionnaires de catégorie C, la durée de la formation d'intégration des catégories A et B est, depuis le

[1] Comme il a été aussi souligné lors de l'institutionnalisation de la Fonction publique en début du XXe siècle, la formation des fonctionnaires publics locaux s'avère tout aussi importante que celle des hauts fonctionnaires publics, ou d'autres catégories de fonctionnaires de l'Administration centrale.

1er janvier 2016, de 10 (dix) jours [1]. L'objectif de cette formation est de permettre aux nouvelles recrues de prendre connaissance non seulement de l'environnement institutionnel dans lequel ils seront amenés à exercer leurs attributions, mais aussi, et surtout, d'acquérir les valeurs du service public. De ce fait, le dispositif est conçu, pour les catégories A et B, autour de trois phases déroulées obligatoirement pendant la première année de la prise de fonctions [2].

La première phase consiste à suivre pendant cinq jours une formation en présentiel sur les valeurs du service public, sur le sens de l'action publique, ainsi que sur le rôle et les missions du fonctionnaire en général. Il s'ensuit une phase d'immersion d'un à deux mois au sein de l'administration employeuse, période censée servir « l'observation et le repérage de ses compétences ». La formation d'intégration s'achève par cinq derniers jours de formation en présentiel portant sur le management et la gestion dans les collectivités locales. De plus, cette phase doit aussi contribuer à l'élaboration du projet de professionnalisation du fonctionnaire.

Les dispositions roumaines relatives à la formation ne contiennent pas des précisions particulières relatives à la formation initiale. De ce fait, les fonctionnaires ayant réussi un concours d'accès à une fonction publique ne bénéficient pas d'une formation de mise à niveau au sujet de l'organisation et du fonctionnement de leur institution ou autorité de rattachement. La formation initiale des futurs candidats à la Fonction publique repose essentiellement sur les formations universitaires. À cet effet, la pratique des stages obligatoires, instituée pendant les différents cycles de formation préuniversitaire et universitaire sous le communisme, n'est pas dépourvue de tout sens pratique de nos jours. En effet, comme le système français le prouve aussi, développer voire renforcer la collaboration entre les lycées et les universités d'une part et les administrations d'autre part, au sujet de stages professionnels, représente un des meilleurs moyens pour habituer les futurs diplômés aux réalités pratiques de leur domaine respectif. En fonction du niveau d'études considéré, la durée des stages pourrait varier d'un à six mois.

Reste la question de la responsabilisation des administrations et des stagiaires au sujet des activités déroulées pendant le stage. En effet, il s'avère important que le législateur non seulement encadre étroitement un dispositif de stages à l'égard des administrations, mais aussi identifie et dote de valeur juridique les instruments qui diminuent voire empêchent les

---

[1] Décret n°2015-1385 du 29 octobre 2015 relatif à la durée de la formation d'intégration dans certains cadres d'emplois de la fonction publique territoriale.

[2] *Livret de formation*, CNFPT, 2016, 62 pp, http://www.cnfpt.fr/sites/default/files/livret-stagiaire-2016_version_finale2_tc_2016-07-15.pdf?gl=NGU1NWRkZTM, consulté le 28 mars 2022.

situations où les stages ne représentent que des simulacres [1]. Une solution à cet effet pourrait être présentée par l'institution d'une obligation à l'égard des administrations de réserver un certain pourcentage de leur budget général au financement de stages. En effet, le fait d'instaurer progressivement une pratique de stages rémunérés contribuerait non seulement à l'ancrage d'une culture de stage (et implicitement, à l'identification en amont de futures compétences pour l'institution en question), mais aussi à une culture de responsabilisation tant à l'égard de l'administration que du stagiaire. D'abord, à l'égard de l'administration, parce qu'en rémunérant le stagiaire, elle aura tout intérêt à tirer un maximum de profit de l'activité du stagiaire. Ensuite, à l'égard du stagiaire qui, du fait du nombre croissant des missions confiées et incidemment de sa rémunération, serait mis dans la situation d'un employé de l'institution. Par la même occasion, instituer une obligation de formation d'intégration, similaire au dispositif existant en droit français, représenterait certes un palliatif à l'absence des modules de formation préalables à l'inscription au concours d'admission dans la Fonction publique. Par conséquent, il revient au législateur de prévoir l'introduction, au sein de la section 3 consacrée à la « Professionnalisation des fonctionnaires publics », d'un nouvel article, 49, qui précise que, « Dès leur nomination, les fonctionnaires ont l'obligation de suivre au minimum dix jours de formation d'intégration dans les conditions fixées par l'institution au sein de laquelle ils exercent leurs attributions. En l'absence, la nomination en fonction est dépourvue de toute valeur juridique ».

Instaurer un dispositif de formation initiale obligatoire, même si ce n'était que sous la forme d'une formation d'intégration de seulement quelques jours permettrait d'atténuer en partie le handicap représenté par le démarrage d'une carrière dans la Fonction publique sans le bénéfice d'un minimum de connaissances relatives à l'organisation et au fonctionnement de l'environnement public voire des notions de services public, d'action publique et de responsabilité acquises en amont.

De plus, l'institution d'une obligation de professionnalisation au titre de la formation obligatoire permettrait en même temps à l'ANFP de concevoir des programmes de formations par catégorie hiérarchique et professionnelle de fonctionnaires. Cela permettrait de combattre une des insuffisances reprochées au système actuel de formation au sujet du « degré d'hétérogénéité des participants aux mêmes cours de formation » ; ce qui empiète sur le contenu des formations qui restent, de ce fait, trop générales et théoriques [2].

---

[1] Les situations où le stagiaire est tenu à l'écart de toute activité de l'institution de déroulement de son stage, sans que la moindre attribution, voire mission, lui soit consacrée.

[2] Le fait que les membres d'un groupe de formation ressortent non seulement de hiérarchies différentes, mais aussi de niveaux d'instruction différents voire appartiennent à des structures publiques différentes détermine les formateurs à fonder leurs interventions sur

Dans cet esprit, le Professeur Negulescu, rappelait, dans les années 1930, qu'il apparaissait « incontestable que, si nous comparons les résultats obtenus par l'activité de deux fonctionnaires de la même intelligence, parmi lesquels seulement un seul a bénéficié d'une formation professionnelle, nous allons constater que le fonctionnaire préparé acquiert confiance en lui-même, esprit d'initiative, par une connaissance profonde, des problèmes qu'il traite, ainsi que de l'esprit des lois dont il s'imprègne ; il se rend compte des résultats des décisions qu'il prend » [1]. Par conséquent, seule la formation initiale peut favoriser la cohérence des formations professionnelles tout au long de la carrière, et ce, dans une logique de professionnalisation tout au long de la carrière.

B. La réorganisation du système de Formation continue

468. Le droit français a certainement beaucoup évolué en matière de formation continue ces dernières décennies, ce qui permet au législateur roumain non seulement de s'en inspirer, mais aussi et surtout de suivre les différentes étapes de construction et d'application de chaque réforme **(1)** ; cela tout en gardant à l'esprit que, dans un pays où la formation continue se trouve encore à ses débuts, il s'avère important, pour le législateur roumain, de prioriser les défis à relever dans ce champ **(2)**.

1. Les défis de la reconstruction de la formation continue sous l'influence du droit français

469. La formation au double profit de l'Administration et de l'agent dans le système français. L'évolution du système français de formation de ses agents publics permet de dégager deux directions, dont l'une censée responsabiliser l'Administration et l'autre le fonctionnaire et/ou l'agent. À cet effet, plusieurs mécanismes ont été mis en place dont celui de professionnalisation des agents tout au long de la vie, différents congés qui permettent des bilans professionnels de la carrière de l'agent ou de validation de l'expérience, ainsi que le droit individuel à la formation [2].

---

des bases aussi générales et larges que possible afin qu'ils puissent couvrir tous les intérêts des participants [Guvernul României, *Raport privind dificultățile administrației publice locale in gestionarea proceselor de resurse umane (Rapport relatif aux difficultés de l'administration publique locale dans la gestion des ressources humaines*), Deloitte, 2013, p. 9].

[1] Negulescu (P.), *Tratat de drept administrativ (Traité de droit administratif roumain)*, éd. Atelierele grafice ale fundatiei Culturale « Voievodul Mihai », 1930, p. 519

[2] Voir *supra*.

470. Les solutions possibles liées aux défis de modernisation du système roumain de formation continue. Les considérations énoncées ci-dessus relatives aux réformes de modernisation voire de renforcement du dispositif de formation français au double profit, de l'Administration et de l'agent, permettent de dégager un premier constat par rapport au système roumain de formation continue, lequel à la lumière de l'exemple français apparaît dépourvu de force contraignante. En effet, d'après les dispositions de l'article 458 du Code administratif, les fonctionnaires ont le droit et l'obligation de maintenir à niveau leur formation professionnelle. Les dispositions statutaires ne précisent pas, en revanche, quelles sont les conséquences encourues par le fonctionnaire qui ne répond pas à cette obligation. Par suite, et en l'absence de tout délai et/ou obligation à l'égard de l'Administration, il ressort que la formation professionnelle du fonctionnaire reste d'une certaine manière à la discrétion de l'Administration. Cela, du fait de l'accord préalable de l'Administration nécessaire pour que le fonctionnaire puisse participer à une certaine formation.

Un second constat concerne les difficultés relevées par l'ANFP quant à l'élaboration du programme annuel de formations mis à la disposition des fonctionnaires de l'Administration centrale, territoriale et locale. Difficultés dues particulièrement au manquement des institutions publiques à l'obligation d'établir et de transmettre, en temps voulu à l'ANFP, le plan annuel de formation. Il en ressort que, finalement, l'ANFP est contrainte d'élaborer et d'organiser le programme annuel de formation sur la base des plans de formations transmis par un peu plus de 5% des institutions publiques existantes à tous les niveaux de l'Administration publique [1].

In fine, en consacrant un droit à la professionnalisation à l'égard des agents publics français au titre de formations obligatoires, le législateur français a non seulement institué l'obligation des employeurs publics de former régulièrement leurs agents, mais les a aussi dotés de la légitimité juridique nécessaire pour imposer le suivi desdites formations à leurs agents. Si la formation représente un droit et une obligation pour les fonctionnaires publics roumains, le législateur statutaire reste ambigu quant à la place et le rôle des institutions publiques au sujet de la formation de chacun de ses

---

[1] En 2015, le nombre des institutions publiques étaient de 4363. Les statistiques ne révèlent pas des chiffres encourageants au niveau des conseils départementaux non plus, étant donné que des 41 départements, seulement 26 conseils départementaux ont transmis en 2015 le plan de formation. Une situation similaire se retrouve également au niveau des ministères où le dernier rapport de l'ANFP met en évidence le fait que sur les 19 ministères existants en 2015, seulement 9 ministères ont transmis le plan de formation dûment rempli à l'ANFP.

La situation ne s'est guère améliorée en 2022 quand d'après l'ANFP seulement 681 sur 3268 institutions ont transmis le plan de formaiton (soit 20,84%), ANFP, Raport privind perfectionarea profesionala a functionarilor publici (*Rapport concernant le perfectionnement professionnel des fonctionnaires publics)*, 2022, pp. 5-6.

fonctionnaires. En effet, des dispositions de l'article 458 du Code administratif, il ressort que les institutions publiques peuvent demander à certains de leurs fonctionnaires de suivre des formations de professionnalisation. Ces dispositions sont critiquables à plusieurs égards. D'abord, le caractère ambigu de cette possibilité reconnue aux institutions publiques de demander à « certains » fonctionnaires de suivre une formation ou une autre. En effet, les dispositions en vigueur se limitent à préciser que, lorsque l'intérêt de l'institution publique l'exige, cette dernière peut prendre l'initiative de proposer à l'un ou l'autre de ses fonctionnaires de suivre une formation précise. Les dispositions susvisées restent, en revanche, silencieuses au sujet du délai dans lequel l'administration peut se retourner vers un même fonctionnaire avec une nouvelle demande de formation. Cet aspect révèle toute l'importance d'une enquête de 2013, qui mettait en évidence le fait que « les fonctionnaires publics choisissent les cours auxquels ils participent plutôt en fonction de l'endroit et la saison de l'année où la formation est programmée et moins en fonction de la thématique et/ou des intervenants proposés » [1].

L'interrogation qui en ressort concerne la situation où, par des décisions discrétionnaires, les administrations favoriseraient régulièrement les mêmes fonctionnaires publics, soit par demandes formulées à l'initiative de l'administration, soit en approuvant constamment les demandes formulées, et ce, au détriment des demandes formulées par les autres fonctionnaires. En d'autres termes, qu'en est-il de la situation où un groupe restreint de fonctionnaires publics, qui œuvrent au sein d'une institution, est favorisé pour différentes raisons liées à la position sociale, à l'appartenance politique, ou encore, au grade de la hiérarchie. De ce fait, il serait utile que le législateur considère la formation comme une obligation tant pour le fonctionnaire, que pour l'Administration. De plus, et afin d'éviter l'arbitraire des administrations dans le choix des fonctionnaires qui bénéficient des formations, s'impose la consécration du principe de l'alternance. En vertu de ce principe, les fonctionnaires, ayant déjà bénéficié de deux ou plusieurs formations les six derniers mois, ne puissent plus en bénéficier, sauf si les autres fonctionnaires publics n'y candidatent pas.

In fine, reste la question de savoir si, au regard du système français de formation, le législateur roumain devrait aussi réfléchir à la mise en place d'un droit individuel à la formation/compte personnel de formation. Cette question ne se pose pas par rapport à l'utilité d'un tel dispositif, mais par rapport aux ressources financières et humaines requises pour sa mise en œuvre.

---

[1] En effet, d'après ladite étude, les programmes de formation sont considérés par les fonctionnaires participants plutôt comme l'occasion de passer, seuls ou accompagnés par les membres de leur famille, quelques jours dans une ville ou station touristique, logés dans un hôtel confortable ; en d'autres termes, c'est, pour eux, comme une forme de « mini-congé » (Guvernul Romaniei, *op. cit.*, Deloitte, 2013, p. 9).

2. La nécessaire priorisation des défis

471. L'encadrement d'un dispositif de formation obligatoire pré et post intégration à la Fonction publique. Compte tenu de l'état du système roumain de formation en vigueur, il incombe au législateur roumain, d'abord, le défi de poser les fondements d'un dispositif de formation initiale non seulement de pré-intégration de la fonction publique, mais aussi de post-nomination par le biais des formations d'intégration des fonctionnaires publics nouvellement recrutés. À cet effet, les différentes administrations d'un département, ou d'un périmètre déterminé d'un département, pourraient œuvrer à l'élaboration de programmes d'intégration qui soient dispensés par les fonctionnaires bénéficiant d'une expérience importante en leur sein. Cela à condition qu'ils soient évalués, autorisés et suivis, par le centre régional de formation continue de l'ANFP [1]. Par la même, il s'avère impératif de reformuler les règles relatives à la formation continue. Si l'accès à des formations de professionnalisation s'avère beaucoup plus aisé pour les hauts fonctionnaires publics roumains, ainsi que pour les fonctionnaires de l'Administration centrale, il n'en est pas de même pour les fonctionnaires de l'Administration territoriale, et encore moins pour l'administration locale.

Les précisions évoquées ci-dessus révèlent qu'une reformulation de l'article 458 du Code administratif [2] s'impose ainsi que l'insertion de nouveaux articles qui clarifient mieux les différentes étapes qui composent la formation continue. Dans un premier alinéa, il est important de distinguer entre la formation obligatoire de professionnalisation et la formation à l'initiative du fonctionnaire [3]. L'imposition d'une formation obligatoire de professionnalisation contribuera progressivement à la responsabilisation tant de l'Administration que des fonctionnaires publics bénéficiaires.

Par suite, au sujet du financement des formations, s'impose la modification du 4e alinéa de l'article 458 qui, pour l'instant, se résume à préciser vaguement que « les institutions publiques ont l'obligation de prévoir dans le budget annuel propre les sommes requises pour la formation de leurs agents ». Les différentes études, menées au sujet notamment de la formation, mettent en évidence une désynchronisation entre le moment de l'élaboration du plan de formation et l'adoption du budget [4]. De ce fait, il serait important de revenir sur une intention exprimée dans les années 2000 par le législateur, celle d'instituer à l'égard des administrations, l'obligation de réserver un certain pourcentage des budgets annuels à la Formation. Une

---

[1] Voire de l'INA, dès sa mise en place en accord avec les dispositions de l'OUG n°23 du 16 juin 2016 concernant la création de l'Institut National d'Administration (INA).

[2] Ancien article 51 de la loi n°188 du 8 décembre 1999.

[3] Les règles techniques d'application de ces deux catégories de formation peuvent être fixées par la modification en conséquence de la DG 1066 du 10 septembre 2008 relative à l'application des normes relatives à la formation des fonctionnaires publics.

[4] Guvernul Romaniei, *op. cit.*, Deloitte, 2013, p. 21.

partie, ponctuellement déterminée par le législateur, de ce pourcentage pourrait contribuer au financement de l'INA et de ses filiales régionales, alors qu'une autre partie pourrait, comme en droit français, être utilisée par l'employeur pour l'externalisation de certaines formations. Il ressort de cela que la réformation du dispositif de formation doit être devancé par la réorganisation voire le renforcement du réseau institutionnel de formation.

§2. Les mutations institutionnelles nécessaires à la modernisation de la Formation

472. Les défis à relever en matière de modernisation du dispositif de formation des fonctionnaires publiques sont à la foi d'ordre institutionnel et procédural, dont notamment l'évaluation et la responsabilisation des acteurs de la Formation, qu'ils soient des prestataires ou de bénéficiaires. Les différentes solutions, proposées à l'égard des défis dégagés en matière de modernisation du système des formations initiale et continue, conduisent logiquement à l'analyse des apports et des risques supposés par un nouveau cadre légal **(A)** ainsi que des mutations à portée juridique en termes de responsabilité et d'évaluation du système actuel de Formation **(B)**.

A. Le nécessaire renforcement du réseau institutionnel de Formation

473. Puiser dans les difficultés affrontées par le législateur français au sujet de la réorganisation institutionnelle en matière d'organismes prestataires de formation **(1)** permet de dégager les défis liés à la reconstruction du réseau institutionnel de formation roumain en matière de formation initiale et continue **(2)**.

1. Les difficultés relevées par le système français

474. Les difficultés ponctuelles affrontées par le système français de formation à l'aune de ses différentes réformes. Le système de formation initiale des fonctionnaires répond à une logique ministérielle, à l'exception de l'INSP et des cinq IRA, qui sont les seules écoles à avoir une vocation interministérielle [1]. De ce fait, il est important de rappeler que le système

[1] Desforges (C.), Angel (N.), Debart (M.-H.), Renaud-Boulesteix (B.), *Rapport sur la formation initiale des fonctionnaires de l'État dans les Écoles du service public*, La Documentation française, 2011, p. 19.

français de formation initiale ne repose pas sur un modèle unique d'école de formation initiale, mais sur autant de modèles qu'il existe d'écoles de formation des agents publics. Cela compte tenu du fait que chaque école de formation a été créée pour répondre à des besoins spécifiques, qui différencie sensiblement une école de formation d'une autre [1]. Cette variation se répercute d'abord sur les modalités de concours d'entrée dans lesdites écoles, ensuite sur la cohabitation d'une multitude de statuts et de rémunération des élèves [2].

En 2009, le rapport de M. Le Bris, proposait cinq grandes orientations pour la formation initiale, dont l'individualisation de la formation et de son contenu, la diminution de sa durée, l'accompagnement dans les premiers postes et finalement, compte tenu de la complexité du réseau des écoles de formation, les groupements des écoles [3]. Deux ans plus tard, un nouveau rapport mettait en évidence le lien modeste qui ralliait le programme des universités et celui des écoles de formation des agents français [4]. Cela, dans le contexte où le principe d'accès aux différentes écoles de formation des futurs fonctionnaires est le concours, dont les candidatures ne sont conditionnées que par le niveau de diplôme des candidats et non par la spécialité suivie. Compte tenu de la diversité des niveaux d'instruction en matière de fonction publique et du fonctionnement des services publics, il ressort que les écoles de formation des fonctionnaires sont finalement contraintes de délivrer des « enseignements théoriques, parfois peu différents de ceux acquis dans le système scolaire ou universitaire » [5]. Comme il ressort du rapport sur la formation initiale des fonctionnaires de l'État, même si les universités ont engagé des efforts pour la professionnalisation d'une partie de leurs programmes proposés aux étudiants, l'enjeu réside dans la logique sélective qui prévaut dans l'accès à la formation de la fonction publique, par rapport à la logique d'enseignement « universel » et « non-sélectif » qui habite l'entrée/l'inscription à l'université [6].

Suivant la logique des propositions formulées dans le rapport de M. Le Bris, plusieurs nouvelles solutions ont été proposées. L'objectif de ces propositions était de contribuer non seulement à la simplification, voire à la mutualisation des services de formation rendus par certaines écoles de même spécialité, mais aussi à la rationalisation des dépenses. Ainsi, outre la mutualisation des fonctions supports des écoles, ainsi que le regroupement, au sein du même ministère, des écoles qui jouissent d'un même statut, le

[1] *Ibid.*, p. 20.

[2] *Ibid.*, pp. 19-22.

[3] Le Bris (R.-F.), *Proposition pour une réforme de la formation des agents de l'État*, La Documentation française, 2009, 224 pp.

[4] Desforges (C.), Angel (N.), Debart (M.-H.), Renaud-Boulesteix (B.), *op. cit.*, 2011, 59 pp.

[5] *Ibid.*, p. 17.

[6] *Ibid.*, p. 17.

rapport Desforges proposait aussi la fusion des cinq IRA par la création d'un « Groupe des écoles régionales d'administration » qui préserverait les cinq sites d'implantation actuels [1]. Toutefois, compte tenu du manque de visibilité voire de prédictibilité sur le nombre de recrues au sein des écoles de formation initiale, rapporté au nombre de besoins réels de l'administration, il a aussi été proposé le regroupement au sein du même service de la DRH de chaque ministère ou collectivité, des fonctions de GPERH, de recrutement et de formation. Pour cela, il s'imposait, d'après le même rapport, de procéder à l'élaboration d'un vrai référentiel de formation, à l'élaboration duquel seraient associés les employeurs, les responsables DRH et écoles ou groupe d'écoles débouchant sur les mêmes corps [2] ou cadre d'emplois, voire les universités.

À cet effet, compte tenu de l'hétérogénéité des écoles de formation initiale, la question s'est posée, depuis le début des années 2010, de savoir si la nécessité de donner une cohérence au système de formation n'impliquait pas avant tout une démarche qui replace, d'une part, la Direction générale de l'administration et de la fonction publique, et d'autre part, les directions des ressources humaines des institutions publiques au cœur des dispositifs de formation initiale [3] et continue. Cela, compte tenu des dispositions de l'article 5 de la loi n°2007-148 du 2 février 2007 relative à la modernisation de la fonction publique qui promeuvent la complémentarité entre la formation initiale et la formation continue, selon le principe de formation professionnelle tout au long de la vie. En vertu desdites dispositions, l'objet de la formation professionnelle tout au long de la vie des fonctionnaires réside dans leur habilitation à exercer avec la meilleure efficacité les fonctions qui leur sont confiées durant l'ensemble de leur carrière. De ce fait, la formation professionnelle tout au long de la vie doit favoriser le développement professionnel des fonctionnaires, leur mobilité ainsi que la réalisation de leurs aspirations personnelles. Pour cela, le législateur doit reconsidérer concomitamment la réorganisation institutionnelle des prestataires de formation, ainsi que des services GRH œuvrant au sein de chaque institution et autorité publique.

Le champ de réflexion qui s'ouvre au législateur roumain, sous l'influence des évolutions françaises, s'avère très large et riche.

---

[1] Desforges (C.), Angel (N.), Debart (M.-H.), Renaud-Boulesteix (B.), *op. cit.*, 2011, pp. 26-27.
[2] *Ibid.*, p. 30.
[3] *Ibid.*, p. 3.

2. Les défis liés à la reconstruction du système institutionnel roumain

475. Les apports et les risques d'un nouveau cadre légal et institutionnel en droit roumain. Les réformes appliquées cette dernière décennie en droit français ont avant tout bénéficié du support d'un réseau institutionnel de formation fort et diversifié, ainsi que d'un renforcement de la place et du rôle des DRH dans la gestion de la carrière des agents publics.

Les deux grands défis en matière de formation obligatoire initiale et continue qui se posent prioritairement à la modernisation du système roumain de formation - la reconstruction du système de formation initiale et continue - débouchent en priorité sur la reconstruction du réseau institutionnel responsable de la formation des fonctionnaires publics. Par ailleurs, compte tenu des propositions avancées au sujet de la modernisation de la formation initiale [1], des réflexions s'imposent au sujet, d'une part, de l'institution responsable de la formation de préparation au concours, et d'autre part, de la formation obligatoire d'intégration.

476. La renaissance progressive de l'INA. En 2016, le Gouvernement en fonction a adopté l'OUG n°23 du 24 août 2016 relative à la création de l'Institut National de l'Administration. Ce dernier est censé contribuer à la réalisation des stratégies gouvernementales au sujet du renforcement et de l'efficacité de l'Administration publique par la professionnalisation des personnels de l'Administration publique centrale et locale. Par le terme « personnels », il faut entendre, en vertu de la lettre « a » de l'alinéa 2 de l'article 2 de l'OUG précitée, non seulement les hauts fonctionnaires publics et les fonctionnaires publics soumis aux dispositions statutaires de la partie 6 du Code administratif, mais aussi le personnel contractuel des institutions de l'Administration publique, les personnes élues ou nommées dans des fonctions de dignité publique, les managers publics, ainsi que d'autres catégories de personnels indiquées par d'autres actes normatifs.

Pour assurer la formation continue en territoire, les centres territoriaux de formation continue, qui ont fonctionné jusqu'en 2017 sous l'autorité de l'ANFP, ont, depuis, été repris par l'INA. Par suite, comme cela a été le cas en 2010 lorsque le personnel de l'INA a été absorbé par l'ANFP, dès l'application de l'OUG susmentionnée, le personnel, responsable de la formation des agents publics au sein de l'ANFP, a été transféré à l'INA.

En tant qu'institution responsable exclusivement de la formation initiale des hauts fonctionnaires publics, d'une part, et de la formation continue de

---

[1] Imposer, d'abord, aux candidats, spécialisés dans d'autres domaines que le droit et l'administration publique, de suivre préalablement à leur candidature à une fonction publique une formation spécialisée de 6 à 12 mois et, ensuite, aux lauréats des concours d'entrée dans la fonction publique des formations obligatoires d'intégration.

tous les personnels de l'administration publique d'autre part, l'INA représente à présent l'institution compétente pour assurer également la formation à courte durée des personnes qui souhaitent se porter candidates à un concours en vue d'être nommées dans une fonction publique. En d'autres termes, l'INA est censée assurer la formation de préparation aux concours d'entrée dans la Fonction publique. À cet effet, et afin de permettre l'égal accès notamment aux personnes en difficulté financière du fait de la distance qui sépare leur ville de domicile de Bucarest, il s'avère important d'élargir les compétences liées à la formation des fonctionnaires publics des cinq centres régionaux de formation. Comme il a été souligné aussi dans les titres précédents de cette étude, les institutions publiques de l'Administration territoriale et surtout locale accusent un manque important d'accompagnement professionnel dans la gestion des différents aspects de la carrière dans la Fonction publique. Reste néanmoins que le renforcement des dispositifs juridiques d'évaluation de la Formation dispensée à titre, initiale ou continue, représente une condition sine qua non pour l'efficacité des réformes conçues pour la modernisation du système statutaire de formation.

B. Le nécessaire renforcement des mécanismes d'évaluation de la Formation

477. Le renforcement du régime juridique de l'évaluation de la Formation passe par la création des règles, qui encadrent sans ambiguïté la responsabilité conjointe de l'Administration et du prestataire de formation **(1)**, ainsi que par le renforcement des règles relatives à la responsabilité qui incombe au fonctionnaire bénéficiaire de formation **(2)**.

1. La responsabilité conjointe de l'administration et du prestataire de formation

478. La responsabilité en matière de formation implique nécessairement la prise en considération de la responsabilité de l'institution qui assure la formation, la responsabilité de l'Administration, ainsi que la responsabilité du fonctionnaire bénéficiaire. Cette triple approche permet de dégager plusieurs observations relatives à la responsabilité endossée par chacune des trois catégories d'acteurs.

De la responsabilité de l'INA relèvent l'élaboration du calendrier de formations et la qualité professionnelle des intervenants. Toutefois, la responsabilité liée à la variété de l'offre de formation [1] est nuancée du

[1] L'offre de formation de l'ANFP a été jugée insuffisante lors d'une enquête menée en 2013 (Guvernul României, *op. cit.*, Deloitte, 2013, p. 21).

moment où les institutions publiques ne répondent pas à l'obligation de transmettre en temps voulu les plans annuels de formation. De ce fait, il s'impose au législateur roumain d'encadrer la responsabilité des institutions publiques à un double niveau. D'abord, au niveau du recensement des besoins de formation par la mise en place éventuellement d'un entretien de formation entre l'agent et son supérieur hiérarchique, secondé par la DRH de l'institution. Ensuite, au regard de l'élaboration et de la transmission du plan de formation dans le délai imparti par la loi, s'impose l'institution d'une sanction en cas de non-accomplissement. Reste toutefois à savoir quel type de sanctions le législateur devrait réglementer à l'égard des institutions publiques qui manquent aux obligations relatives à l'élaboration et la transmission du plan de formation. Compte tenu du fait que cette obligation relève concomitamment du chef hiérarchique de service et de la DRH de l'institution concernée, la responsabilité pourrait se traduire dans une faute disciplinaire, voire de manquement aux attributions de fonction à l'égard tant des chefs de service concernés que du DRH responsable en matière de formation. Par la même occasion, il s'impose de renforcer le cadre normatif lié à la qualité des formations initiales et de professionnalisation obligatoires ainsi que des formations optionnelles (sur demande de l'agent). En effet, le législateur doit rendre juridiquement impossibles les situations où le prestataire de la formation revêt en même temps la qualité d'évaluateur desdites formations [1]. De même comme, la responsabilité qui incombe à l'agent même pendant le processus de sa formation.

2. La responsabilité particulière de l'agent

479. L'étendue de la responsabilité de l'agent. La responsabilité de l'agent doit se refléter dans l'utilisation des notions acquises lors des formations organisées par les institutions responsables de la formation. En d'autres termes, réglementer la responsabilité à l'égard du fonctionnaire de manière qu'elle l'oblige à considérer la participation aux formations, tant par leur contenu que par le lieu de déroulement de la formation, voire de la saison. À cet effet, élaborer et encadrer des outils qui permettent de mesurer non seulement les acquis des fonctionnaires à la suite de leur participation à ces formations, mais aussi l'usage réel fait de ces acquis dans l'exercice des attributions journalières, contribuera progressivement à la responsabilisation des fonctionnaires. Cette responsabilisation doit être considérée non seulement à l'égard des acquis réalisés par le fonctionnaire, mais, aussi à l'égard des évaluations, souvent formelles – qui frisent toujours l'excellence – fait par ce dernier aux formateurs. En effet, savoir que, derrière une formation, se trouve un dispositif de suivi des acquis et de l'usage fait,

[1] Guvernul Romaniei, *op. cit.*, Deloitte, 2013, pp. 20-21.

rendra le fonctionnaire plus critique à l'égard de la qualité de la formation dispensée et de ses formateurs. Ce qui indirectement contribuera aussi à la responsabilisation des formateurs à l'égard, d'une part, des programmes de formation proposés, mais aussi, et surtout, de la qualité de leurs propres interventions. En d'autres termes, une telle vision devrait aboutir à une clé à double contrôle et responsabilité de la formation : fonctionnaires vs. formateurs.

480. La formation professionnelle des fonctionnaires (publics) tout au long de la vie doit être pensée dans « le prolongement de la formation initiale mise en place dans les écoles, et venir compléter et améliorer les parcours et compétences des agents » [1]. Ce qui conduit à considérer les compétences professionnelles « comme l'une des composantes de la mobilisation des acteurs publics, comme l'un des leviers de renforcement de la qualité des interventions du secteur public et comme l'un des facteurs essentiels de rénovation de l'action publique » [2]. L'encadrement d'outils d'inspiration managériale ont progressivement transformé l'agent en entrepreneur de sa propre formation. Le point de mire étant représenté par le compte personnel de formation (CPA), dont la mise en œuvre à été qualifiée comme une étape importante dans « ce que certains appellent la « banalisation » et d'autres la travaillisation du droit de la fonction publique » statutaire [3]. Reste que les dispositions statutaires ont, encore une fois fait preuve de souplesse en permettant l'encadrement de différents outils de formation inspirés du secteur privé, sans pour autant porter atteinte aux principes statutaires fondamentaux.

---

[1] Espagno-Abadie (D.), Bachelard (O.), « Introduction », in Bachelard (O.), Espagno-Abadie (D.), *La formation professionnelle dans les services publics. Nouveaux enjeux, nouvelles pratiques*, éd. Presses de l'Ehesp, 2019, p. 7.

[2] Potier (V.), « Introduction », in Bachelard (O.), Espagno-Abadie (D.), *La formation professionnelle dans les services publics. Nouveaux enjeux, nouvelles pratiques*, éd. Presses de l'Ehesp, 2019, p. 5. Voir aussi Boterf (G.), *Construire les compétences individuelles et collectives*, éd. Eyrolles, 2015, d'après lequel, l'enjeu qui se pose à l'agent public, est « *celui de savoir, pouvoir et vouloir interagir avec compétence en situation professionnelle* ».

[3] Montecler (de) (M.-C.), « Une nouvelle étape dans la banalisation du droit de la fonction publique », *AJDA*, 2017, p.140.

Titre III. La modernisation du régime de carrière entravée par la traditionnelle gestion administrative

> « *L'avancement d'un fonctionnaire est un acte important, tant pour l'autorité que pour le fonctionnaire, cela parce que l'avancement engage à la fois une compétence plus large, un salaire plus grand et le droit à une fonction avec des attributions plus importantes* » [1].

481. Le système de carrière est perçu par une partie de la doctrine, comme un milieu privilégié où les fonctionnaires travaillent, sans contrainte, à l'abri d'un statut considéré souvent comme étant protecteur, rigide et uniforme [2]. Il n'est toutefois pas certain que cette rigidité résulte des normes statutaires elles-mêmes ou de la manière dont elles sont appliquées [3]. L'évolution des règles statutaires, en matière non seulement de régime juridique de la Fonction publique, mais aussi d'accès par concours nuancent considérablement la rigidité reprochée aux traditions statutaires. De même, en matière de rémunération et de formation, où le législateur statutaire français n'a pas hésité à s'inspirer et à s'approprier des outils spécifiques au secteur privé.

Partant des spécificités du système statutaire, il est évident que « l'accent est mis sur l'importance de l'aménagement des carrières dans la fonction publique et sur l'opportunité d'assurer à tous les agents une amélioration de leur situation qui soit à la fois normale, progressive et compatible avec l'intérêt de service » [4]. Toutefois, le système de carrière implique non seulement une forme d'appréciation constante de l'activité du fonctionnaire, mais aussi certains droits relatifs à son évolution professionnelle. La carrière doit assurer au fonctionnaire, pour reprendre les propos de Monsieur Picq, « des perspectives normales d'avenir compatibles avec les nécessités de la bonne marche des services publics » [5]. Ainsi, afin de renforcer tant l'attrait de la fonction publique pour les jeunes compétences que l'attachement à la fonction publique, il est important que les procédés d'avancement des fonctionnaires soient judicieusement organisés [6]. Pour cette raison, le droit à la carrière a été assujetti à un nombre de conditions strictement réglementées par le législateur.

---

[1] Cojocaru (I.), « Statutul functionarilor publici (Le statut des fonctionnaires publics) », éd. Revista administrativa financiara, 1934, p. 84.

[2] Picq (J.), *L'État en France : servir une nation ouverte sur le monde*, La Documentation française, 1995, p. 123.

[3] *Ibid.*, p. 123.

[4] Plantey (A.), *Traité général de la fonction publique*, Litec, 1991, p. 475.

[5] *Ibid.*, p. 471.

[6] Chapus (R.), *Droit administratif général*, Montchrestien, 15e éd., tome 2, 1996, p. 215.

Par ailleurs, les milieux doctrinal et jurisprudentiel qui, d'une certaine manière, ont régulièrement affiné la plume du législateur depuis les origines de l'institutionnalisation de la fonction publique ont milité tant pour la consécration des garanties de carrière, que pour celles des mécanismes de contrôle voire de récompense et de sanction du degré de dévouement du fonctionnaire. Cette volonté de récompenser le mérite, tout en conservant la stabilité et la continuité de la carrière, a engagé d'autres réflexions liées à la mise en œuvre des dispositifs d'évaluation qui permettent une appréciation fidèle de l'activité de chaque fonctionnaire voire de chaque agent public.

Les réflexions, liées à la mise en œuvre d'un dispositif moderne d'évaluation, ont engagé des questionnements concernant un autre aspect sensible de la fonction publique, qui est l'encadrement juridique des politiques de gestion des ressources humaines. De fait, outre la mise en place de mécanismes d'avancement fondés sur un système d'évaluation susceptible de créer de véritables liens entre le mérite et l'avancement **(chapitre 1)**, le législateur statutaire a manifesté un intérêt particulier pour la mise en œuvre d'un cadre juridique relatif à la création d'un système de gestion moderne de ressources humaines **(chapitre 2)**.

Chapitre 1. L'imbrication des règles d'évaluation et d'avancement : gage de modernisation de la carrière statutaire

482. L'une des caractéristiques essentielles de la Fonction publique consiste dans la stabilité et l'indépendance des fonctionnaires dans l'exercice de leurs attributions. La stabilité du fonctionnaire apparaît de ce fait comme une conséquence logique de la continuité de la fonction publique [1]. Le principe de continuité se retrouve à l'origine des réflexions concernant la mise en place d'une organisation hiérarchisée qui incite les fonctionnaires à aspirer à une carrière dans la fonction publique, c'est-à-dire à l'avancement. Dans cette philosophie, le fonctionnaire se présente comme une référence permanente pour le bon ou le mauvais usage de la puissance publique envers les administrés, et non comme un « passager » dans la vie de l'administration étatique [2]. Par conséquent, dans la volonté de protéger le fonctionnaire, le législateur ainsi que les milieux, doctrinal et jurisprudentiel, ont conjugué leurs efforts pour instituer le cadre légal nécessaire pour la mise en œuvre des dispositifs qui, tout en protégeant le fonctionnaire de l'arbitraire politique, lui garantissent par la même occasion, le droit à l'avancement. La question, qui se posait au début du XXe siècle, était de savoir sur quels fondements juridiques devaient reposer les critères d'avancement, compte tenu, d'une part, du devoir d'assurer le principe d'égalité à l'avancement, et d'autre part, du mérite dans l'exercice des attributions de la fonction publique exercée.

Reconstruire le fil conducteur des différents dispositifs expérimentés, depuis l'origine de l'institutionnalisation de la fonction publique en matière d'avancement et d'évaluation jusqu'à nos jours **(section 1)**, permet de dégager les défis que les fonctions publiques, roumaine et française, seront amenées à relever à court et/ou à long terme **(section 2)**.

---

[1] Iorgovan (A.), *Tratat de drept administrativ (Traité de droit administratif)*, All Beck, 4e éd., tome 1, 2005, p. 629.

[2] Grégoire (R.), *La fonction publique*, éd. Armand Colin, 1954, pp. 204-215.

Section 1. L'encadrement juridique de la carrière et son évolution historique

483. Le système de carrière dans la fonction publique favorise l'imbrication de deux notions fondamentales : la promotion et l'évaluation. Même si, en accord avec la philosophie qui habite l'idée même de « promotion », et selon laquelle seuls les « meilleurs » peuvent bénéficier de l'avancement, il ne faut pas ignorer que l'administration se doit d'assurer au fonctionnaire, qui consacre sa vie à la fonction publique, une carrière [1]. La question est de savoir si la notion de carrière doit être conçue comme un droit gagné par le fonctionnaire qui a accepté de consacrer sa vie à la fonction publique, ou comme une vocation qui, en fonction des résultats obtenus dans son activité, prend la forme d'un véritable droit. Les deux possibilités présentent, certes, des atouts et des désavantages. L'avantage de la stabilité, représenté par la première possibilité, est contrecarré par celui de l'indolence dans l'exercice des attributions que la sécurité d'une carrière confère, alors que l'assujettissement de l'avancement à la valeur professionnelle, loin de toucher à la stabilité, est censé ouvrir aux fonctionnaires des objectifs précis en termes de résultats, et implicitement de carrière.

Pour un système de carrière où l'avancement n'a que la valeur d'une vocation, les interrogations concernaient les dispositifs à mettre en place pour mesurer objectivement la valeur professionnelle des fonctionnaires. Par suite, il s'avère tout aussi important de prévoir des mécanismes de garantie et de contrôle qui mettent à l'abri le parcours dans la fonction publique contre des ingérences politiques qui favorisent les nominations et les avancements discrétionnaires. La solution consiste en l'accroissement, d'une part, de l'intérêt de nouvelles compétences à intégrer la fonction publique, et d'autre part, de l'attachement à la fonction publique des fonctionnaires déjà nommés, ainsi que de leur motivation voire de leur volonté d'y faire une carrière.

L'ensemble de ces préoccupations ont conduit le législateur vers la création de mécanismes complexes, déconnectés souvent des résultats professionnels des agents publics. Connaître les différents mécanismes d'avancement et d'évaluation expérimentés depuis l'institutionnalisation de la fonction publique, ainsi que leurs transformations à l'aune des différents régimes politiques connus particulièrement par la Roumanie (**§ 1**), contribue non seulement à compléter le tableau des choix effectués par le législateur post-décembriste, mais aussi le paysage de la Fonction publique du système roumain (**§ 2**).

---

[1] Cojocaru (I.), *op. cit.*, p. 84.

§ 1. Les avancées et les détours du système roumain de carrière

484. Les débuts de l'institutionnalisation de la Fonction publique roumaine ont été marqués par des réflexions liées à l'identification des meilleurs mécanismes qui contribuent à l'anéantissement de l'arbitraire dans la carrière des fonctionnaires. Outre la réglementation d'un examen d'avancement, le législateur statutaire du début du XXe siècle a conjugué ses efforts à poser les bases d'un dispositif d'évaluation objectif. L'arrivée du communisme a apporté des éléments nouveaux dans l'évolution professionnelle des fonctionnaires, dont, entre autres, le poids du collectif du travail dans l'avancement des cadres de direction. Les avancées et les détours, engendrés par les règles roumaines de carrière au cours des différents régimes politiques **(A)**, marquent des évolutions sensibles sous le régime socialo- communiste **(B)**.

A. La construction des fondements modernes de carrière sous la monarchie

485. La construction d'un mécanisme censé éliminer l'arbitraire des pratiques d'avancement. Dans la hiérarchie administrative spécifique à un système de carrière, le fonctionnaire peut aspirer en fonction de sa formation et de son abnégation dans l'exercice de sa fonction à une carrière ascendante. À cet effet, l'un des mérites qui reviennent au statut des fonctionnaires de 1923 concerne le fait d'avoir établi une hiérarchie [1] qui soit juridiquement obligatoire dans toutes les institutions publiques [2].

---

[1] Les grades arrêtés étaient : directeur général, sous-directeur général, directeur, sous-directeur, chef de service, chef de bureau, « impiegat » (fonctionnaire de grade inférieur) et « impiegat » stagiaire.

[2] Parmi les actes normatifs, qui ont apporté des modifications à la hiérarchie établie par le statut des fonctionnaires de 1923, il y a la loi relative à l'organisation des ministères qui, par son article 200, encadrait la carrière des fonctionnaires des administrations centrales en onze grades, ou encore, la loi pour la hiérarchisation des fonctionnaires des administrations publiques du 13 novembre 1934.

Le Code de conduite des fonctionnaires de 1940, qui a abrogé les dispositions statutaires de 1923, a réduit, en vertu de l'article 53, la carrière des fonctionnaires à neuf grades : « impiegat », sous-chef de bureau, chef de bureau, chef de section, chef de service, sous-directeur, directeur, sous-directeur général, directeur général. Les deux dernières n'existant que pour les services organisés en directions générales et/ou pour les services autonomes.

La loi administrative du 14 août 1938 retenait, pour les fonctionnaires locaux, une hiérarchie formée des grades suivants : notaire, prétor (chef de l'administration ou de la police qui représentait l'État en région), préfet, inspecteur général administratif et secrétaire général dans la région (« tinut »).

L'encadrement juridique de la hiérarchie était considéré avant tout comme un moyen de contrôle et de prévention contre les nominations et les avancements discrétionnaires ou qui survenaient à partir d'autres critères que le mérite, le professionnalisme et l'investissement. À cet effet, le Professeur Tarangul considérait qu'« une bonne organisation et fonctionnement des services publics exige que les différentes fonctions (grades) de la hiérarchie ne puissent être attribuées à des personnes étrangères au service » [1]. Dans cette logique, seulement les fonctions (grades) inférieur(e)s devaient être occupées par des personnes extérieures à l'administration, alors que les fonctions qui demandaient une certaine expérience et formation devaient être réservées aux fonctionnaires de l'Administration. Et ce, parce que tant l'expérience que la bonne connaissance de l'organisation et du fonctionnement des services administratifs pouvaient, de cette manière, être mieux mises en œuvre au profit de l'Administration. Ces mécanismes représentaient en même temps des fondements pour construire une carrière dynamique au sein de la fonction publique.

Ces considérations ont trouvé leur expression dans la consécration du principe de continuité de l'avancement dans l'ordre des grades - « du grade au grade » [2] -, et non, par des avancements arbitraires qui poussent des fonctionnaires situés en début de carrière vers ses sommets, et ce, dans un très bref délai [3].

Initialement, le Statut de 1923 avait consacré deux formes d'avancement, à l'ancienneté et au choix [4], mais en 1940, les nouvelles dispositions statutaires consacrées par le Code de conduite des fonctionnaires ajoutent une troisième forme, celle d'avancement sur épreuves.

En comparant l'avancement à l'ancienneté et au choix, le Professeur Teodorescu précisait que l'avancement à l'ancienneté récompensait le fait d'exercer sa fonction pour un certain temps dans le même grade, alors que l'avancement au choix correspondait à l'appréciation particulièrement favorable du supérieur hiérarchique [5]. À cet effet, d'après l'article 41 du Statut de 1923, l'avancement de classe était conditionné d'une année d'ancienneté, alors que l'avancement de grade d'une ancienneté de deux ans

---

[1] Tarangul (D.-E.), *Tratat de drept administrativ roman (Traité de droit administratif roumain)*, éd. Cernauti, 1944, p. 317.

[2] Article 78 du Code de conduite des fonctionnaires publics.

[3] La jurisprudence des juges de la Cour de cassation va dans le même sens : Cour de cassation, séc. III, déc. n°56 du 16 janvier 1929, *in* Pand. Saptamanale, p. 495 ; Cour de cassation, séc. IV, déc. n°630 du 6 novembre 1939, in Repertoriu, 1940, col. 541 ; Cour de cassation, séc. IV, déc. n°1793 du 23 février 1940, *in* Repertoriu, 1940, col. 1425.

[4] Article 42 du Statut des fonctionnaires publics de 1923.

[5] Teodorescu (A.), *Curs de drept administrativ (Cours de droit administratif)*, Universitatea Bucuresti, 1940, p. 145.

[1]. La condition d'un et de deux ans d'ancienneté n'ouvraient qu'une vocation et pas un droit à l'avancement.

Fondé sur le seul critère de l'ancienneté, l'avancement de classe ne comportait qu'une augmentation de traitement, alors que l'avancement de grade impliquait la nomination dans une fonction supérieure, et de ce fait de nouvelles responsabilités [2]. La question était de savoir quel était le critère sur la base duquel le nombre d'avancements de grade et à l'ancienneté allait être déterminé. Afin d'éviter les abus, le choix a porté sur une formule censée assurer un équilibre entre les deux formes d'avancements, dans le sens que la proportion des avancements à l'ancienneté ne devait pas être inférieure à la moitié de l'ensemble des avancements effectués. Toutes les propositions d'avancement étaient remontées différemment, selon que l'on considère l'administration centrale, territoriale ou locale [3]. Par la même occasion, toutes les propositions d'avancement devaient, sous peine de nullité, être motivées et transmises, ensemble avec les feuilles de qualification, à la Commission de nominations et d'avancements, pour avis [4].

L'avancement sur examen survenait, d'après l'article 91 du Code de conduite des fonctionnaires publics, tous les deux ans. L'examen était organisé par la Commission de nominations et d'avancement, dont la composition devait être complétée par un enseignant en droit. Aux termes desdites dispositions, l'examen consistait en deux épreuves écrites éliminatoires et un entretien. Sur la base des propositions motivées et des feuilles d'évaluation, ainsi que des résultats des examens, la Commission d'avancement devait constituer une liste sous forme de tableau. Les fonctionnaires bénéficiaient d'avancement dans l'ordre de leur inscription au tableau [5], inscription qui n'était valable qu'un an à l'issue duquel il fallait reprendre toute la procédure [6]. De plus, par un souci de transparence, le

[1] La carrière d'un fonctionnaire public était structurée en grades et classes. Chaque grade comportait jusqu'à trois classes. Cette dernière marquait seulement une différence de salaire, et pas d'attributions.

[2] Dans le grade supérieur à celui détenu.

[3] D'après les dispositions de l'article 43 du Statut de 1923, dans les administrations centrales, les propositions d'avancement ne pouvaient être formulées que par le directeur et pour les services extérieurs, que par le chef de service. Pour les fonctionnaires des administrations départementales et communales les propositions d'avancement étaient formulées par les chefs de services. Les avancements à des fonctions hiérarchiquement plus importantes que celles de chef de bureau ne pouvaient survenir qu'au choix.

[4] En effet, aux termes de l'article 39 du Statut des fonctionnaires de 1923, aucun avancement ne pouvait être réalisé sans l'avis conforme des commissions spéciales créées à cet effet dans les institutions de l'administration centrale, territoriale et communale.

[5] L'article 95 du Code de conduite de 1940 : « l'ordre de l'inscription au tableau vaut droit … ».

[6] Une exception à la règle de l'avancement dans l'ordre des inscriptions sur les tableaux d'avancements a quand même été prévue à l'article 80 du Règlement d'application du statut des fonctionnaires de 1923. Cette possibilité était toutefois conditionnée par l'existence d'un

législateur avait imposé la publication des tableaux d'avancement dans le Moniteur Officiel et dans d'autres publications à portée locale.

486. Le lien indéfectible entre l'avancement et l'évaluation. Des aspects susmentionnés, il ressort que tant les conditions légales que les tableaux d'avancement représentaient finalement des instruments juridiques censés limiter le pouvoir discrétionnaire du supérieur hiérarchique. L'obligation imposée de joindre à la proposition d'avancement les feuilles d'évaluation ne faisait que mettre davantage en évidence le lien indéfectible entre les deux piliers de la carrière, l'avancement et l'évaluation. C'est pourquoi les procédures de notation devaient assurer l'objectivité dans les évaluations de manière qu'elles confortent les fonctionnaires dans leurs attentes de carrière dans la fonction publique.

487. L'aspect mathématique des premiers encadrements juridiques des procédures d'évaluation. Considérant le poids assigné aux résultats professionnels au sein des procédures d'avancement, le législateur, secondé par les milieux juridictionnel et doctrinal, a procédé à la construction voire l'encadrement des premiers mécanismes d'évaluation professionnelle. À cet effet, le législateur a consacré, par le biais des dispositions de l'article 83 du Règlement d'application du statut de 1923, le caractère annuel de l'évaluation ; laquelle devait être effectuée par le supérieur hiérarchique, respectivement par le chef de service ou le dirigeant de l'institution.

Les critères, sur la base desquels les évaluateurs devaient mesurer les résultats professionnels des fonctionnaires, visaient les connaissances professionnelles, les qualités personnelles, le niveau d'assiduité et d'abnégation dans le travail, l'attitude au travail envers les autres fonctionnaires, mais aussi envers les usagers. Pour les fonctions, qui impliquaient des attributions de direction et/ou de management, il fallait évaluer aussi l'aptitude de diriger/manager du fonctionnaire concerné. Les évaluateurs exprimaient les résultats de leurs évaluations par le biais de trois qualificatifs distincts, dont ceux de « très bon », « bon » ou « faible » [1]. Les dispositions de l'article 7 du Code de conduite des fonctionnaires de 1940 ont, ensuite, remplacé ce dernier qualificatif par deux autres, « satisfaisant » et « insuffisant ». Les quatre qualificatifs d'évaluation conduisaient à différentes formes d'avancement. Si le qualificatif « très bien » ouvrait vocation à l'avancement au choix, le qualificatif « bien » permettait au fonctionnaire de bénéficier de l'avancement à l'ancienneté, alors que le

---

avis émis par la Commission des nominations et d'avancements, qui statuait sur l'existence d'un intérêt de service, justifiant le non-respect de ladite règle.

[1] Alinéa 2 de l'article 83 du Règlement d'application du Statut des fonctionnaires de 1923.

qualificatif « faible » ou/ « satisfaisant » engageait le maintien dans le même grade.

Le Code de conduite des fonctionnaires de 1940 a non seulement introduit dans le paysage juridique un nouveau qualificatif, « insuffisant », mais il a aussi instauré une nouvelle règle, en vertu de laquelle le fonctionnaire, qui recevait trois ans consécutifs ledit qualificatif, était révoqué de sa fonction. Le fonctionnaire mécontent pouvait contester le qualificatif obtenu d'abord auprès du directeur ou du chef de service, et ensuite, auprès du dirigeant de l'institution.

Une autre innovation importante, apportée par les dispositions de l'article 125 du Code de conduite des fonctionnaires de 1940, concernait l'obligation de créer, pour chaque fonctionnaire, un « mémoire » [1], où toutes les données personnelles relatives à l'état civil, aux études, aux examens, à l'état de santé, mais aussi aux qualificatifs d'évaluation, distinctions voire sanctions disciplinaires étaient consignés [2]. Ainsi, sur la base des qualificatifs d'évaluation et des « dossiers professionnels », les commissions de nominations et d'avancements procédaient à l'établissement des tableaux d'avancement qui pouvaient être contestés dans un délai de dix jours de la publication dans le moniteur officiel. À la suite de ce délai, s'il n'y avait pas de contestation, les administrations devaient, en vertu de l'article 126 du Code de conduite, établir et publier un « annuaire des fonctionnaires » [3].

L'abrogation du cadre statutaire, qui a suivi la prise du pouvoir par les communistes dès la fin des années 1940, a engagé la reconstruction des systèmes d'avancement et d'évaluation sur des fondements spécifiques à l'idéologie de l'époque.

B. Le remodelage nuancé pendant le communisme

488. L'instauration du communisme, contre toute attente, a conservé les fondements de carrière consacrés par les trois actes statutaires qui se sont succédé en droit roumain entre 1923 et 1948. L'avancement des personnels, après les années 1950, était théoriquement fondé sur des critères exclusivement professionnels voire de performance, et ce, sans tenir compte du sexe et de la nationalité [4]. Le principe de la continuité de la carrière a été conservé, l'avancement n'étant normalement possible que d'une fonction inférieure dans la fonction immédiatement supérieure. Des différences sont toutefois décelables particulièrement en ce qu'il est du poids de l'avis du

---

[1] L'équivalent du dossier professionnel de nos jours.

[2] Tarangul (D.-E.), *op. cit.*, p. 322.

[3] *Ibid.*, p. 322.

[4] Aux termes du texte : « ...sans tenir compte de la nationalité – roumaine, hongroise, allemande, serbe ou d'autres » (art. 14 de la loi n°12 du 21 octobre 1971).

« collectif de travail » dans l'avancement dans une fonction de direction **(1)** et de l'impact de l'évaluation sur la carrière du fonctionnaire d'État **(2)**.

1. Le poids de l'avis du « collectif de travail » sur la carrière

489. L'avancement dans des fonctions de direction assujetti à l'avis du « collectif de travail ». Dans les unités socialistes d'État, l'avancement dans une fonction de direction était conditionné par trois éléments, à savoir : les études et l'ancienneté dans le domaine concerné par la fonction, l'obtention de bons résultats dans l'exercice des attributions spécifiques à la fonction exercée, et la réussite à un examen ou concours d'avancement. D'autres conditions concernaient les aptitudes d'organisation et de gestion, le grade d'exigence manifesté dans le travail, la capacité d'analyse et de prévision, voire d'adoption de décisions efficaces [1]. Enfin, faire preuve d'une attitude principielle et ouverte envers ses collègues s'avérait une condition tout aussi importante. Par ailleurs, une particularité du système d'avancement, mis en place pendant le régime communiste, concerne le devoir de demander, à l'occasion de l'avancement dans une fonction de direction, l'avis du « collectif » de travail au sein duquel la personne en question a exercé ses fonctions. D'après l'article 16 de la loi n°12 du 21 octobre 1971 relative à l'encadrement et à la promotion dans le travail du personnel des unités socialistes de l'État, les personnes ayant recueilli les meilleures recommandations de la part de leur « *collectif du travail* » étaient prioritaires pour l'avancement. À cet effet, la consultation du « collectif de travail » était organisée par les organes syndicaux, ensemble avec les organes de direction respectifs.

Outre les significations principielle et pratique importantes, l'assujettissement de l'avancement dans des fonctions de direction à l'avis du « collectif de travail » représentait, d'une part, un moyen de contrôle sur la politique de gestion des personnels des institutions d'appartenance en faveur des membres d'un même « collectif de travail », et, d'autre part, l'occasion pour l'administration de mieux connaître la capacité, les aptitudes et la dévotion du candidat [2]. Cela, parce qu'il était considéré que c'était le « collectif de travail » qui connaissait mieux l'activité d'un candidat à une fonction supérieure [3]. Reste la question de savoir si cet assujettissement de l'avancement dans des fonctions de direction selon l'opinion générale des collectifs de travail ne représentait pas en réalité une source importante

---

[1] La loi n°12 du 21 octobre 1971 relative à l'encadrement et à la promotion dans le travail du personnel des unités socialistes de l'État.

[2] Iovănaş (I.), *Dreptul administrativ şi elemente ale ştiinţei administraţiei (Le droit administratif et les éléments de la science de l'administration)*, éd. Didactica si pedagogica, 1977, p. 186.

[3] *Ibid.*, p. 186.

d'arbitraire dans les nominations aux niveaux hiérarchiquement supérieurs de l'Administration. Pour cela, il s'avère important de savoir quels étaient les fondements sur lesquels reposait le dispositif d'évaluation pendant le régime communiste. Saurait-il, du moins dans son principe, représenter une source de réflexion pour le renforcement des procédures d'évaluation des fonctionnaires de nos jours ?

2. Le poids de l'évaluation sur la carrière

490. L'impact de l'évaluation sur la carrière du fonctionnaire d'État. La philosophie, qui habitait le processus d'évaluation pendant le régime communiste, met en avant au moins deux aspects [1]. D'une part les procédures d'évaluation devaient permettre à l'administration d'État d'avoir une connaissance approfondie des compétences et du rendement de ses fonctionnaires, notamment sur la manière dont ces derniers accomplissaient leur activité, ou encore, sur leur comportement dans les relations collégiales, familiales ou sociétales. Théoriquement, cela devait permettre à l'Administration d'utiliser judicieusement et efficacement ses fonctionnaires par des nominations dans des fonctions où leurs aptitudes et qualités seraient judicieusement mises au profit des citoyens. D'autre part, l'évaluation des fonctionnaires devait être considérée comme un instrument juridique de nature à stimuler l'activité des fonctionnaires, voire une motivation importante pour continuer à se perfectionner, ou encore, lorsque c'était le cas, à améliorer leurs résultats professionnels.

Par conséquent, et afin que l'activité des fonctionnaires d'État puisse faire l'objet d'une évaluation, toute institution publique de l'État devait introduire un système d'appréciation annuelle notamment du personnel administratif [2]. Le processus d'évaluation devait en même temps servir à l'information des personnels sur leurs perspectives de carrière.

Les critères d'appréciation portaient sur les résultats obtenus dans l'exercice des fonctions de travail, le niveau d'instruction professionnelle et de culture générale, les qualités personnelles [3], l'intérêt porté au bon fonctionnement de l'institution, ainsi que le comportement dans les milieux professionnel, familial et social. De même, dans le cadre statutaire, abrogé dès la prise de pouvoir du régime communiste, les appréciations étaient exprimées par des qualificatifs, « très bon », « bon », « satisfaisant » ou

[1] Negoiţă (A.), *Drept administrativ şi elemente de ştiinta (Droit administratif et éléments de science)*, éd. Université de Bucarest, 1988, p. 181.

[2] Article 17 de la loi n°12 du 21 octobre 1971 portant sur l'évaluation et l'avancement des personnels des unités socialistes d'État.

[3] L'esprit d'initiative, la discipline au travail, le prestige professionnel, ou encore, la persévérance dans l'accomplissement des attributions.

« faible » [1]. Le qualificatif correspondant était attribué par un organe collectif, nommé « Organe de direction collective », sur la base des propositions avancées par les chefs des services. Les fonctionnaires, ayant reçu le qualificatif « faible », non seulement ne bénéficiaient pas d'avancement, mais ils risquaient même d'être rétrogradés dans une fonction inférieure. De plus, les appréciations et les qualificatifs étaient communiqués publiquement en présence de l'ensemble des personnels [2]. Ce qui représente un moyen de pression collective spécifique à la philosophie même du régime communiste ...

Les qualificatifs attribués étaient susceptibles d'être contestés auprès de l'organe collectif de direction précité dans un délai de 15 jours de la prise de connaissance de l'évaluation. La question des contestations devait être résolue dans un délai de 30 jours à compter de l'enregistrement de celle-ci. Le système français de carrière, même s'il a consacré, voire adopté, dans ses principes les mêmes règles, invite à constater que leur application diffère sensiblement par rapport du système roumain.

§ 2. Les avancées sans détours du droit français de carrière

491. La carrière dans la Fonction publique repose sur la progression continue du fonctionnaire dans la hiérarchie de son corps ou cadre d'emploi, et ce, selon le rythme prévu par son statut [3]. Le système d'avancement français est reconnu pour l'importance accordée au système de la « notation » de ses fonctionnaires **(A)**, et ce, malgré la complexité des premiers dispositifs d'évaluation **(B)**.

A. Le rôle originel de la notation dans le système d'avancement

492. Les règles relatives à la carrière dans la fonction publique française ont été construites autour du principe de continuité de la carrière **(1),** dont la procédure de l'avancement est conditionnée à l'inscription sur un tableau d'avancement **(2)**.

---

[1] Article 18 de la loi n°12 du 21 octobre 1971 portant sur l'évaluation et l'avancement des personnels des unités socialistes d'État.

[2] La « publicité » de l'appréciation et du qualificatif était considérée comme ayant un effet stimulateur sur les fonctionnaires de l'Administration d'État et, qui plus est, leur permettait de s'exprimer en cas de mécontentement au milieu de leurs collègues [Negoiță (A.), *op. cit.*, p. 182].

[3] Plantey (A.), *Traité général de la fonction publique*, Litec, 1991, p. 471.

1. Le principe de continuité des premiers dispositifs d'avancement

493. La consécration statutaire des premiers dispositifs d'avancement. La promulgation du Statut général des fonctionnaires de 1946 a apporté des innovations notamment en matière de carrière dans la fonction publique française. En effet, par les dispositions statutaires de 1946, le législateur statutaire a essayé de mettre fin à la pratique, considérée comme moins saine, d'établir le tableau d'avancement dans l'ordre alphabétique au détriment d'un ordre fondé sur le mérite [1]. De l'évolution historique de la fonction publique d'après-guerre, il ressort au moins deux formes d'avancement communes aux statuts des fonctionnaires, encore en vigueur aujourd'hui : les avancements d'échelon et au choix.

Comme en droit roumain, l'avancement d'échelon revêt un caractère automatique traduit par une augmentation de traitement. D'après les dispositions de l'article 48 du Statut général de 1946, la durée moyenne du temps passé dans chaque échelon ainsi que le minimum d'ancienneté exigé dans chaque échelon pour accéder à l'échelon supérieur étaient fixés par les statuts particuliers. Procédé qui n'a pas été repris tel quel par le Statut de 1959. En effet, les dispositions de l'article 48 précité avaient essayé d'assujettir l'avancement d'échelon non seulement à l'ancienneté, mais aussi aux résultats de l'évaluation de l'activité du fonctionnaire qui devait en bénéficier. En vertu desdites dispositions, l'avancement d'échelon n'était plus conditionné seulement par l'ancienneté, mais aussi par la note attribuée par le supérieur hiérarchique lors de l'évaluation annuelle. Si le fonctionnaire était « normalement » noté, la carrière du fonctionnaire avançait selon une durée de référence « moyenne », alors que si le fonctionnaire était « bien » ou « mal » noté son passage à l'échelon supérieur était, selon le cas, avancé ou retardé [2]. Toutefois, cette idée d'avancement accéléré ou retardé n'avait jamais connu à l'époque une application effective, elle a d'ailleurs été vite abandonnée [3].

494. L'avancement de grade fondé sur le principe de continuité. En opposition à l'avancement d'échelon, l'avancement de grade engageait, outre une augmentation salariale, aussi la nomination dans un emploi supérieur à celui qui était détenu. À cet effet, le Statut de 1946 avait consacré le principe d'avancement au choix sur la base d'un tableau d'avancement.

Comme en droit roumain, les institutions administratives devaient dresser tous les ans un tableau d'avancement sur la base, d'une part, des notes

---

[1] Roger (G.), *La fonction publique*, Librairie Armand Colin, 1954, p. 211.
[2] Roger (G.), *op. cit.*, p. 207.
[3] *Ibid.*, p. 207.

obtenues lors des évaluations annuelles d'activité, et d'autre part, des propositions motivées formulées par les supérieurs hiérarchiques. Le tableau ainsi réalisé devait ensuite être soumis aux commissions administratives paritaires (CAP), qui n'étaient dotées que d'un pouvoir consultatif [1]. Les tableaux d'avancement devaient être finalisés tous les ans, au plus tard le 15 décembre, et rendus publics dans les trois jours suivants. Dans sa préoccupation permanente de limiter, le mieux possible, toute source d'arbitraire dans l'établissement des tableaux d'avancement, le législateur français avait prévu plusieurs formes de recours, qui représentaient autant de « clés de contrôle ». Le tableau d'avancement pouvait donc être contesté auprès du Conseil supérieur de la fonction publique [2], soit par la CAP, soit par le fonctionnaire lui-même. Par la CAP, lorsque l'avis défavorable d'un chef de service était considéré comme infondé, voire arbitraire, ou par le fonctionnaire lui-même en cas d'opposition manifeste à son avancement par l'administration pendant deux ans consécutifs. Les avancements devaient, en principe, respecter l'ordre des inscriptions au tableau [3], au risque d'être annulés pour excès de pouvoir [4]. Conformément au principe de continuité de la carrière, l'avancement d'échelon ou de grade ne pouvait survenir que de manière continue, « d'échelon à échelon » ou de « grade en grade ».

495. La consécration jurisprudentielle de l'exception du principe de continuité de carrière. Si le Statut général de 1959 avait initialement repris le système d'avancement de grade fondé sur le principe de continuité « de grade en grade » et opéré exclusivement au choix, tel que consacré par les anciennes dispositions statutaires [5], en 1964, les techniques d'avancement de grade allaient être sensiblement diversifiées à la suite d'une décision du Conseil d'État [6] du 27 novembre 1964. À cette occasion, le Conseil d'État avait été saisi par les organisations syndicales des fonctionnaires, en tant que juridiction de recours, pour se prononcer sur la légalité du décret du 24 août 1962. Il était reproché audit décret d'avoir créé au sein du corps d'attachés de l'administration centrale, un nouveau grade, celui d'attaché principal. Les précisions dudit statut particulier qui ont déterminé l'opposition des syndicats concernaient le brisement du principe de continuité de carrière, et ce, par la possibilité reconnue d'accès des attachés de 2e classe directement à

[1] Le législateur lui avait toutefois reconnu la possibilité de « demander à entendre les intéressés et soumettre leurs propositions à l'autorité investie du pouvoir de nomination » [Laubadère (de) (A.), *Traité élémentaire de droit administratif*, LGDJ, 1953, pp. 683-684].

[2] Laubadère (de) (A.), *Traité élémentaire de droit administratif*, LGDJ, 5e éd., 1970, p. 65.

[3] Exigence consacrée par le Statut général de 1946 et reprise ensuite par celui de 1959 (al. 4, art. 28).

[4] CE 27 novembre 1908, *Alcindor*, Lebon p. 975.

[5] Article 28 du Statut général de 1959.

[6] CE Ass. 27 novembre 1964, *Fédération générale des syndicats chrétiens de fonctionnaires*, Lebon p. 601.

celui d'attaché principal. Cela, sans plus devoir passer par le grade intermédiaire d'attaché de 1ere classe. Même si cette disposition violait l'article 28 du Statut général de 1959, ainsi que de la jurisprudence constante du Conseil d'État, elle reflétait en réalité une pratique réelle instaurée à l'insu des dispositions statutaires voire de la jurisprudence, puisque de nombreux statuts particuliers comportaient des dispositions similaires à celle évoquée ci-dessus. De plus, une note de l'assemblée générale du Conseil d'État du 19 mars 1964 laissait sous-entendre un élargissement des techniques d'avancement de grade au choix, par concours ou examen. D'après l'article 28 du Statut général de 1959, aucune forme de sélection ne pouvait être associée à l'avancement de grade au choix tant qu'elle portait atteinte « à la garantie fondamentale reconnue à tout fonctionnaire et selon laquelle l'appréciation de son mérite ne peut être faite que par l'autorité hiérarchique et par une commission administrative, comprenant, sur une base paritaire, les membres du corps auquel il appartient » [1].

Partant de ces précisions, le Conseil d'État a jugé les règles du statut particulier des attachés d'administration centrale comme entachées d'illégalité, et ce, parce qu'elles étaient contraires au système d'avancement au choix instauré par l'article 28 du Statut de 1959. Il ressort de cela que, par son arrêt du 27 novembre 1964, le Conseil d'État considérait implicitement comme irréguliers tous les statuts particuliers qui pratiquaient l'une ou l'autre des situations évoquées ci-dessus, c'est-à-dire de « sauts de grade » ou de procédures d'avancement de grade, autres que par le choix exclusif de l'autorité ministérielle après avis de la CAP. Une pareille situation ne pouvait être résolue que par la modification en conséquence des dispositions du Statut général ; ce qui a été réalisé par la loi du 7 juillet 1965, qui a modifié l'article 28 du Statut général relatif aux deux formes d'avancement de grade. D'une part, le procédé d'avancement de grade au choix par l'inscription à un tableau d'avancement [2], dont le choix, à la différence du passé, pouvait se manifester sous deux formes : soit dans sa forme classique par l'appréciation directe de la valeur professionnelle, soit par sélection professionnelle sur épreuves par voie de concours ou d'examen. Et d'autre part, le procédé d'avancement fondé exclusivement sur des épreuves professionnelles, par voie de concours ou d'examen.

---

[1] C'est finalement ce qui a été reproché aux règles du statut particulier des attachés d'administration, c'est-à-dire l'instauration d'un système d'avancement de grade fondé sur une sélection préalable éliminatoire effectuée par une commission spéciale qui, de ce fait, privait la CAP et l'autorité hiérarchique de tout pouvoir réel d'appréciation quant au mérite des fonctionnaires ayant vocation au grade d'attaché principal [Silvera (V.), *La fonction publique et ses problèmes actuels*, éd. l'Actualité juridique, 1969, pp. 308-309].

[2] Dressé après avis de la CAP.

2. L'établissement d'un tableau d'avancement

496. La procédure d'établissement du tableau d'avancement. Concernant la procédure relative au tableau d'avancement, l'article 13 du décret n°59-308 du 14 février 1959 relatif aux conditions générales de notation et d'avancement des fonctionnaires avait instauré au moins trois étapes, dont la préparation du tableau par l'institution chargée de la gestion du corps, la soumission du tableau à l'avis de la CAP - qui siège à cette occasion comme commission d'avancement -, et son approbation par l'autorité investie du pouvoir de nomination. À cet effet, comme l'article 15 du Statut général le rappelle, « pour l'établissement du tableau d'avancement, il [devait] être procédé à un examen approfondi de la valeur professionnelle de l'agent, compte tenu principalement des notes obtenues par l'intéressé et des propositions formulées par le chef de service ». A contrario, un tableau, réalisé sans la prise en compte de la valeur professionnelle mesurée par les procédés de notation et d'appréciation mentionnées par l'article 15, précité est jugé illégal [1]. Indépendamment du procédé d'avancement de grade utilisé, il n'y a qu'un seul tableau d'avancement qui devait être établi [2] et où les fonctionnaires, ayant vocation à l'avancement de grade, devaient être inscrits par ordre de mérite [3]. L'évaluation de l'activité des fonctionnaires a donc, depuis ses origines, considérablement influé sur la carrière de ceux-ci ; ce qui a d'ailleurs abouti à ce que l'évaluation professionnelle des agents publics devienne un principe de base de la carrière dans la fonction publique.

B. L'évolution des premiers dispositifs de notation, entre complexification et simplification

497. Les réflexions liées à la construction des premiers dispositifs d'évaluation tournaient autour de leur harmonisation avec les valeurs et les principes défendus par le Statut de la fonction publique, ce qui a abouti à des mécanismes très complexes **(1)**, qui ont nécessité ensuite des réflexions de simplification **(2)**.

---

[1] CE 24 novembre 1954, *Mallet de Chauny*, Lebon p. 548.

[2] CE 2 mai 1952, *Conquet et Monlet*, Lebon p. 218.

[3] Les candidats, ayant obtenu les mêmes évaluations, étaient départagés par leur ancienneté (art. 15 du Statut général de 1959).

1. La complexité des premiers dispositifs statutaires d'évaluation

498. Les dilemmes accompagnant la mise en place des dispositifs d'évaluation. Comme en droit roumain, le système français a aussi été habité par des questionnements concernant le type d'évaluation qui serait le plus approprié pour mesurer les résultats professionnels des fonctionnaires, forme d'évaluation, qui soit en harmonie avec les valeurs et les principes défendus par la fonction publique. Si le législateur roumain a opté pour un système de qualificatifs, le législateur français a, initialement, consacré un système fondé sur des notes exclusivement chiffrées. La complexité des premiers dispositifs de notation chiffrée, consacrés par l'adoption du Statut de 1946, a toutefois progressivement conduit les débats vers « un régime simplifié de notation » [1].

Une première modification avait été apportée par le décret n°52-227 du 3 mars 1952 relatif à la notation et à l'avancement des fonctionnaires qui avait arrêté une liste d'environ quatorze critères d'évaluation [2]. Ce décret avait imposé, d'abord, l'obligation de se tenir aux critères de ladite liste à raison d'un minimum de six, et ce, en fonction des caractéristiques propres à chacun des corps de fonctionnaires. L'évaluation spécifique à chacun des critères retenus, dont les coefficients étaient fixés par arrêtés, débouchait sur une des cinq notes suivantes : 100, 115, 140, 85 et 60 [3]. La note chiffrée provisoire était donc composée de l'ensemble des points attribués pour chacun des six critères retenus divisés par le total des coefficients afférents à l'ensemble des éléments de notation [4]. Les notes chiffrées provisoires ainsi obtenues faisaient l'objet d'une péréquation soit au sein d'un même grade, soit d'un même corps voire d'un ensemble de corps, après avis de la commission administrative paritaire compétente. Ce dispositif s'avérant trop complexe, le législateur a procédé à la recherche de solutions de simplification.

---

[1] Silvera (V.), *op. cit.*, p. 297.

[2] Parmi les quatorze critères, figuraient l'aptitude physique, les connaissances professionnelles, la ponctualité, l'ordre, la mémoire appliquée, le sens du travail en commun, la serviabilité, l'activité, la rapidité d'exécution, le fini d'exécution, la prévision, l'organisation, le commandement, le contrôle.

[3] Si la note « 100 » correspondait à ce que l'administration était en droit d'exiger de tous les membres du corps, les notes de « 115 » ou « 85 » gratifiaient ou pénalisaient une activité supérieure ou inférieure à ce que l'administration était en droit d'exiger (comportement type « 100 »). Dans la même logique, les notes « 140 » ou « 60 » sanctionnaient une supériorité exceptionnelle ou bien au contraire une déficience importante dans l'exercice des attributions, par rapport au « comportement type » évoqué par la note « 100 ».

[4] Silvera (V.), *op. cit.*, p. 296.

2. La recherche progressive de simplification des règles statutaires d'évaluation

499. La réorganisation de l'évaluation des années 1950. Considéré encore très complexe et éloigné des réalités professionnelles des fonctionnaires, le décret n°55-930 du 11 juillet 1955, fixant les éléments et le barème servant de base à l'établissement de la note chiffrée des fonctionnaires, a réorganisé les critères d'évaluation par niveau hiérarchique. L'objectif était de simplifier l'activité des évaluateurs, ainsi que de se rapprocher des réalités qui caractérisaient l'activité des agents évalués.

À cet effet, ledit décret a permis l'identification et la réglementation de quatre critères d'évaluation spécifiques à chacune des quatre catégories de fonctionnaires, A [1], B [2], C [3] et D [4]. Contrairement au procédé préexistant, la note chiffrée établie selon un barème de 0 à 5, correspondait à un des qualificatifs suivants : mauvais (0), médiocre (1), passable (2), bon (3), très bon (4), exceptionnel (5). La péréquation des notes provisoires ainsi obtenues se réalisait dans le respect des règles établies par le décret du 3 mars 1952 cité ci-dessus. Malgré la légère simplification apportée au système de notation par le décret du 11 juillet 1955, la refonte du Statut général par l'ordonnance de 1959 a aussi représenté l'occasion de repenser les procédures de notation, toujours dans une logique de simplification.

L'ordonnance n°59-244 du 4 février 1959 relative au Statut général des fonctionnaires a maintenu la note chiffrée et l'appréciation générale, mais à la différence des régimes précédents, ce texte a octroyé une place plus importante à l'appréciation générale. En effet, aux termes de l'article 2 du Statut général de 1959, l'appréciation ne s'appuyait plus comme précédemment sur des critères d'évaluation strictement énumérés, mais sur une cotation générale de 0 à 20. À juger d'après l'article 3 du Statut général, les critères d'évaluation devaient être dorénavant pris en considération pour l'appréciation d'ordre général.

Comme précédemment, le pouvoir de notation incombait au chef de service. Afin de protéger le fonctionnaire contre l'arbitraire de ce dernier, le législateur français a aussi prévu l'obligation d'établir et de conserver une fiche annuelle de notation où sont mentionnées notamment la note chiffrée, l'appréciation d'ordre général, ou encore, les précisions personnelles du fonctionnaire relatives à son activité voire à ses attentes en termes de carrière. Les fiches de notation devaient, ensuite, être communiquées aux intéressés, et après péréquation des notes aux commissions administratives

---

[1] Connaissances professionnelles, culture générale dans ses relations avec la profession, efficacité, sens du service public.

[2] Connaissances professionnelles, sens de l'organisation et méthode de travail, efficacité, ponctualité.

[3] Connaissances professionnelles, soin de l'exécution, efficacité, ponctualité.

[4] Aptitude au service, soin dans l'exécution, ponctualité, tenue dans le service.

paritaires compétentes. La communication des notes était obligatoire, tel qu'il ressort de la jurisprudence constante du Conseil d'État en la matière [1].

Cette procédure, reprise aussi par les statuts des années 1980, est restée en vigueur jusqu'au 1er janvier 2016, du moins pour ce qui est des corps ou cadres d'emploi qui, par leurs statuts particuliers, avaient préservé un système de notation, au détriment du système fondé sur l'entretien professionnel introduit, à titre expérimental, depuis les années 2000. Lancé d'abord à titre expérimental dans la fonction publique d'État, ensuite dans les fonctions publiques territoriale et hospitalière, l'entretien professionnel est de rigueur à présent dans les trois Fonctions publiques.

500. Des considérations déjà évoquées, il ressort que les principes juridiques originaires sur lesquels reposait la philosophie même de carrière en droit français étaient similaires aux deux régimes politiques connus par la Roumanie. Des mécanismes juridiques qui conditionnent l'avancement dans la fonction publique aux « notes » octroyées lors de l'évaluation de l'activité des agents ont progressivement été mis en place dans les deux États. Si certaines similarités peuvent être identifiées au niveau des règles juridiques qui encadraient la carrière des fonctionnaires sous les deux régimes, il n'en est pas de même lorsqu'il s'agit de la mise en place des mécanismes de prévention, voire de contrôle, qui s'opposent aux tendances d'uniformisation de l'évaluation susceptible de déboucher sur des avancements arbitraires et de ce fait, fondés sur d'autres critères que le mérite. Il en ressort que la mise en place d'un dispositif d'évaluation professionnelle équilibré représente une condition fondamentale pour la modernisation du régime de carrière.

Section 2. La modernisation du régime de carrière par la professionnalisation des actes de gestion

501. Le système de carrière en droit roumain est fondé sur certaines particularités par rapport à la carrière française, dont, entre autres, le conditionnement de l'avancement à la réussite d'un concours ou d'un examen de promotion. Par ailleurs, en vertu des règles roumaines du droit de la fonction publique, le degré de dépendance entre l'avancement et l'évaluation de l'activité des fonctionnaires est infiniment moins important qu'en droit français. Ce qui est certainement dû au fait que les règles de droit concernant la carrière en droit français représentent le résultat de plusieurs décennies de réflexion, voire de dispositifs expérimentés, dont l'objectif était/est la professionnalisation de la carrière dans la Fonction publique. Afin

[1] CE 12 octobre 1966, *Puisoye*, Lebon p. 386.

de bien atteindre son objectif, le législateur statutaire français a parallèlement procédé à l'incorporation parmi les normes statutaires des règles de professionnalisation du dispositif d'évaluation, en s'inspirant du secteur privé. L'illustration des défaillances du régime roumain de carrière en vigueur **(§ 1)** permet d'analyser le degré de souplesse « statutaire » face au défi de professionnalisation de la carrière en droit français **(§ 2).**

§ 1. Le régime roumain de carrière et ses limites

502. Au terme de la quarantaine d'années de communisme, la fonction publique roumaine s'est réapproprié le modèle de carrière, dont le régime juridique actuellement en vigueur **(A)** n'est pas dépourvu de critiques. L'analyse des déficiences, reprochées au système roumain de carrière à l'aune de l'exemple français **(B)**, permet de faire un état des lieux sincère des potentialités et des faiblesses du système roumain de carrière.

A. Le particularisme du régime juridique de carrière

503. La reconstruction « post décembriste » des fondements statutaires de carrière. Le retour, dès la fin des années 90, à un régime statutaire de fonction publique a aussi engagé des interrogations sur les principes voire les mécanismes sur lesquels il fallait (re)construire le régime de carrière dans la fonction publique. La question qui se posait était de savoir s'il fallait se réapproprier les règles qui gouvernaient la carrière avant les années 50 ou faire preuve d'originalité en construisant des règles nouvelles, éventuellement inspirées des modèles étrangers. Les questionnements concernaient non seulement les procédures d'évaluation, mais aussi, et surtout, la place à donner à l'évaluation dans le processus d'avancement.

Le cadre normatif en vigueur, relatif à la carrière dans la fonction publique, est le résultat des nombreuses modifications apportées aux normes statutaires depuis 1999, l'année d'adoption du statut des fonctionnaires publics postrévolutionnaire. Soucieux de construire un système de carrière qui garantisse l'égal accès à l'avancement de tous les fonctionnaires sur la base des résultats professionnels, le législateur roumain a finalement opté pour un système d'avancement conditionné principalement par la réussite à un concours et/ou examen d'avancement **(1)**, et secondairement, aux résultats professionnels consacrés lors de l'évaluation professionnelle **(2)**.

1. La spécificité d'un système d'avancement fondé sur concours ou examen

504. L'étendue du régime juridique de carrière. La section 2 du chapitre VI du Code administratif [1] est consacrée, tel qu'il ressort de son intitulé, à l'encadrement de la promotion des fonctionnaires publics et à l'évaluation des performances professionnelles [2].

Les dispositions de l'article 476 du Code administratif [3] reconnaissent la possibilité au fonctionnaire « d'être promu dans la fonction publique … ». La promotion représente, aux termes de l'article 476 déjà cité, « la modalité de développement de la carrière du fonctionnaire public par la nomination dans une fonction publique supérieure à celle déjà détenue ». Les dispositions statutaires en matière de carrière dans la fonction publique doivent être considérées avec les dispositions du chapitre IV de la décision gouvernementale n°611 du 4 juin 2008, chapitre intitulé « La promotion des fonctionnaires publics ». D'après les dispositions de l'article 121 de ladite décision corroborées par l'alinéa 2 de l'article 476 du Code administratif [4], l'avancement dans la fonction publique se présente sous différentes formes, dont la nomination dans une fonction publique d'exécution de grade professionnel immédiatement supérieur à celui détenu, la nomination dans une fonction publique d'exécution correspondante au niveau d'études détenues, ou encore la nomination dans une fonction publique vacante relevant de la catégorie des hauts fonctionnaires publics ou de direction.

À l'exception de l'avancement à l'ancienneté, les autres formes d'avancement réglementées par les dispositions statutaires sont conditionnées par la réussite à un concours ou à un examen d'avancement [5]. Si l'avancement dans une fonction de direction est conditionné par l'existence d'un poste vacant, ce n'est pas le cas pour les avancements de

---

[1] Titre 2 partie 6 du Code administratif (ancienne section 4 chapitre VI du Statut des fonctionnaires publics).

[2] Pour rappel, dans le système roumain, chaque lauréat d'un concours sur poste d'entrée dans la Fonction publique est nommé dans une fonction publique. Cette dernière est définie, par les dispositions de l'article 2 de la loi n°188 du 8 décembre 1999, comme « l'ensemble des attributions et des responsabilités établies pour l'accomplissement des prérogatives de pouvoir public par l'administration centrale, locale ou les autorités administratives autonomes ». Il en ressort qu'à la différence du système français de fonction publique, en droit roumain, il y a autant de fonctions publiques, que de fonctionnaires dans le corps unique qu'ils composent.

[3] Ancien article 63 de la loi n°188 du 8 décembre 1999 portant Statut des fonctionnaires publics.

[4] Ancien article 64 de la loi n°188 du 8 décembre 1999 portant Statut des fonctionnaires publics.

[5] Alinéa 2 de l'article 478 du Code administratif (ancien alinéa 2, de l'article 64 du Statut des fonctionnaires publics).

classe ou de grade qui, d'après l'article 477 du Code administratif [1] corroboré par l'article 122 de la DG n°611 du 4 juin 2008, « ne sont pas conditionnés par l'existence d'un poste vacant ». En effet, en présence desdites formes d'avancement, la « fonction contractuelle », exercée par le fonctionnaire, ayant réussi le concours ou l'examen d'avancement, est transformée dans une fonction correspondante à la classe ou au grade pourvu(e). Transformation reflétée notamment par l'actualisation de la fiche du poste par de nouvelles attributions et responsabilités ou, selon le cas, par l'augmentation du degré de complexité des attributions déjà exercées. L'obligation de compléter la fiche de poste avec de nouvelles attributions relève de la compétence du supérieur hiérarchique du fonctionnaire public promu. À cet effet, les fonctionnaires publics, ayant des attributions dans la gestion des ressources humaines, au sein de chaque autorité et institution publique, ont l'obligation d'assister les fonctionnaires publics de direction, chaque fois qu'ils sont amenés à compléter les fiches de poste des fonctionnaires publics promus.

Soumises au concours ou examen, les procédures spécifiques aux différentes formes d'avancement consacrées par le système roumain se distinguent toutefois sensiblement. Si l'avancement de grade concerne les seuls fonctionnaires d'exécution **(a)**, les avancements de classe **(b)** et de direction **(c)** concernent particulièrement les fonctionnaires munis de diplômes universitaires.

a. L'avancement de grade au profit des seuls fonctionnaires d'exécution

505. L'avancement de grade spécifique aux fonctionnaires d'exécution[2]. Aux termes des dispositions statutaires citées ci-dessus, seules les fonctions publiques d'exécution sont structurées en grades professionnels, et de ce fait, peuvent se prévaloir de l'avancement de grade [3].

---

[1] Ancien article 63 de la loi n°188 du 8 décembre 1999 portant Statut des fonctionnaires publics.

[2] A noter que la loi n°188 du 8 décembre 1999 portant Statut des fonctionnaires publics réglementait aussi une forme d'avancement « rapide » au profit des seuls fonctionnaires d'exécution des trois classes de la fonction publique. L'avancement « rapide » pouvait être demandé par les fonctionnaires, ayant suivi et terminé des programmes de formation organisés pour obtenir un statut de manager public et qui répondaient à toutes les conditions requises pour l'avancement de grade, moins celle d'ancienneté. Cette forme d'avancement n'a pas été reprise par les dispositions statutaires à l'occasion de leur republication dans l'OUG n°57 du 3 juillet 2019 portant Code administratif.

[3] Les quatre grades, qui composent une fonction publique d'exécution, sont, d'après l'article 393 du Code administratif (ancien article 15 de la loi n°188 du 8 décembre 1999), en ordre croissant : les grades de débutant, d'assistant, ainsi que ceux de principal et de supérieur.

Les fonctionnaires publics peuvent être promus dans un grade professionnel supérieur sur la base d'un examen ou d'un concours, mais uniquement dans la limite des fonctions publiques réservées à cet effet par le plan d'occupation des fonctions publiques (POFP), ainsi que dans la limite des fonds budgétaires [1]. Le concours ou l'examen est organisé, annuellement, jusqu'au 15 août, par chaque institution publique considérée individuellement, et ce, après avoir obtenu l'avis de l'ANFP. L'OUG n°57 du 3 juillet 2019 précise à titre indicatif les conditions auxquelles les candidats, souhaitant participer à un concours/examen d'avancement de grade, doivent répondre. Parmi ces conditions il y a, tout d'abord, une exigence d'ancienneté d'au moins trois ans dans le grade professionnel détenu, ensuite une exigence liée à l'obtention d'un minimum de crédits de formation ou au suivi d'une formation d'au moins 30 heures les trois dernières années d'activité. *In fine*, le législateur conditionne aussi la présentation au concours d'avancement de grade de l'obtention du qualificatif (au moins) « bien » lors des évaluations professionnelles des deux dernières années d'activité, ainsi que d'avoir un casier judiciaire vierge.

Les précisions relatives à la composition de la commission de concours, ainsi que les règles d'organisation des épreuves des concours de recrutement s'appliquent aussi aux concours et aux examens de promotion [2].

b. L'avancement de classe et son caractère motivant

506. Les particularismes de l'avancement de classe. Les dispositions de l'article 480 du Code administratif [3] ouvrent la possibilité pour les fonctionnaires publics - nommés dans des fonctions d'exécution appartenant aux classes « II », et « III » - ayant obtenu un diplôme d'études supérieures, licence ou master, de participer à l'examen d'avancement dans une classe supérieure. Toutefois, de l'interprétation des dispositions précitées il ressort que l'accès des fonctionnaires des classes II et III à l'examen d'avancement dans une classe supérieure n'est pas acquis par la seule obtention d'un diplôme universitaire. En effet, aux termes de l'article 68, l'institution ou l'autorité employeuse peut conditionner l'accès à l'examen d'avancement de classe soit à la spécialité du diplôme, soit à l'utilité « du diplôme » dans

---

[1] Alinéa 1 article 125 de la DG n°611 du 4 juin 2008.

[2] Les dispositions des articles 21 à 75 de la DG n°611 du 4 juin 2008 relatives à l'organisation du concours de recrutement dans la fonction publique s'appliquent à quelques exceptions près aussi au concours et à l'examen d'avancement (ne s'appliquent pas les dispositions des lettres a et de l'alinéa 2 de l'article 21, de l'article 22, de l'article 24, de l'alinéa 1 de l'article 26, de l'article 30, de l'article 38, de l'alinéa 1 de l'article 39, de l'article 43, de l'article 49, ou encore, de l'article 72).

[3] Ancien article 68 de la loi n°188 du 8 décembre 2019.

l'exercice des attributions du fonctionnaire qui réclame ce type d'avancement. *A contrario*, s'il n'y a pas de lien entre les études poursuivies et l'activité du fonctionnaire, qui répond aux conditions d'avancement de classe, l'institution ou l'autorité publique employeuse peut refuser l'accès à l'examen d'avancement de classe. Par conséquent, et afin d'éliminer toute action discrétionnaire, il est important de procéder à la création d'un répertoire de fonctions, où soient précisées non seulement les compétences, mais aussi la trajectoire possible de la carrière afférente, ainsi que les études universitaires (spécialités) qui seraient avantagées pour l'accès à différentes formes d'avancement voire de fonctions.

Concernant l'organisation, les dispositions de l'alinéa 3 de l'article 144 de la DG n°611 du 4 juin 2008 assignent au dirigeant de l'institution ou à l'autorité publique, organisatrice de l'examen d'avancement de classe, l'obligation d'émettre, 15 jours avant l'examen, un acte administratif, par le biais duquel sont précisées les informations relatives à la composition de la commission d'examen, à la date d'examen, ainsi qu'à la bibliographie d'examen [1]. Les aspects techniques relatifs à l'organisation et au déroulement de l'examen de promotion en classe relèvent de la compétence du président de l'Agence Nationale des fonctionnaires publics [2]. À la suite de la réussite à l'examen, l'avancement de classe a lieu, d'après l'alinéa 3 de l'article 480 du Code administratif, par la transformation de la « fonction détenue dans une fonction correspondant au niveau de responsabilité requis dans la classe supérieure ». En toute situation, l'alinéa 4 prohibe l'avancement de classe sur une fonction d'audit ou de conseiller juridique. Les dispositions précitées ne précisent en revanche pas si le principe de continuité reste d'application aussi pour l'avancement de classe. En d'autres termes, savoir si un fonctionnaire de la IIIe classe, qui a obtenu un diplôme d'études universitaires de longue durée, peut être promu directement sur une fonction de la I^e^ classe. À l'avenir, le législateur devrait éclairer cet aspect également par la modification de l'article 480 susmentionné.

Pour clore ce propos, il ressort que l'avancement de classe se présente finalement comme une forme d'incitation à l'élévation du niveau d'études

---

[1] La bibliographie d'examen est établie sur la base des propositions des départements, dans lesquels les fonctionnaires publics s'étaient portés candidats à l'examen et exercent leurs fonctions respectives.

Le département des ressources humaines doit obligatoirement afficher, au siège de l'autorité ou de l'institution publique l'annonce du concours, au moins 15 jours avant l'examen. D'après l'alinéa 3 de l'article 144 de la DG n°611 du 4 juin 2008, toute modification relative au calendrier et aux modalités d'organisation de l'examen doit être rendue publique par les soins du département de ressources humaines.

[2] L'« ordre » (acte administratif) du président de l'ANFP n°1931/2009 portant règlement sur l'organisation et le déroulement de promotion en classe des fonctionnaires publics (modifié par l' « ordre » du président de l'ANFP n°4763 du 12 décembre 2012) précise les détails techniques liés à l'avancement de classe.

des fonctionnaires roumains, qui pourrait les amener en cours de carrière à être nommés même dans des fonctions de direction.

c. L'avancement dans une fonction de direction et son caractère particulier

507. Les conditions spécifiques à l'avancement dans une fonction de direction. Contrairement à l'avancement en grade dans une fonction d'exécution ou de classe, l'avancement de direction ne peut survenir qu'en cas de vacation, et ce, sur base de concours ou d'un examen. Les dispositions relatives à l'avancement distinguent entre l'avancement définitif - lorsque la fonction publique supérieure est occupée par concours ou examen organisés conformément aux dispositions de la DG n°611 du 4 juin 2008 -, et l'avancement temporaire - lorsque la fonction publique de direction est occupée pour une période déterminée [1].

Pour se porter candidat à une fonction publique de direction, les fonctionnaires doivent répondre cumulativement à plusieurs conditions, dont [2] celles de diplôme [3] et de classe [4]. D'autres conditions plus techniques peuvent s'ajouter en fonction de la nature des attributions mentionnées dans la fiche de poste afférente à la fonction pourvue [5]. De plus, par souci de créer un système de carrière dynamique qui soit profitable aux fonctionnaires ayant obtenu d'excellents résultats dans un très bref délai, le législateur roumain a aussi réglementé une modalité d'avancement rapide où la condition d'ancienneté est modulée.

Indépendamment du degré de dépendance existant entre les différentes procédures d'avancement ci-dessus évoquées et les résultats professionnels obtenus à la suite des évaluations annuelles, l'analyse des procédures

---

[1] Alinéa 2 de l'article 121 de la DG n°611 du 4 juin 2008.

[2] Les candidats, qui réunissent les conditions suscitées, doivent déposer un dossier de candidature composé obligatoirement d'un formulaire de candidature dûment rempli, d'une copie de la carte d'identité, de copies de diplômes des études effectuées, du diplôme de master ou des études post-universitaires dans le domaine de l'administration, du management ou dans le domaine concerné par le poste ainsi que du casier administratif.

[3] Master ou études post-universitaires dans les domaines de l'administration publique, du management ou dans le domaine spécifique de la fonction publique.

[4] Être déjà nommé dans une fonction publique de classe « I ». Pour rappel, les dispositions de l'article 9 du Statut des fonctionnaires publics divisent les fonctions publiques en trois classes (I, II, III) : l'accès aux fonctions de la première classe est conditionné, entre autres, par un diplôme universitaire (licence et/ou master).

[5] Comme l'exigence d'avoir cumulé deux ans d'ancienneté dans le domaine concerné par la fonction publique de direction pourvue (« chef de bureau », « chef de service » ou « secrétaire de commune » ; cette dernière fonction ne doit pas être comprise dans son sens usuel, mais comme une fonction publique de direction), ou de trois ans pour d'autres fonctions de direction que celles de chef de bureau, de service ou de secrétaire de commune.

d'évaluation en vigueur permet une meilleure compréhension du rôle et de la place des résultats professionnels dans la fonction publique roumaine.

2. Le maintien d'une approche mécanisée des procédures d'évaluation professionnelle

508. L'étendue du régime juridique de l'évaluation. Le régime de l'évaluation professionnelle est encadré par l'article 484 du Code administratif [1], lequel renvoie pour des détails techniques à une méthodologie d'évaluation des performances individuelles incorporée depuis 2019 à l'annexe 6 de l'OUG n°57 du 3 juillet 2019. À noter toutefois que ladite méthodologie concerne l'évaluation professionnelle des fonctionnaires à compter du 1er janvier 2020. Par conséquent, les règles d'évaluation consacrées par la DG n°611 du 4 juin 2008 restent d'applicabilité pour les évaluations professionnelles portant sur la période du 1er janvier au 31 décembre 2019. Force est toutefois de constater qu'entre les deux versions il n'y a pas de différences notables. L'évaluation reste toujours fondée sur un dispositif de notation allant de « 1 » à « 5 » pour chacun des indicateurs retenus pour la fonction concernée. À la suite de ce calcul mathématique, un qualificatif est accordé au fonctionnaire après que l'évaluateur s'est brièvement entretenu avec lui. Si la modification du dispositif d'évaluation n'a pas été considérée opportune par le législateur lors de la republication de la méthodologie d'évaluation professionnelle, en revanche il a ajouté deux conséquences supplémentaires des résultats annuels d'évaluation comme il sera analysé ci-après.

Les dispositions de l'article 485 du Code administratif fixent d'abord le caractère annuel de l'évaluation des performances professionnelles individuelles des fonctionnaires publics [2], à l'exception de la situation où une révocation, suspension ou toute autre modification de sa fonction est survenue. L'évaluation de l'activité doit intervenir dans un délai de 15 jours francs à partir de l'apparition d'une des situations de révocation, suspension ou toute autre modification survenue dans la carrière du fonctionnaire [3]. De plus, l'évaluation professionnelle revêt un caractère obligatoire, lorsque le fonctionnaire public obtient un diplôme qui lui ouvre un droit à l'avancement dans une fonction publique supérieure, ou encore, lorsqu'il bénéficie d'une promotion de grade. Les résultats des évaluations des aptitudes professionnelles se reflètent dans les qualificatifs suivants : « très bien », « bien », « satisfaisant », « insatisfaisant ».

---

[1] Ancien article 69 de la loi n°188 du 8 décembre 1999.

[2] L'évaluation concerne généralement la période entre le 1er janvier de l'an précédent et le 31 janvier de l'année en cours.

[3] Alinéa 3 de l'article 108 de la DG n°611 du 4 juin 2008.

En 2022 [1] les qualificatifs d'évaluation ne sont plus considérés seulement à l'occasion de l'avancement dans une fonction publique supérieure ou en cas de révocation [2], mais aussi, en vertu de l'alinéa 7 de l'article 485 du Code administratif, à l'occasion de l'octroi de primes ou, au contraire, de diminution des droits salariaux jusqu'à 10% lorsque le qualificatif professionnel obtenu n'est que « satisfaisant ». L'évaluation professionnelle doit être en même temps, du moins en théorie, aussi l'occasion de recenser les besoins de formation professionnelle des fonctionnaires publics.

Les dispositions de l'alinéa 4 de l'article 11 de la Méthodologie d'évaluation des performances professionnelles du 3 juillet 2019 [3] désignent les différents représentants de la fonction publique qui revêtent la qualité d'évaluateurs [4]. Dans le processus d'évaluation, les évaluateurs doivent considérer deux aspects principaux, d'une part, le niveau et les modalités d'atteinte des objectifs individuels, et d'autre part, le degré d'atteinte des critères de performance [5]. D'après les dispositions de l'alinéa 1 de l'article 16 de la Méthodologie précitée [6], l'obligation de fixer les objectifs individuels incombe aux évaluateurs. Pour cela, ils doivent se rapporter à la fonction publique détenue, au grade professionnel de nomination, ainsi qu'aux connaissances théoriques et pratiques voire aux qualités du fonctionnaire public [7].

Les dispositions de l'article précité précisent ensuite que pour chaque objectif assigné, les évaluateurs doivent établir des indicateurs de performance, et ce, sur la base des critères de performance détaillés en fin d'annexe (et dans l'annexe 5 de la DG n°611 du 4 juin 2008). Outre les critères de performance mentionnés *expressis verbis*, les évaluateurs

---

[1] Pour l'évaluation de l'activité professionnelle déroulée entre le 1e janvier et le 31 décembre 2020/2021.

[2] «... *liberare din functia publica* », en roumain.

[3] Article 107 de la DG n°611 du 4 juin 2008.

[4] Les fonctionnaires publics de direction assurent l'évaluation des fonctionnaires d'exécution qui se trouvent sous leurs ordres. Ils sont, à leur tour, évalués par le fonctionnaire de direction qui leur est hiérarchiquement supérieur. Par suite, les hauts fonctionnaires publics assurent l'évaluation des fonctionnaires publics de direction et/ou d'exécution se trouvant sous leurs ordres. D'autres évaluateurs sont les maires pour le secrétaire de la commune rurale ou urbaine, ou encore, les dirigeants des institutions et autorités publiques pour les fonctionnaires publics qui travaillent sous leurs ordres.

[5] Article 109 de la DG n°611 du 4 juin 2008.

[6] Article 110 de la DG n°611 du 4 juin 2008.

[7] Dans l'identification voire l'assignation des objectifs individuels, les évaluateurs sont, théoriquement, censés prendre en considération plusieurs critères. Il s'agit notamment de la spécificité des objectifs assignés aux activités qui supposent l'exercice des prérogatives de puissance publique, de leur quantification, de la prévision par des deadlines réalistes, et enfin, de la flexibilité desdits objectifs. De plus, les objectifs individuels peuvent être révisés trimestriellement voire chaque fois que des modifications nouvelles surviennent dans la structure organisatrice de l'autorité ou de l'institution publique. Toute révision doit être mentionnée dans les rapports d'évaluation de l'activité des fonctionnaires publics (art. 111 de la DG n°611 du 4 juin 2008).

peuvent, d'après l'article déjà cité, établir aussi d'autres critères d'évaluation, à condition qu'ils soient portés à la connaissance des fonctionnaires publics évalués au début de la période soumise à l'évaluation. L'inaccomplissement de cette obligation peut engager la contestation desdits critères et leur rejet. Le processus d'évaluation est marqué par au moins deux étapes. D'une part, la notation de chaque objectif considéré individuellement par une note de « 1 » à « 5 », et d'autre part, celle de chaque critère de performance considéré de la même manière par une note de « 1 » à « 5 ».

509. La finalisation de la procédure d'évaluation. D'après les dispositions de l'article 17 de la Méthodologie d'évaluation du 3 juillet 2019 [1] l'évaluation se finalise par le remplissage du rapport d'évaluation par l'évaluateur [2], l'entretien et la contre-signature du rapport d'évaluation par le fonctionnaire évalué.

L'entretien se présente plutôt comme une session d'information, pendant laquelle l'évaluateur communique au fonctionnaire public évalué le contenu du rapport d'évaluation. Les éventuelles différences d'opinions exprimées à cette occasion entre l'évaluateur et le fonctionnaire évalué doivent être consignées dans un rapport d'évaluation. Ce moment est suivi par la soumission du rapport à la signature du fonctionnaire. Le rapport d'évaluation est généralement contresigné par le supérieur hiérarchique, à l'exception des situations où l'évaluation est effectuée personnellement par le dirigeant de l'institution ou de l'autorité publique. Les fonctionnaires publics mécontents peuvent contester le qualificatif d'évaluation dans un premier temps auprès du supérieur hiérarchique, et dans un second, auprès de la juridiction administrative compétente. Si la contestation auprès du supérieur hiérarchique doit être déposée dans un délai de cinq jours francs suivant la communication du résultat de l'évaluation, le supérieur hiérarchique a l'obligation de se prononcer dans un délai de 15 jours francs. Le résultat de la contestation doit être communiqué au fonctionnaire public intéressé dans les cinq jours suivant la solution de la contestation.

Les multiples modifications apportées au système de carrière dans la fonction publique témoignent non seulement de l'instabilité normative du régime de carrière de fonctionnaires roumains, mais aussi des défaillances originelles que le législateur a souhaité corriger.

---

[1] Article 114 de la DG n°611 du 4 juin 2008.

[2] Le rapport d'évaluation doit être complété en prenant en considération le qualificatif final d'évaluation des performances professionnelles individuelles, les résultats particuliers du fonctionnaire public, ainsi que les difficultés objectives auxquelles ce dernier s'est confronté pendant l'année évaluée ; il doit aussi établir les besoins de formation professionnelle pour l'avenir et établit en même temps les objectifs individuels pour l'année suivante à celle évaluée (art. 115 de la DG n°611 du 4 juin 2008).

B. Les défaillances du système de carrière

510. Le système de carrière actuellement en vigueur dans la Fonction publique roumaine fait suite à plusieurs tournants connus pendant sa (re)construction postcommuniste **(2)**, dus en partie à l'héritage des expériences connues pendant la monarchie et le communisme **(1)** ; ce qui explique certaines des faiblesses qui ressortent tant en matière de carrière **(3)**, que d'évaluation dans la Fonction publique **(4)**.

1. Les poids de l'héritage historique

511. Les enjeux posés par les dispositifs traditionnels de carrière. Les réflexions du début du XXe siècle ont graduellement conduit vers la mise en œuvre d'un système de carrière, où les procédures d'avancement étaient fondées, voire influencées avant tout par la valeur professionnelle des fonctionnaires. C'est la raison pour laquelle, l'avancement dans la fonction publique reposait sur l'élaboration d'un tableau d'avancement où les fonctionnaires, se portant candidats à une promotion, étaient inscrits dans l'ordre de leur mérite. Compte tenu de la place réservée au « mérite » par les procédures d'avancement, l'enjeu à l'époque concernait, comme de nos jours, essentiellement la mise en place d'un système d'évaluation qui reflète objectivement les résultats obtenus par les fonctionnaires pendant l'année évaluée. À cette époque, comme à présent, un système de notation, fondé sur des qualificatifs d'évaluation, a été considéré comme plus approprié. Cela n'a pas empêché qu'avec le temps ce système montre plusieurs de ses limites, dont notamment le caractère mécanisé de la procédure d'évaluation qui s'interposait entre le fonctionnaire et son supérieur hiérarchique. Le fonctionnaire se trouvait ainsi exposé à la volonté du supérieur hiérarchique qui, seul, décidait, le plus souvent « sur papier », le qualificatif d'évaluation de ses fonctionnaires. Toutefois, compte tenu que le législateur avait imposé à l'époque la règle d'après laquelle la proportion des avancements à l'ancienneté ne devait pas être inférieure à la moitié de l'ensemble des avancements effectués, il ressort de cela que, bien géré, l'avancement à l'ancienneté pouvait se transformer en un facteur de compétition. De plus, le qualificatif d'évaluation occupait une place beaucoup plus importante que de nos jours s'il faut considérer l'influence que lesdits qualificatifs exerçaient sur la carrière du fonctionnaire [1].

---

[1] Comme la règle, consacrée par le Code de conduite des fonctionnaires publics de 1940, en vertu de laquelle le fonctionnaire, évalué « insuffisant » deux fois de suite, pouvait être rétrogradé. Ce même principe, a été repris par les dispositions statutaires de l'article 99, qui précisent à la lettre « d » qu'un fonctionnaire peut être révoqué pour incompétence professionnelle ou pour avoir obtenu le qualificatif « insuffisant » lors de l'évaluation professionnelle. En l'absence de toute précision relative au nombre de qualificatifs

Le système de carrière communiste a finalement conservé dans son principe les règles instaurées par les normes statutaires abrogées en 1948.

2. Les tournants de la reconstruction postcommuniste

512. La reconstruction postcommuniste du régime statutaire de carrière. La période postcommuniste a été marquée d'amples réflexions au sujet de la réappropriation ou non du système de carrière consacré aux origines de l'institutionnalisation de la fonction publique. En effet, à la lumière des expériences passées et de la volonté de mettre fin aux pratiques « d'exécutant aveugle » privilégiées pendant le régime communiste, une réflexion pesée et bien réfléchie s'imposait au législateur. De ce fait, l'évolution normative du système de carrière aujourd'hui en vigueur présente un intérêt particulier par rapport à son évolution passée. En effet, si initialement le législateur avait décidé de se réapproprier d'une certaine manière le dispositif d'avancement fondé sur l'inscription au tableau consacré en début du XXe siècle [1], les modifications normatives survenues ultérieurement [2] ont progressivement conduit à la suppression du tableau en faveur de l'examen ou du concours en vigueur de nos jours [3]. De plus, qu'il s'agisse de l'avancement à l'ancienneté, de grade, de classe, ou encore, dans des fonctions de direction, le rôle des résultats obtenus lors de l'évaluation professionnelle reste, depuis la réforme de 2008, secondaire. En fait, le qualificatif d'évaluation ne représente plus, par rapport aux versions initiales des dispositions statutaires, qu'une condition parmi d'autres censée ouvrir l'accès au concours ou à l'examen d'avancement.

---

consécutifs qui légitime l'institution ou l'autorité publique à révoquer le fonctionnaire pour insuffisance professionnelle, il ressort de l'article 99 suscité que le fonctionnaire devait être renvoyé dès la première évaluation qui atteste une insuffisance professionnelle.

[1] Dans sa forme initiale, les dispositions statutaires avaient consacré sur un tableau d'avancement, dont les avancements survenaient dans l'ordre des inscriptions au tableau DG n°1084 du 25 octobre 2001 relative à l'approbation de la méthodologie d'évaluation des performances professionnelles individuelles des fonctionnaires publics et de contestation des qualificatifs d'évaluation, publiée dans le M. Of. n°707 du 7 mai 2001.

[2] DG n°1209 du 14 octobre 2003 relative à l'organisation et au développement de la carrière des fonctionnaires publics, publiée dans le M. Of. 757 du 29 octobre 2003. Les dispositions de cette décision ont été abrogées par la DG n°611 du 4 juin 2008 aujourd'hui en vigueur.

[3] Cette évolution a toutefois été indirectement due à une partie du milieu doctrinal qui considérait que, même si le dispositif d'avancement, fondé sur un tableau de mérite, était, certes, le plus approprié pour récompenser correctement le mérite et la performance, la procédure en revanche était trop lourde [Vedinaş (V.), *Statutul funcţionarilor publici (Le statut des fonctionnaires publics)*, UJ, 2e éd., 2016, p. 189].

3. Les faiblesses du système actuel de carrière

513. Les failles du système roumain de carrière en vigueur. Les critiques voire les faiblesses propres au système de carrière en vigueur peuvent finalement être regroupées en deux grandes catégories interdépendantes concernant les procédures d'avancement et d'évaluation. Premièrement, des dispositions en vigueur, il ressort l'absence de tout lien entre l'avancement à l'ancienneté ou d'échelon [1] et l'évaluation professionnelle, qui, pourtant, avait été consacré par les premières versions du statut de 1999. L'adoption de la loi n°284 du 28 décembre 2010 relative à la rémunération des personnels payés sur des fonds publics a supprimé cette forme d'avancement des dispositions statutaires [2]. Par la suppression du lien tissé, en début des années 2000, entre l'avancement d'échelon et l'évaluation voire les mérites dans la fonction publique, le législateur n'a fait que renoncer à un outil qui, mieux associé aux résultats professionnels des fonctionnaires, aurait davantage contribué à la dynamisation de la carrière dans la fonction publique. Ensuite, des dispositions en vigueur, il ressort aussi le rôle secondaire de l'« évaluation » au sein des autres formes d'avancement, que ce soit de grade, de classe, ou encore, dans une fonction de direction. En effet, d'après les dispositions statutaires susmentionnées, toute forme d'avancement est conditionnée par la réussite à un concours ou à un examen d'avancement.

À la différence des pratiques du début du XXe siècle, lesquelles se rapprochaient beaucoup plus des procédures françaises en matière d'avancement que celles en vigueur, la vision du législateur postrévolutionnaire a donc évolué vers le conditionnement exclusif de toute forme d'avancement à la réussite d'un concours ou d'un examen, dont le contenu se rapproche, jusqu'à s'identifier au contenu du concours de recrutement. La question qui en ressort est de savoir quelle serait, finalement, dans la vision du législateur, la différence entre le concours de recrutement et le concours d'avancement [3] ? Cette question apparaît d'autant plus légitime, compte tenu du fait que le dispositif d'avancement en vigueur amène le candidat à être en concurrence non seulement avec les seuls fonctionnaires candidats qui œuvrent au sein de la même institution, mais aussi avec tout autre fonctionnaire extérieur qui, en réunissant les conditions

---

[1] Comme ce type d'avancement est nommé en droit français.

[2] En effet, l'entrée en vigueur de ladite loi a modifié l'article 63, en supprimant de son contenu, l'avancement d'échelon et a abrogé les dispositions de l'article 67 du Statut des fonctionnaires publics qui précisaient que « l'avancement d'échelon survenait selon la loi relative au système unitaire de salarisation des fonctionnaires publics ». En lieu et place de l'avancement d'échelon, les dispositions de l'alinéa 3 de l'article 11 de la loi n°284 du 28 décembre 2010 établissent les « tranches » d'ancienneté, en fonction desquelles s'octroient jusqu'à 5 grades (gradatii en roumain), dénommés « classes de salarisation ».

[3] Vedinaş (V.), *op. cit.*, p. 189.

exigées pour un même type d'avancement, décide de se porter candidat. En d'autres termes, un fonctionnaire candidat à un avancement de classe ou de grade peut concourir non seulement au sein d'institution d'appartenance, mais aussi à d'autres institutions.

514. Les faiblesses des procédures de concours. Concernant les procédures de concours et de déroulement des épreuves, il faut se rapporter aux dispositions qui encadrent le recrutement dans la fonction publique. Comme il ressort de la DG n°611 du 4 juin 2008, les épreuves reposent sur des fondements plutôt théoriques que pratiques, ce qui apparaît en contradiction avec la nature intrinsèque de l'avancement, qui est celle de « récompense » pour les résultats méritoires obtenus dans l'exercice des attributions afférentes à la fonction détenue. En d'autres termes un avancement fondé sur l'expérience et les résultats professionnels acquis.

À la lumière de ces considérations, par sa volonté de révolutionner le système de carrière, le législateur paraît avoir remplacé prématurément le dispositif fondé sur le tableau d'avancement, en faveur d'un concours d'avancement. Compte tenu des critiques liées au caractère purement formel du concours d'avancement en vigueur, il s'avère utile de chercher à savoir si revenir au système d'avancement, consacré initialement, sur la base d'un tableau d'avancement conçu en fonction des évaluations des résultats professionnels, ne serait pas profitable à la modernisation de la Fonction publique statutaire. L'ordre d'inscription des candidats au tableau pourrait être conditionné, soit exclusivement par l'évaluation professionnelle, soit par des épreuves pratiques dont les résultats soient considérés ensemble avec les résultats professionnels obtenus pendant la période considérée. La mise en place d'un tel dispositif d'avancement conduit la réflexion vers l'analyse des faiblesses des procédures d'évaluation en vigueur.

4. Les faiblesses du système actuel d'évaluation

515. Les failles reprochées au système d'évaluation. L'idée de reconstruire les procédures d'avancement autour de la « valeur professionnelle », bien qu'intéressante, met en évidence une autre faille du système roumain de carrière, qui est la procédure d'évaluation. Cela, d'autant que le système en vigueur a attribué un rôle secondaire à l'évaluation des fonctionnaires, celle-ci n'influant directement ni sur l'avancement voire la rétrogradation [1], ni sur le traitement du fonctionnaire. Concernant ce dernier point, les qualificatifs professionnels obtenus en 2021

[1] Le législateur a, en revanche, reconnu le droit de « l'employeur » de révoquer pour incompétence professionnelle le fonctionnaire, ayant obtenu le qualificatif « insatisfaisant » lors de l'évaluation annuelle.

pour l'activité exercée en 2020 compteront non seulement pour l'octroi des primes, mais aussi pour une éventuelle diminution, jusqu'à 10%, pour le qualificatif « satisfaisant ». Il reste que, dans le contexte d'un maintien d'un dispositif d'évaluation artificiel, mathématique et impersonnel (« sur papier »), le risque de laisser le fonctionnaire davantage à la discrétion de son supérieur hiérarchique est important. À ce sujet, une étude portant sur les difficultés de l'administration publique locale dans la gestion des ressources humaines pointait récemment le caractère purement formel des qualificatifs octroyés aux fonctionnaires [1]. En effet, à en juger par les conclusions dudit rapport, en l'absence d'un quelconque échange, voire *feedback*, entre les fonctionnaires évalués et leurs évaluateurs, l'évaluation ne revêtirait que le caractère d'une « formalité sur papier » [2].

Le nombre des faiblesses du système roumain de carrière en général, et d'évaluation en particulier, est complété par l'absence d'un dispositif, sinon de sanction, du moins de responsabilisation des évaluateurs. Ce qui nous renvoie aux réflexions du professeur Jean Vermeulen qui, dans les années 1940, appréciait le conditionnement de l'avancement au concours par la loi administrative de 1938 comme « l'une des plus heureuses innovations de la loi en matière d'avancement (…,) et ce, parce qu'elle consacre le mérite et condamne le favoritisme » [3]. Dans le même sens, d'après le professeur Gaston Jèze, le conditionnement de l'avancement au concours marque « la fin du patronage politique et la suppression d'une monnaie électorale, le pouvoir purement discrétionnaire [, ou encore, condamne] l'abandon de l'avancement aux influences politiques ». C'est pourquoi les politiciens sont hostiles « à l'avancement après concours ou examen spécial (…,) procédé qu'ils considèrent peu probant, bizarre, voire incompatible avec la dignité de la profession » [4].

Il ressort de cela, qu'avant de procéder à la réformation du système actuel d'avancement, il est important, d'une part, de professionnaliser d'abord la fonction d'évaluateur, et d'autre part, de renforcer la responsabilité adossée à cette qualité, et seulement après de procéder à l'expérimentation de nouvelles techniques d'évaluation, dont notamment l'entretien professionnel qui semble avoir révolutionné, parmi d'autres, le système français d'évaluation.

---

[1] Guvernul României, *Raport privind dificultățile administrației publice locale in gestionarea proceselor de resurse umane (Rapport relatif aux difficultés de l'administration publique locale dans la gestion des ressources humaines*), Deloitte, 2013, p. 18.

[2] *Ibid.*, p. 18.

[3] Vermeulen (J.), « La loi administrative roumaine de 1938 et le statut légal des fonctionnaires publics », Revista de drept public, XIIIème année, 1938, p. 543.

[4] Jèze (G.), *Principes généraux du droit administratif*, Giard, 3e éd., 1925, p. 496.

§ 2. La carrière statutaire face au défi de la professionnalisation

516. À l'opposé du système roumain de carrière, les dernières réformes françaises en matière de carrière dans la fonction publique ont davantage assujetti les procédures d'avancement à l'évaluation professionnelle. Par conséquent, l'adaptation du régime de carrière aux défis actuels de la fonction publique renvoie à une prise en considération des bénéfices d'un dispositif juridique d'évaluation de la carrière **(A)**, mais aussi des défis posés au « jeune » système roumain de carrière à l'aune de l'exemple français **(B)**.

A. La place centrale de l'évaluation dans le système français d'avancement

517. La nomination dans un grade de la hiérarchie administrative marque non seulement l'entrée dans la fonction publique, mais aussi le droit à la carrière du fonctionnaire titulaire. De ce fait, la description du cadre juridique des procédures d'avancement **(1)** sera suivie de l'analyse des étapes parcourues par le système français pour aboutir à la modernisation de son système d'avancement **(2)**.

1. L'encadrement juridique des procédures d'avancement

518. Les particularités d'un système qui conditionne l'avancement d'échelon à l'évaluation. Comme en droit roumain, l'avancement d'échelon ou à l'ancienneté survient, en droit français, de manière continue d'un échelon à l'échelon immédiatement supérieur aux intervalles précisés par les statuts particuliers propres à chaque corps ou cadre d'emploi. Toutefois, à la différence du système roumain, le système français a repris, voire renforcé, depuis les années 80, le principe de bonification d'ancienneté. Ce principe a permis de mettre en place un système, qui soumet l'avancement d'échelon non seulement à l'ancienneté, mais aussi à la valeur professionnelle du fonctionnaire [1].

---

[1] En effet, les statuts particuliers peuvent prévoir la mise en œuvre d'un système d'avancement d'échelon qui dépasse l'automatisme spécifique de ce type d'avancement par l'octroi de bonifications d'ancienneté. Reste que ce principe apparaît « avoir disparu avec la mise en œuvre des décrets [https://www.fonction-publique.gouv.fr/ma-remu/ppcr-de-quoi-sagit-il] découlant du protocole d'accord rrelatif aux parcours professionnels, aux carrières et rémunérations (PPCR) et l'instauration d'un cadencement unique » [Collin (A.), *Fonction publique et gestion des ressources humaines*, éd. Studyrama, 2017, p. 103].

De plus, et toujours dans une logique de dynamisation de ce type d'avancement a récemment été créé « l'échelon sommital » d'un ou de plusieurs grades d'un cadre d'emploi. L'échelon sommital représente un échelon spécial dont l'accès est assuré par voie d'inscription à un tableau annuel d'avancement, établi après avis de la CAP, et ce, en fonction de la valeur professionnelle et des acquis de l'expérience professionnelle des agents [1]. L'avancement d'échelon ne représente qu'une forme de promotion parmi une diversité d'autres formes qui concernent, d'une manière sensiblement différente du droit roumain, l'avancement de grade ou de classe.

519. L'avancement de grade ou de classe, entre tableau d'avancement et concours ou examen. Le principe de continuité se retrouve également parmi les fondements de l'avancement de grade, lequel, dans des conditions normales, doit intervenir, sans discontinuité, d'un grade au grade immédiatement supérieur au sein d'un même corps ou cadre d'emploi. Le législateur a, toutefois, réglementé une exception, qui concerne la situation où l'avancement de grade est subordonné à une sélection professionnelle [2].

À la différence du système roumain, où les différentes formes d'avancement sont conditionnées par la réussite à un concours ou examen, les dispositions statutaires françaises consacrent trois modalités d'avancement de grade communes aux trois fonctions publiques.

Une première modalité, la plus utilisée, réside dans l'avancement au choix par l'inscription à un tableau annuel d'avancement de tous les fonctionnaires qui réunissent les conditions requises pour l'avancement de grade dans leur corps ou cadre d'emploi d'origine [3]. L'inscription au tableau est réalisée sur la base des résultats obtenus lors de l'évaluation annuelle et/ou des acquis de l'expérience professionnelle, et ce, selon les lignes directrices de gestion [4] formulées par l'autorité compétente, après avis du

---

[1] Article L522-11 du CGFP (l'article 78-1 de la loi n°84-53 du 26 janvier 1984 portant dispositions statutaires relatives à la fonction publique territoriale).

[2] Article L522-4 du CGFP (alinéa 1 de l'article 58 de la loi n°84-16 du 11 janvier 1984 portant dispositions statutaires relatives à la fonction publique de l'État ; l'alinéa 1 de l'article 79 de la loi n°84-53 du 26 janvier 1984 portant dispositions statutaires relatives à la fonction publique territoriale ; l'alinéa 1 de l'article 68 de la loi n°86-33 du 9 janvier 1986 portant dispositions statutaires relatives à la fonction publique hospitalière).

[3] CE 29 juillet 1994, *Ribault et Clouet*, RecLebon p. 399.

[4] « Les lignes directrices de gestion déterminent la stratégie pluriannuelle de pilotage des ressources humaines dans chaque administration et établissement public, notamment en matière de gestion prévisionnelle des emplois et des compétences. Les lignes directrices de gestion fixent, d'une part, dans chaque administration, les orientations générales en matière de mobilité et, d'autre part, dans chaque administration et établissement public, les orientations générales en matière de promotion et de valorisation des parcours, sans préjudice du pouvoir d'appréciation de cette autorité en fonction des situations individuelles, des circonstances ou d'un motif d'intérêt général » (d'applicabilité à partir du 1er janvier 2020).

comité social (territorial) [1]. Les avancements doivent impérativement respecter l'ordre d'inscription au tableau. La deuxième forme d'avancement de grade repose sur un examen professionnel, à l'issue duquel les candidats sont inscrits à un tableau annuel d'avancement. En droit français l'inscription au tableau est conditionnée non seulement par la valeur professionnelle, mais aussi par les résultats obtenus audit examen [2]. La dernière modalité d'avancement de grade consiste en une sélection effectuée exclusivement par voie de concours, dont la particularité réside dans la possibilité reconnue d'éluder le principe de continuité de carrière, par la création d'un dispositif censé stimuler des trajectoires plus rapides de la carrière dans la fonction publique. Il s'agit, en fait, d'une contre-réplique du législateur français face aux « tendances complices » des ex-CAP (Commission Administrative Paritaire) et des chefs de service d'accorder la préférence dans l'élaboration des tableaux d'avancement au choix, plutôt à l'ancienneté qu'au mérite. Ces procédures, tacites et consensuelles, si elles permettaient, en effet, de « procéder plus facilement et sans faire de peine aux plus anciens, [elles dénaturaient en même temps] l'avancement au choix, en le transformant en un avancement à l'ancienneté » [3]. Il ressort de cela trois modalités par les biais desquelles les fonctionnaires français peuvent bénéficier de l'avancement de grade : par la voie des évaluations professionnelles et des acquis de l'expérience professionnelle, par celle de l'examen, ou encore, par celle du concours.

In fine, il faut noter que l'avancement de classe est spécifique aux corps où il n'y a qu'un seul grade composé de plusieurs classes. Néanmoins, à la différence de l'avancement de grade, celui de classe n'engage qu'une augmentation de traitement. La place importante réservée aux évaluations professionnelles, au sein des différents dispositifs d'avancement consacrés en droit français, a conduit le législateur à tenter, d'abord, à titre expérimental, et ensuite, à titre définitif, un dispositif révolutionnaire d'évaluation professionnelle.

---

[1] Article 30 de la loi n°2019-828 de transformation de la fonction publique.

[2] De plus, lorsque les statuts particuliers le prévoient, les membres des jurys peuvent consulter les dossiers individuels des candidats à l'avancement, afin de mieux compléter leurs appréciations à l'égard de chacun (CE Sect. 23 décembre 1955, *Sieur Lévy*, req. n°15.069, Lebon p. 608 ; CE Ass. 28 juin 1991, *Desmoulins*, req. n°104.589 et n°107412, Lebon p. 254).

[3] Chapus (R.), *Droit administratif général*, Montchrestien, 15e éd., tome 2, 2001, p. 221.

2. Les fondements récents d'un dispositif moderne d'évaluation professionnelle

520. Le cadre général de l'évaluation posé par les normes statutaires a progressivement conduit le législateur vers la mise en œuvre d'un dispositif professionnel d'évaluation des agents publics, d'abord à titre expérimental, puis, à titre général.

521. Cadre général de l'évaluation de la valeur professionnelle. D'après les dispositions de l'article L521-1 du CGFP [1], « les notes et appréciations attribuées aux fonctionnaires et exprimant leur valeur professionnelle leur sont communiquées ». En réponse à ces précisions à caractère général, les dispositions statutaires spécifiques à chacune des trois fonctions publiques ont procédé à l'encadrement des procédures de notation. Pour les détails techniques, le législateur a renvoyé aux statuts particuliers.

Les dispositions de l'alinéa 2 de l'article susmentionné réglementent concomitamment la possibilité pour les corps ou cadres d'emploi de déroger à l'obligation de réglementer un système de notation quelconque. Aux termes desdites dispositions, les statuts particuliers peuvent ne pas prévoir de système de notation. Face à la complexité et à la diversité des systèmes de notation hérités depuis les origines de l'institutionnalisation de la fonction publique, mais aussi aux finalités discutables auxquelles aboutissaient les systèmes classiques de notation, des réflexions ont été engagées pour la modernisation du système d'évaluation. De ce fait, les normes statutaires françaises n'ont pas tardé à faire preuve de beaucoup de souplesse face au défi de professionnalisation de l'évaluation, et ce, tout en aboutissant à un dispositif original qui se trouve en harmonie tant avec les principes statutaires que de gestion.

522. L'évolution vers les premiers dispositifs professionnels d'évaluation. Le point de départ de la volonté de repenser l'ancien système de notation réside dans l'instauration d'une sorte de « mécanismes d'indifférenciation des agents [par la] concentration des notes autour de 18 sur 20, péréquation, harmonisation, neutralisation des résultats ... » [2]. En effet, devant l'uniformisation des pratiques de notation élevées et des appréciations imprécises qui allaient à l'encontre d'une quelconque individualisation de la valeur professionnelle de l'agent, la notation apparaissait comme tombée en désuétude [3]. À cet effet, le rapport Picq sur

[1] Article 17 de la loi n°83-634 du 13 juillet 1983 portant droits et obligations des fonctionnaires.

[2] Auby (J.-M.) et autres, *Droit de la fonction publique*, Dalloz, 7e éd., 2012, p. 264.

[3] Comité d'enquête sur le coût et le rendement des services publics, *La notation et l'évaluation des agents*, éd. Premier Ministre, 2001, p. 5.

la réforme de l'État et de la gestion publique soulignait déjà, depuis le début des années 90, la nécessaire modernisation du système d'évaluation par l'instauration « d'un mécanisme qui permet d'examiner une fois par an, la situation professionnelle de chaque agent, [pas dans le sens de juger], mais d'aider chacun à donner le meilleur de lui-même, favorisant ainsi, et tout à la fois, sa propre satisfaction, celle de ses supérieurs et celle des usagers » [1]. M. Picq considérait sur ce point qu'un entretien approfondi avec le supérieur hiérarchique direct permettrait non seulement d'examiner l'accomplissement des objectifs de l'année écoulée, ainsi que de mieux fixer les objectifs de l'année à venir, mais aussi de négocier les moyens nécessaires en termes notamment de formation de l'agent. Par suite, d'après le même auteur, cet entretien devait aussi être l'occasion de réfléchir à la carrière de l'agent, notamment en termes de mobilité.

Dans les années 2000, il a été procédé à la réalisation d'une enquête sur la notation et les pratiques d'évaluation qu'un certain nombre de départements ministériels avaient mis en œuvre de manière informelle [2]. Cette enquête a davantage fait naître des questionnements sur la pertinence des règles transversales relatives à la notation des fonctionnaires d'État, ainsi que sur les moyens d'améliorer le dispositif, notamment à travers une éventuelle modification des règles juridiques relatives à la notation des agents [3]. Les conclusions de l'enquête citée ci-dessus, rendues publiques en 2001, ont conduit à l'adoption du décret n°2002-682 du 29 avril 2002 relatif aux conditions générales d'évaluation, de notation et d'avancement des fonctionnaires de l'État. Le décret de 2002 a apporté au moins deux innovations importantes en matière de notation des fonctionnaires. Une première innovation concernait l'instauration d'un entretien professionnel, par le *biais* duquel était évaluée l'activité des fonctionnaires, selon des procédures bien précises. Une deuxième innovation concernait la création « d'un lien automatique entre la variation de la notation d'un agent au regard de la note précédente et l'octroi des mois de réduction d'ancienneté par rapport à l'ancienneté moyenne exigée par le statut du corps pour passer à l'échelon supérieur » [4].

L'évaluation annuelle, proposée par le décret de 2002, devait se dérouler dans un cadre formalisé d'un entretien individuel, pendant lequel

---

[1] Jean Picq, *L'État en France. Servir une nation ouverte sur le monde*, La Documentation française, 1994, p. 125.

[2] Même si le décret du 14 février 1959 ne prévoyait pas l'obligation pour les administrations d'organiser un entretien de notation, dont les fondements juridiques différaient considérablement d'une administration à l'autre voire d'un service à l'autre.

[3] Comité d'enquête sur le coût et le rendement des services publics, *La notation et l'évaluation des agents*, éd. Premier Ministre, 2001, p. 1.

[4] Weiss (J.-P.), Colomb d'Ecotay (M.-C.), Delpech (M.) et autres, *Rapport sur l'évaluation de la notation des fonctionnaires d'État*, 2007, p. 5 (www.fonction-publique.gouv.fr/files/.../2007-evaluation-et-**notation**.pdf, consulté le 15 octobre 2021).

l'évaluateur était censé poursuive des objectifs regroupés dans deux catégories : d'une part, faire le bilan de l'activité de l'agent pendant l'année évaluée et des objectifs à atteindre pour l'année suivante, et d'autre part, conseiller, orienter, accompagner l'agent en fonction à la fois de ses propres intérêts et compétences, mais aussi des besoins de l'institution employeuse. Les échanges entre l'évaluateur et l'agent devaient ensuite donner lieu à la rédaction d'un compte rendu par l'évaluateur qui était ensuite communiqué à l'agent évalué et à la CAP. Le compte-rendu pouvait faire l'objet d'une contestation par le biais de la CAP devant l'institution employeuse puis au contentieux, ou, directement en contentieux.

Plusieurs années après l'adoption du décret de 2002, et malgré les nombreuses rénovations apportées à ce dernier, le rapport sur l'évaluation de la notation des fonctionnaires d'État de 2007 soulignait l'absence d'un fondement juridique précis relatif à l'évaluation par rapport au système de notation [1]. À cet effet, la loi n°2007-148 du 2 février 2007 reconnaissait la possibilité pour les administrations de l'État d'apprécier à titre expérimental la valeur professionnelle de leurs fonctionnaires par le biais d'un entretien professionnel [2].

Deux ans plus tard, la loi 2009-972 du 3 août 2009 relative à la mobilité et aux parcours professionnels dans la fonction publique a, non seulement, prolongé l'expérimentation de l'entretien professionnel dans la fonction publique d'État pour les années 2010 et 2011, mais elle a aussi disposé que la même expérimentation soit entreprise également dans les fonctions publiques territoriale et hospitalière. Le dispositif actuel d'évaluation professionnelle des agents représente donc le résultat de plus d'une quinzaine d'années de réflexion et d'expérimentation qui ont progressivement fait évaluer l'encadrement juridique des principes de gestion des ressources humaines en matière d'évaluation voire de carrière, au sein même des dispositions statutaires.

523. La généralisation de l'entretien professionnel. Le processus expérimental s'est achevé avec l'adoption du décret n°2010-888 du 28 juillet 2010 relatif aux conditions de l'appréciation de la valeur professionnelle des fonctionnaires de l'État, avec une généralisation de son application à compter du 1er janvier 2012, et par la loi n°2014-58 du 27 janvier 2014 de modernisation de l'action publique territoriale et d'affirmation des métropoles pour la fonction publique territoriale [3]. Reste que, jusqu'au 1er

---

[1] Weiss (J.-P.), Colomb d'Ecotay (M.-C.), Delpech (M.) et autres, *op. cit.*, p. 20.

[2] Le décret n°2007-1365 du 17 septembre 2007, portant application de l'article 55 bis de la loi n°84-16 du 11 janvier 1984 portant dispositions statutaires relatives à la fonction publique de l'Etat, avait encadré les conditions auxquelles cette expérimentation était soumise.

[3] Le décret d'application n°2014-1526 du 16 décembre 2014 relatif à l'appréciation de la valeur professionnelle des fonctionnaires territoriaux.

janvier 2016, les dispositions statutaires reconnaissaient encore aux administrations la possibilité de conserver des systèmes de notation par les statuts particuliers [1], ou encore, de combiner les deux.

Conduit par le supérieur hiérarchique direct, l'entretien professionnel se déroule annuellement et donne lieu à un compte rendu [2]. La date de l'entretien est fixée par le supérieur hiérarchique, lequel a l'obligation d'en informer le fonctionnaire au moins huit jours avant la date fixée pour l'entretien [3].

L'entretien professionnel porte principalement sur « les résultats professionnels obtenus par le fonctionnaire eu égard aux objectifs qui lui ont été assignés et aux conditions d'organisation et de fonctionnement du service dont il relève ; ainsi que sur les objectifs assignés au fonctionnaire pour l'année à venir et les perspectives d'amélioration de ses résultats professionnels, compte tenu, le cas échéant, des évolutions prévisibles en matière d'organisation et de fonctionnement du service » [4]. D'autres éléments à prendre en considération concernent la manière de servir du fonctionnaire, les acquis de son expérience professionnelle, et selon les cas, sur ses capacités d'encadrement. Les évaluateurs doivent impérativement s'intéresser également aux « besoins de formation du fonctionnaire eu égard aux missions qui lui sont imparties, aux compétences qu'il doit acquérir et à son projet professionnel ainsi qu'à l'accomplissement de ses formations obligatoires », au regard des « perspectives d'évolution professionnelle du fonctionnaire en termes de carrière et de mobilité » [5]. D'autres thèmes d'évaluation peuvent être pris en considération « en fonction de la nature des tâches confiées aux fonctionnaires et du niveau de leurs responsabilités ». De plus, durant l'entretien, le fonctionnaire doit être encouragé à faire part des observations et propositions personnelles concernant non seulement son évolution professionnelle, mais aussi le fonctionnement de son service.

Le compte rendu de l'entretien professionnel est établi et signé par le supérieur hiérarchique direct du fonctionnaire et porté ensuite à la connaissance de celui-ci. En cas de désaccord, le contenu du compte rendu peut faire l'objet d'une demande de révision, qui doit être formulée dans un

---

[1] Alinéa 2 de l'article 55 de la loi n°84-16 du 11 janvier 1984.

[2] Article L521-1 du CGFP (l'article 55 de la loi n°84-16 du 11 janvier 1984 portant dispositions statutaires relatives à la fonction publique de l'État ; l'alinéa 1 de l'article 76 de la loi n°84-53 du 26 janvier 1984 portant dispositions statutaires relatives à la fonction publique territoriale).

[3] Le non-accomplissement de l'obligation d'indiquer au moins 8 jours à l'avance la date exacte de l'entretien constitue un motif pour l'annulation du compte-rendu de l'évaluation professionnelle (TA Cergy-Pontoise 12 mai 2014, *Mme. Rezeguia*, req. n°11-09.173).

[4] Article 3 du décret n°2010-888 du 28 juillet 2010 relatif aux conditions de l'appréciation de la valeur professionnelle des fonctionnaires de l'État et article 3 de la loi n°2014-58 du 27 janvier 2014 de modernisation de l'action publique territoriale et d'affirmation des métropoles pour la fonction publique territoriale.

[5] *Idem.*

délai de 15 jours francs à compter de la date de prise de connaissance de ce document par le fonctionnaire évalué. Le fonctionnaire, mécontent de la réponse formulée à sa contestation, peut demander à la CAP de formuler en son nom une autre demande de révision auprès de l'autorité hiérarchique ; cela, dans un délai d'un mois à compter de la date de notification de la réponse de l'autorité hiérarchique au recours formulé, personnellement et préalablement, par le fonctionnaire.

Les différentes étapes expérimentales, parcourues par le système français pour la mise en place d'un dispositif d'entretien professionnel, et ce, sans porter atteinte aux fondements statutaires, permettent de dégager les défis qui se posent à la modernisation du système d'évaluation roumain.

B. Les défis posés à la modernisation du système de carrière statutaire

524. Les enseignements, tirés de l'évolution des règles juridiques en matière de carrière, évaluation professionnelle comprise, de la Fonction publique française **(1)**, contribuent à la formulation des défis qui se posent au législateur statutaire en général et roumain en particulier pour la modernisation de la carrière **(2)** et de l'évaluation professionnelle **(3)** des fonctionnaires publics.

1. La capacité de la carrière statutaire à s'adapter aux exigences de professionnalisation

525. Les enseignements à tirer de l'exemple français. Les évolutions récentes des normes statutaires en matière de carrière dans la fonction publique française illustrent la capacité de ce système à s'adapter à « l'air des temps modernes ». Progressivement, le législateur français a réussi, par le biais de périodes d'expérimentation, de permettre aux visions traditionalistes et modernistes de carrière de se découvrir réciproquement voire de cohabiter.

En matière de carrière, le système roumain de fonction publique doit noter les deux temps utilisés pour l'application des réformes françaises de professionnalisation du système de carrière : d'abord à titre expérimental, ensuite à titre définitif. Compte tenu, d'une part, des faiblesses du système roumain énoncées précédemment, et d'autre part, des réglementations françaises en matière de carrière, plusieurs défis se profilent pour la Fonction publique statutaire en général et roumaine en particulier.

2. Les défis à relever en matière d'avancement

526. Défis posés à la modernisation des procédures roumaines d'avancement. Premièrement, il s'avère impérativement nécessaire de repenser les procédures d'avancement autour des évaluations professionnelles. En effet, considérant que les dispositions de la loi n°284 du 28 décembre 2010 semblent avoir dépouillé l'avancement d'échelon de tout sens du mérite, reconstituer l'avancement d'échelon sur un système de majoration ou de réduction d'ancienneté en fonction des résultats professionnels obtenus conférerait un sens « méritoire » aux augmentations de traitement connues tout au long de la carrière par les fonctionnaires.

Partant des considérations susmentionnées, se réapproprier l'avancement d'échelon, selon une formule similaire aux règles de bonification d'ancienneté, apparaît intéressant. Cela, d'autant qu'un type d'avancement fondé sur un système de majorations et diminutions d'ancienneté permet, tout en conservant la stabilité statutaire du fonctionnaire, de récompenser les fonctionnaires méritants, ou bien, au contraire, de sanctionner ceux ayant fait preuve de laxisme dans leur activité. Fixer les limites des majorations ou des sanctions à trois mois sur une année apparaît comme une clé de contrôle contre les tendances abusives d'application de majorations ou de réductions d'ancienneté. Le législateur doit toutefois être averti contre les possibles pratiques d'octroi collectif en une fois à tous les fonctionnaires, ou contre les vagues de bonifications d'avancement. Pratiques auxquelles le système français a été régulièrement confronté.

L'assujettissement de toute forme d'avancement à la réussite exclusive d'un concours ou examen d'avancement représente une autre source de questionnements en droit roumain. Faut-il se réapproprier le dispositif des tableaux d'avancement [1] ou identifier plutôt les moyens par lesquels les résultats professionnels pourraient davantage compter au sein des concours ou examens d'avancement en vigueur ? Même si les deux perspectives apparaissent intéressantes, à long ou à court terme, une troisième solution s'impose toutefois. En effet, considérant que l'avancement de grade n'est pas tenu par l'existence d'un poste vacant, la perspective de combiner les trois modalités d'avancement de grade, spécifique au droit français, aux particularités de la fonction publique roumaine apparaît plus intéressante. Cela, indépendamment du choix effectué entre l'adoption du système fondé exclusivement sur les résultats professionnels ou la consécration d'un système mixte, qui combine les résultats professionnels avec la réussite à un examen. Cela d'autant que, du fait de son passé, le système roumain bénéficie déjà d'une certaine expérience dans la gestion du procédé fondé sur des tableaux d'avancement : un système considéré traditionnellement

[1] Consacré tant par le législateur roumain dans les premières versions de la loi statutaire en vigueur, que par le système français.

comme plus approprié à la notion d'avancement, c'est-à-dire « de récompense au mérite professionnel » [1].

À la lumière de ces considérations, nos propositions convergent vers la consécration d'un système mixte où le poids des résultats professionnels soit proportionnel aux résultats obtenus à l'examen d'avancement. Un système mixte permettrait à « l'évaluation » de se réapproprier la force juridique nécessaire pour repositionner les avancements de grade et de classe sur des fondements méritocratiques. Concernant l'avancement dans une fonction de direction, le concours s'avère un outil de veille voire de sélection, compte tenu des retombées des responsabilités que les fonctions de direction engagent tant sur le parcours professionnel de ses collaborateurs que sur la qualité du service public rendu au citoyen.

3. Les défis à relever en matière d'évaluation professionnelle

527. Propositions liées à l'évaluation professionnelle. La deuxième catégorie de défis, qui se posent à la modernisation de la Fonction publique statutaire en général, et roumaine en particulier, concerne, d'une part, les procédures d'évaluation professionnelle, et d'autre part, la place secondaire qu'elle occupe actuellement au sein de la carrière dans la fonction publique.

La version initiale de la loi n°188 du 8 décembre 1999 portant statut des fonctionnaires publics avait réservé à l'évaluation professionnelle un rôle considérablement plus important, compte tenu du fait que, des résultats obtenus lors de l'évaluation professionnelle, dépendait également la carrière du fonctionnaire. En effet, le législateur roumain avait repris initialement le système de notation existant avant les années 1950 quand le fonctionnaire, ayant obtenu le qualificatif « satisfaisant » ou « insatisfaisant », ne pouvait pas bénéficier d'une promotion l'année suivante. De plus, lorsque le fonctionnaire obtenait, pendant deux années consécutives le qualificatif « insatisfaisant », le dirigeant de l'institution devait proposer au fonctionnaire la rétrogradation dans une fonction inférieure. Si la proposition n'était pas acceptée, le fonctionnaire était révoqué de sa fonction.

Compte tenu des dispositions de l'article 99 de la loi n°188 du 8 décembre 1999 déjà évoquées, la prise de position du législateur par rapport aux situations d'insuffisance professionnelle était, des plus sévères, si l'on considère qu'en vertu des dispositions de la lettre « d » de l'article sus-évoqué, le qualificatif « insuffisant » pouvait engager, jusqu'en juillet 2019, la révocation du fonctionnaire. En effet, lesdites dispositions n'ont pas été reprises dans la version republiée dans le Code administratif adopté le 3

---

[1] À ce sujet, si Madame Vedinaş considère comme plus approprié le système d'avancement sur la base de tableaux d'avancement consacré initialement par le législateur roumain ; elle avait en revanche trouvé le dispositif consacré trop lourd voire complexe.

juillet 2019. Il reste qu'il s'avère difficile de déterminer, si en cas d'insuffisance professionnelle, il faut opter pour la rétrogradation ou la révocation. Cette difficulté ressort notamment de l'importance d'identifier les causes de « cette » insuffisance professionnelle, responsabilité qui ne pourrait incomber qu'à l'évaluateur. Il convient donc de chercher s'il s'agit d'une insuffisance professionnelle due à un manque de formation ou au recrutement d'un profil incompatible avec les exigences de la fonction, incompatibilité qui passe inaperçue lors de l'évaluation de fin de stage probatoire. Raison de plus pour engager des réflexions qui contribuent à la construction d'un dispositif d'évaluation qui assure, outre l'objectivité et la transparence des évaluations professionnelles, le sens de responsabilité des évaluateurs. Reste à savoir par quels moyens il serait plus efficace, voire utile, de repenser les procédures d'évaluation, pour aboutir à un encadrement qui défend tant les intérêts du fonctionnaire que ceux de l'institution publique.

Pour rappel, l'évaluation en droit roumain continue, même après l'adoption de l'OUG n°57 du 3 juillet 2019 portant Code administratif, à être assujettie à des calculs mathématiques effectués par le supérieur hiérarchique directement sur papier, et ce, en l'absence d'un échange direct, à l'exception de l'entrevue réservée à la communication des résultats. Entrevue, qui pourrait [1], en effet, être utilisée par l'évaluateur pour, éventuellement, interroger le fonctionnaire au sujet de ses besoins de formation ou d'autre nature.

À la lumière de ces considérations, l'expérience française se présente comme une source d'inspiration importante, à condition que le législateur roumain ne se précipite pas, une nouvelle fois, pour importer aveuglément un modèle qui doit, avant toute consécration, être adapté aux spécificités du système roumain. Par conséquent, et comme en droit français, notre proposition incite, dans un premier temps, à une expérimentation qui permette aux institutions et autorités publiques non seulement de s'approprier le concept d'entretien professionnel, mais surtout de comprendre les enjeux juridiques de cet outil. Le remplacement du système de notation [2] par un entretien professionnel fondé sur un échange direct où, non seulement le fonctionnaire, mais aussi le supérieur hiérarchique, soient amenés à justifier leurs actions ou inactions, implique en priorité deux catégories de mesures. D'abord, il est important d'assurer en amont la formation des « évaluateurs », une formation qui leur permette d'acquérir les compétences requises pour diriger des entretiens professionnels. Ensuite, il s'avère tout aussi important que des règles légales précises et dépourvues de

[1] Aux termes du législateur, il s'agit d'une possibilité et pas d'une obligation.

[2] Dont la spécificité réside précisément dans un calcul mathématique qui est difficilement contestable, mais qui a, en revanche, favorisé une sorte d'uniformisation des qualificatifs accordées aux fonctionnaires appartenant à un même service.

toute ambiguïté soient fixées au sujet des conditions de deroulement de l'entretien.

528. Le défi lié au renforcement de responsabilité endossée par les évaluateurs. Un dernier point concerne la réflexion voire la consécration d'un système de responsabilité concernant les résultats des évaluations effectuées, sachant que lesdites évaluations peuvent conditionner, de manière directe ou indirecte, l'avancement voire la carrière d'un fonctionnaire. Ces réflexions en amènent une autre : celle de savoir si, au début d'une telle expérimentation, il ne serait pas intéressant que le législateur prévoie l'obligation pour les évaluateurs des administrations locales de se constituer en « commissions d'évaluation et de propositions d'avancement », qui compteraient parmi ses membres également des spécialistes de l'Administration centrale spécialement formés en la matière ; sachant que, dans le milieu rural, la qualité de la formation des fonctionnaires est plus superficielle que dans le milieu urbain [1].

La reconstruction de l'évaluation sous la forme d'un entretien professionnel pourrait contribuer au développement d'un autre segment lacunaire du système roumain voire, dans une moindre mesure, du système français de fonction publique, en termes de mobilité des fonctionnaires ainsi que de gestion prévisionnelle des emplois et des compétences voire de sortie de la fonction publique.

---

[1] Guvernul României, *Raport privind dificultățile administrației publice locale in gestionarea proceselor de resurse umane (Rapport relatif aux difficultés de l'administration publique locale dans la gestion des ressources humaines)*, Deloitte, 2013, 118 p.

Chapitre 2. La modernisation des dispositifs de mobilité et de sortie conditionnée par le renforcement de la gestion prévisionnelle

529. La rénovation du cadre statutaire français par l'appropriation d'outils professionnalisés de ressources humaines en matière de mobilité et de gestion prévisionnelle des compétences s'est matérialisée par plusieurs réformes, dont les retombées sont encore difficiles à évaluer. En effet, depuis 2009 les dispositions de la loi n°2009-972 ont consacré un véritable droit à la mobilité, et ce, par la possibilité reconnue à tous les fonctionnaires d'accéder à l'une ou l'autre de trois Fonctions publiques. La réforme de la transformation de la fonction publique, adoptée par la loi n°2019-828 du 6 août 2019, est censée contribuer à une gestion plus simple et plus souple des ressources humaines dans la fonction publique. Par suite, en matière de gestion prévisionnelle des emplois et des compétences des avancées ont été réalisées entre autres par les dispositions de l'article L413-1[1] qui déclarent les comités sociaux compétents au sujet des questions liées « aux grandes orientations relatives aux effectifs, aux emplois et aux compétences » [2]. Les fondements, sur lesquels reposent la mobilité et la gestion des fonctionnaires dans la fonction publique roumaine, font l'objet de vives interrogations, dont l'analyse à la lumière des avancées françaises en matière de mobilité **(section 1)**, de gestion prévisionnelle et de sortie de la fonction publique, permet de puiser des pistes de réflexion pour la modernisation de la fonction publique roumaine **(section 2)**.

Section 1. La modernisation de la mobilité statutaire ralentie par une gestion toujours centralisée

530. L'encadrement de différents outils statutaires favorables à la mobilité comme la « position normale d'activité » (PNA) spécifique aux fonctionnaires d'État et les statuts d'emploi spécifique aux trois Fonctions publiques se propose de « lever les freins statutaires à la mobilité ». La modernisation du dispositif de mobilité en vigueur des fonctionnaires **(§ 1)** est conditionnée, entre autres, par l'assouplissement de son cadre juridique situé de nos jours entre la centralisation et la décentralisation institutionnelle **(§ 2)**.

---

[1] Article 33 de la loi n°84-53 du 26 janvier 1984 portant dispositions statutaires relatives à la fonction publique territoriale.

[2] « Comité sociaux territoriaux » à partir du prochain renouvellement général des instances.

§ 1. Les défis posés à la modernisation du dispositif de mobilité

531. La mobilité professionnelle en général doit être comprise comme « un instrument puissant d'enrichissement professionnel, par l'acquisition de nouvelles compétences, de nouvelles expériences, par la confrontation avec d'autres milieux professionnels, avec d'autres cultures professionnelles » [1]. Ainsi considérée, la mobilité se présente comme un « levier efficace pour favoriser l'adaptation des agents aux changements continus de leur environnement professionnel, dans un système de fonction publique de carrière où [les agents] sont recrutés a priori pour effectuer l'ensemble de leur parcours professionnel » [2]. Si, en droit roumain, la mobilité représente un outil conçu plutôt au profit de l'Administration que du fonctionnaire, en droit français la mobilité a, depuis 2007, acquis la valeur d'une garantie fondamentale du fonctionnaire. Ce qui n'empêche pas de s'interroger sur le fait de savoir si un droit à la mobilité existe-t-il vraiment [3].

L'analyse des spécificités, propres aux dispositifs de mobilité, mis en place dans les deux systèmes de droit **(A)**, permet de dégager une réflexion plus ample qui contribue à dégager la trajectoire à donner à la reconstruction statutaire d'un système professionnel de mobilité au double profit, du fonctionnaire et de l'Administration **(B)**.

A. La mobilité statutaire entre les défaillances du système roumain et les aboutissements du système français

532. Au système roumain de mobilité dépouillé d'enjeux pour les fonctionnaires **(1)** s'opposent les réflexions françaises, qui ont abouti à la consécration d'un « droit à la mobilité » en faveur de ses agents **(2)**.

1. Les défaillances du système roumain de mobilité

533. Cadre normatif. Dans le système roumain, l'acte de mobilité est synonyme de la modification du rapport de service, d'où également l'appellation de la section 1 du chapitre IX, « La modification du rapport de service ». Les notions de « mobilité » et de « modification des rapports de

---

[1] Le rapport de la GRH, p. 27.
[2] *Ibid.*, p. 27.
[3] Aubin (E.), « Existe-t-il un droit à la mobilité ? », *AJDA*, 2018, n°10, pp. 546-553.

travail » désignent en principe la même action, qui est celle de la mobilité du fonctionnaire par « son passage sur une autre fonction au sein de la même institution ou d'une autre, de manière temporaire ou définitive » [1].

Dans ce sens, les dispositions de l'article 502 du Code administratif [2] précisent que la mobilité peut intervenir soit dans l'intérêt de l'institution ou de l'autorité publique, soit dans l'intérêt du fonctionnaire public, soit dans leur intérêt commun.

534. La délégation et le détachement, formes de mobilité servant l'intérêt unilatéral de l'Administration. Réglementés par les articles 504 et 505 du Code administratif [3], la délégation et le détachement représentent deux formes de mobilité prévues dans l'intérêt de l'autorité ou de l'institution publique au sein de laquelle le fonctionnaire exerce sa fonction, ou de l'institution où il déroulera son activité pendant son détachement. Si la durée du transfert ne peut pas dépasser 60 jours francs, le détachement ne peut être imposé que pour une période maximale de 6 mois sur une année civile. Ni la délégation ni le détachement ne peuvent être mis en œuvre au-delà des périodes précitées, sans avoir obtenu en amont l'accord écrit du fonctionnaire. D'après l'alinéa 5 de l'article 505 du Code administratif, le détachement ne peut être disposé que si la formation du fonctionnaire en question est conforme aux attributions et responsabilités de la fonction publique, et ce, tout en respectant la catégorie [4], la classe [5] et le grade professionnel [6], déjà détenus par le fonctionnaire bénéficiaire du détachement .

En toutes situations, le fonctionnaire ne peut être détaché sur une fonction inférieure que sous réserve de son accord exprimé par écrit [7]. Le législateur reconnaît toutefois la possibilité de refuser le détachement ou la délégation à la femme enceinte, ayant la qualité de fonctionnaire, ainsi qu'au fonctionnaire parent unique d'un enfant mineur, ou encore, en cas de

---

[1] Vedinaş (V.), *Statutul funcţionarilor publici – comentarii, legislaţie, doctrina si jurisprudenta (Le statut des fonctionnaires publics – commentaires, législation, doctrine, jurisprudence)*, 2016, UJ, 2e éd., p. 246.

[2] Ancien alinéa 1, article 87 de la loi n°188 du 8 décembre 1999.

[3] Anciens articles 88 et 89 de la loi n°188 du 8 décembre 1999 portant Statut des fonctionnaires publics.

[4] Pour rappel, d'après l'article 387 du Code administratif (ancien article 10 de la loi n°188 du 8 décembre 1999), les fonctions publiques se divisent en trois catégories, dont : fonctions publiques correspondant à la catégorie des hauts fonctionnaires publics ; fonctions publiques correspondant à la catégorie des fonctionnaires publics de direction ; fonctions publiques correspondant à la catégorie des fonctionnaires publics d'exécution.

[5] Pour rappel, d'après les dispositions de l'article 386 du Code administratif (ancien article 9 de la loi n°188/1999), les fonctions publiques se divisent en 3 classes, et ce, en fonction du niveau d'étude requis : I, II, III.

[6] En droit de la fonction publique roumaine, seules les fonctions d'exécution sont munies de grades professionnels, dont : débutant, assistant, principal et supérieur.

[7] Alinéa 2 de l'article 89 du Statut des fonctionnaires publics.

maladie grave attestée par certificat médical. De plus, compte tenu de la durée du détachement, le fonctionnaire peut aussi y opposer son refus lorsque le lieu de détachement s'avère inapproprié pour résider, lorsqu'il est le seul en charge de la famille, ou encore, quand des raisons familiales sérieuses justifient le refus du détachement proposé [1].

535. Le transfert et la mutation, formes de mobilité servant l'intérêt commun du fonctionnaire et de l'Administration. Le « transfert » et la « mutation » [2] représentent des formes de mobilité, que les dispositions de l'article 506 et 507 du Code administratif [3] reconnaissent au profit du fonctionnaire et de l'Administration. À la différence de la délégation et du détachement, conçus dans l'intérêt de l'institution ou de l'autorité publique, le transfert et la mutation représentent deux formes de mobilité qui peuvent intervenir soit à la demande de l'institution ou l'autorité publique, soit à la demande du fonctionnaire public. Le transfert et la mutation du fonctionnaire sur demande de l'institution ou de l'autorité publique ne peuvent toutefois intervenir qu'avec l'accord écrit du fonctionnaire [4]. Reste que, si le transfert dans l'intérêt du service ne peut se réaliser que dans une fonction publique de la même catégorie, classe et grade, que la fonction déjà détenue, le transfert sur demande est possible aussi sur une fonction de niveau inférieur, à condition que le dirigeant de l'institution ou de l'autorité d'accueil accepte la demande de transfert [5]. De même, en est-il lorsque le transfert est demandé sur une fonction de direction, quand les institutions ou autorités publiques, entre lesquelles s'opère le transfert, doivent s'assurer de la complémentarité des conditions de nomination et de l'expérience professionnelle [6].

---

[1] Voir la décision n°1135 rendue par la Haute Cour de Cassation et de Justice le 2 mars 2012 au sujet du refus de détachement d'un fonctionnaire en charge de ses parents par le biais d'un contrat d'entretien à vie. Considérant l'état maladif de ses parents, âgés de 78 ans et de 84 ans, les juges de la HCCJ ont considéré que l'ordre de détachement représentait un acte d'excès de pouvoir, et de ce fait, était illégal. Cela, parce qu'il transgressait les dispositions de la lettre « f », alinéa 3, de l'article 89 du Statut des fonctionnaires publics, qui reconnaît le droit du fonctionnaire de refuser le détachement pour des raisons familiales sérieuses.

[2] La mutation avait fait dans sa forme initiale l'objet d'une exception d'inconstitutionnalité fondée sur son caractère obligatoire. Exception rejetée par la décision n°1071 du 20 novembre 2007 de la Cour constitutionnelle.

[3] Anciens articles 90 et 91 de la loi n°188 du 8 décembre 1999 portant Statut des fonctionnaires publics.

[4] Alinéa 2 de l'article 90 et lettre « a » de l'alinéa 2 de l'article 91 de la loi n°188 du 8 décembre 1999.

[5] Cas dans lequel le transfert ne peut avoir lieu, d'après les dispositions de l'alinéa 5 de l'article 89 du Statut des fonctionnaires, qu'entre des institutions et des autorités publiques de l'administration centrale, des autorités publiques autonomes ou, selon le cas, des institutions ou autorités publiques de l'administration locale.

[6] Alinéa 6 de l'article 89 de la loi n°188 du 8 décembre 1999.

Par suite, les dispositions de l'article 149 de la DG n°611 du 4 juin 2008, corroborées par les dispositions de l'alinéa 8 de l'article 506 du Code administratif déjà évoquées, imposent l'obligation pour toute institution ou autorité publique de publier, au moins 30 jours avant la date effective de transfert, au siège et sur le site internet institutionnel, les fonctions publiques ouvertes au transfert sur demande. Les fonctionnaires publics intéressés ont l'obligation de déposer leurs demandes de transfert et un CV dans un délai de 20 jours à compter de l'affichage de l'annonce. Lorsqu'il y a plusieurs candidatures pour une même fonction, les candidats sont alors départagés par le biais d'un entretien coordonné par le dirigeant de l'institution ou de l'autorité publique de transfert [1].

Concernant la « mutation », les dispositions de l'alinéa 1 distinguent entre les mutations, définitive ou temporaire. La mutation définitive peut survenir soit à la demande du dirigeant de l'institution au sein de laquelle le fonctionnaire exerce déjà sa fonction, soit à la demande justifiée du fonctionnaire public après avoir recueilli l'accord du dirigeant de l'institution ou l'autorité où il exerce déjà sa fonction, ainsi que dans d'autres situations prévues par les dispositions légales [2]. La mutation temporaire sur une autre fonction publique survient dans l'intérêt de l'institution ou de l'autorité publique sur la base de la demande motivée de son dirigeant [3]. La mutation temporaire ne peut concerner qu'une fonction publique vacante équivalente [4] et sa durée ne peut pas dépasser six mois sur une année.

Comme pour le « transfert », lorsque le lieu de « mutation », effectuée dans l'intérêt de l'institution ou de l'autorité au sein de laquelle le fonctionnaire exerce sa fonction, concerne une institution ou autorité publique située dans une autre ville que celle de son domicile, le fonctionnaire public a droit à une indemnisation égale au dernier traitement net reçu, ainsi qu'à la prise en charge de toutes les dépenses de transport et d'un congé payé de cinq jours. La prise en charge desdits droits est assurée par l'institution publique d'accueil, et ce, dans, au plus, 15 jours à compter de la date de l'approbation du transfert [5]. Les dispositions de l'alinéa 2 de l'article 508 du Code administratif [6] consacrent, en revanche, le caractère

---

[1] L'entretien doit être consigné dans un procès-verbal et signé par le dirigeant de l'institution ou de l'autorité publique, ou par la personne désignée par ce dernier.

[2] Formule spécifique au droit roumain, utilisée surtout comme « réserve » pour l'encadrement des situations nouvellement apparues lors de l'application d'une loi.

[3] Exceptionnellement, la mutation temporaire (voire définitive) peut être demandée aussi par le fonctionnaire à la suite des soucis de santé de nature à ne plus lui permettre de poursuivre sa carrière, temporairement ou définitivement, dans la fonction occupée (art. 91, al. 5, de la loi n°188 du 8 décembre 1999).

[4] De la même catégorie, classe et grade professionnel.

[5] Alinéa 6 de l'article 91 corroboré par l'alinéa 3 de l'article 90.

[6] Ancien alinéa 7 de l'article 91 du Statut des fonctionnaires publics.

obligatoire de la « mutation ». Par conséquent, le refus injustifié de la part du fonctionnaire est constitutif d'une faute disciplinaire.

536. La mobilité sur des fonctions de direction temporairement vacantes. L'exercice à caractère temporaire d'une fonction publique de direction vacante ou temporairement vacante représente une des dernières formes de mobilité consacrée par les dispositions statutaires roumaines [1]. Pour bénéficier de cette forme de mobilité, il est impérativement nécessaire que le fonctionnaire candidat réponde aux conditions d'étude et d'ancienneté requises pour l'exercice de la fonction concernée, ainsi qu'un casier administratif blanc, sans mention disciplinaire non radiée. Les dispositions de l'article 92 du Statut des fonctionnaires publics ne formulent, en revanche, aucune précision par rapport aux procédures de nomination voire de sélection en vue de la nomination.

Les différentes formes de mobilité réglementées par le droit de la fonction publique roumain revêtent encore un caractère bureaucratique, voire discrétionnaire, en faveur des institutions publiques ; ce qui n'est plus le cas en droit français, où les efforts de renforcement de la mobilité en ont fait une garantie fondamentale.

2. L'aboutissement des réflexions françaises sur un droit à la mobilité

537. Etendue juridique. Les dispositions de l'article L511-4 du CGFP [2] élèvent la mobilité des fonctionnaires de l'État, des fonctionnaires territoriaux et des fonctionnaires hospitaliers au rang de « *garantie fondamentale* ». Par conséquent, aux fonctionnaires, leur est reconnu l'accès aux deux autres fonctions publiques, soit par la voie du détachement, qui peut être suivi d'une intégration, soit par la voie de l'intégration directe [3]. D'autres formes d'accès, dont la réglementation est laissée aux soins des statuts particuliers, peuvent aussi intervenir par voie de concours interne ou du tour extérieur. La mobilité des fonctionnaires entre les trois fonctions publiques peut aussi revêtir la forme de la mise à disposition, de la mutation, ou encore, du changement d'établissement.

De plus, aux termes de l'article L511-3 du CGFP [4], à l'exception des cas où le détachement et la mise en disponibilité interviennent de droit, l'administration ne peut refuser la demande de mobilité formulée par un de ses fonctionnaires qu'en raison des nécessités du service ou d'un avis

---

[1] Article 92 de la loi n°188 du 8 décembre 1999 (Article 509 du Code administratif).

[2] Article 14 de la loi n°83-634 du 13 juillet 1983.

[3] La voie de « l'intégration directe » a été introduite parmi les dispositions statutaires relatives à la mobilité par les biais de l'article 2 de la loi n°2009-972 du 3 août 2009.

[4] Article 14 *bis* de la loi n°83-634 du 13 juillet 1983.

défavorable de la commission de déontologie [1]. D'autres conditions préalables au dépôt de la demande de mobilité concernent, d'une part, l'existence d'un accord en ce sens de l'administration d'accueil, et d'autre part, un délai maximal de préavis de trois mois. Au cas où l'Administration garde le silence pendant deux mois à compter de la réception de la demande de mobilité, le fonctionnaire demandeur est en droit de considérer sa demande acceptée. Les formes de mobilité les plus fréquentes en droit français restent la mobilité par détachement et la mise à disposition.

538. La mobilité par détachement. Le détachement [2] représente la position du fonctionnaire placé hors de son corps d'origine, mais continuant à bénéficier, dans ce corps, de ses droits à l'avancement et à la retraite [3]. De courte ou longue durée, le détachement est prononcé sur demande spécifique du fonctionnaire et reste révocable [4]. Lorsque, dans l'intérêt du service [5], l'Administration refuse la demande de détachement, sous le contrôle du juge administratif [6], elle n'est pas tenue de motiver sa décision [7]. Reste que si l'Administration décide de motiver sa décision de refus et/ou de renouvellement de détachement, elle doit s'appuyer sur un motif renforcé de légalité [8]. Par suite, le principe d'égalité devant le détachement entre la Fonction publique d'État et la territoriale doit être respecté [9].

Le fonctionnaire, remis à la disposition de son administration d'origine pour des raisons qui ne sont pas liées à l'exercice de ses fonctions et qui ne peut pas être réintégré dans son corps ou cadre d'emploi d'origine, continue à être rémunéré jusqu'à son intégration dans son administration d'origine. Ce

---

[1] Article 25 octies de la loi 83-634 du 13 juillet 1983.

[2] Article L513-1 du CGFP (article 45 des lois portant statuts des fonctionnaires d'État, respectivement territoriaux).

[3] CE 17 janvier 1973, *Tallagrand*, Lebon p. 40 ; CE 21 mars 1986, *Kalck*, Rec. 77 ; CE 17 décembre 2003, *M. le Créour*, req. n°223360, AJDA, 2004, n° 9, p. 498.

[4] CE 2décembre 1989, *Tanesie*, req. n°68.883 (l'approbation du détachement ou du renouvellement ne représente pas un droit pour l'agent public).

[5] CE 30 juillet 1997, *De Lacoste-Lareymondie,* Lebon p. 305 (concl. J.-C. Bonichot).

[6] Aubin (E.), *La fonction publique - le droit applicable aux trois fonctions publiques*, Gualino, 6e éd., 2015, p. 307.

[7] CE 5 mars 1993, *Vaillant*, Rec. 565 ; CAA Paris, *Mme Crochet c/ Ministre de l'Emploi et de la Solidarité*, req. n°98PA03725, n°99PA03943 et n°00PA00570, AJDA, 2001, n°6, p 586 (note V. Haim) - refus de renouvellement du détachement à longue durée, entre autres, pour des raisons de différences importantes de traitement entre l'administration d'accueil et celle d'origine.

[8] CE 1er décembre 1982, *Mme Gérard*, Lebon p. 651 ; CE 25 juin 1982, *Ministre du Budget c/ Mlle Chanut*, Lebon p. 518.

[9] CE 29 avril 2002, *Syndicat national des secrétaires généraux et directeurs généraux des collectivités* territoriales, JCP A 2002, n°1102 (note D. Jean-Pierre) ; CE 16 janvier 2004, *Courville, Commune de* Scionzier, req. n°247.982, AJDA 2004, n°21, p. 1141 (note E. Aubin) ; CE 08 décembre 2009, *Association française des directeurs et cadres de laboratoires vétérinaires publics d'analyses (ADILVA)*, req. n°315.227, AJDA 2009, n°35, p. 1954 (note E. Aubin).

n'est pas le cas d'un fonctionnaire, ayant bénéficié d'un détachement à l'étranger, qui, dans une situation similaire de remise à disposition, doit être réintégré même en surnombre dans son corps ou cadre d'emploi d'origine.

En fonction de la durée du détachement, il y a deux possibilités qui s'ouvrent au fonctionnaire : soit à l'expiration du détachement le fonctionnaire réintègre l'administration d'origine [1], soit lorsque le détachement dépasse cinq ans au sein d'une même institution, le fonctionnaire décide, sur proposition de l'administration de détachement, d'intégrer définitivement le corps ou cadre d'emploi d'accueil [2].

539. La mise à disposition : contribution à une fonction publique plus ouverte [3]. La mise à disposition représente la situation du fonctionnaire qui, tout en demeurant dans son corps d'origine et continuant à toucher la rémunération correspondant à ses attributions, exerce des fonctions hors du service où il a vocation à servir [4]. Toutefois, considérant que le fonctionnaire mis à disposition ne conserve plus de lien juridique avec l'administration d'origine, le fonctionnaire se trouve en même temps privé de ses droits à l'avancement et à la retraite dans le corps ou cadre d'emploi d'origine. La mise à disposition ne peut survenir qu'avec l'accord du fonctionnaire et doit être prévue par une convention conclue entre l'administration d'origine et celle d'accueil [5]. La durée de la mise à disposition est fixée dans l'arrêté la prononçant pour une durée maximale de trois ans et peut être renouvelée par périodes ne pouvant excéder cette durée [6]. Trois mois avant l'expiration de la période de mise à disposition, le fonctionnaire doit adresser à l'administration d'origine une demande de réintégration dans le corps ou le cadre d'emplois d'origine, à défaut il risque d'être révoqué de sa fonction. Si l'agent public respecte la procédure citée ci-dessus, l'intégration du fonctionnaire intervient de droit.

Restant un défi important pour les deux systèmes de droit, à la différence du dispositif français de mobilité qui a enregistré, comme il a été développé

---

[1] Bénéficiant du grade et de l'échelon qu'il a atteints ou auquel le fonctionnaire, ayant bénéficié d'un détachement, peut prétendre à la suite de la réussite à un concours ou à un examen professionnel, ou encore, à l'inscription sur un tableau d'avancement, à condition qu'ils lui soient plus favorables.

[2] Article L513-12 du CGFP (article 13 bis de la loi 83-637 du 13 juillet 1983).Voir aussi CE 19 septembre 2014, *Froger*, req. n°371.098.

[3] Lagrange (P.), « La réforme des mises à disposition : nouvelles étapes vers une fonction publique ouverte ? », AJDA, 2007, n°10, p. 524.

[4] Article L512-6 du CGFP (article 41 de la loi portant statut des fonctionnaires d'État, ainsi que l'article 41 de la loi portant statut des fonctionnaires territoriaux).

[5] Les dispositions de l'alinéa 3 réglementent aussi la possibilité que le fonctionnaire soit mis à disposition.

[6] Articles 4 du décret n°85-986 du 16 septembre 1985 et du décret n°88-976 du 13 octobre 1988.

ci-dessus, des progrès importants, l'encadrement roumain de mobilité doit être davantage renforcé, voire reconstruit.

B. La reconstruction d'un dispositif roumain de mobilité

540. Reconstruire la mobilité sur des fondements de volontariat. La prise de conscience des bénéfices qu'une expérience de mobilité de courte ou de longue durée voire mobilité interne ou externe, apporte, en termes de développement de compétences et de carrière, a transformé la mobilité en un enjeu important des réformes de modernisation de la fonction publique française. Le législateur français a ainsi institué par la loi n°2009-972 du 3 août 2009 le « droit au départ en mobilité » [1], que ce soit par détachement, mise en disponibilité ou position hors cadre.

Faisant abstraction de certaines des critiques formulées par la doctrine française au contenu de la loi du 3 août 2009, l'idée d'instituer un droit à la mobilité apparaît intéressante pour le système roumain au moins pour deux raisons qui s'érigent en autant de défis pour la mobilité des fonctionnaires roumains. Comme en droit français, en droit roumain il s'avère aussi nécessaire d'élaborer des règles juridiques qui favorisent voire imposent la mobilité des fonctionnaires à tous les niveaux, et particulièrement aux fonctionnaires des collectivités locales des milieux urbains et ruraux, situés géographiquement loin des grandes agglomérations urbaines [2]. Pour cela, il est impératif non seulement de professionnaliser l'activité des bureaux de gestion des ressources humaines, mais aussi d'imposer juridiquement l'obligation pour les administrations de conclure des conventions de mobilité [3] avec d'autres administrations, d'abord au niveau national, et ensuite, international.

Outre la professionnalisation de l'activité des responsables des départements des ressources humaines par l'élargissement de leurs attributions en matière de mobilité, un autre défi serait d'imposer, à l'aide des règles statutaires, une mobilité nationale ou internationale, dans les cinq premières années de la nomination. La durée minimale de mobilité devrait prendre en considération l'objectif d'une action de mobilité qui est de permettre au fonctionnaire non seulement de prendre connaissance de l'environnement professionnel de l'institution de mobilité, mais aussi de maîtriser les méthodes de travail spécifiques à l'institution d'accueil. De ce fait, la durée de 15 jours ouvrables, instituée par l'article 150 de la DG n°611

---

[1] Melleray (F.) et Cazcarra (C.), « Fonction publique. Mobilité et parcours professionnels », Gazette des communes (la), 2009, n°32, pp. 50-53.

[2] Les fonctionnaires du milieu rural bénéficient de mobilité au sein des administrations situées dans les grandes agglomérations urbaines, ou encore, au niveau territorial ou central.

[3] Détachement, délégation, stage.

du 4 juin 2008 pour les stages d'instruction inter-institutions, apparaît insuffisante pour que l'objectif d'une telle mobilité soit atteint. Par conséquent, le législateur devrait prendre en considération le prolongement de la durée de ce type de mobilité au minimum 6 mois par mobilité. Période qui pourrait, en effet, permettre au bénéficiaire de jouir d'une immersion complète dans l'administration d'accueil.

Considérant non seulement le niveau d'instruction inégal des fonctionnaires de différents niveaux de l'administration, mais aussi de dotation informatique et technique, la mise en œuvre d'un dispositif de mobilité obligatoire permettrait d'équilibrer à court et moyen terme le niveau d'instruction des fonctionnaires de tous les niveaux de l'Administration. Pousser vers le haut le niveau d'instruction professionnelle des fonctionnaires de tous les niveaux de l'Administration s'avère être un double profit pour l'Administration et le fonctionnaire lui-même. Pour l'Administration, cela va dans le sens d'une amélioration visible de la qualité du service public et de la gestion du denier public. Pour le fonctionnaire, cela va dans le sens d'une plus grande confiance dans ses décisions et actions liées à l'exercice de ses attributions, voire d'une plus grande responsabilité/responsabilisation professionnelle.

La professionnalisation des missions des départements de ressources humaines évoquée ci-dessus s'avère sinueuse dans le contexte d'un centralisme toujours poussé de la gestion des ressources humaines au niveau d'une seule institution à vocation nationale par rapport au système institutionnel français, beaucoup plus décentralisé et diversifié.

§ 2. La gestion des fonctionnaires entre la centralisation et la décentralisation institutionnelle

541. Les dernières réformes appliquées dans la Fonction publique témoignent de la volonté du législateur français de professionnaliser la gestion des ressources humaines entre autres par la décentralisation des actions des départements de ressources humaines qui œuvrent au sein de chaque institution. À l'opposé du système français, la Fonction publique roumaine se distingue par le rôle plutôt administratif des départements de ressources humaines. Les limites d'un système centralisé de gestion des fonctionnaires publics roumains **(A)** doivent être analysées à la lumière de l'abondance institutionnelle, responsable directement ou indirectement de la gestion des fonctionnaires, qui compose le système français **(B)**.

A. Les limites d'un système centralisé de gestion des fonctionnaires roumains

542. La responsabilité de la gestion des fonctionnaires et fonctions publiques confiées à l'ANFP. Le législateur a consacré le chapitre IV de la Partie 6 du Code administratif [1] au « Management de la Fonction publique et des fonctionnaires publics et le Système électronique national de statistique des emplois du secteur public ». L'institution responsable de la gestion des fonctions publiques et des fonctionnaires est, d'après l'article 400 du Code administratif [2], l'Agence Nationale des Fonctionnaires Publics (ANFP) [3]. L'organisation et le fonctionnement de l'ANFP sont réglementés par la DG n°1000 du 2 août 2006, dont les dispositions de l'alinéa 2 de l'article 1 précisent que « des centres régionaux de formation continue pour l'administration publique locale, dotés de personnalité morale, s'organisent et fonctionnent sous les ordres de l'ANFP ». Les domaines réservés à la compétence de l'ANFP concernent, d'après l'alinéa 2 de l'article 2 de la DG n°1000 du 2 août 2006, la réglementation et le management de la Fonction publique et des fonctionnaires publics, le perfectionnement professionnel des fonctionnaires publics, la formation professionnelle dans l'administration publique, la gestion des différents programmes de modernisation de la Fonction publique, ou encore, le monitoring et le contrôle des activités relatives à la fonction publique et aux fonctionnaires publics.

Parmi les attributions de l'ANFP dans le domaine de la fonction publique, il faut considérer l'élaboration des politiques et des stratégies concernant la gestion de la fonction publique et des fonctionnaires publics [4], ou encore l'élaboration et la validation des projets d'actes normatifs liés à la fonction publique et aux fonctionnaires. De la responsabilité de l'ANFP, relève également la constitution et la gestion d'une base de données relative aux fonctions publiques et aux fonctionnaires publics, ainsi que l'élaboration du « Plan d'occupation des fonctions publiques » (POFP) [5]. Toutefois, la responsabilité « de la gestion courante des ressources humaines et des fonctions publiques » revient, d'après les dispositions de l'article 404 du Code administratif [6], également à chaque autorité ou institution publique, par

---

[1] Ancien chapitre IV de la loi n°188 du 8 décembre 1999 portant statut des fonctionnaires publics intitulé « *Management des fonctions publiques et des fonctionnaires publics* ».

[2] Ancien article 21 de la loi n°188 du 8 décembre 1999.

[3] Organe de spécialité de l'administration publique centrale et doté de personnalité morale, la mission assignée à l'ANFP a été, depuis ses origines, de créer et développer un corps de fonctionnaires publics professionnel, stable et impartial.

[4] À cet effet, l'ANFP doit rédiger annuellement un rapport relatif au management des fonctions publiques et des fonctionnaires publics.

[5] Élaboré annuellement avec la consultation des autorités et institutions publiques, dès son élaboration, le POFP est soumis à l'approbation du Gouvernement.

[6] Ancien article 24 de la loi n°188 du 8 décembre 1999.

le biais de leur département spécialisé des ressources humaines qui doit collaborer étroitement avec l'ANFP. L'expression « gestion de ressources humaines » a été interprétée dans le milieu doctrinal comme la volonté du législateur de prendre en considération sur ce point non seulement les fonctionnaires publics, mais aussi les autres catégories de personnels, contractuels y compris, qui œuvrent au sein d'une institution ou autorité publique [1]. Il en ressort que le département des ressources humaines, qui œuvre au sein de chaque institution publique, est responsable non seulement de la gestion des fonctionnaires publics, soumis aux dispositions statutaires, mais aussi des agents contractuels.

En considération des précisions ci-dessus, ainsi que des dispositions de l'article 409 du Code administratif [2], force est de constater que l'ANFP ne représente que le point centralisateur des données relatives à la fonction publique et aux fonctionnaires publics et transmises par les autorités et les institutions publiques. De la compétence de ces dernières, relève également l'obligation de constituer un dossier professionnel pour chaque fonctionnaire public [3]. En effet, afin d'assurer une gestion unitaire et efficiente des ressources humaines, ainsi qu'un meilleur suivi de la carrière du fonctionnaire public, les dispositions de l'article 2 de la DG n°432 du 23 mars 2004 [4] rendent responsables les institutions et les autorités publiques de l'élaboration, l'actualisation, la rectification, la conservation et la gestion des dossiers des fonctionnaires publics et du Registre d'évidence des fonctionnaires publics. Lesdites obligations incombent généralement aux départements de ressources humaines qui œuvrent au sein de chaque institution pour l'accomplissement desquelles elles collaborent avec l'ANFP. Le contenu des dossiers professionnels concerne principalement des données à caractère personnel et professionnel des fonctionnaires.

Comme pour l'évaluation professionnelle des fonctionnaires, au dossier professionnel est aussi reproché le fait de ne représenter qu'un outil abstrait fondé plutôt sur des documents liés à la personne du fonctionnaire, et moins au fonctionnaire même [5].

543. La mise en place des commissions paritaires. Une avancée a toutefois été enregistrée lorsque, par le biais des dispositions de l'article 73 de la loi n°188 du 8 décembre 1999 [6], le législateur roumain a réglementé la

---

[1] Vedinaş (V.), *Statutul funcţionarilor publici – comentarii, legislatie, doctrina si jurisprudenta*, UJ, 2e éd., 2016, p. 98.

[2] Ancien article 25 de la loi n°188 du 8 décembre 1999.

[3] Alinéa 3 de l'article 25 de la loi n°188 du 8 décembre 1999 portant Statut des fonctionnaires publics.

[4] Relative au dossier professionnel des fonctionnaires publics.

[5] Dans le sens de compétences, carrière, etc.

[6] Devenu l'article 488 du Code administratif depuis l'adoption de l'OUG n°57 du 3 juillet 2019.

mise en place d'un organe de gestion propre à chaque institution et autorité publique par le biais des commissions paritaires. En effet, d'après l'article 488 du Code administratif, « au sein des autorités et institutions publiques se constituent des commissions paritaires », dont les membres sont désignés à raison de 50% du nombre total par les dirigeants de l'institution ou l'autorité publique, et de 50% par les représentants syndicaux représentatifs des fonctionnaires publics [1]. Les commissions paritaires peuvent, en fonction du nombre des fonctionnaires, être formées de 2 à 6 membres [2], pour un mandat de trois ans renouvelable une fois. D'après les dispositions de l'alinéa 1 de l'article 16 de la DG n°833 du 25 juillet 2007 relative aux normes d'organisation et de fonctionnement des commissions paritaires et de conclusion des accords collectifs, la commission paritaire n'est valablement réunie qu'en la présence de tous ses membres [3].

Les commissions paritaires sont principalement consultées lorsqu'il s'agit d'établir des mesures d'amélioration de l'activité ou de la formation professionnelle des fonctionnaires publics (quand les formations sont financées sur des fonds publics), ou encore, lorsqu'il s'agit d'établir le programme de travail [4]. À cet effet, il incombe aux commissions paritaires, d'après les dispositions de l'alinéa 1 de l'article 13 de la DG n°833 25 juillet 2007, plusieurs attributions dont celles : de proposer périodiquement des mesures d'amélioration de l'activité de l'institution publique ; ou encore, d'analyser et d'aviser le plan annuel de perfectionnement professionnel, ainsi que toute autre mesure relative à la formation professionnelle des fonctionnaires publics lorsque celle-ci est financée par des fonds publics. Les commissions paritaires analysent et, si c'est le cas, formulent des propositions concernant la flexibilité du programme de travail des fonctionnaires publics qu'elles doivent ensuite soumettre à l'approbation de l'autorité ou l'institution publique, ou encore si elles doivent participer, avec un rôle consultatif, à la négociation des accords collectifs par l'autorité ou l'institution publique avec les syndicats représentatifs des fonctionnaires publics quand leur revient le rôle de rédiger le projet d'accord collectif. Les commissions paritaires veillent à la mise en application conforme des

---

[1] Au cas où il n'y a pas de syndicat représentatif où les fonctionnaires publics ne sont pas organisés en syndicat, leurs représentants sont désignés par le vote de la majorité des fonctionnaires publics de l'institution ou de l'autorité publique.

[2] Deux membres titulaires et deux membres suppléants lorsque l'institution ou l'autorité publique compte jusqu'à 15 fonctionnaires publics ; 4 membres titulaires et 2 membres suppléants au cas où le nombre des fonctionnaires de l'institution ou de l'autorité publique ne dépasse pas 150 fonctionnaires ; respectivement 6 membres titulaires et deux membres suppléants, lorsque l'autorité ou l'institution publique compte plus de 150 fonctionnaires publics.

[3] Au cas où, pour des raisons sérieuses et notifiées par écrit, certains de ses membres ne peuvent pas être présents à une réunion, ce sont les membres suppléants qui sont convoqués.

[4] Article 489 du Code administratif (ancien article 74 de la loi n°188 du 8 décembre 1999 portant statut des fonctionnaires publics).

accords collectifs et élaborent, pour ce faire, des rapports trimestriels à l'attention de l'institution ou de l'autorité publique ainsi qu'à la direction des syndicats représentatifs des fonctionnaires publics voire, en l'absence de ceux-ci, à leurs représentants. Dans l'exercice de leurs attributions, les avis émis par les commissions paritaires n'ont qu'une valeur consultative [1].

À la lumière des développements susmentionnés, il ressort le rôle extrêmement modeste des départements de gestion de ressources humaines existant au sein des institutions publiques par rapport à l'institution centrale de gestion, qui est l'ANFP. En l'absence d'un encadrement juridique précis qui leur confère non seulement plus d'attributions, voire d'obligations, mais surtout des responsabilités que les départements de ressources humaines ne peuvent plus contourner, il s'avère difficile d'engager des démarches pour la mise en œuvre d'une stratégie de gestion de ressources humaines dans la Fonction publique. Ce n'est pas le cas en droit français où le réseau institutionnel, ayant été hiérarchisé par niveau d'organisation administrative territoriale, favorise, du moins en théorie, une gestion de proximité.

B. Les limites d'un système décentralisé de gestion des agents publics français

544. Les différents niveaux institutionnels de gestion. À la différence du système roumain, où la gestion de la Fonction publique relève principalement de la compétence d'une seule institution créée au niveau central de l'Administration, le système institutionnel français de gestion dans la fonction publique est, d'une part, spécifique à chacune des trois fonctions publiques d'État, territoriale, ou encore hospitalière, et d'autre part, propre à chaque niveau administratif territorial.

545. L'institution coordinatrice de la politique de gestion des trois fonctions publiques : la DGAFP. Créée en 1945, l'organisation et le fonctionnement de la Direction générale de l'administration et de la fonction publique (DGAFP) sont à présent réglementés par l'arrêté du 16 mars 2017 relatif à l'organisation de la direction générale et de la fonction publique [2]. Responsable de la coordination de la politique de ressources humaines au titre de l'ensemble de la Fonction publique, la DGAFP exerce les missions de direction des ressources humaines de l'État [3]. D'après les dispositions de

---

[1] Alinéa 2 de l'article 489 du Code administratif (ancien alinéa 3 de l'article 74 de la loi n°188 du 8 décembre 1999 corroboré par l'article 13 de la DG n°833 du 25 juillet 2007).

[2] Voir aussi la Circulaire n°5917/SG du 16 mars 2017 relative à la stratégie ministérielle de ressources humaines de l'État pour 2017-2019 (et son annexe), ainsi que le décret n°2016-1804 du 22 décembre 2016 relatif à la direction générale de l'administration et de la fonction politique de ressources humaines dans la fonction publique.

[3] La DGAFP est dirigée par un directeur général, secondé par un directeur.

l'article 1 dudit arrêté, la DGAFP est composée de deux services : le service du pilotage des politiques de ressources humaines et le service du pilotage et des politiques salariales et sociales. La mission de pilotage des politiques des ressources humaines dans la Fonction publique a définitivement été confiée à la DGAFP par le décret n°2016-1804 du 22 décembre 2016, lorsqu'une Direction des ressources humaines y a été créée [1]. En vertu du décret du 22 décembre 2016 [2], la DGAFP, par sa direction des ressources humaines, est chargée, en vertu de l'article 1, de définir « les orientations générales de la politique de ressources humaines dans les administrations publiques », de formuler des propositions d'action et des recommandations en matière « de gestion prévisionnelle des emplois et compétences, de recrutement, de formation et d'accompagnement des parcours professionnels » [3], et de garantir par la même occasion « la cohérence des règles applicables entre les fonctions publiques ». En vertu du même premier article du décret du 22 décembre 2016, la DGAFP participe « à la définition de la politique salariale et des règles relatives à la rémunération » des agents publics, conduit « le dialogue social interministériel et commun à l'ensemble de la fonction publique », élabore les règles relatives « à la santé et à la sécurité au travail, ainsi qu'à la prévention des risques professionnels et à l'amélioration des conditions de travail dans la fonction publique ». Elle est aussi responsable de la promotion de l'égalité professionnelle et entre les hommes et les femmes dans la fonction publique, ainsi que de l'insertion des jeunes dans la fonction publique et des personnes atteintes d'un handicap. La cohérence et l'unité de la politique des ressources humaines de chaque ministère et des établissements publics se trouvant sous sa tutelle sont assurées par des responsables des ressources humaines, spécialement désignés à cet effet au sein de chaque département ministériel [4]. Par la même occasion, il est aussi important de souligner qu'en vertu de l'article 3 du décret cité ci-dessus, la DGAFP, assure la tutelle de l'INSP et des IRA, ainsi que du Conseil supérieur de la fonction publique de l'État, de la commission de déontologie de la fonction publique et du comité interministériel consultatif d'action sociale des administrations de l'État.

---

[1] Pastor (J.-M.), « Les agents de l'État ont désormais une direction des ressources humaines », AJDA, 2016, n°1, p. 5.

[2] Qui remplace le décret n°2008-1413 du 22 décembre 2008 relatif à la direction générale de l'administration et de la fonction publique.

[3] L'élaboration et la mise en œuvre des textes concernant le statut général des fonctionnaires, les agents contractuels ainsi que les dispositions relatives aux droits sociaux et aux régimes de retraite propres aux agents publics font également partie des missions confiées à la DGAFP.

[4] En vertu de l'article 7 du décret du 22 décembre 2016, le responsable ministériel des ressources humaines garantit « la cohérence et l'unité de la politique des ressources humaines du ministère et des établissements publics dont son ministre assure la tutelle », exerçant à cet effet les missions listées à l'alinéa 2 de l'article précité.

In fine, il n'en reste pas moins que la tutelle de la DGAFP, en matière de gestion des ressources humaines des ministères, laisse craindre, comme certains syndicats l'ont exprimé lors des consultations autour du décret du 22 décembre 2016, « un couperet budgétaire de Bercy » lors des arbitrages sur les prévisions des effectifs et les carrières des fonctionnaires » [1].

546. Conseil supérieur de la fonction publique (CSFP) et les organes paritaires. Le paysage institutionnel français est complété par un Conseil supérieur de la fonction publique organisé distinctement pour chacune des trois fonctions publiques [2], ainsi que par des commissions administratives paritaires (CAP) et des comités sociaux (CS) [3].

Le Conseil supérieur de la fonction publique représente l'organisme consultatif saisi pour toute question d'ordre général liée à la fonction publique, mais aussi l'organe supérieur de recours en matières disciplinaire (à l'exception de la fonction publique territoriale), d'avancement, ou encore, de licenciement pour insuffisance professionnelle. Depuis l'entrée en vigueur du cadre statutaire des années 1980, il y a trois Conseils supérieurs à raison d'un pour chaque fonction publique. Pour des questions d'ordre général posées par au moins deux des trois fonctions publiques ou intéressant la situation des agents publics relevant de ces dernières, le ministre chargé de la fonction publique peut saisir le Conseil commun de la fonction publique [4]. Ce dernier peut aussi être saisi à la demande écrite de deux tiers des membres de l'un des deux collèges qui le composent lorsqu'il est convoqué dans un délai de deux mois maximum à compter du jour de la saisine.

Il s'ensuit, à la différence du système roumain où le législateur n'a consacré qu'un seul organisme consultatif par le biais des commissions paritaires, le législateur français en avait initialement réglementé trois, chacun avec des attributions spécifiques. Toutefois, en vue non seulement de la simplification du fonctionnement desdites instances, mais aussi du renforcement des outils de dialogue social [5] leur nombre a été réduit à deux par la réforme de 2019. Par la même occasion, le législateur a aussi considérablement réduit les compétences des CAP, dont l'avis n'est plus requis en matière de promotion interne, d'avancement, ou de mutation

---

[1] Pastor (J.-M.), *op. cit.*, p. 5.

[2] Conseil supérieur de la fonction publique d'État, Conseil supérieur de la fonction publique territoriale et Conseil supérieur de la fonction publique hospitalière.

[3] La réforme d'août 2019 de transformation de la Fonction publique a prévu, à compter du renouvellement des instances, la fusion du Comité technique (CT) et du comité d'hygiène, de sécurité et des conditions de travail organisés (CHSCT) dans un seul comité intitulé « Comité social ».

[4] Article 2 du décret n°2012-148 du 30 janvier 2012 relatif au Conseil commun de la fonction publique.

[5] Marc (E.), « Dialogue social : une réforme en deux temps », AJFP, 2019, n°5, pp. 254-258.

impliquant un changement de résidence administrative. Seules les décisions individuelles défavorables à l'agent requièrent encore l'avis de la CAP.

Les Comités sociaux nouvellement constitués sont, quant à eux, compétents tout d'abord en matière d'organisation, de fonctionnement et d'évolutions des administrations, voire d'accessibilité des services et à la qualité des services rendus. Ensuite, ils le sont aussi au sujet des questions relatives non seulement aux orientations stratégiques sur les politiques des ressources humaines, mais aussi aux lignes directrices de gestion en matière de promotion et valorisation des parcours professionnels, ou encore aux orientations stratégiques en matière de politique indemnitaire, d'action sociale et aux aides à la protection sociale complémentaire. Enfin, les CS sont aussi compétents en matière d'égalité professionnelle et de lutte contre les discriminations, de protection de la santé physique et mentale, d'hygiène, de sécurité des agents dans leur travail, d'organisation du travail, de télétravail, ou encore, sur les enjeux liés à la déconnexion et aux dispositifs de régulation de l'utilisation du numérique, voire d'amélioration des conditions de travail.

547. Le Centre national de la fonction publique territoriale (CNFPT). À la différence du législateur roumain, qui n'a assigné aux filiales territoriales de l'autorité nationale roumaine de gestion des fonctionnaires publics, l'ANFP, que des compétences en matière de formation continue, le législateur français a posé les bases d'une gestion de proximité ; et ce, par la création du Centre National de la Fonction publique territoriale et des centres de gestion, ces derniers pour les collectivités ne comptant que 350 agents ou moins. En effet, d'après les dispositions de l'article L451-1 du CGFP [1], le CNFPT est un « établissement public à caractère administratif doté de la personnalité morale et de l'autonomie financière qui regroupe » la totalité des collectivités locales et établissements publics locaux.

Le CNFPT est dirigé par un conseil d'administration paritairement composé de représentants des collectivités territoriales et des organisations syndicales des fonctionnaires territoriaux, dont le nombre est limité à 34 membres [2]. Les orientations générales du CNFPT ainsi que le programme de

---

[1] Article 12 de la loi n°84-53 du 26 janvier 1984 portant dispositions statutaires sur la fonction publique territoriale.

[2] Les représentants des collectivités territoriales sont élus par des collèges de représentants des maires, des présidents de conseils départementaux et de présidents de conseils régionaux, alors que les sièges réservés aux organisations syndicales « sont répartis entre elles proportionnellement au nombre des voix obtenues aux élections organisées pour la désignation des représentants du personnel aux comités techniques … » (alinéa 3 de l'article 12 de la loi n°84-53 du 26 janvier 1984 portant dispositions statutaires sur la fonction publique territoriale).

formation qu'il propose aux agents territoriaux sont arrêtés sur proposition d'un conseil d'orientation, placé auprès du conseil d'administration [1].

Les missions du CNFPT sont fixées par les dispositions de l'article 12-1 de la loi n°84-53 du 26 janvier 1984 et concernent la mise en œuvre des procédures de reconnaissance de l'expérience professionnelle, le suivi des demandes, dont il est saisi, de validation des acquis de l'expérience, la gestion de l'Observatoire de l'emploi, des métiers et des compétences de la fonction publique territoriale. Le CNFPT est également compétent pour la gestion de ses personnels, ainsi que du recensement des métiers et des capacités d'accueil en matière d'apprentissage dans les collectivités territoriales et les établissements territoriaux, ou encore de la mise en œuvre de dispositifs de préparation aux concours d'accès aux cadres d'emplois de catégorie A. Il est responsable de l'organisation des concours et examens professionnels pour les fonctionnaires de catégorie A+ [2] et de leur reclassement, ainsi que de la publicité des créations et vacances des emplois, qui doivent leur être transmises par les centres de gestion. De plus, le CNFPT repose, sur le territoire, sur des délégations régionales [3] ou interdépartementales compétentes pour organiser sous le contrôle du CNFPT des concours, examens, ou encore, des formations pour les agents [4]. La structure organisatrice du CNFPT est complétée par les quatre Instituts nationaux spécialisés d'études territoriales (INSET) d'Angers, Dunkerque, Montpellier, Nancy, ainsi que par l'Institut national des études territoriales (INET), localisé à Strasbourg.

Dans le but d'améliorer la qualité des données relatives aux effectifs de la fonction publique territoriale, le CNFPT a créé l'Observatoire de la fonction publique territoriale [5], dont les missions concernent l'élaboration au nom du CNFPT des études statistiques, des synthèses des bilans sociaux, ou encore, des études concernant les tendances de l'emploi territorial. Il incombe également à l'Observatoire de la fonction publique territoriale la mission d'éditer le répertoire des métiers territoriaux.

---

[1] Décret n°87-811 du 5 octobre 1987 relatif au CNFPT.

[2] Les administrateurs territoriaux, conservateurs territoriaux, des bibliothèques, conservateurs territoriaux du patrimoine, ingénieurs territoriaux en chef, etc.

[3] « Une délégation du Centre national de la fonction publique territoriale est établie dans chaque région. Son siège est fixé par le conseil d'administration », article 12 de la loi n°84-53 du 26 janvier 1984.

[4] Auby (J.-M.), Auby (J.-B.), Jean-Pierre (D.) et Taillefait (A.), *Droit de la fonction publique*, Dalloz, 7e éd., 2012, p. 614.

[5] Annoncé au Conseil d'administration du CNFPT du 7 mars 1991, l'Observatoire de la fonction publique territoriale est un « centre d'étude et de recherche sur les agents territoriaux, leurs activités et leurs pratiques professionnelles (…), il est au service de la fonction publique territoriale, qu'il valorise et promeut en la faisant mieux connaître » [Grandclaudon (C.), *L'observatoire de la fonction publique territoriale*, Bulletin des bibliothèques de France (BBF), 1992, n°6, pp 91-93, http://bbf.enssib.fr/consulter/bbf-1992-06-0091-012, consulté le 08 août 2022, ISSN 1292-8399].

548. Les spécificités des centres de gestion. Les administrations locales et les établissements qui emploient moins de 350 fonctionnaires, titulaires ou stagiaires à temps complet, ou qui emploient seulement des fonctionnaires à temps partiel, sont obligatoirement rattachés à des centres de gestion. En effet, d'après les dispositions de l'article L.452-1 du CGFP [1], les centres de gestion de la fonction publique territoriale sont des « établissements publics locaux à caractère administratif dirigés par un conseil d'administration comprenant de quinze à trente membres ». Le nombre de membres du conseil d'administration est influencé tant par des facteurs de nature démographique des collectivités locales concernées que par le nombre des agents publics des collectivités et des établissements affiliés à un centre de gestion. Aux termes de l'article L.452-22 [2], le conseil d'administration est composé de représentants élus des collectivités territoriales et des établissements publics affiliés, titulaires d'un mandat local. Les missions des centres de gestion concernent l'organisation des concours et examens professionnels relatifs aux cadres d'emploi de catégorie A et B, la publicité des créations et vacances d'emploi de catégories A et B, le reclassement des fonctionnaires de catégorie A et B, ou encore, leur prise en charge en cas de privation temporaire d'emploi [3]. D'autres missions regardent la gestion de l'Observatoire régional de l'emploi.

D'après les dispositions de l'article L.452-39 du CGFP [4], les collectivités et les établissements non affiliés à un centre de gestion assurent eux-mêmes les missions conférées normalement aux centres de gestion. De même, les dispositions précitées permettent aux collectivités ou établissements publics locaux, qui ne répondent pas aux conditions requises pour être affiliés à un centre de région, de s'y rattacher volontairement.

S'organisant au niveau régional ou interrégional pour l'exercice de leurs missions, les centres de gestion désignent parmi eux un centre chargé d'assurer leur coordination, mais aussi de fixer par le biais d'une charte d'organisation les modalités d'exercice des missions à gérer en commun, ou

---

[1] Article 13 de la loi n°84-53 du 26 janvier 1984.

[2] Article 13, alinéa 3 de la loi n°84-53 du 26 janvier 1984

[3] La loi n°2007-209 du 19 février 2007 relative à la fonction publique territoriale a rallongé la liste des missions relevant obligatoirement de la compétence des centres de gestion, et ce, au détriment du CNFPT. En effet, en retirant au CNFPT certaines missions - « dont l'importance et le coût n'avaient cessé de croître » - qui ne lui revenaient qu'à défaut d'établissement de gestion national, le législateur a cherché à rétablir un « certain équilibre institutionnel », cela notamment par la restitution aux centres de gestion « sinon de l'intégralité, du moins d'une grande partie, de leurs missions « naturelles » relatives à la catégorie A restituées » [Chanlair (M.-P.) et Laborie (C.), « Pour la création d'un établissement national de coordination des centres de gestion de la fonction publique territoriale », *AJDA*, 2008, n°41, pp. 2261-2268].

[4] Article 14 de la loi n°84-53 du 26 janvier 1984.

encore, les modalités de remboursement des dépenses correspondantes [1]. Les dispositions statutaires susmentionnées précisent, également en faveur des centres de gestion, la possibilité de conclure des conventions particulières dans des domaines non obligatoirement couverts par ladite charte.

Force est toutefois de constater une absence d'harmonisation des pratiques au niveau de la gestion des effectifs de la fonction publique territoriale, et ce, d'autant que, par la réforme du 19 février 2007, le législateur français a renoncé définitivement à trancher les missions du CNFPT et des CDG en vue de conserver, pour le premier, des missions qui relèvent exclusivement du domaine de la formation des agents et, pour le second, du domaine de la gestion [2]. D'ailleurs, les débats autour du projet de la loi de modernisation de la fonction publique ont visé la création d'un « établissement national de coordination des centres de gestion dans la fonction publique territoriale » ; idée rejetée par les parlementaires lors du débat sur le projet de ladite loi [3].

Enfin, la gestion des agents territoriaux relève, avant tout et aux termes des dispositions de l'article 4 de la loi du 26 janvier 1984, de la compétence des collectivités ou des établissements auxquels ils appartiennent. Reste toutefois que si, au début des années 2000, la gestion de la fonction publique française était qualifiée de bureaucratique, peu anticipatrice et exagérément égalitariste, malgré les progrès visibles enregistrés, depuis il apparaît que « les dérives coutumières et la lourdeur de la mise en œuvre du principe de participation » y perdurent [4].

Section 2. La gestion prévisionnelle des compétences, socle incontournable de l'anticipation du vieillissement de la Fonction publique statutaire

549. La véritable richesse de l'Administration réside avant tout dans les hommes et les femmes qui la composent. Leurs qualifications, leurs motivations, leur capacité à exprimer dans le travail toutes leurs possibilités représentent, selon les propos du Monsieur le Premier Ministre Michel

[1] Bourdon (J.), « La nouvelle réforme des institutions de la fonction publique territoriale, un acte manqué ? », *AJDA*, 2007, n°10, pp. 529-533.

[2] Chanlair (M.-P.) et Laborie (C.), « Pour la création d'un établissement national de coordination des centres de gestion de la fonction publique territoriale », *AJDA*, 2008, n°41, pp. 2261-2268.

[3] *Ibid.*, pp. 2261-2268.

[4] Pêcheur (B.), *Rapport sur la fonction publique*, La Documentation française, 2013, p. 47.

Rocard, « les meilleurs gages de l'efficacité du service public » [1]. La gestion prévisionnelle repose précisément sur le « fondement de choix stratégiques portant sur les priorités de développement, à définir à moyen terme les besoins quantitatifs et qualitatifs en personnel qui accompagneront les évolutions projetées » [2]. À ce sujet, la question qui s'est régulièrement posée lors de l'analyse des différents aspects de la fonction publique – régime juridique, réformation du concours, ou encore, de l'avancement et de l'évaluation – concerne le fait de savoir si l'incorporation des principes de gestion spécifiques au droit privé ne risque pas de porter atteinte aux principes statutaires. Toutefois, au lieu de considérer comme une remise en cause des normes statutaires la volonté d'introduire dans la fonction publique certains des principes spécifiques à une gestion moderne des ressources humaines, ne serait-il pas plus constructif d'identifier les éléments statutaires qui contribuent à la professionnalisation de la fonction de GRH dans la fonction publique [3] ?

Des développements déjà engagés dans la présente étude, il ressort que le maintien d'un statut protecteur pour les agents, tout en continuant à rechercher des modalités d'amélioration des perspectives de carrière, de rémunération ou de formation, a régulièrement préoccupé l'esprit du législateur, dont la professionnalisation de la GRH [4]. La modernisation de la fonction publique ne pourrait toutefois être engagée, en dehors d'un cadre juridique approprié qui permette de dépasser la gestion classique, souvent purement administrative et indifférente à la responsabilité et à la motivation des fonctionnaires, comme celle qui est pratiquée de nos jours [5]. À cet effet, si le système français de fonction publique apparaît avoir enregistré cette dernière décade des progrès considérables en matière de renforcement de règles juridiques de gestion, la GRH reste encore assez peu développée, voire inexistante, dans la Fonction publique roumaine. De ce fait, le législateur roumain devrait, partant des conclusions des différentes études de modernisation de la GRH dans la Fonction publique française [6], créer des règles juridiques qui transforment la responsabilisation, la valorisation, la motivation et la sortie des fonctionnaires en autant de missions assignées,

---

[1] Circulaire du 23 février 1989 relative au renouveau du service public, https://www.legifrance.gouv.fr/affichTexte.do?cidTexte=JORFTEXT000000295608&categorieLien=id , consulté le 25 mars 2022).

[2] Maury (S.), *La GRH dans la fonction publique*, éd. La Documentation française, 2014, p. 29.

[3] Cieutat (B.), Tenzer (N.), *Fonctions publiques : enjeux et stratégie pour le renouvèlement*, La Documentation française, 2000, p. 64.

[4] *Ibid.*, p. 64.

[5] Comité d'enquête sur le coût et le rendement des services publics, *Rapport d'ensemble du comité d'enquête sur le coût et le rendement des services publics 1999-2001*, La Documentation française, 2001, p. 23.

[6] Cieutat (B.), Tenzer (N.), *op. cit.*, 134 p ; Comité d'enquête sur le coût et le rendement des services publics, *op. cit.*, 2001, 301 p.

plus étroitement, aux départements des RH qui œuvrent au sein de chaque institution ou autorité publique.

À la lumière des aspects évoqués ci-dessus, l'analyse des dispositifs roumain et français de gestion prévisionnelle de RH **(§ 1)**, ainsi que des différentes modalités de sortie de la fonction publique **(§ 2)** permettront de comprendre si la professionnalisation desdits dispositifs est possible dans les limites statutaires.

§ 1. L'adaptation progressive des normes statutaires à la GPRH

550. Les questionnements qui habitent la mise en place d'une politique de gestion prévisionnelle La gestion prévisionnelle des emplois, des effectifs, des carrières et des compétences peut être décrite comme un projet stratégique, par le biais duquel l'administration « projette ses besoins quantitatifs et qualitatifs en personnel, emplois et compétences, compare avec les ressources dont elle dispose et s'efforce de réduire les écarts par formation, gestion des effectifs, mobilités » [1].

La mise en place d'un dispositif de gestion prévisionnelle des compétences est avant tout conditionnée par une (re)valorisation de la fonction de GRH qui, de ce fait, prend la forme d'un défi incontournable pour la modernisation de la fonction publique. Comme le droit français, il y a plus de trois décades, la fonction publique roumaine est aujourd'hui habitée par la question de savoir comment renforcer le rôle et la place des DRH au sein des institutions et autorités publiques. Cette question ne pourrait être analysée qu'ensemble avec une autre question, qui est celle de savoir dans quelle mesure les normes statutaires représentent véritablement des obstacles infranchissables pour la professionnalisation de la GRH dans la fonction publique. En d'autres termes, si les blocages face à la professionnalisation des RH ne sont pas dus, plus à des « mauvaises habitudes voire à une méconnaissance de ce que le statut permet », et moins au Statut lui-même [2] ? Ensuite, il s'avère tout aussi important de savoir si les départements des RH bénéficient des outils juridiques requis pour accroître l'influence et le prestige propre aux missions spécifiques de GRH [3].

Puiser dans le tumulte réflexif, qui, depuis les années 1980, habite le milieu doctrinal français en matière de professionnalisation de la GRH, permet d'identifier voire de dégager certains des défis que la fonction publique roumaine peut relever en priorité, et ce, dans les limites des règles

[1] Maury (S.), *op. cit.*, La Documentation française, 2014, p. 182.

[2] Vallemont (S.), *La gestion des ressources humaines*, La Documentation française, 1998, p. 7.

[3] *Ibid.*, p. 7.

statutaires. Cette analyse permet également de mieux comprendre le décalage temporel qui caractérise les avancées des réflexions sur la nécessaire (re)valorisation de la GRH dans la fonction publique française [1] par rapport à la fonction publique roumaine. Par conséquent, partant des fondements institutionnels assez centralisés du système roumain en matière de RH, il apparaît important de chercher à identifier la manière, dont l'échafaudage institutionnel lié à la GRH dans la Fonction publique roumaine, pourrait être repensé. Une réorganisation, qui renforce non seulement le rôle des institutions habilitées avec la gestion des ressources humaines dans la Fonction publique, aux niveaux régional ou national, mais aussi et surtout les départements de RH situés au sein même des institutions publiques.

Outre la question relative à la décentralisation et/ou la déconcentration institutionnelle, d'autres questionnements se posent au sujet de l'élaboration de nouvelles règles, censées renforcer la GRH, en termes d'évaluation, d'orientation et de gestion des carrières, de formation, ou encore, de valorisation et de responsabilisation des fonctionnaires (publics). En d'autres termes, identifier les enjeux relatifs à la mise en place d'un dispositif de gestion prévisionnelle des compétences qui fournisse aux administrations les outils nécessaires pour l'anticipation, en termes de déficit de compétences, spécialement à la suite des sorties de la fonction publique.

La réflexion, portant sur la (re)valorisation de la fonction des ressources humaines voire de la mise en place d'une politique de gestion prévisionnelle, ne peut pas être engagée sans la prise en compte d'abord du volet institutionnel **(A)** et, seulement après, des enjeux que la mise en place d'une stratégie de gestion impose au législateur **(B)**.

A. Le nécessaire renforcement de la décentralisation institutionnelle de la GRH dans la Fonction publique

551. La décentralisation institutionnelle en matière de gestion des ressources humaines doit être pensée tant au niveau des représentantes en territoire des institutions à vocation nationale, comme l'ANFP **(1)** qu'au niveau des départements de gestion des ressources humaines de chaque institution publique, responsables de la gestion de proximité **(2)**.

[1] Schuffenecker (D.), « L'accompagnement ressources humaines de la réforme de l'administration territoriale de l'État », *AJDA*, 2010, n°15, pp. 837-841 ; Chevalier (Y.), « La réforme budgétaire et la GRH : quelles conséquences pour la fonction publique », *AJDA*, 2006, n° 10, pp. 523-531 ; Senimon (M.), « Pour une vraie réforme de la fonction publique française », *AJDA*, 2006, n°23, pp. 1241-1244 ; Mekhantar (J.), « L'employeur public et la nouvelle gestion des ressources humaines », *AJFP*, 1999, n°6, pp. 7-14.

1. La nécessaire réorganisation institutionnelle

552. Constatations à caractère général. Le rôle centralisateur assigné à l'ANFP ne peut être que bénéfique pour une fonction publique roumaine qui apparaît assez vulnérable face aux dérapages enregistrés dans la gestion des personnels en matière de recrutement, d'avancement, ou encore, d'évaluation. En effet, qu'il s'agisse du recrutement, de l'avancement, ou encore, de l'évaluation, les différentes études effectuées en la matière laissent ressortir une certaine prédilection pour ce qui pourrait être communément appelé « le respect des normes voire des procédures sur papier ». La mise en œuvre dévoile, en revanche, des pratiques moins saines en matière de recrutement et d'avancement par concours, ou encore, des évaluations professionnelles exprimées collectivement par des qualificatifs de « très bien », ou tout au plus « bien ». Il a aussi pu être observé que des difficultés similaires, mais à moindre degré, caractérisent également d'autres systèmes de tradition statutaire, comme le système français [1]. Par suite, la gestion des personnels de la fonction publique reste tout aussi formelle, que les autres segments de la fonction publique. Une explication pourrait consister dans le rôle « décoratif » des départements de GRH au sein des jurys de concours, ou encore, de traitement des données relatives aux comptes rendus réalisés à l'occasion de l'évaluation professionnelle [2].

Dans ce contexte, il apparaît évident que la mission de réorganisation des structures responsables de la gestion des personnels de la Fonction publique et de leurs attributions revient avant tout au législateur.

553. Les enjeux d'une réorganisation institutionnelle. La question est de savoir si, en conservant un système fondé sur une gestion relevant d'une institution organisée exclusivement au niveau national, il est possible de construire une stratégie de professionnalisation des techniques de gestion des ressources humaines de proximité. Des politiques de RH privilégient notamment la mise en place d'un dispositif de gestion prévisionnelle de carrière et de compétences. Professionnaliser la fonction de gestion des ressources humaines, construire un système d'anticipation de besoins voire de diversification des compétences qui soit utile non seulement au bon déroulement de l'activité de l'institution, mais aussi à l'épanouissement dans la carrière du fonctionnaire public, représentent autant de défis qui ne pourront être efficacement relevés que par une gestion de proximité. Toutefois, force est de constater que, pour un système encore jeune comme le système roumain, de telles réflexions pourront être difficilement engagées

---

[1] Le système de notation, par exemple.

[2] Nous limitons nos observations aux éléments analysés dans les titres précédents. Ce qui justifie l'absence de développements sur la rémunération, la formation, ou encore, la déontologie, pour lesquels nous renvoyons aux titres précédents.

en dehors d'un cadre normatif contraignant, qui responsabilise et accompagne à la fois les administrations locales les plus défavorisées.

De ce fait, l'ANFP ne revêt pas seulement le rôle de gardien quant à l'application unitaire du droit de la fonction publique, voire de l'harmonisation des pratiques dans la Fonction publique, mais aussi celui de gardien contre les dérapages que les institutions et les autorités publiques peuvent enregistrer en termes de recrutement ou de rémunération. Ce qui finalement empêche l'ANFP d'individualiser son accompagnement méthodologique. En effet, d'après l'expérience des quinze dernières années, l'ANFP peine à accompagner convenablement les départements de GRH constitués au sein de plus de 4 000 institutions et autorités publiques roumaines. À cet effet, et comme il a été proposé également dans le titre concernant les procédures de recrutement par concours, le législateur roumain devrait prendre en considération la déconcentration des compétences de l'ANFP par la création des centres de gestion régionaux voire départementaux qui représentent l'ANFP sur le territoire. Le législateur doit entamer, d'abord, à titre expérimental l'élargissement des compétences des centres régionaux déjà existants, dont les attributions ne concernent pour le moment que la formation continue des fonctionnaires territoriaux.

2. Le nécessaire renforcement juridique de la gestion de proximité

554. La reconstruction des fondements juridiques des DRH. Parallèlement à l'élargissement des compétences des bureaux de RH, il s'impose de repenser les fondements juridiques des départements de ressources humaines, qui œuvrent au sein des institutions publiques par une révision considérable de leurs attributions et responsabilités. Les propositions énoncées ci-dessus complètent les objectifs formulés en 2016 par le Gouvernement « Dacian Cioloş » dans la stratégie de développement de la Fonction publique pour les années 2016-2020 où figure, en premier lieu, la création d'un système électronique des personnels œuvrant dans l'administration publique. Placé sous l'administration de l'ANFP, ledit système électronique, une fois opérationnel pourrait être utilisé en temps réel par toutes les autorités et les institutions publiques. L'idée s'avère très intéressante, tant que sa mise en place prend en considération au moins deux aspects : la nécessaire dotation informatique des institutions situées en milieu rural [1], et d'autre part, la nécessaire formation des personnels de la fonction publique surtout du milieu rural dans le domaine du numérique. En

[1] Dû en grande partie au déficit d'infrastructure requise pour l'emplacement des installations qui assurent la connexion internet.

attendant que des résultats concrets soient obtenus par rapport aux deux aspects précités, le renforcement du rôle des centres de gestion de l'ANFP, similaire aux centres français, se présente comme une modalité efficace d'accompagnement et de modernisation des administrations « éloignées ».

Un autre objectif de ladite stratégie, élaborée récemment par le Gouvernement roumain, concerne la création d'une structure type « wach-dog » qui exerce un rôle actif dans l'élaboration, le suivi et l'évaluation de toutes les politiques de ressources humaines dans le secteur public. Il est important de remarquer, au sujet de ce dernier point, la formulation « ...de toutes les catégories de ressources humaines dans le secteur public » qui inclut l'idée d'uniformisation des pratiques de gestion des ressources humaines dans le secteur public en général, et non seulement dans la Fonction publique. Considérant que, pour la fonction publique, l'ANFP assume déjà des attributions dans l'élaboration, le suivi et l'évaluation des politiques de ressources humaines, elle aurait certainement été amenée à collaborer avec la nouvelle structure de type « wach-dog ». Reste à savoir sur quels fondements juridiques le législateur entend définir les rapports entre les deux structures [1].

La professionnalisation voire la diversification des missions GRH ne pourrait donc que prolonger la réorganisation institutionnelle en matière de gestion des fonctionnaires publics aux deux niveaux, central et territorial [2]. Il en ressort qu'une fois seulement entamées et finalisées ces deux étapes, il sera possible d'engager des réflexions sur la mise en œuvre des politiques de gestion prévisionnelle des compétences, ainsi que de développement dans un sens plus général d'une gestion moderne des fonctionnaires dans tous les aspects de leur carrière.

B. Le nécessaire encadrement d'une politique de gestion prévisionnelle

555. La mise en place d'une gestion prévisionnelle des effectifs et des compétences, si elle met à grande épreuve certaines des normes

---

[1] Les élections parlementaires de décembre 2016 ont conduit au remplacement du Gouvernement Dacian Cioloş et, implicitement, à « l'oubli » des études et des propositions formulées par ce dernier. Situation qui ne fait que mettre encore une fois en évidence les conséquences que le manque de continuité dans l'élaboration et la gestion des politiques publiques peut engager dans le contexte des éternels recommencements à chaque nouvelle élection, soient-elles présidentielle, parlementaire ou locale.

[2] Ces types de réformes doivent être considérés avec précaution, cela dans le sens de prendre en considération non seulement le manque de formation des responsables de RH des institutions et autorités situées surtout en milieu rural ou urbain éloigné des grandes agglomérations urbaines, mais aussi les déséquilibres du développement socio-économique du territoire roumain.

statutaires **(1)**, elle n'en reste pas moins assujettie à certaines conditions juridico-gestionnaires **(2)**.

1. Les normes statutaires à l'épreuve des règles de gestion

556. Les normes statutaires vs. les principes de gestion moderne. L'affectation d'un fonctionnaire « est d'une extrême importance, surtout dans un régime où les candidats sont recrutés en fonction des besoins d'un corps à compétence étendue, et non pas en vue de pourvoir un poste préalablement fixé » [1]. En effet, le candidat nommé doit être plus ou moins apte à remplir chacune des tâches auxquelles la fonction lui donne vocation ; de plus, l'expérience prouve que le rendement d'un agent varie considérablement selon les supérieurs dont il dépend, les collègues qui l'entourent, ou encore, les moyens matériaux, informatiques y compris, dont il dispose [2]. De ce fait, les agents qui apparaissent médiocres parce qu'ils sont mal employés peuvent être très nombreux, de même que les chefs de service qui se plaignent de l'insuffisance professionnelle de leurs collaborateurs, sans avoir réellement cherché à connaître les compétences de ces derniers [3]. La question est de savoir si ce sont les règles statutaires elles-mêmes, qui « empêchent » les responsables des départements de ressources humaines voire les dirigeants des institutions et autorités publiques d'assumer la responsabilité d'une stratégie de professionnalisation de la GRH dans la Fonction publique ou s'il s'agit d'une insuffisante exploitation de ce que les normes statutaires permettent ou non.

À juger d'après les conclusions des développements précédents, au sujet notamment du régime juridique de la Fonction publique ainsi que des évolutions en matière de recrutement par concours et de carrière, il apparaît que, par leur adaptation constante aux mutations socio-économiques subies par les États, les dispositions statutaires ont fait ou font preuve de beaucoup de souplesse. À la lumière de ces précisions, avant qu'il soit procédé à l'élaboration d'une stratégie de professionnalisation de la GRH dans la fonction publique, il s'avère important que l'administration s'approprie, dans toutes ses dimensions, le cadre statutaire, c'est-à-dire « veiller à toujours articuler l'approche métiers (gestion des emplois et des compétences) et l'approche carrières (dimension statutaire, gestion des corps et des grades » [4].

---

[1] Grégoire (R.), *op. cit.*, p. 206.
[2] *Ibid.*, p. 206.
[3] *Ibid.*, p. 206.
[4] Vallemont (S.), *La gestion des ressources humaines*, La Documentation française, 1998, p. 17.

Partant des différentes dimensions que la fonction de GRH recouvre, dont notamment l'administration du personnel, les relations sociales, la gestion et le développement des ressources humaines, ou encore, l'organisation du travail et de la vie au travail, il ressort que, pour renforcer le rôle de la fonction de GRH, l'instauration d'un équilibre entre les impératifs statutaires et la volonté de développement des personnels et des compétences [1] s'impose. De ce fait, il est important que chaque administration voire chaque service procède à une réflexion sur une meilleure délimitation de ses missions, délimitation qui facilite la mise en place d'un dispositif de gestion prévisionnelle des emplois et des compétences [2]. En effet, comme le soulignait déjà Monsieur le Ministre Rocard, dès la fin des années 1989, l'existence d'une politique de gestion prévisionnelle était censée permettre aux administrations de s'adapter aux nouvelles missions voire évolutions technologiques, organisationnelles et administratives que les administrations françaises étaient amenées à affronter à court et à moyen termes [3]. Ces mêmes réflexions s'imposent aujourd'hui avec la même acuité aux administrations roumaines.

2. La mise en place d'une GPRH assujettie à plusieurs conditions

557. Les conditions requises par l'encadrement de la GPRH. Comme M. Valemont le faisait déjà remarquer dans son rapport de 1998, la mise en place d'une gestion prévisionnelle s'avère d'autant plus importante « pour l'administration que pour le secteur privé du fait [qu'] elle est tenue de s'adapter en jouant sur le stock de ses effectifs (en mettant l'accent sur la formation continue ou sur la mobilité) et non, comme le fait le secteur privé essentiellement, par les flux d'entrée et de sortie des personnels » [4]. À cet effet, tel qu'il ressort des différentes études élaborées ces deux dernières décennies, les difficultés affrontées par les administrations françaises dans leurs efforts pour développer une politique de gestion prévisionnelle peuvent être regroupées en deux catégories, dont l'une concerne les effectifs, et l'autre les compétences [5]. Par suite, partant du principe au terme duquel « la faculté de construire une carrière adaptée pour chaque agent à ses aptitudes et à ses ambitions ne peut qu'être profitable à l'administration dans son ensemble », le devoir de l'administration d'organiser la carrière des fonctionnaires de manière valorisante se présente en tant que défi inéluctable

---

[1] *Ibid.*, p. 17.
[2] Cieutat (B.), Tenzer (N.), *Fonctions publiques : enjeux et stratégie pour le renouvèlement*, La Documentation française, 2000, p. 64.
[3] Circulaire « Rocard » du 23 février 1989 relative au renouveau du service public.
[4] Valemont (S.), *op. cit.*, p. 19.
[5] *Ibid.*, p. 19.

pour la modernisation de l'action publique [1]. Il devient toutefois évident que toute démarche d'élaboration d'une politique de gestion des ressources humaines similaire à celle mise en œuvre dans le système français, aurait peu de chances de réussite dans le système roumain, et ce, sans une formation appropriée des fonctionnaires responsables de la gestion des ressources humaines. La GRH est un domaine qui exige un investissement particulier, non seulement en termes d'identification et d'élaboration des outils appropriés, voire de leur maîtrise, mais aussi de méthode et de stratégie d'application desdits outils, dont la mise en œuvre requiert la dissémination d'une culture de gestion prévisionnelle [2]. De ce fait, il s'impose au législateur roumain de repenser le cadre normatif relatif à la GRH, de manière que les administrations soient obligées, comme cela a été le cas dans le système français, de développer une gestion qui aille au-delà des simples actes administratifs liés à la gestion du personnel à leur charge. Une gestion qui non seulement réponde mieux aux besoins des services, qui favorise l'initiative, la responsabilité, mais qui tiens aussi compte des aspirations des fonctionnaires. C'est dans « cette perspective que la déconcentration du dialogue social, des actes relatifs à la gestion du personnel - recrutement, formation, gestion des carrières, procédures disciplinaires -, et de l'action sociale » [3] doive être souhaitée ; et elle ne pourrait être obtenue que si cette déconcentration voire décentralisation des tâches de GRH est menée dans la transparence et en étroite association avec les représentants du personnel [4]. À cet effet, la stratégie de modernisation de la Fonction publique roumaine, publiée en juillet 2016, met en évidence l'absence d'une politique des ressources humaines cohérente qui permettrait de satisfaire les besoins du système public, y compris de la Fonction publique, en termes notamment de vieillissement de la population et de sortie de la Fonction publique.

§ 2. La reconstruction de la sortie de la Fonction publique statutaire sur des bases de GPRH

558. La sortie de la fonction publique est désignée en droit roumain par l'expression « la cessation du rapport de service », alors qu'en droit français par celle de « cessation des fonctions ». Considérant le sens commun des deux définitions du « rapport de service », d'une part, et « rapport de fonction », d'autre part, ainsi que pour éviter toute confusion d'ordre

[1] Cieutat (B.), Tenzer (N.), *op. cit.*, p. 74.
[2] Vallemont (S.), *op. cit.*, p. 17.
[3] Circulaire du 3 juin 1998 relative à la préparation des programmes pluriannuels de modernisation des administrations, https://www.legifrance.gouv.fr/affichTexte.do?cidTexte=JORFTEXT000000206020, consulté le 10 août 2022.
[4] *Idem.*

linguistique, l'expression « cessation de fonctions » sera préférée à celle de « rapport de service ».

Dans les deux systèmes de droit, la cessation des fonctions publiques peut être définitive ou temporaire. De plus, tant en droit roumain que français, la cessation des fonctions peut survenir par la volonté du législateur, de l'administration, ainsi que du fonctionnaire, ou encore, par la volonté partagée du fonctionnaire et de l'Administration. En effet, d'après les dispositions de l'article 516 du Code administratif [1], la cessation des fonctions peut survenir dans plusieurs situations : par la volonté du législateur voire de l'Administration, par l'accord commun des deux parties, institution employeuse et fonctionnaire public, par révocation, destitution de la fonction publique, ou encore, par démission. En toute situation, la cessation des fonctions survient par un acte administratif émis par la personne, qui a la compétence de nomination.

Comme en droit roumain, le législateur français a précisé à l'article L.550-1 du CGFP [2] que la cessation de fonctions peut survenir de droit par l'admission à la retraite, par la perte de la nationalité française ou la déchéance des droits civiques [3]. Elle peut aussi intervenir à la suite de l'interdiction par décision de justice d'exercer un emploi public et la non-intégration à l'issue d'une période de disponibilité ; respectivement par la volonté de l'administration en cas de licenciement ou révocation, ou encore, par la volonté du fonctionnaire par démission régulièrement acceptée [4].

Compte tenu de la complémentarité des formes de cessation réglementées par les deux systèmes de droit, l'étude se limitera à l'analyse de ce qui représente en priorité des défis pour l'avenir de la Fonction publique statutaire, à savoir, le régime juridique de la sortie par la retraite **(A)** et l'accompagnement du vieillissement de la Fonction publique **(B)**.

A. Le régime juridique de retraite en vigueur : spécificités et limites

559. Fondées sur les mêmes formes de mise en retraite, les règles concernant les procédures relatives à la mise en application et à

---

[1] Ancien article 97 de la loi n°188 du 8 décembre 1999 portant statut des fonctionnaires publics.

[2] Article 24 de la loi n°83-634 du 13 juillet 1983.

[3] CE 28 mai 1982, *Roger*, req. n°25.468 ; CC 3 février 2012, déc. n°2011-218, QPC ; CE 17 novembre 2010, *Ministre du Budget*, req. n°315.829).

[4] CE 15 juillet 1960, *Dame Cardona*, req. n°38.881 ; CE 2,8 avril 1976, *Sieur Ruy*, req. n°88.065 ; CE 21 novembre 1962, *Boot Robert*, *AJDA* 1963 p. 20 ; CE 22 mai 1968, *Ministre de l'éducation nationale c/ Delle Khalef*, Lebon p. 991 ; CE 27 avril 2011, *Jenkins*, req. n°335.370, *AJDA* 2011, n°17 p. 952 ; CAA Paris 22 juin 2000, *M. Giusti*, Lebon p. 1055.

l'accompagnement de sortie de la fonction publique différent sensiblement en droit roumain **(1)** et en droit français **(2)**.

1. Les spécificités de l'encadrement roumain

560. L'étendue juridique. La mise à la retraite est définie comme « l'acte par lequel un fonctionnaire, ayant acquis droit à pension, est rayé des cadres »[1]. Alors que la pension est définie comme le revenu « perçu par le fonctionnaire lorsqu'il a cessé d'exercer ses fonctions à la suite de sa mise à la retraite »[2].

Le système roumain de retraite repose sur la loi n°263 du 16 décembre 2010 relative au système unitaire de pensions publiques. En effet, le droit aux assurances sociales est garanti par l'État et s'exerce par le biais du système public de pensions et d'autres droits sociaux[3]. Parmi les principes sur la base desquels le système public de pensions est organisé et structuré, les dispositions de l'article 2 de la loi n°263 du 16 décembre 2010 précisent les principes de l'unicité[4], de l'obligation, de la contribution, de l'égalité[5], de la répartition et de la solidarité sociale. D'autres principes concernent l'autonomie, l'imprescriptibilité et l'incessibilité du droit à la pension. L'administration du système public de pensions est assurée par la Maison Nationale de Pensions publiques (MNPP)[6] représentée en territoire par des maisons départementales de pensions.

561. Les différentes formes de retraite reconnues par le système roumain. D'après les dispositions de l'alinéa 1 de l'article 5 de la loi n°263 du 16 décembre 2010 les assurés du système public de pensions peuvent être des citoyens roumains ou des citoyens appartenant à d'autres États, ainsi que des apatrides pendant la période de domicile ou de résidence sur le territoire roumain. Intitulé « Pensions », le chapitre IV de la loi n°263 du 16 décembre 2010 a été réservé à la réglementation de différentes catégories de pensions, dont la pension à limite d'âge, la pension anticipée, la pension partiellement anticipée, la pension d'invalidité, ou encore, la pension de successeur[7].

---

[1] Auby (J.-M.), Auby (J.-B.), Jean-Pierre (D.) et Tailleifat (A.), *Droit de la fonction publique*, Dalloz, 7e éd., 2012, p. 353.

[2] *Ibid.*, p. 353.

[3] Article 1er de la loi n°263 du 16 décembre 2010.

[4] D'après lequel, l'État organise et garantit le système public de pensions sur la base des mêmes normes de droit, pour tous les participants au système.

[5] Le principe d'égalité assure à tous les participants au système public de pensions, contribuables et bénéficiaires, un traitement non discriminatoire entre les personnes se trouvant dans la même situation juridique, en ce qui concerne les droits et les obligations prévus par la loi.

[6] CAPP en roumain.

[7] « Urmaş » en roumain.

La pension pour limite d'âge revient, aux termes de l'article 52 de la loi n°263 du 16 décembre 2010, aux personnes qui, à la date de mise en retraite, répondent aux conditions relatives à l'âge légal de retraite et de la période minimum de cotisation. L'âge standard de mise en retraite est de 65 ans pour les hommes et de 63 ans pour les femmes, alors que la période de cotisation est de respectivement 15 ans minimum et 35 ans maximum (période complète), tant pour les femmes que pour les hommes [1].

La pension anticipée est due, aux termes des dispositions de l'article 62, tout au plus cinq ans avant d'avoir accompli l'âge légal de retraite, mais à condition que les personnes qui souhaitent se prévaloir de ce droit aient réalisé au moins 8 ans de contribution de plus que la période complète de cotisations. À la date où la personne, bénéficiant d'une pension anticipée, réunit les conditions requises pour la mise en retraite de droit (conditions d'âge et d'années de cotisation), la pension anticipée se transforme d'office en pension pour limite d'âge.

La retraite anticipée peut être demandée avec cinq ans l'âge légal de retraite, si la période complète de cotisation a été atteinte [2]. La personne bénéficiant d'une mise en retraite anticipée ne peut exercer aucune activité rémunérée, sous sanction d'être déchue du droit de toucher la pension anticipée. Cette prohibition perdure jusqu'à l'atteinte de l'âge normal de retraite.

Par rapport aux deux voire trois formes de retraite décrites ci-dessus, la pension d'invalidité revient aux personnes qui ont perdu, totalement ou au moins à moitié, leur capacité de travail ; et ce, à la suite des accidents de travail et des maladies professionnelles, des néoplasies, schizophrénie et SIDA, ainsi que des maladies considérées comme « normales » ou des accidents [3]. D'après les dispositions de l'article 69 de la loi déjà évoquée, en fonction du niveau de diminution de la capacité de travail, l'invalidité peut être du Ier grade quand la capacité de travail et d'autonomie est complètement perdue, du IIe grade caractérisé par la perte totale de la capacité de travail, mais en conservant l'autonomie dans la vie de tous les jours et du IIIe grade caractérisé par la perte d'au moins la moitié de la capacité normale de travail. Les critères et les normes, sur la base desquelles l'encadrement dans les grades I, II et III d'invalidité sont arrêtées par décision gouvernementale sur la base de la proposition avancée conjointement par le ministère du Travail, de la famille et de la protection sociale, le ministère de la Défense nationale, le ministère de l'Administration et de l'Intérieur et du Service roumain [4].

---

[1] Des variations de la durée du stage de cotisation et de l'âge standard de retraite sont prévues par le législateur pour différentes catégories socioprofessionnelles.

[2] Article 65 de la loi n°263 du 16 décembre 2010.

[3] Alinéa 1 de l'article 68 de la loi n°263 du 16 décembre 2010.

[4] Article 70 de la loi n°263 du 16 décembre 2010.

Le quantum de la pension est déterminé par la multiplication du nombre moyen de points réalisé par l'assuré avec la valeur du point de pension. Si les différentes formes de retraite réglementées par le législateur français ne diffèrent pas sensiblement des formes roumaines susmentionnées, les procédures, par le biais desquelles la mise en retraite devient effective, le sont.

2. Les spécificités de l'encadrement français

562. Les spécificités françaises des procédures de mise en retraite. Le système de pension à limite d'âge repose principalement sur les lois n°2003-775 du 21 août 2003 et n°2010-1330 du 9 novembre 2010 portant réforme des retraites. Depuis la réforme des retraites de novembre 2010, considérée ensemble avec la « réforme de la réforme » résultant de la LFSS pour 2012, l'âge légal de mise en retraite a été relevé de deux ans pour les agents qui prendront leur retraite à partir non plus de janvier 2018, mais de janvier 2017 [1]. D'après les dispositions de l'article 2 de la loi n°2003-775 du 21 août 2003 citée ci-dessus, tout « retraité a droit à une pension en rapport avec les revenus qu'il a tirés de son activité » [2]. De plus, aux termes de l'article suivant du même acte normatif, les assurés doivent bénéficier d'un traitement équitable au regard de la retraite, et ce, quels que soient leurs activités professionnelles passées ou les régimes dont ils relèvent. Le système français de retraite repose sur trois niveaux, dont les régimes de base obligatoires en vertu de la loi, les régimes complémentaires obligatoires et les dispositifs d'épargne retraite collective et individuelle [3].

Dans le système français, peuvent être identifiées les mêmes formes de retraite qu'en droit roumain, dont la pension d'ancienneté proportionnelle à la durée du service effectué et conditionné par l'âge du retraité, la retraite d'invalidité, ou encore, la pension de réversion à la veuve et à l'orphelin. Un autre point commun avec le système roumain est l'idée de répartition sur laquelle le système français est aussi fondé. C'est-à-dire le prélèvement mensuel appliqué à chaque fonctionnaire en activité de son traitement brut qui est versé au budget général de l'État. De ce fait, les retraites représentent des dépenses qui relèvent du budget de l'État. À la différence du système

---

[1] Compte tenu de la diversité des catégories socioprofessionnelles que les trois fonctions publiques recouvrent, l'âge de sortie à la retraite varie considérablement d'une catégorie à une autre, c'est-à-dire de 62 à 67 ans (avant la réforme du novembre 2010, la limite d'âge était fixée entre 60 et 65 ans).

[2] CAA Douai 3e ch. 14 décembre 2004, *Mme Bourrez*, req. n°02DA00390, AJFP 2005, n°4, pp. 194-195, note J. Michel (calcul de la retraite : la déconvenue d'un agent ayant achevé sa carrière à temps non complet).

[3] Guérard (S.), *Les cessations définitives de fonctions*, in Répertoire des collectivités locales, Dalloz, 2014, p. 26.

roumain, dont le calcul du montant de pension dû au retraité se fait sur la base d'une multiplication de points, les pensions françaises sont calculées sur les derniers traitements bruts perçus par le fonctionnaire avant la sortie de service et qui généralement ne peut dépasser 75% de ces derniers.

Comme le système français, ainsi que d'autres systèmes européens de retraite, le système roumain se confronte à moyen terme au défi de trouver des solutions qui permettent de renforcer la fiabilité financière des fonds actuels de retraite. À cet effet, une des mesures, presque universellement appliquées, consiste dans le rehaussement progressif de l'âge de retraite, sous l'argument de l'allongement de la durée de vie de l'être humain. Toutefois, il est important que le législateur actuel n'ignore pas que la mise en retraite représente en même temps une forme de récompense du pensionnaire pour l'investissement de la période active, et qu'il est important qu'elle conserve ce caractère.

À la lumière des considérations ci-dessus, l'interrogation est de savoir si la viabilité future du système de pensions réside dans la hausse de l'âge pour avoir droit à la pension, ou bien, au contraire, dans une nécessaire remise en cause du système de contributions sociales et les usages qui en sont faits pendant la vie active du futur retraité. Partant de ces observations, plusieurs défis relatifs à la reconstruction du régime de retraite se détachent …

B. Les défis posés à la reconstruction du régime de retraite

563. La plupart des États européens se confrontent, à la suite des crises financières répétées et à l'allongement de la durée de vie, à un besoin impératif de révision voire de reconstruction de leurs systèmes de retraite. À cet effet, force est de constater que les initiatives étatiques se sont généralement focalisées sur l'augmentation du taux de contribution et/ou l'augmentation du nombre d'années de cotisation nécessaires pour bénéficier d'une retraite complète. En d'autres termes, l'augmentation progressive de l'âge de sortie à la retraite, comme cela a été le cas également en Roumanie et en France.

La reconstruction du système de retraite n'engage toutefois pas seulement des questions concernant la viabilité du système de contributions sociales, mais aussi celle de savoir comment gérer efficacement les flux des entrées et des sorties de la Fonction publique. Le prolongement volontaire de la vie active **(1)**, ainsi que le nécessaire encadrement de la gestion des sorties et des entrées dans la Fonction publique **(2)** ou les demandes de départ volontaire **(3)** contribuent à dégager quelques propositions pour la modernisation du système roumain de sortie de la Fonction publique **(4)**.

1. Le prolongement volontaire de la vie active des suédois

564. Le défi lié au prolongement volontaire de la vie active à l'aune de l'exemple suédois. La priorité du législateur ne doit pas être le rehaussement de l'âge de mise en retraite, mais l'identification et l'encadrement des solutions qui favorisent un prolongement volontaire de la vie active. Pour la construction d'une politique en ce sens, il est important de prendre en considération, d'une part, l'amélioration du bien-être au travail, et d'autre part, la réglementation de certaines bonifications à la retraite pour la période travaillée après 60 ans.

C'est le type de réforme appliqué notamment par la Suède qui, afin de « pérenniser la solvabilité [de son] système de retraite et de garantir un niveau suffisant des pensions futures [a proposé] des incitations financières pour des départs en retraite plus tardifs » [1]. En d'autres termes, les suédois ont essayé au début des années 1990 de réfléchir à la manière de construire un système novateur qui promeuve une « correspondance totale entre les cotisations versées au système par ou pour un individu, et son « crédit retraite » (...) une cotisation d'une couronne correspondant à un crédit retraite d'une couronne » [2]. Partant de cette vision, le système suédois de retraite a été fondé autour de trois régimes [3] : un régime public par répartition, un régime de pensions contractuelles, et un régime de pensions privées qui regroupe les pensions de retraite par capitalisation (librement contractées auprès des compagnies d'assurance).

Le système de cotisations a été reconstruit autour de deux catégories de contributions, d'une part, 16% versée sur un compte financé par répartition, et d'autre part, 2.5% sur un compte d'épargne capitaliste [4]. Le régime public par répartition est fondé sur des comptes individuels de retraite, nommés « comptes notionnels » [5]. Chaque agent dispose d'un compte personnel sur lequel sont créditées virtuellement chaque année ses cotisations de retraite et celles de son employeur [6]. En d'autres termes, l'équivalent de 16% cité ci-dessus, de tous les revenus annuels d'un agent, créant droit à une pension de retraite, est versé sur ledit compte notionnel [7]. La spécificité du système suédois réside notamment dans le fait que l'ensemble « des cotisations de retraite portées sur le compte de chaque assuré constitue un « capital virtuel » qui, (...) accumulé tout au long de

---

[1] Touzé (V.), « Marché du travail et emploi des seniors en Suède », Revue de l'OFCE, 2008, n°105, p. 74.

[2] De ce fait, les hommes politiques suédois « ont choisi de ne pas faire de promesses inconditionnelles, mais, au contraire, de tenir directement compte des évolutions démographiques et économiques dans les règles déterminant le niveau de pensions de retraite » [Settergren (O.), « La réforme du système suédois de suédois. Premiers résultats », Revue française des affaires sociales, 2003, n°4, pp. 338-239].

[3] Touzé (V.), *op. cit.*, p. 74.

[4] « Le système de retraite public suédois », La lettre du Conseil d'Orientation des Retraites, 2009, n°2, p. 3.

[5] *Le système de retraite public suédois, op. cit.*, p. 3.

[6] *Ibid.*, p. 3.

[7] Settergren (O.), *op. cit.*, p. 347.

la vie active est converti en une pension de retraite en le divisant par un coefficient de conversion »[1].

Le coefficient de conversion dépend positivement de l'espérance de vie à l'âge de départ à la retraite de la génération à laquelle l'agent appartient, c'est-à-dire de la durée moyenne espérée de la période de retraite[2]. Par conséquent, lorsque l'espérance de vie augmente, il s'avère important de retarder au maximum le départ en retraite ; et ce, afin de maintenir un niveau fixe de pension[3]. De ce fait, dans le système suédois, il n'y a pratiquement pas d'âge légal de départ à la retraite[4], étant donné que les droits à pension sont toujours « accumulés et ajoutés aux comptes notionnels (et financiers) tant que les personnes ont un revenu donnant droit à une retraite, quel que soit leur âge et qu'elles aient ou non commencé à recevoir une pension »[5].

Les personnes, n'ayant pas cotisé suffisamment pour bénéficier d'une pension qui leur assure un niveau de vie convenable, bénéficient en plus d'une pension « garantie »[6]. Finalement, chaque assuré reçoit annuellement une enveloppe « orange » contenant un bilan actualisé au sujet des modifications et l'état actualisé de son compte notionnel et financier.

Parallèlement, les Suédois ont renforcé le système de formation continue des agents, ayant plus de 55 ans, afin de faciliter la mobilité professionnelle et, implicitement, l'accès à des fonctions adaptées à leurs âges[7]. Ce qui renforce la maîtrise des entrées et des sorties dans et de la fonction publique suédoise.

2. L'encadrement de la gestion des entrées et des sorties

565. Le défi lié à l'encadrement de la gestion des entrées et des sorties de la fonction publique. Outre la reconstruction du système de pension, un second point de réflexion concerne la manière dont il faut réviser l'encadrement des entrées et des sorties de la Fonction publique statutaire. Un départ à la retraite ne représente pas seulement une « dépense de plus » pour le budget de l'État, mais aussi la privation de ce dernier de l'ensemble des compétences acquises par l'agent public durant sa vie active. En l'absence d'une politique de gestion des compétences et des emplois, le système statutaire ne suit pas utilement les départs et les entrées en fonction. De ce fait, généralement, le fonctionnaire qui

---

[1] *Le système de retraite public suédois, op. cit.*, p. 3.

[2] *Ibid.*, p. 3.

[3] Settergren (O.), *op. cit.*, p. 347.

[4] Par exemple, la personne, qui justifie de 30 années d'activité à partir de 28 ans révolus, peut bénéficier d'une pension contractuelle à seulement 59 ans [Touzé (V.), *op. cit.*, p. 41].

[5] *Ibid.*, p. 41.

[6] Pour avoir droit à la pension « garantie », il faut avoir 65 ans au moins et être domicilié en Suède (depuis au moins 40 ans) ou dans un autre pays de l'UE ou de l'Espace économique européen, à condition pour ces derniers d'avoir signé une convention en ce sens avec la Suède [Settergren (O.), *op. cit.*, p. 347].

[7] Touzé (V.), *op. cit.*, p. 48.

prend sa retraite n'a pas la possibilité de rencontrer la personne qui va le remplacer. Cela aussi parce que le concours de recrutement ne peut être organisé que dans le mois à compter du jour où la fonction a été libérée à la suite du départ en retraite. De ce fait, dans les systèmes finlandais et norvégien [1], il apparaît utile d'engager des réflexions pour la mise en place d'un programme qui favorise l'allongement de la vie active des seniors de la fonction publique, y compris après leur mise en retraite, tant dans le système français que roumain. Une telle démarche impliquerait, dans notre vision, deux catégories de mesures qui correspondent aux fondements statutaires.

Une première catégorie concernerait la création du cadre légal qui permette le recrutement dans la fonction publique vacante avant le départ en retraite du fonctionnaire, ayant exercé ladite fonction. Ensuite, il faut prévoir en amont l'aménagement juridique nécessaire pour que le fonctionnaire retraité continue son activité en qualité de tuteur du fonctionnaire, auquel il est censé transférer ses attributions. Un tel système assurerait pratiquement un transfert réel de compétences, du senior vers le junior, relatives aux attributions de la fonction publique exercée. Cette action permettrait pratiquement d'épargner les dépenses de formation d'intégration voire de formation spécifique au double profit des fonctionnaires et de l'administration employeuse.

Une seconde catégorie de mesures concernerait, d'après nous, l'amélioration du bien-être au travail concomitamment au renforcement de la lutte contre la discrimination de l'âge [2].

L'encadrement de telles mesures imposerait aux gestionnaires des ressources humaines, ainsi qu'aux chefs des services, de diversifier, au lieu de réduire, les attributions des personnes, qui s'approchent de l'âge de la retraite. L'âge de retraite n'implique pas l'incompétence ou l'impuissance, bien au contraire, mais l'adaptation et l'exploitation d'une manière différente de ce qui devrait représenter pour l'administration une source inépuisable de richesse.

Ces deux catégories des mesures favoriseraient, d'une part, le transfert progressif des compétences des séniors aux juniors de la fonction publique, et d'autre part, d'allonger et diversifier de manière dynamique la vie active d'un fonctionnaire. Cela, dans le sens de l'élargissement de ses compétences, par le biais d'un programme de formation continue conçu spécialement pour les seniors de la fonction publique ; ce qui leur permettrait d'œuvrer dans des domaines de leurs choix, même au-delà du départ à la retraite.

Si le système français engage régulièrement des réflexions pour l'amélioration de la vie au travail, ainsi que la formation continue ou la mobilité des fonctionnaires de tous les âges, ce n'est pas le cas de la Roumanie,

---

[1] À titre d'exemple, les démarches de réduction du nombre de situations de discrimination d'âge au travail ainsi que l'amélioration du bien-être au travail des seniors [Piekkola (H.), *L'emploi et le travail des seniors : l'expérience nordique à la lumière des exemples finlandais et norvégien*, Revue internationale des sciences sociales, n°190, 2009, pp. 587-599].

[2] La directive 2000/78/EC du Conseil européen du 27 novembre 2000, portant création d'un cadre général en faveur de l'égalité de traitement en matière d'emploi et de travail.

confrontée depuis des années à une fuite constante de ses jeunes compétences vers le système privé.

3. La demande de départ volontaire spécifique aux français

566. Le cas particulier de demande d'indemnité de départ volontaire réglementé en droit français. Une autre situation de sortie par la manifestation de volonté du législateur concerne la demande d'indemnité de départ volontaire réglementée par le décret n°2008-368 du 17 avril 2008. Outre les situations de restructuration des services, de corps ou grade, ce qui présente un intérêt particulier est que l'indemnité de départ volontaire puisse aussi être demandée pour la création ou la reconstruction d'une entreprise personnelle, à condition que le fonctionnaire qui entame une telle démarche ne soit pas à moins de cinq ans de l'âge légal de retraite [1]. Outre le caractère écrit de la demande, le législateur français attribué à l'Administration le droit d'accepter ou non la demande formulée par l'agent, et en cas d'acceptation, d'indiquer le montant de l'indemnité. En fonction du retour de l'administration, l'agent décidera de démissionner ou pas. Lorsque l'indemnité de départ volontaire est octroyée pour la création ou la reprise d'une entreprise, le législateur a institué, par le biais des dispositions de l'article 3 du décret susmentionné, l'obligation de communiquer dans un délai de six mois aux services de l'État le document qui atteste l'existence juridique de l'entreprise créée ou reprise. Ensuite, à l'issue du premier exercice, l'agent doit aussi fournir aux mêmes services les documents justificatifs qui attestent l'existence réelle de l'entreprise.

De l'accomplissement des deux étapes susmentionnées, dépend le versement de l'indemnité de départ volontaire, dont une première moitié, au moment de la communication du document de création ou de reprise, et une seconde moitié après, la vérification de la réalité de l'activité de l'entreprise créée ou reprise. En vertu de l'alinéa 1 de l'article 6, le montant de l'indemnité de départ volontaire « ne peut excéder une somme équivalente à vingt-quatre fois un douzième de la rémunération brute annuelle perçue par l'agent au cours de l'année civile précédant celle du dépôt de sa demande de démission (…) le montant de l'indemnité peut être modulé à raison de l'ancienneté de l'agent dans l'administration ».

La mise en place d'un dispositif indemnitaire de départ volontaire de la Fonction publique pour la création d'une entreprise présente un certain intérêt pour le système roumain, compte tenu des efforts engagés, par le biais des programmes gouvernementaux, de renforcer la libre initiative pour la

---

[1] Articles 3 et 5 du décret n°2008-368 du 17 avril 2008 instituant une indemnité de départ volontaire.

création de petites et moyennes entreprises. Toutefois, la mise en place d'un dispositif pareil ne pourrait être prise en considération qu'après des études approfondies quant à sa faisabilité.

Conclusion de la seconde partie

567. Étudiées de nos jours sous l'angle de la modernité, la rémunération, la formation et la carrière des fonctionnaires (publics) représentent en réalité, pour la modernisation de la Fonction publique statutaire, des défis qui datent de la naissance même de celle-ci. Au point que les juristes des XIXe et XXe siècles ont mis en évidence l'impact qu'une condition modeste de la rémunération, de la formation et de la carrière, des fonctionnaires pouvait avoir sur la détérioration éthique et morale de la Fonction publique, et implicitement du service public. Dans cet esprit, le professeur Negulescu considérait que « le fonctionnaire sans aucune instruction ou insuffisamment instruit [qui, de surcroît mal payé], devra toujours se conduire comme ses prédécesseurs, c'est-à-dire, devenir un fonctionnaire routinier, inaccessible au progrès, sans avoir confiance en ses solutions et évitant toute responsabilité » [1]. C'est la raison pour laquelle, selon cet auteur, les Services publics, ayant un personnel insuffisamment instruit, nécessiteront toujours un nombre plus important de fonctionnaires.

568. En cherchant à répondre à la question de savoir si la modernisation de la Fonction publique en matière de rémunération, de formation et de carrière, est entravée par les traditions statutaires, force est de constater que les dispositions statutaires n'ont pas empêché les législateurs français et roumain d'expérimenter et de s'approprier, dans le respect des principes statutaires, des outils qui favorisent l'instauration d'une culture de gestion encourageant, entre autres, la performance individuelle et collective des fonctionnaires.

569. Malgré la fin, régulièrement annoncée, de la Fonction publique statutaire, à la suite des différentes réformes de modernisation de la Fonction Publique, dont le remplacement du dispositif traditionnel d'évaluation mécanique par un entretien d'évaluation des résultats professionnels, ou la mise en place de dispositifs de rémunération à la performance, cette fin ne s'est toujours pas concrétisée. De plus, les évolutions des dispositifs de rémunération et d'évaluation ont permis d'engager des réflexions au sujet de la dynamisation de la carrière, entre autres, par l'encadrement de différents

---

[1] Negulescu (P.), *Tratat de drept administrativ (Traité de droit administratif roumain)*, éd. Atelierele grafice ale fundatiei Culturale « Voevodul Mihai », 1930, p. 88.

outils de gestion prévisionnelle des effectifs et de compétences. Loin d'atteindre la formule parfaite dans la modernisation des trois dimensions en question, ces transformations ont malgré tout pu se concrétiser dans le respect des principes fondamentaux d'un régime statutaire. Ainsi, si les traditions statutaires ne s'opposent pas aux notions de performance et de professionnalisation, il n'en est pas moins vrai qu'il s'impose à considérer avec prudence la mise en place des dispositifs qui privilégient une performance individuelle trop poussée. Et ce, parce que la Fonction publique représente un corps social voué à servir collectivement les intérêts du service public, donc les citoyens. Ce qui ne justifie en revanche pas les pratiques de rémunération uniformes, les évaluations de complaisance, ou encore, l'évolution automatisée de la carrière dans la Fonction publique actuelle.

A cet égard, la Fonction publique statutaire doit privilégier deux dispositifs de rémunération à la performance, dont l'un à la performance individuelle qui concerne les fonctionnaires de direction, et un dispositif de rémunération à la performance collective qui vise en priorité les fonctionnaires d'exécution. Ce double dispositif permettrait d'éviter la banalisation des primes au sens d'un octroi non sur la base des résultats professionnels soigneusement évalués lors des entretiens professionnels, mais sur la base d'une complaisance pacifique qui démotiverait à terme tous les fonctionnaires d'un service et/ou d'une institution.

C'est pourquoi, la sincérité des évaluations professionnelles est essentielle. Si la Fonction publique représente un corps social au service des citoyens, elle n'en est pas moins composée d'êtres humains qui attendent non seulement la reconnaissance de leurs mérites et de leur investissement professionnel, mais aussi la sanction des fonctionnaires qui ne s'y investissent pas sur mesure. Il s'avère toutefois important que les évaluations professionnelles servent pour déterminer aussi les causes d'un éventuel manque de performance et/ou d'investissement. L'évaluateur doit chercher à savoir si le profil professionnel du fonctionnaire évalué correspond effectivement au service de rattachement et à la fonction exercée. Dans l'affirmative, il faudrait mesurer si le fonctionnaire évalué ne nécessite pas une mobilité qui lui confère la possibilité de relever de nouveaux défis professionnels. La mobilité pourrait être envisagée même au sein de l'institution employeuse, mais dans un service différent.

Enfin, c'est l'œuvre du législateur de fixer le cadre et les critères sur la base desquels les dispositifs d'évaluation professionnelle, de formation, de rémunération ou de carrière évoluent d'une manière collaborative voire interactionnelle et pas individuellement, comme c'était le cas aux origines de la Fonction publique statutaire.

Toujours est-il que la favorisation d'une culture de responsabilisation des acteurs chargés, ou pas, de la mise en place des dispositifs de rémunération, de formation ou de carrière présente ici une importance capitale. Effectivement, la favorisation d'une culture de responsabilisation concerne tous les acteurs de la Fonction publique, administration et agents publics compris.

En matière de formation il s'agit même d'une triple responsabilisation, à savoir, de l'institution prestataire de la formation, de l'Administration qui détermine les besoins de formation et de l'agent bénéficiaire de la Formation. Par ailleurs, les formations proposées aux agents sur la base de l'analyse qualitative de chaque rapport d'évaluation professionnelle pourraient inciter les agents à demander, de leur propre gré, de bénéficier de séjours de mobilité sur des fonctions similaires ou complémentaires. Pour cela il est essentiel, pour le droit roumain, de remplacer le système actuel d'évaluation, purement mathématique, pour des entretiens professionnels similaires aux entretiens mis en place par le droit français.

Les deux systèmes doivent en revanche, à l'aide du législateur, favoriser une culture d'analyse qualitative du contenu de ces évaluations afin qu'elles deviennent de leviers d'identification de compétences, ainsi que de dynamisation de la carrière statutaire. De lors, le dispositif de mobilité doit être assorti par le législateur de deux finalités. D'abord une finalité pédagogique, qui permette aux fonctionnaires (publics) avec beaucoup d'expérience dans la Fonction publique de bénéficier des mobilités de transmission de connaissance *via* lesquelles ils partagent leurs pratiques à des fonctionnaires œuvrant dans les institutions publiques. Ensuite, une finalité d'apprentissage et de diversification de compétences qui permette aux fonctionnaires (publics) de bénéficier des mobilités de découverte de nouvelles pratiques et outils de travail. La durée de ces mobilités ne devrait pas être inférieure à trois mois.

In fine, la fin de la carrière statutaire ne concerne pas seulement des réflexions concernant la viabilité du système de contributions sociales mais aussi concernant la possibilité, toujours à l'aide du législateur, d'assortir la fin de carrière d'une dimension formatrice. Effectivement, l'expérience du fonctionnaire proche de la retraite doit être utilisée pour la formation de son remplaçant. Pour cela le législateur doit permettre le recrutement de ce dernier au moins trois mois à l'avance.

570. Les traditions à moderniser, dans les limites statutaires, regroupe donc la rémunération, la formation et la carrière des fonctionnaires. Toujours est-il que les différentes dimensions, qui composent la Fonction publique statutaire, ne peuvent pas évoluer indépendamment l'une de l'autre. Le recrutement, la déontologie, la gestion de carrière, ou encore, la rémunération représentent des défis qui doivent être relevés ensemble par, d'abord le législateur, ensuite par les départements de ressources humaines munis d'un double savoir, juridique et managérial. La formation se présente de ce fait comme une sorte de corollaire de tous les défis, sachant qu'en l'absence des fonctionnaires dotés d'un bon niveau de formation, juridique et de spécialité, les autres défis à relever en matière de modernisation de la Fonction publique statutaire sont voués à l'échec.

Conclusion générale

> « … la Fonction publique n'est pas irréformable, loin de là » (Conseil d'État, 2003) [1].

571. À travers l'analyse comparée des systèmes statutaires, roumain et français, de Fonction publique, la présente étude s'est proposée de démontrer que, loin d'être révolues, les traditions statutaires doivent être défendues face au déferlement des réformes d'inspiration privatiste qui risquent, à terme, d'ébranler l'échafaudage statutaire soigneusement construit par nos ancêtres.

572. La dégradation du « modèle traditionnel d'administration », fondé sur « la rigidité du style de commandement administratif, à base de distanciation et d'autorité », a progressivement conduit le législateur statutaire à la recherche de « formes de [gestion et de] direction de conduite plus souples et plus tolérantes » [2], et ce, jusqu'à se laisser enrobé par le mirage d'une Fonction publique dont l'échafaudage juridique soit calé sur celui du droit commun de travail. Seulement, le Statut de la Fonction publique n'est pas, « comme certains auraient tendance à le considérer, une loi des fonctionnaires publics – c'est-à-dire une loi qui prenne en considération et qui s'inquiète exclusivement du bien-être des fonctionnaires – mais une loi qui [ait, comme seul objectif,] l'accomplissement du service public » [3]. Considéré différemment, le Statut risque de devenir « une loi odieuse de privilèges, nocive à l'idéal permanent de justice supérieure, représenté par l'égalité entre les citoyens d'un même État » [4].

La Fonction publique statutaire se présente de fait comme un « groupement d'attributions, de pouvoirs et de compétences dont l'objectif est de donner satisfaction à l'intérêt général, et ce, parce que tout pouvoir social se légitime seulement par son objectif d'intérêt public (…) [pour cette raison, il] reste inconcevable qu'un tel pouvoir soit utilisé pour des intérêts personnels » [5]. Loin de chercher à assurer un régime juridiquement privilégié pour les fonctionnaires, le Statut vise donc à créer le cadre juridique nécessaire pour que les fonctionnaires puissent assurer le bon fonctionnement des services publics à l'abri de tout intérêt extérieur ou

---

[1] Conseil d'État, *Rapport public 2003 : jurisprudence et avis de 2002. Perspectives pour la fonction publique*, La documentation française, 2003, p. 385.

[2] Chevallier (J.), « Le mythe de la transparence administrative », in *Information et transparence* administratives, PUF, 1988, p. 243.

[3] Anibal Teodorescu dans la préface de l'ouvrage Rudescu (C.) et Marchidan (G.), *Statutul functionarilor publici si statutul salariatilor comunali (Le statut des fonctionnaires publics et le statut des salariés communaux)*, éd. Universitatea Bucuresti, 1947, p. III.

[4] *Ibid.*, p. III.

[5] Negulescu (P.), *op. cit.*, 1934, pp. 519-525.

intérieur à la Fonction publique. D'autant que les ingérences politiques, les actions discrétionnaires d'origine politique et/ou hiérarchique, tout autant que le népotisme pratiqué ouvertement dans les recrutements des fonctionnaires, se présentent comme les maux ancestraux de la Fonction publique ; ceci sur fond d'une insuffisante responsabilisation à l'égard des valeurs déontologiques toute aussi anciennes que la Fonction publique elle-même.

573. À la lumière de l'héritage statutaire et des arguments invoqués par le milieu doctrinal du XXe siècle, les conclusions favorisent le regroupement des principales dimensions qui composent le Statut de la Fonction publique en deux grandes catégories. La première catégorie regroupe les traditions qui, malgré une nécessaire évolution, voire une adaptation aux enjeux socio-économiques présents, doivent être conservées. La seconde catégorie concerne, quant à elle, les défis pérennes de la modernisation des deux systèmes de Fonction publique.

574. Des traditions statutaires à conserver dans une approche évolutive. Du bouillonnement réflexif, qui a habité le début du XXe siècle, il ressort tout d'abord que le régime statutaire a été considéré comme le seul instrument juridique de lutte contre l'arbitraire et le favoritisme d'ordre politique, encore fortement présents, de nos jours. Ensuite, l'examen dans un premier temps, et le concours dans un second, se sont progressivement imposés comme les modalités de sélection les plus efficaces contre, entre autres, les nominations discrétionnaires et le népotisme. Reste que ce n'est pas la modalité de sélection par concours qui est mise en cause actuellement, dans les deux systèmes de droit principalement analysés, mais ses procédures. Enfin, force est de constater que l'application rigoureuse et de bonne foi des dispositions statutaires s'avère difficile en l'absence d'un environnement déontologique fort. Outre des droits qui renforcent la stabilité des fonctionnaires (publics), il paraît possible voire souhaitable « de formuler une série de devoirs fondamentaux, communs à tous les fonctionnaires, et indépendamment de leur spécialité, ainsi qu'un noyau d'idées morales qui dominent l'activité du fonctionnaire public et qui oriente son attitude envers sa fonction, la nation et la vie » [1]. Contrairement au passé, où les obligations et les devoirs étaient fondés plutôt sur la notion de responsabilité, synonyme de sanction, à présent il paraît plus important que le législateur favorise des règles juridiques qui contribuent à la création d'une culture de responsabilisation professionnelle.

---

[1] Strihan (P.), « Indatoririle functionarului public in morala si in drept (Les devoirs du fonctionnaire public en morale et en droit) », Bulletin du ministère des affaires intérieures, 1934, n°3-4, p. 2.

574-1. L'adaptation permanente du Statut. La tradition statutaire de la Fonction publique est donc effectivement mise à l'épreuve de la modernisation par la *travaillissation* ou la contractualisation, de droit public ou de droit privé, de son régime juridique. Les réformes adoptées successivement dans les Fonctions publiques française et roumaine certifient une évolution progressive vers sinon la contractualisation de la Fonction publique à l'instar d'autres Fonctions publiques européennes qui ont fait le choix de renoncer à leur tradition statutaire, du moins vers une *travaillisation* évidente de la carrière des fonctionnaires (publics) roumains et français.

Reste qu'il n'est pas anodin de rappeler que la proposition du député Georges Demartial, du début du XXe siècle, « d'ériger, au profit des fonctionnaires, un régime juridique *ad hoc* qualifié de statut » [1], ne visait pas l'intérêt des fonctionnaires, mais « l'intérêt du pays » [2] La question de la substitution du régime contractuel au régime statutaire ne doit donc être considérée qu'à l'aune des motivations historiques qui se sont retrouvées à l'origine de l'adoption d'un régime particulier pour les fonctionnaires. D'autant que ce dernier ne vise à protéger les fonctionnaires, que pour mieux défendre l'intérêt général, voire la qualité du service public rendu au citoyen.

Dès lors, dans cette quête de modernisation, la « prudence » représente le maître-mot en matière de réformes à envisager pour la modernisation du régime juridique de la Fonction publique statutaire. Des expériences récentes de contractualisation des Fonctions publiques italiennes, portugaise ou suisse ressortent des vulnérabilités qui ne cessent de s'accroitre en matière d'arbitraire et de pouvoir discrétionnaire de l'autorité politique à l'égard non seulement des agents publics en fonction, mais aussi des candidats qui souhaiteraient intégrer la Fonction publique. En d'autres termes, on y découvre précisément les failles du régime juridique des fonctionnaires du XXe siècle, auxquelles les juristes, roumains et français, ont essayé de remédier par le *biais* d'un statut protecteur des droits et des obligations des fonctionnaires, spécialement conçu pour assurer leur indépendance à l'égard du « politique ». Par ailleurs, s'il est vrai que le Statut est marqué du « sceau de l'inégalité », du fait que la puissance publique est libre de fixer les conditions d'emploi de ses agents, et que le droit commun de travail « postule [plutôt] l'égalité formelle entre les parties qui consentent à échanger travail contre salaire » [3], il n'en est pas moins vrai que « derrière le

[1] Barraud (B.), « Du statut au contrat. Vers une fonction publique déstatufiée ? », in Fortier (C.) (sous sa dir.), *Le statut général des fonctionnaires : trente ans et après ?*, Dalloz, coll. Thèmes et commentaires, 2014, p. 159 et les ss.

[2] Demartial (G.), « De l'opportunité d'une loi sur l'état des fonctionnaires », *RDP*, 1907, p. 7.

[3] Marc (E.), Struillou (Y.), « Droit du travail et droit de la fonction publique : des influences réciproques à l'émergence d'un « droit de l'activité professionnelle », *RFDA*, 2010, p. 1171.

contrat, il y a en fait un statut qui se dessine » [1]. En effet, l'aspect proprement contractuel est « illusoire dans la mesure où le contenu du contrat est le plus souvent prédéterminé par des dispositions réglementaires qui s'imposent aux parties » [2]. Toujours est-il que les agents servent l'Etat, c'est-à-dire l'intérêt de tous, alors que les salariés servent « le patron, c'est-à-dire l'intérêt particulier d'une autre personne » [3]. Ce qui ne devrait pas empêcher la construction « d'un socle juridique commun [...] sans que l'ossature statutaire ne tombe ou ne se dilue dans un recours toujours accru à un ersatz de contrat » [4].

A cet égard, les exemples de fonction publique européenne et plus récemment des autres États européens, dont le système espagnol, ouvrent la voie à un compromis qui semble moins risqué pour la stabilité des fonctionnaires : des codes de l'emploi public en deux parties, dont l'une serait consacrée aux fonctionnaires titulaires (publics) et l'autre aux agents sous contrat de droit public. Cette dernière option permet, d'une part, de conserver les principes statutaires originels pour les catégories d'agents qui « sont au service de la puissance publique » [5], et d'autre part, uniformiser la situation juridique des différentes catégories de personnels recrutées par contrat public. Les conventions collectives assureraient dans ce contexte le rôle d'arbitre et de liant entre les deux catégories de régime juridique des personnels publics, sous réserve du renforcement de leur force juridique en droit français et du renforcement progressif de la responsabilité en droit roumain. La construction juridique d'un dispositif de négociation collective à deux niveaux, national et local, présente l'avantage d'une décentralisation des actes de négociation et de gestion des agents publics par la promotion d'une culture de responsabilisation des acteurs du service public.

Il en ressort que si l'étendue *stricto sensu* du régime juridique statutaire convient à la Fonction publique roumaine, l'idée de réunir les dispositions légales relatives au régime juridique de toutes les catégories socioprofessionnelles du secteur public en un seul acte normatif relatif à l'emploi public, comme dans les fonctions publiques espagnole ou européenne, est intéressante tant pour la Roumanie que pour la France. Proposition qui a finalement trouvé partiellement écho auprès du législateur tant pour la fonction publique roumaine (2019), que française (2021). Le législateur français aurait toutefois dû privilégier une démarcation claire

---

[1] CE 25 mai 1979, n° 06436, Mme Rabut, Lebon p. 231, concl. B. Genevois.

[2] *Idem.*

[3] Demartial (G.), « De l'opportunité d'une loi sur l'état des fonctionnaires », *op. cit.*, p. 16.

[4] Marc (E.), Struillou (Y.), « Droit du travail et droit de la fonction publique : des influences réciproques à l'émergence d'un « droit de l'activité professionnelle », *op. cit.*, p. 1178.

[5] Demartial (G.), « De l'opportunité d'une loi sur l'état des fonctionnaires », *op. cit.*, p. 15.

entre le régime statutaire et contractuel par une structuration du Code en deux parties : l'une consacrée à la réglementation de la Fonction publique, l'autre à l'encadrement du régime des autres catégories socioprofessionnelles du secteur public. D'autant que, comme le souligne le professeur Emmanuel Aubin, dans le Code Général de la Fonction Publique (CGFP), « les principes communs à tous les fonctionnaires sont dispersés dans un puzzle dont la lecture réserve beaucoup de (mauvaises) surprises » [1]. Le fait que le « contenant (le code) prime désormais le contenu (le droit statutaire), les rédacteurs remplaçant systématiquement les mots « statut général » par « code » [2], conduit inévitablement à l'interrogation de savoir si « l'acronyme CGFP ne va-t-il pas dissiper la fragrance statutaire ? » [3]. Le « mode de rédaction du CGFP ne risque-t-il pas d'amener le pouvoir exécutif à modifier la consistance des droits statutaires sans passer par le Parlement, en effeuillant progressivement le statut général qui va devenir un artichaut ? » [4]. Enfin, si dans l'immédiat « le parfum statutaire ne disparaît pas au contact du CGFP, l'évanescence est, [comme le Professeur Aubin le souligne], perceptible et l'impression qui domine est celle d'une balkanisation du droit applicable aux agents publics, sans vision d'ensemble du droit applicable à la fonction publique » [5].

La *travaillisation* ou la contractualisation du régime juridique du lien qui lie le fonctionnaire à l'institution employeuse n'est pas sans conséquences également sur la traditionnelle sélection par concours du fait notamment des procédures considérées obsolètes et peu concluantes pour la Fonction publique actuelle.

574-2. Comme en matière de régime juridique des fonctionnaires, l'immuabilité du concours en tant que modalité de recrutement dans la fonction publique est incontestable. Si le concours présente irréfutablement la vertu de meilleur moyen de « mise à l'écart des risques d'arbitraire », il permet, par la même occasion, « l'institutionnalisation d'une impartialité structurelle, le futur agent public n'étant pas jugé *in personam* mais sur ses mérites » [6]. Ce n'est toutefois pas le cas des procédures du concours, dont la professionnalisation ne doit pas être considérée comme une mise en cause du principe de recrutement par concours.

---

[1] Aubin (E.), « Le code général de la fonction publique ou l'évanescence du statut général », *AJFP*, 2022, p. 65.

[2] *Ibid.*

[3] *Ibid.*

[4] *Ibid.*

[5] *Ibid.*

[6] Marc (E.), Struillou (Y.), « Droit du travail et droit de la fonction publique : des influences réciproques à l'émergence d'un « droit de l'activité professionnelle », *RFDA*, 2010, p. 1179.

A cet égard, le concours de recrutement roumain par poste paraît mieux refléter tant l'esprit de compétition spécifique au concours, que l'autonomie des institutions publiques dans le recrutement de leurs collaborateurs. Cela contrairement aux concours généralistes français critiqués pour les coûts faramineux d'organisation, l'absentéisme important des candidats inscrits au concours, ou encore la période très longue sur laquelle le concours s'échelonne. Reste que le concours roumain par poste n'est pas non plus épargné de critiques, d'autant qu'en l'absence d'une maturité et d'une culture de responsabilisation des organisateurs du concours, ce dernier s'avère discrétionnaire et formel.

Partant des trois catégories de critiques apportées aux procédures du concours statutaire, à savoir la bureaucratisation excessive, la forte théorisation des épreuves et le manque de transparence des évaluations des jurys, plusieurs solutions de modernisation des procédures de concours ont été avancées. D'abord, la création d'un portail unique de recrutement dans la Fonction publique. Un portail qui permet, non seulement enregistrement des CV des candidats qui souhaitent entrer dans la Fonction publique et des agents publics qui souhaitent bénéficier d'un avancement ou d'une mobilité, mais aussi la dématérialisation complète des dossiers de candidature. A cet égard, si certaines étapes ont été franchies dans les systèmes roumain comme français, d'autres sont encore à franchir, comme le renforcement de l'encadrement législatif roumain relatif à la création et la gestion d'un tel portail ou une meilleure articulation entre le RIME et le concours dans le système français. Ensuite, la refonte des épreuves par des approches pratiques qui valorisent l'expérience des fonctionnaires titulaires dans la rédaction des sujets. Enfin, la refonte des règles de fonctionnement des jurys de concours afin de renforcer la transparence, l'intégrité et l'équité des résultats. A noter que le concours par poste, consacré en droit roumain, représente une option viable pour optimiser les coûts et ajuster la durée, jugés disproportionnés pour le concours français.

Le concours reste donc une constante du droit de la fonction publique statutaire, d'autant que, « pour réussir à un examen [ou une autre forme de recrutement, autre que le concours] il faut être bon, mais pour réussir à un concours il faut être meilleur » [1]. La méritocratie est toutefois directement dépendante d'un environnement déontologique fort que seulement la tradition statutaire peut réhabiliter et/ou renforcer.

574-3. Le caractère incontournable de la tradition statutaire, pour la réhabilitation de la déontologie publique, réside notamment dans le fait que le Statut a le mérite d'avoir donné corps aux trois valeurs fondamentales sur lesquels la Fonction publique actuelle est bâtie, à savoir l'égalité,

[1] *Idem.*

l'indépendance et la citoyenneté [1]. L'égalité à travers le principe statutaire d'égal accès de tous les citoyens répondant aux conditions générales et spéciales au concours d'entrée dans la Fonction publique. L'indépendance, « vis-à-vis du pouvoir politique, garantie par la sécurité de l'emploi, les garanties statutaires et surtout (…), le choix du système de carrière pour l'ensemble des fonctionnaires » [2]. La citoyenneté, appelée aussi « responsabilité » [3], trouve sa source dans l'article 15 de la DDHC et en vertu duquel tout fonctionnaire (public) est avant tout un citoyen et doit à ce titre jouir de tous les droits et libertés individuels et collectifs. La consécration statutaire des droits et libertés des fonctionnaires (publics) a par ailleurs marqué l'abandon définitif de la « conception du fonctionnaire-sujet », pour la conception du « fonctionnaire citoyen » [4]. A l'abri de la protection statutaire, le fonctionnaire citoyen ne jouit pas seulement des droits et des libertés dans l'exercice de ses missions, mais aussi des obligations et des devoirs. Et c'est précisément au carrefour des droits et des libertés, ainsi que des obligations et des devoirs que la déontologie professionnelle se situe. Effectivement, les fonctionnaires (publics) ne peuvent jouir de la liberté d'opinion, de la liberté syndicale, des droits de grève, de rémunération, de formation tout au long de la vie, ou de carrière que dans les limites de l'intérêt général. En d'autres termes les fonctionnaires (publics) doivent se soumettre à différents devoirs et obligations dont l'obéissance hiérarchique, l'interdiction de cumul, le conflit d'intérêts, ou encore l'obligation de moralité.

Il ressort de cela que la réhabilitation de la déontologie dans la Fonction publique est conditionnée par l'abandon progressif d'une culture fondé sur la mise en responsabilité des agents publics, en faveur d'une culture de responsabilisation des acteurs du service public. A cet égard, plusieurs outils de veille et de promotion d'une culture de responsabilisation parmi les agents ont été créés dont les déclarations d'intérêts et patrimoniales, ainsi que la création de nouvelles fonctions dont celle respectivement de référent déontologue en droit français et de conseiller d'éthique en droit roumain. Par la même occasion et sur l'imposition, entre autres, du droit européen, tant en droit statutaire roumain qu'en droit français, il a été imposé la création d'un mécanisme de lanceur d'alerte éthique.

La réhabilitation de la déontologie dans la Fonction publique roumaine, comme française, doit donc être réalisée dans un esprit de responsabilisation du corps des fonctionnaires. Effectivement, la modernisation du droit de la Fonction publique, dans une logique de performance professionnelle, ne peut

---

[1] Saillant (E.), « Les valeurs de la fonction publique dans la loi du 13 juillet 1983 », *AJDA,* 2013, p. 1207.

[2] *Idem.*

[3] *Idem.*

[4] Pors (Le) (A.), Présentation à l'Assemblée nationale, Journal Officiel du 3 mai 1983, p. 774.

pas être atteinte en s'appuyant exclusivement sur un régime de sanctions fort. De ce fait, il est impératif que le législateur statutaire procède à une reconstruction du socle déontologique par la réhabilitation voire la création de règles favorisant l'installation progressive d'une culture de responsabilisation. Reste que pour y parvenir, il faut compter d'abord sur un dispositif de responsabilité où les règles juridiques ne favorisent pas un état d'ambiguïté en la matière, particulièrement pour les fonctionnaires (publics) de direction. En effet, en se prévalant de l'ambiguïté de certaines formulations du législateur statutaire en matière de responsabilité, les fonctionnaires publics nommés dans des fonctions de direction ou managériales réussissent à contourner ou à minimiser les effets des règles juridiques en matière de responsabilité, particulièrement dans le système roumain. Afin de contrecarrer la politisation et les nominations partisanes pour les fonctions de direction il s'avère impératif de renforcer les règles juridiques relatives au cumul d'emplois, ainsi qu'à l'encadrement et au contrôle des pratiques de pantouflage.

Par suite, la promotion d'une culture de responsabilisation déontologique est difficilement envisageable en l'absence d'un renforcement de la fonction du déontologue au sein des institutions publiques.

575. Des traditions statutaires à moderniser. La catégorie des traditions qui peuvent et doivent évoluer, sans que la logique statutaire s'y oppose, regroupe la rémunération, la formation et la carrière. Les mutations socio-économiques subies, ces dernières décennies, par les sociétés modernes ont favorisé le développement de nouvelles approches dans la gestion des fonctionnaires (publics), ainsi que, de leur carrière. Dès lors, la notion de performance, qui s'est progressivement immiscée dans la culture administrative, est désormais élevée au rang de principe, notamment par les dispositions statutaires. Il s'agit en réalité d'un principe tout aussi ancien que la Fonction publique elle-même, et que le milieu doctrinal du XXe siècle avait aussi ardemment défendu. Par ailleurs, les différentes formules expérimentées depuis l'adoption des premières versions statutaires en matière de rémunération, de formation ou de carrière, évaluation comprise, en témoignent. Et ce, malgré une approche différente, centrée plutôt sur la volonté de protéger les fonctionnaires contre les actions susceptibles de vulnérabiliser la situation des fonctionnaires face au discrétionnaire et à l'arbitraire politique, que sur la défense des principes d'équité et d'égalité dans la Fonction publique.

L'influence des principes du *New Public Management* a donc favorisé l'expérimentation de nouveaux dispositifs de rémunération, où la récompense de la performance individuelle ou collective est privilégiée. Il n'en reste pas moins que si la rétribution de la performance individuelle des cadres de direction est plus aisée du fait des critères de performance plus précis, l'application des primes individuelles de performance pour les fonctionnaires d'exécution est mise en question. Pour cette dernière catégorie de fonctionnaires, la réglementation des primes collectives de performance apparaît plus appropriée. Cela d'autant que la négociation salariale de gré à gré est très rarement présente, même dans les systèmes d'emploi où le cadre statutaire a été remplacé par des dispositions contractuelles individuelles et/ou collectives du travail (contrats individuel ou collectif de travail).

Une évolution similaire est également observable en matière de formation initiale et continue, où des outils spécifiques au secteur privé ont progressivement été incorporés parmi les dispositions statutaires des Fonctions publiques française et roumaine. L'introduction du droit individuel de formation, devenu entretemps « compte personnel de formation », la mise en œuvre de bilan de compétences, ou encore l'évaluation individuelle « plus normée, contribuent au rapprochement du droit de la fonction publique et du droit du travail, voire à une banalisation des pratiques de gestion des ressources humaines » [1].

575-1. La construction d'un dispositif de rémunération compétitif représente un défi pérenne de la Fonction publique des deux États, roumain et français. Ce défi est d'autant plus actuel que, ces dernières années, « on assiste à la foi à un tassement général de la grille », ainsi qu'à « une érosion de la hiérarchie des salaires », ces « deux phénomènes étant source de démotivation pour le premier et de perte d'attractivité des emplois les plus qualifiés pour le second » [2].

L'état de lieux des évolutions passées et présentes prouvent que le cadre normatif en matière de rémunération a toujours été mouvementé. À la différence des origines de l'institutionnalisation de la Fonction publique quand la rémunération n'était considérée que sous sa dimension sociale, de nos jours elle doit être considérée sous une dimension managériale. Jugée par principe incompatible avec les dispositions statutaires, cette dimension managériale ou de performance a été souvent associée avec la fin de la Fonction publique traditionnelle. Les dispositions statutaires ont toutefois fait preuve de beaucoup de souplesse lorsqu'elles se sont approprié des outils similaires aux systèmes d'emplois en termes de mesure de la performance des agents et de rémunération à la performance de ces derniers. Effectivement, le droit à la rémunération du fonctionnaire intègre en partie, le « mérite (à titre individuel) et les résultats collectifs » [3]. Ce qui n'empêche

---

[1] Espagno-Abadie (D.), Bachelard (O.), « Introduction », in Bachelard (O.), Espagno-Abadie (D.) (coord.), *La formation professionnelle dans les services publics. Nouveaux enjeux, nouvelles pratiques*, éd. Presses de l'EHESP, 2019, p. 13.

[2] Melleray (F.), « Point d'indice », *AJDA*, 2020, p. 193.

[3] Article 60 de la loi n°2016-483 du 20 avril 2016 ; article 28 de la loi n° 2019-828 du 6 août 2019. Voir aussi : Aubin (E.), *L'essentiel du Droit de la fonction publique*, Gualino, 13e, 2019, p. 105.

toutefois pas les politiques uniformisées d'octroi de primes identiques à tous les fonctionnaires exerçant des fonctions semblables. Ce qui contribue à la banalisation des primes de performance (RIFSEEP). Le système roumain se remarque par une instabilité profonde des normes relatives à la rémunération des fonctionnaires publics.

La modernisation du système statutaire de rémunération est directement liée à la mise en œuvre d'un dispositif de rémunération à la performance, individuelle et collective. Reste qu'en l'absence d'un dispositif professionnel d'évaluation des résultats professionnels des fonctionnaires (publics), il s'avère difficile de prédire l'avenir de la rémunération dans la Fonction publique, surtout roumaine. Par conséquent, et afin de mettre un terme à la succession chaotique des actes normatifs en matière de rémunération des fonctionnaires (publics), il est important avant tout de professionnaliser la formation des fonctionnaires publics de direction, dont les actions influent considérablement sur l'évaluation des performances de leurs collaborateurs, et implicitement sur leur carrière.

575-2. La formation professionnelle des fonctionnaires (publics) tout au long de la vie doit être pensée dans « le prolongement de la formation initiale mise en place dans les écoles, et venir compléter et améliorer les parcours et compétences des agents » [1]. Ce qui conduit à considérer les compétences professionnelles « comme l'une des composantes de la mobilisation des acteurs publics, comme l'un des leviers de renforcement de la qualité des interventions du secteur public et comme l'un des facteurs essentiels de rénovation de l'action publique » [2]. L'encadrement d'outils d'inspiration managériale ont progressivement transformé l'agent en entrepreneur de sa propre formation. Le point de mire étant représenté par le compte personnel de formation (CPA), dont la mise en œuvre à été qualifiée comme une étape importante dans « ce que certains appellent la « banalisation » et d'autres la « travaillisation » du droit de la fonction publique » statutaire [3]. Reste que les dispositions statutaires ont, encore une fois fait preuve de souplesse en permettant l'encadrement de différents outils de formation inspirés du secteur privé, sans pour autant porter atteinte aux principes statutaires fondamentaux. Par ailleurs, la complexité du dispositif

---

[1] Espagno-Abadie (D.), Bachelard (O.), « Introduction », in Bachelard (O.), Espagno-Abadie (D.), *La formation professionnelle dans les services publics. Nouveaux enjeux, nouvelles pratiques*, éd. Presses de l'Ehesp, 2019, p. 7.

[2] Potier (V.), « Introduction », in Bachelard (O.), Espagno-Abadie (D.), *La formation professionnelle dans les services publics. Nouveaux enjeux, nouvelles pratiques*, éd. Presses de l'Ehesp, 2019, p. 5. Voir aussi Boterf (G.), *Construire les compétences individuelles et collectives*, éd. Eyrolles, 2015, d'après lequel, l'enjeu qui se pose à l'agent public, est « celui de savoir, pouvoir et vouloir interagir avec compétence en situation professionnelle ».

[3] Montecler (de) (M.-C.), « Une nouvelle étape dans la banalisation du droit de la fonction publique », *AJDA*, 2017, p.140.

français de formation, dont l'expérience s'étend sur plusieurs décennies, représente certes une source importante de réflexion pour le législateur roumain.

De ce fait, la Formation des fonctionnaires publics roumains se trouve au carrefour de plusieurs choix tant en matière de formation initiale que de formation continue. Les réformes en droit de la formation doivent être conçues à un double niveau : refonte du réseau institutionnel de formation d'une part, et des modules de formation proposés, d'autre part. Le législateur doit, en amont, clarifier et renforcer l'organisation institutionnelle relative aux organismes compétents pour assurer la formation des fonctionnaires publics. Sur ce dernier point, il s'avère essentiel de renforcer et d'élargir le rôle et les compétences des antennes régionales de l'Institut National d'Administration (INA) et ce, pour limiter le recours à des associations privées de formation [1]. De façon significative, la réglementation d'une formation obligatoire d'intégration dès la nomination d'un fonctionnaire public s'avère l'une des mesures prioritaires que le législateur roumain doit assumer.

Enfin, rendre la formation continue plus transparente, accessible et responsabilisante pour tous les acteurs de la Fonction publique, représente un autre défi que le législateur statutaire doit envisager lors de la prochaine réforme de modernisation des Fonctions publiques roumaine et française.

De manière générale, le défi majeur qui se pose actuellement à la modernisation de la Formation statutaire concerne la création d'une culture de responsabilisation à l'égard des trois catégories d'acteurs impliqués dans le processus de formation. Tout d'abord, les institutions prestataires de formation, qui doivent, particulièrement en droit roumain, mieux articuler le contenu des formations dispensés aux enjeux des missions qui incombent aux agents concernés. Ensuite, l'employeur public en ce qui concerne l'identification des besoins de formation de ses agents, à l'occasion de l'entretien d'évaluation professionnelle, ainsi que la précision avec laquelle

[1] Vulcan (D.), « Concediile de « perfectionare profesionala » a bugetarilor ne consta 5 (cinci) milioane de euro (Les congés de « perfectionnement professionnel » des fonctionnaires nous coûte cinq millions d'euros) », Revista 22, le 17 août 2017, en ligne sur http://revista22online.ro/70265027/recorder-concediile-de-perfecionare-profesional-a-bugetarilor-ne-cost-5-milioane-de-euro.html [consulté le 18 août 2017].

L'article reprend une enquête effectuée par deux journalistes du Recorder, messieurs Cristian Delcea et Mihai Voinea, qui mettent en exergue le fait que la formation professionnelle des fonctionnaires publics roumains s'est transformée en une affaire touristique réelle : « Des milliers de fonctionnaires sont annuellement envoyés en stages de formation professionnelle dans des stations touristiques situées à la mer ou à la montagne (...) pour des séjours de sept jours, logés dans des hôtels de trois ou quatre étoiles et accompagnés par leur famille ... » (en ligne sur http://recorder.ro/o-vara-de-neuitat-tocmai-am-platit-5-milioane-de-euro-pentru-concediile-mascate-ale-functionarilor/, consulté le 16 août 2017).

le plan de formation est rédigé. Enfin, une culture de responsabilisation des agents par rapport au degré d'application dans le suivi des formations, voire de l'usage qu'ils en font après dans l'exercice de leurs missions. Toujours est-il que les traditions statutaires, loin d'empêcher la modernisation du dispositif de formation, l'encouragent depuis l'origine de l'institutionnalisation de la Fonction publique statutaire.

575-3. La professionnalisation de la carrière dans une Fonction publique est directement liée à la construction en amont d'un dispositif d'évaluation fondé non plus sur des calculs mathématiques précis, comme c'était le cas pendant le XXe siècle, mais sur des échanges portant sur les différentes dimensions de la vie professionnelle des agents et leurs supérieurs hiérarchiques. À l'opposé de l'État français qui a enregistré des résultats importants par l'expérimentation, puis la généralisation de l'entretien professionnel, l'évaluation des fonctionnaires publics roumains reste figée derrière des règles impersonnelles qui favorisent des évaluations formelles, traduites régulièrement par des qualificatifs d'évaluation, le plus souvent maximaux, pour tous les fonctionnaires publics d'un même service. Cette situation est due aussi au rôle formel réservé aux départements des ressources humaines des institutions publiques roumaines, dont l'activité est limitée à des actions purement administratives et d'archivage. Les départs massifs de la génération « baby boom », ainsi que la diversification des besoins et attentes des usagers vont aussi, poser de nouveaux défis à la Fonction publique statutaire en matière de mobilité et de gestion prévisionnelle des effectifs et des compétences.

La modernisation de la carrière dans la Fonction publique roumaine doit relever trois catégories de défi, dont la refonte du système d'avancement, la reconstruction du système d'évaluation professionnelle et la création des règles juridiques qui imposent aux administrations la mise en place d'une politique réelle de gestion prévisionnelle des effectifs et des compétences [1].

576. À la lumière des considérations ci-dessus, il paraît que l'opposition « statut – contrat » ne représente que le reflet du débat sur « le statut et la spécificité » et que certains souhaiteraient supprimer le « statut » pour supprimer « sa spécificité » [2]. Reste qu'il est nécessaire de « promouvoir la [spécificité] qui peut et doit, sous le bénéfice d'inventaire, s'accompagner de l'adaptation permanente du statut » [3]. De ce fait, il est important que le législateur garde à l'esprit, avant de considérer une réforme sans détour liée à la situation juridique des fonctionnaires, que ce n'est pas le Statut, considéré individuellement, qui est le plus important, mais la notion de

---

[1] Voir les propositions formulées la seconde partie, 3ème titre.
[2] Vigouroux (C.), *op. cit.*, 2013-2014, p. 26.
[3] *Ibid.*, p. 26.

« statut général » où « l'adjectif est plus important que le substantif : « général » c'est-à-dire général et impersonnel ... » [1]. Pour cela, il apparaît essentiel que la condition juridique du fonctionnaire lui assure avant tout la stabilité et l'indépendance nécessaires pour qu'il « ne cherche pas des empêchements dans la loi, mais au contraire, pour faire un effort de bonne foi, pour trouver la solution satisfaisante à l'intérêt et à la satisfaction de l'usager » [2].

577. Pour terminer, il ne faut pas considérer le Statut comme un « tout indistinct », cela parce que « tout dans le Statut n'est pas à mettre sur le même plan » [3]. Effectivement, il y a « ce qui relève de l'essentiel et qui correspond à ce pourquoi précisément un Statut de la Fonction publique a été voulu et construit au fil du temps [4] (...) et il y a ce qui relève davantage de la mise en œuvre ou de l'organisation » [5]. Si ce qui relève de l'essentiel ne doit pas être touché, ou très peu, ce qui relève de l'organisation « peut évoluer et être aménagé sans que les fondements de la fonction publique n'en soient atteints » [6].

---

[1] Vigouroux (C.), *op. cit.*, 2013-2014, p. 26.
[2] Strihan (P.), *op. cit.,* 12.
[3] Conseil d'État, *op. cit.*, 2003, p. 386.
[4] C'est-à-dire « les principes fondamentaux définis dans les lois statutaires (...) destinés à assurer l'égal accès aux emplois publics, à garantir les fonctionnaires contre l'arbitraire et le favoritisme et à donner à la puissance publique les moyens d'assumer ses missions sur tout le territoire dans le respect des règles d'impartialité et de continuité » (Conseil d'État, *op. cit.*, 2003, p. 386).
[5] *Ibid.*, p. 386.
[6] *Ibid.*, p. 386.

Bibliographie sélective [1]

DROIT ROUMAIN

Cernea (E.) et Molcut (E.), Istoria *Dreptului Romanesc (L'Histoire du Droit Roumain)*, Editura Universul Juridic, 2003.

Ciobanu (A.-S.), *Drept administrativ. Selecție de avize, decizii și hotărâri relevante ale Curții Constituționale (Droit administratif. Sélection des avis, des décisions et sentences pertinents de la Cour Constitutionnelle*), UJ, éd. 2012.

Cîmpeanu (V.-I.), *Dreptul muncii (Le droit du travail)*, éd. Didactique et Pédagogique, 1967.

Clipa (C.), *Drept administrativ – Teoria functiei publice (Droit administratif – La théorie de la fonction publique),* tomes I, éd. Hamangiu, 2011.

Clipa (C.), *Drept administrativ – Teoria functiei publice (Droit administratif – La théorie de la fonction publique),* tome II, éd. Hamangiu, 2013.

Dimiu (R.), *Lege pentru statutul functionarilor publici (Loi pour le statut des fonctionnaires publics)*, éd. Curierul Judiciar, 1927.

Firoiu (D.), *Dreptul muncii (Le droit du travail)*, éd. Universitatea din Cluj-Napoca, 1985.

Firoiu (D.-V.), *Istoria Statului și Dreptului Românesc (L'Histoire de l'État et du Droit Roumain),* Editura Didactică și Pedagogică București, 1976.

Florescu (M.), *Statutele profesionale în Republica Socialistă România (Les statuts professionnels dans la République Socialiste de la Roumanie),* Edition de l'Académie, 1985.

Ghimpu (S.), *Dreptul muncii (Droit du travail)*, éd. Didactica si pedagogica, 1985.

Giurăscu (C.) (coord.), *Istoria României în date (L'histoire de la Roumanie en dates)*, Editura Enciclopedică Română, București 1971.

Iorgovan (A.), *Tratat de drept administrativ (Traité de droit administratif)*, 2 tomes, Nemira, Bucuresti, 1996.

Iorgovan (A.), *Drept administrativ (Droit administratif)*, All Beck, 3e éd., 2001.

Iorgovan (A.), *Tratat de drept administrativ (Traité de droit administratif)*, All Beck, 4e éd., 2005.

Manea (M.) et Teodorescu (B.), *Istoria Romaniei, de la 1921 la 1989 (L'Histoire de la Roumanie, dès 1921 à 1989)*, éd. Didactique et Pédagogique, 1998.

Neagu (N.), *Natura juridica și etica funcției publice (La nature juridique et l'éthique de la fonction publique*), éd. Bren, 2006.

Negoiță (A.), *Drept administrativ si elemente de stiinta administratiei (Droit administratif et éléments de sciences administratives)*, éd.Universitatea Bucuresti, 1981.

Negulescu (P.), *Tratat de drept administrativ – organizarea administrativ-teritoriala (Traité de droit administratif – organisation administrativo-territoriale)*, éd. Joseph Gobl, 1900.

[1] Pour une bibliographie compléte voir la thèse publiquement soutenu le 09 février 2018, « Les défis juridiques de la Fonction publique en Roumanie : entre tradition et modernisation. Etude comparée à partir de l'exemple français », Université de Lille.

Negulescu (P.), *Tratat de drept administrativ (Traité de droit administratif roumain)*, éd. Atelierele grafice ale fundatiei Culturale « Voevodul Mihai », 1930.

Negulescu (P.), *Tratat de drept administrativ (Traité de droit administratif)*, éd. Instituttul de arte grafice Marvan, 4e, 1934.

Negulescu (P) et Alexianu (G.), *Tratat de drept public (Traité de droit public)*, tome 1, éd. Casa Scoalelor, Bucuresti, 1942.

Onişor (V.), *Tratat de drept administrativ român (Traité de droit administratif roumain)*, Cartea romaneasca, 2e éd., 1930.

Oroveanu (M.), *Tratat de drept administrativ (Traité de droit administratif)*, éd. Universitatea Crestina « Dimitrie Cantemir », 1994.

Petrescu (R.-N.), *Drept administrativ (Droit administratif)*, éd. Accent, 2004.

Podaru (O.), *Drept administrativ. Un secol de jurisprudenţă comentată – practică judiciară comentata (Droit administratif. Un siècle de jurisprudence commentée – pratique judiciaire commentée),* éd. Hamangiu 2010.

Podaru (O.), *Drept administrativ. Concepţie şi viziune (Droit administratif. Une conception, une vision*), éd. Hamangiu, 2017.

Preda (M.), *Drept administrativ (Droit administratif)*, Lumina Lex, 4e éd., 2006.

Prisăcaru (V.), *Tratat de drept administrativ român (Traité de droit administratif roumain)*, éd. All, 1996.

Prisăcaru (V.), *Tratat de drept administrativ român – partea generală (Traité de droit administratif roumain – partie générale)*, Lumina Lex, 2002.

Rudescu (C.) et Marchidan (G.), *Statutul functionarilor publici si statutul salariatilor comunali (Le statut des fonctionnaires publics et le statut des salariés communaux)*, éd. Bucuresti, 1947.

Tarangul (D.-E.), *Tratat de drept administrativ român (Traité de droit administratif roumain)*, Cernăuţi, 2e éd., 1944.

Teodorescu (A.), *Drept administrativ (Droit administratif)*, éd. Universitatea Bucuresti, 1926.

Teodorescu (A.), *Curs de drept administratif (Cours de droit administratif)*, Faculté de droit de Bucarest, 17e éd., 1947.

Ţiclea (A.), *Tratat de dreptul muncii (Traité du droit de travail)*, éd. UJ, 2009.

Ţiclea (A.) (coord.), Georgescu (L.), Cioriciu-Stefanescu (A.) et Vlad (B.), *Dreptul public al muncii (Le droit public du travail)*, éd. Wolters Kluwer, 2010.

Trăilescu (A.), *Drept administrativ (Droit administratif)*, C.H. Beck, 4e éd., 2010.

Vedinaş (V.), *Statutul funcţionarului public. Trăsături caracteristice. Similitudini şi diferenţieri faţă de statutul salariatului (Le statut du fonctionnaire public. Traits caractéristiques. Similitudes et différenciations par rapport au statut du salarié)*, Thèse, Université de Bucarest, 1998.

Vedinaş (V.), *Statutul funcţionarului public (Le statut du fonctionnaire public)*, éd. Nemira, 1998.

Vedinaş (V.), *Deontologia vieţii publice (La déontologie de la vie publique)*, UJ, 2007.

Vedinaş (V.), *Statutul functionarilor publici – comentarii, legislaţie, doctrină şi jurisprudentă (Le statut des fonctionnaires publics – commentaires, législation, doctrine, jurisprudence)*, UJ, 2e éd., 2016.

Vedinaş (V.), *Drept administrativ – curs universitar (Droit administratif – cours universitaire)*, UJ, 10e éd., 2017.

Vedinaş (V.) et Mirică (S.-C.), *Statutul juridic al funcţionarilor publici europeni (Le Statut juridique des fonctionnaires publics européens)*, Facultatea de drept, Universitatea Bucuresti, 2011.

Vermeulen (J.), *Teoria funcţiunii publice (La théorie de la fonction publique)*, éd. Universitatea Bucuresti – Facultatea de Drept, 1939.

Vermeulen (J.), *Curs de drept administrativ. Teoria funcţiei publice. (Cours de droit administratif. Théorie de la fonction publique*), éd. Faculté de droit de l'Université de Bucarest, 1947.

DROIT FRANCAIS

Aubin (E.), *Droit de la fonction publique territoriale*, Gualino, 4e éd., 2016.
Aubin (E.), *Droit de la fonction publique*, Gualino, 6e éd., 2015.
Aubin (E.), *La déontologie dans la fonction publique*, Gualino, 2017.
Aubin (E.), *L'essentiel du droit de la fonction publique,* Gualino, 14e éd., 2022.
Auby (J.-M.), Auby (J.-B.), Jean-Pierre (D.) et Taillefait (A.), *Droit de la fonction publique*, Dalloz, 7e éd. 2012.
Bachelard (O.), Normand (R.) (coord.), *Vers un leadership au service du management public : favoriser l'émergence de compétences collectives*, Canopé éditions, 2014.
Bachelard (O.), Espagno-Abadie (D.), *La formation professionnelle dans les services publics. Nouveaux enjeux, nouvelles pratiques*, Presses de l'EHESP, 2019.
Bichoffe (G.), *Fonction publique et contrat*, éd. Recueil Sirey, 1927.
Berthélemy (H.), *Traité élémentaire de droit administratif*, éd. Rousseau, 1933.
Blanchet (S.), *Les évolutions contemporaines du statut de la fonction publique en France*, Thèse, Université de Rouen, 2007.
Bloch-Lainé (F.), *Profession : fonctionnaire*, Seuil, 1976.
Bodiguel (J.-L.), Rouban (L.), *Le fonctionnaire détrôné ?*, éd. Presses de la Fondation Nationale des sciences politiques, 1991.
Bonnard (R.), *Précis de droit administratif*, LGDJ, 3e éd., 1940.
Burdeau (F.), *Histoire de l'administration française – 18e – 20e siècles*, éd. Montchrestien, 1994.
Catherine (R.), *Le fonctionnaire français*, éd. Sirey, 1973, 480p.
Chapus (R.), *Responsabilité publique et responsabilité privée. Les influences réciproques des jurisprudences administrative et judiciaire*, LGDJ, 1954, réimpr., La Mémoire du Droit, 2010.
Chapus (R.), *Droit administratif général*, tome 2, Montchrestien, 15e éd., 2001.
Chapus (R.), *Droit du contentieux administratif*, Montchrestien, 13e éd., 2008.
Chevallier (J.), *Science administrative*, 2e éd., PUF, coll. Thémis, 1994.
Claisse (A.), Henry-Meininger (M.-C.), *Fonctions publiques en Europe*, Montchrestien, coll. Clefs, 1994.
Dareste (R.), *Des contrats passés par l'État en droit romain et en droit français*, éd. A. Derenne, 1875.
Delpérée (F.), *L'élaboration du droit disciplinaire de la fonction publique*, LGDJ, 1969.
DGAFP, *Histoire de la fonction publique en France, des origines à nos jours*, 3 volumes, Nouvelle Librairie de France, 1994.
Dord (O.), *Droit de la fonction publique*, PUF, 2e éd., 2007.
Dord (O.), *Droit de la fonction publique*, PUF, 3e éd., 2017.
Duez (P.), Debeyre (G.), *Traité de droit administratif*, Librairie Dalloz, 1952.
Duez (P.), *La responsabilité de la puissance publique*, Librairie Dalloz, 2e éd., 1938, réimpr., Paris, Dalloz, 2012.
Duguit (L.),
- *Traité de droit constitutionnel*, tome 5, De Boccard, 2e éd., 1925, réimpr., Cujas, 1979.

- *Traité de droit constitutionnel*, tome 4, De Boccard, 2e éd., 1924, réimpr., Cujas, 1975.
- *Traité de droit constitutionnel*, tome 3, De Boccard, 2e éd., 1923, réimpr., Cujas, 1970.
- *Traité de droit constitutionnel*, tome 2, De Boccard, 3e éd., 1928, réimpr., Cujas, 1970.
- *Traité de droit constitutionnel*, tome 1, De Boccard, 3e éd., 1927, réimpr., Cujas, 1970.

Durand (D.), *Une histoire de la fonction publique territoriale*, éd. La Dispute, 2004.

Eisenmann (C.), *Cours de droit administratif*, tome 1, LGDJ, 1982, réimpr., LGDG, 2014.

Esplugas-Labatut (P.), Dubreuil (C.-A.), Morand (M.) (sous la dir. de), *Le droit public du travail*, éd. L'Epitoge, 2016.

Fayol (H.), *L'administration industrielle et générale,* éd. H. Dunod, 1918.

Fortier (C.) (sous la dir.), *Le statut général des fonctionnaires : trente ans, et après ?*, Dalloz, 2014..

Freyder (A.), *La fonction publique – chronique d'une révolution silencieuse*, LGDJ, 2013.

Gaudemet (J.), *Les naissances du droit. Le temps, le pouvoir et la science au service du droit*, Montchrestien, 2006.

Gaudemet (Y.), *Droit administratif*, LGDJ, 21e éd., 2015.

Grégoire (R.), *La fonction publique*, éd. Armand Colin, 1954.

Hauriou (M.), *Précis de droit administratif et de droit public*, Sirey, 12e éd., 1933.

Hamon (F.), *Droit des fonctions publiques*, LGDG, 2 tomes, 2002.

Jean-Pierre (D.), *L'éthique du fonctionnaire civil. Son contrôle dans les jurisprudences administrative et constitutionnelle française*, LGDJ, 1999.

Jean-Pierre (D.), *La déontologie de l'administration*, PUF, 1999.

Jèze (G.), *Les principes généraux du droit administratif*, tome 1, Giard et Brière, 3e éd., 1925, réimpr., Paris, Dalloz, 2005.

Lachaume (J.-F.), Landais-Virot (A.), *La fonction publique*, Dalloz, Collection « Connaissance du droit », 2017.

Laferrière (E.), *Traité de la juridiction administrative et des recours contentieux*, tome 1, éd. Berger Levrault, 1887.

Laubadère (de) (A.), *Traité élémentaire de droit administratif*, LGDJ, 5e éd., 1970.

Marilli (G.-D.) et Pelletier (P.), *Les agents non titulaires des trois fonctions publiques*, Berger-Levrault, 2007.

Maury (S.), *La GRH dans la fonction publique*, La Documentation française, 2014

Mekhantar (J.) (sous la dir. de), *Fonction publique, les trente ans du statut général*, MA éditions, 2017.

Melleray (F.), *Droit de la fonction publique*, Economica, 5e éd., 2020.

Moniolle (C.), *Les agents non titulaires de la fonction publique de l'État : entre précarité et pérennité*, LGDJ, 1999.

Moreau (J.), *Droit administratif*, PUF, 1989.

Nézard (H.), *Théorie juridique de la fonction publique*, Paris, Librairie de la société de recueil général des lois et des arrêts, 1901.

Peiser (G.), *Droit de la fonction publique*, Dalloz coll., 2012.

Piquemal (M.) et Lecot (F.), *Les nouvelles fonctions publiques*, éd. Berger-Levrault, 1986.

Plantey (A.), *Traité pratique de la fonction publique*, éd. Pichon et Durand-Auzias, 1963.

Plantey (A.), *Traité pratique de la fonction publique*, LGDJ, 1971.

Plantey (A.), *Réformes dans la fonction publique*, LGDJ, 1978.

Plantey (A.), *Réformes dans la fonction publique*, LGDJ, 1985.

Plantey (A.), *Traité général de la fonction publique*, Litec, 2e éd., 2001.

Plantey (A.) et Plantey (M.-C.), *La Fonction Publique*, Lexis Nexis, 3e éd., 2012.

Ponthoreau (M.-C.), *Droit(s)constitutionnel(s) comparé(s)*, Economica, 2010.

Pochard (M.), *Les 100 mots de la fonction publique*, éd. PUF, 2011.

Rivero (J.), *Droit administratif*, 1e éd., Dalloz, 1960, réimpr., Dalloz, 2011.

Rouban (L.), *Quel avenir pour la fonction publique*, La Documentation française, 2017.

Silvera (V.), *La fonction publique et ses problèmes actuels*, Éditions de l'Actualité Juridique, 1969.

Silvera (V.) et Salon (V.), *La fonction publique et ses problèmes actuels*, Éditions de l'Actualité Juridique, 1976.

Touzeil-Divina (M.), Sweeney (M.), *Droit du travail et des fonctions publiques : unite(s) du droit ? Influences, convergences, harmonisations*, éd. l'Epitoge, 2012.

Touzeil-Divina (M.), *Un père du Droit administratif moderne, le doyen Foucart (1799-1860. Eléments d'histoire du droit administratif*, LGDJ, 2020.

Vedel (G.) et Devolvé (P.), *Droit administratif*, PUF, tome 1, 1992.

Vedel (G.), *Manuel élémentaire de droit constitutionnel*, réed. Dalloz, 2002.

Vigouroux (C.), *Déontologie des fonctions publiques*, Dalloz, 2e éd., 2013-2014.

Waline (M.), *Manuel élémentaire de droit administratif*, éd. Recueil Sirey, 1936.

Zarca (A.), *L'égalité dans la fonction publique*, Bruylant, 2014.

Principales abréviations spécifiques au système français

AJDA	Actualité juridique - Droit administratif (éd. Dalloz)
AJFP	Actualité juridique - Fonctions publiques (éd. Dalloz)
CAA	Cour Administrative d'Appel
Cons. constit.	Conseil Constitutionnel
CCFP	Conseil commun de la fonction publique
CDD	Contrats à Durée Déterminée
CDI	Contrats à Durée Indéterminée
CE	Conseil d'État
CEDH	Cour Européenne des Droits de l'Homme
CGFP	Code Général de la Fonction Publique
CJUE	Cour de justice de l'Union Européenne
CNFPT	Centre National de la Fonction publique territoriale
Conv. EDH	Convention Européenne des Droits de l'Homme
Dr. adm.	Droit administratif (éd. du Jurisclasseur)
DDHC	Déclaration des Droits de l'Homme et du Citoyen
DGAFP	Direction Générale de l'Administration et de la Fonction Publique
FPE	Fonction Publique d'État
FPT	Fonction Publique territoriale
GIP	Groupements d'Intérêt public
GPEC	Gestion Prévisionnelle des Effectifs et des Compétences
JCP A	La Semaine juridique. Administrations et Collectivités territoriales
LGDJ	Librairie Générale du Droit et de la Jurisprudence
OEP	Observatoire de l'Emploi public

PACTE	Parcours d'accès aux carrières de l'État, de la territoriale et de l'hospitalière
RAEP	Reconnaissance des acquis de l'expérience professionnelle
RDP	Revue du Droit Public et de la science politique en France et à l'étranger
RDT	Revue de Droit du Travail
Rec.	Recueil Lebon
RA	Revue Administrative
RFDA	Revue Française de Droit Administratif
RFDC	Revue Française de Droit Constitutionnel
RGCT	Revue Générale des Collectivités Territoriales
RGPP	Révision Générale des politiques publiques
RIDC	Revue Internationale de Droit comparé
RIME	Répertoire interministériel des métiers de l'État
RLCT	Revue Lamy des collectivités territoriales
T. confl.	Tribunal des conflits
Traité CE	Traité instituant la Communauté européenne

Principales abréviations du système roumain

ANFP	Agence Nationale des Fonctionnaires Publics
AUB	Annuaire de l'Université de Bucarest
Bull. de cass.	Bulletin de cassation (recueil de jurisprudence)
Cons. constit.	Conseil Constitutionnel
C. comptes	Cour des Comptes
CC du PCR	Comité Central du Parti Communiste Roumain
Cour de cass.	Cour de cassation
CDD	Contrats à Durée Déterminée
CDI	Contrats à Durée Indéterminée
HCCJ	Haute Cour de Cassation et de Justice
INA	Institut National de l'Administration
NJ	Nouvelle Justice (revue)
OUG	Ordonnance d'Urgence Gouvernementale
PS	Pandectele saptamanale (recueil de jurisprudence)
RDP	Revue de Droit Public
RRD	Revue Roumaine de Droit
UJ	Universul Juridic

Principales abréviations spécifiques aux autres systèmes étrangers

AR	Arrêté Royal Belgique
ARAN	*Agence de représentation du fonctionnaire public dans le dialogue social (Agenzia per la Reppresentanza Negoziale del pubblico Impiego)* Italie
PRACE	Programme de réforme de l'Administration Centrale au Portugal
SELOR	Bureau de sélection de l'Administration fédérale en Belgique
SPR	Secrétariat permanent de recrutement

Tables des matières

Structures éditoriales du groupe L'Harmattan

L'Harmattan Italie
Via degli Artisti, 15
10124 Torino
harmattan.italia@gmail.com

L'Harmattan Hongrie
Kossuth l. u. 14-16.
1053 Budapest
harmattan@harmattan.hu

L'Harmattan Sénégal
10 VDN en face Mermoz
BP 45034 Dakar-Fann
senharmattan@gmail.com

L'Harmattan Cameroun
TSINGA/FECAFOOT
BP 11486 Yaoundé
inkoukam@gmail.com

L'Harmattan Burkina Faso
Achille Somé – tengnule@hotmail.fr

L'Harmattan Guinée
Almamya, rue KA 028 OKB Agency
BP 3470 Conakry
harmattanguinee@yahoo.fr

L'Harmattan RDC
185, avenue Nyangwe
Commune de Lingwala – Kinshasa
matangilamusadila@yahoo.fr

L'Harmattan Congo
219, avenue Nelson Mandela
BP 2874 Brazzaville
harmattan.congo@yahoo.fr

L'Harmattan Mali
ACI 2000 - Immeuble Mgr Jean Marie Cisse
Bureau 10
BP 145 Bamako-Mali
mali@harmattan.fr

L'Harmattan Togo
Djidjole – Lomé
Maison Amela
face EPP BATOME
ddamela@aol.com

L'Harmattan Côte d'Ivoire
Résidence Karl – Cité des Arts
Abidjan-Cocody
03 BP 1588 Abidjan
espace_harmattan.ci@hotmail.fr

Nos librairies en France

Librairie internationale
16, rue des Écoles
75005 Paris
librairie.internationale@harmattan.fr
01 40 46 79 11
www.librairieharmattan.com

Librairie des savoirs
21, rue des Écoles
75005 Paris
librairie.sh@harmattan.fr
01 46 34 13 71
www.librairieharmattansh.com

Librairie Le Lucernaire
53, rue Notre-Dame-des-Champs
75006 Paris
librairie@lucernaire.fr
01 42 22 67 13

www.ingramcontent.com/pod-product-compliance
Lightning Source LLC
LaVergne TN
LVHW011219061026
849535LV00001BA/90
* 9 7 8 2 3 3 6 4 0 4 5 3 0 *